民法典合同编
条文理解与司法适用

MINFADIAN HETONGBIAN
TIAOWEN LIJIE YU SIFA SHIYONG

中国审判理论研究会民事审判理论专业委员会 编著

法律出版社
LAW PRESS·CHINA

“民法典条文理解与司法适用”系列
编 委 会

体现中国时代特色的民事百科全书

编纂民法典是我国社会主义法治建设的一座里程碑,是我国国家治理体系和治理能力现代化进程中的一件大事。这部具有中国特色、中国风格、中国气派的民法典,将为人类法治文明进步贡献中国智慧、提供中国方案。

科学立法、民主立法、依法立法的生动实践

以习近平同志为核心的党中央高度重视民法典编纂工作,作出了一系列重要指示、提出了一系列重要要求,为民法典编纂指明了方向。2014 年 10 月,党的十八届四中全会决定提出了编纂民法典的任务。在民法典编纂过程中,习近平总书记多次主持召开会议、听取汇报,就做好民法典编纂、审议和修改工作作出重要指示。民法典编纂工作在以习近平同志为核心的党中央坚强领导下和习近平新时代中国特色社会主义思想的科学指引下扎实推进。比如,习近平总书记在党的十九大报告中强调"保护人民人身权、财产权、人格权",把人格权与人身权、财产权并列,强调了人格权的重要地位,这为民法典草案确立人格权单独成编的体例结构等提供了基本遵循。

遵循立法规律,充分体现科学立法。民法典编纂采取"提取公因式"的立法技术,从同类规范和制度中提出一般规则,形成民法典总则编;将相关民事法律按其内容的同一性编纂成六个分编,然后整合为民法典草案。编纂工作注重规则的逻辑性、体系性和法律本身的规律,既协调好总则与分则的关系,又协调好民法典与其他法律的关系,从而形成逻辑缜密的有机整体。尊重立法的历史延续性,以民法通则和现行民事单行法为基础,设计民法典草案的结构和具体法律制度。既立足本国国情,又吸收世界各国民法

典编纂的成功经验,同时将社会主义核心价值观融入其中。

人民广泛参与,充分体现民主立法。在民法典编纂过程中,广大专家学者、人民群众广泛参与、建言献策。参与面之广,举办的各类座谈会、研讨会、论坛之多,收到的修改建议内容之丰富,为我国立法史上所罕见。在审议过程中,立法机关通过召开不同形式的座谈会、论证会,在互联网上公开征询意见等多种方式,多次听取收集方方面面的意见和建议,反复斟酌和修改草案,充分反映广大人民群众的要求,努力使民法典成为中国智慧的集中体现。

依法推进编纂,充分体现依法立法。宪法和立法法都规定,全国人民代表大会制定和修改刑事、民事、国家机构的和其他的基本法律。在编纂过程中,先行制定的民法总则提交十二届全国人大五次会议审议表决通过。2018年8月,十三届全国人大常委会第五次会议对民法典各分编草案进行初次审议。之后,全国人大常委会对各分编草案进行拆分审议,各编历次草案都依法进行论证、向社会公开征求意见。民法典编纂体现了党的领导、人民当家作主、依法治国的有机统一,是科学立法、民主立法、依法立法的生动实践。

立足中国实际、回应时代需求

民法典对经济社会生活影响广泛,彰显一个民族的精神特质。民法典是时代精神的体现,具有鲜明时代特征。我国民法典的编纂,体现了我国对实际问题和时代需求的有效回应。

体现以人民为中心的发展思想。注重保障民生是民法典编纂的一个鲜明特点。比如,民法典编纂注重有效调整平等民事主体之间的法律关系,促进社会公平正义。又如,民法典草案中人格权独立成编,落实"公民的人格尊严不受侵犯"的宪法要求,体现了我国对公民人格权的庄严确认与严格保护。人格权编不仅规定并保护公民的生命权、健康权、名誉权、肖像权、姓名权、名称权等人格权,还重点规定了隐私权和个人信息保护等,要求机关、企业、学校等单位采取合理措施,防止和制止利用职权、从属关系等侵犯人格权。

反映网络时代特点。人类社会已经进入互联网时代，互联网的普及应用催生出多项前所未有的权利类型，如网络虚拟财产权、信息财产权等。在网络环境下，信息传播、权利保护具有特殊性。对此，民法典总则编作出积极回应，明确自然人的个人信息受法律保护，规定任何组织和个人应当依法取得他人信息并确保信息安全，不得非法收集、使用、加工、传输个人信息，不得非法买卖、提供或者公开个人信息。

回应技术发展需求。生物技术、人工器官制造技术、干细胞研究、克隆技术和组织工程学等的发展，在给人类造福的同时，也对生命权、健康权等人格权提出新的挑战。基于此，民法典人格权编规定，为研制新药、医疗器械或者发展新的预防和治疗方法，需要进行临床试验的，应当依法经相关主管部门批准并经伦理委员会审查同意，向受试者或者受试者的监护人告知试验目的、用途和可能产生的风险等详细情况，并经其书面同意；从事与人体基因、人体胚胎等有关的医学和科研活动，应当遵守法律、行政法规和国家有关规定，不得危害人体健康，不得违背伦理道德，不得损害公共利益。

融入生态文明理念。民法典围绕统筹推进"五位一体"总体布局，顺应人民在生态方面日益增长的需要，确立了绿色原则。比如，物权编对物权的客体、权能、属性、用益物权、相邻关系以及征收征用等制度进行完善，在保护民事主体财产权利的同时，对不动产的权利人设置必要的维护环境、保护生态的义务。合同编规定，当事人在合同履行中根据交易习惯负有节约资源、减少污染的义务，在合同终止后负有旧物回收义务。在侵权责任编规定违法损害生态环境的惩罚性赔偿。

健全风险治理机制。现代社会是风险社会。民法典针对如何应对各种可能的自然风险和人为风险，在原有制度基础上作出新安排。比如，为防控风险，规定"物业服务企业或者其他管理人应当执行政府依法实施的应急处置措施和其他管理措施，积极配合开展相关工作"，并要求业主依法予以配合。对于自然风险，民法典延续不可抗力规则，规定因不可抗力不能履行民事义务的，不承担民事责任，法律另有规定的，依照其规定。对于人为风险，民法典强调安全保障义务，强化合同附随义务，通过停止侵害、排除妨害等制度发挥事前预防功能，通过侵权责任与社会保险、社会救济相衔接形成对受害人的综合补偿机制。

编纂民法典意义重大而深远

编纂一部我们自己的民法典，是几代中国人的夙愿。如今，体现中国特色、时代特色的民法典终于迎来问世时刻。我国民法典的编纂，具有重大而深远的历史意义。

充分体现我们党全心全意为人民服务的根本宗旨。保障人民根本权益，是社会主义法治建设的出发点和落脚点，也是我们党坚守初心使命、坚持执政为民的内在要求。民法典保证人民依法享有广泛的权利和自由、承担应尽的义务。比如，总则编以专章形式，尽可能对民事主体享有的各种权利进行详细列举，并留有发展空间；物权编加强对建筑物业主权利的保护，增加规定居住权；合同编强化对债权实现的保护力度；人格权独立成编；等等，这些制度安排充分体现了以人民为中心的发展思想，有助于满足人民日益增长的美好生活需要。

为坚持和完善中国特色社会主义制度提供法治保障。民法典被称为“社会生活的百科全书”，是市场经济的基本法、人民生活的基本行为准则，是民事司法的基本依据，因此被视为法治现代化的重要标志，是国家治理现代化的重要保障。一方面，民法典全面规范民事关系，涉及经济和社会生活的方方面面，是民事领域的基础性、综合性法律，在国家治理体系中居于重要位置。另一方面，民法典实现了民事法律关系领域国家治理的制度化、规范化、程序化。民法典的颁行是国家治理现代化的重要步骤，为坚持和完善中国特色社会主义制度奠定更加坚实的法治基础。

促进社会主义市场经济健康发展。完善市场经济法律制度，是保障社会主义市场经济持续健康发展的现实需要。民法典的颁布，将进一步完善我国民商事活动的基本规则，为民商事活动提供基本遵循，有效健全经济秩序、维护交易安全。民法典的编纂坚持立足我国国情，适应中国特色社会主义进入新时代和我国社会主要矛盾发生转化的实际，必将发挥促进社会主义市场经济健康发展的积极作用。

推进法治国家、法治政府、法治社会一体建设。民法典调整作为民事主体的自然人、法人和非法人组织之间的人身关系和财产关系，有利于增强全民法治观念，加快建设法治社会。民法典规定："民事主体按照自己的意愿依法行使民事权利，不受干涉。"民法典各分编通过具体规范来确认和保障民事主体的各项具体民事权利，要求公权力依法行使，尊重和保护民事主体的合法权益。这就能够间接发挥规范权力行使的重要功能，有效推进法治国家、法治政府、法治社会一体建设。

促进德治与法治相得益彰。民法典把社会主义核心价值观融入法律条文中，弘扬中华民族传统美德，强化法律规则的道德约束和道德规范的法律支撑。比如，总则编确立的平等、自愿、公平、诚实信用、公序良俗和绿色原则，就是社会主义核心价值观在民法基本原则层面的转化和表达。又如，婚姻家庭编和继承编适当扩大扶养人范围，将"树立优良家风"作为处理夫妻关系和家庭关系的基本原则等，都为我国民事法律制度注入强大的道德力量。

中国法学会党组成员、专职副会长兼秘书长
中国法学会民法典编纂项目领导小组组长　张鸣起

2020 年 5 月 20 日

学好民法典　用好民法典

2020年5月28日，在庄严的人民大会堂，十三届全国人大三次会议审议通过了《中华人民共和国民法典》，习近平主席当日签发第四十五号令，公布自2021年1月1日起施行。这是继19世纪《法国民法典》和20世纪《德国民法典》之后能够引领21世纪新潮流的中国人民自己的民法典！

编纂民法典，是以习近平同志为核心的党中央顺应实践发展要求和人民群众期待，在十八届四中全会作出的重大决策部署，是坚持和完善中国特色社会主义法治体系、实现国家治理体系和治理能力现代化的重大举措，是为统筹推进"五位一体"总体布局和协调推进"四个全面"战略布局，实现中华民族伟大复兴提供坚强法治保障的重要法治基础工程。民法的发达程度是一个国家文明进步的重要标志。民法典在广泛借鉴境外民法典立法例的基础上，凝聚全党全国各族人民的智慧和心血，体现人民意志，尊重人民意愿，坚持人民立场，融会人民感情；把握时代脉搏，顺应时代大势，紧扣时代主题，引领时代潮流。民法典凝聚了几代法学家和法律实务界的集体智慧，进一步完善了中国特色社会主义法律体系，在中国法治建设进程中具有里程碑的意义。

中国审判理论研究会民事审判理论专业委员会以全国法院10多万民事审判法官为依托，深入挖掘占全国法院一审审结案件总数90%的一审民事案件所蕴含的立法需求，充分发挥最先感知民事审判反映出来的民生民情民意的独特优势，全面总结2015年以来全国民事法律实施情况并提出民法典编纂的书面报告。中国审判理论研究会民事审判理论专业委员会自2015年以来每年年会主题确定为民法典编纂与民事审判，深入研究民事法律制度理论，积极参与民法典编纂工作，牵头论证人格权独立成编的可行性、必要性并拟出人格权编条文建议，为科学编纂民法典作出了一定贡献。

民法典在中国特色社会主义法律体系中具有重要地位，是一部固根本、稳预期、利长远的基础性法律。习近平总书记在主持中共中央政治局5月29日就“切实实施民法典”举行第二十次集体学习时强调，民法典系统整合了中华人民共和国成立70多年来长期实践形成的民事法律规范，汲取了中华民族5000多年来的优秀法律文化，借鉴了人类法治文明建设有益成果，是一部体现我国社会主义性质、符合人民利益和愿望、顺应时代发展要求的民法典，是一部体现对生命健康、财产安全、交易便利、生活幸福、人格尊严等各方面权利平等保护的民法典，是一部具有鲜明中国特色、实践特色、时代特色的民法典。各级党和国家机关要带头宣传、推进、保障民法典实施，加强检查和监督，确保民法典得到全面有效执行。各级领导干部要做学习、遵守、维护民法典的表率，提高运用民法典维护人民权益、化解矛盾纠纷、促进社会和谐稳定能力和水平。

编纂出民法典是中华人民共和国成立70余年来几代人的梦想。然而，立法本身并不是我们的目的，立法的目的在于应用，在于实施。切实实施好民法典是坚持以人民为中心、保障人民权益实现和发展的必然要求，是发展社会主义市场经济、巩固社会主义基本经济制度的必然要求，是提高我们党治国理政水平的必然要求。民法典要实施好，就必须让民法典走到群众身边、走进群众心里，走到法官、检察官、公务员、律师、仲裁员、公证员手里。民法典要实施好，就要广泛开展民法典普法工作，把民法典纳入国民教育体系，加强对青少年的民法典教育。民法典要实施好，必须认真学习民法典，准确理解民法典，准确理解民法典的精神实质和微言大义，准确理解民法典的每一个条文，融会贯通，学以致用，正确适用具体制度和每一个条款。民法典要实施好，各级司法机关要秉持公正司法，提高民事审判水平和效率。

最高人民法院院长周强指出：“贯彻实施好民法典，必须吃透民法典精神，正确理解民法典的核心要义和重要制度，正确适用民法典的规定，保障人民权益。民法典立足中国国情，在实现好、维护好、发展好人民权益方面有许多创新。其中，人格权独立成编，全面加强对包括自然人隐私权和个人信息在内的人格权保护，彰显了民法典的人民立场和人文关怀；物权编创设了居住权制度；合同编新增了保理合同、物业服务合同、合伙合同等典型合同；婚姻家庭编确立了夫妻共债共签原则，限缩了无效婚姻范围，对协议离婚规定了一个月的冷静期；继承编增加了打印遗嘱、录像遗嘱等新形式遗嘱类型，并取消了公证遗嘱的优先效力，等等。这些新的内容反映着新时代人民权益的特点，体现着新时代社会生活的实践和发展。要引导广大法官深入学习领会民法典的创新之处，将民法典新理念、新原则、新概念、新条款贯彻到审判执行工作的各个环节，提高运用民法典维护人民权益、化解矛盾纠纷、促进社会和谐稳定的能力和水平。”

天下之事不难于立法，而难于法之必行。民法典颁布施行，开启了法治中国建设的新里程。民法典共7编1260条、10万多字，是我国法律体系中条文最多、体量最大、编章结构最复杂、法律适用难度最大的一部法律。中国法学会及其所属各个研究会肩负着民法典宣传普及职责，全国各级人民法院肩负着民法典贯彻实施的历史使命和法定职责，应当成为民法实施体系的中流砥柱。为此，必须吃透立法精神、领会规则实质、把握条文主旨，正确理解民法典立法宗旨、条文含义，释疑解惑，明确司法适用，认真做好贯彻实施民法典、解释民法典、适用民法典的知识储备和理论准备。

工欲善其事，必先利其器。遵照习近平总书记“要加强解读”“要发挥法律解释的作用，及时明确法律规定含义和适用法律依据，保持民法典稳定性和适应性相统一”的要求，中国法学会审判理论研究会民事审判理论专业委员会精心编写的“民法典条文理解与司法适用”丛书（总则编、物权编、合同编、人格权编、婚姻家庭编、继承编、侵权责任编七个分册），就是贯彻落实最高人民法院和中国法学会关于认真学习宣传贯彻实施民法典要求的理论利器和应用工具。这个利器和工具，是由我牵头，有申惠文、何建、孙莹、丁慧、杨帆、周杲等一批民法理论基础扎实、民事实践经验丰富的专家参加，认真把脉民法典的关节点、创新点，精心打造的。毋庸置疑，其中凝聚着民法研究的理论成果和全国法院法官的经验智慧。

“民法典条文理解与司法适用”丛书认真贯彻习近平总书记关于切实实施民法典的重要讲话精神，始终坚持以习近平新时代中国特色社会主义思想为指导，全面贯彻党的十九大和十九届二中、三中、四中全会精神，增强“四个意识”、坚定“四个自信”、做到“两个维护”，坚持以人民为中心的政治立场，大力弘扬社会主义核心价值观，坚持新发展理念。该书聚焦民法典的核心要义和重点问题，重点阐释民法典关于民事活动平等、自愿、公平、诚信等基本原则，重点阐释民法典关于坚持主体平等、保护财产权利、便利交易流转、维护人格尊严、促进家庭和谐、追究侵权责任等基本要求，从条文主旨、条文理解、司法适用、司法案例等方面进行逐条解读，全方位阐释民法典新规定、新概念、新精神，重点关注民事审判实践中的问题，具有较强的现实指导意义。

民法典的基本精神在于平等自愿、自由自治、公平诚信、绿色文明，核心要义在于维护基本制度、保护民事权益、限制国家公权、弘扬核心价值。当前，各级立法机关、行政机关和司法机关，都在按照中央安排部署认真学习民法典、宣传民法典，提高适用民法典的能力和水平。唯有学好民法典、用好民法典，才能够充分发挥民法典在完善中国特色社会主义法律体系、推进国家治理体系和治理能力现代化中的重要作用。让我们同心协力，将民法典学习好、理解好、适用好、落实好，确保民法典落地有声，全面施行，让民法的阳光普照神州大地。

期望本丛书的出版发行，为民法典的正确理解和准确适用提供指引。

中国法学会审判理论研究会常务理事
民事审判理论专业委员会常务副主任　曹守晔

2020 年 6 月 19 日

法律、司法解释缩略语表

全　　称	简　　称
《中华人民共和国民法典》	《民法典》
《中华人民共和国民法典》第一编“总则”	《民法典》“总则编”
《中华人民共和国民法典》第二编“物权”	《民法典》“物权编”
《中华人民共和国民法典》第三编“合同”	《民法典》“合同编”
《中华人民共和国民法典》第四编“人格权”	《民法典》“人格权编”
《中华人民共和国民法典》第五编“婚姻家庭”	《民法典》“婚姻家庭编”
《中华人民共和国民法典》第六编“继承”	《民法典》“继承编”
《中华人民共和国民法典》第七编“侵权责任”	《民法典》“侵权责任编”
《中华人民共和国民法通则》	《民法通则》
《中华人民共和国民法总则》	《民法总则》
《中华人民共和国物权法》	《物权法》
《中华人民共和国合同法》	《合同法》
《中华人民共和国侵权责任法》	《侵权责任法》
《中华人民共和国担保法》	《担保法》
《中华人民共和国土地管理法》	《土地管理法》
《中华人民共和国民用航空法》	《民用航空法》
《中华人民共和国公司法》	《公司法》
《中华人民共和国合伙企业法》	《合伙企业法》
《中华人民共和国企业破产法》	《企业破产法》
《中华人民共和国民事诉讼法》	《民事诉讼法》
《中华人民共和国商业银行法》	《商业银行法》
《中华人民共和国仲裁法》	《仲裁法》

续表

全　　称	简　　称
《中华人民共和国招标投标法》	《招标投标法》
《中华人民共和国电子商务法》	《电子商务法》
《中华人民共和国电力法》	《电力法》
《中华人民共和国执业医师法》	《执业医师法》
《中华人民共和国保险法》	《保险法》
《中华人民共和国反不正当竞争法》	《反不正当竞争法》
《中华人民共和国著作权法》	《著作权法》
《中华人民共和国信托法》	《信托法》
《中华人民共和国证券投资基金法》	《证券投资基金法》
《中华人民共和国公证法》	《公证法》
《中华人民共和国拍卖法》	《拍卖法》
《中华人民共和国涉外经济合同法》	《涉外经济合同法》
《中华人民共和国技术合同法》	《技术合同法》
《中华人民共和国经济合同法》	《经济合同法》
《中华人民共和国专利法》	《专利法》
《中华人民共和国水法》	《水法》
《中华人民共和国公益事业捐赠法》	《公益事业捐赠法》
《中华人民共和国建筑法》	《建筑法》
《中华人民共和国海商法》	《海商法》
《中华人民共和国铁路法》	《铁路法》
《中华人民共和国药品管理法》	《药品管理法》
《中华人民共和国草原法》	《草原法》
《中华人民共和国森林法》	《森林法》
《中华人民共和国矿产资源法》	《矿产资源法》
《中华人民共和国政府采购法》	《政府采购法》
《中华人民共和国行政诉讼法》	《行政诉讼法》
《中华人民共和国电子签名法》	《电子签名法》
《中华人民共和国中外合资经营企业法》	《中外合资经营企业法》

续表

全　　称	简　　称
《最高人民法院关于贯彻执行〈中华人民共和国民法通则〉若干问题的意见(试行)》	《民通意见》
《最高人民法院关于适用〈中华人民共和国民法总则〉诉讼时效制度若干问题的解释》	《民法总则诉讼时效适用解释》
《最高人民法院关于适用〈中华人民共和国民事诉讼法〉的解释》	《民事诉讼法解释》
《最高人民法院关于适用〈中华人民共和国民事诉讼法〉执行程序若干问题的解释》	《民事诉讼法执行程序解释》
《最高人民法院关于适用〈中华人民共和国仲裁法〉若干问题的解释》	《仲裁法解释》
《最高人民法院关于民事诉讼证据的若干规定》	《民事诉讼证据规定》
《最高人民法院关于审理涉及国有土地使用权合同纠纷案件适用法律问题的解释》	《国有土地使用权合同解释》
《最高人民法院关于审理建筑物区分所有权纠纷案件具体应用法律若干问题的解释》	《建筑物区分所有权解释》
《最高人民法院关于审理物业服务纠纷案件具体应用法律若干问题的解释》	《物业服务解释》
《最高人民法院关于适用〈中华人民共和国担保法〉若干问题的解释》	《担保法解释》
《最高人民法院关于适用〈中华人民共和国合同法〉若干问题的解释(一)》	《合同法解释(一)》
《最高人民法院关于适用〈中华人民共和国合同法〉若干问题的解释(二)》	《合同法解释(二)》
《最高人民法院关于审理外商投资企业纠纷案件若干问题的规定(一)》	《外商投资企业解释一》
《最高人民法院关于审理买卖合同纠纷案件适用法律问题的解释》	《买卖合同解释》
《最高人民法院关于审理城镇房屋租赁合同纠纷案件具体应用法律若干问题的解释》	《城镇房屋租赁解释》
《最高人民法院关于审理商品房买卖合同纠纷案件适用法律若干问题的解释》	《商品房买卖解释》
《最高人民法院关于审理技术合同纠纷案件适用法律若干问题的解释》	《技术合同解释》
《最高人民法院关于审理民间借贷案件适用法律若干问题的规定》	《民间借贷规定》
《最高人民法院关于审理建设工程施工合同纠纷案件适用法律问题的解释》	《建设工程施工合同解释一》

续表

全　　称	简　　称
《最高人民法院关于审理建设工程施工合同纠纷案件适用法律问题的解释(二)》	《建设工程施工合同解释二》
《最高人民法院关于审理融资租赁合同纠纷案件适用法律问题的解释》	《融资租赁解释》
《最高人民法院关于审理存单纠纷案件的若干规定》	《存单纠纷解释》
《全国法院民商事审判工作会议纪要》	《九民会议纪要》
《最高人民法院关于民事执行中变更、追加当事人若干问题的规定》	《民事执行变更追加当事人规定》
《最高人民法院关于审理行政协议案件若干问题的规定》	《行政协议司法解释》
《最高人民法院关于人民法院办理执行异议和复议案件若干问题的规定》	《执行异议和复议案件规定》
《最高人民法院关于审理人身损害赔偿案件适用法律若干问题的解释》	《人身损害赔偿解释》
《最高人民法院关于审理铁路运输人身损害赔偿纠纷案件适用法律若干问题的解释》	《铁路运输人身损害赔偿解释》
《最高人民法院关于人民法院网络司法拍卖若干问题的规定》	《网络司法拍卖规定》

目录

第三编 合 同

第三编　合　同

绪　　论

本编需要把握的核心要义是鼓励交易、便利交易、等价交易和诚信交易。与“物权编”从静态调整物的归属和利用民事关系不同,“合同编”是从动态调整物的流通和交易民事关系的。

合同是社会交往和市场交易的法律形式,“合同编”是民法典的重要组成部分,合同制度是规范市场交易的基本法律制度。本编的条文数量占7编条文总数约50%,其分量之重可见一斑。在司法实践的各类民商事纠纷中,合同纠纷案件位居“双一流”地位:不仅名列第一,而且占比最大。①

本编共分三分编,包括通则、典型合同和准合同。第一分编通则的前四章与《合同法》的章名相同,只是《合同法》第四章合同的履行被一分为二,将代位权和撤销权独立成章,即第五章合同的保全;《合同法》第五、六、七章顺序调整为第六、七、八章,名称依然分别为合同的变更和转让、合同的权利义务终止、违约责任;删除《合同法》第八章其他规定,其内容分别前移列入《民法典》“总则编”和本编通则(如《合同法》第126条涉外法律适用、第129条诉讼时效)、本编第一章一般规定(如《合同法》第124～125条)和第四章合同的履行之中(《合同法》第127条改为本编第534条)。

第一分编通则,是贯穿合同全编通用的规则,是“合同编”的总则,规定的是“合同编”最为基本的内容,即一般规定和合同的订立、效力、履行、保全、变更和转让、权利义务终止和违约责任。其中,合同的保全是《合同法》合同履行中代位权和撤销权的条款,加上《合同法解释(一)》《合同法解释(二)》相关内容丰富以后独立成章的。从结构上来说,如此调整的好处是脉络更清晰,也避免了合同履行

---

①　曹守晔、何建:《2018年民商法实施报告》,载中国行为法学会、中南大学编:《中国法治实施报告》(2018),人民法院出版社2019年版,第41页;曹守晔、潘静:《2017年民商法实施报告》,载《中国法治实施报告》(2017),人民法院出版社2018年版,第37～38页。2019年全国法院审结的一审民商事纠纷案件共1393万件,其中合同纠纷案件在民商事案件中占比为66%。(数据来源:周强院长于2020年5月25日在十三届全国人大三次会议上所作的《最高人民法院工作报告》。)

一章的内容与其他章节比较起来偏多而显得不够均衡。在理解与适用中需要注意的是,形式上独立成章但实质上仍然是合同履行的内容,特别是代位权具有债权保全和债权实现的双重意旨,而条文用语以“合同的保全”加以概括,容易混淆为民事诉讼法上的程序保全概念,容易被误导为仅仅是债的保全,要注意避免望文生义。

第二分编为典型合同,即买卖合同等 19 种有名合同,主要源于《合同法》,保证合同源于《担保法》,保理合同、物业服务合同和合伙合同为新增加的类型。为解决民间借贷领域存在的突出问题,维护正常的金融秩序,明确规定了禁止高利放贷,借款的利率不得违反国家有关规定。

第三分编为准合同,即无因管理和不当得利,分别源于《民法通则》第 93 条和第 92 条,分别与《民法总则》第 121 条和第 122 条相衔接。

合同制度是市场经济的基本法律制度。1999 年 3 月九届全国人大二次会议通过了《合同法》,共 23 章 428 条。《合同法》实施以来,对保护当事人合法权益、促进生产要素自由流动、实现公平交易、维护经济秩序等发挥了重要作用。随着我国全面开放新格局和社会主义市场经济不断形成和发展,合同领域出现了一些新情况、新问题。按照加快完善市场经济法律制度的要求,针对《合同法》实施以来的新情况和新问题,《民法典》“合同编”在总结《合同法》实施情况的基础上,借鉴国际立法经验,结合民法典编纂体系化要求,进一步补充完善了合同制度,在内容上作出多处修改,回应社会关切。

“合同编”的回应。“合同编”反映了人民群众的意愿和要求,适应实践发展需求。譬如进一步加强对合同效力的保护。在实践中,任意违反合同、干涉合同订立履行的情况时有发生,这不利于构建诚信社会和维护市场经济秩序。因此,法律作出有针对性的规定。再如“合同编”规定:“依法成立的合同,受法律保护。”虽然只加了一句话,但是这发出了一个强烈的信号,就是要求在市场经济当中双方都要信守合同,要有强烈的契约精神。随着社会主义市场经济的发展,这不仅是完善社会主义市场经济体制的重要体现,也是保护市场主体、维护诚信的根本要求。

对格式条款效力作出调整。现实当中,消费领域的合同采用格式条款比较常见,而提供格式条款的一方很有可能利用强势地位,侵害弱势消费者的权益。比如,消费者在网上进行购物时,有的电商平台或者平台内经营者单方提供字体特别小的合同版本,导致部分消费者看不清楚或者因其隐藏在后面而看不到。一旦出现纠纷,这些条款本身能不能视为合同内容来对待、会不会产生效力等问题一直有争论。

为保护格式合同弱势一方当事人,草案一审稿规定,提供格式条款的一方未履行提示或者说明义务,致使对方没有注意或者理解与其有重大利害关系的条款的，该条款不产生效力。对此，有的部门、法学教学研究机构和社会公众提出，本条规定旨在保护处于弱势的格式条款相对方利益，在提供格式条款的一方未履行提示或者说明义务的情形下，应当由格式条款相对方决定该条款是否成为合同的组成部分。草案二审稿将“该条款不产生效力”修改为“对方可以主张该条款不成为合同内容的一部分”。

在不可撤销赠与合同中增加“助残”内容。针对现实当中时有发生的为了博取名声搞虚假捐赠这种情况，草案一审稿中规定了赠与不可撤销的情形。为了加大对弱势群体的保护，体现对残疾人权益的保护，解决实践中存在的虚假助残捐赠问题，草案二审稿在不可撤销的赠与情形中增加“助残”情形。草案二审稿规定，具有救灾、扶贫、助残等公益、道德义务性质的赠与合同或者是经过公证的赠与合同，不可以撤销。同时规定，这几种情形下，赠与人不交付赠与财产的，受赠人可以要求交付。

对保证方式推定作出修改。草案一审稿规定，当事人在保证合同中对保证方式没有约定或者约定不明确的，按照连带责任保证承担责任，但是自然人之间的保证合同除外。鉴于连带责任保证是一种加重保证人责任的保证方式，原则上宜由当事人明确约定；没有约定或约定不明的，一概推定为连带责任保证，会加重实践中因互相担保或者连环担保导致资不抵债或者破产的问题，影响正常的生产生活秩序。同时，考虑到将当事人对保证方式没有约定或者约定不明确的推定为一般保证，有利于防止债务风险的扩散，维护经济社会稳定，故规定“当事人在保证合同中对保证方式没有约定或者约定不明确的，按照一般保证承担保证责任”。

新设专章规定保理合同内容。保理合同，是指应收账款的债权人将应收账款转让给保理人，保理人提供资金支持以及应收账款管理、催收等服务的合同。作为一种重要的融资工具，保理业务可以为实体企业提供综合性金融服务，特别是可以为中小型企业拓宽融资渠道，对于解决中小企业融资难、融资贵的问题，促进实体经济的发展很有意义。当前我国保理业务发展迅猛、体量庞大，同时也存在一些问题，时常发生纠纷，亟须立法加以规范。且保理业务作为企业融资的一种手段，在权利义务设置、对外效力等方面具有典型性。对保理合同作出明确规定，有利于促进保理业务的健康发展，缓解中小企业融资难、融资成本高的问题，进而促进我国实体经济发展。据此，专章规定了保理合同。

为回应热点，对客运合同作出较大修改，增加了强化知识产权保护的内容。

在有名合同中，修改建设工程合同一章是本编立法重点之一。建设工程领域实践性强、修改难度大，修改时增加了4个条文：(1)建设工程施工合同无效后的处理；(2)未经竣工验收发包人擅自使用的情况下，工程质量是否可以推定为验收合格；(3)竣工日期和开工日期；(4)承包人和发包人解除合同的约定。建设工程项目经理的职务代理权以及项目部的行为能力、合同效力与资质关系、无效合同的有效处理、民事责任与行政责任的区分、建设工程优先受偿权的范围和登记等,都是实践中需要明确的问题。为正确适用法律,除了单项批复,最高人民法院先后制定了《建设工程施工合同解释一》《建设工程施工合同解释二》。建设工程价款优先受偿权的保护,在司法实践中需要区分消费者保护、劳工保护与商业性价款保护,注意不能割裂工程价款、工期、质量之间的内在逻辑,注意工程和保修期满之后的质量维修、建设工程价款优先受偿权与破产债权分配原则的冲突与衔接、建设工程合同任意解除权、擅自使用等问题。

"合同编"的编纂。为完善市场经济法律制度,解决《合同法》实施以来的新问题,立法机关将《合同法》修改为"合同编";"合同编"主要源于《合同法》和相关司法解释,而《合同法》是在《经济合同法》、《涉外经济合同法》和《技术合同法》三合一的基础上制定的,因此其内容主要是《合同法》的。在学习、理解与适用中值得注意的是,本次民法典编纂活动对《合同法》修改、增加、删除的内容。譬如,为适应电子商务和数字经济快速发展的需要,规范电子交易行为,对电子合同订立、履行的特殊规则作了规定;结合新冠肺炎疫情防控工作,完善国家订货合同;总结司法经验,丰富了代位权撤销权内容并独立成章,强化对债权实现的保护力度;针对实践中一些合同当事人不信守合同、欠债不还等突出问题,为保障债权顺利实现,防范因违约可能导致的债务风险,构建诚信社会,完善了合同保全、借款合同、融资租赁合同的有关规则,并增设专章规定了保证合同;加大对弱势合同当事人一方的保护;规定了电、水、气、热力供应人以及公共承运人对社会公众的强制缔约义务;完善了格式条款制度;为落实党中央提出的建立租购同权住房制度的要求,保护承租人利益,促进住房租赁市场健康发展,增加了住房承租人的优先承租权制度;落实"总则编"绿色原则的要求,规定了当事人在合同履行中应当遵循诚信原则,根据交易习惯负有节约资源、减少污染的义务,应当避免浪费资源、污染环境和破坏环境,在合同终止后负有旧物回收义务,规定买卖合同的出卖人依法负有回收义务等。

"合同编"的适用。为了便于法律适用,"合同编"在内容上大量吸收了实践证明符合中国实际并且行之有效的司法解释,譬如代位权的实现、情势变更、债务抵充、债务清偿顺序等。在体例结构上也作出了调整,在"合同编"之下再设三个分编,分别为第一分编通则、第二分编典型合同和第三分编准合同,其中,第三分编准合同中包括了无因管理和不当得利两章。民法合同制度是市场经济的基本制度,也是《民法典》作为市场经济基本法的集中体现。随着《民法典》"合同编"的施行,中国特色社会主义市场经济必将得到进一步发展,社会主义基本制度得到进一步巩固和完善。

第一分编　通　则

第一章　一 般 规 定

第四百六十三条　本编调整因合同产生的民事关系。

【条文主旨】

本条是关于合同编调整范围的规定。

【条文理解】

民事权利存在于特定社会关系之中,民法保护民事权利是通过调整民事关系来实现的。调整社会关系是法律的基本功能,而调整社会关系的手段分为道德、法律等不同类型,其中法律是现代社会最为重要的调整社会关系的方式。民法调整的仅仅是民事关系,民事关系是平等主体之间的权利和义务的关系。民事关系根据权利义务内容性质的不同,可以分为人身关系、财产关系等。其中,财产关系,是指民事主体之间基于物质利益而形成的民事法律关系。财产关系既包括静态的财产支配关系,如所有权关系;又包括动态的财产流转关系,如债权债务关系等。就财产关系所涉及的权利内容而言,财产关系包括物权关系、债权关系等。

民事法律关系的发生,是指因一定的民事法律事实出现,民事主体之间形成民事权利义务关系,而民事法律事实包括行为和自然事实。合同属于双方民事法律行为,从债的发生原因看,合同是引起债产生的法律事实,也是民事关系产生的原因之一。《民法通则》第 84 条规定,债是按照合同的约定或者依照法律的规定,在当事人之间产生的特定的权利和义务关系,享有权利的人是债权人,负有义务的人是债务人。债权人有权要求债务人按照合同的约定或者依照法律的规定履行义务。因此,"合同编"主要调整因合同产生的民事关系。这种民事关系是"总则编"第 2 条所称的平等主体的自然人、法人和非法人之间的财产关系,不包括具有行政隶属关系的当事人之间订立的具有财产内容的行政协议。[1]

【司法适用】

法律关系以一定的权利义务为内容。每一个法律关系至少须以一个权利为其要素,或为债权,或为物权,或为身份权,等等。债权关系,尤其是合同,其法律关系本身即个别独立的权利义务,原则上均得让与。[2] 任何社会关系总是在不断变化,包括“合同编”在内的《民法典》调整的社会关系发展变化反映在民事关系上,具体表现为各种民事关系的发生、变更、消灭,合同属于民事关系范畴,因合同产生的民事关系,包括因合同发生、变更、消灭的民事关系,不是仅指产生合同关系。

本分编作为通则部分,对于其他分编的理解和适用具有重要指导意义。“合同编”是《民法典》的重要组成部分,是规范市场交易的基本法律,它涉及生产、生活领域的方方面面,对于及时解决各类合同经济纠纷,保护当事人的合法权益,维护社会经济秩序,优化营商环境,促进社会主义现代化建设,具有十分重要的作用。

【司法案例】

王某毅、张某霞诉上海丙宾馆赔偿纠纷案[3]

诉讼结论:根据有利于权利人原则,确定本案为合同违约并依法处理本案纠纷。

合同是当事人之间设立、变更、终止民事关系的协议。依法成立的合同,受法律保护。本案发生在《合同法》施行以前,当时的法律对此类合同纠纷缺乏明确规定。《合同法解释(一)》第1条规定:“合同法实施以后成立的合同发生纠纷起诉到人民法院的,适用合同法的规定;合同法实施以前成立的合同发生纠纷起诉到人民法院的,除本解释另有规定的以外,适用当时的法律规定,当时没有法律规定的,可以适用合同法的有关规定。”根据这一司法解释,本案可以适用合同法调整。王某生前入住被告丙宾馆,其与丙宾馆之间建立的是合同法律关系,应适用合同法律进行调整,不能适用消费者权益保护法。《民法通则》第106条第1款规定:“公民、法人违反合同或者不履行其他义务的,应当承担民事责任。”第111条规

① 最高人民法院2019年11月27日发布、自2020年1月1日起施行的《行政协议司法解释》对行政协议的概念和范围作了界定。

② 王泽鉴:《民法总则》,北京大学出版社2009年版,第66～67页。

③ 参见《最高人民法院公报》2001年第2期。

定:“当事人一方不履行合同义务或者履行合同义务不符合约定条件的,另一方有权要求履行或者采取补救措施,并有权要求赔偿损失。”丙宾馆既然基于对宾馆的管理以及对入住宾馆客人的优质服务而作出“24 小时的保安巡视,确保您的人身安全”的服务质量承诺,则应予以兑现,现未能兑现承诺,则应承担违约责任。

第四百六十四条　合同是民事主体之间设立、变更、终止民事法律关系的协议。

婚姻、收养、监护等有关身份关系的协议,适用有关该身份关系的法律规定;没有规定的,可以根据其性质参照适用本编规定。

【条文主旨】

本条是关于合同的定义和身份协议的法律适用的规定。

【条文理解】

法律的调整范围就是法律所规范的社会关系类型。一个国家的法律体系总是由不同的法律部门组成,不同的洪律部门规制不同的社会关系,通过不同法律部门之间的分工配合,从而形成有机统一的法律体系。民事法律关系有人身权法律关系、物权法律关系、债权法律关系、知识产权法律关系、婚姻家庭法律关系及继承法律关系等。而民事主体是民事关系的参与者、民事权利的享有者、民事义务的履行者和民事责任的承担者,其中民事主体包括自然、法人和非法人组织。[①]

合同是平等民事主体之间订立的民事权利义务关系的协议,属于民事法律关系,不属于民事法律关系的其他活动,不适用“合同编”。这里所说的民事法律关系,主要是指财产关系,婚姻、收养、监护等有关身份关系的协议,适用其他法律的规定。由此可见,“合同编”所调整的合同,是债权、物权、知识产权、人格权等民事合同,其他合同,如收养协议、监护协议、离婚协议等人身关系的民事合同不包括在内。关于行政管理的协议和法人、非法人组织内部的管理协议以及劳动合同,更不属于“合同编”的调整范围。然而,现实生活是丰富多彩的,各类合同层出不穷,难以穷尽在“合同编”或其他编中作规定。对于难以纳入“合同编”或其他编,民法或者其他法律没有明文规定的合同,本编第 467 条和第 468 条作了兜底规定,可以根据其性质适用本编通则规定,并可以参照适用本编典型合同。

---

① 李适时主编:《中华人民共和国民法总则释义》,法律出版社 2017 年版,第 10 页。

【司法适用】

需要注意的是，政府对经济的管理活动，属于行政管理关系，不适用“合同编”，如财政拨款、征用、征购等，是政府行使行政管理职权，属于行政关系。另外，企业、单位内部的管理关系，是管理与被管理的关系，不是平等主体之间的关系，也不属于“合同编”调整。

《行政诉讼法》所称行政协议，一般不适用“合同编”。《行政协议司法解释》第1条规定：“行政机关为了实现行政管理或者公共服务目标，与公民、法人或者其他组织协商订立的具有行政法上权利义务内容的协议，属于行政诉讼法第十二条第一款第十一项规定的行政协议。”根据这一解释，行政协议包括4个要素：(1)主体，即一方当事人必须为行政机关；(2)目的，即必须是为了实现行政管理或者公共服务目标；(3)内容，协议内容必须具有行政法上的权利义务内容；(4)合意，即协议双方当事人必须协商一致。显然，前3个要素是行政协议与民事合同之间的主要区别。关于行政协议范围，上述司法解释对除行政诉讼法规定的政府特许经营协议、土地房屋征收补偿协议两类协议之外的类型进行了列举。主要包括：矿业权出让协议等国有自然资源使用权出让协议，政府投资的保障性住房的租赁、买卖等协议，符合司法解释规定的政府与社会资本合作协议等。这些协议原则上首先适用《矿产资源法》《草原法》《森林法》等特别的法律以及行政法规，在法律以及行政法规没有规定或者规定不够具体的情况下，可以参照“合同编”买卖合同、租赁合同的规定适用。

关于政府机关参与的合同，应当区别不同情况分别处理：(1)政府机关作为平等的民事主体与对方签订合同的，如购买办公用品，属于一般的买卖合同关系，适用“合同编”买卖合同；(2)属于行政管理关系的协议，如有关综合治理、国有土地出让、集体土地征用、计划生育、生态环境保护等协议，不是民事合同，一般不适用“合同编”；(3)政府的采购活动，虽然政府与对方之间的合同要适用“合同编”，对于政府采购行为本身，则适用专门的《政府采购法》。①

【司法案例】

甲海关诉江苏乙商业银行股份有限公司葛塘支行执行异议之诉案②

诉讼结论：执行异议之诉审判中的有关事实涉及行政管理时，如果不是必须以行政行为内容来认定法律行为要件事实，可以先就该事实的法律性质作出认定

① 胡康生主编：《中华人民共和国合同法释义》，法律出版社2013年版，第5页。

② 参见《最高人民法院公报》2018年第11期。

后，在行政行为作出前，根据《民事诉讼法》第153条规定"人民法院审理案件，其中一部分事实已经清楚，可以就该部分先行判决"的内容，及时作出判决。

2005年5月11日，江苏省对外贸易经济合作厅向丙公司、丁公司出具加工贸易业务批准证。2005年5月18日，甲海关为丙公司、丁公司办理《进料加工登记手册》，并根据丙公司、丁公司提交的合同及外经贸主管部门的批件进行审核，按料件金额签发《银行保证金台账开设联系单》给丙公司、丁公司，由丙公司、丁公司向银行申请办理保证金台账手续，并由两公司缴纳保证金。这一系列行为体现的是甲海关履行行政职权，丙公司、丁公司履行相关义务，是行政机关与行政管理相对人之间的关系，而非平等主体之间的民事法律关系。可见，海关和经营加工企业之间是监管与被监管的关系，不是平等民事主体之间的法律关系。

第四百六十五条　依法成立的合同，受法律保护。

依法成立的合同，仅对当事人具有法律约束力，但是法律另有规定的除外。

【条文主旨】

本条是关于依法成立的合同效力的规定。

【条文理解】

本条源于《合同法》第8条的规定，"依法成立的合同，对当事人具有法律约束力。当事人应当按照约定履行自己的义务，不得擅自变更或者解除合同。依法成立的合同，受法律保护"。

"合同编"编纂是对《合同法》的修改，重在强调生效合同的权威性和合同效力的相对性。(1)将第2款提升为第1款："依法成立的合同，受法律保护。"(2)将第1款第1句"对当事人具有法律约束力"之前加一个"仅"字，第2句"当事人应当按照约定履行自己的义务"因为与"合同的履行"一章第509条第1款"当事人应当按照约定全面履行自己的义务"重复而被删除，删除"不得擅自变更或者解除合同"之后更加体现合同自由，即如第543条所规定："当事人协商一致，可以变更合同。"符合第七章第557条所列情形之一的，债权债务终止，合同关系解除的，合同的权利义务关系终止。

依法成立的合同，受法律保护。所谓受法律保护，是指如果一方当事人未取得对方当事人同意，擅自变更或者解除合同，不履行合同义务或者履行合同义务不符合约定，从而使对方当事人的权益受到损害，则受损害方有权通过向人民法院起诉请求维护自己的权益，法院应当根据原告的诉讼请求依法维护其权益，对于擅自变更或者解除合同的一方当事人强制其履行合同义务并承担违约责任。

依法成立的合同，仅对当事人具有法律约束力。“仅对当事人”，是指合同的相对性，基于合同所享有的权利是债权，而债权具有相对性。一般而言，合同只能对合同当事人产生拘束力，非合同当事人不能诉请强制执行合同，除非基于法律另有明确规定，而此处的法律是指法律、法规、司法解释等。

所谓法律约束力，是指当事人应当按照合同的约定履行自己的义务，非依法律规定或者取得对方同意，不得擅自变更或者解除合同。不履行合同义务或者履行合同义务不符合约定的，应当承担违约责任。

该条反映的是合同民事权益受法律保护原则，主要是指合同一旦依法成立，就具有法律效力，当事人必须受合同的约束。合同的法律约束力，是合同制度的核心，它具有由国家力量保证合同履行的法律上的强制作用。如果合同没有一定的法律约束力，当事人一方可以任意不履行或者不完全履行合同约定的义务，或者由一方当事人随意变更和解除合同，或者可以拒绝履行因自己不履行合同义务或者履行合同义务不符合约定而应当承担的违约责任。赋予合同以法律约束力，是国家用法律调整经济关系、用合同组织经济活动、促进市场经济法治化建设的重要措施。

【司法适用】

合同的成立与生效是两个不同的概念。合同的成立要件是双方意思表示一致，即承诺的内容和要约的内容一致。合同成立不一定就必然生效。成立的合同，只有符合法定的生效要件，才有约束合同当事人的法律效力。合同依法成立生效以后，对当事人就具有了法律约束力，当事人应当按照合同的约定履行自己的义务，非依法律规定或者取得对方同意，不得擅自变更或者解除合同。而对于合同不成立的法律后果，要根据诚实信用原则的要求，在当事人之间合理分配，不能使不诚信的当事人因合同不成立而获益。合同不成立情况下，当事人所承担的缔约过失责任不应超过合同履行利益。对于须经行政机关批准生效的合同，对报批义务及未履行报批义务的违约责任等相关内容作出专门约定的，该约定独立生效。一方因另一方不履行报批义务，可请求解除合同并请求另一方承担合同约定的相应违约责任。[①]

---

① 参见《九民会议纪要》。

【司法案例】

俞某新诉福建甲房地产有限公司、魏某瑞商品房买卖（预约）合同纠纷案[①]

诉讼结论：根据合同相对性原则，合同一方当事人以案外人违约为由，主张在涉案合同履行中行使不安抗辩权的，人民法院不予支持。

福州甲公司与甲公司是两个不同的法人，以案外人违约为由在本案合同履行中行使不安抗辩权，不符合合同相对性原则。俞某新虽主张其已向甲公司支付了大部分定金，履行了支付定金的主要义务，并享有不安抗辩权，但按照《商铺认购书》的约定，甲公司应在收到俞某新定金后30日内领取《商品房预售许可证》并与俞某新签订购房合同。据此，应认定俞某新负有先履行义务，其应在2007年10月20日之前付清6360万元定金，但俞某新至今仅支付了5860万元定金，其主张行使不安抗辩权的理由不能成立。因此，应认定俞某新违约，故其无权向甲公司主张违约金。由于俞某新违约在先，即使后来甲公司没有及时领取《商品房预售许可证》并与俞某新签订购房合同，也不应向俞某新支付违约金。本案《商铺认购书》解除后，双方当事人的权利义务终止。因房屋交易尚未完成，应当返还一方占有另一方的财产。

第四百六十六条　当事人对合同条款的理解有争议的，应当依据本法第一百四十二条第一款的规定，确定争议条款的含义。

合同文本采用两种以上文字订立并约定具有同等效力的，对各文本使用的词句推定具有相同含义。各文本使用的词句不一致的，应当根据合同的相关条款、性质、目的以及诚信原则等予以解释。

【条文主旨】

本条是关于合同条款解释的规定。

【条文理解】

合同由用语言文字构成的合同条款组成。合同条款是合同内容的相对独立结构，是合同当事人依据一定的标准，将其构成合同内容的合意分解化、条理化、

---

① 最高人民法院（2010）民一终字第13号民事判决书。

体系化，由此形成的一条一条的文字。①合同条款反映当事人的意思表示。当相对人对意思表示的内容存在不同认识时，即有对意思表示进行解释的必要。我国通说主张就意思表示的解释对象应采用折中主义理论，区分意思表示类型进行解释，能够较好地兼顾行为人与其他民事主体的利益。“总则编”第 142 条第 1 款规定，有相对人的意思表示的解释，应当按照所使用的词句，结合相关条款、行为的性质和目的、习惯以及诚信原则，确定意思表示的含义。通常情况下，意思表示都是有相对人的。在当事人对合同条款的理解有争议时，按照合同所使用的词句、合同的有关条款、合同的目的、交易习惯以及诚实信用原则确定该条款的真实意思。

如果合同文本采用两种以上文字订立并约定具有同等效力的情况下，应当对文本使用的词句推定具有相同的含义。当各文本使用的词句在理解上不一致时，往往各条款都有该词句，此时按词句本身的含义或按相关的条款确定含义已不可能，那么，仍应当按照订立合同的性质、目的以及诚实信用原则予以解释。

诚实信用原则要求当事人在订立、履行合同，以及合同终止后的全过程中，都要诚实信用，相互协作。诚实信用原则是民法的基本原则之一，一是可作为指导合同当事人订立合同、履行合同的行为准则，鼓励交易、促进履行合同义务；二是合同没有约定或约定不明确而法律又没有规定的，可以根据诚实信用原则进行解释；三是双方当事人对合同条款、文字的理解有争议时，可作为解释的方法和原则。按照诚实信用原则解释合同，有利于保护合同双方当事人的合法权益，有利于营造良好的法治营商环境，有利于宣扬贯彻社会主义核心价值观。

【司法适用】

立法者对合同的解释规定了详细的、全面的合同解释方法，要求法官在裁判过程中正确运用各种方法去解释合同、裁判案件。在当事人对合同条款的理解有争议时，首先，应当通过对合同所使用的文字词句的解释，以探求合同所表达当事人的真实意思；其次，根据条款在整个合同中的位置与其他条款的关联确定各个条款在整个合同中所具有的正确意思；再次，如果合同所使用的文字或某个条款可能有两种解释时，应采取最适合于合同目的的解释；最后，合同所使用的文字词句有疑义时，应参照在交易中大家普遍接受的，长期、反复实践的行为规则解释、诚实信用原则等来确定该条款的意思。

---

① 谢怀栻等：《合同法原理》，法律出版社 2000 年版，第 34 页。

【司法案例】

淄博甲医院诉乙银行股份有限公司淄博博山支行等借款担保合同纠纷管辖权异议案[①]

诉讼结论：驳回淄博甲医院对原审法院管辖权异议裁定的上诉，维持原裁定。

关于本案当事人之间所签订的9份外币借款合同关系。(1)当事人在有关合同中并没有明确约定或者表示本案所涉9份合同之间的相互关系；(2)从各个借款合同内容及特征来看，借款金额及履行行为分别是独立的，并不能看出各个合同之间的关联性；(3)从合同解释角度来看，当事人对合同条文发生争议时，必须探究当事人内在的真实意思表示，判断当事人真实的意思表示的首要方法是判断当事人字面的意思表示。这正是所谓合同解释中的文义解释方法，只有在文义解释不能确定该条款的准确含义时，再运用其他解释方法去确定合同条款的含义以及填补合同的漏洞。本案除第1份借款合同之外，其余借款合同条款中均明确写明：当发生纠纷时，交由当地人民法院审理，应该认定该约定就是当事人真实意思。本案有关借款合同所涉的诉讼条款虽属格式合同中的条款，但按照通常的理解并不能对此条款引起不同的理解，因此不应该适用我国《合同法》有关格式条款解释规则。甲医院关于原审法院对本案所涉的后8份借款合同纠纷案件不具有管辖权的上诉理由，不能成立，不予支持。

第四百六十七条　本法或者其他法律没有明文规定的合同，适用本编通则的规定，并可以参照适用本编或者其他法律最相类似合同的规定。

在中华人民共和国境内履行的中外合资经营企业合同、中外合作经营企业合同、中外合作勘探开发自然资源合同，适用中华人民共和国法律。

【条文主旨】

本条是关于无名合同和涉外合同适用法律的规定。

【条文理解】

无名合同，又称非典型合同，是指法律没有明文规定，亦未赋予一定名称的合同。以法律是否设有规范并赋予一个特定名称为标准，合同分为有名合同与无名合同。与无名合同相对应的是有名合同，“合同编”规定了19种典型合同，但“合

① 最高人民法院(2007)民二终字第99号民事裁定书。

同编”只能将一些普遍发生、常见的合同加以类型化处理，作出规定。本编规定的保理合同、物业服务合同为《合同法》没有而新增加的类型，保证合同则源于《担保法》。对于那些“合同编”中没有规定的非典型合同，或将来可能出现的一些新的合同，如何用现有的法律进行约束和指导，十分重要。“合同编”通则的规定是所有合同适用的共性的规定，是调整合同关系的基本法、一般法。因此，非典型合同可以适用“合同编”通则的规定，对于这些无名合同，可以参照“合同编”分编典型合同或其他法律最相类似的规定。

一般而言，涉外合同当事人可以协议选择合同适用的法律。当事人没有选择的，适用履行义务最能体现该合同特征的一方当事人经常居所地法律或者其他与该合同有最密切联系的法律。与合同有最密切联系的法律，包括合同缔结地法、合同履行地法、标的物所在地法、当事人本国法、当事人住所地法、法院地法、仲裁地法等。这些原则的适用，应当根据合同的实际情况，具体确定哪一原则是与合同有最密切联系的法律。但对于在中华人民共和国境内履行的中外合资经营企业合同、中外合作经营企业合同、中外合作勘探开发自然资源合同，应当适用中华人民共和国法律。这些合同的当事人不能选择其他国家或地区的法律。

【司法适用】

非典型合同的主要难题，在于当事人的意思不完备时如何适用法律。(1)《民法典》“总则编”关于法律行为的规定和“合同编”的通则，对非典型合同均有适用余地。(2)不同类型的非典型合同，适用法律的规则不同，“合同编”并没有包括所有的合同，其他法律中也有有关合同的规定，如旅游合同、医疗合同等。(3)即使分编典型合同中有规定，根据特别法优于一般法的原则，应当依照特别法的规定，比如海上货物运输合同应适用《海商法》的规定，著作权使用许可合同应适用《著作权法》的规定，铁路或航空运输合同应分别适用《铁路法》《民用航空法》的规定。(4)对“合同编”或其他法律没有规定的合同，像电信合同、教育合同、储蓄合同等，与某一类合同有着共同之处或者相近之处，可类推适用。当事人在签订、履行合同或者为合同发生纠纷时，可以找与该合同最相类似的典型合同，或者虽然在分编中没有规定，但在其他的法律中规定的合同，参照适用。

《民事诉讼法》第 266 条规定，因在中华人民共和国履行中外合资经营企业合同、中外合作经营企业合同、中外合作勘探开发自然资源合同发生纠纷提起的诉讼，由中华人民共和国人民法院管辖。也就是说，这 3 类合同引起的纠纷属于专属管辖，与此相应，根据本条规定，在法律适用上只能适用我国法律。

【司法案例】

厦门甲置业有限公司诉江某等合同纠纷案①

诉讼结论：解除厦门甲置业有限公司与江某签订的《项目咨询居间合同》；被告江某返还厦门甲置业有限公司服务费120万元；驳回厦门甲置业有限公司的其他诉讼请求。

从双方签订的《项目咨询居间合同》看，虽然合同名称和内容中均出现了“居间”一词，但该合同内容及有关条款并不符合居间合同的特征。所谓居间合同，是指当事人双方约定一方为他方提供报告订约机会或者提供订约的媒介服务，他方给付报酬的合同。而本案既不是江某为甲公司提供订约机会的报告居间，也不是江某为促成甲公司与第三人订立合同进行介绍或提供机会的媒介居间，而是由江某协调推动厦门翔安东坑湾滩涂鳄鱼屿投资项目（下称鳄鱼屿投资项目）通过规划、审查，并将海洋许可证、土地使用权证等办理到甲公司名下，合同缔结目的并非要求促成甲公司与政府部门之间形成民法意义上的合同关系，不属于《合同法》定义的居间合同范畴，因此，故本案应属无名合同。

第四百六十八条　非因合同产生的债权债务关系，适用有关该债权债务关系的法律规定；没有规定的，适用本编通则的有关规定，但是根据其性质不能适用的除外。

【条文主旨】

本条是关于非因合同产生债权债务关系的法律适用的规定。

【条文理解】

债，作为民法上的概念，是指特定当事人之间可以请求一定给付的民事法律关系。② 它包括合同关系、无因管理引起的权利义务关系、因不当得利返还产生的关系和因侵权行为引起的权利义务关系等。换言之，除了合同系因双方当事人意思表示一致而成立产生债权债务关系之外，还存在其他产生债的原因。从债的发生原因看，主要可分两类：一是基于法律行为，二是基于法律规定。基于法律行为而发生之债，称为意定之债，而合同系意定之债的主要发生原因。除此之外，非因

① 福建省高级人民法院（2019）闽民终1027号民事判决书。

② 魏振瀛主编：《民法》，北京大学出版社2000年版，第301页。

合同产生的债权债务关系还有缔约过失、单独行为、侵权行为、无因管理、不当得利及其他,对于基于这些原因产生的债权债务关系,适用该有关规定,比如,在《民法典》“合同编”的第三分编规定了准合同,包括无因管理和不当得利,以及“侵权责任编”规定了基于侵权产生的债权债务关系。而对于缔约过失、单独行为等,法律没有规定,则适用“合同编”通则中的有关规定,但是根据其性质不能适用的除外。

【司法适用】

本条属于“合同编”施行法的内容。在实践中,诸如不当得利、无因管理、侵权行为所生之债权债务关系,已有明确法律规定,优先适用有关规定。而对于没有相应规定,但也属于债权债务关系的,参照适用“合同编”规定,像其他法定债务关系,所有权人与无权占有人之间的返还关系、孳息和使用利益返还、费用偿还等,这些请求权并非基于“债”发生,而是基于物权人的地位和无权占有而发生,对此都可以参照适用通则的有关规定。① 如“物权编”第五分编第二十章占有部分的第458条规定,基于合同关系等产生的占有,有关不动产或者动产的使用、收益、违约责任等,按照合同约定;合同没有约定或者约定不明确的,依照有关法律规定。此处所指依照有关法律规定,可优先适用“合同编”的本条规定。

【司法案例】

广西甲房地产开发有限公司诉广西乙电力股份有限公司房屋买卖合同纠纷案②

诉讼结论:合同解除导致合同关系归于消灭,故合同解除的法律后果不表现为违约责任,而是返还不当得利、赔偿损失等形式的民事责任。

对合同解除后的责任承担问题,乙公司诉请甲公司返还购房款、双倍返还定金、支付违约金并且赔偿购房款利息损失、办公楼重置费损失。因此,合同解除后,应由甲公司返还乙公司的购房款和利息。关于乙公司主张的双倍返还定金问题,《补充协议》第2、3、4条约定:“乙公司在2005年3月30日前支付的费用作为已付部分土地补偿费”,因此,乙公司于2003年4月16日支付的具有履约定金性质的50万元因《补充协议》重新约定为预付土地款而不再具有定金性质。因此,不应予以返还。关于乙公司要求甲公司支付工期逾期违约金和甲公司擅自抵押土地的违约金的诉讼请求。本院认为,合同解除的法律效果是使合同关系归于消

---

① 朱晓喆:《民法典合同编总则草案若干规定解读和建议》,载《法治研究》2018年第5期。

② 最高人民法院(2009)民一终字第23号民事判决书。

灭,解除合同的后果,违约方的责任承担方式也不表现为支付违约金。因此,对乙公司要求支付违约金的主张,本院亦不予支持。鉴于本案合同解除后乙公司另行购买办公楼等需要支付费用,而甲公司专门按照乙公司的要求定向建设的住宅楼和商品住宅小区,合同不履行后也会给甲公司造成一定损失。综合考虑本案的实际情况,本院酌定甲公司赔偿乙公司损失 1000 万元。

第二章　合同的订立

第四百六十九条　当事人订立合同，可以采用书面形式、口头形式或者其他形式。

书面形式是合同书、信件、电报、电传、传真等可以有形地表现所载内容的形式。

以电子数据交换、电子邮件等方式能够有形地表现所载内容，并可以随时调取查用的数据电文，视为书面形式。

【条文主旨】

本条是关于合同订立形式的规定。

【条文理解】

本条源于《合同法》第10条和第11条，在明确了合同形式和书面形式定义的基础上界定了数据电文符合书面形式的要求，即"能够有形地表现所载内容，并可以随时调取查用的数据电文"均可视为书面形式。

合同的形式，又称合同的方式，是当事人合意的表现形式，是合同内容的外部表现，是承载合同内容的载体。根据我国法律的规定，合同的形式主要为三种：口头形式、书面形式及其他形式。口头形式，是以口头语言的方式订立的合同，其意思表示都是用口头语言的形式表示，未用书面语言予以记录。合同采取口头形式并不意味着不能产生任何文字的凭证。书面形式，是指以文字等可以有形再现内容的方式达成的协议。书面形式一般表现为合同书、信件、电报、电传、传真以及电子数据交换、电子邮件等能够有形地表现所载内容，并可以随时调取查用的数据电文。除书面形式和口头形式外，合同还可以其他方式成立。我们可以根据当事人的行为或者特定情形推定合同的成立，称为默示合同。默示合同，是指当事人未用语言明确表示成立，而是根据当事人的行为推定合同成立的合同。如房屋租赁合同期满后，出租人继续接受承租人所交纳的租金。根据这一特定的行为，可以推定当事人有延长房屋租赁合同的意思表示。在实践中，推定形式大多是指以行为的方式达成合意。也就是说，当事人既没有采用口头形式，也没有采用书面形式缔约,而是通过实际履行主要义务的方式来订约。

【司法适用】

数据电文被视为书面形式的具体要求:《合同法》第11条仅要求“可以有形地表现所载内容的形式”,本条在此基础上沿用了《电子签名法》第4条的规定,明确了不仅要求“能够有形地表现所载内容”,而且还需要“可以随时调取查用”。使用“有形地表现”字样意指以计算机数据形式存储的信息应当具有“可读性”或“可理解性”,这是对相应的硬件和软件提出的基本要求;而“调取查用”概念强调的是信息的“稳定性”和“可存储性”,这是对整个系统提出的基本要求。①

【司法案例】

李某英诉上海甲有限公司杨浦店自助寄存纠纷案②

诉讼结论:通过行为的方式作为意思表示是一种积极的默示行为。超市与顾客在自助寄存中通过一系列的行为达成寄存的合意,合同成立。

本案中,李某英在使用自助寄存柜时,通过“投入硬币、吐出密码条、箱门自动打开、存放物品、关闭箱门”等人机对话方式,以行为方式达成寄存的合意,合同成立,其取得了甲超市自助寄存柜的使用权。

第四百七十条　合同的内容由当事人约定,一般包括下列条款:

(一)当事人的姓名或者名称和住所;

(二)标的;

(三)数量;

(四)质量;

(五)价款或者报酬;

(六)履行期限、地点和方式;

(七)违约责任;

(八)解决争议的方法。

当事人可以参照各类合同的示范文本订立合同。

---

① 杨坚争:《中华人民共和国电子签名法释义》,立信会计出版社2004年版,第8页。

② 最高人民法院研究室编著:《最高人民法院关于合同法司法解释(二)理解与适用》,人民法院出版社2009年版,第29~30页。

【条文主旨】

本条是关于合同条款与示范文本的规定。

【条文理解】

本条源于《合同法》第 12 条。

合同条款，是指合同内容的表现形式，是合同内容的载体，是合同中经过双方当事人协商一致，规定双方当事人权利义务的具体条文。除法律规定的以外，合同的权利义务主要由合同的条款确定。合同的条款是否齐备、准确，决定了合同能否成立、生效以及能否顺利地履行、实现订立合同的目的。本条中对于合同条款的规定只具有提示性。

关于合同的示范文本，实践中合同的示范文本对于提示当事人在订立合同时更好地明确各自的权利义务起到了积极作用，对此应当在合同法中作出规定。因此，本条第 2 款规定订立合同可以参照各类合同的示范文本，其目的与第 1 款一样，就是使当事人订立合同更加认真、更加规范，尽量减少合同规定缺款少项、容易引起纠纷的情况。

【司法适用】

人民法院能够确定当事人名称或者姓名、标的和数量的，一般应当认定合同成立，而不得以缺少本条中规定的其他条款为由认定合同不成立，但法律另有规定或者当事人另有约定的除外。换言之，一般情况下具备三个基本要素：当事人、标的和数量，合同即视为成立。在合同欠缺其他条款的情况下，应按如下规则进行补救：(1)由当事人协议补充，这是填补合同漏洞的首选，凸显当事人的意思自治；(2)当事人不能达成补充协议的，按照合同有关条款或者交易习惯确定；(3)根据前两项规则仍不能确定合同条款的，除法律另有规定外，按照本法第 511 条规定处理。

【司法案例】

北京甲广告有限责任公司诉杨某、王某计算机域名转让合同纠纷案[①]

诉讼结论：合同的内容由当事人约定，一般包括标的、数量、质量、价款或者报酬、履行期限、地点和方式等内容。其中标的、数量、价款等是合同的必要条款，当事人对上述条款未达成合意，合同不成立。

本案中，《合作协议》注明了签约双方当事人的名称或姓名，即甲方为甲公司，乙方为杨某、王某。根据合同的约定，杨某、王某的主要义务系将 www. ucctv. com

---

① 北京市第一中级人民法院(2010)一中民终字第 20466 号民事判决书。

等7个域名转让给甲公司,甲公司的主要义务系成立电子商务项目,并将其5%的股份转让给杨某、王某,合同的标的已经能够予以确定。虽然合同中未就合作成立商务平台等项目及后续成立的公司的具体事宜进行约定,但上述内容并非合同的必备条款,其欠缺与否不影响合同的成立。

第四百七十一条　当事人订立合同,可以采取要约、承诺方式或者其他方式。

【条文主旨】

本条是关于合同订立方式的规定。

【条文理解】

本条与《合同法》第13条规定略有不同,明确了合同订立的方式,除要约、承诺这一典型方式外,双方当事人还可以采用其他方式订立合同。该条款增加“其他方式”,体现了民法的开放性,是合同自由原则的体现。

1. 订立合同的典型方式——要约、承诺

合同本质上是一种合意。使合同得以成立的合意,是指当事人对合同必备条款达成一致意见。当事人合意的过程,是对合同内容协商一致的过程。一般情况下要经过要约、承诺这一程序。向对方提出合同条件,作出签订合同的意思表示称为“要约”,而另一方如果表示接受就称为“承诺”。一般而言,一方发出要约,另一方作出承诺,合同即告成立。另外,订立合同的要约、承诺程序在实务及理论上有多种表现形式,如招标投标、拍卖等。

2. 订立合同的非典型方式——其他方式

合同订立的典型方式是要约、承诺,该方式有其自身的规定性和完整的环节以及固定的法律效力,为当事人订立合同提供范式。但在实务运作中,订立合同法方式并非仅限于此,还可以“其他方式”,即非典型方式为之。至于如何理解“其他方式”法条并未给予明确的界定,参考《国际商事合同通则》第2.1.1条之规定,合同可以通过对要约的承诺或通过当事人能充分表明其合意的行为而成立。由此可知,除典型方式外,合同的订立方式还可依据其他能够充分表明合意的方式来订立。如有的省略某些环节、简化缔约程序(交叉要约),有的承诺无须通知(意思实现)等。①

---

① 梁慧星主编:《中国民法典草案建议稿附理由·合同编》(上册),法律出版社2013年版,第20页;韩世远:《合同法总论》,法律出版社2018年版,第150页。

【司法适用】

交叉要约,又称要约的吻合,是指合同当事人采取非直接对话的方式,相互提出两个独立但内容一致的意思表示。交叉要约一般发生在异地之间且要约时间几乎为同时的场合。例如,甲向乙发出了愿以一定价格将其二手汽车出卖给乙的要约,而乙恰巧同时向甲发出了拟以同样价格购买其二手汽车的邮件。虽然两个要约内容一致,但后一要约尚不得视为对前一要约的承诺。

意思实现,是指根据习惯、事件性质或要约人为要约时的预先声明,承诺无须通知,受要约人在承诺期限内有可认为承诺的事实时,合同即告成立的现象。意思实现的构成要件:(1)承诺无须通知。意思实现行为不需要他人知悉,因而它与"送达"与否无关紧要。所谓承诺无须通知,在本法中有两种情况:一是根据交易习惯承诺无须通知。例如,宾馆房间内冰箱中的饮料或食品,客人可自由取用,最后统一结算。二是根据要约表明承诺无须通知。例如,甲要求乙绘制风景画5幅,并表明将于某日上门取货。(2)存在可认为承诺的事实。所谓可认为承诺的事实,即作出可反映承诺意思的行为,一般应按要约的相对人(受要约人)所实施的行为的客观意义理解。[①] 大致区分为两类:一是履行行为,即履行因合同成立所负担的债务,如前例中乙按照要求绘制风景画的行为;二是受领行为,即履行因契约成立所负担的债务,如前例中宾馆客人消费冰箱中饮料或食品的行为,又如拆阅现物要约寄来的杂志。[②]

【司法案例】

李某勇诉甲银行云阳支行储蓄存款合同纠纷案[③]

诉讼结论:当事人订立合同,采取要约、承诺方式。承诺生效时合同成立。

本案中,储蓄人主张与银行成立储蓄存款合同,应当证明其与银行分别作出要约和承诺,符合合同成立要件。当储蓄人依据犯罪分子伪造的存单主张与银行成立储蓄合同,人民法院应判定储蓄人与银行是否就储蓄事宜分别作出要约、承诺。在不能认定双方成立储蓄合同情形下,储蓄人依据伪造存单提起的诉讼,应依照《存单纠纷解释》,作为一般存单纠纷处理。

---

① [日]我妻荣:《债权各论》(上卷),徐慧译,中国法制出版社2008年版,第66页。

② 王泽鉴:《债法原理》,北京大学出版社2013年版,第194页。

③ 参见《最高人民法院公报》2015年第7期。

第四百七十二条 要约是希望与他人订立合同的意思表示，该意思表示应当符合下列条件：

（一）内容具体确定；

（二）表明经受要约人承诺，要约人即受该意思表示约束。

【条文主旨】

本条是关于要约及其构成要件的规定。

【条文理解】

本条源于《合同法》第14条。

要约，是一方当事人以缔结合同为目的，内容足够确定，一经受要约人承诺即使合同成立的意思表示。发出要约的人称为“要约人”，接收要约的人称为“受要约人”。在商业活动及对外贸易中，要约常被称作发价、发盘、出盘、报价等。

一项缔约的意思表示，是否构成一项要约，不在于它的形式，关键在于其实质。因为构成要约的意思表示，应该具备以下要件：(1)要约必须是特定人所为的意思表示；(2)要约必须向要约人希望与之缔结合同的相对人发出；(3)要约的内容必须具体确定；(4)须表明一经承诺要约人即受约束的意旨。

【司法适用】

判定要约人所发出的要约具有订约意图并且成为一项有效的要约，①需要综合考虑以下因素：(1)要约人发出意思表示时的情形。一项意思表示是否构成要约，须要约人为一个理性人，处于正常的环境之下，其意思表示是真实的。(2)要约人实际使用的言词、文字或行为所表达的意思。双方当事人缔约是个过程，其间可能有若干文书、言词或其他通讯信息的相互交换。首先，在一般情况下，要根据要约所实际使用的语言、文字及其他情况来确定要约人是否已经决定订立合同。“决定订约”意味着要约人并不是“准备”和“正在考虑”订约，而是已经决定订约。其次，表意人虽未以语言、文字明示经承诺即受约束之意思，但根据其表意行为，结合交易惯例，第三人能够合理相信其有此意思的，虽非明示，也可认为其有订约意图。(3)要约的对象。对特定之人的意思表示，视作要约的机会较大，对不特定大众所为的意思表示，如广告、估价单、橱窗陈列等，因其为一般性的文句陈述或标价，颇难推断其有订立合同的目的，原则上不宜认定为要约，而应定性为要约邀请。

---

① 最高人民法院《商品房买卖解释》第3条对商品房出卖人的要约邀请与要约作了明确区分。

【司法案例】

王某东诉天津市甲禽业发展有限公司养殖回收合同纠纷案①

诉讼结论：要约意思表示内容具体确定，经受要约人承诺，要约人即受该意思表示约束。

本案中，王某东在双方存在效力争议的35份合同上按手印并交予甲禽业公司，其行为体现了王某东希望与甲禽业公司签订肉鸡饲养回收合同的主观意志，并通过按手印的形式表达该意思。王某东作为完全民事行为能力人在对意向性合同按手印时应该认识到该行为的法律后果，即使王某东反悔要求撤销签订合同的意向，也要依法作出撤销要约的意思表示或行为。本案中，王某东没能提出证据证明其曾向甲禽业公司提出撤销合同要求，因此，对方当事人在合同中的签字确认行为表示承诺，对方作出承诺后，合同关系成立。

第四百七十三条　要约邀请是希望他人向自己发出要约的表示。拍卖公告、招标公告、招股说明书、债券募集办法、基金招募说明书、商业广告和宣传、寄送的价目表等为要约邀请。

商业广告和宣传的内容符合要约条件的，构成要约。

【条文主旨】

本条是关于要约邀请的规定。

【条文理解】

本条与《合同法》第15条规定略有不同，增加了要约邀请的表现形式，即债券募集办法、基金招募说明书、宣传，并将《合同法》第15条第2款中的“视为要约”改为“构成要约”。②

要约邀请，又称要约引诱，是邀请或者引诱他人向自己发出订立合同的要约的表示。其目的不是订立合同，而是邀请相对人向其为要约的表示。要约邀请只

---

① 天津市第二中级人民法院(2009)二中监民再字第3号民事判决书。

② 《合同法》第15条第2款中的“视为”是一个常见的法律用语，是一种法律技术的运用过程，是一个价值判断的过程。“视为”简化了对被视为者的事实证明，并强制视为者去接受法律选择的结果。但实际上该款的前段就已将明确“商业广告的内容符合要约规定的”的情况下，即符合《合同法》第14条(本法第472条)的情况下，就已经满足了要约的构成要件，即构成要约，而无适用“视为”的必要。所以，将“视为”改为“构成”更加合理。

是当事人订立合同的预备行为,其本身并不发生法律效果。要约邀请可以是向特定人发出的,也可以是向不特定的人发出的。

根据本条的规定,要约邀请的表现形式主要有:拍卖公告、招标公告、招股说明书、债券募集办法、基金招募说明书、商业广告和宣传、寄送的价目表等。其中,对于商业广告和宣传,一般认为是要约邀请。但法律并不排除商业广告和宣传如果符合要约的要件也可以成为要约。因此,本条第2款规定:"商业广告和宣传的内容符合要约条件的,构成要约。"

【司法适用】

一般的商业广告和宣传并不能构成一个要约,因其表示不够明确,内容不够确定、清楚,致相对人无法知其确切要求及拘束广告人方式而取得合意,故至多为要约邀请。但也不排除有些商业广告和宣传内容清楚、确定,足以使相对人知其对待义务时,可构成要约。《商品房买卖解释》第3条规定,出卖人就商品房开发规划范围的房屋及相关设施所作的说明和允诺具体确定,并对商品房买卖合同的订立以及房屋价格的确定有重大影响的,应当视为要约。

【司法案例】

周某诉南京甲装饰设计工程有限公司装饰装修合同纠纷案①

诉讼结论:商业广告的内容具体确定,符合要约规定的,应当视为要约。

本案中,甲公司装修公司在广告中已明确"郑重承诺"预算等于决算,其广告介绍的在建项目造价亦均注明含水电改造,故除非其与周某明确约定水电改造费用不包含在合同约定造价中,否则,广告中该承诺构成双方之间合同约定。双方所签合同文本系装修公司提供,合同明确约定了工程造价为3万元,未特别约定对合同范围内工程项目需根据实际工程量另行计价。故应确认双方合同约定的造价3万元中已包含水电路改造工程,故甲公司无权要求周某另行支付费用,周某拒付此费用合理、合法。故甲公司未按期完工构成违约,应当承担违约责任。

第四百七十四条　要约生效的时间适用本法第一百三十七条的规定。

---

① 江苏省南京市中级人民法院(2012)宁民终字第437号民事判决书。

【条文主旨】

本条是关于要约生效时间的规定。

【条文理解】

该条与《合同法》第16条相比，有3处变化：(1)就要约作出的方式进行了区分，相应地，以不同方式作出的要约，其生效时间亦有所不同；(2)明确了以对话方式作出的要约采取了解主义原则；(3)修改了《合同法》第16条关于以数据电文形式作出的要约的生效规则。

要约的生效，是指要约产生法律效力，对发出要约的人产生拘束力。要约生效，要约人即受要约的拘束，不得撤回或对要约加以限制、变更。要约人在要约生效时即取得依其承诺而成立合同的法律地位。而要约生效的时间，是指要约从什么时间开始发生法律效力。明确要约生效时间的意义在于：(1)要约只有生效才能对要约人产生约束力；(2)要约生效时，受要约人取得承诺的资格；(3)承诺的对象始终必须是正在生效的要约。

1. 以对话方式作出的要约

以对话方式作出的要约，是指要约人通过口头交谈、电话、视频等直接对话方式向相对人发出的要约。虽近在咫尺，但通过纸条相传，不是直接表达意思，不属于对话方式，仍应适用非对话意思表示的方式。该条款对以对话方式作出的要约的生效时间，采取了解主义原则，仅在相对人知悉时，才发生效力。换言之，相对人正确知悉的风险由要约人承担。因此，要约人为使要约生效，应通过即时交流的方式使相对人知道要约的内容。

2. 以非对话方式作出的要约

以非对话方式作出的要约，是指以对话以外的方式作出的要约。以非对话方式作出的要约的生效时间，采取到达主义原则，即到达相对人时生效。所谓到达，是指根据一般的交易观念，已经进入相对人可以了解的范围。到达并不意味着相对人必须亲自收到，只要要约进入受领人的控制领域，并在通常情况下可以期待受领人能够知悉要约的内容，视为已经到达。

“总则编”第137条第2款后两句是针对以非对话方式作出的采用数据电文形式的要约生效时间的规定，该规定改变了《合同法》第16条第2款所确定的规则。具体而言，以数据电文形式作出的要约，其生效分为3种情况：(1)当事人对采用数据电文形式的要约的生效时间有约定的，其约定优先，这体现了当事人意思自治的原则；(2)相对人指定特定系统接收数据电文的，该数据电文进入该特定系统时生效；(3)相对人未指定特定系统的，相对人知道或者应当知道该数据电文进入其系统时生效。第三种情况改变了《合同法》第16条的规定，将《合同法》条文中的仅考虑进入相对支配领域，不考虑相对人是否具有知悉的合理期待，改为了空间支配领域和相对人知悉之合理期待的复合标准，不仅规定数据电文要进入相对人系统，并且在相对人知道或应当知道数据电文进入其系统时，以数据电文形式进行的要约方才生效。

【司法适用】

数据电文如果是私人系统，如私人电子邮箱，则界定以数据电文形式作出的要约的生效时间不能按照商务邮箱以营业时间作为检索收取时间并推定为生效时点，因为每个人使用电子邮件的习惯不同，有的人虽有电子邮箱，但数日甚至一段时间均不登录使用。此时应根据具体情形，如以个人登录电子邮箱的实际情况以及习惯等判断其是否知道或应当知道数据电文进入其系统，从而确定以数据电文形式作出的要约的生效时间。

【司法案例】

方某威诉甲组织委员会等侵犯著作权纠纷案[①]

诉讼结论：对要约、承诺采用到达主义。

本案中，方某威是否向某组委会有效发送邮件成为方某威证明某组委会是否接触其作品的关键。接触问题的实质是方某威的邮件是否发送到了某组委会的指定邮箱。根据《合同法》第16条第2款的规定，在仅有方某威电子信箱的“已发送邮件”中存在某电子邮件，而无该电子邮件到达某组委会指定邮件系统的证据的情况下，并不能认为某组委会收到方某威的邮件，进而发生创作上的接触。所以，依据《合同法》中规定的“到达主义”来判断“接触”并无不妥。

第四百七十五条　要约可以撤回。要约的撤回适用本法第一百四十一条的规定。

【条文主旨】

本条是关于要约撤回的规定。

【条文理解】

本条源于《合同法》第17条。

要约的撤回，是指在要约发出之后但在发生法律效力以前，要约人欲使该要

① 北京市第一中级人民法院（2008）一中民终字第4704号民事判决书。

约不发生法律效力而作出的意思表示。要约得以撤回的原因是,要约尚未发生法律效力,所以不会对受要约人产生任何影响,不会对交易秩序产生任何影响。在此阶段,应当允许要约人使尚未生效的要约不产生预期的效力。

要约撤回的条件,是在要约通知到达受要约人之前或者同时到达受要约人。此时应当认为要约尚未生效。要约的撤回,只有在有相对人的时候才有意义,没有相对人的要约只能撤销,而不可能撤回。另外,还需要注意的是:第一,根据要约发出的方式,以对话方式发出的要约,由于意思表示一经发出,就已经完成,所以不发生撤回的问题;而以非对话方式作出的要约,由于受要约人不能同步受领,且要约达到受要约人处生效,所以仍有撤回适用的余地。第二,公告方式的要约,公告发布时即为作出,同时即生效,因此依其性质即不可能撤回。

【司法适用】

在司法实践中,人民法院应当重点审查当事人行使撤回权在证据上的体现,在民事裁判文书的说理部分对撤回权是否完成可以根据《民法典》第 141 条作出恰当的判断,另外,撤回权的行使与当事人意思自治具有关联性,合同最后是否成立要仔细考察撤回意思表示是否到达对方当事人。如果以非对话方式作出的采用数据电文形式作出的要约,其撤回还需要结合上文提到的复合标准进行综合判断,并考虑对相关证据进行鉴定或公证等程序。

【司法案例】

司某诉甲银行股份有限公司信用卡纠纷案①

诉讼结论:要约可以撤回。撤回要约的通知应当在要约到达受要约人之前或者与要约同时到达受要约人。

本案中,司某填写并提交信用卡申请表,表示遵守信用卡领用合约的各项规则并签字确认应视为要约。司某在二审中主张其曾在信用卡申请表到达甲银行前,拨打电话明确告知甲银行不再办理涉案信用卡,要求撤回办理信用卡的申请,甲银行告知会在收到信用卡申请表后撤回。但甲银行对此不予认可,司某未能提交证据予以证明,且其对所拨打电话的时间及所拨打的电话号码亦未能准确陈述,对该事实无法核实,故对司某该项主张,不予采信,司某未能在申请办理信用卡的要约到达甲银行前撤回要约。

---

① 北京市第二中级人民法院(2016)京 02 民终 3302 号民事判决书。

第四百七十六条　要约可以撤销，但是有下列情形之一的除外：

（一）要约人以确定承诺期限或者其他形式明示要约不可撤销；

（二）受要约人有理由认为要约是不可撤销的，并已经为履行合同做了合理准备工作。

【条文主旨】

本条是关于要约不得撤销情形的规定。

【条文理解】

本条源于《合同法》第 19 条。首先明确了要约可以撤销，其次说明要约不可撤销的除外情形。

要约的撤销，是指要约人在要约生效以后，受要约人发出承诺的通知之前，将该项要约取消，使要约的法律效力归于消灭的意思表示。允许要约人撤销要约，有利于要约人根据市场情况的变化而从事灵活的交易活动，有利于避免和减少因要约内容不全、市场环境变化等各种因素可能造成的对要约人的损害。但同时由于要约的撤销往往会不利于受要约人，所以，法律上应该对其予以限制。

根据本条款的规定，下列情形要约不可撤销：（1）要约中规定了承诺期限；（2）以其他形式明示要约是不可撤销的；（3）受要约人有理由信赖要约是不可撤销的，并已经为履行合同做了合理准备工作。所谓“有理由认为”，不应当以受要约人自己的表示以及受要约人自己的认识为判断标准，而应当以一个理性人的认识能力作为判断标准。例如，通过广告的形式发出要约时，要约发出人在广告中声明“货物充足”，受要约人即可有理由相信，该要约是不可撤销的要约，在此情形下，如果受要约人已经为订立并履行合同做了合理的准备工作，则要约人不得随意撤销要约。

【司法适用】

在实践中，必须区分对要约的撤销和对预约的撤销，在当事人发出要约后，相对人未作承诺前，合同还没有成立，所以要约可以依法撤销。但在预约中，预约合同已经成立，由于预约是一种合同，无正当理由撤销预约实际上是单方解除合同，构成违约。

【司法案例】

潘某诉江西某职业技术学院教育培训合同纠纷案①

诉讼结论：要约人确定了承诺期限或者以其他形式明示要约不可撤销的，该

① 江西省南昌市湾里区人民法院（2008）湾民一初字第 24 号民事判决书。

要约不得撤销。

本案中，录取通知书及《入学须知》载明“请持本通知书于8月20日至8月26日到校报到”和“逾期10天不到校报到者，取消入学资格”。其内容符合《合同法》第19条规定，要约人确定了承诺期限，该要约是不可撤销的要约，不得撤销。江西某职业技术学院单方撤销不可撤销的要约，致使潘某在就读3个月后，不得不复读一年，理应对此承担违约责任。

第四百七十七条　撤销要约的意思表示以对话方式作出的，该意思表示的内容应当在受要约人作出承诺之前为受要约人所知道；撤销要约的意思表示以非对话方式作出的，应当在受要约人作出承诺之前到达受要约人。

【条文主旨】

本条是关于要约撤销的规定。

【条文理解】

本条与《合同法》第18条有所差异：首先，将撤销要约的意思表示的作出方式进行了区分；其次，就不同方式所作出的撤销要约的意思表示的生效时间分别予以规定。

要约人发出要约，并已到达受要约人（或受要约人已知道）的情况下，要约人可以根据情况撤销要约。这体现了既要保护要约人的权利，也要维护受要约人利益的精神，对撤销要约应当加以严格限制，否则，可能会影响受要约人的权利和利益。就该条款而言，撤销要约的意思表示，根据作出方式的差异，有所差异：（1）以对话方式作出的撤销要约的意思表示，该意思表示的内容应当在受要约人作出承诺之前为受要约人所知道，即以对话方式作出的撤销要约的意思表示，采取了解主义原则。（2）以非对话方式作出的撤销要约的意思表示，应当在受要约人作出承诺之前到达受要约人，即以非对话方式作出的撤销要约的意思表示的生效时间，采取到达主义原则。

【司法适用】

对于向公众发出的要约而言，虽然并不要求撤销要约的方式与发出要约的方式完全一致，但撤销要约的方式必须要与要约具有同样显而易见的程度。例如，要约是通过报纸广告的方式发出的，则撤销要约的方式也应当与报纸广告具有同样的显而易见的程度。

【司法案例】

曾某英诉张某坚、张某、京山丙俱乐部有限责任公司企业出售合同纠纷案①

诉讼结论：撤销要约的意思表示以非对话方式作出的，应当在受要约人作出承诺之前到达受要约人。

本案中，曾某英在将其签字的《确认无效协议》交给张某平后，又由本人要回，表明其签订该协议的要约已经撤销，该要约已失效。而张某坚应向张某平、曾某英索要协议原件后签字承诺，其亦应知道曾某英已要回了协议原件且复印件已不能代表对方真实签约意思的事实。其在该协议复印件上的签字应视为新的要约，曾某英对此协议不予认可。故双方未就该协议的内容达成一致意见，《确认无效协议》未依法成立。

第四百七十八条　有下列情形之一的，要约失效：
（一）要约被拒绝；
（二）要约被依法撤销；
（三）承诺期限届满，受要约人未作出承诺；
（四）受要约人对要约的内容作出实质性变更。

【条文主旨】

本条是关于要约失效的规定。

【条文理解】

本条源于《合同法》第20条。

要约的失效，亦称要约的消灭、要约的终止，指要约丧失法律效力。对要约人而言，是解除要约人必须依对方的承诺而成立合同的义务；对受要约人而言，是终止其享有承诺的能力。要约消灭后，成立合同的基础即丧失，受要约人即使表示承诺，也不能因此成立合同。

本条规定了要约失效的情形：（1）对要约的拒绝。要约因拒绝而消灭，一般发生于要约向特定人发出的场合。对不特定人发出的要约，如自助商店或者超级市场的商品标价陈列，并不因特定的人表示拒绝而归于消灭。（2）要约被依法撤销。

① 最高人民法院（2011）民提字第243号民事判决书。

要约人依法撤销要约,要约因此而失效。(3)受要约人未在承诺期限内承诺。要约中规定了承诺期间的,承诺应当在要约确定的期限内到达要约人。受要约人未于此期间承诺,该期间届满时即失去效力。要约没有确定承诺期限的,要约以对话方式作出的,若非即时作出承诺,要约失效;要约以非对话方式作出的,承诺若非在合理期限内到达,要约失效。[①] (4)受要约人对要约的内容作出实质性变更。

【司法适用】

本条第3项"承诺期限届满,受要约人未作出承诺"中的"未作出承诺",应该理解为承诺未到达要约人,而不应当理解为未发出承诺。否则,会与本法第481条第1款"承诺应当在要约确定的期限内到达要约人"相矛盾。承诺在承诺期限内未到达要约人,原则上要约失效,唯个别场合存有例外。[②]

【司法案例】

王某英诉盘龙区金辰街道办事处云波社区居委会甲合作社财产权属纠纷案[③]

诉讼结论:受要约人对要约的内容作出实质性变更,要约失效。

本案中,甲合作社作出的关于王某英一次性生产生活补助费决定中包含有6项内容,该6项内容为该要约的完整内容,而王某英在签字处的签注是"以上条款同意第4、第5、第6条"属于对要约内容的实质变更。故,在无其他证据证明双方对上述条款已重新商议并达成一致意见的情况下,该决定并未依法成立。

第四百七十九条　承诺是受要约人同意要约的意思表示。

【条文主旨】

本条是关于承诺的规定。

【条文理解】

本条源于《合同法》第21条。

承诺,是指受要约人同意接受要约的全部条件以缔结合同的意思表示。在商业交易中,与"发盘""发价"等相对称,承诺称作"接受"。在一般情况下,承诺作

① 本法第481条。
② 本法第487条。
③ 云南省昆明市中级人民法院(2008)昆民三终字第322号民事判决书。

出生效后合同即告成立。

作为使合同得以成立生效的承诺,必须具备一定的条件:(1)承诺必须由受要约人作出。要约和承诺是一种相对人的行为,只有受要约人享有承诺的资格。受要约人为特定人时,承诺由该特定人作出;受要约人为不特定人时,承诺由该不特定人中的任何人作出。(2)承诺须向要约人作出。(3)承诺的内容须与要约保持一致。(4)承诺必须在有效的期限内到达要约人。

【司法适用】

根据本法第 481 条第 1 款“承诺应当在要约确定的期限内到达要约人”可知,我国法律对于承诺的生效采用到达主义。因而,除特别情况外,[①]承诺须在有效的期限内到达要约人,而非仅限于“在有效要约的有效期内作出”。

【司法案例】

刘某诉甲县林业局土地侵权纠纷案[②]

诉讼结论:承诺是受要约人同意要约的意思表示,承诺的内容应当与要约的内容一致。

本案中,甲县林业局在会议外的口头表示,并不是合同法意义上的承诺。承诺是受要约人同意要约的意思表示,承诺的内容应当与要约的内容一致,不得作出实质性的变更。事实上,刘某并没有向甲县林业局发出过任何要约,则甲县林业局何来承诺!况且,根据《合同法》的规定,要约的内容必须具体明确,而会议上口头表示的“愿意续签 15 至 20 年承包管理合同”,其内容并不具体明确,其合同期限尚未确定。可见,该口头表示既不是承诺,也不是要约,充其量只是“要约邀请”而已,是甲县林业局表示希望果农向自己发出要约。但果农并没有向甲县林业局发出要约,可见双方并未成立新的合同。

第四百八十条 承诺应当以通知的方式作出;但是,根据交易习惯或者要约表明可以通过行为作出承诺的除外。

【条文主旨】

本条是关于承诺方式的规定。

---

① 本法第 487 条。

② 海南中级人民法院(2008)海南民三终字第 16 号民事判决书。

【条文理解】

本条源于《合同法》第22条。

承诺的方式,是指受要约人将其承诺的意思表示传达给要约人所采用的方式。承诺的方式有明示和默示两种。明示的方法,一般依通知。通知方式,又称积极的承诺方式,是指受要约人以明示的方式,包括语言对话、信件、数据电文,如电报、电传、传真、电子数据交换和电子邮件等,可以明确无误地表达承诺意思表示内容的形式。默示的方式,是指不依赖书面或口头等明示方式而是通过某种事实推知行为人的意思表示的方式。根据交易习惯或者约定的规定,通过行为作出承诺即为默示承诺方式。行为,通常是指履行的行为,该行为是根据交易习惯或者要约的规定表明受要约人作出承诺的行为,如预付价款、装运货物或在工地上开始工作等。①

【司法适用】

本条中虽然没有明确规定"缄默或不行动本身不构成承诺",但本条要求受要约人以意思表示的方式或者以行为的方式作出承诺,可见,原则上要求受要约人以积极的行为作出承诺,单纯的缄默或者不行为难以构成承诺。但这并不意味着,单纯的缄默或不行动在任何情况下都无法构成承诺,依据本法第140条第2款"沉默只有在有法律规定、当事人约定或者符合当事人之间的交易习惯时,才可以视为意思表示"可知,沉默在特殊情形下仍具有意思表示(承诺)的意义。

【司法案例】

崔某诉甲村小组林业承包合同纠纷案②

诉讼结论:承诺应当以通知方式作出,但根据交易习惯或者要约表明可以通过行为作出承诺除外。

本案中,甲村小组并无证据证实受要约人崔某以通知方式(以明示方式)对其要约作出承诺,同时,亦无证据证实其在要约中已经表明相对方可以通过其行为(默示方式)对要约作出承诺的事实存在,故甲村小组关于崔某对其协议解除的要约已经作出承诺的主张不能成立,双方对于协议解除并未达成一致意见。该《某某山包山拾菌协议》合法有效,应当继续履行。

---

① 法律出版社法规中心编:《中华人民共和国合同法配套解读》,法律出版社2012年版,第36~37页。

② 云南省昆明市中级人民法院(2008)昆民一终第89号民事判决书。

第四百八十一条　承诺应当在要约确定的期限内到达要约人。

要约没有确定承诺期限的，承诺应当依照下列规定到达：

（一）要约以对话方式作出的，应当即时作出承诺；

（二）要约以非对话方式作出的，承诺应当在合理期限内到达。

【条文主旨】

本条是关于承诺期限的规定。

【条文理解】

本条与《合同法》第 23 条内容略有差异，将《合同法》第 23 条的但书部分取消，如此规定更为合理。因为“当事人另有约定的”实际上就是指要约人在以对话方式作出的要约中约定了承诺期限，如在口头要约中称“请于五日内答复”。如此，应属于第 1 款的规范范畴。

承诺期限，实际上是受要约人资格的存续期限，在该期限内受要约人具有承诺资格，可以向要约人发出具有拘束力的承诺。

根据本条规定：(1)有确定承诺期限的，受要约人应当在要约规定的期限内承诺，否则为无效承诺；(2)没有约定承诺期限。要约没有确定承诺期限的，承诺应当依照下列规定确定到达：以对话形式作出的要约，必须即时承诺才有效；以非对话方式作出的要约，承诺应当在合理期限内到达要约人。

确定合理的期间应当考虑的因素是：第一，应当将承诺的期限按照一个合理的标准（例如商事合同中的商人）来考虑所应当包括的时间。期限是否适当，按照客观标准从要约人的角度来认定。第二，一般认为，合理期限的确定应当考虑 4 个因素：(1)要约措辞的缓急。例如，要约中虽然没有规定承诺期限，但表明“速回信”“见函即复”等措辞的，表明该合理期限较短。(2)交易的具体情况。例如，要约表明买卖鲜活水产品，则意味着承诺期限不可能太长。要约表明“常年供货”，即表示承诺并非紧迫。(3)根据某种特定行业的习惯做法。(4)要约人所使用的通信方法的快捷程度等因素。第三，该期限包括 3 个方面：(1)要约到达受要约人手中的时间。(2)受要约人作出考虑的期限。该时间会因要约措辞的缓急而有所区别，如果要约中规定“请立即答复”“请即刻回函”，则表明要约人的意图是承诺人不应当有过多的考虑承诺的时间，在收到信函以后，应当在一两天之内就作出答复。(3)承诺到达要约人手中的合理期限。

【司法适用】

对于合理期限的确定发生的纠纷，应当按照以下办法处理：(1)受要约人在收到正常到达的要约后，已经以最迅捷的方式，毫不迟延地作出承诺的，要约人不得以超过合理期限为由拒绝；（2）受要约人收到没有按照正常速度到达的要约，计算合理期限时，应当从要约人发出要约的时间或者要约上载明的时间为准；（3）合理期限难以确定，又无法达成一致意见的，要约人认为承诺超过合理期限的，应当在收到承诺后，毫不迟延地以不低于承诺方式的迅捷方式告知受要约人，否则应当认定该承诺是在合理期限内作出，具有法律效力。

【司法案例】

南京甲文化艺术有限公司诉新疆乙实业投资（集团）有限公司侵权赔偿纠纷案①

诉讼结论：要约以非对话方式作出的，承诺应当在合理期限内到达。

本案中，关于退画的内容，当事人没有其他合意，乙公司在付款委托书中写明乙公司承诺甲公司将退款312万元汇到账户后，立即将甲公司暂留乙公司的画作退还甲公司，这一意思表示是乙公司单方作出的，属于要约。甲公司在2001年收到付款委托书后，至2004年7月才向乙公司回复同意退款，根据我国《合同法》的规定，要约以非对话方式作出的，承诺应当在合理期限内到达。而根据双方当事人交付画作的性质和承诺可采用的传递方式等因素考虑，从2001年2月至2004年7月显然已超过“合理期限”。甲公司在合理期限内没有作出承诺，因此双方当事人对退画没有达成合意，付款委托书的内容对双方当事人没有约束力。

第四百八十二条　要约以信件或者电报作出的，承诺期限自信件载明的日期或者电报交发之日开始计算。信件未载明日期的，自投寄该信件的邮戳日期开始计算。要约以电话、传真、电子邮件等快速通讯方式作出的，承诺期限自要约到达受要约人时开始计算。

【条文主旨】

本条是关于以信件或者电报等作出的要约的承诺期限计算方法的规定。

【条文理解】

本条源于《合同法》第24条。

本条主要适用于要约或要约人没有明确规定承诺的最后期限（某一天或某一

---

① 最高人民法院（2006）民二终字第81号民事判决书。

时刻)以及没有指明承诺期限的起算时间的情形。如果要约或要约人以期间或期日具体指明承诺期限,那么,对于有效承诺而言,关键不是承诺从何时计算,而是是否在规定的期限届满之前作出了承诺。

关于承诺期限的起算点,依据本条的规定,应当按照如下规则予以确定:(1)要约是以信件方式作出的,承诺的期限应当以信件载明的日期开始计算。信件载明的日期,是指发信人在书写载有要约内容的信件时所签署的日期,是信封内的内容。例如,3 月 1 日邮寄的信中明确写明“承诺期间自 3 月 10 日起起算”。如果信件没有载明日期,承诺期间应当自投寄该信件的邮戳日期开始计算。例如,3 月 1 日邮寄的信,投寄该信件的邮戳日期为 3 月 2 日,则自 3 月 2 日起算。(2)要约以电报方式作出的,电报交发之日开始计算。电报的交发之日,是指发报机关在发报纸上记载的日期。例如,3 月 1 日交发电报,承诺期自 3 月 1 日起算。(3)要约以电话、传真、电子邮件等快速通信方式作出的,由于是一种迅捷的通信方式,承诺期限自要约到达受要约人时开始计算。

【司法适用】

对于信件的理解,需要注意:(1)信件应当作广义的理解,但凡要约以非对话方式作出,且不属于电报的,皆可纳入信件的范畴;(2)如果信件既未载明日期,又无邮戳日期,如委托他人转送或亲自送达,自送达——把邮件置于受要约人的影响范围——之日开始计算;(3)如果要约明确规定了承诺起止时间、最后时间或某一特定时间,如“请在 5 月 4 日至 5 月 20 日给予回复”,或“请在 6 月 30 日之前承诺”,则依其约定。

依据本条规定,对于非以对话方式作出的要约,承诺期限的计算主要依据发送时间而不是收到时间,因为以合理的确定性证明发送时间通常更为容易。

在理解本条最后一句时,应注意以下内容:(1)这主要是适用于以对话方式作出的要约,电话、传真的列举规定属于例示性规定,其他即时通信工具、当面交流、远距离视频交流等,皆可纳入此项规定中;(2)在理解“到达”这个概念时,除了传真、电子邮件之到达应理解为进入受要约人的影响范围外,对于像当面交流、电话、远距离视频交流之类的即时交流,“到达”应理解为受要约人了解或实际知道要约的内容;(3)如果要约人明确说明了承诺的起止时间或承诺的最后时间,则以要约人的明示为准,无须计算承诺期间。[①]

---

① 朱广新:《合同法总则研究》(上册),中国人民大学出版社 2018 年版,第 122 ~ 123 页。

【司法案例】

李某峰、李某然诉中国某人寿保险股份有限公司驻马店中心支公司保险纠纷案①

诉讼结论：以信件作出的，承诺期限自信件载明的日期开始计算。信件未载明日期的，自投寄该信件的邮戳日期开始计算。

本案中，朱某永未履行如实告知义务，某保险公司享有合同解除权。根据相关法律的规定，当事人一方主张解除合同的，应当通知对方。合同自通知到达对方时解除，对方有异议的，可以在约定异议期内请求人民法院或者仲裁机构确认解除合同的效力，如没有约定异议期的，在解除合同通知到达之日起3个月内提出。关于某保险公司是否就合同解除通知李某峰、李某然、李某铮的问题。某保险公司于2017年10月10日根据朱某永提供的地址邮寄了理赔决定书，一审期间，经一审法院询问，李某峰、李某然、李某铮认可收到该邮件。《合同法》第24条规定，"要约以信件或者电报作出的，承诺期限自信件载明的日期或者电报交发之日开始计算。信件未载明日期的，自投寄该信件的邮戳日期开始计算"。故李某峰、李某然、李某铮至2018年4月20日提起诉讼，已超过3个月的除斥期间。

第四百八十三条　承诺生效时合同成立，但是法律另有规定或者当事人另有约定的除外。

【条文主旨】

本条是关于合同成立时间的规定。

【条文理解】

本条与《合同法》第25条内容略有差异，在确定了承诺生效时合同成立这一基本原则外，确认合同成立时间的认定尚存例外情形——"法律另有规定或者当事人另有约定"。

承诺生效就意味着受要约人完全接受要约的意思表示，订约过程结束，要约、承诺的内容对要约人和受要约人产生法律拘束力。承诺生效时，合同即告成立。合同成立是承诺生效的直接结果。

"承诺生效时合同成立"属于原则性规定，除该原则外，在合同的成立问题上，

---

① 河南省驻马店市中级人民法院(2018)豫17民终3003号民事判决书。

尚有例外规定:(1)自签名、盖章或者按指印时成立。非对话人之间采用合同书形式订立合同场合,若承诺生效与双方当事人签名、盖章或者按指印的时间一致时,承诺生效合同成立;反之,则最后"当事人均签名、盖章或者按指印时合同成立"①。有时,双方当事人无法同时完成签名、盖章或者按指印,双方当事人各自的签名、盖章或者按指印因此会有先后之分。签名、盖章或者按指印在不同时间完成的,最后签名、盖章或者按指印的时间为合同成立时间。(2)实践性合同的成立。承诺生效,在诺成性合同场合使合同成立;在实践性合同场合,若交付标的物先于承诺生效,同样使合同成立;若交付标的物在承诺生效之后,则合同自交付标的物时成立。

【司法适用】

对于合同成立的认定,本法第490条规定:"当事人采用合同书形式订立合同的,自当事人均签名、盖章或者按指印时合同成立。在签名、盖章或者按指印之前,当事人一方已经履行主要义务,对方接受时,该合同成立。法律、行政法规规定或者当事人约定合同应当采用书面形式订立,当事人未采用书面形式但是一方已经履行主要义务,对方接受时,该合同成立。"对于合同是否成立的争议如何认定,以及对于以其他形式订立的合同是否认定,《合同法解释(二)》第1~2条作了明确的解释。

【司法案例】

唐某诉程某莉房屋买卖合同纠纷案②

诉讼结论:当事人采用合同书形式订立合同的,自双方当事人签字或者盖章时合同成立。

本案中,争议的核心问题是唐某为卖方、以程某莉为买方的登记号为(九区2000)买卖第7595号的《房地产买卖合同》在唐某与程某莉之间是否成立,该合同对唐某是否具有法律拘束力。依法成立的合同,对当事人具有法律约束力,并受法律保护。当事人达成合意是合同的成立的必备要件。《合同法》第32条规定,"当事人采用合同书形式订立合同的,自双方当事人签字或者盖章时合同成立"。该条明确了当事人在合同书上签字或盖章的时间为合同成立的时间,不仅确认了当事人达成合意的外在表现形式为签字或者盖章,而且赋予了盖章与签字在合同成立上同等的法律效力。因此,经当事人签字或者盖章的合同应该是当事人达成

---

① 参见本法第490条第1款。

② 最高人民法院(2012)民抗字第55号民事判决书。

合意的体现,对双方当事人具有法律拘束力。

第四百八十四条　以通知方式作出的承诺,生效的时间适用本法第一百三十七条的规定。

承诺不需要通知的,根据交易习惯或者要约的要求作出承诺的行为时生效。

【条文主旨】

本条是关于承诺生效时间的规定。

【条文理解】

与《合同法》第26条相比,该条细化了以通知方式作出承诺的生效时间。

承诺生效的时间,即为合同成立的时间,当事人亦于此时开始享有合同权利、承担合同义务。

1. 以通知方式作出的承诺生效时间

如果该承诺是以对话方式作出,采取了解主义原则,仅在要约人知悉时,发生效力。

如果该承诺是以非对话方式作出,采取到达主义原则,即到达要约人时生效。至于以非对话方式作出的采用数据电文形式的承诺的生效时间,分为3种情况:一是当事人对采用数据电文形式的意思表示(承诺)的生效时间有约定的,其约定优先;二是要约人指定特定系统接收数据电文的,该数据电文进入该特定系统时生效;三是要约人未指定特定系统的,要约人知道或者应当知道该数据电文进入其系统时生效。

2. 不需要通知的承诺生效时间

在承诺不需要以通知的方式作出的情况下,如根据交易习惯或要约人提出的要求作出承诺的行为的,就应以行为的作出作为承诺生效的时间。

【司法适用】

如果承诺不需要通知,则根据交易习惯或者要约的要求,一旦受要约人作出行为,即可使承诺生效。当然,对于一些要式合同,则以履行特定的合同形式的时间为合同成立的时间。例如,法律规定需要采用书面形式的合同,则应以当事人签订书面合同并在合同上由双方签名、盖章或者按指印后才能宣告合同成立。

【司法案例】

徐某丽诉淮安市甲日用品有限公司买卖合同纠纷案①

诉讼结论：承诺是以非对话方式作出的，采取到达主义原则，即到达要约人时生效。

本案中，甲公司通过信息网络的方式，在其注册登记的乙天猫旗舰店网页上，向公众开放的局域网络用户，以广告的形式宣传“双十一，拍 1 元定金、购商品、猜营业额、得 iPhone 6”的意思表示，按竞猜金额和乙“双十一”实际金额接近程度排序给付奖品的义务。该活动规则，形式上是商业广告的内容，但符合要约规定的条件，视为要约。徐某丽在甲公司的网页上注册登记，并按甲公司所公布的活动规则的要约条件，分别拍得 1 元定金、“双十一”当日在乙天猫旗舰店购物、参加竞猜营业额活动规则规定的方式作出承诺，并予回复。徐某丽在分别作出承诺后生效时合同生效。故原、被告双方要约、承诺达成的竞拍定金、网络购物、竞猜有奖合同，符合订立合同的要约、承诺形式，双方约定的内容，不违反法律的禁止性规定，属有效合同。依法成立的合同，对当事人具有法律约束力。

第四百八十五条　承诺可以撤回。承诺的撤回适用本法第一百四十一条的规定。

【条文主旨】

本条是关于承诺撤回的规定。

【条文理解】

本条源于《合同法》第 27 条。

承诺的撤回，是指在发出承诺之后，承诺生效之前，受要约人阻止承诺发生法律效力的意思表示。

承诺的撤回是以到达主义为依据来赋予受要约人撤回权的。因而，承诺撤回权的行使有严格的时间限制，即撤回承诺的通知应当在承诺到达要约人之前或者同时到达要约人。以对话方式作出的承诺一般无法撤回。以非对话方式作出的承诺，由于转达需要时间，在这样的时间过程中，可以按照承诺撤回权行使的时间限制予以撤回。采用电子数据形式的承诺，因其本身的性质也难以撤回。为了使

① 江苏省淮安市淮安区人民法院（2015）淮法民初字第 0758 号民事判决书。

后发出的承诺撤回通知早于承诺的通知，或者与承诺的通知同时到达要约人，承诺人应当采取比承诺更迅捷的送达方式。

承诺的撤回符合撤回权行使期限规定的，发生承诺撤回的效力，视为没有发出承诺，因而合同没有成立。承诺撤回的通知迟于承诺到达要约人的，不发生承诺撤回的效力，承诺仍然有效。

【司法适用】

实务中，如何判断一个撤回承诺的通知是在承诺到达之前或与承诺同时到达，应当与承诺生效的时间的确定标准相结合。

【司法案例】

彩某公司诉唐某公司返还投资款纠纷案①

诉讼结论：撤回承诺的通知到达要约人之前或者与承诺通知同时到达要约人。

本案中，陈某在2008年7月8日当天未在《解除协议》上签章，但其后陈某签章亦是对《解除协议》的认可，《解除协议》经各方当事人协商一致而依法成立并生效。王某在《解除协议》上签名向唐某作出承诺后单独发表《声明》废除《解除协议》的效力不符合《合同法》第27条"撤回承诺的通知应当在承诺通知到达要约人之前或者与承诺通知同时到达要约人"的规定，不发生撤回承诺法律效力。彩某公司提出《解除协议》未生效的上诉理由不能成立，法院不予采纳。

第四百八十六条　受要约人超过承诺期限发出承诺，或者在承诺期限内发出承诺，按照通常情形不能及时到达要约人的，为新要约；但是，要约人及时通知受要约人该承诺有效的除外。

【条文主旨】

本条是关于迟延承诺的规定。

【条文理解】

该条与《合同法》第28条有所不同，增加了迟延承诺认定为新要约的情形——"在承诺期限内发出承诺，按照通常情形不能及时到达要约人"。例如，受要约人在承诺期限届满前一天以邮寄信件方式承诺，而该信件的正常邮递通常需

① 广东省深圳市中级人民法院(2010)深中法民二终字第1277号民事判决书。

要3天,故该信件到达要约人时必然迟到。此种情形,《合同法》第28条并没有包括,而该条款予以增加,相对于《合同法》第28条超过承诺期限发出承诺的情形而言,这种情形虽然同样是迟到,但毕竟没有迟到那么晚,在法律上迟到更晚的情形尚且有补救的余地,举重以明轻,对于迟到相对较轻的情形,也应允许补救。

承诺在承诺期限届满后或在合理期限过后始到达要约人的,构成迟到的承诺。具体可区分为两类:必然迟到的承诺和偶然迟到的承诺。其中,必然迟到的承诺又包括"超过承诺期限发出"和"在承诺期限内发出承诺,按照通常情形不能及时到达要约人"两种情形。本条规定内容为必然迟到的承诺。

必然迟到的承诺,是指受要约人在要约人限定的承诺期限之后,向要约人发出的承诺,或虽然在承诺期限内要约人发出承诺,但按照通常情形不能及时到达要约人的承诺。必然迟到的承诺其效力在于:(1)一般不发生承诺的法律效力。其性质不是严格意义的承诺,对要约人不再有承诺的约束力,不能因此而成立合同。(2)一般被认定为一项新要约。必然迟到的承诺不具有承诺的性质,如果对要约人的要约内容作出了响应,应当视为新要约。(3)在要约人及时认可的情况下,该迟到承诺具有承诺的法律效力。该迟到承诺到达要约人,要约人认为该迟到承诺可以接受的,应当按照当事人的意志,及时认可承诺的效力,合同成立。及时认可应当在收到该迟到承诺之后,毫不迟延地以与承诺方式相同或者不低于承诺方式的通信方式向对方声明认可。

【司法适用】

对于必然迟到的承诺,是否成立合同,决定权在于要约人。如果他希望成立合同,则需要及时通知受要约人其承诺有效;如果他不再希望成立合同,则无须任何举动。

对于必然迟到的承诺,其合同成立的时间在实践中会存在两种可能:(1)迟到的承诺到达时;(2)要约人的通知到达受要约人时。从本条款字面分析,既言"该承诺有效",就意味着该迟到的承诺仍然发生承诺的法律效果(成立合同),故第一种方案可以成立。

【司法案例】

甲诉乙房屋买卖合同纠纷案[①]

诉讼结论:受要约人超过承诺期限发出承诺,为新要约。但是,要约人及时通知受要约人该承诺有效的除外。

---

① 上海市第一中级人民法院(2010)沪一中民二(民)终字第685号民事判决书。

本案中,2009 年 6 月 22 日签订的《房地产买卖合同》中对付款方式、付款金额均作了约定,但甲在当日却未能签订合同,因此,乙签订合同的行为仅是为购房而发出的要约,在甲未作出承诺前,该合同是不成立的;同年 7 月 23 日,虽甲对于乙发出的要约作出了承诺,但同时由于合同约定的付款期限已过,故同年 7 月 23 日甲在合同签字确认的行为应认定为新的要约,而要约只能在对方作出承诺后才能生效,由于乙明确表示不接受甲的新要约,因此事实上双方分别签署的买卖合同并未成立,甲在合同约定的付款履行期限已过的情况下,签署合同的行为不能构成有效的承诺。①

第四百八十七条　受要约人在承诺期限内发出承诺,按照通常情形能够及时到达要约人,但是因其他原因致使承诺到达要约人时超过承诺期限的,除要约人及时通知受要约人因承诺超过期限不接受该承诺外,该承诺有效。

【条文主旨】

本条是关于未迟发而迟到承诺的规定。

【条文理解】

本条源于《合同法》第 29 条。

受要约人在承诺期限内发出承诺,按照通常情形能够及时到达要约人,但因其他原因承诺到达要约人时超过承诺期限的,可以称为“偶然迟到的承诺”。

偶然迟到的承诺的法律效力是:原则上该承诺发生承诺的法律效力,但要约人及时通知因承诺超过期限不接受承诺的,不发生承诺的效力。所谓及时,是指要约人在收到迟到的承诺后,毫不迟延地以与承诺相同或者快于承诺的方式,通知受要约人。

【司法适用】

偶然迟到的承诺毕竟是迟到的承诺,为了顾及要约人的利益,立法依旧将决定权交给要约人。要约人如果依旧希望成立合同,只要默不作声即可;要约人如果不再希望成立合同,则须及时通知受要约人因承诺超过期限不接受该承诺。

---

① 李建伟主编:《合同法及配套规定适用与解析(总则)》,法律出版社 2013 年版,第 56 页。

【司法案例】

张某红诉陆某玲、广州市甲综合市场有限公司股权转让纠纷案[1]

诉讼结论:受要约人在承诺期限内发出承诺,按照通常情形能够及时到达要约人,但因其他原因承诺到达要约人时超过承诺期限的,除要约人及时通知受要约人因承诺超过期限不接受该承诺的以外,该承诺有效。

本案中,陆某玲于2011年10月15日收到《关于"广州市甲综合市场"股权问题》函件,2011年10月17日21时,其通过快递公司向张某红发出函件,内容为:《关于"广州市甲综合市场"股权问题》函件收到,陆某玲同意按张某红的条件解决双方之间的股权纠纷,请张某红在收到本函之日起3日内将收取转让款的银行资料发给陆某玲,以便陆某玲划款,另请在收到陆某玲划款之日起3日内备齐股权变更所需的资料,以便办理股权变更等相关事宜。快递凭证显示该函件于2011年10月19日由张某红签收。2011年10月20日,张某红出具了复函,主要内容为:《关于"广州市甲综合市场"股权问题》函件是张某红于2010年9月4日作出的,该函约定的条件是要求陆某玲在3日内答复并支付全部款项,陆某玲迟至2011年10月17日才作出承诺,已不符合约定的条件,张某红不同意陆某玲的新要约等。该复函并未直接送给陆某玲,而是于2011年年底由广州市越秀区人民政府人民街道办事处维稳办公室通知陆某玲领取。由于陆某玲通过快递公司寄送函件的时间为2011年10月17日21时,并未超过《关于"广州市甲综合市场"股权问题》函件要求的3天承诺时间即2011年10月16日至2011年10月18日,虽然张某红收到陆某玲承诺函件时的2011年10月19日已超过上述时间段,但张某红并未提供充分证据证明其已及时通知陆某玲其不接受该承诺。在此情况下,二审法院适用《合同法》第29条的规定,认定陆某玲的承诺有效,双方的股权转让合同已成立。

第四百八十八条　承诺的内容应当与要约的内容一致。受要约人对要约的内容作出实质性变更的,为新要约。有关合同标的、数量、质量、价款或者报酬、履行期限、履行地点和方式、违约责任和解决争议方法等的变更,是对要约内容的实质性变更。

---

[1] 广东省高级人民法院(2013)粤高法民二申字第560号民事裁定书。

【条文主旨】

本条是关于承诺对要约的内容实质变更的规定。

【条文理解】

该条源于《合同法》第30条。

受要约人对要约的内容作出实质性变更的,为新要约。受要约人对要约变更后,是对订立合同提出了新条件,应当视为发出新的要约,在学理上称为反要约。有关合同标的、数量、质量、价款或者报酬、履行期限、履行地点和方式、违约责任和解决争议方法等的变更,是对要约内容的实质性变更。

【司法适用】

本条所列举的实质性变更的情形,是就通常情形而言的。但是,合同类型繁多,合同内容的实质性变更情形并非仅限于此,如对法律的选择也应是实质性的条款。因而,在对于什么能构成实质性变更,在实际交易,还需就个案进行具体分析。其考虑因素主要涉及:(1)合同的性质;(2)要约内容的变更对当事人利益的影响;(3)要约人的意思。

【司法案例】

甲公司诉乙公司招标投标合同纠纷案①

诉讼结论:受要约人对要约的内容作出实质性变更的,为新要约。

本案中,甲公司重新发出的投标报价书,内容发生了实质性的变更,表明其并未接受乙公司先前提出的要约。甲公司是在招标文件要求提交投标文件截止时间届满以后,才重新变更或修改了招标的内容和标的,显然不符合《招标投标法》的规定,从内容上来看也不能认定是同一次招标文件必要的澄清或者修改,应是一份新的招标文件,是属于前后两次提出了不同的要约邀请。甲公司没有对此要约进行承诺,即乙公司没有中标,该次招投标就此结束,甲公司理应归还乙公司为此次投标交纳的投标保证金。甲公司上诉认为,前后两次招标通知存在延续性,属于同一次招标。浙江省高级人民法院认为,甲公司第二次招标文件修改了承包内容,属要约实质性的变更,第二次招标行为不是第一次招标行为的延续。甲公司对招标的内容作的实质性的变更,应视为甲公司对乙公司的要约未作出承诺,并提出了新的要约,原要约即告失效。新要约虽写明第一次保证金转为第二次投标保证金,但并无对其进行没收的规定,亦未经投标人承诺,现甲公司认为乙公司未进行第二次投标,则应视为乙公司对新的要约未作出承诺。

---

① 浙江省高级人民法院(2010)浙商外终字第10号民事判决书。

第四百八十九条 承诺对要约的内容作出非实质性变更的，除要约人及时表示反对或者要约表明承诺不得对要约的内容作出任何变更外，该承诺有效，合同的内容以承诺的内容为准。

【条文主旨】

本条是关于承诺对要约内容作非实质性变更的规定。

【条文理解】

该条源于《合同法》第31条。

承诺对要约内容的非实质性变更，是指受要约人对要约中提出的有关合同标的、数量、质量、价款或者报酬、履行期限、履行地点和方式、违约责任和解决争议方式等以外的要约内容进行的补充、限制和修改。承诺对要约的内容作非实质性变更的，为有效承诺。

承诺对要约的内容作出非实质性变更的，原则上该承诺有效，合同的内容以承诺的内容为准。但是，如果要约人收到对要约内容有非实质性变更的承诺后在合理的期限内及时向受要约人表示反对，或者要约人在向受要约人发出的要约中明确表示承诺不得对要约内容作出任何变更，表明要约人不同意承诺对要约内容进行非实质性变更在内的任何变更。这时，应认定对要约内容进行非实质性变更的承诺无效，合同不能成立。

【司法适用】

对要约内容的非实质性变更通常有以下几种情形：(1)受要约人在承诺中增加了要约人本来就应遵守的法定义务；(2)受要约人在承诺中增加了对要约的内容进一步说明但不超出要约原有内容的说明性条款；(3)受要约人在承诺中增加了一些建议性、希望性条款，是否接受取决于要约人的意志并且对原合同无关紧要；(4)受要约人在要约人授权范围内对要约作出的修改。①

【司法案例】

甲公司诉乙公司特许经营合同纠纷案②

诉讼结论：承诺对要约的内容作出非实质性变更的，该承诺有效，合同的内容以承诺的内容为准。

---

① 法律出版社法规中心编:《中华人民共和国合同法注释本》，法律出版社2017年版，第26页。

② 上海市高级人民法院(2008)沪高三(知)终字第88号民事判决书。

本案中,《交接协议》中已明确上述《托管协议》经双方协商解除,而且附有详细的费用结算清单,故可视为甲公司就特许《托管协议》解除及后续处理向乙公司发出的要约。乙公司虽未在该《交接协议》上盖章确认,但其将《交接协议》作为主张权利的依据,并确认了协议中的内容,可视为乙公司对该《交接协议》中权利义务的承诺,因此《交接协议》是甲公司与乙公司就解除《托管协议》及清结费用达成的新的合意,符合我国《合同法》关于合同成立的要件,其中包括保证金、托管费用、报销费用的核算结果在内的内容对双方均有约束力。

承诺对要约的内容作出非实质性变更的,除要约人及时表示反对或者要约表明承诺不得对要约的内容作出任何变更的以外,该承诺有效,合同的内容以承诺的内容为准。《交接协议》是甲公司向乙公司发出的关于解除《托管协议》并对相应债权债务进行处理的要约,协议中写有关托管费、报销费用等债权债务的关键性条款,均表明甲公司对这些债权债务的确认。该要约并未规定承诺形式及期限,乙公司在一审中予以出示,应视为以通知的方式作出承诺,合法有效。

第四百九十条　当事人采用合同书形式订立合同的,自当事人均签名、盖章或者按指印时合同成立。在签名、盖章或者按指印之前,当事人一方已经履行主要义务,对方接受时,该合同成立。

法律、行政法规规定或者当事人约定合同应当采用书面形式订立,当事人未采用书面形式但是一方已经履行主要义务,对方接受时,该合同成立。

【条文主旨】

本条是关于合同成立时间的规定。

【条文理解】

本条源于《合同法》第32条、第36条、第37条和《合同法解释(二)》第5条的内容。

合同成立的时间,是双方当事人的磋商过程结束,达成共同意思表示的时间界限。承诺生效时,合同成立。要求签订合同书的,双方的协议只是合同磋商的初步结果,合同还没有成立,对双方并不发生法律效力,合同的成立时间,采用合同书形式订立合同的,自双方当事人签名、盖章或者按指印时合同成立。

1. 采用合同形式的规则

采用合同形式的规则,是法律、行政法规规定采用书面形式的,应当采用书面形式。当事人约定采用书面形式的,应当采用书面形式。采用合同书形式订立合同的,双方当事人都应当签名、盖章或者按指印时。签名或者盖章,是指签名或者盖章只要具备一种,就表明合同当事人确认了合同。当事人在合同书上按指印的,人民法院应当认定其具有与签名、盖章同等的法律效力。签名、盖章或者按指印不在同一时间的,最后签名、盖章或者按指印时合同成立。

2. 要式合同的形式要件欠缺

法律、行政法规规定或者当事人约定采用书面形式订立的合同,当事人应当采用书面形式订立合同。在未采用书面形式之前,应当推定合同不成立。但是,形式不是主要的,重要的在于当事人之间是否真正存在一个合同。如果当事人一方已经履行主要义务且对方接受时,即使没有以法律、行政法规规定或者约定的书面形式订立,合同也应当是成立的。

【司法适用】

除非法律、行政法规要求必须签订合同书,当事人一般应当在合同成立之前提出要求签订合同书,因在承诺生效之后提出签订合同书的,对方当事人可以拒绝,并且,在承诺生效之后提出签订合同书的,因为合同已经成立,合同书只是作为合同成立的证明,合同并非从签名、盖章或者按指印时成立。

当事人在合同书上按指印的,人民法院应当认定其具有与签名、盖章同等的法律效力。从身份识别的角度考虑,按指印可以发挥与签名、盖章同等的作用,而且,按指印是以生物特征来发挥身份识别作用,通常来说准确性更高。当然,按指印应当是当事人真实意思的表示,如果是在昏迷、胁迫等情形下被迫按手印,则不能发挥与签名、盖章同等的法律效力。

本条第1款后一句及第2款后一句,又称合同履行治愈规则,是以实际履行的方式订约,来弥补合同形式要件的欠缺。在适用上需要具备以下条件:(1)必须是应当采取书面形式订立合同,在签名、盖章或按指印之前,当事人从事了实际履行行为。从原则上说,如果应当采取书面形式的,而当事人没有采用书面形式,或者采用合同书形式订立合同的,但当事人没有在合同上签名、盖章或按指印,则表明合同存在瑕疵,此种瑕疵可能导致合同不成立,所以,合同履行治愈的前提是合同形式存在缺陷。(2)必须是一方履行了主要义务,另一方接受的。只有在一方履行了主要义务而对方接受的情况下,才能从行为中推定双方已经就合同的主要条款形成了合意。如果一方履行了次要义务而对方接受的,不能认为双方就合同主要条款已经达成了合意。(3)双方的实际履行不违反法律的规定,且未损害国家、社会公共利益和第三人的利益。

【司法案例】

沈阳甲建筑劳务有限公司诉南京乙商业地产集团建设有限公司建设工程施工合同纠纷案①

诉讼结论：在签名、盖章或者按指印之前，当事人一方已经履行主要义务，对方接受时，该合同成立。

本案中，双方订立了建设工程施工劳务合同书，合同书中的主要义务已实际履行，即甲公司实际进行了相应劳务施工，具体施工面积也已经双方确认。根据《合同法》第37条的规定，即使双方未在涉案《建设工程施工劳务合同》上签名，也应认定涉案合同书已经成立，并自合同成立时产生法律效力。

第四百九十一条　当事人采用信件、数据电文等形式订立合同要求签订确认书的，签订确认书时合同成立。

当事人一方通过互联网等信息网络发布的商品或者服务信息符合要约条件的，对方选择该商品或者服务并提交订单成功时合同成立，但是当事人另有约定的除外。

【条文主旨】

本条是关于信件、数据电文形式合同和电子商务合同成立时间的规定。

【条文理解】

本条第1款与《合同法》第33条内容基本类似，在此基础上又规定了第2款的内容。首先，是对确认书的规定；其次，是对电子商务合同成立的规定。

1. 自签订确认书时合同成立

用签订确认书形式订立合同，须具备以下条件：(1)当事人是采用信件、数据电文等形式订立合同。也就是说，当事人订立合同是采用非对话方式进行的，可能是相互往来信件、电报、电传、电子邮件等。以对话方式进行谈判的，一般要求承诺即时作出，承诺一经作出合同就成立。(2)应由一方当事人在合同成立之前提出。因为将签订确认书作为合同成立的条件，当事人必须在合同成立前提出，否则承诺生效时合同成立，合同成立后再提出签订确认书对合同的成立没有影

① 最高人民法院(2017)最高法民申1245号民事裁定书。

响。(3)在上述条件具备时,只有签订确认书,合同才能成立。①

2. 电子商务合同成立的时间

对于电子商务合同成立的时间,本条第 2 款基本采纳了《电子商务法》第 49 条第 1 款的规定。

电子商务合同,系指采用数据电文方式订立的合同。电子商务合同表现为利用互联网等信息网络生成、发送、接收或者储存关于商品或者服务交易的合同,至于具体采用的是何种电子、光学、磁或者其他类似的技术手段,均不受影响。②

一方当事人通过互联网等公开的信息系统发布商品或者服务信息,究竟属于广告还是要约,一般争议较大。本条款并非一概地承认一方当事人发布的商品或者服务信息属于要约,而是将问题聚焦于"是否符合要约条件"上面。除此之外,还规定了"当事人另有约定的除外",即允许当事人双方通过约定,排除"提交订单成功时合同成立"的情形。

【司法适用】

如果当事人约定了应当签订确认书,在确认书作出前,合同无法成立,合同的内容最终还需要通过确认书予以确定。但一方通过确认书变更了之前达成的协议,则这些变更能否导致合同成立,应当根据"实质性变更"标准加以判断,如果确认书所作出的变更实质性地改变了当事人事先约定的内容,那么可以认为,确认一方已经实质性地变更了合同的内容,其已经拒绝了先前的要约,同时发出了新的要约;但如果不是实质性地变更合同的内容,而接受的一方如果也没有立即表示拒绝,则该变更不影响合同的成立,后来所添加的内容也应当成为合同的内容。

当事人之间明确约定,不失为避免争议、增加交易活动的确定性的方法。但是,合同双方当事人在缔结电子商务合同之前,基本上不可能就合同成立时间进行专门协商与约定,因此所谓"另有约定"主要是指信息发布方将其所发布的信息是否具有约束力、何时具有约束力制定为格式条款,设置为对方当事人通过自动信息系统提交订单的条件。对方当事人与信息发布方的自动信息系统互动、提交订单,则视为同意信息发布方在自动信息系统中设定的格式条款的内容。如果信息发布方在自动信息系统中设置其有接受对方当事人提交的订单的自由,则表明信息发布方并不受其所发布信息的约束,对方当事人提交的订单方为要约,信息

① 全国人大常委会法工委研究室编写组编:《中华人民共和国合同法释义》,人民法院出版社 1999 年版,第 49 ~ 50 页。

② 电子商务法起草小组编著:《中华人民共和国电子商务法解读》,中国法制出版社 2018 年版,第 231 页。

发布方有权决定承诺与否。如果信息发布方在自动信息系统中设置了合同的成立时间，例如，对方当事人付款时合同成立，则表明对于合同成立时间另有约定。①

【司法案例】

北京甲信息技术有限公司诉宁某峰买卖合同纠纷案②

诉讼结论：当事人一方通过互联网等信息网络发布的商品或者服务信息符合要约条件的，对方选择该商品或者服务并提交订单成功时合同成立。

本案中，甲公司将其待售商品的名称、型号、价款等详细信息陈列于其网站之上，内容明确具体，与商品标价陈列出售具有同一意义，根据法律规定和一般交易观念判断，符合要约的特性。消费者通过网站在其允许的状态下自由选购点击加入购物车，并在确定其他送货、付款信息之后确认订单，应当视为进行了承诺。甲公司在消费者提交订单后向消费者发出的订单确认邮件中的提示系双方达成合意后的通知，不发生排除合意的法律效力，故双方的合同已经成立；且甲公司未能提交其不能继续采购到货的证据。故判决甲公司交付电视机。因甲公司未就使用条件的格式条款以合理的方式提请消费者注意，特别是没有在消费者提交订单之前予以明确提示，故“使用条件”的相关条款应视为没有订入合同，当然也不应对消费者发生效力。

第四百九十二条　承诺生效的地点为合同成立的地点。

采用数据电文形式订立合同的，收件人的主营业地为合同成立的地点；没有主营业地的，其住所地为合同成立的地点。当事人另有约定的，按照其约定。

【条文主旨】

本条是关于合同成立地点的规定。

【条文理解】

本条与《合同法》第 34 条内容略有差异，《合同法》规定“没有主营业地的，其经常居住地为合同成立的地点”，本条规定“没有主营业地的，其住所地为合同成立的地点”。

---

① 电子商务法起草组编著：《中华人民共和国电子商务法解读》，中国法制出版社 2018 年版，第 244～246 页。

② 北京市第三中级人民法院（2014）三中民终字第 09381 号民事判决书。

合同成立的地点，即合同订立的地点，也称合同签订地，是确定合同纠纷案件的地域管辖的依据之一，也是选择涉外合同准据法的冲突规范的连结点之一。

一般情况下，"承诺生效的地点为合同成立的地点"。因承诺通常在承诺通知到达要约人时生效，故要约人所在地通常为合同成立的地点。具体的规则是：(1)采用直接对话方式的，承诺可以立即到达要约人，相对人知道其内容时生效。所以，一般情况下，当事人直接对话的地点是合同的成立地点。(2)承诺需要通知要约人的，承诺到达要约人时生效，通知上所载明的到达地点应当为承诺生效的地点，是合同成立的地点。(3)采用数据电文形式订立合同的，收件人的主营业地为合同成立的地点；没有主营业地的，其住所地为合同成立的地点。当事人另有约定的，按照其约定。(4)根据交易习惯或者要约的要求，以行为作为承诺方式的，应当以该承诺行为生效的地点为合同成立的地点。(5)对以合同书或确认书形式订立合同的成立地点，双方当事人签名、盖章或者按指印的地点为合同成立的地点。双方当事人签名、盖章或者按指印的地点在同一处的，双方当事人的签名、盖章或者按指印同时、同地完备，为合同成立地点。签名、盖章或者按指印不在同一地点的，当事人完成最后有效签名、盖章或者按指印的地点为合同成立地点。(6)合同约定的签订地与实际签名或者盖章地点不符的，人民法院应当认定约定的签订地为合同签订地；合同没有约定签订地，双方当事人签名、盖章或者按指印不在同一地点的，最后签名、盖章或者按指印的地点为合同签订地。

【司法适用】

本条第2款与《合同法》第34条第2款规定的差异在于将"没有主营业地的，其经常居住地为合同成立的地点"修改为"没有主营业地的，其住所地为合同成立的地点"，如此更具有合理性。因为根据《民事诉讼法解释》第3条和第4条的规定，公民和法人都有其"住所地"，而"经常居住地"只有公民才有。合同成立的地点，事关合同纠纷案件的地域管辖，事关涉外合同的法律适用。因此，司法解释和本条对这一问题专门予以规定。

【司法案例】

全某诉师某军、师某雨、李某芹债权转让合同纠纷案①

诉讼结论：合同纠纷的当事人可以书面协议选择被告住所地、合同履行地、合同签订地、原告住所地、标的物住所地等与争议有实际联系的地点的人民法院管辖。

本案中，2018年11月7日，师某军、师某雨、李某芹通过北京大刚信息科技股

---

① 江西省南昌市中级人民法院(2019)赣01民终1538号民事裁定书。

份有限公司平台服务商与雷某云以数据电文形式签订《元宝 365 借款合同》，约定签订地及履行地为江西省南昌市西湖区，根据《民事诉讼法》第 34 条、《合同法》第 34 条之规定，该约定没有违反级别管辖和专属管辖的规定，属有效约定。2018 年 12 月 10 日，雷某云与全某签订《债权转让协议》。根据《民事诉讼法解释》第 33 条之规定，本案所涉合同的管辖协议对全某有效。因此南昌市西湖区人民法院对本案有管辖权。

第四百九十三条　当事人采用合同书形式订立合同的，最后签名、盖章或者按指印的地点为合同成立的地点，但是当事人另有约定的除外。

【条文主旨】

本条是关于书面合同成立地点的规定。

【条文理解】

该条与《合同法》第 35 条内容略有不同，吸收了《合同法解释(二)》第 4 条的规定。

合同签订地，通常是由双方当事人在同一地点订立的，实际签约地与合同签订地条款的记载基本是一致的，目的在于把合同签订地固定化。而在实务中，情况往往是错综复杂的。本条旨在解决采用书面形式订立合同时，确定合同签订地的两个问题：(1)合同中对合同签订地有另外约定的情况，即合同约定的签订地与实际签名、盖章或者按指印地点不符的问题；(2)合同当事人双方签名、盖章或者按指印的地点不同，何处为合同签订地。

就第一个问题而言，规定“当事人另有约定的除外”，体现了约定优先和双方当事人的意思自治，符合合同法的自愿原则。因为合同是当事人协议的民事法律行为，既然双方当事人对合同签订地有了明确的约定，那么该约定就应当对其有约束力，这样规定也便于人民法院查明案件事实。否则，合同签订地条款就成为无用条款，违背了当事人缔约的本意。

就第二个问题而言，如果双方当事人没有约定合同签订地，进行异地签约，一方先在合同书或者确认书上签名、盖章或者按指印，再将合同书或者确认书寄给另一方签名、盖章或者按指印，最终完成签约过程。在此过程中，一方签名、盖章或者按指印后并未达成合意，认定最后签名、盖章或者按指印的地点为合同签订地，既符合双方当事人意思自治，也符合长期以来的审判实践。[①]

【司法适用】

以在合同上签名、盖章或者按指印方式认定合同签订地的，均以书面合同为前提，因此，本条仅适用于订立书面合同的情形，口头合同和其他形式的合同虽然也存在合同签订地，但不涉及签章的问题。

认定合同签订地还要注意审查两点：（1）合同无效或未生效。例如，有证据证明一方或者双方当事人的签名、盖章或按指印是假的。（2）当事人规避中国法律强制性或禁止性法律规范。例如，双方当事人在北京签订了在我国履行的中外合资企业合同，却故意在合同中订立了合同签订地在东京的条款，企图制造连结点规避适用我国法律，对该约定签订地的条款的效力则不予认定。[②]

【司法案例】

林某诉李某民间借贷纠纷案[③]

诉讼结论：当事人采用合同书形式订立合同的，双方当事人签名或盖章的地点为合同成立的地点。合同当事人不同时签名盖章的，以最后一位当事人签名或盖章的时间及地点作为合同成立的时间和地点。

本案中，本案债权转让合同和涉及的借贷法律关系明显与中国大陆有更密切联系，故本案应适用中华人民共和国的法律进行审理。林某要求适用美国纽约州法律审理本案，法院不予支持。依据中国法律规定，该债权转让协议合法、有效。涉外合同的当事人没有选择的，适用与合同有最密切联系的国家的法律，故应当根据最密切联系原则确定本案实体审理所适用的法律。虽然林某与原债权人范某均是美国公民，但案涉借款是范某由美国汇至林某在中国银行开立的账户，借条以中文的形式表述，借条中将借款货币由美元转换成人民币，借款利息以中国住房利率为计算依据，故本案借款合同与中国有最密切联系。

---

① 1986年4月11日，最高人民法院作出的《关于如何确定合同签订地问题的批复》指出："凡书面合同写明了合同签订地点的，以合同写明的为准；未写明的，以双方在合同上共同签字盖章的地点为合同签订地；双方签字盖章不在同一地点的，以最后一方签字盖章的地点为合同签订地。"《合同法解释（二）》第4条有类似规定。

② 最高人民法院研究室编著：《最高人民法院关于合同法司法解释（二）理解与适用》，人民法院出版社2009年版，第48～50页。

③ 广西壮族自治区高级人民法院（2010）桂民四终字第12号民事判决书。

第四百九十四条　国家根据抢险救灾、疫情防控或者其他需要下达国家订货任务、指令性任务的，有关民事主体之间应当依照有关法律、行政法规规定的权利和义务订立合同。

依照法律、行政法规的规定负有发出要约义务的当事人，应当及时发出合理的要约。

依照法律、行政法规的规定负有作出承诺义务的当事人，不得拒绝对方合理的订立合同要求。

【条文主旨】

本条是关于依照国家订货任务、指令性任务订立合同及强制要约和强制承诺的规定。

【条文理解】

本条第1款源于《合同法》第38条，但结合新冠疫情防控工作，完善了国家订货合同制度。

1. 依国家计划订立合同

合同具有组织经济、协调经济活动的功能。在计划经济体制下，指令性计划在我国社会生活中占有很大的比重。指令性计划是一种必须执行的直接计划管理形式，是国家根据国民经济和社会发展的需要，对极少数重要产品实行的指令计划管理。国家指令性计划的具体指标，由国家计委会同有关部门确定。有的重要物资的指令性计划，如军品研制和生产任务还要报国务院批准，并由中央军委授权。但是指令性计划不是合同法普遍适用的基本原则，随着我国市场经济体制改革不断深入，它的管理范围、数量和作用都在不断减小。政府为了维护国家经济和市场的稳定，同时保证国防军工、重点建设以及国家战略储备的需要，对国家必须掌握的一些重要物资，开始施行国家订货制度。国家订货是由国家委托有关部门、单位，或组织用户直接向生产企业进行采购取得重要物资的一种订货方式，主要用于满足国家储备、调控市场、国防军工、重点建设以及救灾等其他特殊需要。其与指令性计划相比更加适应市场，其订货的价格和生产条件更加开放，同时可以协调工作。因此，按照本条规定，国家根据抢险救灾、疫情防控或者其他需要下达国家订货任务、指令性任务的，有关民事主体之间应当依照有关法律、行政法规规定的权利和义务订立合同，绝不能借口合同自愿原则而拒不落实。对于国家指令性计划，企业无正当理由拒不执行或不履行合同的，计划下达部门应责令其改正；情节严重的，给予经济和行政处罚；由此给国家造成重大经济损失的，由司法机关依法追究有关人员的刑事责任。而关于国家订货合同,它的变更或解除,必须由供需双方协商一致并报有关部门备案;如对合同有异议的,由国家相关部门会同合同管理部门协调或仲裁。

2. 强制要约

按照强制义务所处的阶段的不同,强制要约可被区分为强制要约与强制承诺。

所谓强制要约,是指在某些类型的交易关系中,一方当事人必须向特定或者不特定的相对人发出要约,一旦相对人作出承诺,合同即告成立。例如,自动售货机、无人售票车、收费性公园等营业的设置,在这些交易形式中,其营业本身就是以向社会公众公开、持续地发出要约的方式进行的,故而企业不得随意撤销其要约,无正当理由时也不得拒绝相对人的承诺。再如,依照法律对机动车主人、驾驶员、医生、会计师等人员的强制保险义务的规定,此类人员即有义务向保险公司发出要约以订立相应的保险合同。

3. 强制承诺

所谓强制承诺,是指在某些交易中,一方当事人负有接受相对人的要约而与其订立合同的义务,非有正当理由不得拒绝承诺。[①] 例如,公路、铁路、飞机、电信、煤气、自来水等关乎人们日用常行的行业,即负有应消费者的请求而与其订立合同的义务。总体而言,强制缔约制度主要是为了保护人们的生活利益或者维护公共秩序而对个人或者企业的缔约自由作出的限制。

区分强制要约与强制承诺的法律意义在于:(1)能够明了负担强制缔约义务的主体,为确定拒绝强制缔约者的法律责任提供前提。(2)在违反强制要约义务场合,强制义务人履行义务不一定导致合同的成立。换句话说,只有在相对人愿意承诺的情况下合同才能成立;违反强制承诺义务场合,强制义务人履行义务可以使合同成立。[②]

【司法适用】

从我国现行有关法律法规的内容来看,强制缔约主要适用于如下情况:(1)公共承运人的强制缔约义务。例如,本法第 810 条规定了公共承运人的强制缔约义务。因此,只要旅客、托运人提出了通常合理的运输要求(要约),从事公共运输的承运人就负有强制承诺的义务。(2)指令性计划合同。在此类合同中,当事人有义务根据国家下达的指令性任务或者货架订货任务的需要,依照有关法律、行政

---

① 王泽鉴:《债法原理》,北京大学出版社 2013 年版,第 112 页。

② 崔建远:《强制缔约及其中国化》,载《社会科学战线》2006 年第 5 期。

法规规定的权利与义务订立合同。本条第1款即表明了这种态度。(3)供应电、水、气、热力等社会必需品的企业所负有的强制缔约义务。在现代社会中,电、水、气、热力的供应关系到千家万户的切身利益,也与社会的基本运行秩序和社会稳定密切相关,属于民生必需品,具有很强的公益色彩。因而,供用电、水、气、热力合同不仅关系到当事人的利益,而且关系到社会公共利益。例如,《电力法》第26条第1款在这一领域内确认了强制缔约义务。(4)执业医师的强制缔约义务。例如,《执业医师法》第24条规定了执业医师的强制缔约义务。只要医疗机构及医务人员对患者进行救治,就形成医疗服务合同。在紧急情况下的救助义务是强制缔约义务的一种体现,在紧急救助患者的情况下,由患者家属或第三人将患者送往医疗机构救治,可以被视作向医疗机构发出了订立医疗服务合同的要约,在此情况下,医疗机构负有强制缔约的义务。(5)责任保险中的强制缔约义务。例如,《保险法》第65条规定了责任保险制度。根据有关规定,在机动车交通事故责任强制保险中,保险公司负有强制缔约义务。必须说明的是,强制缔约体现了国家对社会公共利益的维护,或者对合同实质正义的维护,因此,随着社会的发展,强制缔约制度可能会越避免缔约地位事实上的不平等带来不公平的后果。①

【司法案例】

贵州甲精煤股份有限公司诉大唐贵州乙发电有限公司买卖合同纠纷案②

诉讼结论:电煤采购属于国家指令计划,根据《合同法》第38条的规定,当事人双方应当协商签订书面合同。

本案中,由于协商未果,双方虽未签订书面供煤合同,但甲精煤公司实际已经供货,大唐乙公司亦支付了预结算款,双方事实上已经形成电煤购销合同关系。根据已经查明的事实,贵州省实施电煤应急临时调节措施的时间是2011年10月1日起至2012年6月30日,甲精煤公司在2012年全年的供煤任务数是70万吨,根据《合同法》第62条的规定,甲精煤公司的电煤供应价格在70万吨范围内应当受到政府调控。本案中,省经信委作为甲精煤公司和大唐乙公司双方共同的行业主管部门,其出具的45号文当中的价格应当视为政府指导价,在70万吨范围内该价格对双方具有约束力。

---

① 王利明:《合同法研究》(第1卷),中国人民大学出版社2015年版,第313~315页。

② 贵州省高级人民法院(2014)黔高民商初字第51号民事判决书。

第四百九十五条　当事人约定在将来一定期限内订立合同的认购书、订购书、预订书等，构成预约合同。

当事人一方不履行预约合同约定的订立合同义务的，对方可以请求其承担预约合同的违约责任。

【条文主旨】

本条是关于预约合同的规定。

【条文理解】

《合同法》并未对预约合同予以规定，但《买卖合同解释》第 2 条作出了规定，本条将其内容予以吸纳。

学理上一般对预约合同定义为约定将来订立一定契约之契约。预约合同从本质上而言，属于独立的合同，适用一般合同的规定。但由于预约合同存在目的的特殊性，决定了其具有不同于一般合同的内容，主要表现在预约合同内容涉及谈判期间对于将来事项的预先规划，其标的是缔约双方当事人为将来订立本约合同而谈判，并最终缔结本约合同。

预约合同一般是在本约合同订立前发生的，违反预约合同的责任不同于缔约过失责任。缔约过失责任无法替代违反预约合同的责任，因为预约合同的责任首先是继续履行签订本约合同，而缔约过失责任适用本法第 500～501 条的规定，主要是损害赔偿责任。

依据本条第 2 款的规定："当事人一方不履行预约合同约定的订立合同义务的，对方可以请求其承担预约合同的违约责任。"既然预约合同是一个独立的合同，具有独立的责任，那么"合同编"第一分编通则中的第八章违约责任部分应当可以适用。

【司法适用】

注意区分预约合同与优先协议：买卖合同交易实务中，双方约定的协议仅对一方当事人产生法律拘束力，该协议能否构成预约？举例说明：A 与 B 约定，在 A 出售挖掘机时，B 可以 80 万元的价格优先购买。该协议是否属于预约？一般认为，此协议类似于法国法上的优先性协议①或者英美合同法上的选择权合同②，不

①　所谓"优先性协议"，是指一方同意给予另一方订立某一特定合同的优先权，一方只要决定订立该合同，在向其他人发出要约前，必须先向另一方发出要约。参见尹田：《法国现代合同法》，法律出版社 1995 年版，第 56 页。

②　所谓"选择权合同"，是指当事人双方或一方依据合同享有在不同"被选事物"（如清偿方式、给付类型、价格等）之间作出选择的权利。参见董安生等编译：《英国商法》，法律出版社 1991 年版，第43～44 页。

能构成预约合同。理由有二:(1)优先性协议仅赋予一方订立特定合同的优先权,只为一方当事人固定了交易机会,其与预约合同为双方当事人固定交易机会的本旨不合。(2)由于B被赋予了买受挖掘机的优先权或者选择权,A在任何价格出售挖掘机之前都必须向B发出要约,B在任何价位上均享有优先承诺权,故对B而言,只有权利而无必须缔结本约合同或者为缔结本约合同必须进行磋商的义务,此与预约合同的基本含义不相符。

【司法案例】

成都甲通讯连锁有限公司诉四川乙实业有限责任公司、四川丙投资控股股份有限公司房屋买卖合同纠纷案①

诉讼结论:当事人存在明确的将来订立本约的意思,即使预约的内容与本约已经十分接近,也应当尊重当事人的意思表示,排除这种客观解释的可能性。

本案中,乙实业公司与甲公司在2006年9月20日签订的《购房协议书》中明确约定了双方拟进行买卖的房屋的位置、面积和价款,应当说具备了一份正式的房屋买卖合同的主要内容,可直接据此履行而无须另订本约。但是,双方当事人同时在该协议中约定:"……3.甲、乙双方应就购房合同及付款方式等问题在本协议原则下进行具体磋商。……5.甲乙双方就该宗房屋买卖合同签订时,本协议自动失效。"可见,双方当事人虽然约定了房屋的位置、面积及总价款,但仍一致认为在付款方式等问题上需要日后进一步磋商,双方的这一意思表示是明确的,而且,当事人在该协议第5条进一步明确要在将来订立一个新的合同,以最终明确双方之间的房屋买卖法律关系的具体内容。因此认为案涉《购房协议书》的性质为预约合同。

第四百九十六条　格式条款是当事人为了重复使用而预先拟定,并在订立合同时未与对方协商的条款。

采用格式条款订立合同的,提供格式条款的一方应当遵循公平原则确定当事人之间的权利和义务,并采取合理的方式提示对方注意免除或者减轻其责任等与对方有重大利害关系的条款,按照对方的要求,对该条款予以说明。提供格式条款的一方未履行提示或者说明义务,致使对方没有注意或者理解与其有重大利害关系的条款的,对方可以主张该条款不成为合同的内容。

---

① 最高人民法院(2013)民提字第90号民事判决书。

【条文主旨】

本条是关于采用格式条款订立合同的规定。

【条文理解】

该条与《合同法》第39条内容有所差异，借鉴了《合同法解释(二)》第9条的内容。

格式条款，又称标准条款、标准合同、格式合同、定式合同、定型化合同，也有人称作附合合同等，是当事人预先拟定的、可以重复使用，并在订立合同时未与对方协商的条款。

1. 格式条款提供方的法定义务

用格式条款订立合同时，双方当事人的地位往往不是完全平等的，对方当事人只有订不订合同的自由，而没有选择合同条款的自由。为了协调这个矛盾，更好地保护对方当事人的合法权益，特别是保护消费者的权益。本条对提供格式条款的一方当事人给予了如下限制：(1)遵循公平原则确定当事人权利义务的义务。即提供格式条款的一方当事人应当遵循公平原则确定当事人之间的权利与义务，这是该方当事人的基本义务。(2)提请对方注意的义务。提供格式条款的一方当事人，对合同中设定的免除或者减轻自己责任等与对方有重大利害关系的条款，应当采取合理的方式提请对方注意。(3)给予说明的义务。在接受格式条款的一方当事人，对格式条款中设定的免除或者减轻对方责任等与自身有重大利害关系的条款，提出说明要求时，提供格式条款的一方当事人应当按照对方的要求，对该条款予以说明。

2. 违反提示或说明义务的法律后果

根据该条规定，违反提示或说明义务并非导致格式条款不成立或无效。在违反该义务的情况下，格式条款仍然可以纳入合同之内，但是如果订约相对人认为该格式条款对其而言违反公平原则，就有权主张该条款不成为合同的内容。

实践中有些当事人在缔约时已经意识到了格式条款的存在，但在合同订立之后又以提供格式条款的一方当事人没有提请注意而主张合同不成立，则有违合同成立的一般原理。因此，在没有提请注意的情况下允许这些条款纳入合同，只不过是如果这些条款违反了公平原则，对方当事人可以主张该条款不成为合同的内容。[①] 如此，采用“订入控制”更有利于对相对人的保护。

【司法适用】

格式条款，实际上是指已经订入的条款，而不是起草者起草的文本，因为并不

---

① 王利明：《合同法研究》(第1卷)，中国人民大学出版社2015年版，第414页。

是说起草的文本都应作为格式条款纳入合同,该文本只具有示范和建议的性质。尽管相对人对格式条款没有自由协商的权利,但也必须作出概括的接受或不接受的意思表示。只有这样才能使格式条款纳入合同。否则如果将格式条款制作人起草的任何格式条款文本均作为格式条款,而不需要考虑订入合同的程序,将会使人们误以为格式条款文本可以直接订入合同,而不需要考虑相对人是否愿意接受该条款,这显然是不妥当的。①

【司法案例】

刘某捷诉甲通信集团江苏有限公司徐州分公司电信服务合同纠纷案②

诉讼结论:电信业务的经营者作为提供电信服务合同格式条款的一方,应当遵循公平原则确定与电信用户的权利义务内容,权利义务的内容必须符合维护电信用户和电信业务经营者的合法权益、促进电信业的健康发展的立法目的,并有效告知对方注意免除或者限制其责任的条款并向其释明。

电信用户的知情权是电信用户在接受电信服务时的一项基本权利,用户在办理电信业务时,电信业务的经营者必须向其明确说明该电信业务的内容,包括业务功能、费用收取办法及交费时间、障碍申告等。如果用户在不知悉该电信业务的真实情况下进行消费,就会剥夺用户对电信业务的选择权,达不到真正追求的电信消费目的。本案中,甲通信集团徐州分公司既未在电信服务合同中约定有效期内容,亦未提供有效证据证实已将有效期限制明确告知刘某捷,甲通信集团徐州分公司暂停服务、收回号码的行为构成违约,应当承担继续履行等违约责任,故对刘某捷主张"取消被告对原告的话费有效期的限制,继续履行合同"的诉讼请求依法予以支持。

第四百九十七条　有下列情形之一的,该格式条款无效:

(一)具有本法第一编第六章第三节和本法第五百零六条规定的无效情形;

(二)提供格式条款一方不合理地免除或者减轻其责任、加重对方责任、限制对方主要权利;

(三)提供格式条款一方排除对方主要权利。

---

① 苏号朋:《论格式条款订入合同的规则》,载第二届"罗马法、中国法与民法法典化"国际研讨会论文集《罗马法、中国法与民法法典化》,中国政法大学出版社 2011 年版,第 272 页。

② 最高人民法院指导案例 64 号。

【条文主旨】

本条是关于格式条款无效的规定。

【条文理解】

该条与《合同法》第40条内容有所差异，主要表现在《合同法》第40条认定格式条款无效的情形主要分为3类：(1)具有《合同法》第52条情形；(2)具有《合同法》第53条情形；(3)"提供格式条款一方免除其责任、加重对方责任、排除对方主要权利"情形。但是本条作出了两个变更：(1)将格式条款认定无效的标准放置在了"本法第一编第六章第三节""规定的无效情形"上，扩大了认定格式条款无效的情形。(2)细化并增加了认定格式条款无效的特别情形。

本条款是对于格式条款无效的规定，从该条款中可知，本法"总则编"第六章第三节规定的无效事由一般适用于格式条款，同时基于格式条款的特点，法律还另外特设几项格式条款的无效事由，从而大大拓宽了对格式条款的效力控制范围，有利于保护格式条款相对人的权利。

为了更好地保护对方当事人的权利，本条规定了格式条款无效的4种情况：(1)具有本法第一编第六章第三节规定的无效情形。该章节主要规定了民事法律行为的效力，如果格式条款具有本法第一编第六章第三节规定的无效情形的，则当属无效。(2)具有本法第506条规定的无效情形，该条款是对合同中免责条款的规定，如果合同中存在免除"造成对方人身损害的"或者"因故意或者重大过失造成对方财产损失的"责任的条款，则该条款无效。(3)格式条款中含有提供格式条款一方不合理地免除或者减轻其责任、加重对方责任、限制对方主要权利的内容。此规定违反了公平信用原则，所以此类条款是无效的。(4)排除对方当事人主要权利。另外，格式条款的无效，并不等于含有格式条款的合同整体无效。某些格式条款的无效，属于部分无效，但不影响合同其他条款的效力，也不影响合同的整体效力。

【司法适用】

从表面上看，本条与本法第496条之间似乎存在矛盾之处，第496条规定，采用格式条款订立合同的，提供格式条款的一方应当采取合理的方式提示对方注意免除或者减轻其责任等与对方有重大利害关系的条款，按照对方的要求，对该条款予以说明。否则，不构成合同的内容。但根据本条规定，凡提供格式条款一方不合理地免除或者减轻其责任、加重对方责任、限制对方主要权利、排除对方主要权利，该条款无效。具体而言，对格式化的免责条款应当提请注意，是因为在合同订立的磋商过程中，格式条款完全是由一方所决定的，免责条款只是对未来可能发生的责任予以免责。而本条款所提到的免除责任，是指合同成立后，提供格式条款的一方在格式条款中已经不合理、不正当地免除其应当承担的责任。而且其所免除的不是未来的责任，而是现在所应当承担的主要义务。所以，这两条所规定的免除责任的情况是不一样的，因而两者之间也是不矛盾的。对于单纯的免责条款，提供格式条款的一方应当提请对方注意，否则视为没有写入。而提供格式条款的一方在格式条款中不合理、不正当地免除其现在应当承担的责任，则该条款是无效的。

【司法案例】

周某治、俞某芳诉甲房地产开发有限公司商品房销售合同纠纷案[①]

诉讼结论：提供格式条款一方不合理地免除或者减轻其责任、加重对方责任、限制对方主要权利的，该格式条款无效。

本案中，开发商的交房义务不仅仅局限于交钥匙，还需要出示相应的证件，并签署房屋交接单等。如果合同中分别约定了逾期交房与逾期办证的违约责任，但同时又约定"若出卖人逾期交房并承担了逾期交房违约责任的，则本合同第十六条中出卖人承诺取得土地、房屋权属证书的时间相应顺延，顺延期限与商品房交付的逾期期限相同"，即开发商承担了逾期交房的责任之后，不再承担逾期办证的违约责任，该约定违反了《合同法》第39条、第40条规定，应该认定为该约定属于免除开发商（提供格式条款的一方）按时办理证件义务的无效格式条款，开发商仍应当按照合同的约定承担逾期交房、逾期办证的违约责任。

第四百九十八条　对格式条款的理解发生争议的，应当按照通常理解予以解释。对格式条款有两种以上解释的，应当作出不利于提供格式条款一方的解释。格式条款和非格式条款不一致的，应当采用非格式条款。

【条文主旨】

本条是关于格式条款解释的规定。

【条文理解】

该条源于《合同法》第41条。

格式条款解释，是指在当事人对格式条款的含义存在不同理解时，应当依据何种事实、原则对该条款作出合理的说明。在实践中，格式条款是提供方有

① 参见《最高人民法院公报》2016年第11期。

经验的专业人员经过多方面考察斟酌制定的，所以在正常情况下，格式条款的含义是明确、具体、清楚的，一般不会产生异议。但也不排除某些格式条款用语不明确、不准确，固有的格式条款与后来的协商条款内容不一致，从而导致合同双方对合同条款存在不同的理解，发生纠纷。因此，对格式条款的解释是必须的。

对格式条款的理解发生争议，当然适用本法第 466 条关于合同解释的规定。但是，在对格式条款的解释上还应适用本条的特别规定。按通常理解予以解释，指的是当提供格式条款的对方订约能力较弱时，可以不按提供格式条款的一方的理解予以解释，而是按可能订立该合同的一般人的理解予以解释，这对保护采用格式条款订立合同的自然人、法人是有利的。有两种以上解释的，应当作出不利于提供格式条款一方的解释，也就是作出有利于其相对方的解释。非格式条款一般是在格式条款外另行商定的条款，或对原来的格式条款重新协商修改的条款，是当事人特别约定的，如果与格式条款不一致，当然采用非格式条款。①

【司法适用】

对格式条款的解释应当采取特殊的解释规则是必要的，这些解释规则所体现的基本精神是严格限制提供格式条款一方的权利，从而更有利于保护广大消费者。但在采用这些特殊解释规则时，必须要看到本条款与本法第 466 条的规定是不矛盾的，本法第 466 条所确立的解释合同的一般原则对格式条款的解释仍然是适用的，在很多情况下，也应当成为解释格式条款的重要规则。

【司法案例】

何某红诉甲保险公司舟山中心支公司保证保险合同纠纷案②

诉讼结论：对格式条款有两种以上解释的，应当作出不利于提供格式条款一方的解释。

本案中，何某红主张应以陈某出险时即 2009 年 4 月 5 日作为保险人承担保险责任范围的时间节点。甲保险公司辩称，应以法院宣告陈某死亡的民事判决生效后，何某红向甲保险公司提出索赔时购房借款合同项下的贷款本金余额为限。根据住房抵押贷款保险条款规定，结合保险法规定，保险事故应当是指被保险人因

---

① 全国人民代表大会常务委员会法制工作委员会编：《中华人民共和国合同法释义》，法律出版社 2013 年版，第 80～81 页。

② 参见《人民司法·案例》2017 年第 17 期。

意外伤害事故所致伤残而丧失还贷能力。陈某系遭抢劫而下落不明，下落不明的原因指向明确，且陈某的出租车上留有血迹，财物被劫，公案机关以陈某被抢劫立案，虽案件至今未侦破，但从日常生活经验法则，可以推断出陈某已经遇害，事故发生时即为出险时。在陈某死亡情况下，其履行债务的行为能力已经终止，应认定其已丧失还贷能力。甲保险公司承担保证保险责任的时间节点应认定为2009年4月5日。据此，依照《合同法》第41条、第107条，《保险法》第2条和《民事诉讼法》第119条之规定，某区人民法院判决甲保险公司于判决生效之日履行还贷保证保险责任。

第四百九十九条　悬赏人以公开方式声明对完成特定行为的人支付报酬的，完成该行为的人可以请求其支付。

【条文主旨】

本条是关于悬赏广告的规定。

【条文理解】

本条源于《合同法解释(二)》第3条，不同之处在于删除了但书部分的规定。

所谓悬赏广告，是指悬赏广告人以广告形式声明对完成悬赏广告中规定的特定行为的任何人，给付广告中约定报酬的意思表示行为。[①] 例如，刊登的寻人启事、寻物启事中提出，如果帮助寻找到某人或某物，将支付一定报酬。

关于悬赏广告的法律性质，学说上历来有两种观点：单方行为说和契约说。虽然在理论界各有支持者，但我国司法实践中主要采取契约说。[②] 且《最高人民法院民事案件案由规定》也将悬赏广告纠纷列为合同纠纷。

悬赏广告之成立，按“契约说”，其构成要件为：(1)须依广告的方法对不特定的人为悬赏的意思表示；(2)须有对完成某项指定行为给付一定报酬的内容；(3)须有行为人按照广告特定的要求完成指定的行为；(4)须不违反我国法律和行政法规的强制性规定。

【司法适用】

悬赏广告的承诺，是以完成一定行为为意思表示的方式，完成一定行为时承诺生效。此即悬赏人声明“对完成特定行为的人支付报酬的，完成该行为的人可

---

① 王家福主编：《民法债权》，法律出版社1991年版，第285页。

② 李氓诉朱晋华、李绍华悬赏广告酬金纠纷案，载《最高人民法院公报》1995年第2期；最高人民法院研究室编著：《最高人民法院关于合同法司法解释(二)理解与适用》，人民法院出版社2009年版，第41页。

以请求其支付”之本意。当然,通常情况下,悬赏广告的承诺应当以行为人知道有悬赏广告存在为前提,即完成行为以对悬赏广告要约之承诺为目的。但这只是通常情况,对于特殊的两种情况,应当特别对待:(1)对不知道有悬赏广告的人完成一定行为的,不能以行为人行为时不知悬赏广告存在为由使其不享有报酬请求权。对此有两种解释:扩大承诺范围,悬赏广告的承诺以完成行为即为成立,不以知道悬赏广告为必要;将不知悬赏广告存在之情形设为特例,准用悬赏广告承诺的法律效果,即享有报酬请求权。两种解释方法其结果相同,均无不可。对此各国法律均设特别规定。(2)限制行为能力人、无民事行为能力人完成一定行为的,是否享有报酬请求权。悬赏广告是契约行为,承诺人应当是适格的合同主体,以有行为能力为必要。因此,限制行为能力人、无民事行为能力人完成一定行为的,原则上不能当然作为承诺,在处理上,可以依据民法中关于限制行为能力人、无民事行为能力人订立合同的有关规定。[①] 但也有学者表示,“是否有行为能力,利益状态相当,自无异其效果的道理,法律上可以作出特别规定,许以报酬支付请求权。”[②]

【司法案例】

蒋某敏悬赏广告纠纷案[③]

诉讼结论:悬赏广告合同应当具备以下特点:特定的悬赏人,以广而告之的形式要求不特定的对象完成某一行为,不特定的行为人按照悬赏人的要求实施某一行为,并因此而取得了向悬赏人索要报酬或奖金的权利。一般的悬赏广告合同纠纷,悬赏广告的发布即为悬赏人发出的要约,完成特定行为的人其行为即为承诺,双方形成合同关系,属于民事纠纷处理范畴。

本案中,上海市公安局发布的《公开奖励群众举报违法犯罪通告》要求举报人获得奖励的前提必须是:(1)提供违法犯罪事实、线索或证据,对案件破获或处置起到作用的;(2)提供的证据或线索事先未被公安机关掌握的;(3)举报违法犯罪被查证属实的。上述条件的达成,需要以公安局行使其公权力为前提,即蒋某敏是否履行了所谓合同义务,不能以合同纠纷的民事案件直接审查,而需要上海市公安局侦查核实,核实后是否支付奖金,则属于悬赏广告合同纠纷所调整的范围。根据《民事诉讼法》第119条第3项的规定,起诉必须有“具体的诉讼请求和事实、

---

① 最高人民法院研究室编著:《最高人民法院关于合同法司法解释(二)理解与适用》,人民法院出版社2009年版,第43页。

② 韩世远:《合同法总论》,法律出版社2018年版,第124页。

③ 最高人民法院(2016)最高法民申2252号民事裁定书。

理由”。蒋某敏起诉请求判令上海市公安局支付报酬，但其主张的事实和理由则是认为其邮寄的举报材料足以证明被举报人构成犯罪，公安机关对其举报未予查证，故未向其发放奖金。蒋某敏所主张的诉讼请求，实际上需要公安机关行使刑事侦查权为前提，该事实和理由并非《民事诉讼法》规定的作为起诉条件的“事实和理由”，因此，蒋某敏的起诉不属于人民法院受理民事诉讼的范围。原审裁定不予受理其起诉，适用法律正确。

第五百条　当事人在订立合同过程中有下列情形之一，造成对方损失的，应当承担赔偿责任：

（一）假借订立合同，恶意进行磋商；

（二）故意隐瞒与订立合同有关的重要事实或者提供虚假情况；

（三）有其他违背诚信原则的行为。

【条文主旨】

本条是关于缔约过失责任的规定。

【条文理解】

该条源于《合同法》第42条。

缔约过失责任，指因当事人在订立合同过程中，因违背诚实信用原则而给对方造成损失的赔偿责任。缔约过失责任是以民法的诚实信用原则为基础的民事责任。缔约过失责任保护的是一种信赖利益的损失。

根据本条规定，有下列情况之一，给对方当事人造成损失的，应当承担损害赔偿责任：(1)假借订立合同，恶意进行磋商。所谓“假借”，是根本没有与对方订立合同的意图，与对方进行谈判仅是一个借口，目的在于损害对方或者他人的利益。“恶意”是假借磋商、谈判而故意给对方造成损害的主观心理状态。其中假借是手段，是表现形式，而恶意是其内心的真实意思。因此，恶意是这种缔约过失责任的核心，应以故意为其主观要件。(2)故意隐瞒与订立合同有关的重要事实或者提供虚假情况。即缔约欺诈，是指在缔约过程中，一方故意实施某种欺骗对方当事人的行为，并使其陷入错误而与该方订立合同的行为。故意隐瞒和提供虚假情况都是欺诈。缔约欺诈就是一种发生在缔约之际的欺诈行为。(3)有其他违背诚信原则的行为。

【司法适用】

缔约过失责任的赔偿范围是对信赖利益损失的赔偿，应限于信赖利益损失的范围，但在具体案件中如何计算信赖利益的损失，非常困难。从实践来看，缔约过失赔偿责任的范围,应以对方的缔约过失造成的实际损失为标准,包括为缔约合同的支出,由于违反先合同义务而受有的损失,以及由于对方的过失而造成的缔约机会丧失而受有的损失。①

【司法案例】

深圳市甲投资发展有限公司诉乙市财政局股权转让纠纷案②

诉讼结论:合同约定生效要件为报批允准,承担报批义务方不履行报批义务的,应当承担缔约过失责任。③

本案中,关于乙财政局与甲公司签订的编号为 2012 - jr003《股份转让合同书》是否成立未生效问题。根据《合同法》第 44 条、国务院办公厅《关于加强国有企业产权交易管理的通知》(国办发明电〔1994〕12 号)第 2 条的规定,乙财政局与甲公司签订的编号为 2012 - jr003 的《股份转让合同书》第 16 条的约定,本合同自甲乙双方法定代表人或授权委托人签名及盖章,并依法律、行政法规规定获得有权审批机关批准后生效。因此,本案乙财政局转让其持有乙银行国有股权,应根据前述规定经相应级别的政府部门审批合同才生效。涉案的《股份转让合同书》未经政府部门审批,该合同成立但未生效。故对乙财政局关于案涉合同成立未生效的主张,有事实和法律依据,予以支持。

第五百零一条　当事人在订立合同过程中知悉的商业秘密或者其他应当保密的信息,无论合同是否成立,不得泄露或者不正当地使用;泄露、不正当地使用该商业秘密或者信息,造成对方损失的,应当承担赔偿责任。

【条文主旨】

本条是关于当事人保密义务的规定。

【条文理解】

该条与《合同法》第 43 条内容略有差异,扩大了保护范围,即在《合同法》第 43 条的基础上又规定了"其他应当保密的信息"。

---

① 最高人民法院研究室编著:《最高人民法院关于合同法司法解释(二)理解与适用》,人民法院出版社 2009 年版,第 77 页。

② 参见《最高人民法院公报》2017 年第 12 期。鉴于"合同编"赋予申请报批条款以独立效力,则在《民法典》施行以后对于应当申请报批但未履行该义务的,对方可以请求其承担违反该义务的责任。

③ 参见《合同法解释(二)》第 8 条。

订立合同中的保密义务基于合同法上的诚实信用原则。它是一种订立合同中的附随义务。通常，当事人之间在订立合同时并不必然负有保密义务，但是只要订立合同磋商过程中，当事人一方告诉对方其披露的信息属于商业秘密[①]或者其他应当保密的信息，抑或另一方知道或应当知道该信息属于商业秘密或者其他应当保密的信息，另一方就应当对了解的秘密负有保密的义务。

在订立合同的过程中，为达成协议，有时告诉对方当事人商业秘密或其他应当保密的信息是必须的，但一般也提请对方不得泄露、使用。在这种情况下，对方当事人有义务不予泄露，也不能使用。如果违反规定，则应当承担由此给对方造成损害的赔偿责任。在有的情况下，虽然一方当事人没有明确告知对方当事人有关的信息是商业秘密或保密信息，基于此种信息的特殊性质，按照一般的常识，对方当事人也不应当泄露或者不正当地使用，否则有悖于诚实信用原则，也应当承担赔偿责任。

无论合同是否达成，当事人均不得泄露或者不正当使用所知悉的商业秘密或其他应当保密的信息，而且只要商业秘密仍然是商业秘密，其他应保密的信息仍有保密必要，无论经过了多长时间，都不得泄露或者不正当地使用。不得泄露或者不正当地使用商业秘密或其他应当保密的信息，不仅仅是合同法的要求，其他法律，如《反不正当竞争法》等也有规定。因此，违反法律规定泄露或者不正当地使用商业秘密或其他应当保密的信息的，不仅仅限于承担民事赔偿责任，还有可能承担行政责任甚至刑事责任。[②]

【司法适用】

在缔约中泄露和不正当使用商业秘密或者其他应当保密的信息是构成侵权还是缔约上的过失，本条款并未明确说明。只是提到“应当承担赔偿责任”，但并没有说明是根据缔约过失还是侵权行为承担责任。事实上，在缔约中泄露和不正当使用商业秘密或者其他应当保密的信息无疑构成侵权，受害人可以提起侵权之诉，对此，我国《反不正当竞争法》已经作出了规定。而根据本条款的规定，商业秘密或保密信息的不正当使用或泄露可能发生在合同订立以后，也会给对方造成损失，此种损失极有可能远远超越信赖利益的范围，甚至高于履行利益。此时适用

---

① 《反不正当竞争法》第9条第3款规定：本法所称的商业秘密，是指不为公众所知悉、具有商业价值并经权利人采取相应保密措施的技术信息、经营信息等商业信息。技术信息，如技术秘密，可以给权利人带来很大的经济利益；在经营方面的经营信息，如客户名单，为交易带来极大的便利条件，对其经营活动，如材料与成品的购销，意义重大。

② 全国人民代表大会常务委员会法制工作委员会编：《中华人民共和国合同法释义》，法律出版社2013年版，第83～84页。

侵权责任法对于受害人予以救济，可能对其更为有利。所以，在具体适用上，受害人可以在侵权责任和缔约过失责任中进行选择。

【司法案例】

甲装饰公司诉乙商贸公司著作权侵权纠纷案①

诉讼结论：泄露、不正当地使用该商业秘密或者信息造成对方损失的，应当承担赔偿责任。

本案中，乙商贸公司未经甲装饰公司许可，在正式开标前即将原告设计的装饰效果图悬挂或者摆放于其招商、招标共用的办公室，显然违反了《合同法》第43条和《招标投标法》第22条规定，乙商贸公司利用招标者的特殊地位，无偿取得并使用甲装饰公司的智力成果用于招商宣传而获取商业利益，致使甲装饰公司创作的装饰效果图及制作的投标方案未正式竞标即被公开而丧失其应有的竞争力。乙商贸公司的行为导致其缔约过失责任、商业秘密侵权责任和著作权侵权责任的竞合，甲装饰公司有权依照《著作权法》的规定追究乙商贸公司的侵权责任，应赔偿甲装饰公司经济损失5万元。

① 山东省临沂市中级人民法院(2006)临民三初字第16号民事判决书。

第三章　合同的效力

第五百零二条　依法成立的合同，自成立时生效，但是法律另有规定或者当事人另有约定的除外。

依照法律、行政法规的规定，合同应当办理批准等手续的，依照其规定。未办理批准等手续影响合同生效的，不影响合同中履行报批等义务条款以及相关条款的效力。应当办理申请批准等手续的当事人未履行义务的，对方可以请求其承担违反该义务的责任。

依照法律、行政法规的规定，合同的变更、转让、解除等情形应当办理批准等手续的，适用前款规定。

【条文主旨】

本条是关于合同生效时间的规定。

【条文理解】

该条与《合同法》第44条内容有所差异：(1)在第1款中增加了但书部分，与本法“总则编”第136条第1款相对应；(2)取消了办理“登记”生效的情形；(3)吸收借鉴了《合同法解释(一)》第9条、《合同法解释(二)》第8条的规定。

1.合同生效的含义

所谓合同的生效，是指符合法定生效要件的合同，可受到法律的保护，并能够产生合同当事人所期望的法律后果。

合同生效与合同成立不同。合同成立，是指订约当事人就合同的主要条款达成合意，意思表示一致。合同成立属于当事人意思自治的范畴，因此，只要当事人对合同的主要内容达成意思一致，足以认定当事人之间成立了某种合同法律关系的，就应当认定合同成立。合同是否成立取决于当事人的意思表示，故在法律和行政法规规定或者当事人约定应采用书面形式的情形下，如果法律、行政法规的规定系倡导性规范，则尽管当事人未采用书面形式但其也可以以一方履行合同主要义务、对方予以接受的方式认可合同成立。而合同生效属于国家对合同的效力进行价值判断和效力评价的范畴，体现了国家干预原则。对于不具备法定生效要件的合同，由于当事人的意志不符合国家意志，故其不能发生订立合同当事人预期的法律效果。当事人不能依据自由意志对法定生效要件加以变更和排除。

尽管合同生效体现了国家干预原则，但由于合同自由是合同法的基本原则，因此，在合同生效领域，仍允许当事人对生效要件进行约定，但前提是不能违反法律和行政法规的强制性规定。合同生效系以合同成立为前提，如果合同未成立，当然也不可能发生效力。依法成立的合同，对当事人具有法律约束力，当事人应当按照约定完备合同的生效要件，在其尚未具备生效要件时，其未完全发生法律效力，不存在违约责任的承担问题。

2. 合同生效的要件

一般而言，依法成立的合同，自成立时即生效，但存在例外，因而可以将合同生效的要件分为合同生效的一般要件和合同生效的特殊要件。

合同生效的一般要件，是指欲使已成立的合同发生完备的法律效力而应当具备的法律条件。合同生效的要件是判断合同是否具备法律效力的标准。本法第143条规定，具备下列条件的民事法律行为有效：(1)行为人具有相应的民事行为能力；(2)意思表示真实；(3)不违反法律、行政法规的强制性规定、不违背公序良俗。合同作为一项典型的民事法律行为，亦应当具备本法所规定的民事行为有效的要件。

原则上，合同具备本法第143条所规定的条件时，自成立时生效。而有些合同则需要具备特殊的要件方能生效，从而发生当事人所预期的法律效果。例如，本条第2款规定的需要审批生效的合同；又如，附延缓条件或延缓期限的合同，[①]等等。

3. 法定审批与合同效力

合同的审批，是指当事人从事某种交易行为，必须获得有关政府部门的批准。对特殊的合同实行审批，有利于实现政府对交易的必要的监管。随着市场经济的不断发展，政府审批的权限和范围正在不断缩小，但对一些特殊的、涉及国家和社会公共利益的合同（如技术进出口合同、政府采购合同等），仍然需要政府进行审批。

在实践中，合同的审批主要有设立审批和变更审批两种形式。设立审批，主要是指合同的生效以审批为必要要件。变更审批指的是，在合同内容变更的情况下，只有对合同变更的内容经过审批后才能生效。

合同的审批主要具有如下特点：(1)行政审批是对合同效力的确认，因此不同

---

① 本法第158条、第160条。

于行政许可。(2)行政审批是针对合同进行管理的一种方法,而非对第三人的公示,因此不同于物权登记。严格地说,此处所说的行政审批是针对合同的效力而不是针对企业的成立而作出的批准。(3)行政审批本质上是合同生效的一个特别形式要件。所谓形式要件,就是指合同成立或生效所需要履行的书面形式或者特定行为,形式要件包括法定形式和约定形式两种,审批属于法定形式要件的范畴。法定形式要件在法律上对保障交易安全、维护当事人的合法权益非常必要。①

关于审批作为一种法定形式要件,未经审批的合同的效力如何,存在以下几种观点:第一,无效说。认为批准的目的在于审查合同的合法性,防止合同违反法律和公共秩序,损害国家利益和社会公共利益,因此未经审批的合同属于无效合同。第二,未生效说。认为批准是合同的生效要件,是影响合同效力的实体因素,在未经审批的情况下,合同不能生效。第三,未成立说。认为批准是合同成立的一种特殊形式,属于要式合同的范畴,因此,未经审批的合同属于未成立。我国现行法律规定对未经审批的合同的效力并没有作出明确的规定,本条第 2 款亦没有给予明确的界定,而司法解释采未生效说。②《九民会议纪要》第 37 条对于未经批准合同效力的认定也采未生效说。且未生效合同已具备合同的有效要件,对双方具有一定的拘束力,任何一方不得擅自撤回、解除、变更,但因欠缺法律、行政法规规定或当事人约定的特别生效要件,在该生效条件成就前,不能产生请求对方履行合同主要权利义务的法律效力。

4. 不履行报批义务的责任

根据本条第 2 款的规定:"……未办理批准等手续影响合同生效的,不影响合同中履行报批等义务条款以及相关条款的效力。应当办理申请批准等手续的当事人未履行义务的,对方可以请求其承担违反该义务的责任。"首先,明确了合同中有关"履行报批等义务条款以及相关条款"具有独立性;其次,强调了违反报批承担"违反该义务的责任"。

(1)报批义务及相关条款的独立性

因审批而导致的纠纷,其症结往往在于当事人不报批,而不是行政机关不批准。在当事人不报批的情况下,如果该合同以审批为生效要件,未经审批的合同未生效,则在合同没有生效之前,当事人当然不负有报批义务。既然当事人不负有报批义务,则本应履行报批义务的一方完全可以待价而沽,视行情而作出是否

① 王利明:《合同法研究》(第 1 卷),中国人民大学出版社 2015 年版,第 511 ~ 517 页。

② 《合同法解释(一)》第 9 条。

报批的决定:报批对自己有利的,就去报批;反之,则不去报批。[①] 正是基于此种考虑,本条第 2 款明确规定“未办理批准等手续影响合同生效的,不影响合同中履行报批等义务条款以及相关条款的效力”赋予“报批等义务条款以及相关条款”以独立性。

(2)违反报批义务的法律后果

报批义务属于何种义务,本条第2 款并未给予明确界定。《合同法解释(二)》第 8 条的规定,报批义务属于先合同义务,违反该义务承担缔约过失责任。这是完全符合民法原理的。但同时,该条规定又突破了既有的理论有所创新,认为违反先合同义务也可以请求继续履行。这种创新为合同报批条款效力的独立性奠定了实践基础。在此前的理论体系中,违反先合同义务原则上只能请求损害赔偿,不能请求继续履行,因为在合同因未报批而未生效场合,合同既未生效,自然不存在履行问题。《九民会议纪要》第 38 条对报批义务及相关违约条款独立生效作出了规定。双方当事人对报批义务约定了违约责任,当事人可以基于约定要求报批义务人承担违约责任,否则,只能请求报批义务人承担缔约过失责任。

【司法适用】

一般而言,在法律、行政法规规定应当办理批准等手续生效的情形下,或者虽未明确规定批准合同才生效,但该规定为强制性法律规范且意在规定合同的生效要件的情形下,批准要件为法定生效要件。但并非在任何情形下法律和行政法规规定需经批准的,均为合同的生效要件。

在理论上和实务中,法律和行政法规规定需经批准的情形主要有:(1)针对市场准入资格的批准。例如,从事证券经纪业务、期货经纪业务主体需经批准才能从事相关业务;房地产销售商需获得预售许可证方可以从事商品房预售行为等。在特许经营、限制经营的情形下,如果未获批准取得经营资质即从事民商事交易行为,则合同的效力将得到否定性评价。当然,在合理期限内取得资质的,合同效力不受影响。[②] (2)针对交易行为的批准。例如,国有企业转让国有资产的合同须经批准等。对于该类批准,应为本处所说的合同的生效要件。(3)对履行行为的批准。该类批准主要涉及合同义务能否得到履行,权利能否发生变动问题,一般不影响合同的效力。例如,矿产资源转让行为,就需要批准。

---

① 万鄂湘主编:《最高人民法院关于审理外商投资企业纠纷案件若干问题的规定(一)条文理解与适用》,中国法制出版社 2011 年版,第 25 ~28 页。

② 如《商品房买卖解释》第 2 条。

【司法案例】

王某龙诉刘某波采矿权转让合同纠纷案[①]

诉讼结论：对于按照法律、行政法规的规定须经批准或者登记才能生效的合同，双方当事人均应积极履行各自的义务，促使合同生效，以维护交易各方的合法权益。

本案中，王某龙和刘某波均认可本案转让合同的标的物为大理石矿及相应采矿权，双方所签矿山转让合同已成立，但属于依照法律规定应到相关部门办理批准手续才能生效的合同。由于合同对移交矿山手续等约定不明，双方对合同未能履行均负有责任。对于按照法律、行政法规的规定须经批准或者登记才能生效的合同，双方当事人均应积极履行各自的义务，促使合同生效，以维护交易各方的合法权益。二审法院于2011年2月作出判决，判令王某龙、刘某波按照各自义务向有关部门提交相关资料，申请办理转让某大理石矿的批准手续。

第五百零三条　无权代理人以被代理人的名义订立合同，被代理人已经开始履行合同义务或者接受相对人履行的，视为对合同的追认。

【条文主旨】

本条是关于被代理人无权代理合同追认的规定。

【条文理解】

该条在《合同法》中并未涉及，《合同法解释（二）》第12条有类似规定。

按照本法第171条规定，无权代理行为，只有经过被代理人追认，被代理人才承担民事责任。没有追认的行为，由行为人承担民事责任。这是法律关于无权代理的最为基本的、一般性规定，遵循了原则和例外的逻辑关系。即在基本原则上，无权代理行为不能由被代理人承担责任，只要确实能够认定是无权代理，被代理人原则上就要认定为无辜，要按照免责处理。作为例外，如果被代理人追认无权代理行为，或者构成表见代理，被代理人才承担法律责任。可以说，确立被代理人原则上不承担法律责任，例外情况下才承担法律责任这种法律逻辑关系，根本上是出于保护被代理人，在被代理人与相对人（无权代理行为的相对人）这一对矛盾关系中，法律倾向于保护被代理人。

① 最高人民法院（2011）民申字第512号民事裁定书。

然而,保护被代理人不是无限度的,法律规定的例外情形,就是对保护被代理人设置了限度,本条对以行为方式追认的规定即是对被代理人实施保护限制情形的另一种细化。一般是通过意思表示的形式,即言词表达形式。意思表示可以是书面的,也可以是口头的,书面形式的意思表示可以是合同形式、单方意思表示等。非以言词形式的意思表示进行追认,而是以行为进行追认的,一般比较少见,本条规定"被代理人已经开始履行合同义务或者接受相对人履行的,视为对合同的追认",属于被代理人以言词之外的行为追认无权代理,可以视为以行为追认的典型。[①]

【司法适用】

被代理人必须全部追认行为人的无权代理,如行为人签订的合同,被代理人必须追认合同的全部内容。如果被代理人仅追认合同的部分内容,则属于新的要约,不构成追认,合同对被代理人也不生效。

被代理人以履行合同义务的行为追认合同,必须是履行合同全部义务,才能构成追认,如果被代理人仅履行部分合同义务,则只能视为新的要约,能否构成新的合同,则取决于相对人是否接受被代理人的部分履行行为。如果相对人接受被代理人的部分履行,则视为接受要约,成立新的合同。此时,行为人订立的合同对被代理人并不生效,该无权代理合同仍然由行为人承担法律责任。[②]

【司法案例】

甲株式会社诉韩某等股权转让合同纠纷案[③]

诉讼结论:合资公司隐名股东伪造显名股东签章订立股权转让协议,显名股东知情后未提异议,并以行为实际履行协议的,应视为对无权代理行为的追认,股权转让协议有效。

本案中,株式会社与韩某之间存在名义股东与实际股东关系。在工艺品公司设立前直至案涉转股协议订立前,株式会社印章从未在涉及工艺品公司相关文件中出现过。郭某在邮件中确认其在2008年即知晓其名下股权已被转让,工艺品公司成为个人独资企业,故即使涉案股权转让协议等文件上签字印章系伪造,郭

---

① 最高人民法院研究室编著:《最高人民法院关于合同法司法解释(二)理解与适用》,人民法院出版社2009年版,第96~97页。

② 最高人民法院研究室编著:《最高人民法院关于合同法司法解释(二)理解与适用》,人民法院出版社2009年版,第97页。

③ 参见《人民司法·案例》2016年第20期。

某作为株式会社法定代表人在2008年明确知晓工艺品公司股权登记已作变更，但株式会社在此后5年内未对涉案股权转让协议提出异议，并继续与股权登记变更后的工艺品公司共同投资设立实业公司，故应视为株式会社履行了涉案股权转让内容，以其实际行为对涉案股权转让协议进行了追认，故案涉股权转让协议合法有效。

第五百零四条　法人的法定代表人或者非法人组织的负责人超越权限订立的合同，除相对人知道或者应当知道其超越权限外，该代表行为有效，订立的合同对法人或者非法人组织发生效力。

【条文主旨】

本条是关于因越权订立的合同效力的规定。

【条文理解】

该条源于《合同法》第50条。

法人或者非法人组织可以通过内部规定对法定代表人或非法人组织的负责人的权限进行限制，此种限制系内部治理事项，合同相对人无从得知，故不得对抗相对人，但如果法人或非法人组织能够证明相对人知道该限制而仍与法定代表人或非法人组织的负责人实施法律行为，则法人或非法人组织可以主张该法律行为对法人或非法人组织不发生效力。其法理基础在于，恶意者不受法律保护。此种情形，并非该法律行为绝对无效，而仅仅是对法人或非法人组织不发生效力而已；实施越权代表行为的法定代表人或非法人组织的负责人应自行向相对人承担责任。

【司法适用】

法律推定相对人为善意，法人或非法人组织主张相对人为恶意的，负有举证责任。相对人的恶意，指相对人知道或应当知道法定代表人或非法人组织的负责人超越代表权。相对人应尽交易上合理的注意，未尽合理注意而不知的，构成“应当知道”（因过失而不知）。

法人将代表权限制记载于章程并在登记机关登记的，本身不足以推定相对人应当知道。因为只有法人的法定登记事项方可发生公示效力，任何人不得主张不知法定登记事项；但对于法定登记事项以外的登记信息，第三人并无查询的义务，且在现行登记制度下，事实上也缺乏合理的查询途径。除公、检、法等国家机关外，需委托律师方可查询。在日常经济往来中，要求第三人随时委托律师查询对方公司登记信息，否则即推定为应当知道全部登记信息，显然过苛。[①] 但是，法律有特别规定的，如公司法规定，当公司对外担保时，第三人负有注意义务，即形式审查其权限的义务。

【司法案例】

甲银行股份有限公司大连东港支行诉大连乙氟涂料股份有限公司、大连丙集团有限公司借款合同纠纷案[②]

诉讼结论：根据《公司法》第16条第2款的规定，公司为公司股东或者实际控制人提供担保的，必须经股东会或者股东大会决议。该条款是关于公司内部控制管理的规定，不应以此作为评价合同效力的依据。担保人抗辩认为其法定代表人订立抵押合同的行为超越代表权，债权人以其对相关股东会决议履行了形式审查义务，主张担保人的法定代表人构成表见代表的，人民法院应予支持。

本案中，乙股份公司提供给甲行东港支行的股东会决议上的签名及印章与其为担保行为当时提供给甲行东港支行的签名及印章样本一致。而乙股份公司向甲行东港支行提供担保时使用的公司印章真实，亦有其法人代表真实签名。且案涉抵押担保在经过行政机关审查后也已办理了登记。至此，甲行东港支行在接受担保人担保行为过程中的审查义务已经完成，其有理由相信作为担保公司法定代表人的周某良本人代表行为的真实性。担保债权人基于对担保人法定代表人身份、公司法人印章真实性的信赖，基于担保人提供的股东会担保决议盖有担保人公司真实印章的事实，完全有理由相信该《股东会担保决议》的真实性，无须也不可能进一步鉴别担保人提供的《股东会担保决议》的真伪。因此，甲行东港支行在接受作为非上市公司的乙股份公司为其股东提供担保过程中，已尽到合理的审查义务，主观上构成善意。本案中乙股份公司法定代表人周某良超越权限订立抵押合同的行为构成表见代表，合同有效，乙股份公司对案涉保证合同应承担担保责任。

第五百零五条　当事人超越经营范围订立的合同的效力，应当依照本法第一编第六章第三节和本编的有关规定确定，不得仅以超越经营范围确认合同无效。

---

① 李宇：《民法总则要义：规范释论与判解集注》，法律出版社2017年版，第157～158页。

② 参见《最高人民法院公报》2015年第2期。

【条文主旨】

本条是关于超越经营范围订立的合同效力的规定。

【条文理解】

该条在《合同法》中并未涉及，但吸纳了《合同法解释（一）》第10条的规定。

依据这一规定，对于超越经营范围订立的合同效力的确定，首先，应当依据“本法第一编第六章第三节和本编的有关规定”来判断合同的效力；其次，不能“仅以超越经营范围”而认定合同无效。换言之，当事人超越经营范围的合同，原则上应当有效，但在特殊情形下，该合同也可能被认定为无效合同，而判定合同效力的根本标准为“本法第一编第六章第三节和本编的有关规定”。具体来说，包括两方面的内容：

（1）当事人超越经营范围订立的合同原则上是有效的。经营范围，是指国家允许企业生产和经营的商品类别、品种及服务项目，反映企业业务活动的内容和生产经营方向，是企业业务活动范围的法律界限，体现企业民事权利能力和行为能力的核心内容。要求当事人（企业）在经营范围内行为是必要的，但这并不意味着超越经营范围的行为应一概被宣告为无效。其根本原因在于：超越经营范围，不仅涉及当事人（企业）本身，而且涉及合同一方与相对人的交易问题。如果一方当事人从事越权行为时相对人不知或不应当知道当事人的行为是越权的，则因超越经营范围而宣告无效，将直接使第三人蒙受损失，这显然不利于鼓励交易，维护交易秩序。

（2）在特殊情形下，当事人（企业）超越经营范围的合同可能被宣告无效。本条款并没有肯定当事人（企业）超越经营范围订立的合同都是有效的。因为法律对一些当事人（企业）特殊经营资质的要求不是一般的管理性规范，而可能属于效力性规范。例如，《商业银行法》明确规定了设立商业银行的条件，必须通过严格的审批程序才能设立，这对于维护金融安全和金融秩序具有重要意义，因此，该规范不属于管理性规范，而应当属于效力性规范。[①] 法律关于一些禁止经营的规定，如禁止从事军火、军械及其配件、警用和军用物品等，这些特许经营的规定即属于效力性规定。如果当事人（企业）超越经营范围订立违反国家限制经营、特许经营以及法律、行政法规禁止经营规定的合同，则出于保护第三人利益、维护交易安全以及维护国家经济秩序和公共秩序的需要，此类合同应当被宣告无效。[②]

---

① 参见《商业银行法》第11条、第12条。

② 王利明：《合同法研究》（第1卷），中国人民大学出版社2015年版，第547～548页。

【司法适用】

在司法实践中,注意区分本法第504条与本条的适用情形。法定代表人或非法人组织的负责人的权限与当事人(企业)的经营范围是两个不同的概念,由此决定了法定代表人或非法人组织的负责人的越权行为和当事人(企业)超越经营范围的行为并不一致。法定代表人或非法人组织的负责人超越的是企业组织内部权限分工,而内部权限的超越并不意味着必然超越企业经营范围。企业组织的内部权限分工,属于企业的内部事务,对外没有进行公示,对第三人不应有拘束力;而企业的经营范围,经过企业登记公示,对社会公众进行了宣示,与其交易的第三人应负有一定的注意义务和审查义务。企业组织的内部权限分工一般不需要由法律、法规具体规定,但某些特殊的企业的经营范围,如国家限制经营、特许经营以及法律、行政法规禁止经营等情况,一定由法律、法规具体规定。所以,两者是不同的。根据最高人民法院关于独立保函的司法解释,独立保函只能由金融机构(企业)开具,否则不具有独立保函意义。

【司法案例】

上海甲投资有限公司诉吉林省乙投资(集团)有限公司委托理财纠纷案①

诉讼结论:企业从事委托理财业务应当取得证券监管部门的特别许可,受托人必须取得相应的委托理财资质,并接受必要的监督管理。

委托理财属于资产管理业务,该业务对受托人的资质有严格的要求。本案中,乙公司不是证券公司,不能从事证券业务,其并不具有从事资产管理业务的资质,不是合法的受托人,因此,其与甲公司签订的《资产委托管理合同》应为无效合同。

第五百零六条　合同中的下列免责条款无效:

(一)造成对方人身损害的;

(二)因故意或者重大过失造成对方财产损失的。

【条文主旨】

本条是关于免责条款效力的规定。

① 最高人民法院(2006)民二终字第145号民事判决书。

【条文理解】

该条源于《合同法》第53条。

合同中的免责条款，是指合同中的双方当事人在合同中约定的，为免除或者限制一方或者双方当事人未来责任的条款。免责条款一般有以下特征：(1)免责条款具有约定性。免责条款是当事人双方协商同意的合同的组成部分。这是与法律规定的不可抗力致使不能履行或者履行不完全时免除责任是不同的。(2)免责条款的提出必须是以明示的方式作出，任何以默示的方式作出的免责都是无效的。(3)合同中的免责条款具有免责性。免责条款的目的，就是排除或者限制当事人未来的民事责任。

对于免责条款的效力，法律视不同情况采取了不同的态度。一般来说，当事人经过充分协商确定的免责条款，只要是完全建立在当事人自愿的基础上，免责条款又不违反社会公共利益，法律承认免责条款的效力。但是对于严重违反诚实信用原则和社会公共利益的免责条款，法律是禁止的，否则不但将造成免责条款的滥用，而且会严重损害一方当事人的利益，也不利于保护正常的合同交易。本条规定了以下两种免责条款无效：

(1)造成对方人身损害的条款无效。对于人身的健康和生命安全，法律是给予特殊保护的，并且从整体社会利益的角度来考虑，如果允许免除一方当事人对另一方当事人人身损害的责任，那么就无异于纵容当事人利用合同形式对另一方当事人的生命进行摧残，这与宪法保护公民人身权利的原则是相违背。

(2)因故意或者重大过失给对方造成财产损失的免责条款无效。因为这种条款严重违反了诚实信用原则，如果允许这类条款的存在，就意味着允许一方当事人可能利用这种条款欺骗对方当事人，损害对方当事人的合同权益，这是与合同法的立法目的完全相违背的。对于本项规定需要注意的有两点：一是对于免除一方当事人因一般过失而给对方当事人造成财产损失责任的条款，可以认定为有效。二是必须是免除因故意或者重大过失给对方当事人造成财产损失的条款无效。也就是说，对于故意或者重大过失行为必须限于财产损失，如果是免除人身损害的条款不管是当事人是否有故意或者重大过失，只要是免除对人身损害责任的条款依据本条第1项的规定都应当使之无效。[①]

【司法适用】

本条款实际上是体现了事先免责条款无效原则。合同事先免责条款，是指双

① 全国人民代表大会常务委员会法制工作委员会编：《中华人民共和国合同法释义》，法律出版社2013年版，第105～107页。

方当事人在合同中预先达成一项协议，免除将来可能发生损害的赔偿责任。在合同中约定的这样的协议条款，就是事先免责条款。事先免责条款分为人身损害的免责条款和财产损害的免责条款。人身损害的事先免责条款一般是绝对无效，但有些人身损害事先免责条款应当认为是有效的。例如，在竞技体育中，对于某些有严重危险的项目，事先约定免除人身损害的竞赛者的民事责任。如拳击，这样的人身损害事先免责条款是有效的，只有故意伤害对方当事人的，才应当承担赔偿责任。财产损害的免责条款一般是合同中的事先免责条款，也包括财产损害的侵权行为事先免责条款。需要注意的是，本条款主要针对事先免责的情形，如果是事后一方免除对方责任的，一般是有效的。

【司法案例】

甲县中医院诉钟某某医疗损害责任纠纷案[①]

诉讼结论：告知了手术风险，不等于医院方就可以免责。

本案中，手术前医患双方已经签订手术风险告知内容的《手术同意书》，但患者因医院方手术的问题，不得已又进行了后续手术。在此情况下，不构成医疗事故的鉴定结论未言明医院方具有过错时，可结合具体案情对医院方的过错程度作出相应认定。依案情认定医院方有过错的，医院方应当承担相应的赔偿责任。

第五百零七条　合同不生效、无效、被撤销或者终止的，不影响合同中有关解决争议方法的条款的效力。

【条文主旨】

本条是关于争议解决条款效力的规定。

【条文理解】

该条与《合同法》第57条略有差异，在其基础上又规定了“合同不生效”的情形。

合同不生效、无效、被撤销或者终止的，虽不能产生当事人所预期的法律效果，但并不是不产生任何法律后果。根据本法第157条的规定，合同无效、被撤销或者确定不发生效力的，要使当事人负返还财产、赔偿损失的民事责任。同样，在合同终止的情况下，双方当事人之间也有民事责任的存在。对于如何划分这些民

---

① 参见《人民司法·案例》2011年第12期。

事责任，解决双方之间的民事争议，双方当事人在原合同中往往制定了解决争议的条款，当事人希望用约定的解决争议的方法来解决双方之间的争议。这些条款的效力是独立于合同的效力的，合同的有效与否、变更与否或者终止与否都不影响解决争议条款的效力。法律这样规定，是为了保持对不生效、无效、被撤销或者终止的合同的争议有一个可行的解决办法，处理争议还必须按照原来合同的约定进行。本条所说的有关解决争议方法的条款包括以下几种形式：(1)仲裁条款；(2)选择受诉法院的条款；(3)选择检验、鉴定机构的条款；(4)法律适用条款。

【司法适用】

在司法实践中需要注意的是，合同中确定的这些解决争议条款虽然具有独立性，但其适用的前提是符合法律的规定，如仲裁条款必须明确；①选择的受诉法院具有管辖权；②对于具有涉外因素的合同，当事人选择处理合同争议所适用的法律符合法律的规定等。③

【司法案例】

甲银行股份有限公司无锡分行诉乙银行股份有限公司长春分行委托合同纠纷案④

诉讼结论：本案中，涉及的鉴定结论证明《委托定向投资协议》上并没有加盖真实的乙银行长春分行的公章或法定代表人签章，故上述协议中管辖条款在成立要件上存在重大瑕疵，不能认定存在有效的管辖条款。

有关解决争议方法的条款效力独立是基于合同虽无效但合同的客观真实性已得到当事人确认的前提下所作规定。合同效力是对已经成立的合同是否具有合法性的评价，依法成立的合同，始终对当事人具有法律约束力。合同成立之前不存在合同效力的问题。《合同法》第57条的规定适用于已经成立的合同，有关解决争议方法的条款亦应当真实存在，体现双方当事人真实意思表示，且达成合意。甲行无锡分行关于涉案管辖条款具有独立性，即便合同无效亦不影响无效合同中管辖条款的约束力的上诉请求，不能成立。

---

① 参见《仲裁法》第16～18条。

② 参见《民事诉讼法》第17～35条。

③ 根据法律的规定对于我国具有专属管辖权的合同（如中外合资经营合同等）以及与我国的社会公共利益、主权、安全等密切相关的合同只能适用中华人民共和国的法律。

④ 参见《最高人民法院公报》2016年第7期。

第五百零八条　本编对合同的效力没有规定的，适用本法第一编第六章的有关规定。

【条文主旨】

本条是关于合同效力援引性的规定。

【条文理解】

本条就合同效力的认定指向了本法第一编第六章“民事法律行为”部分。

“合同编”重在规范双方法律行为即合同行为。合同效力是合同法的核心问题，合同只有在发生效力的情况下，才能产生履行、变更、解除以及违约责任的承担等问题。因此，有关合同效力的问题本应在“合同编”中作出全面规定，凡是涉及双方法律行为的成立、生效、效力瑕疵、合同被宣告无效和被撤销后的后果等，理应规定在“合同编”中，以保持合同编体系的完整性。但是，鉴于《民法典》采取了提取公因式的立法技术，“总则编”第六章对此已经作出明确规定，“合同编”自然不必重复作出规定，援引性规定既节约了文字，也同样可以达到规范合同行为，明确法律后果的目的。

【司法适用】

“总则编”第六章关于民事法律行为的规定与本章的关系，是一般法与特别法的关系，因此前者可以适用于合同。合同的订立、履行、变更、转让等，都是民事法律行为。本法第一编第六章对民事法律行为作出了规定，其中部分条文源于《合同法》第三章合同效力的规定。所以，在确定合同效力的问题上，对于“合同编”没有规定的，可以直接适用本法第一编第六章的规定。

本条规定的实际上是“合同编”施行法的内容。如此明确规定，为法条在司法裁判中正确适用及《民法典》的正确施行奠定了坚实的基础。

第四章　合同的履行

第五百零九条　当事人应当按照约定全面履行自己的义务。

当事人应当遵循诚信原则，根据合同的性质、目的和交易习惯履行通知、协助、保密等义务。

当事人在履行合同过程中，应当避免浪费资源、污染环境和破坏生态。

【条文主旨】

本条是关于合同履行原则的规定。

【条文理解】

该条前两款源于《合同法》第60条，文字上把“诚实信用”压缩为“诚信”，新亮点是第3款，要求合同履行必须满足“绿色原则”的要求。

合同的履行是合同法律制度的核心。当事人订立合同，是为了实现合同的目的，满足各自不同的要求。合同中权利、义务的实现，只有通过履行才能达到。因此可以说合同订立是前提，合同的履行是关键，订了合同如果不能履行，那么就会落空。而为了更好地履行合同，实现合同目的，在合同的履行中需要遵守一定的原则，其中按约定全面履行原则、诚信履行原则和合同绿色履行原则是三个重要原则。

所谓全面履行原则，是指合同当事人按照合同约定的主体、标的、质量、数量、价款或者报酬以及履行方式、地点、期限等全部、正确履行自己承担的义务，既不能只履行部分义务而将其他义务弃置不顾，更不能擅自变更合同内容或解除合同，否则未按约定履行的当事人应当承担相应的责任。

所谓诚信履行原则，是指当事人必须以善意的心理状态履行合同，在履行合同中不得有损害社会公共利益和他人合法权益的故意和过失。在合同履行中遵循诚信原则，就是要求当事人在履行合同的全过程中，要守信用，要善意，依照诚信原则行使债权，履行债务，合同的约定符合诚信原则的，当事人应当严格履行合同，不得擅自变更或者解除。诚信履行原则要求当事人除了应履行法律和合同规定的义务以外，还应履行依此原则所产生的附随义务，即当事人根据合同的性质、目的和交易习惯履行通知、协助、保密等义务。①

所谓绿色原则，是指民事活动中应当遵循的节约资源、保护生态环境的基本原则，“总则编”对此作了规定。本条规定的合同绿色履行原则是对该基本原则的衔接和呼应。在合同实践领域，普遍存在过度包装造成资源浪费、应该回收不回收等做法。本法“总则编”把保护生态环境、节约资源作为民事主体应该承担的基本义务，同时确立了绿色原则。合同作为民法的一部分，当然应该予以贯穿与执行。“避免浪费资源、污染环境和破坏生态”是绿色原则在合同履行过程中的体现和要求。

【司法适用】

司法机关、行政机关和各社会团体，都应当按照尊重自然、顺应自然、保护自然的理念，贯彻本法“总则编”确定的节约资源和保护生态环境的基本原则，更加自觉地推动绿色发展、循环发展、低碳发展，把生态文明建设融入执法、司法、守法全过程，融入经济建设、政治建设、文化建设、社会建设各方面和全过程，形成节约资源、保护环境、生态平衡的空间格局、产业结构、生产方式、生活方式，为子孙后代留下天蓝、地绿、水清的生产生活环境。司法实践适用全面履行、诚信履行已经相沿成习，未来尚需在绿色履行原则的应用方面增强坚定性和自觉性。

【司法案例】

游某诉甲公司买卖合同纠纷案②

诉讼结论：合同当事人应当严守合同约定，全面、诚实履行合同义务。

本案中，游某充分履行了付款义务，但甲公司并未按照约定向游某交付配置“航天双龙牌”的水泥罐车，且未告知游某获得认可，应当承担违约责任。

第五百一十条　合同生效后，当事人就质量、价款或者报酬、履行地点等内容没有约定或者约定不明确的，可以协议补充；不能达成补充协议的，按照合同相关条款或者交易习惯确定。

【条文主旨】

本条是关于合同没有约定或约定不明的补救措施的规定。

① 全国人大常委会法工委研究室编写组：《中华人民共和国合同法释义》，人民法院出版社1999年版，第95～96页。

② 2015年12月4日最高人民法院发布19起合同纠纷典型案例之17。

【条文理解】

该条源于《合同法》第61条。

合同给付的必要条件之一就是内容确定。合同内容确定,也叫作合同漏洞填补,是指当事人订立的合同条款不明确,或者没有约定,运用法律规定的原则对这些不明确或者没有规定的内容赋予确定的内容,以使合同能够适当、全面履行。①

合同的当事人、标的、数量是合同的必备条款,需由当事人明确约定。没有约定,或者约定不明确的,合同内容无法确定,合同不成立。对质量、价款、履行地点、履行方式、履行期限、履行费用等未作出约定,或者约定不明确,其合同漏洞填补的顺序是:首先,当事人可以协议补充确定;其次,如果不能达成补充协议的,可以通过合同相关条款或者交易习惯确定;最后,如果依据前两项仍然无法确定的,除法律另有规定外,依据本法第511条、第513~514条的规定。

【司法适用】

合同内容确定与合同解释的区别:(1)合同内容确定是对合同没有约定或者约定不明确的内容进行确定,合同解释则是在双方当事人对合同条款理解发生分歧时,根据法律规定的原则对合同条款内容的重新认定;(2)合同内容确定可以由当事人自己确定,也可以由权威部门确定,而合同解释则由于当事人的理解分歧,只能由权威部门即仲裁机构和人民法院进行解释。本条为人民法院确定合同的内容、解释合同条款提供了明确的法律依据。

【司法案例】

章某祥诉江苏甲影业有限公司导演聘用合同争议案②

诉讼结论:对于双方当事人的权利义务应该在合同中予以明确约定,如果没有有约定或者约定不明确的,可以协议补充;不能达成补充协议的,按照合同有关条款、合同性质、合同目的或者交易习惯确定。

本案中,对于最终剪辑权(终剪权)的归属,无论影视制作行业是采取导演中心制还是制片人中心制,有关影视剧创作的最终决定权特别是终剪权的归属问题,都应当首先依合同约定加以确定;若双方对此没有约定或约定不明的,可以协议补充;不能达成补充协议的,则应当按照聘用合同有关规定或行业惯例加以确定。影视剧的艺术创作包括前期筹备、中期拍摄及后期制作过程,故除非合同明

---

① 王利明等:《合同法》,中国人民大学出版社2002年版,第300页。

② 江苏省高级人民法院(2014)苏知民终字第0185号民事判决书。

确约定将终剪权排除在外,总导演对艺术创作的最终决定权应当包括终剪权。投资方以合同关于"乙方同意,并向所有投资方负责"等条款约定认为总导演的艺术创作必须服从投资方的要求,进而直接解释为投资方享有终剪权,不符合合同约定,属于不适当地扩张了投资方的权利。

第五百一十一条　当事人就有关合同内容约定不明确,依据前条规定仍不能确定的,适用下列规定:

(一)质量要求不明确的,按照强制性国家标准履行;没有强制性国家标准的,按照推荐性国家标准履行;没有推荐性国家标准的,按照行业标准履行;没有国家标准、行业标准的,按照通常标准或者符合合同目的的特定标准履行。

(二)价款或者报酬不明确的,按照订立合同时履行地的市场价格履行;依法应当执行政府定价或者政府指导价的,依照规定履行。

(三)履行地点不明确,给付货币的,在接受货币一方所在地履行;交付不动产的,在不动产所在地履行;其他标的,在履行义务一方所在地履行。

(四)履行期限不明确的,债务人可以随时履行,债权人也可以随时请求履行,但是应当给对方必要的准备时间。

(五)履行方式不明确的,按照有利于实现合同目的的方式履行。

(六)履行费用的负担不明确的,由履行义务一方负担;因债权人原因增加的履行费用,由债权人负担。

【条文主旨】

本条是关于合同约定不明确时的履行的规定。

【条文理解】

该条源于《合同法》第62条,但针对质量、履行费用的规定有所变动。

明确的合同内容是顺利履行合同的关键。但是由于多方面原因,合同中的一些重要条款往往会出现约定不明的情况。但是在个别条款约定不明的情况下,不能因为个别条款而终止合同的履行,此时就面临着如何解决争议条款的问题。本条就是针对此种情况的规定。根据本条的规定,如果当事人在合同中对质量、价款、履行地点、履行方式、履行期限、履行费用没有约定,或者约定不明,既不能通过协商达成补充协议,又不能按照合同相关条款或者交易习惯确定,除法律另有规定外,适用本条款的规定,以此来保证合同的履行。

【司法适用】

对于本条适用的前提是，法律对于上述涉及的合同项目没有例外规定，如果有例外规定的，那么例外规定优先适用。例如，对于买卖合同中没有约定交付地点的，依据本法第510条的规定仍不能确定的，应适用本法第603条的规定。

【司法案例】

梁某诉王某买卖合同纠纷案[①]

诉讼结论：当事人对于债务的履行期限没有约定或者约定不明确的，债务人可以随时履行，债权人也可以随时请求履行，但是应当给对方必要的准备时间。

本案中，由于双方并未签订书面买卖合同，债务人出具给债权人的欠条并未约定还款期限，债权人在催收过程中也未明确还款期限，无证据证明双方对合同的履行期限进行过约定。因此，双方的买卖合同应属于没有约定履行期限的合同。根据《合同法》第62条的规定，该笔债务的诉讼时效期间应自债权人起诉之日起计算。

第五百一十二条　通过互联网等信息网络订立的电子合同的标的为交付商品并采用快递物流方式交付的，收货人的签收时间为交付时间。电子合同的标的为提供服务的，生成的电子凭证或者实物凭证中载明的时间为提供服务时间；前述凭证没有载明时间或者载明时间与实际提供服务时间不一致的，以实际提供服务的时间为准。

电子合同的标的物为采用在线传输方式交付的，合同标的物进入对方当事人指定的特定系统且能够检索识别的时间为交付时间。

电子合同当事人对交付商品或者提供服务的方式、时间另有约定的，按照其约定。

【条文主旨】

本条是关于电子合同标的交付时间的规定。

【条文理解】

本条源于《电子商务法》第51条。

互联网电子商务的发展，极大地方便了人们的日常生活和工作，电子合同也

① 广西壮族自治区柳州市柳北区人民法院（2015）北民二初字第85号民事判决书。

成为人们在互联网交易中必不可少的内容。

1. 电子合同的含义

电子合同，又称电子商务合同，根据联合国国际贸易法委员会《电子商务示范法》以及世界各国颁布的电子交易法，同时结合“合同编”的有关规定，电子合同可以界定为，是双方或多方当事人之间通过电子信息网络以电子的形式达成的设立、变更、终止财产性民事权利义务关系的协议。通过上述定义可以看出电子合同是以书面形式订立的合同，其主要是指在网络条件下当事人为了实现一定的目的，通过数据电文、电子邮件等形式签订的明确双方权利义务关系的一种电子协议。

2. 电子合同的标的交付时间

电子合同标的交付时间决定了合同义务的履行。本条款根据交付标的的不同规定了交付时间的认定标准。

(1)当事人约定。本条第3款规定，电子合同当事人对交付商品或者提供服务的方式、时间另有约定的，按照其约定。因此，不论电子合同的标的为商品、服务还是采用在线传输方式交付的标的，只要合同当事人约定了交付的方式与时间，均从其约定。此规定体现了私法自治、契约自由的原则。

(2)交付商品。本条第1款规定，电子合同的标的为交付商品并采用快递物流方式交付的，收货人的签收时间为交付时间。合同标的交付时间决定财产所有权移转的时间，以及风险移转的时间。本条第1款将收货人签收快递物流交付的时间认定为合同标的商品的交付时间，符合电子销售商品的实际情况。其中规定的“收货人”可以是电子商务合同的买方，也可以是合同约定的接受交付的其他主体。

(3)交付服务。本条第1款规定，电子合同的标的为提供服务的，生成的电子凭证或者实物凭证中载明的时间为提供服务时间；前述凭证没有载明时间或者载明时间与实际提供服务时间不一致的，以实际提供服务的时间为准。

3. 采用在线传输方式交付的标的物

电子合同的交易标的物为数字产品(包括著作权、专利、商标等知识产权、数据、网络虚拟财产等)的，合同的交付义务通常以在线传输的方式履行。

在线履行电子合同义务的，标的物交付时间的判断标准，直接关系到合同当事人权利、义务与责任的认定。除非合同当事人对此有明确的协议约定，否则当事人之间容易发生争议。因此，本条第2款规定了在线传输形式交付合同标的物之时间判断标准，即电子合同的标的物为采用在线传输方式交付的，合同标的物进入对方当事人指定的特定系统且能够检索识别的时间为交付时间。①

【司法适用】

1. 本条第1款中“收货人签收”的界定

根据《电子商务法》第51条的规定，电子合同当事人可以约定采用快递物流方式交付商品。合同的卖方或者合同之外第三方，提供快递物流服务的，应遵守法律、行政法规，符合承诺的服务规范和时限，并在交付商品时，提示收货人当面查验；交由他人代收的，应当经收货人同意。因此，根据《电子商务法》及本条第1款的规定，收货人签收，一般是指当面查验快递物流交付的商品后的签收。

2. 标的物在途风险

根据《电子商务法》第20条的规定，电子商务经营者应当按照承诺或者与消费者约定的方式、时限向消费者交付商品或服务，并承担商品运输中的风险和责任。但是，消费者另行选择快递物流服务提供者的除外。因此，除非消费者与经营者约定由消费者自行选择快递物流服务提供者，经营者应当承担向消费者交付商品过程中、直至签收前全部的责任与风险。

3. “检索识别”中存在的问题

在具体交易过程中，可能出现收件人未尽合理的注意义务，导致已经进入指定的特定系统的标的，因该系统所采用的安全防护技术措施（如垃圾邮件过滤、杀毒软件屏蔽等），而无法为收件人所检索识别的情况。在此情况下，数据电文无法检索识别是由于收件人自己的行为造成，不应因此使发件人暴露于无法预期的风险中，收件人应当自负其责，不应因此否认或者推迟发件人交付时间。

收件人信息系统的设置还可能导致进入其指定系统的标的，虽然能够被系统所访问与检索，但是因标的编码、加密、语言等原因无法为收件人识别的情况。在此情况下，如当事人之间无约定，应推定合同标的已经向收件人交付；收件人要求发件人提供必要协助的，发件人应协助使收件人得以检索与识别所交付的标的。

但是，收件人如能举证证明进入其指定的特定系统的合同标的因发件人的原因（如数据格式、病毒感染等）无法被检索或者识别，发件人则应承担相应的不交付、不适当交付或者迟延交付标的之后果。②

---

① 电子商务法起草组编著：《中华人民共和国电子商务法解读》，中国法制出版社2018年版，第254～257页。

② 电子商务法起草组编著：《中华人民共和国电子商务法解读》，中国法制出版社2018年版，第258页。

【司法案例】

舒某诉甲企业发展(上海)股份有限公司网络购物合同案[①]

诉讼结论:电子合同的标的为交付商品并采用快递物流方式交付的,收货人的签收时间为交付时间。一经收货人签收财产所有权和风险即予以移转。

本案中,舒某通过电子商务平台在甲公司处购买涉案商品,双方之间建立了网络购物合同关系,系双方当事人的真实意思表示,且形式和内容不违背法律、行政法规的强制性规定,应为有效。涉案合同的标的为交付马桶并采用快递物流的方式交付,舒某在甲公司多次提醒其在签收前开箱验货的情况下,未履行及时查验义务即签收涉案马桶,其签收时视为完成了涉案马桶的交付,涉案马桶的毁损、灭失风险即转移给舒某承担。

第五百一十三条　执行政府定价或者政府指导价的,在合同约定的交付期限内政府价格调整时,按照交付时的价格计价。逾期交付标的物的,遇价格上涨时,按照原价格执行;价格下降时,按照新价格执行。逾期提取标的物或者逾期付款的,遇价格上涨时,按照新价格执行;价格下降时,按照原价格执行。

【条文主旨】

本条是关于政府定价、政府指导价的规定。

【条文理解】

该条源于《合同法》第63条。

价格是决定价金的重要因素,我国实行宏观经济调控下主要由市场形成价格的机制,价格分为市场调节价、政府指导价和政府定价。市场调节价,是指由经营者自主制定,通过市场竞争形成的价格。政府指导价,是指由政府价格主管部门或者有关部门按照定价权限和范围规定基准价及其浮动幅度,指导经营者定价的价格。政府定价,是指由政府主管价格部门或者其他有关部门按照定价权限和范围制定的价格。买卖标的的价格通常按照市场调节价格由买卖当事人商定,禁止暴利行为。国家对买卖标的规定有政府指导价的,出卖人和买受人应当在指导价的幅度内商定买卖标的价格。国家对买卖标的规定了政府定价的,出卖人违反价

① 北京互联网法院(2019)京0491民初31028号民事判决书。

格管理规定的,买受人可以请求其退还多收的价金。

合同中约定的价格往往和合同的履行期限密切相关,不同时期的物的价格可能会不同,这也可能影响合同中的价款。如果合同的一方当事人没有按照合同约定的期限交付或者提取标的物,那么其应承担对其不利的后果。

【司法案例】

张某君诉谢某冬买卖合同纠纷案①

诉讼结论:在执行政府定价或者政府指导价的商品买卖合同中,一方违约的,由违约方承担不利的后果。

本案中,买卖双方没有签订书面的买卖合同,但谢某冬已经实际履行了合同,并且张某君在谢某冬的送货清单上签字确认钢材数量。如此谢某冬与张某君之间形成钢材买卖合同关系,张某君在收到谢某冬的建材后,应及时全额支付货款。但在具体履行买卖合同的过程中没有就价格达成一致意见。一审庭审中谢某冬诉称钢材单价为3100元/吨,但其不能就其主张的价格举出相应的证据予以证明,而张某君认可钢材单价为2860元/吨。根据《合同法》第62条、第63条的规定,张某君逾期履行付款义务,参照谢某冬提交的辰溪县发展和改革局、辰溪县住房和城乡建设局、辰溪县财政局联合发布的《关于发布辰溪县2019年(第1期)建安工程材料预算价格的通知》,根据本案的实际情况,本院酌定按两人所主张价格的均价确定本案双方买卖时的交易价格,即2980元/吨。

第五百一十四条　以支付金钱为内容的债,除法律另有规定或者当事人另有约定外,债权人可以请求债务人以实际履行地的法定货币履行。

【条文主旨】

本条是关于金钱之债履行币种约定不明的处理规定。

【条文理解】

金钱之债,又称货币之债,是指债务人必须以给付一定货币履行债务的债。金钱之债原则上必须实际履行,不存在履行不能情况。债务人不得以任何理由针对债权人的履行请求提出抗辩。这主要是因为,货币是一种纯粹的可代替物,不具有任何个性,任何等额的货币价值相等,可以互相代替。其具有高度的流通性,

① 湖南省怀化市中级人民法院(2019)湘12民终2574号民事判决书。

不可能发生不可替代的灭失，也不存在履行在经济上不合理的情况，债务人可能暂时遇到经济困难而不能交付，但这只会导致履行迟延，而不会导致履行不能。

对于金钱之债中履行货币的种类，除法律另有规定或者当事人另有约定外，债权人可以请求债务人以实际履行地的法定货币履行。在我国国内交易中，货币一般以人民币交付，当然法律另有规定或者当事人另有约定的除外。

【司法适用】

在司法实践中对于金钱之债中履行货币种类约定不明的情形，有案例是依据"交易习惯及通常理解"[①]来认定货币种类。该条款的出现，明确了币种约定不明情况下的选择依据。

【司法案例】

董某诉杜某合同纠纷案[②]

诉讼结论：双方当事人对于履行金钱债务中所用货币种类约定不明的，应结合交易习惯及通常理解予以认定。

本案中，借条是董某与杜某双方当事人真实意思表示，内容不违反法律、行政法规的强制性规定，合法有效，被告应当按照约定期限履行还款义务。关于被告辩称的借条中币种约定不明，结合交易习惯及通常理解，应认定为人民币。

第五百一十五条　标的有多项而债务人只需履行其中一项的，债务人享有选择权；但是，法律另有规定、当事人另有约定或者另有交易习惯的除外。

享有选择权的当事人在约定期限内或者履行期限届满未作选择，经催告后在合理期限内仍未选择的，选择权转移至对方。

【条文主旨】

本条是关于选择之债中选择权归属与移转的规定。

【条文理解】

1. 选择之债的含义

选择之债，是指债的关系在成立之时，确定的标的有数个，当事人在履行时可

---

① 四川省眉山市东坡区人民法院(2018)川1402民初1384号民事判决书。

② 四川省眉山市东坡区人民法院(2018)川1402民初1384号民事判决书。

以选定其中一个而为给付的债。[①] 选择之债的两大核心要素是给付的复数性和履行的择一性。给付的复数性，是指对于选择之债的履行，存在两项或两项以上的标的。履行的择一性，是选择之债中享有选择权的当事人，于数宗给付之中选择其中一项履行给付义务。

选择之债在债的关系成立时标的并未确定，但在履行之前必须依据一定的规则对其加以确定（特定化），使选择之债成为简单之债[②]，从而使其能够履行。

2. 选择之债的特定化

选择之债的特定化，是指从选择之债的数宗给付之中最终确定一种给付。在选择之债关系成立时，其标的是不确定的数个给付，所以只有经过特定化后，债务才能得到履行。因而，选择之债的特定化，对于双方当事人极为重要。选择之债的特定化主要有3种方法：第一，因合意而特定。即双方当事人协商一致从数个给付中选择一个给付作为债的标的，这时给付得以明确，选择之债即成为简单之债。第二，因行使选择权而特定。选择之债中，享有选择权的人行使选择权，从而在数个给付中确定一种给付，使选择之债成为简单之债。第三，因给付不能而特定。[③]

3. 选择权的归属与移转

选择权也称择定权，是指在选择之债中，一方当事人享有的因自己的意思表示而引起选择之债变更为简单之债的权利。享有选择权的一方当事人称为选择权人。

（1）选择权的归属

选择权以属于债务人为原则。主要是因为，债务毕竟是要由债务人实际履行的，在债务人履行债务之前，如果选择之债规定的数种选择不能确定，则债务人不能做履行的准备，从而也就不能很好地履行债务。将选择权归属于债务人既有利于保护债务人的利益，也有利于债务的履行。但是如果法律另有规定、当事人另有约定或者另有交易习惯的，则不能适用该规则。[④]

（2）选择权的移转

选择权是一项权利而非义务，因此不得强迫选择权人进行选择。但是，假设

---

① 郑玉波：《民法债编总论》，陈荣隆修订，中国政法大学出版社2004年版，第200页。

② 根据债是否具有数个标的，由当事人于事后在数个给付中确定一个而履行为标准，债可以分为简单之债和选择之债。简单之债，也称单纯之债，是指具有确定的单一标的的债。在简单之债的关系中，债权人仅能请求债务人依确定的唯一给付履行债务，债务人也仅能就该标的履行债务，没有选择的余地。因此，简单之债又可称为不可选择之债。

③ 对于“给付不能而特定”参见第516条“条文理解”部分。

④ 郑玉波：《民法债编总论》，陈荣隆修订，中国政法大学出版社2004年版，第214页。

选择权人怠于行使选择权，使选择之债因给付不能特定，不利于债的顺利履行。[①]选择权原则上属于债务人，他很有可能恶意延迟选择，损害债权人的利益；如果选择权由债权人行使，他却迟迟不作出选择，有时候对债务人来说也是一种负担。正所谓“法律不保护躺在权利上睡觉的人”，各国法律均规定选择权应于一定期间内行使，选择权人不在规定期间之内行使选择权的，选择权归属对方当事人，即选择权的转移。

根据本条第2款的规定，对于选择权人行使选择权的期限，分为两种情况：第一，约定选择权行使期限的，选择权人应该在该期限内作出选择，如果在该期限内未作出选择的，对方当事人可以催告选择权人并给予合理期间，经过合理期间后仍未作出选择的，则选择权移转给对方当事人。第二，未约定选择权行使期限的，则以履行期限届满为标准。如果选择权人在履行期限届满时，仍未作出选择的，对方当事人可以催告选择权人并给予合理期间，如果在该合理期间内仍未作出选择的，则选择权移转给对方当事人。

【司法适用】

选择权人一旦行使选择权，则选择之债的标的即固定化，当事人应当按照债的要求履行债务。需要指出的是，在选择之债中，如果数项可供选择的给付中有部分嗣后发生给付不能，则选择权人仅能在剩余的给付中作出选择；如果仅存一项可能的给付，则该选择之债即转化为简单之债，当事人应当按照债的要求履行债务。[②]

【司法案例】

李某标与甲进出口有限公司公司减资纠纷案[③]

诉讼结论：在选择之债中，除法律另有规定、当事人另有约定或者另有交易习惯的，债务人享有选择权，债务人怠于行使选择权的，且直至履行期限届满未作选择的，选择权转移至对方。

本案中，李某标与甲公司双方形成广义上的债之关系，债务人李某标对甲公司负有给付义务；双方因约定两种选择性给付方式，实际上为选择之债。因双方未约定选择权归属，基于债务人为作出给付行为一方，选择权利益应属于债务人。但根据查明事实，在双方发生本案纠纷前及诉讼期间，李某标一直未作出选择，故

---

① 林诚二：《民法债编总论》，中国人民大学出版社2003年版，第253页。

② 林诚二：《民法债编总论》，中国人民大学出版社2003年版，第257~258页。

③ 广西壮族自治区高级人民法院（2019）桂民申2168号民事裁定书。

因怠于行使该权利，其已经丧失选择权利益。基于尊重双方意思自治及诚实信用原则，该选择权应转移至债权人。

第五百一十六条　当事人行使选择权应当及时通知对方，通知到达对方时，标的确定。标的确定后不得变更，但是经对方同意的除外。

可选择的标的发生不能履行情形的，享有选择权的当事人不得选择不能履行的标的，但是该不能履行的情形是由对方造成的除外。

【条文主旨】

本条是关于选择权行使方式和给付不能的规定。

【条文理解】

1. 选择权的行使方式

由于选择权行使将使选择之债变成简单之债，这直接关系到合同义务的履行问题，对双方当事人关系重大，因而，有必要明确选择权的行使方式。

选择权属于形成权，当事人行使选择权的，应当以意思表示为之。当事人依意思表示行使选择权的，以该意思表示到达相对人时发生效力。而当事人行使选择权的意思表示应以通知方式作出，至于明示或默示均无不可，适用民法关于意思表示的一般规定。

当事人行使选择权的意思表示，属于单方的意思表示，一经到达相对人即发生选择的效力，无须对方同意。换言之，通知到达对方时，标的确定，选择之债特定化，选择之债变成简单之债。非经相对人同意，不可变更。另外，选择权一旦行使，除权利人行使选择权是受欺诈、胁迫等原因而作出选择的以外，原则上不得撤销。

2. 给付不能的选择之债的效力

选择之债的给付标的为数种，其中有给付不能的情形存在，选择之债不因部分给付标的的不能而受影响，选择之债仍有效于剩余的给付。

如果在选择之债的数种给付中，其中一个或数个因不可抗力等原因而履行不能时，享有选择权的当事人不得选择不能履行的标的，只能就剩余的给付加以选择。尤其是只有一种可以履行而其他均发生履行不能时，则当事人丧失选择的余地，只能按可以履行的标的履行。

此种不能履行应当以不可归责于无选择权的当事人为限。否则，将令无选择权的当事人逃脱其本应承担的责任。因此，如果该履行不能因无选择权的当事人的行为所致,则享有选择权的当事人仍然有权就该不能履行的给付加以选择。

【司法适用】

给付不能对选择之债的影响主要有以下 3 种情况:(1)如果数个给付中发生一个给付不能,而剩余的给付仍有数个可供选择,则选择之债仍然存在于剩余的数个给付之上,且均不失为选择之债;(2)如果数个给付不能,导致仅存一种给付,由于已无从行使选择权,该选择之债转变为简单之债;(3)如果数个给付全部给付不能,则应适用有关于履行不能的法律规定予以处理。需要注意的是,本条所称数种给付中有给付不能的情形,仅限于数种给付中发生若干给付标的的不能,而非数种给付的标的全部不能,即上前两种情形,不包括第三种情形。此所谓不能给付既包括自始给付不能,也包括嗣后给付不能。

【司法案例】

江西甲陶瓷有限公司诉佛山市乙机电设备有限公司、袁某文买卖合同纠纷案①

诉讼结论:在选择之债中,选择权人行使选择权,债务标的确定。确定的债务标的不得变更,但是经对方同意的除外。

本案中,依据《合同法》第 111 条的规定,在符合物的瑕疵担保责任的构成要件时,买受人可以自行"合理选择"要求出卖人承担何种责任。因此,买受人享有的瑕疵担保请求权之间具有类似于选择之债的关系,而不是请求权竞合的关系。只要买受人选择主张其中某一种权利,则其与出卖人之间的法律关系就因选择而得以确定,不得再加以改变。

第五百一十七条　债权人为二人以上,标的可分,按照份额各自享有债权的,为按份债权;债务人为二人以上,标的可分,按照份额各自负担债务的,为按份债务。

按份债权人或者按份债务人的份额难以确定的,视为份额相同。

【条文主旨】

本条是关于按份之债的规定。

---

① 江西省宜春市中级人民法院(2014)宜中民二初字第 62 号民事判决书。

【条文理解】

《民法通则》第 86 条有类似规定。本法第 177 条从民事责任的角度对按份责任作出了规定。

按份之债,是指债的复数主体各自按照确定的份额分享债权或分担债务的债。数个债权人就各自应当分享的债权份额有要求和接受清偿的权利,称为按份债权;数个债务人就各自应当承担的债务份额负担的清偿义务,称为按份债务。

按份之债的效力因复数主体的债权债务份额是否确定而有所不同:复数主体的债权或债务范围可以确定的,债权人或债务人各自按其确定的份额分享债权或分担债务;复数主体的债权或债务范围未约定或者约定不明的,债权人或债务人各自平均分享债权或分担债务。

按份之债的债权人只能就属于自己的份额享有请求权,按份之债的债务人只就自己的份额负担清偿义务。[①]

【司法适用】

由于按份之债是基于同一原因而发生的数个债,虽然具有一个债的外表,但其实质上是数个债的集合,因而表现为数个债权人之间或数个债务人之间不具有牵连关系。按份之债具有以下特点:(1)各个债权人就自己的份额独立享有债权,无权请求债务人向自己清偿全部债务;各个债务人就自己的份额独立负担义务,对其他债务人负担的义务没有清偿义务。(2)某一债权人受领的履行超出自己应受领的份额时,或者作为不当得利对债务人负有返还义务,或者作为无因管理确定为代其他债权人受领,其他债权人的债权并不因此消灭。某一债务人超出自己的份额履行的,或者认定为系代其他债务人履行,成立第三人清偿,发生他人债务消灭的后果,或者就其超出部分,可依不当得利向受领人请求返还,同时其他债务人的债务并不消灭。(3)就一个债权人或者一个债务人发生的事项,对其他债权人或者债务人不发生效力。(4)如果按份之债是基于同一合同发生,则合同的解除除了应由一方当事人向对方当事人全体为之外,在发生争议时,全体债权人或者全体债务人应当作为共同诉讼人参加诉讼。

【司法案例】

肇庆市甲轴承设备有限公司诉肇庆乙风机有限公司买卖合同纠纷案[②]

诉讼结论:由于当事人的合同约定不一定采用“按份责任”或“连带责任”的

---

① 梁慧星主编:《中国民法典草案建议稿附理由·债权总则编》,法律出版社 2014 年版,第 95～96 页。

② 广东省肇庆市中级人民法院(2019)粤 12 民终 223 号民事判决书。

表述，此时认定当事人所负责任是否为按份责任的关键在于合同表述中是否表达了各责任人之间是按照各自责任份额向债权人承担责任，各责任人不对其他人所负债务向债权人承担清偿责任的意思。

本案中，甲公司分别在2016年12月1日以及2017年12月1日向乙公司和丙公司发出同一份《对账单》，而乙公司和丙公司分别在该《对账单》上盖章并由财务人员签字确认拖欠甲公司货款。乙公司和丙公司并没有在《对账单》上作出其之间是按照各自责任份额向甲公司承担责任，不对另一方所负债务向甲公司承担清偿责任的意思表示。因此，乙公司和丙公司分别在同一《对账单》上盖章并由财务人员签字确认的行为，应认定为乙公司和丙公司对该《对账单》中的债务作出共同承担清偿责任即连带责任的意思表示。

第五百一十八条　债权人为二人以上，部分或者全部债权人均可以请求债务人履行债务的，为连带债权；债务人为二人以上，债权人可以请求部分或者全部债务人履行全部债务的，为连带债务。

连带债权或者连带债务，由法律规定或者当事人约定。

【条文主旨】

本条是关于连带之债的规定。

【条文理解】

《民法通则》第87条有类似规定。本法第178条从民事责任的角度对连带责任作出了规定。

连带之债，是指在一个债的关系中，债权人或者债务人有数人时，各个债权人均得请求债务人履行全部债务，各个债务人均负有履行全部债务的义务，且全部债务因一次全部履行而归于消灭的债。其中，具有连带关系的数个债权人为连带债权人，享有的债权为连带债权；具有连带关系的数个债务人为连带债务人，所负的债务为连带债务。

连带之债的发生有两种原因：(1)基于法律规定。顾名思义，法定连带之债的成立以法律的明确规定为前提。(2)基于当事人的约定。意定的连带之债，主要是指当事人之间的约定所产生的连带债务或连带债权。

连带债务可依法律规定或者当事人的约定而产生，如果当事人没有明确约定对某一债务负担连带责任，则应当考虑是否有法律的特别规定，如果欠缺法律的明确规定，则不应当成立连带债务。当然，当事人通过约定只能为自己设定连带债务,而不能通过约定为他人设定连带债务。如果当事人通过合同设定连带债务的,并不需要当事人在合同中明确使用“连带”一词,只要当事人在合同中约定,各个债务人对全部债务承担履行义务,而且因某一当事人的给付都可以使全部债务归于消灭的,即可以在当事人之间成立连带债务。

【司法适用】

本条所称法律规定,系全国人民代表大会及其常务委员会制定的法律之规定,非指广义上的法律。必须为本条规定以外的法律规定。本条本身并非连带之债发生的依据,不得单纯依照本条规定判定连带之债。

【司法案例】

孔某军诉哈尔滨甲金属材料经销有限公司不当得利纠纷案①

诉讼结论:按份之债的成立应当具备以下4个要件:(1)债的一方当事人为两人或两人以上;(2)给付须基于同一原因;(3)债的标的为可分;(4)当事人依确定的份额享有债权或负担债务。即在多数人之债的关系成立时,债务人之间的份额要求要确定。

本案中,在(2014)外民三初字第387号《民事调解书》中约定的内容为孔某军及案外人哈尔滨乙金属材料经销有限责任公司、樊某共同偿还甲公司债务,而对于“共同偿还”的概念,并不能当然地认定为按份之债,孔某军等三债务人对各自承担的债务份额并未与债权人进行明确约定,债务份额并不确定,故孔某军所主张的按份之债并未成立。该债务即为孔某军等三债务人的共同债务,甲公司有权向任一债务人主张权利。

第五百一十九条　连带债务人之间的份额难以确定的,视为份额相同。

实际承担债务超过自己份额的连带债务人,有权就超出部分在其他连带债务人未履行的份额范围内向其追偿,并相应地享有债权人的权利,但是不得损害债权人的利益。其他连带债务人对债权人的抗辩,可以向该债务人主张。

被追偿的连带债务人不能履行其应分担份额的,其他连带债务人应当在相应范围内按比例分担。

---

① 黑龙江省哈尔滨市中级人民法院(2017)黑01民终2310号民事判决书。

【条文主旨】

本条是关于连带债务人的份额确定追偿权的规定。

【条文理解】

连带债务人的追偿权，是指连带债务人承担债务超出了其按照内部关系应分担的部分，而享有向其他债务人追偿的权利。在连带债务中，一个或者数个连带债务人清偿了全部债务，其他债务人的债务也随之消灭。清偿债务的债务人就其超过自己应当负担部分的给付，对其他债务人发生追偿权。

就每一个连带债务人所负担的债务数额而言，按照私法自治原理，各连带债务人应当如何分担连带债务，应取决于各连带债务人之间的约定。同时，在某些情形下，法律亦可对连带债务的分担作出规定。如果法律未有规定且当事人未对连带债务的分担作出约定的，各连带债务人应当平均分担连带债务。

清偿债务的债务人行使追偿权的范围，一般限于"超过自己份额的"部分。而清偿债务的债务人针对其他每一个连带债务人的追偿额度限于该连带债务人"未履行的份额范围内"。司法实践中会出现被追偿债务人不能履行其份额的情形，如此会产生个别连带债务人无力负担部分的再次分摊问题，根据本条第 3 款的规定，其他连带债务人在相应的范围内按比例分担，如，甲乙丙共同打伤了丁，须承担 30 万元的赔偿款。甲全部履行了赔偿义务后，向丙求偿了 10 万元。但其在向乙求偿时，乙无任何财产。此时，甲有权向乙请求偿还的 10 万元应当在甲、丙之间再次分配，即甲有权再向丙求偿 5 万元。

清偿债务的债务人向债权人为清偿或其他消灭债务的行为后，取得代债权人的地位，而对其他连带债务人在追偿权的范围内行使原债权和从债权的权利，但是行使的前提是不得损害债权人的利益。相应地，其他连带债务人对债权人的抗辩，可以向该债务人主张。

【司法适用】

连带债务中的追偿权属于债务人所享有的一项权利，按照私法自治原则，债务人可以将其追偿权抛弃。如果作出履行的债务人明确向其他连带债务人表示抛弃其追偿权，则该行为对所有连带债务人发生效力，此时，作出履行的债务人无权再向其他连带债务人追偿。

作出履行的债务人在行使追偿权的过程中，可以在其追偿权范围内免除其他债务人的偿还义务。如果追偿权人只是免除某一连带债务人的偿还义务，则该免除行为仅对该债务人有效，追偿权人仍有权在未获清偿的债权数额内请求其他连带债务人承担连带责任。但如果追偿权人免除所有连带债务人的偿还义务，则其法律效果与追偿权的抛弃类似,追偿权人无权再向任何连带债务人追偿。[①]

【司法案例】

张某强诉张某明追偿权纠纷案[②]

诉讼结论:债权人或者债务人一方人数为二人以上的,依照法律的规定或者当事人的约定,享有连带权利的每个债权人,都有权要求债务人履行义务;负有连带义务的每个债务人,都负有清偿全部债务的义务,履行了义务的人,有权要求其他负有连带义务的人偿付他应当承担的份额。

本案中,张某明、张某强在之前的股东不履行对公司出资义务纠纷案中被判决承担缴纳出资资金25万元的连带责任,都属于负有连带义务的债务人。在生效判决执行过程中,张某明被强制履行了清偿456,945.42元(含执行费3650元)债务的义务。张某明履行义务后,有权要求张某强偿付其应当承担的份额。

第五百二十条　部分连带债务人履行、抵销债务或者提存标的物的,其他债务人对债权人的债务在相应范围内消灭;该债务人可以依据前条规定向其他债务人追偿。

部分连带债务人的债务被债权人免除的,在该连带债务人应当承担的份额范围内,其他债务人对债权人的债务消灭。

部分连带债务人的债务与债权人的债权同归于一人的,在扣除该债务人应当承担的份额后,债权人对其他债务人的债权继续存在。

债权人对部分连带债务人的给付受领迟延的,对其他连带债务人发生效力。

【条文主旨】

本条是关于连带债务涉他效力的规定。

【条文理解】

在连带债务中,各个债务人的债务具有相对独立性,一般情况下,对某一债务人生效的事项,原则上并不对其他债务人发生效力。[③] 但在连带债务中,由于各个债务的给付在目的上具有共同性,而且各个债务人的给付具有同一性,即各个债

---

① 王利明:《债法总则研究》,中国人民大学出版社2018年版,第204页。

② 广东省珠海市中级人民法院(2017)粤04民终2814号民事判决书。

③ 史尚宽:《债法总论》,中国政法大学出版社2000年版,第649页。

务人的给付都是为了实现债权人的同一给付利益，因此，各个债务人的债务并非完全独立，在债的履行过程中，某些事项可能只是对个别债务人发生效力，而某些事项则对其他债务人产生效力，据此，可以将连带债务履行过程中的事项区分为绝对效力事项和相对效力事项。①

绝对效力事项，是指某些事项不仅对个别债务人产生效力，而且对所有债务人都具有普遍效力。② 一般认为，在认定某一事项是否为绝对效力事项时，主要应当参考以下两个标准：(1)能否使债权人的债权得到实现。例如，某一债务人对债权人作出了清偿，该清偿行为对其他连带债务人也产生效力，其他连带债务人与债权人之间的连带债务也因此消灭。(2)是否有利于简化法律关系。也就是说，虽然某一事实不能使债权人的债权获得完全实现，但为了简化法律关系，避免在当事人之间产生循环求偿的法律关系，也可以将其认定为绝对效力事项。③ 本条中所涉及的履行、抵销、提存、免除、混同及其受领迟延，均属于绝对效力事项。具体而言：

根据本条第1款，某一连带债务人有消灭债务的行为的，其效力及于其他连带债务人。各连带债务人所承担的给付全部债务的义务，因某一连带债务人为消灭债务的行为而归于消灭。该债务人就其超过自己应当负担部分的给付，对其他债务人发生追偿权。连带债务人为消灭债务的行为，包括债务人履行、抵销债务和提存标的物。

根据本条第2款，债务因免除而消灭。债权人免除某一连带债务人的债务，该连带债务人对债权人所承担的债务消灭；其他连带债务人的清偿义务可以缩减，即其他债务人仅就该债务人应分担的部分以外的债务负连带清偿义务。

根据本条第3款，连带债务人之一和债权人混同的，债务消灭的限度应当是该连带债务人应当分担的债务部分，其他连带债务人所应当分担的债务份额并不消灭。混同作为债务消灭的特殊原因，仅应限于与债权人混同的该连带债务人应

---

① 所谓连带债务中的相对效力事项，是指对某一债务人具有法律效力的事项，对其他连带债务人原则上并不具有法律效力。在连带债务中，除绝对效力事项之外，对一个债务人产生效力的事项不应当影响到其他债务人。例如债权让与和债务承担，连带债务中，由于各个债务人的债务具有相对独立性，因而，无论是债权让与还是债务承担，原则上都不对其他债务人产生效力。又如迟延履行，连带债务中，在某一连带债务人出现迟延履行的情况下，其原则上仅对该债务人本人产生效力，债权人无法据此请求其他连带债务人承担迟延履行的责任。江俊彦：《民法债编总论》，新学林出版股份有限公司2011年版，第543页。

② 黄立：《民法债编总论》，中国政法大学出版社2002年版，第579页。

③ 郑玉波：《民法债编总论》，中国政法大学出版社2004年版，第393页。

当分担的债务部分消灭,而其他连带债务人的债务并不消灭。否则,将对债权人不公。

根据本条第4款,某一连带债务人向债权人为清偿时,债权人应当予以受领。债权人无正当理由不受领的,构成受领迟延。如债权人受领迟延,则债权人应当承担因其迟延所引起的不利后果。债权人受领迟延的,可能导致该债务人无法履行债务,并使其他债务人无法享有因债务履行而产生的利益,[①]因此,在某一连带债务人履行债务时,如果债权人受领迟延,则该受领迟延也对其他债务人发生效力。[②]

【司法适用】

如果某一连带债务人对债权人享有债权,且符合抵销的条件,此时,其他连带债务人能否主张实行抵销而消灭连带债务?一般认为,按照私法自治原则,在某一连带债务人对债权人享有债权,且符合抵销条件的情形下,是否实行抵销,应当由该债务人自主决定,其他债务人不得代该债务人行使抵销权,否则就违背了私法自治原则。

【司法案例】

甲银行股份有限公司成都分行诉成都乙实业有限公司票据追索权纠纷案[③]

诉讼结论:在连带债务中,债权人对于某一连带债务人债务的免除,其效果及于其他连带债务人。

本案中,根据(2016)川01民初284号民事判决,乙公司对丙公司应付款项承担连带付款责任,两者系连带债务关系。甲银行成都分行有权单独或同时向丙公司、乙公司主张付款义务。丙公司、乙公司任何一方向甲银行成都分行履行付款义务,其法律效果均及于另外一方。根据甲银行成都分行向四川省成都市中级人民法院申请强制执行前,其与丙公司达成的《和解协议》,甲银行成都分行自愿放弃(2016)川01民初284号、(2016)川01民初289号案件票据欠款本金在清偿日前对丙公司的所有利息,同时放弃上述案件中对丙公司的其他一切诉讼请求,并自愿承担为实现债权所发生的诉讼费、保全费、律师费等一切费用。据此,甲银行成都分行免除的是丙公司作为连带债务人在履行《和解协议》后,基于(2016)川

① 史尚宽:《债法总论》,中国政法大学出版社2000年版,第656~657页。

② 梁慧星主编:《中国民法典草案建议稿附理由·债权总则编》,法律出版社2014年版,第109~116页。

③ 四川省高级人民法院(2017)川执复163号执行裁定书。

01民初284号民事判决所负的其他全部债务，而非免除丙公司在连带债务内部所应当承担的特定债务份额，故甲银行成都分行对丙公司所作整体免除的权利处分之效果应当及于连带债务人乙公司。

第五百二十一条　连带债权人之间的份额难以确定的，视为份额相同。
实际受领债权的连带债权人，应当按比例向其他连带债权人返还。
连带债权参照适用本章连带债务的有关规定。

【条文主旨】

本条是关于连带债权内部关系及法律适用效力的规定。

【条文理解】

连带债权，是指数个债权人因连带关系而享有请求债务人履行全部债务的权利，在这种关系中，任何一个债权人都有权请求债务人履行债务，而且债务人向任何一个债权人作出全部履行时，都可以导致当事人之间的债权债务关系的消灭。[①]

连带债权的效力分为内部效力和外部效力。

所谓对内效力，是指连带债权在债权人之间的效力。在连带债权中，如果某一个债权人接受了债务人的全部清偿，应当按照其应当享有的利益在内部进行重新分配，扣除其应分享的债权数额后返还其他债权人。对于各个连带债权人的份额，如果各个债权人就其内部关系作出了特别约定，应当依据当事人之间的约定来确定各自的份额。如果当事人没有对此作出约定，则应当依据法律规定予以确定。如果各个债权人没有对连带债权的分享数额作出约定，法律也没有对连带债权的数额作出规定时，则各个债权人应当平均分享该利益。[②]

所谓连带债权的对外效力，是指各连带债权人与债务人之间的权利义务关系。在这种关系中，每个连带债权人都有权向债务人提出请求，在债务人作出履行时，任何一个连带债权人都可以受领履行，并因此导致连带债权人与债务人之间债的关系消灭。

根据本条第3款的规定，连带债权参照适用本章连带债务的有关规定。

【司法适用】

如果债务人以交付特定物的方式履行债务，则受领标的物的债权人无须向其

---

① 史尚宽：《债法总论》，中国政法大学出版社2000年版，第676页。

② 史尚宽：《债法总论》，中国政法大学出版社2000年版，第682页。

他连带债权人交付该标的物,而只需要向其他债权人偿还其应当分享的债权份额。此外,如果连带债权因一个债权人发生混同而消灭,则该债权人也应返还其多得的利益,因为该债权人因混同获得了超出其应享有部分的利益。

【司法案例】

周甲诉周乙共有物分割纠纷案①

诉讼结论:连带债权人之间的份额难以确定的,视为份额相同。

本案中,因涉案房屋登记为周某某、周甲、周乙三人共同共有,出售该房屋时各方也无其他约定,一审法院依据2006年各方签字确认的协议书,扣除周甲支付的贷款本息及装修款后,按等分原则分割剩余购房款,符合法律规定,并无不当。

第五百二十二条　当事人约定由债务人向第三人履行债务,债务人未向第三人履行债务或者履行债务不符合约定的,应当向债权人承担违约责任。

法律规定或者当事人约定第三人可以直接请求债务人向其履行债务,第三人未在合理期限内明确拒绝,债务人未向第三人履行债务或者履行债务不符合约定的,第三人可以请求债务人承担违约责任;债务人对债权人的抗辩,可以向第三人主张。

【条文主旨】

本条是关于向第三人履行合同的规定。

【条文理解】

该条第1款源于《合同法》第64条②。在此基础上又规定了第2款,即真正的利益第三人合同,明确规定了第三人的直接请求权和债务人不给付时向其主张违约责任的权利。

一般情况下,合同仅在双方当事人之间发生效力,不能为他人订立合同,但为

---

① 江苏省南京市中级人民法院(2018)苏01民终7503号民事判决书。

② 在大陆法系,各国民法所建构的利益第三人合同制度不仅需要严格的适用要件,而且具有明确的法律效果。在构成要件上除当事人约定向第三人为给付外,当事人尚须有使第三人取得直接请求权的意思。在法律效果上,第三人除可直接请求债务人为给付外,亦可于债务人不给付时向其主张违约责任,并且债权人也享有请求债务人向第三人为给付的权利。而我国《合同法》第64条仅规定债务人于不向第三人履行或不适当履行时应向债权人承担违约责任,并未赋予第三人任何独立的法律地位。至于第三人是否有直接请求权,理论上有"肯定说""否定说""宽泛肯定说""不足肯定说"等。

了适应复杂多样的社会关系,近代各国立法例又允许合同涉及第三人,这就产生了涉他合同,包括向第三人履行的合同和由第三人履行的合同。

向第三人履行的合同,简称利他合同,是指当事人为第三人设定了合同权利,由第三人取得利益的合同。合同的第三人亦称受益人。

本条第1款:(1)第三人是否为利益的承受者,可以由当事人约定产生,体现了合同法的意思自治的原则;(2)向第三人履行的合同并不以第三人表示接受利益为成立要件;(3)债务人如果未向第三人履行债务或者履行债务不符合约定,债务人只需要对债权人承担违约责任,体现了合同责任的相对性原则;(4)依据《合同法解释(二)》第16条的规定,第三人在诉讼中,只能以无独立请求权的身份参加诉讼,不能主张合同关系中的权利。

本条第2款:(1)对于第三人是否可以直接请求债务人向其履行债务主要依据为法律的规定或当事人的约定。如果没有法律规定或当事人约定,那么第三人不享有该权利。(2)"第三人未在合理期限内明确拒绝",即赋予第三人得以拒绝的权利,此处既尊重了当事人需要通过利他合同来实现利益安排的需要,也尊重了受益人的意思,可谓在尊重私人自治之底线前提下的妥当安排。(3)债务人未向第三人履行债务或者履行债务不符合约定的,第三人有权请求债务人履行,或请求其承担违约责任。债务人瑕疵履行的,第三人有权请求债务人承担瑕疵履行责任。(4)债务人基于对债权人的抗辩,可用以对抗第三人。该规定赋予第三人一种类似于债权人的地位。

当然,在向第三人履行中,第三人对债务人虽取得债权人的地位,可以行使一般债权,但由于其不是合同当事人,合同本身的权利,如解除权、撤销权,第三人不得行使。

【司法适用】

在现有的司法案例中,对于第三人是否享有直接请求权存在同案不同判的情况,该法条表明了第三人是可以享有直接请求权的,但在适用上需要注意其适用前提,即"法律规定或者当事人约定第三人可以直接请求债务人向其履行债务"。

【司法案例】

重庆甲建设(集团)有限公司诉曹某龙建设工程施工合同纠纷案①

诉讼结论:当事人可以约定由债务人向第三人履行债务,但并不因此改变债

① 最高人民法院(2017)最高法民申2086号民事裁定书。

权人和债务人的权利义务关系，不突破合同相对性原则。不能因为第三人接受了债务履行即认定其加入债的关系而负有相应的返还义务。

本案中，根据已经查明的事实，甲公司与曹某龙签订的《承包合同》中约定曹某龙须向甲公司缴纳履约保证金500万元。其后，甲公司出具《委托书》载明由曹某龙将应向其缴纳的履约保证金500万元转入发包人指定账户。即按照上述合同约定，曹某龙负有向甲公司缴纳500万元保证金的债务，而《委托书》确定了由曹某龙向第三人乙公司履行《承包合同》约定的债务。曹某龙的付款行为不能证明其与乙公司之间建立了合同权利义务关系。虽然甲公司没有实际收到案涉款项，但并不能因此免除其因合同无效负有的相应返还责任。《承诺书》和《说明》均系乙公司单方出具，只能证明其收到曹某龙缴纳的500万元保证金的事实，无法证实三方就保证金问题达成变更协议。二审判决认定甲公司应当返还曹某龙500万元工程保证金，并无不当。由上所述，实际接受债务履行的第三人并不当然成为债的主体，甲公司以乙房地产开发有限公司法定代表人刘某某实际收到案涉款项为由主张应由刘某某负返还责任，无法律依据。

第五百二十三条　当事人约定由第三人向债权人履行债务，第三人不履行债务或者履行债务不符合约定的，债务人应当向债权人承担违约责任。

【条文主旨】

本条是关于由第三人履行合同的规定。

【条文理解】

该条款源于《合同法》第65条。

由第三人履行的合同，又称第三人负担的合同，指双方当事人约定债务由第三人履行的合同。

由第三人履行的合同以第三人的履行行为为标的，故双方签订由第三人履行的合同，债务人事先应当征得第三人的同意。债务人未征询第三人意见而签订合同，事后征得第三人同意的，第三人也应向债权人履行。

由第三人履行的合同以债权人、债务人为合同双方当事人，第三人不是合同的当事人。第三人只负担向债权人履行，不承担合同责任。第三人同意履行后又反悔的，或者债务人事后征询第三人意见，第三人不同意向债权人履行的，或者第三人向债权人瑕疵履行的，违约责任均由债务人承担。第三人瑕疵履行的，瑕疵责任由债务人承担。

【司法适用】

由第三人履行的合同并不是合同义务移转。由第三人履行的合同与债务转移之间存在区别:(1)成立的方式不同。债务转移须债务人和债权人与第三人达成转让债务的协议;由第三人履行的合同,起决定作用的是合同当事人的约定,并且第三人单方愿意代替债务人清偿债务或者与债务人达成代替其清偿债务的协议。(2)债务人的身份不同。债务转移的接受债务的第三人已经成为合同关系的当事人;由第三人履行的合同,第三人只是履行主体而不是合同的当事人。(3)承担责任的人不同。债务转移的新债务人未能依照合同约定履行债务,债权人可直接请求其履行义务和承担违约责任;由第三人履行的合同,对其履行不适当的行为,应当由债务人承担债务不适当履行的责任。

根据《合同法解释(二)》第16条的规定,在由第三人履行的合同中,第三人为无独立请求权的第三人参加诉讼,但人民法院不得依职权将其列为该合同诉讼案件的被告或者有独立请求权的第三人。这是因为第三人在诉讼中没有独立的诉讼地位,只能依附于原告或者被告一方,也不能在诉讼中确定第三人承担民事责任。

【司法案例】

焦某军诉江苏省甲国际旅行社有限公司、乙国际旅行社有限责任公司旅游侵权纠纷案①

诉讼结论:旅游者与旅行社签订旅游合同后,双方形成旅游服务合同关系,旅行社所提供的服务应当符合保障旅游者人身、财产安全的要求。同时,旅行社委托的旅游辅助人所提供的食宿、交通运输等服务系旅行社履行旅游服务合同义务的延续,应认定为是代表旅行社的行为,旅游辅助人的侵权行为可直接认定为旅行社的侵权行为。

本案中,旅游者在旅游过程中乘坐旅行社提供的车辆发生交通事故导致人身损害、财产损失的,构成违约责任和侵权责任的竞合,旅游者有权选择合同之诉或侵权之诉要求旅行社承担相应民事赔偿责任。旅行社擅自将其旅游业务转让给其他旅行社的,与其签订旅游合同的旅行社和实际提供旅游服务的旅行社应承担连带责任。

---

① 参见《最高人民法院公报》2012年第11期。

第五百二十四条　债务人不履行债务，第三人对履行该债务具有合法利益的，第三人有权向债权人代为履行；但是，根据债务性质、按照当事人约定或者依照法律规定只能由债务人履行的除外。

债权人接受第三人履行后，其对债务人的债权转让给第三人，但是债务人和第三人另有约定的除外。

【条文主旨】

本条是关于第三人清偿规则的规定。

【条文理解】

债务人以外的第三人履行债务，从而使债权人的债权得以实现的，理论上称为第三人清偿，又称代为清偿或第三人代为履行。[①]从文义与体系解释来看，《合同法》第65条规定的是基于“当事人的约定”由第三人给付的合同。而第三人清偿并不限于此，其原因具有多样性，既可能是基于单方面的表示，也可能是出于与债务人或债权人的约定以及法律的规定。虽然我国法律缺乏系统的第三人清偿规范，但仍存在大量分散、有关第三人清偿的法律规范，例如，《民法通则》第35条第3款规定的合伙人的代为清偿，《担保法》第12条、第31条规定的保证人的代为清偿，《物权法》第191条规定的抵押财产受让人的代为清偿等。[②]

1. 第三人清偿的适用范围

在债法上，由债务人以外的第三人清偿债务的，原则上应予准许，但其适用范围并非没有限制。根据本条的规定，适用第三人清偿规则的前提是：(1)债务人不履行债务；(2)第三人对履行该债务具有合法利益。除此之外，在具体适用上还要受到以下几个方面的限制：第一，受债的性质的限制。一些债的标的具有人身专属性因此无法由第三人代为清偿，但是，依债的性质禁止第三人清偿是为保护债权人而设，如果债权人同意，仍不妨由第三人清偿。第二，受当事人约定的限制。依据合同自由原则和意思自治原则，当事人可以约定不得由第三人清偿，但双方

---

① 王利明、崔建远：《合同法新论·总则》，中国政法大学出版社2000年版，第546页。

② 《担保法解释》第38条规定：同一债权既有保证又有第三人提供物的担保的……承担了担保责任的担保人，可以向债务人追偿，也可以要求其他担保人清偿其应当分担的份额。最高人民法院在相关终审判决中也持类似见解。但是，在解释《物权法》第176条时，对于在多个担保人的情况下，其中一个担保人承担担保责任后，该担保人除了可以向债务人追偿外，是否可以向其他担保人追偿这一问题，立法人士却认为，“在当事人没有明确约定承担连带担保责任的情况下，规定各担保人之间相互追偿是不妥的”。在理论上，学术界对于《物权法》第191条第2款规定的法律属性，存在是第三人代为清偿还是涤除权的激烈争论。（冉克平：《民法典编纂视野中的第三人清偿制度》，载《法商研究》2015年第2期。）

当事人禁止第三人清偿的约定应该在第三人清偿之前作出。另外,当事人的禁止约定不得以侵害他人为主要目的,否则即属滥用权利,约定无效。[①] 第三,受法律规定的限制。在特定情形下,法律会对债的履行主体进行一定的限制,规定只能由债务人本人履行,而不能由债务人之外的第三人代为履行。例如,本法第 791 条第 3 款规定:"……建设工程主体结构的施工必须由承包人自行完成。"

2. 第三人清偿的效力

在第三人清偿的情形下,可以产生如下法律效力:(1)对债权人的效力。第三人清偿,债权人无正当理由不能拒绝,在债权人和债务人之间消灭债权债务关系。债权人债权实现,债务人免除清偿义务,是第三人清偿的基本效力。(2)对债务人的效力。第三人清偿之后,应当及时通知债务人,以免债务人因不知第三人的清偿而进行重复清偿。第三人清偿与债务人清偿一样,会发生债的消灭的后果。债务人对债权人享有的抗辩权、抵销权等,都可以对第三人主张。例如,债务已经超过诉讼时效,第三人不知晓而清偿,在发生追偿关系时,债务人也可以向第三人主张时效利益。(3)第三人的追偿权。第三人清偿,债权人的债权实现后,其债权当然转移给第三人,第三人成为新的债权人。至于在第三人作出清偿以后,是否可以对债务人产生追偿权,要看债务人和第三人是否有另外的约定。[②] 一般情况下,根据第三人和债务人之间的法律关系来确定。第三人为债务人进行清偿,有的是基于债务人的委托,有的是因为事务管理,也有的是出于赠与目的。在前两种情况下,第三人对于债务人取得偿还委任事务处理费用请求权,或偿还事务管理费用请求权的求偿权。但如果第三人是基于赠与而作出的履行,则不享有求偿权。[③]

【司法适用】

在以前的司法实践中,对于第三人清偿行为并没有一个统一的规定,因而出现了不同的审判结果。有法院认为,第三人清偿行为非经债务人同意不得履行;[④] 也有法院认为,第三人清偿行为属于债的加入。[⑤] 但该条款的出现表明只要满足第三人履行的前提条件且没有限制性情形出现,第三人即可向债权人履行债务,并产生第三人履行的法律后果。

如果第三人清偿以后,债务人向债权人提出,第三人的清偿是在其不知道的情况下作出的,债务人在得知第三人实际作出履行的情况以后,不同意第三人作

---

① 孙森淼:《民法债编总论》,法律出版社 2006 年版,第 837 页。

② 黄立:《民法债编总论》,中国政法大学出版社 2002 年版,第 656 页。

③ 冉克平:《民法典编纂视野中的第三人清偿制度》,载《法商研究》2015 年第 2 期。

④ 江苏省南通市中级人民法院(2005)通中民二初字第 18 号民事判决书。

⑤ 最高人民法院(2017)最高法民终 769 号民事判决书。

出履行，要求债权人向第三人返还财产，此种要求是否应得到支持？从本条款中并未看到第三人清偿一定要得到债务人的同意规定，所以一般认为，第三人一旦作出履行就发生效力，债权人与债务人之间债的关系即因此消灭。① 当然，如果债务人在第三人作出履行之前提出异议，则法律上应当允许。

第五百二十五条　当事人互负债务，没有先后履行顺序的，应当同时履行。一方在对方履行之前有权拒绝其履行请求。一方在对方履行债务不符合约定时，有权拒绝其相应的履行请求。

【条文主旨】

本条是关于同时履行抗辩权的规定。

【条文理解】

该条源于《合同法》第66条。

同时履行抗辩权，又称不履行抗辩权或履行合同的抗辩权，是指互负债务，没有先后履行顺序，当事人一方在他方未为对待给付以前，可以拒绝自己履行的权利。

同时履行抗辩权是抗辩权的一种，属延期的抗辩权，只是暂时阻止对方当事人请求权的行使，非永久的抗辩权。对方当事人完全履行了合同义务，同时履行抗辩权消灭，当事人应当履行自己的义务。当事人行使同时履行抗辩权致使合同迟延履行的，迟延履行责任由对方当事人承担。

同时履行抗辩权的构成要件：(1)须有同一双务合同互负债务。同时履行抗辩权的根据在于双务合同功能上的牵连性，因而它适用于双务合同，而不适用于单务合同和不真正的双务合同。这里的债务，首先应为主给付义务。在从给付义务的履行与合同目的的实现具有密切关系时，也应认为它与主给付义务之间有牵连关系，产生同时履行抗辩权。双方互负的债务应具有对价关系。该对价关系不强调客观上等值，只要双方当事人主观上认为等值即可。(2)须双方互负的债务均已届清偿期。同时履行抗辩权制度，旨在使双方当事人所负的债务同时履行，所以，只有双方的债务同时届期时，才能行使同时履行抗辩权。(3)须对方未履行债务或未提出履行债务。当事人一方向另一方请求履行债务时，须自己已履行或提出履行，否则，另一方当事人可行使同时履行抗辩权，拒绝履行自己的债务。(4)须对方的对待给付是可能履行的。如果对方当事人的对待给付已不可能时，

① 王利明：《债法总则研究》，中国人民大学出版社2018年版，第570页。

则同时履行的目的已不可能达到,不发生同时履行抗辩权问题,应由合同解除制度解决。

【司法适用】

在一方迟延履行的情况下,即使有同时履行抗辩权的存在,若另一方当事人不行使该抗辩权,仍可构成履行迟延。这是因为,在一方有权行使同时履行抗辩权的情况下,抗辩权必须行使才能产生作用,并影响到原法律关系,如果当事人不行使这一权利,则并未对抗对方的请求权,因而仍应负迟延履行的责任。假如原告起诉被告迟延履行,被告不主张同时履行抗辩权,法院亦不得主动援引同时履行抗辩权而免除被告的迟延责任。

【司法案例】

韩某诉沈阳甲房地产开发有限公司商品房买卖合同纠纷案①

诉讼结论:合同解除后互负恢复原状义务能否构成同时履行之抗辩,《合同法》对此未加以规定。互负恢复原状义务虽不具有对价关系,但二者之间的对立在实质上仍具有牵连性,基于类似事项、相同处理的平等原则,亦应类推适用《合同法》第66条关于同时履行抗辩权的规定。

本案中,韩某与甲公司的房屋买卖合同已经解除,该事实已为生效判决所确认,依据《合同法》第97条的规定,双方互负恢复原状的返还义务,即韩某应返还争议房屋,甲公司应返还韩某已支付的购房款、装修费用及查档费,二者立于同时履行的关系,一方的返还义务与对方所负的对待返还义务互为前提,一方不履行其义务,另一方有权拒绝自己给付义务的履行。因甲公司未全部返还购房款、装修费用及查档费,韩某有权行使抗辩权,拒绝交付房屋。该抗辩是权利的正当行使,而非违约,应受法律保护。

第五百二十六条　当事人互负债务,有先后履行顺序,应当先履行债务一方未履行的,后履行一方有权拒绝其履行请求。先履行一方履行债务不符合约定的,后履行一方有权拒绝其相应的履行请求。

【条文主旨】

本条是关于先履行抗辩权的规定。

---

① 参见《人民司法·案例》2011年第22期。

【条文理解】

该条源于《合同法》第67条。

先履行抗辩权，是指在双务合同中约定有先后履行顺序，负有先履行义务的一方当事人未依照合同约定履行债务，后履行债务的一方当事人可以依据对方的不履行行为，拒绝对方当事人请求履行的抗辩权。

先履行抗辩权属延期的抗辩权，只是暂时阻止对方当事人请求权的行使，非永久的抗辩权。对方当事人完全履行了合同义务，先履行抗辩权消灭，当事人应当履行自己的义务。当事人行使先履行抗辩权致使合同迟延履行的，迟延履行责任应由对方当事人承担。

先履行抗辩权的成立要件：(1)须双方当事人互负债务。所谓互负债务是否指两项债务处于互为对待给付的地位。(2)两个债务须有先后履行顺序，至于该顺序是当事人约定的，还是法律直接规定的，在所不问。(3)先履行一方未履行或其履行不符合债的本旨。先履行一方的履行不符合债的本旨，指先履行一方虽然履行了债务，但其履行不符合当事人约定或法定的标准要求，应予补救。

【司法适用】

继续性合同是否适用于先履行抗辩权？在继续性合同中，依照法律或合同的规定，负有先履行义务的当事人并非无限地先为给付义务，在存在合理事由的情况下，可以拒绝自己的先给付义务。例如，受雇人就特定期限，承担着先提供劳务的义务，如果雇主在期满时不支付报酬，双方又无终止合同的意思，那么，再强令受雇人先为给付则是不合理的。

由于合同具有继续性，除有特别约定或自合同目的来看，每时期的给付可视为独立外，如果相对人没有履行已经届期的给付，无论该期次发生于什么时期，债权人均可拒绝自己的对待给付。其道理在于，继续性合同为单一合同，当事人若未履行某期次的债务，就构成整体合同的一部分不履行。于此场合，对方当事人应当享有抗辩权。换言之，继续性中的个别给付具有相对的独立性，双方当事人的个别给付可以形成对待给付关系，因而提供了先履行抗辩权产生的基础和条件。①

【司法案例】

甲预拌混凝土公司诉乙公司买卖合同纠纷案②

诉讼结论：先履行抗辩权中的“当事人互负义务”，要求双方债务是具有对价

① 崔建远：《合同法》，法律出版社2010年版，第145页。

② 参见《人民司法·案例》2014年第24期。

关系的。买卖合同中对价关系的债务应该是出卖人的货物供给义务和买受人的支付货款义务。

本案中，原甲预拌混凝土公司向乙公司提供混凝土抗渗检测报告、出具税务发票的义务只是买卖合同义务中的附随义务，在甲预拌混凝土公司已经履行了向乙公司提供混凝土的主要义务后，乙公司不能以甲预拌混凝土公司单纯违反提供混凝土抗渗检测报告、出具税务发票这一附随义务为由行使先履行抗辩权，从而拒绝支付货款。

第五百二十七条　应当先履行债务的当事人，有确切证据证明对方有下列情形之一的，可以中止履行：

（一）经营状况严重恶化；

（二）转移财产、抽逃资金，以逃避债务；

（三）丧失商业信誉；

（四）有丧失或者可能丧失履行债务能力的其他情形。

当事人没有确切证据中止履行的，应当承担违约责任。

【条文主旨】

本条是关于不安抗辩权的规定。

【条文理解】

该条源于《合同法》第68条。

不安抗辩权，是指在双务合同中先履行义务的一方当事人，在有确切证据证明后履行一方当事人有丧失或者可能丧失履行能力因而不能履行合同义务时，享有的暂时中止履行的抗辩权。

不安抗辩权的性质是一时性抗辩权，属延期抗辩权，属于间接保障债权的手段[①]，暂时中止合同的履行乃是不安辩权行使的主要效果。倘若对方当事人提供了担保或者作了对待给付，不安抗辩权消灭，当事人应当履行合同。

发生不安抗辩权应当具备以下条件：（1）合同确立的债务合法、有效；（2）双方当事人因同一双务合同互负债务且有先后履行顺序；（3）后履行的一方当事人有丧失或可能丧失债务履行能力的极大可能。后履行义务人的期限利益应当受到保护，没有正当理由不得剥夺，不安抗辩权制度虽然是一个正当理由，但剥夺后

---

① 韩世远：《合同法总论》，法律出版社2018年版，第415页。

履行义务人的期限利益是有条件的,不允许在后履行义务人有履行能力的情况下行使不安抗辩权,只能在有不能为对待给付的现实危险害及先履行义务人的债权实现时,才能行使不安抗辩权。本条列举典型的情形如财产状况恶化。

大陆法系民法的不安抗辩与英美法系的预期违约制度相似。不安抗辩权是大陆法系国家在合同法律关系中,为贯彻公平原则,对期前履约危险进行平衡而设立的救济制度。预期违约是英美法系合同法的一种违约理论,包括明示先期违约与默示先期违约。这一理论被英国判例法所确认,并由《美国统一商法典》进一步发展,后又被《联合国国际货物销售合同公约》所吸收。面对市场经济发展的迫切需要,我国吸取国外立法经验,认识到在产生期前履约危险的情况下,如仍强迫负有先为给付义务一方履行义务,有悖于公平原则,在未造成实际违约前赋予负有先为给付一方当事人不安抗辩权,是较为理想的制度,故规定了不安抗辩权制度。

【司法适用】

在司法实践中注意区分预期违约与不安抗辩权。从性质上说,前者属于违约责任制度的范围,后者属于抗辩制度的范围。抗辩权设定的目的只是使权利人享有对抗对方的请求的权利,而不可能为权利人提供救济。

我国法律在规定不安抗辩权制度以后,进一步规定了默示毁约制度。可见,本条及本法第528条乃是吸收两大法系经验的产物,这对于全面保护先履行一方的利益、维护交易秩序十分必要。

【司法案例】

周某诉重庆某房地产开发有限公司房屋买卖合同纠纷案①

诉讼结论:抗辩权的行使是对抗违约行为的一种救济手段,在双务合同中,首先应根据双方签订的合同约定来确定双方的权利义务。并且,行使不安抗辩权,需要有足够的证据予以支持。

本案中,某公司未按合同约定的时间向周某交付房屋是事实,但合同中明确约定周某应付清全部房款等费用后,方可进行房屋交接,即周某应该先履行付款的义务,某公司才履行交房的义务。同时,周某在庭审中称其到某公司履行义务,其售房部已关门,但并无证据提交,且如其不能直接履行义务,也可采取其他方式履行付款的义务,如提存等方式。另外,周某在二审中提出其是行使不安抗辩权,但根据上述法律规定,周某发现某公司当时具有不能按期交房的可能性,未及时

① 2015年12月4日最高人民法院发布的合同纠纷典型案例之10。

与对方沟通核实,在未通知对方的情况下就自行中止了合同的履行。不符合不安抗辩权的行使条件和履行规范,其不安抗辩权不能成立。故某公司不应向周某支付违约金。

第五百二十八条 当事人依据前条规定中止履行的,应当及时通知对方。对方提供适当担保的,应当恢复履行。中止履行后,对方在合理期限内未恢复履行能力且未提供适当担保的,视为以自己的行为表明不履行主要债务,中止履行的一方可以解除合同并可以请求对方承担违约责任。

【条文主旨】

本条是关于不安抗辩权行使的规定。

【条文理解】

该条源于《合同法》第69条。增加了中止履行后,对方在合理期限内未恢复履行能力并且未提供适当担保的,“视为以自己的行为表明不履行主要债务”,并且确认了中止履行的一方可以解除合同的同时要求“对方承担违约责任”。[①]

当事人行使不安抗辩权后,应当立即通知对方当事人。应当先履行的当事人行使了不安抗辩权,在合理期限内,对方当事人既未提供担保,也不能证明自己的履行能力,视为以自己的行为表明不履行主要债务,此时实际上已经涉及了预期违约,在一方从事了默示毁约行为后,另一方不仅可以解除合同,还可以请求对方承担违约责任。倘若对方当事人提供了担保或者做了对待给付,不安抗辩权消灭,当事人应当履行合同。

【司法适用】

当事人行使不安抗辩权错误的,应当承担违约责任。行使不安抗辩权,举证责任在先履行合同义务的当事人,其应当有确切证据证明对方不能履行合同或者有不能履行合同的可能性。一旦对方提供适当担保的,则应当及时恢复履行。恢复是否及时,担保是否适当,应根据诚信原则,结合案涉合同标的额、当事人履约能力等具体情况加以考量。

① 如此修改是为了与本法第563条第1款第2项中的预期违约制度相衔接。

【司法案例】

俞某新诉福建甲房地产有限公司、魏某瑞商品房买卖（预约）合同纠纷案[①]

诉讼结论：《合同法》第68条并未规定案外人违约是当事人行使不安抗辩权的情形。因此，合同一方当事人不能以案外人违约为由在合同履行中行使不安抗辩权。

本案中，俞某新主张不安抗辩权的理由是甲公司丧失商业信誉，依据是其与福州乙公司签订另一购房合同后，福州乙公司将合同约定的房屋设定抵押。然而，福州乙公司与甲公司是两个不同的法人，以案外人违约为由在本案合同履行中行使不安抗辩权，不符合合同相对性原则。根据《合同法》第68条的规定，俞某新关于其行使不安抗辩权的主张，依据不足。《合同法》第69条规定了行使不安抗辩权的要件，即使俞某新有权行使不安抗辩权，也应当及时通知对方。但无证据证明俞某新履行过通知义务。因此，俞某新关于其行使不安抗辩权的主张，缺乏事实和法律依据。

第五百二十九条　债权人分立、合并或者变更住所没有通知债务人，致使履行债务发生困难的，债务人可以中止履行或者将标的物提存。

【条文主旨】

本条是关于因债权人原因致债务履行困难的处理的规定。

【条文理解】

该条源于《合同法》第70条。

合同当事人明确是合同履行的前提，在合同履行中，如果出现一方当事人发生变更导致另一方当事人履行困难的话，应当予以有效规制。如果债权人分立、合并或者变更住所没有通知债务人，以至于债务人履行债务发生困难的，此时过错在于债权人，而对于积极履行债务的债务人的利益应当予以保护，因此法律规定，此时债务人可以中止履行。债务履行是给付有体物的，债务人也可以将标的物提存从而消灭债务。

【司法适用】

除了本条列举的3种情形之外，临时关门歇业、变更联系方式而没有通知债

---

① 参见《最高人民法院公报》2011年第8期。

务人，致使债务履行困难的，债务人中止履行或者将标的物提存，也应当获得司法支持。

【司法案例】

葛某岭诉郑某运合同纠纷案①

诉讼结论：债权人变更联系方式而没有通知债务人，致使债务人履行债务发生困难，债务人可以中止履行。

本案中，葛某岭于2015年11月回到安徽老家后更换手机号码未告知郑某运，致使郑某运在接近2015年12月1日时仍无法联系到葛某岭，且前往葛某岭在杭州的住处也找不到葛某岭。根据《合同法》第70条的规定，葛某岭在没有通知郑某运的情况下便回到老家并变更了联系方式，导致郑某运履行债务发生困难，在双方的收条协议中并未约定指定打款账户的情况下，考虑到归还金额较大，郑某运选择中止履行债务，在与葛某岭取得联系并确定了履行方式后再行履行，并不构成违约。

第五百三十条　债权人可以拒绝债务人提前履行债务，但是提前履行不损害债权人利益的除外。

债务人提前履行债务给债权人增加的费用，由债务人负担。

【条文主旨】

本条是关于债务人提前履行债务的规定。

【条文理解】

该条源于《合同法》第71条。

提前履行，是指在履行期限到来前的履行。合同双方当事人应当严格按照合同约定的期限履行，才能体现双方的合意，实现共同利益。债务人提前履行债务损害债权人利益的，债权人可以拒绝债务人的履行。债务人提前履行债务不损害债权人利益的，债权人应当接受债务人的履行。债务人提前履行债务给债权人增加负担的，费用由债务人承担。

【司法适用】

债权人可以拒绝债务人提前履行债务，但是提前履行不损害债权人利益的除

① 浙江省杭州市中级人民法院（2016）浙01民终5722号民事判决书。

外。除外分两种情况:(1)如果履行期限是为债务人的利益设定的,则债务人可以提前履行自己的义务,因为一般不能限制当事人放弃自己的利益,这种履行是适当的,债权人应当接受;(2)如果履行期限是为债权人利益设定的,或者关涉双方的利益,得提前履行。债权人拒绝的,应当举证证明其利益受到损害。提前履行给债权人增加的费用,应当由债务人承担。

【司法案例】

李某中、杨某玲诉李某辉房屋买卖合同纠纷案①

诉讼结论:债务人提前履行债务不损害债权人利益的,债权人应当接受债务人的履行。

本案中,李某辉明确表示愿意一次性支付剩余房款5000元,应视为李某辉已明确主张愿意提前履行合同剩余义务。根据《合同法》第71条的规定,债权人可以拒绝债务人提前履行债务,但提前履行不损害债权人利益的除外。而李某辉提前履行支付剩余房款5000元的行为并未损害李某中、杨某玲利益,所以,应当予以支持。

第五百三十一条　债权人可以拒绝债务人部分履行债务,但是部分履行不损害债权人利益的除外。

债务人部分履行债务给债权人增加的费用,由债务人负担。

【条文主旨】

本条是关于债务人部分履行债务的规定。

【条文理解】

该条源于《合同法》第72条。

合同的履行,是指债务人全面、适当地完成其合同义务,债权人的合同债权得到完全实现。由此看来,合同的履行应是债务人全面地、适当地完成合同债务,使实现合同债权的给付行为和给付结果的统一。但是,有时债务人无法一次性地实现全面给付,可能会出现部分履行的情况。

部分履行是相对于全面、适当履行而言的。当事人只部分履行合同,而另外部分不履行,则当事人预期目的不能达到。当事人依据合同的标的数量履行债

① 吉林省长春市中级人民法院(2019)吉01民终2252号民事判决书。

务，而该标的的质量或规格不符合合同要求，对另一方当事人来说，这种履行没有经济意义。由于部分履行并不符合合同的约定，并且可能损害债权人利益。所以，债权人可以拒绝受领。但债务人部分履行债务不损害债权利益的，债权人应当受领。债务人部分履行给债权人增加负担的，费用由债务人承担。[①]

【司法适用】

部分履行不是根本没有履行。另一方当事人拒绝受领，如果仅是少量不足，且斟酌当事人利益及交易惯例，一般不应拒绝受领；如果是严重不足，则可以拒绝对方的履行，并援用抗辩权，拒绝履行自己的义务。如果一方已经受领了部分履行，则必须作出相当于对方已履行部分的行为（如支付该部分货款）。只要一方已受领履行后，不得以对方没有履行而援用抗辩权，只能就对方未为履行部分援用抗辩权。

另外，对于债务人的部分履行，债权人有拒绝受领权，拒绝受领债务人的部分履行债务。这种拒绝受领权只是相对于部分履行对债权人的利益有损害而产生。如果部分履行不损害债权人利益，则债权人不享有拒绝受领权，不能拒绝债务人的部分履行。

【司法案例】

上海甲药业有限公司诉河南乙药业有限公司买卖合同纠纷案[②]

诉讼结论：债权人可以拒绝债务人部分履行债务，但部分履行不损害债权人利益的除外。

本案中，就货款支付而言，甲公司属债权人，乙公司属债务人，现并无证据证明乙公司部分履行付款义务损害了甲公司的利益，因此，甲公司无权拒绝乙公司部分履行的付款义务。因甲公司无权拒绝乙公司部分履行的付款义务，也即乙公司向甲公司支付的50万元预付款，甲公司应当接受，故甲公司亦应当履行该50万元预付款所对应的交货义务（交付25公斤盐酸倍他司汀）。

第五百三十二条　合同生效后，当事人不得因姓名、名称的变更或者法定代表人、负责人、承办人的变动而不履行合同义务。

---

① 全国人民代表大会常务委员会法制工作委员会编：《中华人民共和国合同法释义》，法律出版社2013年版，第136页。

② 上海市第一中级人民法院（2019）沪01民终8193号民事判决书。

【条文主旨】

本条是关于当事人变化对合同履行的影响的规定。

【条文理解】

该条源于《合同法》第76条。

合同生效后，当事人应当按照诚信原则全面履行合同义务，不能因自己的姓名或者名称、法定代表人等的变更而不履行合同义务，也不得因承办人等的变动不履行合同义务。这是诚实信用原则的要求。

【司法案例】

白山市浑江区甲大饭店诉王某花合同纠纷案①

诉讼结论：合同生效后，当事人不得因姓名、名称的变更或者法定代表人、负责人、承办人的变动而不履行合同义务。

本案中，王某花与白山市浑江区甲大饭店已形成消费合同关系。在白山市浑江区甲大饭店经营者毕某萍涉嫌犯罪被刑拘后，该饭店由李某椿实际经营。在此期间，王某花持卡在饭店消费，李某椿对此并未提出异议。虽然该饭店先注销，后又以“白山市浑江区甲大饭店”名称重新注册登记以及再变更名称为“白山市浑江区甲大饭店”，但其经营者仍为李某椿。经营者李某椿与前手毕某萍之间的关系，不能对抗王某花持卡消费的权利。根据《合同法》第76条的规定，白山市浑江区甲大饭店应继续履行合同义务。鉴于双方已无法继续履行消费合同，故原审判决解除合同，返还卡中余额4600元，并无不当。

第五百三十三条　合同成立后，合同的基础条件发生了当事人在订立合同时无法预见的、不属于商业风险的重大变化，继续履行合同对于当事人一方明显不公平的，受不利影响的当事人可以与对方重新协商；在合理期限内协商不成的，当事人可以请求人民法院或者仲裁机构变更或者解除合同。

人民法院或者仲裁机构应当结合案件的实际情况，根据公平原则变更或者解除合同。

【条文主旨】

本条是关于情势变更的规定。

① 吉林省高级人民法院（2018）吉民申3161号民事裁定书。

【条文理解】

该条在《合同法》中并未涉及，源于《合同法解释（二）》第26条，只是文字上仍有差异，删除了“非不可抗力”和“不能实现合同目的”，增加了继续协商谈判义务。①

（一）情势变更原则的含义

情势变更，即客观事实的异常变动，是指合同有效成立后，因不可归责于双方当事人的事由发生重大变化而使合同的基础动摇或者丧失，若继续维持合同会显失公平，因此允许变更合同内容或解除合同的原则。

总体来说，如果合同订立的时候是公平的，在合同生效后由于社会环境发生重大变化，使一方当事人遭受重大的损害，造成双方当事人显失公平，这种情况下应该适用情势变更原则。情势变更原则实际上就是借助法院或仲裁机构来变更合同的内容或者解除合同，以此来平衡由于社会的异常变动所引起的当事人双方的利益失衡，实质上就是在法律的框架下，由双方当事人来分担由于异常损害所造成的风险，这是符合法律的公平原则的。

① 本条是对司法实践的经验总结，与司法解释相比，条文更简洁，二者并无实质区别。只是文字上删除了《合同法解释（二）》第26条中规定的“非不可抗力”，对此，有学者认为，主要考虑在于关于情势变更与不可抗力的关系，学理上争议很多，很难截然分开，因此，法条中可以不作出此种区分，而由司法实践予以具体掌握。（王利明：《关于民法典分编〈合同编〉的意见》，载搜狐网：soho. com/a/273188475_653534，2020年1月20日最后访问。）实际上，司法解释写“非不可抗力”，主要是考虑二者属于不同概念、不同制度；在同一案件中就同一事实，适用不可抗力，一般不再适用情势变更——继续履行对于一方显失公平条件下的合同变更或者解除事由，反之亦然。并非有的学者理解的合同变更全部排除不可抗力规则的适用。“合同编”不写“非不可抗力”，也并非二者难以区分，而是由司法实践予以具体掌握，为法官公正裁判留下了自由裁量空间。说难分固然属实，但并非不能分、不可分、不应分。因为同一事件，譬如新冠疫情暴发后各级各地政府采取的防控措施，虽然全国人大常委会法工委及时表态认为属于不可抗力，这当然是正确的，但法院办案切忌千案一面，不能机械办案，不同地区、不同阶段、不同范围、不同措施类型对当事人的交易影响悬殊。在A案件中，因其“三不能”（预见、克服、避免）的结果是“不能履行民事义务”，可认定为“不可抗力”，而在B案件中，虽然也属于订立合同时无法预见，但并没有达到“不能履行”合同义务的程度，“非不可抗力”，而是继续履行对于当事人一方明显不公平，故可认定为“情势变更”。由于疫情及其防控导致继续履行合同对于一方当事人显失公平的，情势变更的适用是理所应当的、公平公正需要的，原因在于不同的案件作为法律适用根据的事实不同，而不是“不可抗力”包括了“情势变更”，从而当事人约定排除“不可抗力”的条款，其效力不能及于“情势变更”。2020年5月15日最高法院发布的《关于依法妥善审理涉新冠肺炎疫情民事案件若干问题的指导意见（二）》，既没有被个别学者的因果论（即不可抗力为因，情势变更为果）所误导，也没有按照构成不可抗力而免除责任的思路处理，而是根据案件的具体事实，大多不构成不可抗力，按照《合同法解释（二）》关于情势变更的思路提出了指导意见。——曹守晔注。

1. 关于“情势”

所谓“情势”，乃是泛指作为法律行为成立基础或环境的一切客观事实。[①] 情势变更制度中的客观事实的异常变动，是指作为合同成立基础或环境的客观事实，发生了重大或实质性的变动，出现了合同成立后出现的不可预见的情况。例如，战争、经济危机、政策调整等。概念的重点，在“与合同有关”这个限制上。客观事实的发生与合同无关或对合同的影响甚微，就不属于“情势”之列。

关于情势的类型，经过多年司法实践，德国法上总结得较为完整，其类型化可资借鉴。在德国法上“情势”主要被总结为以下几类：（1）货币贬值。（2）法律变动与行政行为。法律变动通常为当事人所不能预见，往往会构成履行不能或情势变更。主要有以下几种情况：其一，征收。其二，税法的变动。其三，两德统一后的法律变动。其四，经济管理法律的变动。（3）灾难。天灾人祸大多不能预见、不能避免、不能克服。但是，能否成为“情势”，还要看其与合同的关联程度。另外，在战争和其他灾难后，国家会特别制定一些法律加以处理。所以，总的来说，在德国，基于灾难而适用情势变更原则的情况不多。就中国而言，在出现灾难的情况下，可以直接通过适用本法第 180 条的不可抗力条款加以解决。（4）其他经济因素的变化。这里的经济环境，包括影响民事主体生产和经营的各种客观因素。其一，成本增加。但只是在特别的情况下，外界因素导致成本异乎寻常地增高，才有适用情势变更的余地。其二，技术发展。技术的发展也可以导致合同标的贬值。以上是德国法上关于情势的类型的举例，也只是不完全地列举一些案例类型，以作为参考。上述第（2）类和第（4）类值得我们关注，对于我们的司法实践具有一定的参考意义。

2. 关于“变更”

所谓“变更”，则指“合同赖以成立的环境或基础发生异常之变动”。[②] 这也就是本条中所谓的“在订立合同时无法预见的、不属于商业风险的重大变化”。这种合同成立的基础或环境的客观基础的变动有可能导致合同当事人预期的权利义务严重不对等，从而使原先的合同失去其本来的意义。

（二）情势变更原则的适用条件、效力及适用范围

1. 情势变更原则的适用条件

情势变更原则的适用有以下几项条件：（1）应有情势变更的事实，也就是合同

---

① 王家福主编：《民法债权》，法律出版社 1991 年版，第 399 页。

② 彭诚信：《“情事变更原则”的探讨》，载《法学》1993 年第 3 期；曹守晔：《最高人民法院〈关于适用《中华人民共和国合同法》若干问题的解释（二）〉之情势变更问题的理解与适用》，载《法律适用》2009 年第 8 期；王轶教授提出的不可抗力与情势变更的“因果论”，是教义上的一种主张而已，参见王轶：《新冠肺炎疫情、不可抗力与情势变更》，载《法学》2020 年第 3 期。

赖以存在的合同基础条件确实发生变化。这里应严格把握对"情势""变更"等概念的理解。(2)情势变更,须为当事人所不能预见的。如果当事人在订立合同时能够预见到相关的情势变更,即表明其知道相关情势变更所产生的风险,并自愿承担,在这种情况下情势变更原则就不适用。如果当事人应当预见将要发生的情势变更而未能预见,则应认为该当事人主观上具有过错,也不应主张适用情势变更。① (3)情势变更必须不可归责于双方当事人。如果可归责于当事人,则应由其承担风险或违约责任,而不适用情势变更原则。(4)情势变更的事实发生于合同成立之后,履行完毕之前。如果在订立合同时就已经发生情势变更,就表明相关当事人已经认识到合同的基础发生了变化,且对这个变化自愿承担风险。如果在履行终止以后发生情势变更,因合同关系已经消灭,则不适用情势变更原则。(5)继续履行合同对于一方当事人明显不公平,即坚守合同对于当事人而言不再具有可期待性。当然,显失公平的出现必须是因情势变更产生的,而不是因其他原因造成的。需要指出的是,判断是否构成"显失公平",要考察情势变更是否造成了当事人之间的利益不均衡,一定要严格区分属于正常价格变动的商业风险和真正的情势变更。②

2. 情势变更原则的效力

根据本条款的规定,适用情势变更原则对于当事人来讲主要有三个效力:(1)继续谈判的义务。《合同法解释(二)》第26条虽然文字上并未对当事人继续谈判的义务作出规定,但其解释说明中从鼓励交易、最大限度地维护合同关系稳定出发,明文鼓励当事人继续谈判,这种行为本身是一种诚实信用原则的体现。③但我们不应要求当事人一定要达成新的合同或者达到某一特定的结果,即不能够将它理解为一种"结果义务",而只能够理解为"行为义务",只要当事人符合诚信地再交涉即符合要求。④ 另外,这种谈判也非强制性的,是否能够重新缔结合同也是不确定的,这完全依靠双方的充分协商和谈判。(2)变更合同。变更合同可以使合同双方的权利义务重新达到平衡,使合同的履行变得公正合理。(3)解除合同。根据案件的具体情况并结合适用情势变更原则的具体规定,如果变更合同尚不能消除双方显失公平的结果,就可以进行解除合同。

3. 情势变更原则的适用范围

情势变更原则的规定符合国际上合同法律制度的发展趋势,但在实践中一定

---

① 姚辉:《情事变更重述》,载《中州学刊》2008年第5期。

② 王利明:《合同法研究》(第2卷),中国人民大学出版社2015年版,第318页。

③ 有学者认为该义务是依据诚信原则所产生的附随义务。([德]英格博格·施文策尔:《国际货物销售合同中的不可抗力和艰难情势》,杨娟译,载《清华法学》2010年第3期。)

④ 韩世远:《情事变更原则研究》,载《中外法学》2000年第4期。

要慎重适用,毕竟信守合同是大原则大前提。由于对情势变更的认定较为复杂,为了避免在执行中对情势变更的理解不一而出现影响合同履行的情况,情势需要加以类型化,才能在具体的判断中得以适用。如上文所述,德国法上的情势的类型化可资借鉴。总的来说,情势变更原则主要针对经济形势、经济政策的巨大变化,与国家对经济生活的干预有直接关系,如价格调整、经济危机、通货膨胀等。但现实生活中的情势是复杂多变的,相应地,司法实践应根据具体个案作出合法合理的判断。一般而言,下列情形可以认定为情势变更:(1)物价飞涨(需要量化);(2)合同基础丧失;(3)汇率大幅度变化;(4)国家经济贸易政策变化。当然,上述只是列举了可能适用情势变更原则的典型,具体还应结合个案。情势的类型化应当在案件审判的过程中不断得到丰富和总结。①

【司法适用】

基于民法诚信原则的"情势变更",可以构成当事人诉讼请求的基础。因此,本条的适用一般以受不利影响的一方当事人申请为前提。在具体的司法实践中,情势变更的类型有很多,在确认时,应该采取具体问题具体分析的态度。具体判断是否构成情势变更,应以是否导致合同基础丧失,是否造成对价关系障碍,作为判断标准。应认定这种情势的变化是重大的,也就是作为合同的基础条件不仅发生了变化,而且这种变化对合同的履行有重大影响。例如,国际市场需求大的变化,价格大的起伏,国内政策法律重大调整等。若只是一般变化,对合同的成立和履行没有重大影响,则不认为是情势变更,如价格正常变化,货源相对减少等。应严格按照本条款规定的条件,认定合同订立的前后变化是否构成情势变更,严格与其他情况相区别,按照公平和诚实信用的原则,灵活运用,审慎适用,以达到良好的效果。②

对于情势变更原则的效力,需要明确的是,变更或解除合同的效力层次是不同的,也就是法院或仲裁机构在认定变更或解除合同方面应遵循一定的顺序。按照合同严守的原则,法律优先考虑在最大限度范围内维持原有的合同关系。因此,如果合同有变更的可能,应该首先变更合同,如果变更合同还不能消除双方显失公平的结果,则考虑解除合同。如果当事人坚持解除合同,而该合同达到本条款认定的"继续履行合同对于当事人一方明显不公平的",法院或仲裁机构可以认

---

① 最高人民法院研究室编著:《最高人民法院关于合同法司法解释(二)理解与适用》,人民法院出版社2009年版,第191~194页。

② 最高人民法院研究室编著:《最高人民法院关于合同法司法解释(二)理解与适用》,人民法院出版社2009年版,第189~191页。

定直接解除合同。同时,由于外界的变化导致合同的基础发生重大变更后,当事人进行协商以期根据新的情况重新缔结合同,这种行为本身是一种体现诚实信用原则的行为,应该值得鼓励。

需要注意的是,2019 年年底新冠疫情暴发后各级各地政府采取的防控措施,虽然整体可以认定为不可抗力,但法律适用切忌千案一面,不能机械办案,不同地区、不同阶段、不同范围、不同措施类型对当事人的交易影响悬殊。因其"三不能"(预见、克服、避免)的结果是"不能履行民事义务",可认定为"不可抗力";虽然也属于订立合同时无法预见,但并没有达到"不能履行"合同义务的程度,而是继续履行对于当事人一方明显不公平,则可认定为"情势变更"。有的法院考虑到有的机构譬如法工委发言表态,虽然案件尚能够履行,认定为"不可抗力"似乎名正言顺更符合官方发言,但据此"一刀切",显然会大面积解除合同免除责任,严重冲击信守合同原则,而认定为"情势变更"则可以避免和减少这种情形,故采取类推适用"情势变更"的办案思路。其实,这里直接适用既不违背新闻发言,因为新闻发言人并未声称所有案件一律认定"不可抗力",也并不违背《合同法解释(二)》,因为新冠疫情暴发后各级各地政府不同时段采取的不同防控措施,措施力度、范围不同,对案件当事人交易影响不同,并非在每一个案件中都构成"不可抗力"。因此,构不成"不可抗力"的,可以理直气壮地适用"情势变更",以实现抗击疫情、公正司法的效果。

【司法案例】

新疆甲能源有限责任公司诉郑某平股权转让纠纷案①

诉讼结论:情势变更属于合同成立的基础环境发生了异常的变动,所造成的风险属于意外的风险。而这种异常变动是在合同订立时不可预见的。如果在订立合同时,已知有情势有变更的可能,就表明相关当事人已经认识到合同的基础可能会发生变化,且对这个变化自愿承担风险。

本案中,甲公司作为矿产企业,在《股权转让协议》签订时对于案涉矿区位于风景名胜区内应当知晓,即使如甲公司所称当地环保政策宽松,甲公司在行政法规有明确的规定下,其对政策的走向应当有预见,之后当地政策逐步收紧导致探矿权不能延续对于甲公司而言不属于意外风险。甲公司明知行政法规禁止在风景名胜区采矿,而甘愿冒风险通过签订《股权转让协议》成为乙公司股东享有矿业权所带来的利益,此种风险属于商业风险,不适用《合同法解释(二)》第 26 条的规定。

---

① 最高人民法院(2019)最高法民终 827 号民事判决书。

第五百三十四条　对当事人利用合同实施危害国家利益、社会公共利益行为的，市场监督管理和其他有关行政主管部门依照法律、行政法规的规定负责监督处理。

【条文主旨】

本条是关于合同监管的规定。

【条文理解】

该条源于《合同法》第127条。

合同是当事人意思自治的结果，属私法上之法律行为，一般情况下与公法无涉，司法救济也遵循不告不理的原则。即使是无效合同，如果当事人不主动提示，法院就很难发现；即使发现，也只能宣告合同无效，令其承担返还财产，赔偿损失等民事责任，而不能进行行政制裁。如此，显然不足以制止利用合同从事的违法行为。

市场监督管理和其他有关行政主管部门，利用自己对市场管理的特别权力，可以对市场进行积极、主动的监督和检查，能及时发现无效合同，及时地加以制止和惩处，做到防患于未然，这对维护市场秩序，保护国家和社会公共利益都是十分必要的。因而，若当事人借意思自治侵害国家利益、社会公共利益，自应有国家通过公法加以监督和制裁。①

【司法适用】

根据本条规定，市场监督管理和其他有关行政主管部门对合同的监督处理，应当遵守下列条件：(1)恪尽职守，在各自的职权范围内负责监督处理。(2)依法行政，应当按照法律、行政法规规定负责监督处理。法律、行政法规一般对需要监督处理事项作出明确的规定，同时也对有关部门监督处理的具体权力作出规定。有关部门应当依法行政。(3)对象法定，负责监督处理的是利用合同实施危害国家利益、社会公共利益的行为。市场监督管理和其他有关行政主管部门在监督处理中，对利用合同危害国家利益、社会公共利益的行为，应当依照法律、行政法规的规定负责监督处理，构成犯罪的，应当交司法机关依法追究刑事责任。②

同时，市场管理和监督部门应当把《民法典》作为标尺，把民事权利作为红线，

---

① 阮赞林、金启洲：《合同行政监管的新思考——评述〈合同法〉第127条的法律意义》，载《现代法学》2000年第10期。

② 全国人民代表大会常务委员会法制工作委员会编：《中华人民共和国合同法释义》，法律出版社2013年版，第219页。

不得违背法律法规随意作出减损公民、法人和非法人组织合法权益或者增加其义务的决定。要规范涉及合同的行政许可、行政处罚、行政强制、行政征收、行政收费、行政检查、行政裁决等，不断提高依法进行市场监督管理的能力和水平。

【司法案例】

李某昌诉山西省甲市工商行政管理局不履行法定职责、山西省甲市人民政府行政复议案①

诉讼结论：依法实施合同行政监督管理，依法查处合同欺诈等违法行为，是工商行政管理部门的法定职责。

本案中，李某昌认为自己遭受合同欺诈，向甲市工商局举报，请求其依法履行查处合同欺诈的职责。甲市工商局根据《合同法》和《合同违法行为监督处理办法》的相关规定，对李某昌的举报内容进行了核查，根据核查情况认定甲市乙机械制造有限公司（丙集团公司收购丁公司后新组建的公司）不存在合同欺诈行为，进而作出《关于李某昌举报事项的回复》，决定对李某昌举报事项不予立案。据此，甲市工商局已履行了其依法查处合同欺诈的法定职责。李某昌请求撤销《关于李某昌举报事项的回复》无事实和法律依据。根据原审查明的事实，李某昌于2015年5月14日就甲市工商局《关于李某昌举报事项的回复》向甲市政府申请行政复议，甲市政府受理后于2015年6月9日作出行政复议决定并告知李某昌诉权，复议程序合法，李某昌请求撤销甲市政府（2015）18号行政复议决定的理由亦不能成立。

---

① 最高人民法院（2016）最高法行申4361号行政裁定书。

第五章　合同的保全[①]

第五百三十五条　因债务人怠于行使其债权或者与该债权有关的从权利，影响债权人的到期债权实现的，债权人可以向人民法院请求以自己的名义代位行使债务人对相对人的权利，但是该权利专属于债务人自身的除外。

代位权的行使范围以债权人的到期债权为限。债权人行使代位权的必要费用，由债务人负担。

相对人对债务人的抗辩，可以向债权人主张。

【条文主旨】

本条是关于债权人代位权的规定。

【条文理解】

债权作为请求权，债权人既不能支配债务人的人身，也不得支配债务人的财产。但是，债务人应以自身拥有的全部财产作为债务清偿的保证。作为一般担保的债务人之财产在法律上亦被称为责任财产。传统意义上的所谓债的保全，乃是保持责任财产完整而使其不受到减损之意。

合同的保全有广义与狭义之分。狭义的合同的保全只是债权的保全，如本章第536条、第538条、第539条等。本章规定的是广义的"合同的保全"。所谓合同的保全，实际上又可称为债权的保全或者债务人责任财产的保全，是指当债务人的恶意或懈怠行为导致债务人责任财产不当减少或未能增加，从而害及债权人的债权时，债权人有权依法采取的保全债务人的责任财产，维持债务人的清偿能力，从而保护自身债权的法律措施。由此可见，债的保全或者合同的保全，其目的在于保证债权人的债权能够顺利实现。具言之，合同的保全包括债权人代位权和债权人撤销权。本条是关于债权人代位权行使的条件、范围的规定。

所谓债权人代位权，是指债务人享有对相对人（次债务人）的权利却怠于行使，致使其财产应能增加而未增加并危及债权人债权的实现时，债权人享有的以

---

① 西南政法大学胡恒对本章也有贡献。

自己的名义代债务人之位行使其权利的权利。首先需要明确的是,本条第 1 款规定的是债权人代位权的成立条件,而非债权人提起债权人代位权诉讼的条件。质言之,本条解决的是债权人能否胜诉的实体问题而非能否提起诉讼的程序问题。

债权人代位权的成立要件有:

(1)债务人对相对人(次债务人)享有权利。根据《合同法解释(一)》第 13 条的规定,此处的"权利",即债权人代位权的客体,指"具有金钱给付内容的到期债权"。根据本条第 1 款的规定,债权人代位权客体是除债务人专属权利以外的债权或其从权利。具体而言,债权人代位权的客体的界定需要注意 3 个问题:首先,相较于《合同法》第 73 条第 1 款,本条第 1 款删除了"到期"一词。一般而言,债权人只有在债务到期后才能向债务人行使权利,本条第 1 款中"债务人怠于行使其债权"已经包含该债权是到期债权的意思,同时还包含本章第 536 条规定的未到期的例外情况。其次,规定债权相关的从权利属于债权人代位权的客体是新增内容。债务人怠于行使权利的范围扩大到了债权有关的从权利。此处的"从权利"一般认为是指为保障债权实现的担保物权或其他担保权。但是,从债权人代位权的功能和价值角度而言,有必要将债权人代位权的客体扩展至物上请求权、形成权甚至是债务人的债权人撤销权。最后,此权利不得为债务人的专属权利。债务人专属权利包括专属性人身权与专属性财产权。债务人的人身权利,债权人当然不能代位行使;专属于债务人的财产权利须由债务人亲自行使才生法律效力。根据《合同法解释(一)》第 12 条的规定,专属于债务人的财产权利可概括为"基于扶养关系、抚养关系、赡养关系、继承关系产生的给付请求权和劳动报酬、退休金、养老金、抚恤金、安置费、人寿保险、人身伤害赔偿请求权等权利"。

(2)债务人怠于行使该权利。在债务人应行使又能行使但却怠于行使对相对人的权利之场合,债权人代位权才能成立。所谓"应行使",是指若不积极行使,权利将有消灭或丧失的可能;所谓"能行使",是指债务人在客观上能对第三人行使权利,没有行使权利的障碍存在。债务人是否存在过错,是否催告均在所不问。根据《合同法解释(一)》第 13 条的规定,"债务人怠于行使权利是指债务人不履行其对债权人的到期债务,又不以诉讼方式或者仲裁方式向其债务人主张其享有的具有金钱给付内容的到期债权"。质言之,债务人采取诉讼或仲裁的方式行使权利方不构成"怠于"。理由在于避免债务人与相对人(次债务人)串通阻碍债权人代位权的行使。然而,债权人代位权是债务人懈怠行为的补救,有益于债权人、债务人债权的保护,且不会损害相对人(次债务人)的利益。因此,"怠于行使"宜从广义上理解,以降低对债权人代位权行使的限制。

(3)债权人的债权因此受到损害。此为债权人代位权行使的必要性条件。债权人代位权的根本功能和价值在于保护债权人的债权。从这个角度出发，如果债权人的债权不会遭受无法实现的风险，即使债务人怠于行使权利，那是债务人的权利和自由，债权人不得据此行使债权人代位权。判断债权人债权是否遭受损害应当具体情况具体分析：对于不特定债务或金钱债务，应以债务人无清偿能力或者清偿能力不足为要件；而对于特定债务及其他与资产能力无关的债务，该债务无法实现为已受到损害。在理论上，此为“区分理论”。

(4)债务人债务已陷迟延履行。债务人的债务未到履行期或履行期间未届满的，债权是否有无法实现之风险难以判断。如债权人在此时行使代位权不仅是对债务人权利的不当干预，也会变相地缩短债务履行期限，对债务人产生不利影响。

关于债权人代位权的行使，有以下几个问题需要注意：(1)债权人应当以自己的名义行使。(2)债权人应当通过诉讼的方式行使。即使债务人与相对人(次债务人)事先达成仲裁协议，次债务人亦不得以此为由提出管辖权异议。(3)债权人行使代位权的必要费用，由债务人负担。关于债权人代位权的行使范围是否可以及于全体债权人的债权，存在争议。一般认为，任一债权人行使债权人代位权应当以其自身债权为限。

关于债权人代位权行使的效力问题可以从以下 3 个方面进行理解：

(1)债权人代位权对相对人(次债务人)的效力。相对人(次债务人)得向债权人行使其对债务人所拥有之抗辩。此类抗辩包括但不限于债务履行期未满之抗辩、同时履行抗辩、先履行抗辩、债务消灭抗辩、诉讼时效抗辩等。尽管债权人以自己名义行使债权人代位权，但债务人不得行使对债权人本人的抗辩以对抗债权人代位权。

(2)债权人代位权对债务人的效力。首先，债权人代位权的成立并不必然导致债务人的权利完全丧失，其仍可行使自己的权利，但不得损害债权人的利益。倘若妨害债权人行使代位权，如免除第三人的债务，债务人则不得行使该权利，否则，债权人代位权制度将形同虚设。其次，债权人对此债务人提起代位诉讼，无论债务人是否以诉讼第三人身份参与诉讼，诉讼结果均可以对债务人产生效力。最后，至于债权人代位权的行使效果归属问题，本法第 537 条对此作出了相应规定，容后详述。

(3)债权人代位权对债权人的效力。首先，债权人行使代位权不得超出债务人权利范围，也不得超出债权人债权的范围。其次，债权人应当在行使代位权时，尽到善良管理人的注意义务，具体可参照法定的委任关系。

【司法适用】

在判断债权人代位权是否成立时，应当注意证明责任分配的问题。首先，债权遭受实质损害的证明遵循证明责任分配的一般原则，即由债权人承担证明责任。其次,为避免债务人与相对人(次债务人)串通阻碍债权人代位权的行使,债务人怠于行使权利的证明应当实行证明责任倒置。既未诉讼亦未仲裁,在合理期限经过后债务人未能受偿就可推定债务人怠于行使权利,债权人可以行使代位权,除非债务人或相对人(次债务人)有证据证明相对人(次债务人)对债务人的债务已经履行完毕。

【司法案例】

甲银行汇金支行诉乙涤纶厂债权人代位权纠纷案①

诉讼结论:债务人既未积极向债权人履行到期债务,又未通过诉讼或仲裁方式主张其对次债务人(相对人)的到期债权,反而与其签订延期还款协议,可以认定损害了债权人的合法权益,债权人代位权得以成立。

次债务人(相对人)不认为债务人有怠于行使其到期债权情况的,应当承担举证责任。本案中,债务人工艺品公司既未积极向债权人甲行汇金支行履行到期债务,又未通过诉讼或者仲裁方式主张其对次债务人涤纶厂的到期债权,而在其债权到期后,通过签订延期还款协议,将还款时间延长8年之久,明显损害了债权人甲行汇金支行的合法权益。工艺品公司的上述行为,导致甲行汇金支行的债权不能实现,属于债务人怠于行使债权。

第五百三十六条　债权人的债权到期前,债务人的债权或者与该债权有关的从权利存在诉讼时效期间即将届满或者未及时申报破产债权等情形,影响债权人的债权实现的,债权人可以代位向债务人的相对人请求其向债务人履行、向破产管理人申报或者作出其他必要的行为。

【条文主旨】

本条是关于债权人代位提前行使的规定。

【条文理解】

根据本条规定,债权人可以代位行使专为保全债务人权利的权利。一般情况下,债务人的债务履行期间未届满的,债权是否存在无法实现之风险难以判断。因而,债权人只能待债务履行期限届满,债务人陷入迟延履行时方能行使代位权。但是,债权人在债务履行期限届满前可以代位实施权利保全行为,主要理由有二:

---

① 参见《最高人民法院公报》2004年第4期。

(1)权利保全行为是权利实现的前提,如果债权人在债务履行期限届满后再代位实施保全行为,债务人权利很可能丧失,进而损害债权;(2)权利保全行为不会变相地缩短债务人的债务履行期限。权利保全行为是防止债务人权利的变更或消灭,而非代替债务人向相对人(次债务人)请求清偿债务,不会变相地缩短债务人的债务履行期限。进一步地,允许债权人提前对债务人进行干预和限制,事先化解可以预见的风险,也符合现代法律从“治疗法”向“预防法”转变的趋势。因此,有限突破债权人“到期”债权以确保债权实现,是本条对司法实践经验的总结和创新。

需要注意的是,权利保全行为的种类繁多,但并非所有的权利保全行为都能代位实施。本条明确规定时效中断和向破产管理人申报债权可以代位。至于其他权利保全行为能否代位实施,从防止债权人代位权客体过分扩大以及债务人自由受限过多的角度来看,对该问题应作否定回答。

【司法适用】

根据本条规定,债权人在代位实施权利保全行为时无须满足债务履行期限届满这一条件。然而,这并不代表债权人可以不满足债权人代位权成立的其他条件,人民法院在适用本条时仍要对债权人代位权“到期债权”以外的其他成立要件,根据第535条进行严格审查。本条适用的实质在于债权的保全而非债权的实现。

【司法案例】

肖某成诉衡阳甲矿业有限公司破产债权确认纠纷①

诉讼结论:债权人的债权到期前,债务人未及时申报破产债权,这种怠于申报的行为可能影响债权人的债权实现,故债权人可以代位向破产管理人申报债务人的债权。

乙公司(债务人)至今未向衡阳丙破产清算服务有限公司申报债权,其怠于行使到期债权的行为损害了肖某成(债权人)的利益,肖某成向衡阳丙破产清算服务有限公司申报其债权并无不妥,该债权尚未超过诉讼时效,应予以确认。鉴于本案所涉破产债权,其合同主体虽系乙公司与甲公司(次债务人),但乙公司怠于行使涉案运输合同价款的债权申报,损害了上诉人肖某成的权益,因此,肖某成向被上诉人的破产管理人即衡阳丙破产清算服务有限公司代位申报其债权并无不妥。

---

① 湖南省衡阳市中级人民法院(2018)湘04民终208号民事判决书。

第五百三十七条　人民法院认定代位权成立的，由债务人的相对人向债权人履行义务，债权人接受履行后，债权人与债务人、债务人与相对人之间相应的权利义务终止。债务人对相对人的债权或者与该债权有关的从权利被采取保全、执行措施，或者债务人破产的，依照相关法律的规定处理。

【条文主旨】

本条是关于债权人代位权行使效果的规定。

【条文理解】

《合同法解释（一）》第 20 条规定："债权人向次债务人提起的代位权诉讼经人民法院审理后认定代位权成立的，由次债务人向债权人履行清偿义务，债权人与债务人、债务人与次债务人之间相应的债权债务关系即予消灭。"因此，本条规定一是司法解释转化为立法的产物，二是增加了虽有画蛇添足之嫌但是具有普法意义、对新从业者在法律适用上具有指引性的内容。

关于债权人行使代位权后果，可以从以下两个方面进行理解：

（1）债权人代位权行使的效果不宜直接归属债务人。针对这一问题，《合同法》未设明文规定，理论上亦存在争议。根据传统代位权法理，行使债权人代位权的效果归属遵循所谓的"入库规则"，即相对人（次债务人）的给付应当加入债务人的责任财产，作为对所有债权人的共同担保。然，"入库规则"对于鼓励债权人行使代位权并无助益，容易导致代位权制度成为"一纸空文"。因此，在实际操作中，比较妥当的做法是，次债务人的给付在扣除行使代位权之债权人的份额后归于债务人，但法律另有规定的除外，即只有在债务人破产或在多项债权并案处理和执行程序中才须按债的清偿规则清偿债权人的债权。如此安排在实践中有助于鼓励债权人积极行使代位权，也有利于提高效率降低成本。

（2）债权人受领了相对人（次债务人）的给付，债务人与相对人（次债务人）之间的债权债务消灭，故债务人不得再向相对人（次债务人）请求履行债务。

本条最后新增加的内容是：债务人对相对人（次债务人）的权利或者与该债权有关的从权利被采取保全、执行措施，或者债务人破产的，依照相关法律的规定处理。这里的相关法律是指《民事诉讼法》和《民事诉讼法解释》、《民事诉讼法执行程序解释》及其他司法解释中与保全和执行相关的规定，以及《企业破产法》中与破产财产分配的相关规定。换言之，保全的依照保全的法律规定处理，执行的依照执行的法律规定处理，破产的依照破产法律处理。实际上这里仍然不够全面，没有说到构成犯罪的依照刑事法律规定处理。

【司法适用】

债权人之所以能够作为原告对相对人（次债务人）提起诉讼，乃是基于法律的直接规定（法律直接规定其享有债权人代位权），因而代位权诉讼是一种法定的诉讼担当。那么债务人是否必须参加诉讼呢？根据《合同法解释（一）》第16条第1款的规定，“债权人以次债务人为被告向人民法院提起代位权诉讼，未将债务人列为第三人的，人民法院可以追加债务人为第三人”。据此，人民法院“可以”而非“应当”追加债务人为第三人，债务人并非必须参加诉讼。从理论上来看，虽然债务人与代位诉讼结果存在一定的利害关系，但这种利害关系仅涉及债务人的权利是否遭受损害，因而从遵循民事诉讼处分原则的角度出发，人民法院亦不宜强制要求债务人参加诉讼。接下来的问题是，债务人如参加诉讼，其身份为有独立请求权的第三人还是无独立请求权第三人？显而易见的是，债务人对于债权人与相对人（次债务人）讼争的标的并没有独立的请求权，不可能既不同意原告的主张，也不同意被告的主张，因此，债务人应以无独立请求权第三人的身份参加诉讼。

【司法案例】

山东甲律师事务所等诉乙市纺织工业集团公司债权人代位权纠纷案①

诉讼结论：在债务人破产清算程序尚未终结的情况下，债权人最终的受偿比例和最终受偿金额尚无法确定，故应限制债权人行使代位权。

首先，本案代位权行使的标的是债务人丙信托公司对次债务人乙纺织公司的债权，在债务人丙信托公司进入清算程序且清算尚未终结时，债务人丙信托公司的资产能否清偿全部债权人的债务尚不明确，因此甲事务所债权最终的受偿比例以及最终受偿金额现无法确定，亦即甲事务所的诉讼请求不能确定。其次，代位权行使的目的是使债权人的债权得到个别清偿，在债务人丙信托公司的资产能否清偿全部债权人的债务尚不明确的情况下，甲事务所在本案中行使代位权可能会影响到其他债权人的利益，无法使所有债权人公平受偿。最后，清算程序具有追回债务人对外债权的功能。《公司法》第184条规定的清算组的职权包括清理债权、债务，清理债务人财产是清算组应尽的职责。如果清算组对应当清理的债权不予清理，在债权人提出异议后仍不予处理，根据《公司法》第189条“清算组成员应当忠于职守，依法履行清算义务……清算组成员因故意或者重大过失给公司或者债权人造成损失的，应当承担赔偿”之规定，清算组成员应承担相应责任。丙信

① 广东省珠海市中级人民法院（2018）粤04民终780号民事判决书。

托公司目前正处在清算阶段，涉案债权依法应当属于丙信托公司全体债权人。追收涉案债权依法由丙信托公司清算组行使，如能追偿到涉案债权，理应属于丙信托公司清算财产，应由丙信托公司全体债权人按比例进行分配。故丙信托公司并未怠于行使其对乙纺织公司的到期债权，上诉人甲事务所提起的债权人代位权诉讼不符合法律规定。

第五百三十八条　债务人以放弃其债权、放弃债权担保、无偿转让财产等方式无偿处分财产权益，或者恶意延长其到期债权的履行期限，影响债权人的债权实现的，债权人可以请求人民法院撤销债务人的行为。

【条文主旨】

本条是关于债权人在债务人实施无偿行为时行使撤销权的规定。

【条文理解】

《合同法》规定的债权人撤销权适用的情形比较有限，《合同法解释（二）》第18条补充规定："债务人放弃其未到期的债权或者放弃债权担保，或者恶意延长到期债权的履行期，对债权人造成损害，债权人依照合同法第七十四条的规定提起撤销权诉讼的，人民法院应当支持。"由此可见，本条规定是对《合同法》第74条及其司法适用有益经验的总结。债权人撤销权，又称废罢诉权，是指在债务人实施可能危害债权的行为时，债权人有权请求法院予以撤销。债权人的代位权与撤销权同属合同的保全措施，具有相似的功能和价值，即保护债权人的债权。但就权利行使的后果而言，二者仍有一定差别。债权人代位权的行使虽突破了合同相对性原理，但毕竟是在债务人现有权利的范围内，对于交易秩序并无实质性的干扰；而债权人撤销权的行使具有一定的"侵略性"，足以引起现有交易秩序的不安。就债权人撤销权的性质而言，"折中说"为理论通说，即债权人撤销权兼具撤销和财产返还请求的性质，是撤销诈害行为、请求归还脱逸财产的权利。

债务人实施的可能损害债权人债权的行为可以分为有偿行为和无偿行为。一般而言，两种行为对债权的损害程度有所不同，故法律对在两种情形下债权人撤销权成立的条件作出了不同的规定。本条规定的是在债务人实施无偿行为的情形下，债权人行使撤销权应当满足的条件。

（1）债权人的债权在损害行为前成立。赋予债权人以撤销权旨在保全债权，因此债权人撤销权的行使不得溯及既往作用于债务人在债权成立前实施的行为。从另一角度而言，债权债务关系成立时，债权人有机会且有必要对债务的财产状况进行充分的考察。如果债务人在债权成立之前实施了有损自身责任财产的行为,债权人仍与其订立合同,无非是两种原因:一是债权人在完全知情的情况下,自愿地订立合同;二是债权人没有进行充分的考察。无论何种情形,债权人都不值得法律特殊保护,因而不能行使撤销权。

(2)债权人的债权应当为金钱债权或在将来可转化为金钱债权的债权。金钱债权以外的债权,即特定债权,原则上不得成为通过行使撤销权而被保全的债权。最为典型的例子是,在二重买卖的场合,第一买受人不得以第二个买卖合同损害自身债权为由主张撤销该合同。

(3)债务人实施了无偿处分财产权益的行为。理论上,债务人所为的对债权人造成损害的行为,称为诈害行为。债权人撤销权的功能在于维持债务人责任财产的适当状态,进而保证债权人的债权得以实现。据此,有两个结论值得关注:其一,无偿处分行为的内容不仅限于本条列举的三类行为,只要债务人的行为对自身责任财产有减损作用,并害及债权的,都可以成为债权人撤销权的对象;其二,间接对自身责任财产产生影响的行为,不能成为债权人撤销权的对象。例如,债务人拒绝接受赠与或者遗赠等不会减损现有责任财产的行为均不可成为债权人撤销权的对象。当然,债务人的行为一般仅指法律行为以及具有法律效果的准法律行为,不包括事实行为,也不包括身份行为。例如,债务人毁弃财物的行为,债务人离婚、结婚、收养行为均不能被债权人撤销。

(4)债务人行为害及债权。上文已述及,债权人撤销权的宗旨在于保障债权的实现。如果债权能够保证实现,即使债务人实施了有损自身责任财产的行为,债权人也不得行使债权人撤销权。否则,债权人可能过分干预债务人的权利。具体而言,一方面,债务人如于行为时有足以清偿债务的财产,未害及债权人,即使其后因经济的变动致害及债权人,仍不成立诈害行为;另一方面,于行为时虽有害债权人,其后于债权人撤销权行使之时债务人已具有充分清偿资力的,也应认为债权人不得行使撤销权。那么,害及债权的标准为何?如上所述,债权人撤销权与债权人代位权虽同为保全合同而生,但在作用上存在差别,故与债权人代位权相适应的"区分说"并不适用于债权人撤销权。理论上的通说观点为"无资力说",具体操作时按照"债务超过说"来判断债务人是否无资力。质言之,如果债务人在处分财产权后所余财产无法清偿债务的就构成害及债权,债权人即可行使撤销权。

(5)债务人延长到期债权的履行期限主观上有诈害之意思。债务人在实施延期诈害行为时需要具备主观恶意,法律已有明确规定。理论通说认为,债务人主观上有诈害之意思,即债务人知道或应当知道其延期行为害及债权是债权人对债务人的延期行为行使撤销权的条件之一。理由在于,民事主体从事交易活动应享有广泛的自由，如债务人主观无诈害之意思，债权人行使撤销权会过分干预债务人的行为自由。当然，从法律演变趋势来看，债务人的主观要件正在逐渐弱化。此外，判断债务人是否有诈害之意思的时点应当以诈害行为实施时为标准。行为时无恶意，事后产生恶意的，或者延长期限不影响债权实现的，债权人均不得行使撤销权。

值得注意的是，在债务人实施无偿行为的情形下，无论受益人，即债务人的相对人，是否存在主观恶意，只要满足上述5个条件，债权人即可行使撤销权。

【司法适用】

在适用本条时，应当注意：

(1)债权人应当通过诉讼的方式行使撤销权，而不能以诉讼中抗辩的形式行使。在这一点上，债权人撤销权与基于法定可撤销事由而成立的撤销权有所不同。《九民会议纪要》第42条规定："一方请求另一方履行合同，另一方以合同具有可撤销事由提出抗辩的，人民法院应当在审查合同是否具有可撤销事由以及是否超过法定期间等事实的基础上，对合同是否可撤销作出判断，不能仅以当事人未提起诉讼或者反诉为由不予审查或者不予支持。"

(2)在证明责任的分配上，债权人撤销权的成立条件一般遵循"谁主张，谁举证"的原则。但对于债务人恶意的证明，应当实行证明责任倒置规则。债务人明知其财产不足以清偿全部债务，而仍处分财产权益的，即可推定其具有恶意。除非债务人举证证明其并无诈害之意思或并非无资力。

(3)债权人应当以自己的名义，以债务人为被告提起诉讼。《合同法解释(一)》第24条规定："债权人依照合同法第七十四条的规定提起撤销权诉讼时只以债务人为被告，未将受益人或者受让人列为第三人的，人民法院可以追加该受益人或者受让人为第三人。"根据此条司法解释，债务人为撤销诉讼的被告，受益人或者受让人可作为第三人参加诉讼，但人民法院也不得强制将其列为第三人。

【司法案例】

简某助等诉简某兴债权人撤销权纠纷案[①]

诉讼结论：债务人向第三人无偿转让财产的行为侵害了债权人的债权，符合法律规定的债权人行使撤销权的条件。

上诉人简某杰和简某助、江某年主张简某杰购买房屋已经支付了购房款，但是仅有当事人陈述，没有任何其他证据证实简某杰实际支付了购房款，上诉人主

① 福建省漳州市中级人民法院(2016)闽06民终1486号民事判决书。

张已实际支付了购房款依据不足。根据一审查明的事实，上诉人简某助和江某年的财产不足以偿还债务且无其他债权，因此，简某助和江某年无偿转让财产的行为侵害了简某兴的债权，符合《合同法》规定的债权人行使债权人撤销权的条件。

第五百三十九条　债务人以明显不合理的低价转让财产、以明显不合理的高价受让他人财产或者为他人的债务提供担保，影响债权人的债权实现，债务人的相对人知道或者应当知道该情形的，债权人可以请求人民法院撤销债务人的行为。

【条文主旨】

本条是关于债权人在债务人转让、受让和担保情形下行使撤销权的规定。

【条文理解】

在债务人实施有偿行为并害及债权的情形下，债权人撤销权成立需要满足6个条件：(1)债权人的债权在损害行为发生前成立；(2)债权人的债权应当为金钱债权或在将来可转化为金钱债权的债权；(3)债务人实施了特定的有偿行为；(4)债务人的行为害及债权；(5)债务人主观上有诈害之意思；(6)财产受让人即债务人的相对人有主观恶意。

本法第538条规定的债权人撤销权成立条件与此大致相同。

【司法适用】

一般而言，受让人的主观恶意应当由债权人承担证明责任。如果债权人能证明债务人实施了损害债权行为，且依当时具体情形应为受让人所能知晓，人民法院可以推定受让人有主观恶意。譬如，债务人以极为不合理的低价转让财产，便可推定受让有主观恶意。

第一，债务人实施的是有偿行为。本条列举的有偿行为类型有：明显不合理的低价转让财产、以明显不合理的高价受让他人财产或者为他人的债务提供担保。此处需要注意两个问题：(1)明显不合理的低价与明显不合理的高价的判断标准为何？“明显”“不合理”均属法律上的不确定概念，需要进行解释。根据《合同法解释(二)》第19条的规定，对于《合同法》第74条规定的“明显不合理的低价”，人民法院应当以交易当地一般经营者的判断，并参考交易当时交易地的物价部门指导价或者市场交易价，结合其他相关因素综合考虑予以确认。转让价格达不到交易时交易地的指导价或者市场交易价70%的，一般可以视为明显不合理的低价；对转让价格高于当地指导价或者市场交易价30%的，一般可以视为明显不合理的高价。(2)债务人实施的有偿行为是否仅限于本条列举的3类行为？从债权人撤销权功能出发，条文列举的债务人诈害行为类型范围过于狭窄，应当通过目的性扩张的方式进行补充。只要债务人的行为减少了责任财产，并害及债权人的债权，均应成为债权人撤销权的对象。

第二，相对人须有主观恶意。此处的恶意指的是知道或者应当知道价格不合理。债务人实施有偿行为的相对人又被称为受让人。在债务人实施无偿行为的情形下，受益人单纯获得利益并未付出代价，这也意味着，即使利益受剥夺，受益人并不会因此遭受积极的损害，只不过丧失获得利益而已。有鉴于此，法律在作出利益衡量时偏向保护债权人的债权。然而，在本条规定的情形下，受让人既已付出代价，法律的天平便不可能一味地向债权人倾斜。如果相对人具备主观恶意的，那么法律就没有对其进行保护的必要。判断受让人是否有主观恶意应当以行为发生时为时点，受让人在行为发生时无主观恶意的，即使其后产生主观恶意，债权人不得行使撤销权。

【司法案例】

淮北市甲汽车修理改装厂诉乙银行淮北分行撤销债务人低价转让财产行为纠纷上诉案①

诉讼结论：银行债权落空是债务人未将出售煤矿所得价款用于偿还银行贷款所致，而不是以明显不合理低价出售资产的结果。从保护交易安全和维护社会经济秩序稳定出发，对已经合法成立的资产交易，应当予以维护。

在2000年我国煤炭市场总体不景气，当时煤价低至80～180元/吨(现在煤价一般在300～500元/吨)。就当时市场环境而言，该三座煤矿资产缺乏可经营性。丙矿业公司由于经营亏损，以致该公司连续17个月不能发放职工工资，引发矿工大规模群体事件。此情况说明在当时环境下，三个煤矿不具有赢利的价值，这也是丙矿业公司出售该煤矿的直接原因。上述原因导致三煤矿的使用价值受到严重贬损，难以变现。丙矿业公司将三座煤矿以6000万元的价格对外要约，多个受要约人(国有企业)实地考察后认为价格太高予以拒绝，亦从另一方面说明当时以6000万元价格出售煤矿并非明显低价，加上煤矿出售时不仅有金钱对价，还约定买受人必须承担退休职工安置、职工福利及缴纳两金等附加义务，即使如此，买受人购买煤矿后还不能开采煤矿，还必须交纳2000万元办理煤炭生产许可证、采矿许可证才能获得煤矿的开采权。三座煤矿转让时，土型矿划定的资源已经基

---

① 吴庆宝：《权威点评最高法民商法指导案例》，中国法制出版社2010年版，第8～9页。

本枯竭,以致越界开采遭到3624万元行政处罚,丁矿严重透水发生矿工死亡事故,上述煤矿均处于停产状态。戊矿所有权存在权利瑕疵,已经对外签订了10年租赁经营合同,并以其全部资产设置了资产抵押担保。依据以上情况综合评价,可以确认当时以6000万元价格出售上述三个煤矿不属于明显不合理低价。况且,该煤矿是在某某县委、县政府协调,县体改委、经贸委、国资局等单位参与下确定的价格,并非丙矿业公司自己所能把握,乙行淮北支行关于丙矿业公司以明显不合理低价出售资产逃废债务的诉讼理由,不符合本案实际情况,该院不予采信。银行债权落空是丙矿业公司未将出售煤矿所得价款用于偿还银行贷款所致,而不是以明显不合理低价出售资产的结果。从保护交易安全和维护社会经济秩序稳定出发,对已经合法成立的资产交易,应当予以维护。

第五百四十条　撤销权的行使范围以债权人的债权为限。债权人行使撤销权的必要费用,由债务人负担。

【条文主旨】

本条是关于债权人撤销权行使范围以及必要费用承担的规定。

【条文理解】

撤销权是债的保全制度,而不是债的实现制度。第一,债权人应当在债权范围内行使撤销权。该规定包含两层含义:(1)当债务人不当处分财产价值超过债权总额时,债权人撤销权的行使范围不得及于债权总额以外的处分行为。但本规则在诈害行为标的物为不可分物的场合存在例外。譬如,当债务人的诈害行为的标的物为一套房屋,而债权人的债权数额仅为房屋价值的一部分时,仅允许债权人在债权额的范围内行使撤销权显然是不妥当的。在此种情形下,法律应当允许债权人就该诈害行为行使撤销权,请求受让人返还整套房屋。(2)本条中"以债权人的债权为限"应如何理解,法律条文语焉不详。换言之,债权人行使撤销权的范围,到底应以该债权人自己的债权为限,还是应以全体债权人的债权为限,值得探讨。基于不得过分干预债务人之财产自由及"全体债权人的债权"在某一案件中难以确定,一般认为,在一般债权人为多个的场合,个别或部分债权人仅能以自己拥有的债权份额为限行使撤销权。但问题在于,本规则与"入库规则"突破理论存在冲突,故还存在进一步探讨的空间。债权人撤销权行使的效果应当归属于债务人,作为全体债权人的共同担保,此即为"入库规则"(参见本法第542条的条文理解)。既然如此,债权人在自身债权范围内行使撤销权后,受让人返还的财产又成为全体债权人的共同担保，由全体债权人按照份额受偿。如此可能会造成不公正的后果。解决该冲突的路径有二：（1）债权人撤销权的行使范围，不以行使撤销权的债权人的债权为限，而以全体一般债权人的债权为撤销权的行使范围。（2）赋予行使撤销权的债权人有优先受偿权。第二种解决路径，即赋予个别债权人有优先受偿权，不符合立法本意可能会造成不公正的后果，应当予以摒弃。第一种路径当为相对合理的选择。理由在于，债权人撤销权的行使范围及于全体债权人的债权，有助于保护债权人的利益，是一种"助人利己"行为，法律应当对此作肯定评价。

第二，债权人撤销权行使的必要费用由债务人承担。债务人的诈害行为害及债权是债权人行使撤销权的起因，故债权人撤销权行使的必要费用应当由债务人承担。

【司法适用】

关于债权人撤销权行使的必要费用承担的具体规则，《合同法解释（一）》第26条给出了明确回应："债权人行使撤销权所支付的律师代理费、差旅费等必要费用，由债务人负担；第三人有过错的，应当适当分担。"此外，债权人撤销权的行使是对全体债权人的共同担保进行保全，是债权实现的共益费用，应当在债权中优先受偿。

【司法案例】

胡某伟诉陈某野、胡某星等债权人撤销权纠纷案①

诉讼结论：债务人转让涉案债权，危害的是全体债权人的权益，某一债权人为恢复债务人的责任财产，行使撤销权范围可以总债权为限。

胡某星、胡某凤将其对案外人胡某妙享有的12，690.44万元债权中的6000万元债权转让给陈某野的行为直接导致胡某星、胡某凤财产减少，偿还债务能力的降低，损害了胡某伟及其他债权人的利益。虽然胡某伟对胡某星、胡某凤仅有借款本金4，358，352元及相应利息的债权，但胡某星、胡某凤转让涉案债权，危害的是全体债权人的权益，胡某伟为恢复债务人的责任财产，行使撤销权范围可以总债权为限。

第五百四十一条　撤销权自债权人知道或者应当知道撤销事由之日起一年内行使。自债务人的行为发生之日起五年内没有行使撤销权的，该撤销权消灭。

---

① 浙江省金华市中级人民法院（2019）浙07民终633号民事判决书。

【条文主旨】

本条是关于债权人撤销权除斥期间的规定。

【条文理解】

债权人撤销权的行使会对原有的交易安全产生破坏作用,因此不宜使债权人较长时间地拥有此等权利。为了避免时间推移带来证明上的困难,法律也有必要限制债权人撤销权的行使期间。此外,本条中的"事由"一般是指债务人实施诈害行为的事实。

【司法适用】

债权人撤销权的行使期间为除斥期间而非诉讼时效,故不存在中止、中断、延长的理由。一般认为,请求权的行使期间为诉讼时效,形成权的行使期间为除斥期间。然而,债权人撤销权兼有请求权和形成权的性质,无法从这一角度认定债权人撤销权行使期间的属性。从条文本身来看,本条后半段规定:"自债务人的行为发生之日起五年内没有行使撤销权的,该撤销权消灭。"诉讼时效届满并不会导致实体权利消灭的后果,而是赋予相对人以抗辩权;除斥期间届满则会导致权利的消灭。因此,债权人撤销权的行使期间为除斥期间应无疑义。

【司法案例】

王某凤诉北京甲开发咨询有限公司、北京乙实业总公司债权人撤销权纠纷案①

诉讼结论:债权人的撤销权自债务人对债权人造成损害之行为发生之日起5年内不行使时归于消灭,这表明债权人撤销权的最长存续期间为5年。

甲公司与乙公司于2005年9月21日签订《房产转让协议书》后,甲公司的债权人如认为该协议损害自己利益,其就可以向人民法院起诉请求撤销该协议。换言之,甲公司的债权人王某凤之撤销权在债务人甲公司签订《房产转让协议书》的2005年9月21日即产生,撤销权之产生不以债权人王某凤是否知道债务人甲公司与第三人乙公司签订了前述协议为前提。北京市第二中级人民法院2010年12月1日判决甲公司协助办理涉诉房屋过户手续,以及甲公司、乙公司、丙建材市场签订《变更房屋租赁合同协议书》均是《房产转让协议书》履行中的行为,该行为未在《房产转让协议书》之外对债权人王某凤产生新的损害,故不应以北京市第二中级人民法院判决时间或《变更房屋租赁合同协议书》签订时间作为撤销权的产生时间。《合同法》第75条规定债权人的撤销权自债务人对债权人造成损害之行

---

① 最高人民法院(2012)民申字第676-1号民事裁定书。

为发生之日起5年内不行使时归于消灭，这表明债权人撤销权的最长存续期间为5年。王某凤的撤销权自2005年9月21日产生后，其应在5年期间届满前即2010年9月21日前行使，逾期不行使的，撤销权消灭。本案中，王某凤于2011年3月7日向一审法院提起诉讼请求行使撤销权，其起诉时已经超过了撤销权的存续期间，原审裁定据此对王某凤的撤销权不予支持并无不当。

第五百四十二条　债务人影响债权人的债权实现的行为被撤销的，自始没有法律约束力。

【条文主旨】

本条是关于债权人撤销权行使后果的规定。

【条文理解】

本条源于《合同法解释(一)》。《合同法解释(一)》第25条前半部分规定："债权人依照合同法第七十四条的规定提起撤销权诉讼，请求人民法院撤销债务人放弃债权或转让财产的行为，人民法院应当就债权人主张的部分进行审理，依法撤销的，该行为自始无效。"由此可见，本条实际上是对先前有益司法实践经验的总结。

【司法适用】

在适用本条时，应当注意两个问题：

(1)债权人撤销权的行使效力并不当然及于受让人(受益人)与后手取得人之间的法律关系。受让人(受益人)在受领债务人不当处分的财产后，可能会再次处分该财产，受让人(受益人)处分财产的相对人即为后手取得人。出于保护交易安全的考虑，债权人行使撤销权的效力应当仅限于债务人与受让人(受益人)之间的法律关系。即便债权人撤销权成立，后手取得人取得该财产的权利也可适用善意取得规则。如果后手取得人主观为恶意的，人民法院可以判决其返还财产；否则，后手取得人依法取得该财产的权利。

(2)受让人返还的财产不直接归属于债务人。这是因为撤销权诉讼请求在于撤销以保全债权，而不在于债权实现，法院不得超越请求权范围作出判决。债权人撤销权成立后，返还财产的归属问题遵循"入库原则"，即返还的财产应当加入债务人的责任财产物归原主，作为全体债权人的共同担保。

【司法案例】

吴某征诉杜某峰、杜某捷等债权人撤销权纠纷案①

诉讼结论：撤销权成立后，受让人丧失对相应财产的处分权，但后手取得人可以依据善意取得规则享有相应财产权利。

本案杜某峰、杜某捷因卢某、杜某虹与其就涉案两处房产的转让行为被生效民事判决所撤销而丧失了对涉案两处房产的处分权，但杜某峰、杜某捷以涉案两处房产作为借款抵押时，该两处房产登记在杜某峰、杜某捷名下，借款合同签订后某行东阳支行也向杜某峰、杜某捷提供了500万元的借款，并于2014年5月7日办理了涉案两处房产的抵押登记，符合善意取得的条件。

① 浙江省金华市中级人民法院(2017)浙07民终4457号民事判决书。

第六章　合同的变更和转让

第五百四十三条　当事人协商一致，可以变更合同。

【条文主旨】

本条是关于协议变更合同的规定。

【条文理解】

本条规范的是狭义的合同变更，仅仅是合同权利义务关系的变更，不包括合同主体的变更。一旦债权人和债务人发生变化，则通过债权转让和债务承担两项制度进行规范和调整。

合同缔结后，可能出现一些新的情况影响合同履行，需要对当事人的权利义务关系进行调整，以实现双方利益的最大化。作为当事人协商一致的产物，合同非经当事人达成合意，任何人都不得更改，否则可能构成违约。合同主要通过要约、承诺的方式达成，合同的变更也应通过同样的方式完成。因此，要对合同进行变更，需当事人对变更的内容达成合意。

本条确定变更合同的方式为当事人协商一致，即协议变更，排除了法定变更。协议变更，可以是书面的，也可以是口头的，但应都是以确切的方式通过法律行为作出，满足法律行为生效的构成要件，不存在无效或撤销的事由。如果当事人在缔结合同时具有相应的民事行为能力，变更合同时不具有，则需通过法定代理人或特别授权的委托代理人进行变更。

本条虽删除了《合同法》第 77 条第 2 款，但仍需结合本法第 502 条第 3 款予以理解和适用，“依照法律、行政法规的规定，合同的变更、转让、解除等情形应当办理批准等手续的，适用前款规定。”这一规定主要强调确立和调整双方当事人之间的合同关系需要政府监管，否则效力可能受到影响。法律、行政法规规定应当办理批准等手续生效的，变更合同时未办理批准等手续的，合同变更协议不生效，但不影响合同中履行报批等义务条款的独立效力。

【司法适用】

本条对合同变更的条件作出了概括性的规定，在适用本条时应当注意以下问题：

合同变更是合同内容的局部变更，而非实质性内容的变更。如果合同内容全部发生变化，则原合同关系归于消灭，一个不同于原合同性质的新合同产生。适用该条仅限于协议变更，如没有当事人的合意，法院不得推定合同变更，强制性改变当事人之间的权利义务关系。在情势变更条件下变更合同，不适用本条的规定。虽然也需要当事人协商，但不能形成合意的，由法院依职权变更。

【司法案例】

绵阳甲房地产开发有限责任公司诉四川乙房地产开发有限公司合资合作开发房地产合同纠纷案①

诉讼结论：合同当事人先后签订了不同协议对双方的权利义务关系进行约定且约定不一致的，在后的协议是对在前协议的变更，对当事人具有法律约束力。

甲公司与乙公司从2002年6月28日起至2003年10月9日先后签订了4份协议，在2003年10月9日签订《联合投资协议书》时，对以前双方履行合同的状况“即在双方共同努力下，已办理完毕对该项目的总规方案和部分开发土地的过户手续；并先后分别与教工幼儿园、绵阳电信分公司签订了拆迁安置协议”进行确认，并且进一步明确双方的权利义务，强调以本次协议为准。《联合投资协议书》实际上已改变了双方之前对投资、开发、经营方式、利润分享等核心问题的约定。由于双方当事人对投资及利润分配前后作出不同约定，当事人前后约定不一致的，应以2003年10月9日双方签订的《联合投资协议书》作为确定双方权利义务的依据。甲公司与乙公司签订的《联合开发协议》《补充协议》《联合投资协议书》等，系双方当事人的真实意思表示，不违反法律、行政法规禁止性规定，应为有效，对双方当事人均有约束力。在上述协议中，双方当事人对投资及利润分配前后作出不同约定，应以2003年10月9日双方最后签订的《联合投资协议书》中的约定作为确定双方权利义务的依据。

第五百四十四条　当事人对合同变更的内容约定不明确的，推定为未变更。

【条文主旨】

本条是关于合同变更约定不明确的规定。

---

① 最高人民法院（2017）最高法民终107号民事判决书。

【条文理解】

该条源于《合同法》第78条,确定了合同变更禁止推定的规则。合同变更禁止推定规则,是指当事人变更合同的意思表示必须以明示或默示但不含糊的方式作出,否则不得推定当事人存在变更合同的主观意愿。合同变更涉及合同权利义务关系的变化,在当事人没有明确意思表示之下推定合同变更,将对当事人发生不利影响。变更合同时,合同当事人要明确表达变更合同的主观意愿,并就变更的内容达成一致意见。在一方当事人没有明确表示或以默示而不含糊的方式变更合同时,另一方当事人不得推定对方变更合同的意愿,法院也不得推定。

当事人变更合同约定不明的,区别于默示但不含糊的合同变更意思。"总则编"第140条规定:"行为人可以明示或者默示作出意思表示。沉默只有在有法律规定、当事人约定或者符合当事人之间的交易习惯时,才可以视为意思表示。"默示但不含糊的变更合同的意思表示,属于默示的方式变更合同,而非对当事人变更合同意愿的推定。默示仍然存在某些外在的客观的行为,能够确定当事人变更合同的主观意愿并达成一致意见,而沉默是没有通过任何口头的、具体行为表示出来的意思表示。

【司法适用】

本条禁止推定变更合同限于对合同变更内容约定不明确,而非变更合同的意愿。如果当事人都主张变更合同,只是对变更的具体内容约定不明确,则应当推定合同未变更;如果当事人对变更合同的约定发生争议,即合同本身是否发生变更,根据合同整体内容以及本法第142条、第466条等合同解释方法无法确定的,则认为约定不明确,推定合同未变更;如果当事人对合同变更文本发生争议的,根据本法第142条、第466条等合同解释方法无法确定的,则推定合同未变更。

【司法案例】

烟台甲制药股份有限公司诉广西乙药业有限责任公司技术转让合同纠纷案[①]

诉讼结论:"变更的内容约定不明确"是指无法判断双方变更后的新的合意内容,因而推定双方未就变更内容达成新的合意。因约定不符合法律规定而无效,并非约定不明确。

烟台甲制药股份有限公司、广西乙药业有限责任公司在履行合同过程中,针对《技术转让协议书》签订有多个补充协议,其中,在2009年4月27日签订的《补

---

① 广西壮族自治区高级人民法院(2017)桂民辖终91号民事裁定书。

充协议》第3条将第7条内容修改为“如因履行本技术转让协议而发生的任何争议,由双方协商解决,如协商解决不行的,可提交甲方或乙方所在地(如南宁市或烟台市)仲裁委员会根据其规则进行仲裁”。《补充协议》中双方对仲裁条款内容进行了修改,说明双方对原仲裁条款内容意思不一致,并形成新的仲裁条款合意。《补充协议》第3条约定双方发生纠纷,可提交南宁市或烟台市仲裁委员会进行仲裁,因双方对仲裁机构没有作出唯一的选定,根据《仲裁法解释》第5条规定,该仲裁条款约定无效,仲裁委员会不能受理本案。“当事人对合同变更的内容约定不明确的,推定为未变更”规定中的“变更的内容约定不明确”是指无法判断双方变更后的新的合意内容,因而推定双方未就变更内容达成新的合意,而本案中双方变更后的合意内容是明确的,即可以选择当事人一方所在地的仲裁机构仲裁,但因该约定不符合法律规定而无效,并非约定不明确。

第五百四十五条　债权人可以将债权的全部或者部分转让给第三人,但是有下列情形之一的除外:

(一)根据债权性质不得转让;

(二)按照当事人约定不得转让;

(三)依照法律规定不得转让。

当事人约定非金钱债权不得转让的,不得对抗善意第三人。当事人约定金钱债权不得转让的,不得对抗第三人。

【条文主旨】

本条是关于债权转让的规定。

【条文理解】

债权转让,又称债权让与、合同权利的转让,是指不改变合同权利内容,由债权人将权利转让给第三人。债权人转让权利,既可以是债权的全部转让,也可以是债权的部分转让,只要转让债权被充分特定化即可,如某一交易中对某客户在某时间段内的债权。债权全部转让的,原债权人退出债权债务关系,第三人取代原债权人成为新的债权人。债权部分转让的,第三人加入债权人与债务人的合同法律关系之中,共同享有债权。

根据本条规定,以下3类债权不得转让:

(1)根据债权性质不得转让的债权。主要是指债权基于当事人特定身份而产生,或债权与债权人的人身有不可分割的关系。若将此类债权转给第三人,将使合同的内容发生根本性变化,违背当事人订立合同的初衷与目的。如基于当事人信任关系而订立的委托合同、赠与合同、雇佣合同等属于不得转让的合同,抚养费请求权、抚恤金请求权等具有人身损害赔偿性质,也不得转让。

(2)按照当事人约定不得转让的债权。通常是当事人订立合同时明确禁止债权人将权利转让给第三人。这种约定必须是当事人真实的意思表示,且不违反法律的禁止性规定。如果债权出让人与债务人并未约定不能转让债权,那么债权可以转让。

(3)依照法律规定不得转让的债权。这类债权主要有两类:一是根据本法第502 条第 2 款转让债权应当办理批准、登记等手续,债权人向批准或者登记机关申请权利转让时被拒绝的;二是违反法律法规禁止性规定的债权。如《财政部关于进一步规范金融资产管理公司不良债权转让有关问题的通知》规定下列资产不得对外公开转让:债务人或担保人为国家机关的不良债权;经国务院批准列入全国企业政策性关闭破产计划的国有企业债权;国防、军工等涉及国家安全和敏感信息的债权以及其他限制转让的债权。

本条在《合同法》第 79 条的基础上又规定了一款,区别了金钱债权和非金钱债权在当事人约定不得转让而实际已经转让的法律效力:"当事人约定非金钱债权不得转让的,不得对抗善意第三人。当事人约定金钱债权不得转让的,不得对抗第三人。"理论上,金钱债权与非金钱债权都存在当事人约定不能转让的可能。尽管金钱债权的转让通常不会加重债务人的负担,但若当事人作出了不得转让的约定的,仍应当尊重当事人的意思自治。然而,约定金钱债权不得转让,对受让人没有约束力。换言之,金钱债权即使约定不得转让,也可发生债权转让的效力,以确保金钱债权的流通性。为了保护交易安全,当事人约定非金钱债权不得转让的,不得对抗善意第三人。债权人违反双方禁止转让的约定,将债权转让给第三人的,善意第三人仍可取得该债权。

【司法适用】

合法有效的债权转让应同时满足以下几个条件:有效的债权;转让的债权具有可让与性;债权人与受让人具有债权转让的合意;债权转让已通知债务人;遵循法律规定的程序。一旦债权转让生效,债务人就应向债权受让人即新的债权人履行债务,而向原债权人的履行则构成不适当履行。

不得转让的债权,是指不得转让合同权利的全部或部分,而非法律规定不得转让的一般民事权利,如发起人持有本公司股份的自公司成立之日起一年内不得转让。可转让的债权应当具有特定性,譬如人民法院生效裁判文书确定的债权,只要不属于不能转让的情形,债权受让人可依生效裁判文书向债务人主张债权。

虽然从事贷款业务的主体有所限制，但相关规定并未明确禁止从事信贷业务的银行将金融债权转让给第三人，故贷款债权属于可转让债权。不过，金融不良债权的转让，应注意适用《最高人民法院关于审理涉及金融不良债权转让案件工作座谈会纪要》《最高人民法院关于审理金融资产管理公司利用外资处置不良债权案件涉及对外担保合同效力问题的通知》等司法文件的规范内容。

【司法案例】

甲公司诉杜某生建设工程施工合同纠纷案[①]

诉讼结论：债权转让协议确定债权受让方取得原合同约定的全部权利。债权转让的后果仅是原合同权利主体发生变更，并不影响案件的法律关系性质。

案涉《路基工程施工合同》由甲公司与北京乙机械租赁处签订，杜某生并非合同当事人或者案涉工程的实际施工人，其之所以向甲公司主张工程款，系基于其通过与北京乙机械租赁处签订《债权转让协议》受让了北京乙机械租赁处在《路基工程施工合同》项下全部权利义务之事实。杜某生在本案中的诉讼请求为确认《路基工程施工合同》无效、甲公司向其支付工程款、丙高速公路公司承担连带责任等，均是围绕案涉《路基工程施工合同》提出，因此本案法律关系性质仍为建设工程施工合同纠纷。杜某生与北京乙机械租赁处债权转让的后果仅是《路基工程施工合同》权利主体发生变更，并不影响本案的法律关系性质。甲公司上诉提出本案应为债权转让纠纷的主张，缺乏事实和法律依据。

第五百四十六条　债权人转让债权，未通知债务人的，该转让对债务人不发生效力。

债权转让的通知不得撤销，但是经受让人同意的除外。

【条文主旨】

本条是关于债权转让通知的规定。

【条文理解】

债权人对享有的债权可以自由处分，但因其转让权利的行为会直接影响债务人的履行，故要求债权人转让债权时承担通知债务人的义务，让债务人知晓应当

① 最高人民法院（2018）最高法民辖终221号民事裁定书。

履行债务的对象,以避免重复履行、错误履行或加重其履行负担。

债权转让并不需要取得债务人的同意。债务人的意思表示并非债权转让本身成立或生效的要件。转让人与受让人之间的债权转让协议不会因债务人的“不知晓”而无效或效力待定。但债权转让通知未送达债务人时,债务人对原债权人的清偿仍发生债务清偿的法律效果,但并不影响受让人合法取得转让债权成为新的债权人。一经通知,债务人应当依照债权转让协议向受让人履行债务,不得再向原债权人履行。未通知的,不论债务人是否实际知晓债权转让,债权转让行为对债务人均不发生法律效力。对受让人请求履行债务的,债务人有权拒绝。

对于债权转让通知的形式,法律未作明确规定。在没有相反规定的情况下,应当对通知的形式作出较为宽泛的解释,即允许当事人通过口头或书面形式进行通知。常见的方式有公告、邮寄、公证、上门、债务人签名等,也不排除直接采取诉讼的方式。债权人通知债务人后,债权转让对债务人生效,债务人应向受让人履行债务。如果债权人撤销通知,债务人可以拒绝向受让人履行,导致受让人债权无法实现,因此,除非受让人同意,债权人不得撤销对债务人的通知。

【司法适用】

债务人是否知悉债权转让的事实是认定债权转让是否对债务人生效的关键。债权转让人和受让人可以自主选择通知形式,但应保证债务人及时、准确地获知债权转让的事实。一旦选择了具体的通知形式,当事人未采取该形式通知债务人的,即使债务人知晓债权转让的也不对债务人发生效力。

债权转让中“通知”目的是让债务人知晓债权转让的事实。不论债权转让人还是受让人通知债务人,只要能达到告知债务人债权转让事实的法律效果,都应当认可通知的效力。如果受让人通过诉讼的方式向债务人主张权利,在法院向债务人送达诉讼材料时,债务人就已经知晓债权转让的事实,应认定为通知债权转让的一种方式。能否通过在全国或者省级有影响的报纸上发布债权公告或通知以通知债务人,应注意区别所转让债权的性质而论。比如,《最高人民法院关于审理涉及金融资产管理公司收购、管理、处置国有银行不良贷款形成的资产的案件适用法律若干问题的规定》第6条确认,金融资产管理公司受让国有银行债权后,原债权银行在全国或者省级有影响的报纸上发布债权转让公告或通知的,应认定债权人履行了通知义务。

【司法案例】

重庆甲物流集团实业有限公司诉乙冶金轧钢厂金融不良债权追偿纠纷案[①]

诉讼结论：债权受让人直接向人民法院起诉，并借助人民法院送达起诉状的方式，向债务人送达债权转让通知，可以发生通知转让之法律效力。

在债权转让通知未送达债务人时，债务人对债权转让人的清偿仍发生债务清偿之法律效果，但并不影响债权受让人取得受让债权。债权转让通知债务人从文义上应理解为债权转让人，但在可以确认债权转让行为真实性的前提下，亦不应否定债权受让人为该通知行为的法律效力。即应以债务人是否知晓债权转让事实作为认定债权转让通知法律效力之关键。故债权受让人直接向人民法院起诉，并借助人民法院送达起诉状的方式，向债务人送达债权转让通知，亦可以发生通知转让之法律效力。重庆甲实业公司的债权转让通知和要求清偿债务之请求，在经人民法院送达起诉状实际到达乙轧钢厂的情况下，可以认定为“当事人一方提出要求”的情形，产生诉讼时效中断的法律效果。

第五百四十七条　债权人转让债权的，受让人取得与债权有关的从权利，但是该从权利专属于债权人自身的除外。

受让人取得从权利不因该从权利未办理转移登记手续或者未转移占有而受到影响。

【条文主旨】

本条是关于债权转让时从权利一并变动的规定。

【条文理解】

根据“从权利随主权利”的法律原理，从权利是附随于主权利的权利，由主权利派生而出，不得脱离主权利而单独存在，随主权利的消灭而消灭。基于从权利的附从性，债权人转让主债权时，从权利也一并转让。但如果从权利具有人身专属性，即其产生仅仅针对债权人、与债权人有不可分割的关系时，则不得随主权利一并转让。

该条在《合同法》第 81 条的基础上又规定了第 2 款，规定从权利随主权利的

---

① 最高人民法院(2016)最高法民申 3020 号民事裁定书。

转让不因未履行转移登记手续或未转移占有而受到影响。如抵押权具有从属性，不得脱离基础债权而单独存在或单独转让。抵押权随主债权转移是基于“从随主”的法律原理及本法第407条的直接规定，属于非基于法律行为发生的物权变动，故而不以登记为生效要件，不适用本法第209条规定中的登记要件主义。债权转移与抵押权转移同时发生，债权转移行为完成时抵押权转移随即完成。倘若认为抵押权转让以登记为生效要件，则在债权转让协议生效后抵押权转移登记前，因债权已经转让完成而抵押权尚未转让导致债权与抵押权发生脱离，与抵押权的从属性相悖。

【司法适用】

常见的随主债权一并转移的从权利有抵押权、质权、留置权、定金债权、保证债权、利息债权、违约金请求权及损害赔偿请求权等。保证债权不具有人身专属性，随主债权的转让一并转让给第三人，保证人在原保证担保的范围内对受让人承担保证责任，不会造成对保证人的不利益。但是，如果保证人与债权人事先明确约定仅对特定的债权人承担保证责任的，在债权转让时，保证责任消灭。在司法实践中，《九民会议纪要》第62条的规定可资参考：“抵押权是从属于主合同的从权利，根据‘从随主’规则，债权转让的，除法律另有规定或者当事人另有约定外，担保该债权的抵押权一并转让。受让人向抵押人主张行使抵押权，抵押人以受让人不是抵押合同的当事人、未办理变更登记等为由提出抗辩的，人民法院不予支持。”

【司法案例】

湖南甲糖业有限公司诉丁某耀等借款合同纠纷案①

诉讼结论：抵押权作为从权利应随债权转让而移转。有不动产抵押担保的债权转让后，即使未作抵押变更登记，债权受让人取得抵押权，不因受让人未及时办理抵押权变更登记手续而消灭。

《物权法》第192条规定“抵押权不得与债权分离而单独转让或者作为其他债权的担保。债权转让的，担保该债权的抵押权一并转让，但法律另有规定或者当事人另有约定的除外”，其系关于抵押权处分从属性的规定，抵押权作为从权利应随债权转让而转让。债权受让人取得的抵押权系基于法律的明确规定，并非基于新的抵押合同重新设定抵押权，故不因受让人未及时办理抵押权变更登记手续而消灭。本案中乙公司受让某行怀化分行对甲公司享有的债权，尽管未办理抵押权

① 最高人民法院（2015）最高法民申2040号民事裁定书。

变更登记,依据法律规定仍有权受让与案涉债权相关的抵押权。

第五百四十八条　债务人接到债权转让通知后,债务人对让与人的抗辩,可以向受让人主张。

【条文主旨】

本条是关于债权转让时债务人抗辩权的规定。

【条文理解】

抗辩权是债权人行使债权时,债务人根据法定事由对抗债权人请求权的防御性权利。抗辩权是固有的权利,并不因为权利的转让而消灭。按照债的同一性原则,被让与的债权上原已存在的从权利和从义务应当继续存在,其中当然包括抗辩权。债权转让通知到达债务人后,受让人成为新的债权人,享有与让与人同样的权利,有权请求债务人履行债务。债务人可以向受让人主张与让与人同样的抗辩,以对抗受让人的请求。

【司法适用】

债务人收到债权转让通知后,其因基础合同而享有的抗辩权可以向受让人主张,债务人明确表示放弃的除外。这类抗辩权通常包括同时履行抗辩权、先履行抗辩权、债务已履行或部分履行的抗辩权、已过诉讼时效的抗辩权等。

【司法案例】

重庆甲物流有限公司诉乙银行股份有限公司重庆分行合同纠纷案①

诉讼结论:债务人确认债权转让并同意按照债权转让通知履行的,如债务人无预先放弃抗辩权以及存在欺诈等严重过错情形的,债务人仍享有抗辩权,可以对抗债权受让人。

乙银行在与丙商贸公司签订案涉保理业务合同后,向甲物流公司发出《应收账款转让通知书》。甲物流公司收到该通知书后,向乙银行出具《应收账款转让通知确认书》,表明其已收到该转让通知书,知晓并确认其内容,同意按照上述内容执行。在保理业务履行过程中,乙银行自 2013 年 8 月 2 日至 2014 年 3 月 7 日,先后六次向甲物流公司发出《应收账款转让询证函》,甲物流公司均予以确认,并在最后一次确认截至 2014 年 3 月 7 日,应收账款合计 41,131,314.18 万元。甲物流

---

① 最高人民法院(2018)最高法民终 31 号民事判决书。

公司与丙商贸公司以及贸易下游三方之间存在《补充协议》,根据该《补充协议》,甲物流公司享有在贸易下游未向其付款时其有权拒付货款的抗辩权。乙银行在开展保理融资业务前进行尽职调查时,甲物流公司告知其工作人员,甲物流公司就案涉的应收账款债权享有履行条件的抗辩权。保理融资纠纷案件中,债务人在保理银行开展尽职调查时,向保理银行提出抗辩权或者抵销权存在的合理事由,保理银行仍然与债权人签订保理合同并通知债务人债权转让的事实,债务人确认该债权转让并同意按照债权转让通知履行的,如债务人无预先放弃抗辩权或者抵销权以及存在欺诈等严重过错的情形,债务人仍不失抗辩权或者抵销权。甲物流公司依据《补充协议》约定,抗辩在其未收到贸易下游向其支付货款的情况下,其有权拒绝乙银行要求履行的抗辩理由成立。

第五百四十九条　有下列情形之一的,债务人可以向受让人主张抵销:

(一)债务人接到债权转让通知时,债务人对让与人享有债权,且债务人的债权先于转让的债权到期或者同时到期;

(二)债务人的债权与转让的债权是基于同一合同产生。

【条文主旨】

本条是关于债权转让时债务人抵销权的规定。

【条文理解】

抵销权作为形成权,其行使的意思表示到达对方当事人时生效,无须对方当事人同意,也无须法院判决确认。本法第 568 条规定了债的法定抵销,当事人互负到期债务且债务标的物种类、品质相同的,任何一方可以将自己的债务与对方的债务抵销,但依照法律规定或者按照合同性质不得抵销的除外。不同于法定抵销,本条对抵销债务的性质没有特别限定,不要求债务标的物种类、品质相同。此类特殊的抵销权的构成要件是:(1)债务人对债权人的债权在接到债权让与通知时或之前已经存在;(2)债务人对让与人的债权清偿期不晚于受让人对债务人的债权;(3)债务人对让与人的债权在通知到达时已届清偿期。债务人的抵销权属于广义的抗辩权,可在收到债权转让通知后行使,不受“收到通知之时”的时间点限制。不同于《合同法》第 83 条规定的债务人抵销权,本条还确认了债务人的债权与转让的债权基于同一法律关系产生的情形下,债务人可以向债权受让人主张抵销。债务人债权和受让人债权基于同一合同产生,只要债务有效且不为法律禁止抵销的,都可以抵销。

【司法适用】

债务人抵销权是对债务人期待利益的特殊保护，但因债权通常并不公示，债务人行使抵销权将导致债权受让人面临受让债权无法全部或部分实现的风险。尽管此时受让人仍可以根据债权转让合同要求转让方承担瑕疵担保责任，但难免诉讼之累。债务人行使抵销权时应注意审查：(1)债务人债权的真实性，如涉及第三人，可要求第三人参加诉讼；(2)债务人的债权到期时间与转让债权的到期时间的先后；(3)债务人债权是否已另案诉讼。

债务人可以抵销的债权范围较广，执行程序中的债权、应收账款等期待债权同样可以主张抵销。《执行异议和复议案件规定》第19条对执行程序中允许被执行人主张抵销作出了明确的肯定："当事人互负到期债务，被执行人请求抵销，请求抵销的债务符合下列情形的，除依照法律规定或者按照债务性质不得抵销的以外，人民法院应予支持：(一)已经生效法律文书确定或者经申请执行人认可；(二)与被执行人所负债务的标的物种类、品质相同。"

【司法案例】

青岛市甲物资贸易中心诉青岛乙投资服务有限公司企业借贷纠纷案[①]

诉讼结论：债务人对转让人的债权与受让人享有的债权均为金钱债权，种类、品质相同，且债务人的债权先于转让债权到期，并明显大于受让人享有的债权，可以抵销。

丙公司受让取得的对贸易中心的债权已经相关生效判决予以确定，且其与贸易中心互负债务均系金钱债务，种类、品质完全相同，丙公司主张抵销的债务类型符合法律规定。贸易中心与乙公司于2013年6月18日签订债权转让协议，现无证据证明在丙公司于2013年8月14日将其受让债权的通知及债务抵销通知送达贸易中心前，贸易中心与乙公司将债权转让事宜适当通知了丙公司。虽然贸易中心将对丙公司享有的债权转让给乙公司在先，但丙公司收到该债权转让通知之时，已经取得了对贸易中心的债权，并且该债权先于贸易中心转让的债权到期，故丙公司依法可以向贸易中心主张抵销，该抵销权也可以对抗贸易中心债权的受让人乙公司。最后，从抵销债务所涉相关判决内容来看，丙公司享有的债权明显大于贸易中心享有的债权，贸易中心亦未提供证据证明其所负债务已部分清偿。聊城中院在本案后续执行中作出了(2012)聊执字第148号结案通知书，对抵销债务的数额进行了具体计算，截至丙公司行使抵销权的通知送达贸易中心之日，即债

---

① 最高人民法院(2017)最高法执监3号执行裁定书。

务抵销之日，丙公司享有对贸易中心债权75,283,768.61元，贸易中心对丙公司享有债权45,268,526元，本案应执行债权经抵销全部消灭。

第五百五十条　因债权转让增加的履行费用，由让与人负担。

【条文主旨】

本条是关于债权转让履行费用增加的规定。

【条文理解】

通常，债权转让不会损害债务人的利益，但可能给债务人带来额外费用，如履行地点、履行方式变化而增加的交通费、住宿费等。尽管债权转让无须债务人同意，但通知债务人即对其生效。债务人受到让与人与受让人之间的债权转让协议约束，不得拒绝向债权受让人履行债务，否则将承担违约责任。因此，让与人不应因债权转让给债务人带来其他负担，由此产生的费用由让与人承担。这一规定也是本法第511条第6项“履行费用的负担不明确的，由履行义务一方负担；因债权人原因增加的履行费用，由债权人负担”适用的要求和体现。受让人从让与人处获得债权，基于债的范围内必须向债务人承担的义务外不再承担任何义务，要求受让人承担债务人履行债务增加的费用，不具有合理性。

【司法适用】

对于因债权转让增加的履行费用，应由债务人承担举证责任。该部分费用应与原履行债务的费用进行区分，让与人承担的只是额外增加的费用，原履行债务的费用仍按照合同约定或法律规定予以确定。对债权全部转让的，让与人已经退出原债权债务关系，此时要求让与人负担增加的履行费用可能存在困难。因债务人可向受让人主张对让与人债权的抵销，故让与人负担无法实现时，因债权转让增加的履行费用可向受让人主张抵销。

第五百五十一条　债务人将债务的全部或者部分转移给第三人的，应当经债权人同意。

债务人或者第三人可以催告债权人在合理期限内予以同意，债权人未作表示的，视为不同意。

【条文主旨】

本条是关于债务转移的规定。

【条文理解】

债务转移是在保持债同一性的基础上,替换或增加债务人。债务人转移债务,可能是债务的部分转移,也可能是债务的全部转移。在债务的部分转移中,第三人加入到债务履行之中,和原债务人共同承担债务。在债务的全部转移中,原债务人退出债的履行,第三人成为新的唯一的债务人,对债权人负担所有合同履行义务。

债务转移涉及债权人、债务人和第三人三方,其产生可能存在三种不同的方式:债权人、债务人和第三人共同缔结债务转移合同;第三人和债权人缔结债务转移合同;第三人和债务人缔结债务转移合同。本条第 1 款规定的是债务人和第三人缔结债务转移合同的情形。其他两种方式,债权人直接参与,适用合同的一般规范。在原有的债权债务关系中,债权人、债务人相互了解,特别是债权人对债务人履行债务的能力较为熟悉,而债务人将债务转移给第三人时,债权人并不必然了解第三人的履行能力、资信状况。为保护债权人利益不受债务人与第三人之间转移债务的影响,债务转移合同生效必须取得债权人的同意。不论是债务的部分转移,还是全部转移,都应当得到债权人的同意。未经债权人同意而转让债务的,转让行为无效。债权人可以拒绝债务人转移债务,有权要求债务人继续按照原合同履行债务,若债务人不履行、迟延履行的构成违约,承担相应的违约责任。

债务人转移债务,与本法第 523 条规定的第三人代为履行有相似之处,都存在第三人履行债务且达到债务人清偿债务的效果。但是,第三人代为履行是债权人和债务人约定由第三人代债务人清偿债务,实质是辅助债务人履行债务,属于债的履行方式。在此情况下,因为债的结构没有发生变化,债权人不能直接要求第三人履行或承担违约责任。而债务转移中,第三人和债务人之间存在合同,债权人因此取得对第三人承担债务的请求权。

相对于《合同法》第 84 条,本条新增了关于债权人同意的期限规定,是“总则编”第 140 条第 2 款“沉默只有在有法律规定、当事人约定或者符合当事人之间的交易习惯时,才可以视为意思表示”的具体化。债权人对债务转让请求同意未作出任何表示的,即既未明示其意思,也不能借他项事实推知其意思的属于沉默,不构成对债务转让的同意。不同于债权转让通知到达债务人即生效,即使通知到达了债权人,债权人未以明确方式作出同意的,债务转让也不生效。

【司法适用】

债权人对债务转移的同意是债务转移的生效要件之一。同意是一个单方法律行为,可以事前允诺,可以事后追认。债权人可以多种方式表达同意,如催告、诉讼以及在债务人破产时申报破产财产、免除等。不论何种方式,债权人同意原则上应以明示的方式作出,沉默意味着拒绝。转移的债务应当具有可转让性。债务人违反当事人约定将不得转移的债务转移给第三人的,若取得债权人同意,则原禁止债务转移的约定发生变更,债务转移有效。

【司法案例】

会宁甲房地产开发有限公司诉会宁县乙建材有限公司债务转移合同纠纷案[①]

诉讼结论:法律没有明确规定债务转移必须经过债务人同意,债务人是否同意不影响债务转移的效力。

债务转移的有效性从4个方面进行认定。(1)原债务是有效存在的债务,乙公司提交了其与原债务人买卖商砼的合同等证据,证明了双方产生债权债务的基础法律关系,且为合法债务。(2)发生转移的债务具有可转移性,乙公司向原4名债务人交付了商砼,原债务人依合同应向乙公司给付货款,该给付货款的义务并不是法律规定不得转移的债务。(3)涉案债务转移已经债权人同意,乙公司通过诉讼途径向甲公司主张债权即为其同意债务转移的证明。(4)涉案债务转移合同没有特别的批准条件和限制。涉案合同义务的转移为金钱给付义务,并无法律规定的转移义务应当办理批准、登记等条件。因此,涉案债务转移合同合法有效。

涉案债务转移中,原债务人甘肃静宁县丙公司、甘肃丁商贸有限公司对其所欠乙公司的商砼款发生转移由甲公司承担偿还责任,虽然有发生基础法律关系、产生权利义务的证据,但没有明确表示意见。债务转移后,第三人取代原债务人的地位成为新的债务人,原债务人脱离债的关系,债务人是履行义务的一方,不再履行义务,对其无害而有利,其没有不同意的理由。法律也没有明确规定债务转移要经过债务人的同意。因此,涉案债务转移以债权人的明确同意为要件而无须债务人的同意。

第五百五十二条　第三人与债务人约定加入债务并通知债权人,或者第三人向债权人表示愿意加入债务,债权人未在合理期限内明确拒绝的,债权人可以请求第三人在其愿意承担的债务范围内和债务人承担连带债务。

【条文主旨】

本条是关于并存的债务承担的规定。

---

① 甘肃省高级人民法院(2018)甘民终144号民事判决书。

【条文理解】

本条是我国立法上首次明确并存的债务承担的规定。并存的债务承担,又称债务加入或共同的债务承担,是指第三人加入债的关系中,与原债务人一起向债权人履行债务。本条规定了两种并存的债务承担方式:(1)第三人与债务人双方达成协议共同向债权人承担义务的,通知债权人后即生效;(2)第三人单方向债权人表达加入债务的意思,只要债权人在合理期限内没有明确拒绝,单方承诺即生效,无须通知原债务人。尽管两者生效都不需要取得债权人的同意,但并不意味着债权人的意思表示对并存的债务承担毫无影响。债权人接受第三人加入债务承担的,可以通过默示进行推定,拒绝的则必须以明确的方式作出。

并存的债务承担应满足以下构成要件:(1)原债务合法有效,这是第三人加入与原债务人共同承担债务的基础。(2)第三人有债务加入的明确的意思表示。这种意思表示可能是第三人与债权人达成双方协议,可能是第三人向债权人单方承诺由第三人履行债务人的债务,但同时不免除债务人履行义务,可能是第三人与债权人、债务人达成三方协议。本条明确列举规定了前两种情形,债权人参与的直接受到其意思表示约束,无须另行通知。(3)原债务具有可转移性,不存在债务性质决定不能转移的、当事人约定债务不能转移的以及法律禁止债务转移的情形。(4)原债务人不脱离债务关系。并存的债务承担不同于债务转移(债务的全部移转),原债务人并不退出原有债权债务关系,而与第三人就同一债务向债权人承担责任。

并存的债务承担不同于第三人代为履行。在并存的债务承担中,如第三人不履行债务或履行债务不符合约定,债权人可直接向第三人主张违约责任。在第三人代为履行关系中,第三人不履行债务或者履行债务不符合约定的,债权人只能向原债务人主张。

并存的债务承担也有别于保证。保证具有相对的独立性,保证人的保证债务虽与主债务之间形成主从关系,依主债务的存在而存在,但并不是主债务的一部分。并存的债务承担只是增加债务人的人数而使债务成为多数人之债。第三人加入后,与债务人之间成立连带关系,对相应部分的债务负连带责任,成为主债务人之一。因此,保证和并存的债务承担在案件的实质处理上并无不同,只是在性质上有所不同:保证系从合同,保证人是从债务人,是为他人债务负责;并存的债务承担系独立的合同,承担人是主债务人之一,是为自己的债务负责,也是单一债务人增加为二人以上的共同债务人。[①]

---

① 参见最高人民法院(2005)民二终字第200号民事判决书。

【司法适用】

区分债务承担、债务保证与债务转移，应以当事人明确的意思表示为主要判断标准。通常，较为明确的表示共同承担债务的应认定为并存的债务承担；有明确保证意思表示的应认定为债务保证；存在模糊的表述难以明确当事人意思表示的，以合同目的和保护债权人利益角度出发进行解释和判断。在具体意思表示形式上，如果第三人出具的是还款保证书，应认定为保证担保关系；如果第三人与债权人、债务人签署三方协议书，或者第三人与债务人签署协议书且协议书中有债务转让的意思表示，而债权人也表示同意，应认定为债务转移；如果第三人出具的仅是由第三人单方代替债务人履行债务的意思表示，而没有债务转让的表述，也没有担保的意思表示，则应认定为并存的债务承担。如果第三人是取得授权的法定代表人，其作出的意思表示效力准用担保等相关规则。《九民会议纪要》第23条对此规定："法定代表人以公司名义与债务人约定加入债务并通知债权人或者向债权人表示愿意加入债务，该约定的效力问题，参照本纪要关于公司为他人提供担保的有关规则处理。"

并存的债务承担中，当事人对第三人加入债务后承担的责任有明确约定的，应尊重当事人约定：(1)第三人仅承担债务人的部分债务，对债务人的全部债务并不承担连带责任；(2)第三人与债务人承担连带债务。[①] 即如果当事人无特别约定，推定第三人与原债务人对债务负连带责任。

【司法案例】

甲控股集团有限公司诉乙信托股份有限公司营业信托纠纷案[②]

诉讼结论：在当事人意思表示不明时，应斟酌具体情事综合判断：如主要为原债务人的利益而为承担行为的，可以认定为保证；如承担人有直接和实际的利益时，可以认定为债务加入。

《转让及回购合同》签订同日，甲公司向乙公司出具《承诺函》，约定为保障乙公司实现《转让及回购合同》项下全部股权收益权回购价款及回购溢价款，如河南甲公司不回购乙公司的股权收益权，则由甲公司回购。《承诺函》系甲公司的单方允诺，该承诺经乙公司接受，双方达成合意。从该约定中可知，甲公司在河南甲公司未付款或者乙公司按照约定未获得回购总价款时，即负有回购义务，并不以强制执行河南甲公司无效果为前提。即甲公司不享有先诉抗辩权，其在责任承担上

---

① 参见最高人民法院(2013)民一终字第26号民事判决书。

② 最高人民法院(2018)最高法民终867号民事判决书。

不具有顺位性。故甲公司关于其与乙公司之间成立一般保证法律关系的上诉主张,不能成立。鉴于甲公司基于何种目的负担回购义务、是否具有实际利益,其是否向河南甲公司享有求偿权及求偿范围如何,均不甚清晰,难以径直认定成立连带责任保证。综上,综合判断《承诺函》的出具过程及约定内容,认定甲公司构成债务加入更为适宜。

第五百五十三条　债务人转移债务的,新债务人可以主张原债务人对债权人的抗辩;原债务人对债权人享有债权的,新债务人不得向债权人主张抵销。

【条文主旨】

本条是关于债务转移时新债务人抗辩权的规定。

【条文理解】

该条源于《合同法》第85条。债务人转移债务的,第三人取代原债务人成为新的债务人,履行合同义务,取得对债权人的抗辩权。这些抗辩包括实体法和程序法上的抗辩,如同时履行抗辩、先诉抗辩、合同撤销抗辩等。新债务人可主张的抗辩,是以原来的债务关系为基础的,不能行使属于债务人的权利,如解除权、抵销权、撤销权等。因此,债务转移时,新债务人并未获得原债务人对债权人的债权,故不能向债权人主张抵销。

【司法适用】

新债务人对债权人的抗辩必须是原债务人享有的、已经现实存在的抗辩。这一抗辩以债务转移协议达成时为限,具体以债权人同意作为判断的时间点。在这一时间点上已发生的情况构成抗辩事由的,新债务人都可以向债权人主张,如债务未成立、已撤销、已清偿。如果可抗辩的事由在债务转移后发生的,新债务人不得向债权人主张。

【司法案例】

陈某云诉闫某借款合同纠纷案[①]

诉讼结论:债务转移的仅仅是原债务人对债权人负担的合同义务。甲公司作为新的债务人,可以根据债务转让协议获得原债务人乙公司对债权人陈某云的抗

① 最高人民法院(2018)最高法民再226号民事判决书。

辩，但是不能将其向原债务人乙公司的抗辩向债权人主张。

陈某云在《三方协议书》上签字，系其作为债权人表达同意债务人乙公司将其所负债务转让给甲公司、闫某的意思表示。甲公司作为新的债务人，可以获得原债务人乙公司对陈某云的抗辩，但是不能将其向原债务人的抗辩向债权人主张。根据《三方协议书》的约定，案外人于某及其担任法定代表人的乙公司，负有将开发项目手续办理至甲公司名下的合同义务，且办理费用由于某及乙公司承担。在该协议履行过程中，甲公司为实际获得上述项目土地使用权，支付了土地出让金1411万元，该费用的支付应当视为甲公司为获得项目开发权，代乙公司、于某支付的费用。甲公司可以基于《三方协议书》的约定和其支付土地出让金的事实，取得对乙公司、于某的相应债权，请求乙公司、于某偿还该费用。但该项债务的债务人并非陈某云，与陈某云向甲公司、闫某主张的债权不能进行抵销。

第五百五十四条　债务人转移债务的，新债务人应当承担与主债务有关的从债务，但是该从债务专属于原债务人自身的除外。

【条文主旨】

本条是关于从债务一并转移的规定。

【条文理解】

从债务也称附随债务，随主债务产生而产生，随主债务消灭而消灭。债务人转移债务的，从债务随主债务一并转移，新债务人同时承担与主债务有关的从债务。如果从债务专属于债务人本身，即债务具有人身专属性，属于不可转移的债务，则不随主债务的转移而转移。

【司法适用】

随主债务转移的从债务应具有独立性、可转移性。通常利息之债和违约金之债属于从债务，随主债务一并转移。在司法实践中，未来应收账款尽管被《商业银行保理业务管理暂行办法》第13条纳入商业银行禁止业务范围，但不被商业保理所禁止。因此，应收账款让具有可转让性，可作为商业保理业务的标的。

【司法案例】

江苏甲工贸公司诉徐州乙箱包有限公司买卖合同纠纷案①

诉讼结论：买卖合同中，货物支付价款转移给第三人的，该价款逾期支付产生

① 江苏省南京市江宁区人民法院（2017）苏0115民初8131号民事判决书。

的利益一并转让给第三人。

甲公司与丙公司之间的买卖合同事实，有产品销售合同、送货单、对账单及甲公司的陈述可以证实，丙公司应支付甲公司价款47,000元。经债权人同意，债务人可将债务转移给第三人，主债务转移的，从债务一并转移，但该从债务专属于原债务人自身的除外。乙公司自愿承担丙公司对甲公司所负上述债务，并不违反法律规定。

第五百五十五条　当事人一方经对方同意，可以将自己在合同中的权利和义务一并转让给第三人。

【条文主旨】

本条是关于债权债务一并转让的规定。

【条文理解】

该条源于《合同法》第88条。债权债务一并转让也就是合同权利义务的概括转让，是一方当事人将其享有的合同权利和承担的合同义务一并转移给第三人，自己退出原有的法律关系。不同于债权让与、债务转移，债权债务一并转让是合同权利义务的整体性处分，可以是全部转让，也可以是部分转让。债权债务一并转让包括意定转让和法定转让。本条规定的意定转让，是基于当事人合意而产生的，而法定转让是基于“总则编”第67条而产生的，即法人合并、分立的，其权利和义务由合并、分立后的法人享有和承担。

当事人转让债权的，应当通知债务人；当事人转移债务的，应当取得债权人的同意。一方当事人同时转让债权债务给第三人的，应当取得对方当事人的同意。如果未经对方当事人同意，直接转让债权、债务的行为不发生法律效力，原合同的权利义务主体、内容等均不发生变化。债权债务一并转让通常出现在双务合同中，当事人同时享有权利、承担义务。单务合同中，当事人或享有权利，或承担义务，只能发生债权让与或债务转移，不可能发生债权债务一并转让的问题。

【司法适用】

合同一方当事人将债权债务一并转移给第三人时应当经另一方当事人的同意，但同意只是作为债权债务一并转移的生效要件，而不是债权债务一并转移合同的生效要件。债权债务一并转移合同的生效是指已经成立的债权债务概括转移合同符合法律规定的生效要件，发生约束合同当事人的效力。已生效的债权债务一并转移合同不一定发生债权债务一并转移的效力。因此，合法有效的债权债务一并转让需要满足以下几个要件：有效的合同存在；合同为双务合同，一方当事人享有债权同时承担债务；原合同一方当事人或双方与第三人达成合同承受的意思表示；经原合同对方当事人同意。

【司法案例】

新疆甲股权投资有限合伙企业诉乙能源集团有限公司等债权债务概括转移合同纠纷案①

诉讼结论：法律关于合同权利义务转让的规定仅是对于债权人或债务人在债权转让及债务转移时，相对方享有对应抗辩权利的规定，并非确定债权债务转移协议无效的法律依据。

《权益转让合同》约定，乙愿意将其依据股权转让合同所享有的所有收益、全部义务及合同风险转让给甲企业。甲企业自愿按照本合同约定条件受让乙在《股权及债权转让合同》中的所有合同权益。上述约定表明乙通过签订《权益转让合同》，将其《股权及债权转让合同》中的权利及义务概括转让给甲企业。《权益转让合同》符合民事法律行为的实质要件，不存在合同无效的情形，依法成立并生效，对乙、甲企业、秦某发生法律拘束力。乙将其在《股权及债权转让合同》中的权利义务概括转让给甲企业，在未经丙公司同意的情况下，《权益转让合同》对丙公司不发生法律拘束力。概括转让经合同相对方同意的目的在于保护合同相对方的权益在概括转让中不受侵害。在合同相对方权益未受侵害且有充分救济途径的情况下，确认概括转让合同的效力能够更好地维护市场交易稳定性。因此，甲企业关于《权益转让合同》无效的上诉请求缺乏事实和法律依据。

第五百五十六条　合同的权利和义务一并转让的，适用债权转让、债务转移的有关规定。

【条文主旨】

本条是关于合同权利义务一并转让适用条款的规定。

【条文理解】

合同的权利和义务一并转让的，即债权债务一并转让的，同时受到债权转让、债务转移相关规定的调整，适用本法第545条到第554条的规定：（1）取得债权人

① 新疆维吾尔自治区高级人民法院（2017）新民终151号民事判决书。

同意,合同权利义务一并转让方生效;通知债务人,合同权利义务一并转让方对债务人生效。(2)不得转让不可转让的债权。(3)转让合同权利、转移合同义务的,受让人同时取得与债权有关的从权利和与债务相关的从债务,但是专属于债权人自身的从权利、从义务的除外,且受让人取得从权利不因该从权利未履行转移登记手续或者未转移占有而受到影响。(4)合同权利、义务的转让不影响债务人抗辩权的行使。(5)债务人对让与人享有债权的,可以向受让人主张抵销。

【司法适用】

合同权利、义务一并转让的,需要同时满足本法关于债权转让、债务承担的规定方产生相应的法律效力。

【司法案例】

甲代工集团诉武汉乙微电子有限公司国际货物买卖合同纠纷案[①]

诉讼结论:约定第三人承继原债权人在合同中的所有权利,并明确原债权人不再对原债务人承担债务而退出债权债务关系的,符合合同权利义务一并转让的规定,原债务人因此不再承担债务。

甲集团签署的备忘录以英文载明“丙宣布承继(takeover)所有武汉乙关于甲产品的权利、所有权和债务”,以及在一审第二次庭审中明确“丙公司承担债务,乙公司不再承担债务”,所涉债务转移“系免责的债务承担”。尽管一审判决被二审法院改判,且乙公司不是前案被告,但甲集团在前案一审诉讼中所作上述陈述的客观性并不由此受影响,且前案二审判决确认前案一审判决查明的事实(包括仍然认定甲集团的上述陈述)。根据备忘录的约定和甲集团授权辛某签署备忘录、辛某在丙公司、乙公司同时任职的事实,可以认定丙公司、乙公司和甲集团一致同意将乙公司在其与甲集团之间销售合同中的权利和义务一并转让给丙公司,该约定符合合同权利义务一并转让的规定。据此,乙公司已不再享有原合同中的权利,原合同中的义务也相应一并转移,乙公司不再承担涉案债务。

---

① 最高人民法院(2018)最高法民申888号民事裁定书。

第七章　合同的权利义务终止

第五百五十七条　有下列情形之一的,债权债务终止:

(一)债务已经履行;

(二)债务相互抵销;

(三)债务人依法将标的物提存;

(四)债权人免除债务;

(五)债权债务同归于一人;

(六)法律规定或者当事人约定终止的其他情形。

合同解除的,该合同的权利义务关系终止。

【条文主旨】

本条是关于债权债务终止情形的规定。

【条文理解】

与《合同法》第91条相比,鉴于《民法典》未设债法总则,本条不再局限于“合同的权利义务终止”的称谓,而改称“债权债务终止”,从文义上扩大了适用范围。

债权债务可能因多种原因产生,亦可能因多种原因而终止。如发生本条规定的前述情形,则债权债务终止。其中,债权和债务同归于一人,是指由于发生某种事实,使一项债权债务中,原本由一方当事人享有的债权、另一方当事人负担的债务,统归于一方当事人,使该当事人既是债权人又是债务人,导致债权债务终止的情况。

【司法适用】

在适用本条判断债权债务是否终止时,还应注意各项情形,需要满足一定条件。例如,债务相互抵销一项,必须是当事人双方互负债务、互享债权,当事人双方互负的债权债务均须合法,且法律规定不得抵销的债权则不得抵销等。又如,判断债权债务是否因同归于一人而终止时,需要注意判断债权债务的对应关系,以及是否存在损害第三人利益的情况。

【司法案例】

甲股份有限公司诉大连乙商贸有限公司合同纠纷案①

诉讼结论：合同实际不履行不完全等同于解除合同，需要根据具体案情进行认定。

本案中，被告乙公司与原告甲公司虽然均承认双方签订的《协议书》于2011年上半年不再履行，但合同实际不再履行与合同解除是两个概念，甲公司没有提供双方已于2011年合意解除的证据。据此，二审法院认定在乙公司于2015年2月起诉甲公司要求解除合同并赔偿损失前，《协议书》仍未解除，乙公司起诉请求未超过诉讼时效，该认定并无不当，最高人民法院予以维持。

第五百五十八条　债权债务终止后，当事人应当遵循诚信等原则，根据交易习惯履行通知、协助、保密、旧物回收等义务。

【条文主旨】

本条是关于债权债务终止后的义务的规定。

【条文理解】

债权债务终止时，当事人的义务并不戛然而止。在诚实信用原则要求下，民事活动的当事人应诚实、守信、善意，不损人利己、不规避法律，由此在民事活动中维持双方以及当事人利益与社会利益的平衡。当事人在债权债务终止后应当履行哪些义务，并没有一定之规，依诚实信用原则应履行的义务，均可作为本条规定的义务范围，但通常包括通知、协助、保密义务等，这些都属于后合同义务。《合同法》第92条规定："合同的权利义务终止后，当事人应当遵循诚实信用原则，根据交易习惯履行通知、协助、保密等义务。"根据该条的规定，在合同双方权利义务尚未履行完毕但合同已被确认终止后，当事人根据诚实信用原则应承担一些附随义务。因为在这种情况下，尽管当事人剩余的合同义务无须再履行，但双方当事人都已为履行合同义务作出一些准备，合同终止后必须做好这些准备工作的善后事宜，尽量使双方的权利义务恢复到合同前的状态。一方当事人如有合理请求和需要，另一方当事人应配合协助。这就是所谓的后合同义务，是诚实信用这一"帝王条款"的延伸，法律规定后合同义务的目的是更好地保护合同当事人的权利、维护

---

① 最高人民法院(2017)最高法民申5012号民事裁定书。

交易秩序。

【司法适用】

根据诚信原则及交易习惯,债权债务终止后,当事人仍可能负有多项基于诚实信用原则派生的义务。例如,物业服务合同的权利义务终止后,业主委员会可请求物业服务企业退出物业服务区域、移交物业服务用房和相关设施,以及物业服务所必需的相关资料和由其代管的专项维修资金。如果当事人违反本条约定,给对方当事人造成损失的,还应予以赔偿。

【司法案例】

严某芬诉周某井抵押权纠纷案[①]

诉讼结论:本案严某芬要求周某井履行协助注销抵押登记手续的诉讼请求,人民法院应当受理。

本案中,公证书在执行过程中被人民法院裁定终结执行,意味着原告严某芬与被告周某井之间的抵押担保合同已经终止,双方的合同权利义务即告终结。但原告严某芬之前为了履行抵押担保义务已经作了积极的准备,即办理了房屋抵押登记手续和他项权证,在抵押担保合同终止后,被告周某井应当履行协助办理注销抵押登记手续的后合同义务。否则,原告严某芬将无法独自办理注销抵押登记手续,其合法的房屋产权将得不到保护,这对原告严某芬来说是不公平的,而被告周某井履行这一后合同义务并不会影响其实际权益。所以,原告严某芬的诉讼请求于法有据,同时也符合起诉的规定,人民法院应当受理并进入实体审查。

第五百五十九条 债权债务终止时,债权的从权利同时消灭,但是法律另有规定或者当事人另有约定的除外。

【条文主旨】

本条是关于债权的从权利消灭的规定。

【条文理解】

债权债务终止时,债权的从权利是否同时消灭,《合同法》没有规定。本条是编纂《民法典》"合同编"时新增加的内容。

所谓债权债务终止,也就是债的终止,主债权和债权的从权利同归于消灭。

---

① 江苏省盐城市中级人民法院(2009)盐民一终字第1047号民事裁定书。

债的终止亦即债的消灭，是指合同当事人双方之间的合同权利义务不复存在。根据民法原理，合同的权利义务终止即债权债务终止后，即使合同关系不复存在，同时也使合同的担保及其他从权利义务归于消灭。[①] 根据《物权法》第177条的规定，在主债权消灭的情形下，担保物权消灭。

所谓债权的从权利，是指合同的担保包括抵押权、质权、留置权等，以及其他从权利义务，如违约金债权、利息债权等。

本条内容既有效衔接了《民法典》“物权编”的规定，实际上也吸收借鉴了我国台湾地区“民法”第307条的规定。“债之关系消灭者，其债权之担保及其他从属之权利亦同时消灭。例如，债务人因清偿债权，致债之关系消灭者，凡系供债权清偿之担保而设定之抵押权、质权及保证等，均因此而消灭。又如，在契约之债，当事人有违约金之约定者，若债务人已为债务之履行，则违约金债权，当然因而消灭。盖此种担保及从权利，既为债权之存在而存在，自应随债权之消灭而消灭也。”[②]

利息债权也属于从权利，以主债权存在为其成立要件，主债权无效，从债权也属于无效；主债权消灭，从属权利也消灭。

所谓“法律另有规定”，譬如根据《物权法》第170条的规定，“担保物权人在债务人不履行到期债务或者发生当事人约定的实现担保物权的情形，依法享有就担保财产优先受偿的权利，但法律另有规定的除外”。据此，我们认为，在债务人因为破产而不履行到期债务，或者只能履行部分债务，则债权人就担保财产所有的权利，并不因为主债权因破产免责而消灭。《担保法解释》对此也有明确意见。[③]

【司法适用】

司法实践当中需要注意的是，利息债权固然具有从权利的性质，可因为原本债权消灭而作为附从的权利同时消灭。然而，如果原本债权因受清偿已经消灭而利息债权还没有清偿之时，利息债权应有独立的性质，利息债权并不随主债权而同归于消灭。在债务人破产清算，债权人只获得部分清偿的情形下，债权人就其未获得清偿部分，依据法律规定或者当事人约定，对担保人的权利包括破产案件受理之后债权的利息，并不同归于消灭。换言之，主债因清偿而消灭，可使依附于

---

① 谢怀栻等：《合同法原理》，法律出版社2000年版，第240页。

② 参见我国台湾地区“民法”第307条，参见梅仲协：《民法要义》，中国政法大学出版社1998年版，第299～300页。

③ 《担保法解释》第44条第2款规定：债权人申报债权后在破产程序中未受清偿的部分，保证人仍应当承担保证责任。债权人要求保证人承担保证责任的，应当在破产程序终结后6个月内提出。

主债的从债同归于消灭，担保合同关系应于主合同终止后消灭，但不能使未获清偿的应由担保人进一步清偿的从债归于消灭。

担保权是从属于主债权的，主债权消灭，从权利也就消灭了。然而，随着债权债务消灭，一些后合同义务如保密义务可能还会有，从诚信原则和合同履行而言，合同履行完毕债权债务终止，后合同义务在具体案件中仍然有发生。

【司法案例】

王某诉某县人民政府房屋行政登记案①

诉讼结论：案涉不动产的所有权系主权利，抵押权系从权利，主权利存在则从权利存在，主权利消灭则从权利消灭。

2013年7月，甲公司向王某借款后，双方依据签订的《抵押合同》申请办理他项权登记，并由某县政府为王某办理了在建工程抵押。由于王某与甲公司签订的《抵押合同》中未约定抵押期限，因此在债权未得到清偿以前，原告享有抵押权。甲公司在尚未清偿王某债务期间所建房屋已竣工，某县政府根据甲公司的申请对竣工房屋颁发了《房屋所有权证》，该物权登记行为系对房屋的初始登记，未发生对房屋所有权人变更、转移等物权变动事项。案涉不动产的所有权系主权利，抵押权系从权利，主权利存在则从权利存在，主权利消灭则从权利消灭。

第五百六十条　债务人对同一债权人负担的数项债务种类相同，债务人的给付不足以清偿全部债务的，除当事人另有约定外，由债务人在清偿时指定其履行的债务。

债务人未作指定的，应当优先履行已经到期的债务；数项债务均到期的，优先履行对债权人缺乏担保或者担保最少的债务；均无担保或者担保相等的，优先履行债务人负担较重的债务；负担相同的，按照债务到期的先后顺序履行；到期时间相同的，按照债务比例履行。

【条文主旨】

本条是关于债的清偿抵充顺序的规定。

【条文理解】

所谓清偿抵充，是指债务人对于同一债权人负担数项同种类债务，或负担同

① 四川省高级人民法院（2019）川行终302号行政裁定书。

一项债务而约定数次给付时，如果债务人的给付不足以清偿其全额债务，约定、决定该给付抵充某项债务的制度。《民法通则》及《合同法》中对债的抵销制度作出了规定，但并未对清偿抵充制度作出明确规定，这导致在一债务人对一债权人负数笔同种类债务时，在给付不足以清偿全部债务且没有约定的情形下，清偿顺序的确定缺乏依据。本条以问题为导向，借鉴国外立法例，吸收了《合同法解释（二）》第 20 条关于债务抵充顺序的司法解释的内容，①对清偿抵充顺序提供了明确的依据。

【司法适用】

债的清偿抵充问题，《合同法解释（二）》出台之前因为无法可依、认识不一而出现同案不同判的现象。本条则从立法上彻底解决了审判实践中的难题，统一了司法标准。与《合同法解释（二）》相比，本条对约定问题虽然没有提及，鉴于民法规范更多为任意规范，更强调合同自由意思自治，因此并不影响债的清偿抵充制度的稳定性和法律适用。根据本条规定，债的清偿抵充顺序可概括为：有约定从约定，无约定按指定；无指定时按（1）已到期的债务；（2）无担保或担保最少的债务；（3）债务负担较重的债务；（4）先到期的债务顺序抵充。如果债务的以上情况均相同，到期时间也相同的，则按比例抵充。②

【司法案例】

高某伟诉杨某平、冯某民间借贷纠纷案③

诉讼结论：在当事人没有对于债务负担顺序进行约定的情形下，应按法律规定的顺序进行抵充。

本案中，当事人之间除本案所涉 200 万元（借款到期期限为 2016 年 1 月 27 日）外，另行存在的 400 万元的借款（到期期限为 2014 年 11 月 20 日）先于本案 200 万元借款到期。根据《合同法解释（二）》第 20 条关于债的清偿抵充顺序的规定，在当事人没有对于债务负担顺序进行约定的情形下，对于数笔种类相同的债

---

① 《合同法解释（二）》第 20 条规定：债务人的给付不足以清偿其对同一债权人所负的数笔相同种类的全部债务，应当优先抵充已到期的债务；几项债务均到期的，优先抵充对债权人缺乏担保或者担保数额最少的债务；担保数额相同的，优先抵充债务负担较重的债务；负担相同的，按照债务到期的先后顺序抵充；到期时间相同的，按比例抵充。但是，债权人与债务人对清偿的债务或者清偿抵充顺序有约定的除外。

② 最高人民法院研究室编著：《最高人民法院关于合同法司法解释（二）理解与适用》，人民法院出版社 2009 年版，第 153 ~ 159 页。

③ 北京市第三中级人民法院（2018）京 03 民终 4792 号民事判决书。

务，应当优先抵充已到期的债务；几项债务均到期的，优先抵充对债权人缺乏担保或者担保数额最少的债务；担保数额相同的，优先抵充债务负担较重的债务。根据上述规定和查明事实，借款人在多笔借款发生后偿还的97万元，应当优先偿还400万元债务的利息。

第五百六十一条　债务人在履行主债务外还应当支付利息和实现债权的有关费用，其给付不足以清偿全部债务的，除当事人另有约定外，应当按照下列顺序履行：

（一）实现债权的有关费用；

（二）利息；

（三）主债务。

【条文主旨】

本条是关于债务人给付不足以清偿全部债务时债的抵充顺序的规定。

【条文理解】

在民法领域中，多数国家均规定债务人原则上可以自由指定抵充何宗债务，但有一项限制，即债务人所提出的给付应先抵充费用、次充利息、再次充本金。本条吸纳了《合同法解释（二）》第21条的内容，基于保护债权人的利益和遵循公平的理念，我国亦对此作出如是规定。

【司法适用】

债权人为实现债权支出的费用属于额外的损失，是因为债务人的违约行为而支付的额外费用，这些费用的支出也会造成债权人财产的减少，为了公平起见，债务人在给付时，应当优先补偿这些费用。利息是债权人基于合法的本金所生的孳息，债务人不偿还利息构成对债权人利益的一种损害，同时亦有违市场交易中的诚实信用原则的要求。而主债务之所以最后抵充，是因为主债务的救济途径要多于费用和利息，比如主债务可能还有财产担保或者人的保证等，在不能受清偿时可以通过对担保财产行使优先受偿权等途径实现。

【司法案例】

仪某军诉北京甲电信有限公司民间借贷纠纷案[①]

诉讼结论：被告向原告的每次还款应当先抵充利息，之后再抵充借款本金。

---

① 北京市第二中级人民法院（2011）二中民终字第19259号民事判决书。

根据《合同法解释(二)》第21条的规定,债务人除主债务之外还应当支付利息和费用,当其给付不足以清偿全部债务时,并且当事人没有约定的,人民法院应当按照下列顺序抵充:(1)实现债权的有关费用;(2)利息;(3)主债务。本案中,原告向被告借款200万元到期后,被告向原告还款100万元,该款应先抵充利息。

第五百六十二条　当事人协商一致,可以解除合同。

当事人可以约定一方解除合同的事由。解除合同的事由发生时,解除权人可以解除合同。

【条文主旨】

本条是关于合同约定解除的规定。

【条文理解】

本条源于《合同法》第93条关于合同约定解除的规定。根据合同自愿原则,当事人在法律规定范围内享有自愿解除合同的权利。当事人约定解除合同包括两种情况:一是协商解除,二是约定解除权。协商解除,即指合同生效后、未履行或未完全履行之前,当事人以解除合同为目的,经协商就解除原合同达成合意。约定解除权,指当事人在合同中约定,合同履行过程中出现某种情况,当事人一方或者双方有解除合同的权利。解除权可以在订立合同时约定,也可以在履行合同的过程中约定;可以约定一方享有解除合同的权利,也可以约定双方享有解除合同的权利。当解除合同的条件出现时,享有解除权的当事人可以行使解除权解除合同,而不必再与对方当事人协商。

【司法适用】

需要注意的是,约定解除也属于当事人之间订立的合同。因此,该约定首先应当符合合同生效的条件。此外,人民法院在审理案件过程中,遇当事人一方要求解除合同的,应当严格依照法律规定,审查合同是否具备解除条件,防止不诚信一方当事人通过解除合同逃避债务。《九民会议纪要》指出,合同约定的解除条件成就时,守约方以此为由请求解除合同的,人民法院应当审查违约方的违约程度是否显著轻微,是否影响守约方合同目的的实现,根据诚实信用原则,确定合同应否解除。违约方的违约程度显著轻微,不影响守约方合同目的的实现,守约方请求解除合同的,人民法院不予支持;反之,则依法予以支持。

【司法案例】

贵州甲资源勘查开发有限责任公司诉乙银行股份有限公司贵阳京瑞支行金融借款合同纠纷案①

诉讼结论：当事人可以约定一方解除合同的条件。解除合同的条件成就时，解除权人可以解除合同。

本案中，被上诉人乙行京瑞支行依约发放贷款，上诉人甲资源公司未按期足额偿还利息。案涉《固定资产贷款合同》第10条的约定赋予了被上诉人乙行京瑞支行在上诉人甲资源公司发生相关违约行为时所享有的单方解除权。本案中，上诉人甲资源公司、原审被告丙集团在诉讼中对上诉人甲资源公司存在逾期还款的违约事实并无异议，并认可上诉人甲资源公司自2015年12月21日以后未再归还借款本金及利息。因此，被上诉人乙行京瑞支行基于该逾期还款的事实行使解除权符合合同的约定。

第五百六十三条　有下列情形之一的，当事人可以解除合同：

（一）因不可抗力致使不能实现合同目的；

（二）在履行期限届满前，当事人一方明确表示或者以自己的行为表明不履行主要债务；

（三）当事人一方迟延履行主要债务，经催告后在合理期限内仍未履行；

（四）当事人一方迟延履行债务或者有其他违约行为致使不能实现合同目的；

（五）法律规定的其他情形。

以持续履行的债务为内容的不定期合同，当事人可以随时解除合同，但是应当在合理期限之前通知对方。

【条文主旨】

本条是关于合同法定解除的规定。

【条文理解】

法定解除，指合同生效后，没有履行或者未履行完毕前，当事人在法律规定的解除条件出现时，行使解除权而使合同关系消灭。不可抗力，通常是指不能预见、不能

---

① 最高人民法院（2018）最高法民终1246号民事判决书。

避免且不能克服的客观情况，如自然灾害、战争和2020年席卷全球的新型冠状肺炎疫情等。因预期违约解除合同，即指在合同履行期限届满之前，当事人一方明确表示或者以自己的行为表明不履行主要债务的，对方当事人可以解除合同。此外，对比《合同法》第94条，本条新增加第2款关于“以持续履行的债务为内容的不定期合同，当事人可以随时解除合同，但是应当在合理期限之前通知对方”的规定。在“合同编”编纂过程中，还曾经增加了第3款关于有解除权的当事人不行使解除权、对对方显失公平时对方的救济途径的规定，即“合同不能履行致使不能实现合同目的，有解除权的当事人不行使解除权，构成滥用权利对对方显失公平的，人民法院或者仲裁机构可以根据对方的请求解除合同，但是不影响违约责任的承担。”但立法机关从维护合同信守原则、防范道德风险和维护债权平等考虑，最终这种单独赋予违约方合同解除权的观点没有被本条采纳。

【司法适用】

适用本条时，要注意一是应区分不可抗力与情势变更，前者致使合同目的不能实现，后者致使合同目的实现的代价是严重不公平，前者致使合同不能履行，后者并未达到不能履行的程度但极大增加履约一方的成本和风险。二是应注意解除条件的要件限制。例如，不可抗力致使不能实现合同的目的，法定解除权即产生。又如，当事人一方是否迟延履行主要债务，以及催告的合理期限，均应当依照具体案情进行判断。另外，根据《九民会议纪要》，虽然违约方通常情况下不享有单方解除合同的权利，但在一些特殊情况下，双方在合同履行过程中已形成僵局，如果一概不允许违约方通过起诉的方式解除合同，可能对双方都不利。在此前提下，符合下列条件，违约方起诉请求解除合同的，人民法院依法予以支持：(1)违约方不存在恶意违约的情形；(2)违约方继续履行合同，对其显失公平；(3)守约方拒绝解除合同，违反诚实信用原则。但人民法院由此判决解除合同的，违约方本应当承担的违约责任不能因解除合同而减少或者免除。本条对此纪要内容始纳终弃，适用时应当注意与“合同编”第八章第580条规定的差异性。这里的合同解除应当严格把握具体可参照情势变更的条件。

【司法案例】

重庆某某投资(集团)有限公司诉泸州市某某区人民政府等合同纠纷案①

诉讼结论：被告解除行为是否产生效力应当依据《合同法》第94条的规定进行审查。

---

① 重庆市高级人民法院(2014)渝高法民初字第00070号民事判决书。

本案中，被告主张终止协议所依据的两份文件国务院办公厅《关于规范国有土地使用权出让收支管理的通知》和四川省国土资源厅、省财政厅、省监察厅、省审计厅联合下发的《关于进一步加强国有土地使用权出让收支管理的通知》并非法律、行政法规，且未对本案所涉协议明令禁止，被告以政策变化为由要求解除相关协议的理由不能成立，其发出的终止履行协议的函不产生解除合同的效力。因此，被告应继续履行与原告签订的相关协议。

第五百六十四条　法律规定或者当事人约定解除权行使期限，期限届满当事人不行使的，该权利消灭。

法律没有规定或者当事人没有约定解除权行使期限，自解除权人知道或者应当知道解除事由之日起一年内不行使，或者经对方催告后在合理期限内不行使的，该权利消灭。

【条文主旨】

本条是关于解除权行使期限的规定。

【条文理解】

解除权的行使会引起合同关系的重大变化，因此不能毫无限制。如果享有解除权的当事人长期不行使解除的权利，就会使合同关系处于不确定状态，影响当事人权利的享有和义务的履行。因此，解除权应当在一定期间行使。与《合同法》第95条相比，本条新增了关于“自解除权人知道或者应当知道解除事由之日起一年内”的限制。

【司法适用】

按本条规定，行使解除权的期限分为两种情况：(1)按照法律规定或者当事人约定的解除权的行使期限行使；(2)自解除权人知道或者应当知道解除事由之日起一年内，或经对方催告后在合理期限内行使。该合理期限应根据个案不同而定，享有解除权的当事人应本着诚实信用原则，在收到催告后尽早通知对方是否解除合同。当事人对催告的合理期间有异议的，由人民法院或者仲裁机构确定。

【司法案例】

天津市甲商贸大世界有限公司诉天津市乙工贸有限公司、王某某财产权属纠纷案①

诉讼结论：行使解除权的合理期限应根据案件具体情况而判定，被告乙公司

① 最高人民法院(2012)民再申字第310号民事裁定书。

关于原告甲公司的解除权已在起诉前消灭的主张不能成立。

首先，原告甲公司并非房地产开发企业，其系向特定的对象乙公司及王某某出售房屋，而非向社会销售，故案涉协议并非《商品房买卖解释》所称的商品房买卖合同，不适用该司法解释。其次，对房屋买卖合同的解除权行使期限，法律没有规定，本案当事人在合同中亦未约定，解除权行使的何为“合理期限”，应由人民法院结合具体案情予以认定。本案中，《转让协议》签订后，原告甲公司已将案涉房屋交付给被告乙公司管理、经营，被告乙公司已支付了首付款3400万元，并自2004年5月17日起至2006年6月26日向案涉房屋内的租户收取租金及保证金。一旦合同解除，不仅涉及本案原告、被告之间的权利义务关系，还涉及资产及租户移交等诸多问题，且被告乙公司在2005年12月18日发出的《通报函》亦只是表明“拟与贵公司（甲公司）协商解除上述协议”，因此，原告需要充分时间对是否解除合同进行研究。最后，被告乙公司在发出《通报函》后至原告起诉前，既未履行《补充协议》项下的付款义务，亦未表达过继续履行合同的意愿，其违约行为始终处于延续状态。综合本案情况，原告收到《通报函》后，于2006年6月28日提起诉讼，并未超出合理期限。

第五百六十五条　当事人一方依法主张解除合同的，应当通知对方。合同自通知到达对方时解除；通知载明债务人在一定期限内不履行债务则合同自动解除，债务人在该期限内未履行债务的，合同自通知载明的期限届满时解除。对方对解除合同有异议的，任何一方当事人均可以请求人民法院或者仲裁机构确认解除行为的效力。

当事人一方未通知对方，直接以提起诉讼或者申请仲裁的方式依法主张解除合同，人民法院或者仲裁机构确认该主张的，合同自起诉状副本或者仲裁申请书副本送达对方时解除。

【条文主旨】

本条是关于合同解除程序的规定。

【条文理解】

与《合同法》第96条相比，本条保留了合同自通知到达对方时解除的规定，新增了解除通知载明一定期限内不履行债务则合同自动解除，债务人在该期限内未履行债务的，合同自通知载明的期间届满时解除的规定。同时，本条还对一方未通知对方而直接以诉讼或仲裁方式主张解除合同情况下，合同自何时解除进行了规定。此外，相比《合同法》第96条，本条进一步明确了对解除合同有异议时，任何一方当事人均可请求有关机构确认解除行为效力。

【司法适用】

根据最高人民法院研究室对《合同法解释(二)》第24条理解与适用的请示的答复，当事人根据《合同法》第96条的规定通知对方要求解除合同的，必须具备《合同法》第93条或者第94条规定的条件，才能发生解除合同的法律效力。《九民会议纪要》中再次强调，只有享有法定或者约定解除权的当事人才能以通知方式解除合同。不享有解除权的一方向另一方发出解除通知，另一方即便未在异议期限内提起诉讼，也不发生合同解除的效果。人民法院在审理案件时，应当审查发出解除通知的一方是否享有约定或者法定的解除权来决定合同应否解除，不能仅以受通知一方在约定或者法定的异议期限届满内未起诉这一事实就认定合同已经解除。

【司法案例】

四川省甲房地产开发有限责任公司诉乙电视大学合资、合作开发房地产合同纠纷案①

诉讼结论：当事人根据《合同法》第96条的规定通知对方要求解除合同的，必须具备《合同法》第93条或者第94条规定的条件，才能发生解除合同的法律效力。

本案中，双方在《合作开发协议》第10条中约定乙可以解除合同的条件为，“在乙方(甲公司)未按照本合同第九条第一款约定按期兑现甲方(乙)利益”以及“乙方(甲公司)违反合同第六条第七款之规定(不得将本项目整体或部分转让给其他任何单位或个人开发)”。被上诉人乙所主张的政府拟对合作开发的土地重新拍卖、无法履行合作协议的解除合同的理由，并非合同约定的乙可以解除合同的条件，也不属于《合同法》第94条可以行使法定解除权的情形。《合同法》第96条和《合同法解释(二)》第24条关于合同的约定解除和法定解除权利行使方式和期限的规定，不能适用于本案乙通知解除合同的情形。被上诉人乙以《解除函》通知甲公司解除合同的行为，不发生解除合同的效力。

---

① 最高人民法院(2014)民申字第56号民事裁定书。

第五百六十六条　合同解除后，尚未履行的，终止履行；已经履行的，根据履行情况和合同性质，当事人可以请求恢复原状或者采取其他补救措施，并有权请求赔偿损失。

合同因违约解除的，解除权人可以请求违约方承担违约责任，但是当事人另有约定的除外。

主合同解除后，担保人对债务人应当承担的民事责任仍应当承担担保责任，但是担保合同另有约定的除外。

【条文主旨】

本条是关于合同解除的效力的规定。

【条文理解】

本条在《合同法》第97条基础上吸纳了《担保法解释》第10条关于主合同解除后担保人如何承担担保责任的规定，同时明确了合同因违约解除时当事人可以视双方约定情况、请求违约方承担违约责任。由此，将合同解除在一定情况下具有溯及既往的效力，以及解除后债权债务如何处理的问题进行了较为全面的说明。文字上一是将“要求”修改为“请求”，这在法律适用上更便于识别其为请求权基础，二是“当事人”修改为“解除权人”，明确排除了违约人，表述更为准确。

【司法适用】

根据本条规定，合同解除后，尚未履行的，终止履行；已经履行的，根据履行情况和合同性质，当事人可以要求恢复原状、采取其他补救措施，并有权要求赔偿损失。所谓根据履行情况，是指根据履行部分对债权的影响。如果债权人的利益不是必须通过恢复原状才能得到保护，不一定采用恢复原状。当然如果债务人已经履行的部分对债权人根本无意义，可以请求恢复原状。所谓根据合同性质，是指根据合同标的的属性。根据合同的属性不可能或者不容易恢复原状的，不必恢复原状。

【司法案例】

海门市甲农机经营部诉乙天然气股份有限公司上海销售分公司租赁合同纠纷案①

诉讼结论：原告海门市甲农机经营部与被告乙天然气股份有限公司上海销售

① 上海市第一中级人民法院(2015)沪一中民四(商)终字第622号民事判决书。

分公司签订的《加油站资产及经营权租赁合同》合法有效。

被告作为业内知名企业的分公司，其有能力亦有条件对商业风险作出合理判断，对商业决策失误可能造成的损失应有充分认知。合同订立时，双方进行了沟通与协商，对合同履行期间可能出现的证照无法变更情形及解决方案亦有过考量与约定。合同签订后，双方办理了交接手续。在合同仅对原告课以协助办理并提供必要材料的义务，而原告亦履行了合同约定的协助义务时，被告不能将证照未能变更导致的合同目的无法实现归责于原告，而应自行承担这一商业风险所带来的后果。根据《合同法》第97条关于"合同解除后，尚未履行的，终止履行；已经履行的，根据履行情况和合同性质，当事人可以要求恢复原状、采取其他补救措施、并有权要求赔偿损失"之规定，判决解除《加油站资产及经营权租赁合同》，被告应支付原告租金及迟延付款违约金等，驳回被告其余反诉请求。被告上诉后，上海市第一中级人民法院判决驳回上诉，维持原判。

第五百六十七条　合同的权利义务关系终止，不影响合同中结算和清理条款的效力。

【条文主旨】

本条是关于合同终止后有关结算和清理条款效力的规定。

【条文理解】

本条源于《合同法》第98条，只是文字上加了"关系"两个字。合同终止，合同条款也相应地失去其效力。但是如果该合同尚未结算清理完毕，合同中约定的结算清理条款仍然有效。结算是经济活动中的货币给付行为。如果当事人在合同中约定了结算方式，合同终止后，应当按照约定的方式结算。例如，银行汇票结算、商业汇票结算、银行本票结算、支票结算、汇兑、委托收款等。清理指对债权债务进行清点、估价和处理。如果合同中约定了进行清理的主体、清理的范围及清理的方法，则应当按照合同约定进行清理。

【司法适用】

合同的权利义务终止后，合同中除结算和清理条款独立有效外，关于违约金的条款亦继续有效。根据《最高人民法院关于当前形势下审理民商事合同纠纷案件若干问题的指导意见》，合同解除后，当事人主张违约金条款继续有效的，人民法院可以根据《合同法》第98条的规定进行处理。《买卖合同解释》第26条进一步规定，买卖合同因违约而解除后，守约方主张继续适用违约金条款的，人民法院应予支持;但约定的违约金过分高于造成的损失的,人民法院可以参照《合同法》第 114 条第 2 款的规定处理。

【司法案例】

徐某诉甲房产公司财产所有权纠纷案①

诉讼结论:合同的权利义务终止,不影响合同中结算和清理条款的效力。

虽然上诉人与被上诉人曾签订终止协议、载明“自签字之日起,双方再无任何房屋租赁关系及经济关系”,但双方在签订终止协议后还于 2004 年 1 月 14 日由上诉人徐某向被上诉人甲房产公司结清了水和燃气的欠费,可见双方对终止协议中“双方再无任何房屋租赁关系及经济关系”这一条款的理解并不完全与字面意思一致。本案所涉的北京市房屋租赁承租合同和终止协议,都是被上诉人甲房产公司向上诉人徐某提供的格式合同,终止协议里对押金以及押金收据如何处理只字未提,从“双方再无任何房屋租赁关系及经济关系”这一格式条款的文字中,不能直接推导出上诉人徐某有自愿放弃押金权利的意思表示。因此在租赁合同终止并且应缴纳的费用已缴纳的前提下,被上诉人仅以上诉人签署了终止协议为由拒不返还押金,于法无据,是侵犯上诉人的财产所有权。综上,上诉人徐某要求被上诉人甲房产公司返还其押金 1600 元的上诉理由成立,应予采纳。

第五百六十八条　当事人互负债务,该债务的标的物种类、品质相同的,任何一方可以将自己的债务与对方的到期债务抵销;但是,根据债务性质、按照当事人约定或者依照法律规定不得抵销的除外。

当事人主张抵销的,应当通知对方。通知自到达对方时生效。抵销不得附条件或者附期限。

【条文主旨】

本条是关于债务法定抵销的规定。

【条文理解】

本条源于《合同法》第 99 条。

抵销,是在当事人双方之间互负债务场合,依一方意思表示或双方的合意,各以其债权冲抵债务的履行,从而使彼此债务全部或者部分归于消灭。抵销制度为

① 参见《最高人民法院公报》2005 年第 9 期。

许多国家和地区立法所肯定并在实践中运用,该制度的确立避免了互负债务的双方当事人分别请求及分别履行所造成的负担,减轻了给当事人可能造成的诉累。抵销是一种使合同权利义务终止的原因,依其产生的依据不同,抵销可分为法定抵销和约定抵销,本条是关于债务法定抵销的规定。

法定抵销,是指在符合法律规定抵销条件的情况下,依一方当事人作出抵销的意思表示而使当事人双方互负债务发生消灭的效力。法定抵销应满足以下要件:(1)当事人互负有效债务;(2)双方债务的标的物种类、品质相同;(3)主动债权已经到期;(4)双方债务均不属于不得抵销的债务。即依债务性质、按照当事人约定或者依照法律规定,债务不得抵销的,则不发生债务消灭的效力。

本条与《合同法》第99条相比,有以下变动:(1)被动债权不再绝对要求已届清偿期。《合同法》第99条规定的是“当事人互负到期债务”,即《合同法》要求抵销双方的债务均到期。本法不再要求主张抵销一方的债务到期,根据意思自治的原则,主张抵销一方的债务即使没有到期也可以主张抵销,事实上是其以放弃其期限利益为代价,该主张不损害他人的利益也不妨害交易安全,本法对此不再进行限制符合双方的利益。(2)明确根据债务性质不得抵销的除外。《合同法》第99条规定的是“按照合同性质不得抵销的除外”,因为本条规定为债务抵销的规定,实际上指的是依债务的性质不得抵销,而债除了合同之债外还有其他性质的债,《民法典》将该规定表述为“依债务性质不得抵销的除外”更加准确。(3)新增了按照当事人约定不得抵销的除外规定。《合同法》第99条仅规定了依照法律规定或者按照合同性质不得抵销的除外情形,《合同法解释(二)》第23条规定了可以抵销的到期债权,当事人约定不得抵销的,人民法院可以认定该约定有效,亦即当事人的约定可以对抗法定抵销。《民法典》吸收了《合同法解释(二)》第23条的规定,系合同自愿原则的体现,有利于维护交易的安全。

本条第2款明确规定了当事人主张抵销的,应当通知对方。通知自到达对方时生效。抵销产生债务消灭的法律效力,直接关系当事人双方的利益,如利息计算、违约责任的确定等,故抵销必须通知到对方。如果对抵销发生争议,主张抵销的一方对通知对方抵销的事实负有举证责任。抵销以抵销通知到达对方时生效,该法定抵销不以对方同意为必要。根据《九民会议纪要》第43条的规定,抵销权既可以通知的方式行使,也可以提出抗辩或者提起反诉的方式行使。

抵销不得附有条件或者期限,否则,不发生抵销的效力。如果附有条件则会引起法律关系的不确定及纠纷,使合同相对方的法律地位处于不安定状态;如果附有期限将使抵销的溯及效力失去抵销应有的意义。

【司法适用】

适用该条应注意：

（1）如果主张抵销一方的债权丧失执行力，则其不得主张抵销，例如超过诉讼时效的债权，债务人可以拒绝履行，但债务人放弃时效利益的除外。

（2）司法实践中能够进行抵销的主要是金钱之债，双方债务的标的物如果是金钱，可以直接抵销同等数额的金钱债务，这里的金钱债务，应指同等币种的金钱之债；如果是其他的种类之债，则需要种类、品质相同，如种类相同，品质不同则不适用本条法定抵销的规定，如果当事双方欲抵销，则只能在协商一致的情况下，适用约定抵销的规定。

（3）依照法律规定不得抵销的情形。法律明确规定不得抵销的情形不得抵销，如《民事诉讼法》第243条第1款和第244条第1款的但书规定了人民法院在执行中应当保留被执行人及其所扶养家属的生活必需费用或生活必需品。该生活必需费用或生活必需品属于禁止扣押的被动债权范围，不允许相对人对之主张抵销。另外，还有《合伙企业法》第41条、《企业破产法》第40条、《信托法》第18条、《证券投资基金法》第6条，也规定了不得抵销的情形。

（4）法定抵销具有溯及既往的效力。根据《九民会议纪要》第43条的规定，抵销的意思表示自到达对方时生效，抵销一经生效，其效力溯及自抵销条件成就之时，双方互负的债务在同等数额内消灭。亦即抵销具有溯及效力。

（5）抵销使双方互负的债务数额在同等范围内消灭。根据《九民会议纪要》第43条的规定，双方互负的债务数额，是截至抵销条件成就之时各自负有的包括主债务、利息、违约金、赔偿金等在内的全部债务数额。行使抵销权一方享有的债权不足以抵销全部债务数额，当事人对抵销顺序又没有特别约定的，应当根据实现债权的费用、利息、主债务的顺序进行抵销。

抵销产生债务消灭的效力，但并不必然产生合同关系消灭的法律后果。如果抵销双方债权债务相等，则抵销产生合同关系消灭的法律后果；如果债务的数额大于抵销额，则抵销只产生抵销范围内债务减少，除非对方放弃大于部分，否则，该抵销不能消灭合同关系。

【司法案例】

马某民诉穆某好、青海甲房地产开发有限公司民间借贷纠纷案[①]

诉讼结论：有抵销权的当事人主张抵销的，自通知到达对方时生效。

---

① 最高人民法院（2019）最高法民终762号民事判决书。

本案中，马某民虽然与甲公司的法定代表人穆某好签订的是《合作开发房地产合同书》，并依约向甲公司转款1000万元，但在一审诉讼中马某民最终确定依据借款关系主张给付借款本息的诉讼请求。马某民的诉讼请求系其对自身权利的处分，不违反法律规定。穆某好、甲公司认可向马某民借款1000万元的事实。穆某好、甲公司应当向马某民承担还款责任。在穆某好、甲公司未向马某民归还涉案借款的情形下，甲公司于2018年2月26日向马某民转款200万元，并附言"借款"。马某民认可该笔款项系马某民向甲公司的借款，且至今未向甲公司归还。根据《合同法》第99条的规定："当事人互负到期债务，该债务的标的物种类、品质相同的，任何一方可以将自己的债务与对方的债务抵销，但依照法律规定或者按照合同性质不得抵销的除外。当事人主张抵销的，应当通知对方。通知自到达对方时生效。抵销不得附条件或者附期限。"甲公司关于其向马某民出借200万元应与其自马某民处借款1000万元相应部分抵销的理由，符合法律规定。法院判决将该笔200万元款项从1000万元借款本金中扣除，认定偿还借款本金800万元。

第五百六十九条　当事人互负债务，标的物种类、品质不相同的，经协商一致，也可以抵销。

【条文主旨】

本条是关于债务约定抵销的规定。

【条文理解】

约定抵销，指债权人与债务人双方协商一致，订立抵销合同，从而使双方互负的债务消灭。

约定抵销与法定抵销不同，约定抵销只要求当事人互负债务，协商一致即可抵销，标的物种类、品质可以不同，也不要求债务履行期限届满。约定抵销的意义在于它能够改变法定抵销的条件或弥补法定抵销的不足，从而在不具备法定抵销的情况下，当事人按照意思自治的原则，从各自利益出发考量，及时将双方互负的债务抵销，充分实现各自利益。

【司法适用】

双方的债权或者一方的债权，虽未届清偿期，仍可以通过合意进行抵销。主动债权虽附有抗辩，亦同。因为依照抵销合同，可以理解为当事人抛弃期限利益或者抗辩。[①] 尽管该条规定未明确约定抵销需要签订书面合同，但由于抵销标的物的种类、品质不相同，为避免纠纷产生，对于标的额较大的债务，双方应签订书面抵销合同为宜。

约定抵销合同的效力于当事人意思表示一致时发生，如非特别约定，原则上并没有溯及效力，这在互负的债务以不同种类、品质的物为标的时更应当如此，这点与法定抵销有所不同。[②]

【司法案例】

李某甲诉李某乙、朱某买卖合同纠纷案[③]

诉讼结论：约定抵销自当事人双方达成意思表示一致时发生债务消灭的法律后果。

李某甲主张李某乙与朱某之间的车辆交易是另一个法律关系，与本案无关，但李某甲在一、二审期间陈述欠款到期后，多次索要朱某拖延不付，且在追索货款期间，其因身患疾病多次赴外地住院治疗，然其儿子李某乙与朱某的车辆交易时正是货款逾期未付的状态，李某乙在未扣减朱某欠其父亲李某甲的货款情况下给朱某直接支付车辆价款的陈述，不符合常理和自然人之间经济交往的习惯。在朱某已将车辆交付、车辆产权变更登记于李某乙名下的情形下，朱某称双方已经达成协议由该车辆抵偿欠付李某甲货款的主张，符合常理和自然人之间经济交往的习惯，具有高度可能性。根据《合同法》第100条的规定，本案朱某主张车辆抵顶其欠李某甲货款的行为依法成立，李某甲主张货款未获偿付的理由不能成立，依法应当驳回李某甲的再审申请。

第五百七十条　有下列情形之一，难以履行债务的，债务人可以将标的物提存：

（一）债权人无正当理由拒绝受领；

（二）债权人下落不明；

（三）债权人死亡未确定继承人、遗产管理人，或者丧失民事行为能力未确定监护人；

---

① 史尚宽：《债法总论》，中国政法大学出版社2000年版，第871～872页。

② 孙森焱：《民法债编总论》（下册），法律出版社2006年版，第903页。

③ 甘肃省高级人民法院（2018）甘民申1517号民事裁定书。

（四）法律规定的其他情形。

标的物不适于提存或者提存费用过高的，债务人依法可以拍卖或者变卖标的物，提存所得的价款。

【条文主旨】

本条是关于标的物提存条件的规定。

【条文理解】

提存，是指由于债权人的原因，致使债务人无法向债权人履行其到期债务，债务人将合同标的物交付给特定的提存部门，从而完成债务的履行，使债务消灭的制度。作为提存标的物的财产称为“提存物”，向提存部门寄存提存物的人称为“提存人”，应当从提存部门领取提存物的人称为“提存受领人”。

提存需具有法律规定的情形，主要有：（1）债权人无正当理由拒绝受领。债权人应当且能够受领，在无正当理由的情况下却拒绝受领，债务人可以将标的物提存。债权人拒绝受领的正当理由，一般是指债务人的履行不符合合同约定，如债务人履行标的的质量、规格、履行的地点、方式、时间等部分或者全部与合同约定不符，债权人有权按照合同约定行使抗辩权以拒绝受领。（2）债权人下落不明。债权人的下落不明即债权人事实上的不能受领，“下落不明”是指债权人离开自己的住所不知去向，或者债权人的地址不详而查无此人，或者作为法人的债权人事实上的停业且无法联系到相关人员等。（3）债权人死亡未确定继承人、遗产管理人（与《合同法》第101条相比，“遗产管理人”系新增的规定）或者丧失民事行为能力未确定监护人。债权人死亡时，该债权人的继承人依法可以继承其债权，在继承开始后遗产分配前，债务人应当向遗产管理人履行债务，但如果继承人、遗产管理人均未确定，债务人可以将标的物提存。债权人丧失民事行为能力，债务人可以向债权人的监护人履行，如果该债权人未确定监护人，债务人难以履行债务，债务人可以将标的物提存。（4）法律规定的其他情形。除了前三项规定的情形外，法律规定的其他可以提存的情形发生时，债务人可以将标的物提存。《合同法》第70条（《民法典》第529条）规定：“债权人分立、合并或者变更住所没有通知债务人，致使履行债务发生困难的，债务人可以中止履行或者将标的物提存。”《担保法》第49条第3款（《民法典》第406条第2款）规定了抵押人转让抵押物所得的价款，应当向抵押权人提前清偿所担保的债权或者向与抵押权人约定的第三人提存。《担保法》第69条第2款（《民法典》第432条第2款）及第70条（《民法典》第433条）分别规定了出质人或质权人要求将质物提存的内容。

本条第2款规定要求提存物必须适合于提存。《提存公证规则》第7条规定:“下列标的物可以提存:(一)货币;(二)有价证券、票据、提单、权利证书;(三)贵重物品;(四)担保物(金)或其替代物;(五)其他适宜提存的标的物。”该规则第14条第5款规定:“对易腐易烂易燃易爆等物品,公证处应当在保全证据后,由债务人拍卖或变卖,提存其价款。”若根据标的物的性质不适于提存,如各种鲜活物品、药品等容易发生变质则不适于提存,建筑原材料因其体积庞大不适于提存;或者根据经济效益原则,若提存标的物的费用过高而不适宜提存,如铅蓄电池等危险废物储存成本过高、牛马等动物饲养成本过高等。在不适宜提存的场合,债务人依法可以拍卖或者变卖标的物,将拍卖或者变卖所得的价款提存。

【司法适用】

在债务履行期限届满之前,债务人向债权人履行,尽管本条规定并没有明确限定“债务届清偿期”,但考虑提前履行或提存可能给债权人带来不利,如标的物损坏或灭失的风险、标的物保管费用的承担、提存费用的负担等,故原则上应以不允许债务人在清偿期届满前提存为妥当。也就是说,即使债权人在清偿期届满前无正当理由拒绝受领,债务人也不能提前提存。

债权人的下落不明原则上包括一时的下落不明,但如果债务人未依诚信原则采取合理手段的场合,径依债权人一时的不在为由作为受领不能而为提存,应认定提存无效,不生提存应有的法律后果。在司法实践中,我们建议合同双方明确约定通知的地址、联系人、联系方式并约定前述事项变更时的通知义务以及未通知的责任。

【司法案例】

郭某诉四川省甲房地产开发有限公司商品房预售合同纠纷案①

诉讼结论:提存人的提存行为不符合法律规定,不能产生提存的法律后果。

案涉《商品房买卖合同》已明确约定购房款应支付至甲公司开设的预售款监管账户,并载明了预售款监管账户的开户行、账户号等信息,郭某本人在该合同中还专门对相关约定另行抄写了一遍,加之郭某彼时还担任甲公司营销总监,其对上述收款账户的约定应当清楚知晓。郭某主张甲公司曾通过其他账户收款,但并未举证证明甲公司已告知郭某不得向预售款监管账户转入购房款,或者需要等待甲公司另行明确收款方式后付款。同时,郭某也未举证证明约定的甲公司预售款监管账户进行了变更或者存在错误,更未举证证明其曾向预售款监管账户转入购

① 四川省高级人民法院(2019)川民申4048号民事裁定书。

房款而未能成功的情况存在。因此，即便郭某到甲公司现场支付购房款被拒绝，也主要是因双方对案涉《商品房买卖合同》是否系甲公司真实意思表示产生了分歧，但并未因此而妨碍郭某通过向预售款监管账户转入购房款的方式履行购房款支付义务。故，本案中不存在郭某因甲公司的原因而难以履行债务的情况存在。一审判决根据《合同法》第 101 条的规定，认定郭某的提存行为不符合法律规定，不能产生提存的法律后果，二审判决予以维持，并无不当。

第五百七十一条　债务人将标的物或者将标的物依法拍卖、变卖所得价款交付提存部门时，提存成立。

提存成立的，视为债务人在其提存范围内已经交付标的物。

【条文主旨】

本条是关于提存成立及提存对债务人效力的规定。

【条文理解】

相比于《合同法》关于提存的规定，本条系《民法典》吸收《合同法解释(二)》第 25 条提存规定的基础上新增的规定。

根据本条规定，债务人向提存部门交付转移标的物或者将标的物依法拍卖、变卖所得价款交付提存部门的时间为提存成立的时间。对此，《提存公证规则》第 16 条规定："提存货币的，以现金、支票交付公证处的日期或提存款划入公证处提存账户的日期为提存日期。提存的物品需要验收的，以公证处验收合格的日期为提存日期。提存的有价证券、提单、权利证书或无需验收的物品，以实际交付公证处的日期为提存日期。"《提存公证规则》第 17 条规定："公证处应当从提存之日起三日内出具提存公证书。提存之债从提存之日即告清偿。"

提存部门，是指国家设立的接收和保管提存物，并应债权人的请求将提存物发还债权人的机构。《提存公证规则》第 4 条规定："提存公证由债务履行地的公证处管辖。以担保为目的的提存公证或在债务履行地申办提存公证有困难的，可由担保人住所地或债务人住所地的公证处管辖。"《公证法》第 6 条规定："公证机构是依法设立，不以营利为目的，依法独立行使公证职能、承担民事责任的证明机构。"据此，在我国提存被作为一项公证业务由各地公证处受理。

本条第 2 款规定，提存成立的，视为债务人在其提存范围内已经交付标的物。提存最直接的效果就是债务人已经清偿债务，从而使债务在提存范围内归于消灭，但是提存的主要原因系债权人拒绝受领、债权人不能受领等，提存成立时，债权人往往不能及时领取提存物，故本法规定提存成立的，“视为”债务人在其提存范围内已经交付标的物。

【司法适用】

根据《提存公证规则》的规定，公证处为我国受理提存的机构。在其他国家或地区，有在地方法院设立提存所（如我国台湾地区）办理提存事务。我国内地各级法院并未单独设立提存部门，司法实践中，也有部分法院在办理执行案件中以申请执行人下落不明而将执行款项提存到法院账户的。

【司法案例】

中国人民解放军某某联勤保障中心（原中国人民解放军某某部队）诉淮安市甲投资发展有限公司合作开发房地产合同纠纷案[①]

诉讼结论：提存自提存人将标的物交付提存部门时成立，提存成立的，债权人应自提存部门处领取提存物。

原中国人民解放军某某部队因案涉合作开发房地产合同取得甲公司缴纳的保证金20万元，在该合同依法无效且不能继续履行的情况下，某某部队应当依法返还甲公司，但经某某部队通知后，甲公司拒绝受领该保证金，某某部队在此种情况下将该部分款项提存公证处符合《合同法》第101条之规定，保证金由某某部队依法予以提存后，甲公司应自提存机关领取该款，一审法院判令某某部队向甲公司返还保证金20万元，适用法律错误，再审予以纠正。

第五百七十二条　标的物提存后，债务人应当及时通知债权人或者债权人的继承人、遗产管理人、监护人、财产代管人。

【条文主旨】

本条是关于标的物提存后通知的规定。

【条文理解】

债务人将标的物提存后，应当及时将标的物提存的事实通知提存受领人，以使提存受领人知悉标的物被提存的事实，早日领取提存物。债务人负有提存通知的义务，该义务系法律规定的后合同义务。这里的提存受领人指债权人或者债权人的继承人、遗产管理人、监护人、财产代管人。

① 江苏省高级人民法院（2018）苏民再161号民事判决书。

本条源于《合同法》第102条。与《合同法》第102条相比,本条有两点不同之处:(1)删除了《合同法》第102条"除债权人下落不明的以外"的规定。也即提存后,债务人应履行通知义务,即使债权人下落不明的,债务人亦可通过公告等方式通知债权人。(2)新增了"遗产管理人"和"财产代管人"为提存受领人。遗产管理人,是指对死者遗产负责保存和管理的人。遗嘱执行人为遗产管理人;没有遗嘱执行人的,由继承人推选遗产管理人;继承人未推选的,由继承人共同担任遗产管理人;没有继承人或者继承人均放弃继承的,由被继承人生前住所地的民政部门或者村民委员会担任遗产管理人。财产代管人,是对失踪人被宣告失踪后,为避免其财产长期处于无人照看的状态,设立失踪人的财产代管人对失踪人的财产进行管理的人。《民法典》第42条规定了财产代管人的范围为失踪人的配偶、成年子女、父母或者其他愿意担任财产代管的人。同时规定,代管有争议,没有前款规定的人,或者前款规定的人无代管能力的,由人民法院指定的人代管。

【司法适用】

在司法实践中,因债权人下落不明发生的提存占有一定的比例,该种情形下通知债权人往往比较困难,否则,债务人可能不需要将标的物提存。《合同法》第102条将债权人下落不明的情形排除在通知之外,不利于债权人及时领取提存标的物,同时,在司法实践中债权人是否"下落不明"往往存在争议及举证责任的问题。随着通讯方式的多样性,即使债权人下落不明,提存人也应当履行通知的义务,在因债权人下落不明而无法通知时,债务人应当通过在公共媒体、自媒体或者债权人之前合同留存的地址以公告或其他方式予以通知,可以同时以短信、微信等多种形式进行通知,以使债权人及时知道提存行为已经发生。

《提存公证规则》第18条第3款规定:"提存受领人不清或下落不明,地址不详无法送达通知的,公证处应自提存之日起六十日内,以公告方式通知。公告应刊登在国家或债权人在国内住所地的法制报刊上,公告应在一个月内在同一报刊刊登三次。"该规则规定了提存部门有依法通知的义务,并规定了通知的方式。提存部门的通知义务与提存人的通知义务是并行的,应当分别履行。

提存自债务人将标的物或标的物依法拍卖、变卖所得价款交付提存部门时起就发生效力,因此,提存后的通知并非提存的生效要件,债务人不履行此项义务并不影响提存的法律效力,但是,债务人未履行通知义务或怠于通知而给债权人造成损害时,提存人对由此给债权人造成的损害应负损害赔偿责任。提存部门未履行通知义务而给债权人造成损害的,亦应负损害赔偿责任。

【司法案例】

赵某诉某市公证处、于某云、潘某雪房屋买卖合同纠纷案[①]

诉讼结论：提存部门未履行提存通知义务，给提存受领人造成损失的，应负损害赔偿责任。

赵某与潘某雪因房屋买卖签订合同，价款85,000元，合同签订后潘某雪仅付15,000元，剩余70,000元因赵某无正当理由拒绝受领，潘某雪以向某市公证处提存的方式履行完毕，某市公证处在收到提存款后虽有向赵某作出提存通知书，但无证据显示其曾向赵某送达该提存通知书，因某市公证处未能履行向提存受领人赵某的通知义务，故其除应将提存款70,000元给付赵某外，还应承担自提存成立之日起至给付完毕日止赵某的利息损失。

第五百七十三条　标的物提存后，毁损、灭失的风险由债权人承担。提存期间，标的物的孳息归债权人所有。提存费用由债权人负担。

【条文主旨】

本条是关于提存对债权人效力的规定。

【条文理解】

本条共包含3个方面的内容：

1. 提存标的物的风险负担由债权人承担

标的物提存后，视为债务人在其提存范围内已经交付标的物，提存物的所有权转移至债权人，标的物毁损、灭失的风险由债务人转移至债权人，该处的风险包括因不可抗力、标的物自身性质而产生的毁损灭失的后果以及提存后由于第三人或提存保管人过错造成提存物毁损灭失的风险，即债权人不得以提存后标的物毁损、灭失的理由向债务人主张权利或者抗辩其应当履行的义务，同时，债务人如对债权人有对待给付的请求权，则该请求权债务人仍旧享有。

2. 提存期间，标的物的孳息归债权人所有

标的物的孳息系提存标的物所产生的收益，包括法定孳息和天然孳息。法定孳息指依法律关系产生的收益，如利息、股息、红利等。天然孳息指原物因自然规律而产生的或者按照物的用法而收获的物，如母鸡生蛋、树上结果、羊身上剪下羊

---

① 吉林省洮南市人民法院(2018)吉0881民初2667号民事判决书。

毛等。孳息的收取义务归提存部门,收取的孳息归债权人所有,收取孳息产生的费用从孳息中扣除。

3. 提存费用由债权人负担

提存标的物产生提存费用包括:提存公证费、公告费、邮电费、保管费、评估鉴定费、代管费、拍卖变卖费、保险费以及为保管、处理、运输提存标的物所支出的其他费用。由于提存的发生系债权人造成,提存产生的费用也是为了债权人的利益,故提存费用应当由债权人承担。债权人在支付提存费用前,提存部门有权留置与提存费用价值相当的提存标的物。

【司法适用】

提存物风险转移的时间为提存时,但在《合同法》第 143 条(《民法典》第 605 条)规定的情形下,以债权人(买受人)迟延受领为原因而发生的提存场合,标的物毁损、灭失的风险应自债权人迟延之日起转移至债权人,即风险可能存在提前转移,而非债务人提存后发生转移。因而,本条前段规定仅在债权人迟延受领以外的其他提存原因场合适用。

【司法案例】

临沂甲房地产开发有限公司诉黄某君房屋买卖合同纠纷案①

诉讼结论:债务人将标的物交付提存部门后,提存成立,视为债务人已经履行债务,由此产生的提存费用由债权人承担。

甲房地产公司与黄某君在 2008 年签订的《商品房买卖协议》未对涉案小区工程何时竣工、何时验收、何时交房等事项作出明确约定,协议内容体现黄某君作为购房户的主要义务是缴纳购房款,甲房地产公司作为房产开发销售企业的主要义务是交付使用合格商品房。自 2008 年双方签订《商品房买卖协议》至 2011 年左右住宅楼建成,黄某君已经按协议约定暂定价缴纳了 70% ~80% 的购房款,但时至二审时,甲房地产公司长时间不验收、不交房、不结算,占据了格式协议未约定事项的优势地位,致使黄某君交付房屋请求权长期处于未定状态,明显违背公平原则,且甲房地产公司在 2010 年 1 月 16 日单方致信要求购房者退房或按市场价重新签订购房协议,以实际行为表明拒绝履行合同义务,已构成根本性违约。在此种情况下,黄某君要求甲房地产公司交付房屋并根据甲房地产公司作出的工程结算审核报告委托鉴定单位对住宅楼单位成本进行鉴定,以此计算购房款向公证处提存尾款,应视为履行了交纳购房款的义务。甲房地产公司对其委托

---

① 山东省临沂市中级人民法院(2019)鲁 13 民终 743 号民事判决书。

鉴定的房屋单价有异议,可待积极完成工程决算后按实际价格另行找补差价即可。因此,黄某君为积极履行支付购房款义务所额外支付的提存费用应由甲房地产公司承担,临沂甲房地产开发有限公司的上诉理由不能成立,二审予以驳回。

第五百七十四条　债权人可以随时领取提存物。但是,债权人对债务人负有到期债务的,在债权人未履行债务或者提供担保之前,提存部门根据债务人的要求应当拒绝其领取提存物。

债权人领取提存物的权利,自提存之日起五年内不行使而消灭,提存物扣除提存费用后归国家所有。但是,债权人未履行对债务人的到期债务,或者债权人向提存部门书面表示放弃领取提存物权利的,债务人负担提存费用后有权取回提存物。

【条文主旨】

本条是关于提存物的受领及受领权消灭的规定。

【条文理解】

提存行为在性质上属“向第三人履行的保管合同”,作为该合同的效力,使第三人(债权人)取得了对提存部门请求领取提存物的权利(提存物领取请求权)。[①] 债务人将标的物提存后,标的物的所有权已经转移至债权人,作为提存物的所有权人,债权人有权凭提存通知书并提交合法有效的债权凭证,随时领取提存物。债权人领取提存物的范围,不仅包括提存的原物,还包括提存物所产生的孳息。

债务人在提存标的物时,如果其对债权人有到期债权,可以向提存部门明确地提出要求,要求债权人在领取提存物时应向债务人履行到期债务或者提供担保,如债权人不履行到期债务也不提供担保,提存部门根据债务人要求应当拒绝债权人领取提存物。

债权人领取提存物的权利受5年期限的限制,该期限属于除斥期间,不发生中止、中断及延长问题,[②]自提存之日起5年内不行使而消灭,此时,提存物扣除提存费用后归国家所有。法谚曰:“法律帮助勤勉人,不帮助休眠人”,该规定目的系督促债权人尽快领取提存物,避免提存物长期闲置而造成资源浪费,鼓励物尽

---

① 韩世远:《合同法总论》,法律出版社2018年版,第723页。

② 最高人民法院研究室编著:《最高人民法院关于合同法司法解释(二)理解与适用》,人民法院出版社2009年版,第181页。

其用。

本条第2款但书为债务人对提存标的物取回权的规定，相比于《合同法》第104条，该但书系《民法典》新增加的规定。即当存在债权人未履行对债务人的到期债务或者债权人向提存部门书面放弃领取提存物权利的情形时，债务人在负担提存费用后有权取回提存物。《提存公证规则》第26条规定，提存人可以凭人民法院生效的判决、裁定或提存之债已经清偿的公证证明取回提存物；提存受领人以书面形式表示抛弃提存受领权的，提存人得取回提存物。本条规定明确了债务人的取回权有利于保护债务人的合法利益，同时，债务人站在自身立场，考虑经济效益，其对于取回权可以行使，也可以抛弃，最终取决于债务人的意思。

【司法适用】

在符合法律规定的情形下，提存人有权决定是否行使取回权，任何人不得强迫其取回标的物。除了本条规定以外，还可能发生提存错误或者提存原因消灭等情形，在此场合，提存人也有权取回提存物。根据《提存公证规则》第26条第3款的规定，提存人取回提存物的，视为未提存。因此产生的费用由提存人承担。即因提存产生的法律效果视为未发生，亦即提存抗辩权、时效停止、风险的负担、利息支付义务等，均因而消除。

提存人对标的物的取回权均以提存之合法，为提存发生效力之要件。如提存不合法，亦未依债权人之承诺而治愈其瑕疵，则其提存无效，提存人自得依关于寄托之规定，请求返还其提存物。①

【司法案例】

伍某刚诉麦某冠建设用地使用权转让合同纠纷案②

诉讼结论：债权人对债务人负有到期债务的，在债权人未履行债务或者提供担保之前，提存部门根据债务人的要求应当拒绝其领取提存物。

伍某刚作为卖方，麦某冠作为买方，签订《合作开发协议书》，共同开发案涉地块，根据约定，麦某冠的义务是接收土地及兴建房屋、向伍某刚分期支付土地价款4,150,000元并承担过户费用等。现麦某冠已接收土地及完成房屋的封顶，并支付土地价款700,000元。因伍某刚无正当理由拒绝受领麦某冠支付合同项下的余款，麦某冠已将余款提存至原审法院指定账户，即麦某冠已履行完毕合同项下其对伍某刚的全部付款义务。伍某刚在其履行完毕己方的合同义务后可向原审

---

① 史尚宽：《债法总论》，中国政法大学出版社2000年版，第841页。

② 广东省佛山市中级人民法院（2014）佛中法民一终字第2820号民事判决书。

法院申请领取上述提存款项。因此,麦某冠已经履行合同义务,不存在违约行为,伍某刚无权通知解除合同,其也应当按照合同约定履行相应义务,故案涉土地使用权及地上建筑物的建设工程所有权应归麦某冠所有,伍某刚应协助麦某冠办理工程竣工验收与产权登记手续,伍某刚上诉主张合同已经解除的理由不能成立,其上诉理由不能成立,依法应当驳回。

第五百七十五条　债权人免除债务人部分或者全部债务的,债权债务部分或者全部终止,但是债务人在合理期限内拒绝的除外。

【条文主旨】

本条是关于债务免除效力的规定。

【条文理解】

债务免除,是指债权人对债务人为抛弃债权一方意思表示而发生债务消灭效力的单方行为。债权人免除债务人的债务系债权债务终止的原因之一,由于债权人免除的可能系合同关系以外的债务,故本条规定不再使用《合同法》第105条"合同权利义务部分或者全部终止"的表述,更符合债权人免除债务人债务以使债权债务部分或全部终止的本意。

免除具有如下特征:(1)免除是一种单方行为。债权人向债务人作出免除债务的意思表示到达债务人时发生债务消灭。(2)免除是一种无偿行为。免除是消灭债务人债务负担的行为,该免除本身不需要债务人支付相应的对价,即免除本身为无偿行为。(3)免除是一种无因行为。免除只需要债权人作出免除的意思表示即发生免除的效力,债权人可能出于赠与的动机,也可能出于达到与债务人和解的动机,或者出于对债务人今后合作的期待等,动机不影响免除的效力。(4)免除是一种处分行为。免除是使债权消灭的处分行为,作出免除意思表示的债权人须对该债权有处分权和处分能力。(5)免除是一种不要式行为。债权人作出免除的意思表示不需要特定形式,无论是书面、口头、明示、默示均不影响免除的效力。

免除,发生债务消灭的效力,因为主债权的消灭,债权的从权利如利息债权、担保权等也发生消灭。

本条但书规定"但是债务人在合理期限内拒绝的除外",该规定相比《合同法》第105条系新增的规定。一般来说,免除通常情况下不会损害债务人的利益,不需要征得债务人的同意,不以债务人的承诺为必要,但是如果债务人在合理期限内拒绝的,不发生免除的效力。在此需要注意的是:(1)债务人需要在"合理期限内”拒绝，不能无限期地使法律关系处于不稳定状态。对于何为“合理期限”，可以参考《合同法解释（二）》第24条关于合同解除或者债务抵销3个月异议期间的规定。当然，在合适的时机，有权机关可以对此作出相应的司法解释；（2）债务人的拒绝需要明示，即拒绝的意思表示需要向债权人明确作出，否则不视为拒绝。

【司法适用】

免除尽管为单方行为，但也有许多国家以债务免除为契约，我国也不禁止免除契约的成立。例如，债务人欠付债权人货款5万元，债权人与债务人经协商一致约定，由债务人在约定时间向债权人支付5万元中的2万元后，债权人即放弃剩余的3万元款项。如债务人没有按约定支付2万元时，债权人有权解除前述约定，请求债务人全额支付5万元款项。

债权人免除债权可以以默示形式作出，但在司法实践中，该默示的意思表示需要债权人有积极的或者消极的行为来确定，在发生争议时，主张债权人作出默示意思表示的债务人需承担举证责任。例如，债权人将债权凭证原件当众销毁或者返还债务人，可以理解为债务免除。

连带债权人中的一人，向债务人免除债务的，只能免除该债权人应享有的债权部分，对于其他债权人的权利，不发生消灭的效力。债权人免除连带债务人中部分债务人的债务的，如没有消灭全部债务的意思表示，除了该债务人应分担部分外，其他债务人仍不免除。

免除可以附条件，例如约定债务人每季度向债权人支付20%在一年内无迟延支付则可免除余额等。因为即使附条件也不会对债务人产生不利后果。该类附条件的免除在司法实务中经常使用，当事双方以该类约定达成调解减轻了当事人的诉累，在当前案多人少的情况下也减轻了法院的审判压力。

免除不得损害第三人的利益。例如，债权被扣押或成为质权标的的情形，第三人在债权上享有权利时，作为这些权利的效力限制了债权的放弃，如果债权人免除了债务人的债务，则损害了第三人的利益，造成第三人的权利无法实现，故该免除不得对抗基于该债权享有正当利益的第三人。

【司法案例】

北京甲建筑设备租赁有限公司诉田某辉、北京乙技术有限责任公司租赁合同纠纷案①

诉讼结论：债权人向债务人作出债务免除的意思表示后，债务人的债务即告

① 北京市昌平区人民法院（2008）昌民初字第11702号民事判决书。

终止。

2005年3月17日，甲公司（出租方）与田某辉（承租方）签订租赁合同，约定甲公司为田某辉提供租赁物，田某辉支付租金。合同签订后，甲公司分多次将田某辉所需租赁物送至北京市昌平科技园区乙综合楼施工工地。2005年10月31日至同年12月27日，田某辉向甲公司返还了部分租赁物。2005年9月及同年11月，乙公司分两次向甲公司支付25万元租赁费。2005年3月15日，国某英以乙公司名义与李某勋、田某辉以定州丙建设工程有限公司名义签订施工协议，其中第5条约定施工中所需木材、竹胶板及钢模板一律由乙公司提供和负责租赁结账。2007年11月19日，根据北京市公证处(2007)京证经字第21239号公证书证实:2007年5月1日，甲公司向田某辉出具证明，其内容为："田某辉，根据你与北京乙之间签订的合同，钢模板的租费由乙负担，为此我公司决定不再追究你的法律责任，直接向乙公司主张，成败与你无关。"根据通常理解，甲公司所称不再追究田某辉的法律责任，亦即免除了债务人田某辉对其所负担的债务。甲公司在免除田某辉的债务后，又起诉要求解除租赁合同，并要求田某辉支付租赁费用，缺乏法律依据，依法不予支持。

第五百七十六条　债权和债务同归于一人的，债权债务终止，但是损害第三人利益的除外。

【条文主旨】

本条是关于债权债务混同的规定。

【条文理解】

混同，是指债权与债务同归于一人，致使债的关系消灭的法律事实。混同有广义与狭义之分，广义的混同，谓不能并立之两个法律上资格，归属于同一人，因混同权利或义务消灭。[①] 混同是一个事实，而不是行为。债务人受让债权情形同样，混同是作为债权让与的结果而发生的事实。作为混同的法律事实的"性质"被称为"事件"。[②] 广义的混同包括:(1)所有权与其他物权同归于一人，其他物权因混同而消灭;(2)债权与债务同归于一人，债之关系归于消灭;(3)主债务与保证债务同归于一人，保证债务为主债务所吸收而消灭，又被称为不真正混同，非固有

---

① 史尚宽:《债法总论》，中国政法大学出版社2000年版，第878页。

② [日]我妻荣:《新订债权总论》，王燚译，中国法制出版社2008年版，第327页。

之混同。狭义的混同仅指债权与债务同归于一人的情形,本条的规定即为狭义之混同。

混同因债权或债务的承受而产生,包括概括承受和特定承受两种。概括承受为混同发生的主要原因,如债权人公司与债务人公司的合并,债权人继承债务人,债务人继承债权人,第三人继承债权人及债务人等。特定承受,债权人承担债务人的债务,或者债务人受让债权人的债权的情形。本条规定不再使用《合同法》第106条"合同的权利义务终止"的表述,将其改变为"债权债务终止"适用范围更广,表述更准确。

混同是债权债务终止的原因之一,债权债务关系因混同绝对地消灭。因债权的消灭,同时附随于主债的从权利,如利息债权、违约金债权及其他附随的担保权均归于消灭。但债权债务的混同如果损害第三人利益,债权债务并不终止,合同关系亦不消灭。如房屋的承租人与出租人的混同,若损害了次承租人的利益,租赁权并不消灭。《合同法》第106条但书规定"涉及第三人利益的除外",《民法典》将该规定变更为"损害第三人利益的除外",既体现了合同意思自治的原则,又保护了第三人的合法利益。

【司法适用】

虽然债权与债务同归于一人可使债权债务终止,但是如该债权的继续存在具有特别的经济意义或法律意义,则例外的认为债权并不因混同而消灭。例如:债权成为第三人的权利标的的场合,该债权不消灭;具有流通性的证券化债权(无记名债权、公司债等)也不因混同而消灭。

【司法案例】

尹某华诉陈某其民间借贷纠纷案①

诉讼结论:双方债权债务混同,一方无须向另一方返还借款本金及利息。

法院认为:2000年11月10日,陈某其向尹某华借款10,000元用于房屋装修,后双方于2001年1月8日登记结婚。2017年10月,双方经法院调解离婚。由于本案借款时间与双方结婚时间间隔不到两个月,在双方结婚共同生活后,双方未约定夫妻之间财产归个人所有,且共同居住在该房屋中,该债权债务在共同生活过程中已经混同,该借条涉及的权利义务已经终止。且在双方离婚案件中,在涉及夫妻财产分割时,尹某华亦未提出该笔借款的问题。故尹某华主张陈某其偿还该借款及利息的诉讼请求,不予支持。

---

① 江西省萍乡市中级人民法院(2018)赣03民终412号民事判决书。

第八章　违 约 责 任

第五百七十七条　当事人一方不履行合同义务或者履行合同义务不符合约定的，应当承担继续履行、采取补救措施或者赔偿损失等违约责任。

【条文主旨】

本条是关于违约责任的一般规定。

【条文理解】

本条源于《合同法》第107条。根据该条规定，合同对当事人具有法律约束力，如合同当事人不履行或不按合同约定履行义务，则应承担相应的违约责任。

可见，违约责任的构成要件为：(1)合同已经成立并且有效。违约责任是合同当事人不履行或不按照约定履行合同义务所应承担的责任，因此违约责任成立的前提是合同成立并有效。(2)存在违约行为。违约行为是指违反合同义务的行为，包含对各种法定的、约定的以及基于诚实信用原则所派生的各种义务的违反，其形式既可以是作为，也可以是不作为。

本条规定了违约责任的归责原则为严格责任原则，即不以合同违约方的过错作为违约责任的构成要件。除非存在合同约定或法律规定的免责事由，违约方才可免于承担违约责任。严格责任原则符合合同法的发展趋势，其理论基础在意思自治原则——既然合同是当事人自主判断、自由选择的结果，则当事人也应自负其责。确定严格责任原则，也即意味着《民法典》贯彻契约严守精神，这既是对合同当事人合意的尊重，也有助于节省司法资源，降低司法成本。

违约责任具有以下特征：

(1)违约责任是一种民事责任。当事人违反合同的行为，往往不仅仅产生民事权利义务方面的后果，它也可能产生危害公共利益和国家利益的后果，并由此产生侵权责任(参见本法第186条规定的责任竞合)以及行政责任、刑事责任(责任聚合)。故，违约责任是违反合同的一种民事法律责任。

(2)违约责任具有一定的任意性。合同当事人可以在法律法规允许的范围内，对违约责任作出事先的安排，如事先约定违约金的数额或因违约产生的损失赔偿额的计算方法(参见本法第585条第1款)。

(3)违约责任是一种财产责任。违约责任之所以主要表现为一种财产责任,是与合同的基本特性分不开的。合同是最为常用的财产交换和流转的法律形式,因而合同关系是财产关系而非人身关系,合同内容通常具有财产价值,或可以用金钱加以衡量。而违约责任作为第二次义务,作为合同债务的转化形式或替代品,与合同债务具有同一性,故而表现为财产责任。

【司法适用】

本条虽确立了违约责任的严格责任原则,但在有关风险分配、双方违约等情形中,仍然需要根据本法的相关规定注意过错规则的适用。

此外,本条规定于"合同编"第一分编通则部分,在"合同编"第二分编典型合同部分或其他法律对各种有名合同的违约责任设为特别规定的情况下,应当优先适用该规定来确定违约责任;如"合同编"第二分编或其他法律没有设置特别规定的,才可适用本条的一般规定。

【司法案例】

河南甲建筑有限公司诉郑州乙职业技术学院工程施工合同纠纷案①

诉讼结论:依法必须招标的工程项目,未经招标即签订建设工程施工合同的,该合同应属无效。合同无效,不产生违约责任。

违约责任以合同成立生效为前提。2012年3月12日,双方当事人未经招标即签订《教学综合楼工程承包合同》。在随后的履行过程中,甲公司多次确认完工交付,并承诺如未按时完工资源每天加罚1倍的罚款,但其并未按时完工。乙学院亦未进行验收。随后双方因工程款承担产生纠纷。由于案涉合同属无效合同,不产生违约责任。二审判决认定合同无效,酌定甲公司承担违约责任,缺乏法律依据,存在瑕疵。但案涉工程工期延误主要由甲公司造成,就赔偿范围而言,法院判定甲公司承担合同总价款20%的责任并无不当。

第五百七十八条　当事人一方明确表示或者以自己的行为表明不履行合同义务的,对方可以在履行期限届满前请求其承担违约责任。

---

① 最高人民法院(2019)最高法民申6855号民事裁定书。

【条文主旨】

本条是关于预期违约责任的规定。

【条文理解】

本条源于《合同法》第108条,仅微调了文字表述。

1. 预期违约的意义

预期违约,又称先期违约、事先违约、提前违约或预期毁约,是指合同当事人在合同有效成立之后、履行期限届满之前的期间内,没有合同约定或者法律规定的理由,而表示将不履行合同义务的行为。预期违约表现为未来不履行义务,而非对合同义务的现实违反,故所侵害的是合同相对方的期待债权。

预期违约制度是社会经济活动发展的产物。某些合同从订立到履行完毕间隔较长,而履约背景瞬息万变,法律确定预期违约责任,能够及早防止或者制止危害合同履行和交易秩序的结果,并赋予可能因预期违约行为而遭受损害的合同一方及时采取补救措施的权利,进而尽早摆脱无意义的合同关系,寻求新的交易机会,以避免或减轻损失。

2. 预期违约的形态

预期违约可分为明示和默示两种。明示的预期违约是合同一方向对方明确表示不准备履行合同义务。明示的预期违约应当具备下述要件:(1)违约方向相对方作出不履行债务的明确表示;(2)违约方是在合同履行期届满之前向相对方作出上述意思表示;(3)违约方必须表示不履行合同的主要义务;(4)明示违约方无正当理由。所谓正当理由,即提前表示不履行合同义务所具有的符合法律规定或合同约定事由,譬如合同一方当事人享有法定解除权等。

默示的预期违约是合同一方虽然没有明确表示不履行合同,但从其行为中已经可以推断出其将不会履行合同义务。默示的预期违约除满足上述第三个和第四个要件外,还应当具备如下要件:(1)合同一方根据合同相对方的行为或情况推测该方在履行期限届满时将不履行合同义务;(2)合同一方作如此推测有确切的客观证据;(3)预期违约方不能在合理的期间内提供充分的保证。合同一方推测对方将不履行合同后,须向对方提出履行保证要求,只有对方在合理期限内未提供履行担保后,才能构成默示的预期违约。

3. 预期违约与相关制度

预期违约对应的概念是合同履行期限届满后违约行为,即实际违约。二者的区别主要表现为:

(1)与履行期限的关系不同。在履行期限到达之前明示或默示将不履行合同义务的,为预期违约;履行期限已届满,违约行为现实地发生,则为实际违约。

(2)现实状态不同。实际违约是一种现实,而预期违约是一种违约的现实危险,它可以发展成为实际违约,也可能由于预期违约人撤回毁约的意思表示而消失。即便预期违约只是一种现实危险,但对方当事人也可以采取法定的救济措施。

(3)违约形态不同。实际违约的违约形态有不履行、迟延履行和不完全履行等;预期违约则表现为对合同整体的毁弃。

此外,还应区分预期违约与履行不能。预期违约是合同有效成立之后、履行期限届满之前的违约行为。履约不能是指作为债权客体的给付处于不可能的状态,与履行期限没有必然联系。

【司法适用】

对预期违约要进行一体把握。对于预期违约,"合同编"在多个条款设有规定,因此,需要采取体系解释的法律方法,对预期违约行为相关的法律制度进行整体把握。根据本法规定,合同相对人对于预期违约行为主要有如下救济方式:

(1)依据本条规定直接要求预期违约方承担违约责任。当一方当事人明示或默示毁约后,合同相对方即可请求该方承担违约责任。

(2)根据本法第563条第1款第2项的规定立即解除合同。基于预期违约是违约方针对合同主要义务的拒绝履行,因此合同相对方获得合同的单方解除权。同时,解除合同不影响其要求赔偿损失的权利,因为接受预期违约,仅表示承认预期违约的既成事实,而非对违约责任的放弃。

(3)待合同履行期限届满后,根据本法第577条的规定请求对方继续履行合同。预期违约发生后,相对方还可以坚持合同的效力,要求违约方撤回毁约的意思表示,或者等待合同履行期限届满后再请求对方继续履行;如合同仍然未得到妥当履行,则启动实际违约责任。

预期违约与不安抗辩有竞合可能。预期违约与本法第527条规定的不安抗辩权存在竞合的可能。在司法实践中,需要注意在符合不安抗辩权适用条件的情形下还应当具备如下条件才能构成预期违约:(1)未能及时提供担保;(2)未及时恢复债务履行能力。

【司法案例】

甲投资公司诉天津市乙工具公司合资合同纠纷案①

诉讼结论:预期违约为不履行主要债务的违约行为。当事人履行了主要债务

① 最高人民法院(2002)民四终字第3号民事判决书。

的，不构成预期违约。

预期违约需要违约方不履行合同主要义务。本案双方当事人签订合资合同，针对出资比例、出资方式等进行约定。在履行过程中，乙工具公司以其固定资产、坟场等作价投入，合资公司已实际使用上述资产。甲投资公司在依约投入前三期资金后，认为乙工具公司存在预期违约情况，不再依约投入资金。经查明，乙工具公司少部分房产在实际投入合资公司使用后未办理过户手续，但并不影响合资公司的正常经营，应认定为其履行了主要债务。因此投资公司以对方预期违约为由停止履行并追究其责任的理由不能成立。

第五百七十九条　当事人一方未支付价款、报酬、租金、利息，或者不履行其他金钱债务的，对方可以请求其支付。

【条文主旨】

本条是关于金钱债务实际履行责任的规定。

【条文理解】

本条源于《合同法》第109条，同时增加列举“租金、利息”，并增加“不履行其他金钱债务”的兜底性描述。对于有偿合同，合同一方违反合同义务不支付价款或报酬的行为是典型的违约行为，在现实中十分常见，通过本条作出明确的责任规定是有必要的。针对此类违约行为，本法规定可以通过金钱债务的实际履行予以救济。

实际履行是一种违约补救方法，即在一方违约后，非违约方寻求法律上救济的一种方法，是对正常履约行为的进一步转换，较原合同义务增加了国家强制力以及道德上的否定和非难。实际履行作为一种违约责任形式，是对合同相对方的救济，是否请求对方实际履行是合同相对方享有的权利，且它可以与违约金并用，但不能同解除合同并用。因为解除合同就是使合同关系归于消灭而不复存在，债务人自然无须继续履行义务，仅可能承担违约责任。由于金钱是一种可替代的种类物，不存在履行不能的问题，因此对于金钱债务，通过实际履行是最符合契约自由原则的救济方式。

【司法适用】

由于金钱债务只可能发生履行延迟或拒绝履行，而不会出现履行不能的问题。依相关法律规定，如逾期履行，当事人可以请求违约方实际履行，同时可以请求其支付逾期利息，逾期利息应从违约方应当支付而陷于迟延之时起算，至实际履行完毕之时截止。且一般而言,金钱债务适用实际履行责任是绝对的,即或因不可抗力出现,也只能免除其支付迟延利息或违约金的责任,而不能免除金钱债务本身。

【司法案例】

上海甲环保有限公司诉大连乙固体废弃物转运有限责任公司买卖合同纠纷案①

诉讼结论:买卖合同中,买受人应依约支付价款。本案中,甲公司交付设备并安装完毕,设备经试运行已正常运行至今,故甲公司已履行合同中的主给付义务,对应地,乙公司也应当履行合同主给付义务,即向甲公司支付价款,否则应承担违约责任并依约履行付款义务。

合同履行过程中,当事人一方未支付价款的,对方可以要求其支付。乙公司通过招标确定为大连市某项目的承建运营方。甲公司与乙公司随后签订《设备采购合同》,甲公司为卖方,乙公司为买方,标的为项目相关设备及安装。合同履行过程中,甲公司完成设备安装调试,设备随即投入商业运行,但乙公司并未依约支付款项。据此,甲公司请求乙公司履行付款义务的理由充分。

第五百八十条 当事人一方不履行非金钱债务或者履行非金钱债务不符合约定的,对方可以请求履行,但是有下列情形之一的除外:

(一)法律上或者事实上不能履行;

(二)债务的标的不适于强制履行或者履行费用过高;

(三)债权人在合理期限内未请求履行。

有前款规定的除外情形之一,致使不能实现合同目的的,人民法院或者仲裁机构可以根据当事人的请求终止合同权利义务关系,但是不影响违约责任的承担。

【条文主旨】

本条是关于非金钱债务实际履行责任的规定。

【条文理解】

本条第1款源于《合同法》第110条。当违约情况发生时,继续履行是违约方

① 最高人民法院(2017)最高法民再281号民事判决书。

承担责任的首选方式,因为相较其他责任方式,继续履行更有利于实现合同目的。因而,在大陆法系中,实际履行责任是违约责任的主要形式。针对并非以金钱给付为标的的合同,如果一方没有按照合同的约定履行义务,合同相对方可以请求违约方实际履行。根据本条规定,针对非金钱债务,实际履行应当为常态,不需要额外的条件,在一方不履行或不完全履行非金钱债务时,相对方即可请求违约方实际履行。但本条同时还规定了实际履行的例外,即在如下几种情形下,当事人不得请求实际履行:

(1)法律上或者事实上不能履行。法律上不能履行包括:首先,在不可抗力情形下可解除合同,在某些情况下,法律并不要求违约方负实际履行责任,而只要求违约方承担违约金和损害赔偿的责任,在这种情况下,只能按法律规定确定责任而不再适用实际履行;其次,实际履行与特别法的规定或新的法律政策相冲突时,也不适用实际履行责任;最后,对于自然债务不能适用实际履行。事实上的不能履行是指标的已客观不能履行、永久不能履行。

(2)债务的标的不适于强制履行。债务的标的不适于强制履行是指依据债务标的之性质,不适于强制执行的合同。这类合同主要是基于人身信任关系的合同及提供劳务的合同。对基于人身信任关系的合同,如委托合同、信托合同、合伙合同等因相信对方的特殊技能、道德品格等而订立的合同,因其存在严格的人身依附关系,实际履行可能有悖公序良俗,因而不得适用实际履行。另外,对于提供劳务的合同,也不得以履行合同为由强迫债务人提供劳务。在这种情况下,只能通过支付违约金或赔偿损失的方法,代替原债务的履行。

(3)实际履行费用过高。继续履行是违约方承担责任的首选方式,但法律对此也规定了例外情形,“履行费用过高”就是其中之一。合同制度的价值目标之一是效率,因此,合同履行也需要考虑经济可行性。有些违约行为出现后,如继续履行合同代价太大,过分不利于经济效益,则不宜强制履行。立法者考虑到,此种情况与其规定强制履行,不如改采取损害赔偿。故而,本条规定乃平衡双方的利害所作的权衡之策。

(4)债权人在合理期限内未要求履行。此规则背后的法政策是要以此督促债权人及时主张权利。实际履行责任体现了合同严守原则,其确立的目的在于充分满足债权人的债权。为实现双方利益的平衡,债权人理应在合理期限内行使权利,以促进财产流转和经济发展。此外,因某些债务的标的可能具有时效性,如不及时履行,假以时日则可能无法实际履行。此处的“合理期限”属不确定概念,既非诉讼时效,亦非除斥期间。在具体案件中如何确定“合理期限”,需要结合本规则的规范意旨和具体案件中的实际情况综合判断。

本条第2款是新增加的内容,旨在解决司法实践中存在的尽管合同不能履行而享有解除权的一方不行使解除权造成的合同僵局问题。如果在本编合同解除部分第563条赋予单方解除权,容易误导合同当事人、产生道德风险。为避免违约方解除合同引发道德风险,首先强调不影响违约责任承担,其次是当事人双方平等享有解除权,再次是不得私自解除,只能向人民法院或者仲裁机构请求终止合同权利义务,最后是实质条件上人民法院或者仲裁机构要严格把握,必须达到"不能实现合同目的"的程度,才可以终止合同权利义务。

【司法适用】

"经济合理性"不应当作为判断合同是否应当强制履行的唯一标准。费用与收益合理与否涉及主观价值判断,而在合同关系中,此处的判断者应当为债权人,故应结合债权人订立合同的目的,且考虑订立合同之初违约人应当预见到的违约成本。如法院援引此条排除实际履行的实现,应当具有一定的合理性理由。因为法院进行判断时往往依照的是客观标准,或者说是对投入与产出作出纯粹经济分析。故而,基于判断主体与判断标准的差异性,可能导致所得出的结论不完全一致。换言之,处理此类案件的时候需要根据实际情况,在当事人之间寻找利益平衡。

此外,本编第二分编就部分有名合同明文规定不适用强制履行作为救济方式,例如第832条规定,承运人对运输过程中货物的毁损、灭失承担赔偿责任,则应依照其规定执行。

【司法案例】

甲公司诉冯某梅商铺买卖合同纠纷案①

诉讼结论:判断履行费用是否过高,可以根据履约成本是否超过各方所获利益来衡量。当违约方继续履约所需的财力、物力超过双方基于合同履行所能获得的利益时,就属于履行费用过高。此时,继续履行不能实现合同目的,应从平衡双方当事人利益受损状况和长远利益考虑,遵循公平和诚实信用原则,允许违约方解除合同,用赔偿损失来代替继续履行。

1998年10月19日,甲公司与被告冯某梅签订了一份商铺买卖合同,约定:甲公司向冯某梅出售时代广场第二层编号为2B050的商铺,建筑面积22.50平方米,从1998年至2002年,因各种原因,时代广场购物中心两次停业。这两次停业,使购买商铺的小业主无法在时代广场内正常经营。甲公司的新股东为盘活资产、

---

① 参见《最高人民法院公报》2006年第6期。

重新开业,拟对时代广场的全部经营面积进行调整,重新规划布局,为此陆续与大部分小业主解除了商铺买卖合同,并开始在时代广场内施工。2003 年 3 月 17 日,甲公司致函被告冯某梅,通知其解除双方签订的商铺买卖合同。3 月 27 日,甲公司拆除了冯某梅所购商铺的玻璃幕墙及部分管线设施。6 月 30 日,甲公司再次向冯某梅致函,冯某梅不同意解除合同。由于冯某梅与另一户购买商铺的邵姓业主坚持不退商铺,甲公司不能继续施工,6 万平方米建筑闲置,同时冯、邵两家业主也不能在他们约 70 平方米的商铺内经营。甲公司为此提起诉讼。根据《合同法》第 110 条的规定,有违约行为的一方当事人请求解除合同,没有违约行为的另一方当事人要求继续履行合同,当违约方继续履约所需的财力、物力超过合同双方基于合同履行所能获得的利益,合同已不具备继续履行的条件时,为平衡双方当事人利益,可以允许违约方解除合同,但必须由违约方向对方承担赔偿责任,以保证对方当事人的现实既得利益不因合同解除而减少。

第五百八十一条　当事人一方不履行债务或者履行债务不符合约定,根据债务的性质不得强制履行的,对方可以请求其负担由第三人替代履行的费用。

【条文主旨】

本条是关于违约方负担第三人替代履行费用的规定。

【条文理解】

本条规定的是合同当事人一方违约,且根据债的性质无法强制其继续履行的,由第三人替代履行后,另一方当事人可请求违约方承担第三人替代履行所发生的费用。

根据本法第 577 条的规定,违约责任的方式主要有继续履行、采取补救措施和赔偿损失等。《民事诉讼法》第 252 条规定:“对判决、裁定和其他法律文书指定的行为,被执行人未按执行通知履行的,人民法院可以强制执行或者委托有关单位或者其他人完成,费用由被执行人承担。”法院在民事程序中,被执行人未按执行通知履行的,可以委托第三人替代履行,所发生的费用由被执行人承担。因此,在以往的司法实践中,第三人替代履行并由违约方负担履行费用成为事实上的违约责任的变相承担方式。但此种方式仅限于执行程序,存在一定的局限。

一般而言,在无法继续履行的场合,非违约方只能请求违约方承担赔偿损失的违约责任。然而,在多数场合,赔偿损失只能在财产上对非违约方给予弥补,合同目的达成仍然是非违约方的最终愿望。而且,某些合同只有在特定时间内履行方能达成合同目的。本条规定赋予了非违约方选择由第三人替代履行并由违约方负担履行费用的方式主张违约责任的权利,能够更好地保护非违约方的权利,符合“契约严守”原则,也有助于提高效率降低成本。

【司法适用】

在适用本条时应当注意的问题主要有:

(1)非违约方仅在合同性质不得强制履行的场合主张由第三人替代履行并由违约方负担履行费用。本法第580条规定,在“(一)法律上或者事实上不能履行;(二)债务的标的不适于强制履行或者履行费用过高;(三)债权人在合理期限内未请求履行”的情形下,非违约方不能请求违约方继续履行。本条中“根据债务的性质不得强制履行”即对应第580条所称“债务的标的不适于强制履行”。

(2)此处的“费用”是指第三人替代履行后,其应当获得的对价。这一对价应具有合理性,自不待言。该“费用”不包含非违约方在寻求第三人替代履行的过程中产生的额外费用。对于此等额外费用,在合理范围内,非违约方可依据本法第577条请求违约方予以赔偿。

(3)违约方不得拒绝第三人替代履行或以第三人对该债务不具有合法利益为理由进行抗辩。一般情况下,第三人替代履行的前提是第三人对该债务具有合法理由或经债务人同意。但是,在合同一方当事人违约的场合,基于诚信原则,作为违约方的债务人在该问题上不值得法律保护,因而其不得拒绝或以第三人对该债务不具有合法利益为理由进行抗辩。

(4)债权债务关系并未转移。本条规定的是情形与本法第524条第2款存在一定差异。本法第524条规定:“债务人不履行债务,第三人对履行该债务具有合法利益的,第三人有权向债权人代为履行;但是,根据债务性质、按照当事人约定或者依照法律规定只能由债务人履行的除外。债权人接受第三人履行后,其对债务人的债权转让给第三人,但是债务人和第三人另有约定的除外。”由此可见,本法第524条规定的是在第三人对债务具有合法利益的情形下主动替代履行债务。而本条之规定应当理解为,在债务人违约且依债务性质不得强制其履行情形下,非违约方不得不寻求第三方帮助。因此,债权债务关系实际上并未转移。也即,在第三人替代履行后,只能由债权人向债务人主张履行费用。

【司法案例】

甲通信有限公司舟山市分公司与浙江乙科技发展有限公司承揽合同纠纷案①

诉讼结论：在合同一方当事人不履行合同义务的情形下，另一方当事人可以主张其负担由第三人替代履行的费用。

本案中，在约定的维保期限内，被告乙公司以自己的行为表明不履行维保义务致使不能实现合同目的，现原告甲通信公司舟山分公司主张解除与被告之间的合同，合同自通知到达对方时解除。法院于2015年11月11日向被告公告送达了应诉通知书及民事起诉状、证据副本等材料，公告期满后原、被告之间的《某发展集团公司菜场安防系统集成项目设备采购和施工合同书》解除。合同解除的损失赔偿额应当相当于因违约所造成的损失，本案中原告为继续履行与他人合同，而将被告未履行部分即剩余25个月的维保业务交由案外人舟山市丙信息科技有限公司替代履行，双方为此签订合同且已实际产生替代履行费用，又原告诉请损失低于委托评估标准，故原告诉请被告赔偿25个月的维保业务的费用并在抵扣合同价款3%质保金后的损失273,611元于法有据，应予支持。

第五百八十二条　履行不符合约定的，应当按照当事人的约定承担违约责任。对违约责任没有约定或者约定不明确，依据本法第五百一十条的规定仍不能确定的，受损害方根据标的的性质以及损失的大小，可以合理选择请求对方承担修理、重作、更换、退货、减少价款或者报酬等违约责任。

【条文主旨】

本条是关于瑕疵履行违约责任的规定。

【条文理解】

本条源于《合同法》第111条。本条规定的主要目的是确保合同关系中诚实信用原则得到遵守，加强当事人严格履行合同的责任意识。违约责任所具有的制裁和教育功能可以促使合同当事人履行其应尽的注意义务，努力采取各种措施防止违约行为发生，进而避免可能造成的损害。如合同当事人对履行标准并未明确约定，合同当事人可选择国家标准、行业标准履行；如果没有国家标准或行业标

① 浙江省舟山市定海区人民法院(2015)舟定临商初字第308号民事判决书。

准,应当按照通常标准或者符合合同目的的标准履行。此外,合同中一般会约定未达到合同履行标准时应当承担的具体违约责任。如约定不明,合同各方可依照本法第510条,通过协议进行补充。如各方无法达成补充协议,则应该按照合同的有关条款或交易习惯予以确定。本条中的"修理",是指交付的合同标的物不合格,有修理可能并为债权人所需要时,债务人采取消除标的物缺陷的补救措施;本条中的"更换",是指交付的合同标的物不合格,无修理可能,或者修理所需费用过高,或者修理所需要的时间过长,由债务人重新交付同种类同质量同数量标的物的补救措施。

本条是履行瑕疵担保责任的体现。我国对于瑕疵担保责任采取债务不履行说,作为补救措施,合同相对方可选择修理、更换、重作,肯定了买受人的追完请求权与代物请求权。

【司法适用】

根据本条规定的精神,如依照合同约定或本法第510条的规定仍不能确定因履行不符合约定所产生的违约责任,相对方可根据合同标的的性质以及损失的大小,在修理、更换、重作、退货、减少价款或者报酬等方式中选择一种最为适合的方式来要求对方承担违约责任。在选择上述违约责任的承担方式时,应当遵循公平原则和诚实信用原则:如果质量问题上出现的瑕疵很小,经过修理能够达到合同规定的要求,非违约方就应当接受修理的责任承担方式,而不应坚持要求重作或退货。

【司法案例】

杨某诉东台市甲房地产开发有限公司商品房销售合同纠纷案①

诉讼结论:房屋出卖人应当保证房屋质量符合工程建设强制性标准以及合同的约定,房屋买受人因房屋存在质量缺陷为由向出卖人主张修复等民事责任的,人民法院应当予以支持。

2006年3月25日,原告杨某与被告甲房地产公司签订商品房买卖合同一份,该合同载明,原告购买被告开发的房屋一套,房屋用途为居住。在装修、居住过程中,原告发现存在墙体多处裂缝、窗户渗漏等问题,多次报修,被告多次派员维修,但均未能根本修复。根据法律规定,一方交付的标的物不符合质量要求的,相对方可以要求其承担相应的违约责任。

---

① 参见《最高人民法院公报》2010年第11期。

第五百八十三条　当事人一方不履行合同义务或者履行合同义务不符合约定的，在履行义务或者采取补救措施后，对方还有其他损失的，应当赔偿损失。

【条文主旨】

本条是关于违约损害赔偿责任的规定。

【条文理解】

本条源于《合同法》第112条。违约责任制度的重要功能之一是给因违约而遭受损失的合同一方以赔偿，从而保护合同当事人的正当权益不受损害。在发生违约后，非违约方因对方违约而受到的损失应当得到弥补，否则，违约责任的目的将会落空。同时，违约损害赔偿责任应贯彻民法损害赔偿的填平原则，使赔偿金额与当事人所受损失相当（参见本法第584条）。在实践中，因合同一方违约而造成的不利后果往往是多方面的。有时候，尽管违约方因其违约行为承担了继续履行合同或采取补救措施等形式的违约责任，但可能仍然无法弥补对方所受的全部损失。在这种情况下，对于违约方以履行债务或采取补救措施后仍然未能弥补的其他损失，违约方仍应当承担赔偿责任。换言之，在违约责任制度中，一种违约责任方式通常并不排斥另一种违约责任方式，违约方不能以已经承担履行义务或采取补救措施为由，而拒绝赔偿对方的其他损失。

【司法适用】

本条规定明确了赔偿损失可与其他违约责任方式并用。在适用本条规定时，需要注意两个问题：(1)关于损失的计算。如已采取实际履行或其他补救措施的并使合同目的实现或违约损失得到部分填补，那么其所弥补的损失应从全部损失中扣减。(2)违约行为与损失之间的因果关系。所谓因果关系，是指违约行为与损害后果之间的法律关联。在违约责任中，因果关系是归责的重要前提。因为，一方面，任何人都必须对自己行为所造成的损害后果承担责任，但也仅需要对自己行为造成的损害后果负责，故要确定责任，必然首先要确定引起损害后果发生的法律原因。另一方面，因果关系对于确定损害赔偿的范围具有重要意义，这不仅表现在因果关系决定直接损害和间接损害的区分，而且也是界定损害赔偿范围的标准。此外，在双方违约的情况下，因果关系是确定双方各自应承担的责任的重要依据。

【司法案例】

黑龙江省齐齐哈尔市甲小额贷款股份有限公司诉乙银行股份有限公司大庆分行等借款合同纠纷案[①]

诉讼结论：合同违约方在继续履行义务或者采取一定的补救措施后，仍然给守约方造成损失的，违约方应当继续承担赔偿责任。

2013年6月，甲、乙等五公司（以下简称五公司）在乙银行、乙银行大庆分行（以下简称二银行）的贷款到期，五公司计划偿还后由二银行重新发放贷款。经各方协商，欲向甲公司借款，甲公司为保证其资金安全，要求借款人提供抵押担保，上述五公司分别提供了抵押物及保证人。二银行同时分别向甲公司出具了承诺书，承诺偿还到期贷款后重新向上述各公司发放贷款，并确保款项划入甲公司指定账户，用于偿还五公司向甲公司的借款。现其中一公司未能如期偿还贷款。二银行未按约定履行向五公司发放贷款的义务，构成了对甲公司违约，应当对甲公司由此造成的损失进行赔偿。本案中承诺书形式上类似于担保合同，经认定不符合担保要件，但该承诺仍符合要约、承诺要件，构成一种普通民事合同。因二银行未履行该承诺书内容构成违约，应承担违约赔偿责任。

第五百八十四条　当事人一方不履行合同义务或者履行合同义务不符合约定，造成对方损失的，损失赔偿额应当相当于因违约所造成的损失，包括合同履行后可以获得的利益；但是，不得超过违约一方订立合同时预见到或者应当预见到的因违约可能造成的损失。

【条文主旨】

本条是关于违约损害赔偿范围的规定。

【条文理解】

本条源于《合同法》第113条。本条对损失赔偿的计算方法进行规定，确定了我国法律对损害赔偿违约责任的基本态度，即完全赔偿原则。其中，可得赔偿的损失既包括已知损失，也包括可得利益的丧失，但同时也参考各国立法经验及有关国际公约的规定，以违约方是否可预见为其赔偿范围的限制。

损害赔偿责任的认定应把握如下要件：（1）须有违约行为（参见本法第577

---

① 最高人民法院（2016）最高法民申3552号民事裁定书。

条)。(2)受害人须受有损失。不过,如果合同债务只限于支付一定数额的金钱时,无论是否存在损失,只要逾期支付的,受害人均可主张赔偿损失。在我国,对逾期偿还贷款一般是通过罚息的方式进行赔偿的,不以借款方受有实际损失为条件。(3)违约行为与损失之间有因果关系(参见本法第583条的“条文理解”部分)。检验违约行为与损失之间是否存在因果关系,最基本的方法是必要条件规则,此外尚有一些特殊的检验方法。必要条件规则,指“无彼即无此”的关系,依照此规则,凡构成损失所发生的必要条件的情况,均为事实上的原因,如果要是没有该违约行为,损失就不会发生,则可以认定违约行为就是损失发生的原因。

【司法适用】

根据本条规定,确定违约损害赔偿的范围需注意以下两点:

(1)损害赔偿的范围以违约造成的损失为准。这一规定与《联合国国际货物销售合同公约》第74条的规定基本一致。损害赔偿的责任范围,应与对方遭受的损失相当,即通过损害赔偿使受损方的经济状况回复到合同假如得到履行时他本应得到的经济状况。

(2)损失赔偿范围的应受可预见性的限制,即不得超过违反合同一方订立合同时可预见到的因违反合同可能造成的损失。从本规定来看,我国采纳了可预见性理论作为限制赔偿责任的依据。根据该理论,合同当事人将对其应当预见到的损失负赔偿责任,即只有当因违约所造成的的损失是可以预见的情况下,才认定损害结果与违约之间具有因果关系;如果损害是不可预见的,则不存在因果关系,违约当事人也不应当承担对这些损害的赔偿责任。这一限制有利于避免当事人因违约行为承担过于沉重的不利后果或遭受毁灭性打击。合同当事人作为理性人,只能就其可预见的结果享有行为选择的自由,而对不可预见的结果,则不存在行为选择的空间,基于公平原则精神,自然也不应当承担责任。

【司法案例】

甲贸易有限公司诉乙有限公司委托合同纠纷案①

诉讼结论:委托人因行使法律规定的解除权而应承担的民事责任,不同于一般合同当事人在合同履行过程因故意违约而应承担的民事责任,即委托人承担的赔偿范围应限于因委托合同解除而给受托人造成的直接损失,受托人要求赔偿由此可能造成的预期利益损失的,人民法院不能支持。

乙与甲于2000年8月签订的《业务协议书》约定乙委托甲在中国地区(不含

---

① 最高人民法院(2005)最高法民二终字第143号民事判决书。

台湾、港澳)销售乙制造的产品,乙为委托人,甲为受托人,上述约定确立了乙与甲之间的委托合同关系。随后,因各种原因,乙解除与甲的委托合同关系,属于行使法定解除权,但该解除行为给甲造成了损失,乙应当依法承担相应的赔偿责任。当事人基于解除委托合同而应承担的民事赔偿责任,不同于基于故意违约而应承担的民事责任,前者的责任范围仅限于给对方造成的直接损失,不包括对方的预期利益。

第五百八十五条　当事人可以约定一方违约时应当根据违约情况向对方支付一定数额的违约金,也可以约定因违约产生的损失赔偿额的计算方法。

约定的违约金低于造成的损失的,人民法院或者仲裁机构可以根据当事人的请求予以增加;约定的违约金过分高于造成的损失的,人民法院或者仲裁机构可以根据当事人的请求予以适当减少。

当事人就迟延履行约定违约金的,违约方支付违约金后,还应当履行债务。

【条文主旨】

本条是关于违约金的规定。

【条文理解】

违约金,是指不履行或者不适当履行合同义务的违约方应当按照合同约定支付给非违约方一定数量的金钱。违约金责任是我国合同法确定的违约方应当承担违约责任的主要方式之一。《合同法》第114条对违约金责任作了原则性规定,《合同法解释(二)》第27~29条进行细化、补充性的解释,增强了规则的可操作性。本条则对这些规定进行了统合和吸纳。

根据本条并结合本法第577条的规定,违约方承担支付违约金的民事责任应当具备以下条件:

(1)存在当事人违反合同的行为。只有在当事人违反合同的情况下,另一方当事人才能有权要求其支付违约金。当事人违反合同行为具有不同的形态,如不履行、不适当履行、迟延履行等,这些违约行为都可能导致违约金的承担。但如果合同当事人所约定的违约金仅限于某种违约行为的,则该种违约金责任适用于这种情况,如果没有发生这种行为,则无权要求对方支付违约金。

(2)合同设有违约金责任的条款。我国法律确定的违约金责任为意定违约金责任。违约金责任产生的前提条件是合同当事人之间就违约金在合同中设有相关条款。如果合同当事人在合同中没有关于违约金的事先约定,当合同一方当事人违约时,另一方当事人无法要求违约方支付违约金,而只能诉诸其他违约责任。同时,合同当事人之间就违约金的约定必须是合法有效的,不合法或无效的违约金条款,无法产生违约金责任的适用效力。

(3)当事人违反合同行为不具有免责事由。我国《民法典》承继《合同法》的精神,就违约责任采严格责任原则,即合同当事人有违约行为,只要该行为不具有免责事由,违约方就应承担违约责任。相反,如果存在免责事由,则合同违约方可以不承担包括违约金责任在内的不利后果。

【司法适用】

(1)关于违约金的性质。本条规定已确立违约金具有“补偿+惩罚”的双重性质,但以赔偿为主要功能,以惩罚为辅助功能。鉴于违约金主要体现为一种补偿性的民事责任形式,因此对数额过高的违约金条款,人民法院可以根据当事人的请求适当进行调整,以维护民法的公平和诚实信用原则。若任由当事人约定过高的违约金且以意思自治为由而不加干预,在有些情况下,无异于鼓励当事人通过不正当的方式获取暴利,存在较大的道德风险。

(2)违约金司法调整的理由及限制。如前所述,在必要情况下,法院仍可对合同中显明显不公平的违约金予以调整,这是公平原则的具体化,也是民事责任以补偿为主要使命的体现。不过,合同中的违约金条款毕竟属于当事人意思自治的产物,原则上应获得司法的尊重,同时,要加大对守约者诚信行为的保护力度,提高违法违约成本,促进诚信社会的构建,故有必要对违约金司法调整予以一定的限制。根据《九民会议纪要》,对违约金进行司法调整应当秉持审慎的态度依法为之。

(3)请求违约金司法调整的方式。在过去的司法实践中,存在必须通过诉讼提出和可以通过抗辩提出两种不同的观点。一般认为,对于当事人主张违约金过高并请求调低的方式不宜过分严苛,当事人既可以通过诉讼(含反诉)方式,也可以通过抗辩的方式主张。在审判实践中,双方当事人往往纠缠于是否违约而非违约金是否过高,为公平公正地处理纠纷,平衡当事人之间的利益关系,也为避免判决生效后当事人就违约金问题反复诉讼,在当事人未主张调整违约金数额的场合,人民法院可以根据案件的具体情况,就违约金是否过高的问题进行释明。对此,《买卖合同解释》第27条规定:“买卖合同当事人一方以对方违约为由主张支付违约金,对方以合同不成立、合同未生效、合同无效或者不构成违约等为由进行免责抗辩而未主张调整过高的违约金的,人民法院应当就法院若不支持免责抗辩，当事人是否需要主张调整违约金进行释明。一审法院认为免责抗辩成立且未予释明，二审法院认为应当判决支付违约金的，可以直接释明并改判。”

(4)关于违约金过高的认定。根据《九民会议纪要》第50条的规定，认定约定违约金是否过高，一般应当以《合同法》第113条规定的损失为基础进行判断，这里的损失包括合同履行后可以获得的利益。除借款合同外的双务合同，作为对价的价款或者报酬给付之债，并非借款合同项下的还款义务，不能以受法律保护的民间借贷利率上限作为判断违约金是否过高的标准，而应当兼顾合同履行情况、当事人过错程度以及预期利益等因素综合确定。特别需要注意的是，前述会议纪要明确，主张违约金过高的违约方应当对违约金是否过高承担举证责任。

【司法案例】

西宁甲实业发展有限责任公司诉陈某峰股权转让合同纠纷案①

诉讼结论：违约金条款是合同主体契约自由的体现，除具有对违约行为的惩罚性和对守约方的补偿性功能之外，还应体现预先确定性和效率原则。约定违约金降低了发生纠纷时合同主体的举证成本，使合同主体在订立合同时即明确违约后果，从而做到慎重订约、适当履约，人民法院对约定违约金进行调整应依法、审慎、适当。

双方签订的《股权转让合同》《股权转让补充合同》《股权转让补充合同二》对案涉房屋土地使用权证的办理及交付时间予以明确约定，甲公司未在2011年7月31日前履行上述合同义务构成违约，其应承担相应违约责任。关于甲公司应承担的违约金数额，违约金条款是合同主体契约自由的体现，除具有对违约行为的惩罚性和对守约方的补偿性功能之外，还应体现预先确定性和效率原则。约定违约金降低了发生纠纷时合同主体的举证成本，使合同主体在订立合同时即明确违约后果，从而做到慎重订约、适当履约，人民法院对约定违约金进行调整应依法、审慎、适当。甲公司作为违约方主张违约金约定过高，应承担举证责任，非违约方陈某峰、陈某主张违约金约定合理的，亦应提供相应的证据。《合同法解释(二)》第29条规定，当事人主张约定的违约金过高请求予以适当减少的，人民法院应当以实际损失为基础，兼顾合同的履行情况、当事人的过错程度以及预期利益等综合因素，根据公平原则和诚实信用原则予以衡量，并作出裁决。从本案履约情况来看，陈某、陈某峰分别于2012年5月15日、同年6月19日、2013年1月29日发函要求甲公司履行合同义务，甲公司于2012年11月7日作出书面承诺

---

① 最高人民法院(2016)最高法民终20号民事判决书。

后，仍未履行相应义务，直至二审开庭期间交付土地使用权证已逾期1730天，有失诚信。甲公司称陈某峰方拒绝领受土地使用权证，但未提供证据证明。鉴于合同违约条款系针对在约定时间内交付房屋产权证、土地使用权证，甲公司已经在约定期限内交付了涉案房屋产权证，部分履行了合同义务，且陈某峰、陈某除发出函件主张权利之外，确未采取有效措施主张权利，同时考虑到三层房屋租金收益由陈某峰、陈某收取，法院根据合同实际履行情况及双方过错程度，按照年利率24%计算违约金。

第五百八十六条　当事人可以约定一方向对方给付定金作为债权的担保。定金合同自实际交付定金时成立。

定金的数额由当事人约定；但是，不得超过主合同标的额的百分之二十，超过部分不产生定金的效力。实际交付的定金数额多于或者少于约定数额的，视为变更约定的定金数额。

【条文主旨】

本条是关于定金担保的规定。

【条文理解】

本条源于《合同法》第115条以及《担保法》第90条、第91条。在民法学界，对定金概念的界定也不尽相同。根据《担保法》第89条的规定，定金是指合同的一方当事人以担保其债务的履行为目的，而向对方给付的一定数额的金钱。

从定金的概念和我国原有民事法律《民法通则》《合同法》《担保法》等关于定金的规定来看，定金不成立担保物权，也不是保证法律关系，而是一种特殊的金钱担保。定金担保及定金责任具有如下特征：

（1）定金具有从属性。定金是从属于主债的从债。定金的从属性表现为定金合同的是否有效要以主债是否有效为前提。

（2）定金具有象征性。定金俗称“定钱”，其实质在于通过交付定金来发挥某种担保作用。定金担保对于债权来说，仅具有外在的担保功能，在债务不履行情况下，债权人并不能从定金中获得债权之充分清偿。可见，定金担保债权的实现远不如抵押、质押、留置担保对债权的保障性强，因而定金担保具有象征性。

（3）定金具有双向性。根据本条及第587条规定的定金罚则，定金担保具有双向性。与此不同，保证、抵押、质押、留置等担保，则不具有这一特性，即担保功能是单向的，只有债务人向债权人提供担保。

(4)定金具有预付性。定金应在主债履行之前交付,才具有担保功能。在主债履行完毕之后,由于不存在需要担保的债务存在,故无须交付定金。另外,根据本法第587条的规定,在债务人履行主债务时,定金可以冲抵主债务(限金钱债务),此时,定金之功能无异于预付款。

(5)定金金额具有任意性和限定性。定金是一种约定的担保方式,双方当事人对定金的数额原则上可以进行自由约定,但不得超过主合同标的额的20%,超过部分不产生定金的效力。

【司法适用】

在司法实践中,需要注意定金合同具有特殊的法定生效条件。定金合同不仅需要双方当事人的意思表示一致,而且还需要实际交付定金,定金合同才能生效,也有人将其称为定金的实践性。如双方当事人仅订立了定金合同或在主合同中的定金条款,而没有实际交付定金,此时,定金合同或主合同中的定金条款并不生效,当事人也不无法诉请法院判决对方交付定金。

同样,基于定金的实践性,如果当事人实际交付的定金数额多于或者少于合同约定的数额的,视为变更约定的定金数额,即定金金额应以实际交付的数额为准。

【司法案例】

梁某运诉甲县人民政府国土资源局建设用地使用权出让合同纠纷案①

诉讼结论:一方违约后,如通过定金罚则足以弥补守约方损失,则守约方不能再要求违约方承担其他的赔偿责任。

2014年,原告梁某运通过招投标竞得国有建设用地使用权,与被告甲县国土资源局签订的《国有建设用地使用权挂牌成交确认书》《国有建设用地使用权出让合同》约定:被告在2014年9月17日前将出让宗地交付给原告,原告应支付用地使用权出让金5,953,350元,定金为400万元。随后原告依约支付定金,但被告未依约交付土地。原告请求被告双倍返还定金及已支付土地款,并赔偿损失。法院认为合同约定的定金数额明显过高,应当依法进行调整。且原告虽确存在运营及融资成本,但双倍返还定金已明显能够弥补其损失,故不再支持其要求赔偿损失的诉请。

---

① 安徽省六安市中级人民法院(2015)六民一初字第00020号民事判决书。该案被列入《最高人民法院发布十起依法平等保护非公有制经济典型案例》(2016年4月8日)。

第五百八十七条　债务人履行债务的，定金应当抵作价款或者收回。给付定金的一方不履行债务或者履行债务不符合约定，致使不能实现合同目的的，无权请求返还定金；收受定金的一方不履行债务或者履行债务不符合约定，致使不能实现合同目的的，应当双倍返还定金。

【条文主旨】

本条是关于定金罚则的规定。

【条文理解】

本条源于《合同法》第115条和《担保法》第89条。定金的法律效力，是指定金合同有效成立后在当事人之间产生的相应权利义务关系。依照本条规定，定金性质为违约定金，其法律效力表现在两方面：(1)债务人履行债务后，定金应当抵作价款或者收回。此乃主合同得以履行情况下所表现的效力。(2)在发生违约情况下，给付定金的一方不履行约定的债务的，无权要求返还定金；收受定金的一方不履行约定的债务的，应当双倍返还定金。此即定金罚则。定金担保通过一方当事人向对方当事人交付一定数量的金钱，把合同是否履行与定金的得失联系起来，使当事人产生心理压力，进而积极、适当地履行合同。概言之，定金的担保功能主要源于定金罚则的威慑与惩罚作用。

【司法适用】

适用定金罚则需具备以下条件：一是以违反有效合同为前提；二是只能针对不履行这种违约形态。对于部分履行，可否适用定金罚则有不同的看法。一般认为，违约定金仅在债务人拒绝履行和不能履行两种情形下发生罚则效力，逾期履行和不完全履行发展到不能履行时产生罚则效力，否则不发生丧失定金或双倍返还定金的法律后果。

【司法案例】

莆田甲置业有限公司等诉乙市国土资源局建设用地使用权出让合同纠纷案[①]

诉讼结论：给付定金的一方不履行约定债务的，无权要求返还定金。

原被告经各环节程序后签订《土地出让协议》，约定由甲公司支付定金，且给付定金的一方不履行约定的债务的，无权要求返还定金；收受定金的一方不履行

① 福建省高级人民法院(2014)闽民初字第135号民事判决书。

约定的债务的，应当双倍返还定金。后在协议履行过程中，甲公司未能依约履行合同，因此，甲公司主张被告应双倍返还定金缺乏依据。

第五百八十八条　当事人既约定违约金，又约定定金的，一方违约时，对方可以选择适用违约金或者定金条款。

定金不足以弥补一方违约造成的损失的，对方可以请求赔偿超过定金数额的损失。

【条文主旨】

本条是关于违约金与定金竞合时的责任的规定。

【条文理解】

本条第1款源于《合同法》第116条。定金作为意定担保之一种，应以当事人在主合同或单独的定金合同中设有约定为前提。另外，从广义上而言，违约金责任与其他民事责任一样，也具有担保之功能。定金条款与违约金条款，都是合同的意定内容，如果并存于同一债之关系之中，则当事人只能择一适用，而不得主张同时适用违约金条款和定金同款。定金与违约金，既然都具有担保功能，即担保债权实现的功能，即二者具有类似的性质功能，故二者不可同时适用。

据本条第2款规定，在同一债之关系中，守约方可以既要求违约方按照定金罚则承担责任，又要求其承担损害赔偿责任。这是由于定金条款主要是通过定金罚则的惩罚作用发挥担保功能，而违约损害赔偿责任的功能乃在填平损失。

【司法适用】

根据当事人主义的法律原则，合同中的违约金条款、定金条款的适用，应以当事人提出主张为前提，法院或仲裁机构不得主动适用。基于数额的计算和利己的考虑，当事人可以主张适用违约金条款，也可以主张适用定金条款。如个案中的当事人同时主张适用违约金条款和定金条款的，法院或仲裁机构可以向该方当事人予以释明，进而由其明确诉请，也可以按照有利于守约方的原则选择适用其一。

至于定金责任与损害赔偿责任，鉴于其主要功能相异，定金责任的功能在惩罚和特殊担保，损害赔偿的功能在补偿和一般担保，故二者可以同时适用。不过，鉴于民事责任的补偿性，在适用定金责任的情况下，违约损害赔偿的范围仅限于“超过定金数额的损失”。违约行为本质上属于违法行为，根据法律原理，任何人不得因为自己的违法行为而获利，同样也不得因为他人的违法行为而获利。

【司法案例】

惠阳甲实业有限公司等诉惠阳丙实业有限公司股权转让合同纠纷案[①]

诉讼结论：定金条款与违约金条款不能同时适用。在一方违约的情况下，对方只能选择其一主张权利。

原被告双方于1993年签订合同书，约定原告甲向被告乙转让土地一块，价款为13,983.15万元，被告支付定金1500万元，同时，被告应按合同约定时间付款，除不可抗力外，逾期付款应向原告支付滞纳金，每逾期一天支付总价款的万分之一。逾期一个月，视为被告违约，原告有权终止合同，除定金归原告所有外，被告还应向原告支付总价款10%的赔偿金；原告如未按合同及时办理移交，除应将乙方定金全部退回外还应向乙方支付总价款10%的赔偿金。本案合同中同时约定定金及违约金，二者只能选其一，法院将被告的违约责任认定为"定金加10%赔偿金"属于适用法律错误。

第五百八十九条　债务人按照约定履行债务，债权人无正当理由拒绝受领的，债务人可以请求债权人赔偿增加的费用。

在债权人受领迟延期间，债务人无须支付利息。

【条文主旨】

本条是关于债权人拒绝受领和迟延受领的规定。

【条文理解】

从比较法的角度来看，本条是法律移植的产物。《德国民法典》第301条规定，"对于支付利息的金钱债务，债务人在债权迟延期间不应当支付利息"；第304条规定："债务人在债权人迟延的情形，可以请求偿还自己为无效果提出之给付以及为保管和维持所负担之标的物而不得不支出的额外费用。"

合同目的之达成，不仅需要债务人全面履行合同义务，通常还需要债权人的配合或协助，包括积极受领债务人的给付，否则，债务的履行可能因债权人一方的原因发生障碍。这种障碍在理论上被称为债权人迟延或受领迟延。

在合同关系中，关于债权人受领给付，在性质上到底是权利还是义务，存在不

① 最高人民法院(2015)民提字第209号民事判决书。

同意见。德国民法理论认为,在某些特殊情形下,债权人迟延的,债权人应当承担损害赔偿责任。譬如,在承揽合同中,如果债权人受领迟延,并且可归责于债权人的,债权人应当承担损害赔偿责任。我国《民法典》第509条第2款规定:"当事人应当遵循诚信原则,根据合同的性质、目的和交易习惯履行通知、协助、保密等义务。"据此,我们倾向于认为,债权人受领给付是基于诚信原则应当承担的从给付义务,也是为照顾自己权利实现而应为的对己义务或不真正义务(参见本法第591条的"条文理解")。债权人违反从给付义务,应当向对方承担违约责任;债权人违反对己义务,将丧失就此所遭受的损失要求债务人赔偿的权利。基于此,本条规定,债权人拒绝受领的,应赔偿债务人增加的费用,且无权要求债务人支付受领迟延期间的利息。

【司法适用】

人民法院在适用本条时应当注意的问题有:

(1)本条第1款中所称之"费用"是指无效果提出给付(被债权人拒绝的给付)之费用,以及为保管和维持合同标的物而不得不支出的必要费用。值得注意的是,债务人因此所损失的可得利益,例如债务人为保管标的物而不能够将占用的仓库出租所无法获得的租金收益,不在此项范畴之内。①

(2)根据本条第2款,债务人被免除一切利息义务。所指之"利息"不仅包括依法应当支付的法定利息,也包括合同约定的利息即约定利息。

(3)债权人迟延以债权人的拒绝受领以"无正当理由"为前提。相反,如果债权人依法有理由拒绝受领,则不成立本条规定的法律后果。所谓债权人依法有理由拒绝受领,比如,债权人原则上可以拒绝债务人提前履行债务(参见本法第530条)、买受人有权拒绝受领质量不符合要求的标的物(参见本法第610条)、买受人可以拒绝接收出卖人多交付的标的物(参见本法第629条)等。

【司法案例】

何某妹诉都某伟、章某英房屋买卖合同纠纷案②

诉讼结论:债权人迟延受领债务后,不得主张自其迟延受领时起向后的债务利息。

何某妹与都某伟、章某英房屋买卖合同纠纷一案,常州仲裁委员会于2011年3月21日作出2010常仲裁字第145号仲裁裁决书,裁定都某伟、章某英应向何某妹支付人民币231,750元。但随后两被告向原告支付上述款项遭到原告拒绝,在

① 卢谌、杜景林:《德国民法典债法总则评注》,中国方正出版社2007年版,第66页。

② 江苏省高级人民法院(2012)苏执复字第0022号民事裁定书。

法院立案执行后，都某伟、章某英立即按照仲裁裁决将款项交至法院账户；其行为表明其一直积极希望履行仲裁裁决，其未能在仲裁裁决书指定的期间履行义务，系因债权人何某妹拒绝受领造成其难以履行债务。何某妹拒绝受领后，再要求都某伟、章某英承担此段期间内的迟延履行债务利息，理由不能成立。

第五百九十条　当事人一方因不可抗力不能履行合同的，根据不可抗力的影响，部分或者全部免除责任，但是法律另有规定的除外。因不可抗力不能履行合同的，应当及时通知对方，以减轻可能给对方造成的损失，并应当在合理期限内提供证明。

当事人迟延履行后发生不可抗力的，不免除其违约责任。

【条文主旨】

本条是关于不可抗力免责的规定。

【条文理解】

本条源于《合同法》第117条、第118条。本法第180条第1款（位于第一编总则）规定："因不可抗力不能履行民事义务的，不承担民事责任。法律另有规定的，依照其规定。"可见，本条是第180条在合同编的具体化。

1. 合同关系中的不可抗力之界定

根据本法第180条第2款的规定，合同法视野中的不可抗力，是指合同订立后发生的，当事人订立合同时不能预见的，且不能避免和不能克服的导致合同不能履行或目的不能实现的客观情况。法律解释上一般认为，不可抗力主要包括两类，一类是自然灾害（地震、台风、洪水、旱灾、海啸、瘟疫等），另一类是社会异常事件（如战争、罢工、骚乱等）。[①]

理解合同领域的不可抗力的概念，需要注意以下几点：(1)不能预见。能否预见取决于人类在某一时期的预见能力。判断某种现象是否可以预见，应以当时的技术水平以及一般人的预见能力为准。(2)不能避免、不能克服。当事人对自然灾害或战争等客观情况的发生和结果无法进行人为控制，也无法避免其造成的不良后果。(3)关乎合同履行。合同意义上的不可抗力，必须对合同的正常履行造

---

① 国际商会（ICC）发布的《不可抗力及艰难情形条款2020》在关于什么构成不可抗力问题上，其条款旨在不可抗力的一般要求（在所有情况下均需满足）与推定当事人无法控制、在订立合同时不可预见的事件表现之间取得折中，援引该条款的门槛低于不能履行。其不可抗力适用除了"三不能"外，还有"超出合理控制范围"。

成了客观障碍，即导致合同全部不能履行、部分不能履行或不能如期履行。最高人民法院曾在《关于在防治传染性非典型肺炎期间依法做好人民法院相关审判、执行工作的通知》中规定，因政府及有关部门为防治"非典"疫情而采取行政措施直接导致合同不能履行，或者由于"非典"疫情的影响致使合同当事人根本不能履行而引起的纠纷，按照《合同法》第117条和第118条的规定妥善处理。在这一规定中，最高人民法院明确强调政府行政措施或"非典"疫情构成不可抗力须以导致合同履行不能作为条件。（4）法定性与约定性。如前所述，法律对不可抗力的范围和后果设有规定，但基于意思自治原则，法律并不排斥当事人在合同中对不可抗力的范围和后果进行约定。由此可见，合同法上的不可抗力与侵权责任法上的不可抗力存在一定的范围差别。

2. 不可抗力是违约责任的法定免责事由

不可抗力作为违约责任的免责事由，包含两个方面的含义：（1）不可抗力仅是其造成合同履行障碍范围内对应的违约责任之免责事由，即根据不可抗力的影响程度，对应地免除当事人部分或者全部的违约责任。（2）当事人迟延履行后发生不可抗力的，不发生免除违约责任的效力。以上两点，其实质是考虑不可抗力与合同履行障碍之间的因果关系。

3. 不可抗力作为违约责任免责事由的程序规则

此处所谓程序规则有二：（1）通知义务。因不可抗力不能履行合同的，应当及时通知对方。"通知规则"旨在给对方当事人留出减损的时间和空间，故当事人如未尽通知义务的，应就对方扩大的损失承担过错赔偿责任。（2）证明责任。受不可抗力影响的合同当事人应当在合理期限内提供证明。根据《民事诉讼法》规定的"谁主张，谁举证"之原则，如果合同当事人无法就不可抗力予以证明的，则其基于不可抗力免责的法律主张不能得到支持。在实践中，不可抗力的证明一般由公证机构提供。对于自然灾害，出证机关可以是不可抗力事件发生地的气象部门、地震管理部门以及专司防灾救灾职能的部门。对于社会事件，如战争、罢工等，通常由政府部门出具证明。

【司法适用】

不可抗力在合同领域可能导致多种法律后果，因此，实践中应注意对不可抗力制度予以一体把握，个案中也可能需要对不可抗力规则进行综合运用。

根据本法"总则编"及"合同编"的规定，不可抗力发生的法律后果包括以下几个方面：（1）不可抗力构成合同终止的法定解除条件（参见本法第563条）；（2）不可抗力构成违约责任的法定免责事由（本条规定）；（3）不可抗力构成合同关系诉讼时效的中止事由（参见本法第194条）。此外，还要注意本法"合同编"第二分编典型合同或其他法律的特别规定。比如,本法第835条规定:“货物在运输过程中因不可抗力灭失,未收取运费的,承运人不得请求支付运费;已经收取运费的,托运人可以请求返还……”

不可抗力与情势变更既有区别,也有联系。二者的区别在于概念不同、适用的对象和目的不同。不可抗力适用于“三不能”导致合同不能履行或者合同目的不能实现的客观情况,而情势变更并不以不能履行为构成要件,适用的目的在于解决继续履行造成的显失公平,而不可抗力适用的目的在于免除全部或者部分违约民事责任。二者的联系在于都是不能预见的、事后可解除的(法定解除与协商诉请),而且同一事件在不同的案件当中,都可适用。譬如席卷全球的新冠肺炎疫情,虽然总体上可以认定为不可抗力,但也不宜“一刀切”一概而论,因为疫情及其防控措施在不同案件中有的构成不可抗力,有的构成情势变更。在裁判方法上,无须类推适用,而是因案而异、因地而异、因时而异。

【司法案例】

河北甲房地产开发有限公司诉乙信托股份有限公司等借款担保合同纠纷案[①]

诉讼结论:不可抗力,是指不能预见、不能避免并不能克服的客观情况。判断某种情况是否属于不可抗力,通常应结合具体案例及相应的社会背景予以判断。

2013年,原告乙公司和被告甲公司签订《特定资产收益转让与回购合同》。在合同成立生效后,原告未能按照合同约定履行义务,并以市场、政策出现全行业性困难为不可抗力主张免责。市场出现的行业困难应当为可以预见、经营中理应预见的情况,并不属于不可抗力的范围。原告未能履行合同系其自身经营所致,此项违约抗辩事由不能成立。

第五百九十一条　当事人一方违约后,对方应当采取适当措施防止损失的扩大;没有采取适当措施致使损失扩大的,不得就扩大的损失请求赔偿。

当事人因防止损失扩大而支出的合理费用,由违约方负担。

【条文主旨】

本条是关于减损规则的规定。

---

① 最高人民法院(2016)最高法民终519号民事判决书。

【条文理解】

本条源于《合同法》第119条。当事人一方违约后，对方应当采取适当措施防止自己损失的扩大，这是本条为守约方课设的减损义务。法律义务具有“利他”的特性，但本条规定的守约方之义务却旨在减轻自己的损失，故而，此种义务亦被称为“对己义务”或“不真正义务”。减损义务既然属于对己义务，因此不得诉请履行，而仅在被违反的情况下发生守约方权益的减损的后果。故本条规定，没有采取适当措施致使损失扩大的，不得就扩大的损失要求赔偿。这才符合诚信原则的要求。

从违约方角度观察，减损义务也具有限制违约方赔偿责任的意义。既然此种义务也利于减轻违约方的赔偿责任，故基于公平原则之精神，违约方应当承担守约方为防止损失扩大而支出的合理费用。至于守约方支付的费用是否属于“合理费用”的范围，应在个案中根据具体情况予以确定。从社会角度观察，减损义务的功能体现在激励守约方按照有利于经济效益的方式去完成行为选择，以增进社会整体效益。

【司法适用】

本规则的适用将直接影响守约方可获得的损害赔偿的范围，其关键在于如何判断守约方的行为是否适当。减损规则的目的旨在促使守约方采取合理措施减轻损失，避免社会资源浪费。基于该目的，判断守约方的行为是否适当，应以其行为之时或应为行为之时作为时间基点加以判断，而不应以事后的情况来衡量先前的行为是否合理。同时，还需要注重行为人的主观因素，不能拘泥于行为的客观结果，只要行为人在当时已经尽到必要的注意义务，即可认定其行为适当。

【司法案例】

张某歌诉曾某华房屋租赁合同纠纷案①

诉讼结论：当事人一方违约后，对方当事人采取消极措施致使损失扩大的，不得就扩大的损失请求违约方赔偿。如果对方当事人因自身原因无法举证证明其损失，则法院可以驳回其损失赔偿的全部诉讼请求。

张某歌租用曾某华房屋用于经营，后发现房屋漏水致使无法经营，双方经协商、诉讼确认解除合同，由张某歌返还房屋。张某歌未向曾某华支付租金，但始终占有案涉租赁房屋不开业经营亦不同意返还房屋，并向曾某华主张未能如期营业

① 最高人民法院（2017）最高法民申1617号民事裁定书。

的损害赔偿和返修损失。即使曾某华愿意放弃生效判决所认定的自2003年8月1日后的全部租金及违约金,张某歌仍不同意返还房屋,致案涉房屋处于不能被利用的状态,造成社会资源的浪费及双方损失的扩大,张某歌消极处理问题的方式,对造成损失的扩大负有不可推卸的责任。原审判决对张某歌主张的返修损失全部予以驳回虽有失公平,但造成损失难以确定系因张某歌未及时全面固定损失证据造成,原审判决以张某歌提交的证据不足以证明其损失数额为由驳回返修损失不属于适用法律确有错误。

第五百九十二条　当事人都违反合同的,应当各自承担相应的责任。

当事人一方违约造成对方损失,对方对损失的发生有过错的,可以减少相应的损失赔偿额。

【条文主旨】

本条是关于双方违约时违约责任的规定。

【条文理解】

违约责任一般是由合同一方承担,但在合同双方均有违约的情况下,各方均应承担相应的违约责任。此种情况下,对当事人违约行为的判断,与一方违约的情况并无差别,故不再赘述。

在认定各方的责任时,需要综合分析各方违约行为的轻重程度、违约所造成的损失、违约行为之间是否存在因果关系等因素,分别予以认定。此外,违约行为是不能相抵的,但在违约责任确认后,各方因违约责任所应向相对方承担的给付之债,如符合抵销的条件,则应另当别论。

【司法适用】

认定双方违约的时候需要注意其与合同一方依法享有履行抗辩权的情形相区分。依法享有抗辩权的合同当事人,因其不履行合同义务具有正当性,故并不构成违约,亦无须承担违约责任。

根据本条第2款的规定,当事人一方违约造成对方损失,对方对损失的发生有过错的,可以减少相应的损失赔偿额。这一命题本质上是基于因果关系所作出的法律决定。也就是说,某方当事人对于自己的损失也有“原因力”的,对方可以主张在其赔偿责任中扣减相应的损失赔偿金额。

【司法案例】

常某亥诉山西甲煤焦化工程集团有限公司技术合作开发合同纠纷案[①]

诉讼结论：协议双方对于履行停滞均负有一定责任时，判决双方各自承担相应的违约责任符合法律规定。

原被告双方签订协议，约定共同合作开发选煤用水等产品的设计等。在履行过程中，由于双方原因造成协议履行停滞。经法院查明，原、被告双方对于履行停滞均负有一定责任，故而判决双方各自承担相应的责任。

第五百九十三条 当事人一方因第三人的原因造成违约的，应当依法向对方承担违约责任。当事人一方和第三人之间的纠纷，依照法律规定或者按照约定处理。

【条文主旨】

本条是关于第三人原因造成违约时违约责任承担的规定。

【条文理解】

本条源于《合同法》第121条。合同当事人中的一方因第三人的原因造成违约，仍然应当向合同相对方承担违约责任。这是合同对合同相对性原则的坚守。

本条中“第三人”是指合同当事人以外的人。但是，“第三人的原因”是弹性较大的不确定概念。在理解上需要注意的是，第三人的原因并不局限于第三人的行为，亦可能是第三人相关的任何事件。实际上，在大多数情况下，一旦合同一方违约，相对方并无法查证是否真的发生了第三人行为，而根据该条的规定，是否真的发生了第三人行为其实并不影响合同关系中的责任承担。

根据本条规定，我国对因第三人的原因违约的处理规则如下：(1)合同一方应当向相对方承担违约责任。因为根据合同相对性原则，合同效力仅发生于合同当事人之间，而不及于第三人。故因第三人原因违约的情况下，第三人并不向债权人承担违约责任，债权人亦无权向第三人主张违约责任。(2)当事人一方与第三方的关系依法律规定或他们之间的约定另行处理，并不必然影响本合同关系中的违约责任。

---

① 最高人民法院(2011)民申字第315号民事裁定书。

【司法适用】

在审判实践中,对因第三人原因导致违约的案件,法院可根据实际情况决定是否将第三人列为诉讼第三人。此外,在产品责任中,合同相对方可能向第三人直接基于产品缺陷提起诉讼,但此时的诉讼事由并非违约责任,而是侵权责任。

【司法案例】

佛山市甲房地产开发有限公司诉周某亮等商品房预售合同纠纷案①

诉讼结论:当事人一方因第三人的原因造成违约的,依法应当向对方承担违约责任。当事人一方和第三人之间的纠纷,依照法律规定或按照约定解决。

原被告双方签订《商品房买卖合同》,房屋交付时,原告发现交付房屋面积与合同约定存在出入。甲公司辩称,涉案房屋产权登记建筑面积减少系佛山市禅城区房地产交易中心出具的《房屋测绘报告》公摊系数计算方式错误所致,涉案项目总建筑面积和总共有面积与原规划基本相符,甲公司并未"建少了",而是《房屋测绘报告》"算少了",其自身并无过错,不应承担违约责任。《合同法》第 121 条规定,"当事人一方因第三人的原因造成违约的,应当向对方承担违约责任。当事人一方和第三人之间的纠纷,依照法律规定或按照约定解决"。据此,法院认为甲公司仍应对交付房屋产权登记建筑面积小于合同约定建筑面积承担违约责任,若其认为房屋权属证书上相关内容错误,应另寻其他法律途径解决。

第五百九十四条　因国际货物买卖合同和技术进出口合同争议提起诉讼或者申请仲裁的时效期间为四年。

【条文主旨】

本条是关于国际贸易合同诉讼时效和仲裁时效的规定。

【条文理解】

本条源于《合同法》第 129 条。本法第 188 条第 1 款规定:"向人民法院请求保护民事权利的诉讼时效期间为三年。法律另有规定的,依照其规定。"本条规定即属于法律的"另有规定",故在国际货物买卖合同和技术进出口合同中应当优先适用。

---

① 广东省高级人民法院(2015)粤高法民一申字第 1730 号民事裁定书。

本条确定了涉外货物买卖合同及技术进出口合同的诉讼时效为 4 年。国际货物买卖合同和技术进出口合同具有涉外因素，将其诉讼时效期间规定为 4 年，主要考虑到在此类具有涉外因素的合同关系中，合同履行所需期限较长，跨越空间较大，故证据收集和提供的复杂程度也相对明显，当事人提起诉讼所需的准备时间也通常较长。

本法第 198 条规定："法律对仲裁时效有规定的，依照其规定；没有规定的，适用诉讼时效的规定。"故本条关于涉外合同的特殊诉讼时效之规定，适用于不同的合同纠纷解决机制，既可适用于诉讼，也涵盖了仲裁。

【司法适用】

本条规定仅适用于涉外货物买卖合同及技术进出口合同，而其他具有涉外因素的合同，仍然适用本法"总则编"的一般规定，即诉讼时效期间为 3 年。

本条仅是对国际货物买卖合同和技术进出口合同的诉讼时效期间的特殊规定，而不涉及诉讼时效制度的其他方面。如基于这两类合同发生争议，涉及诉讼时效的中止、中断及延长等问题，仍应适用本法"总则编"的相关规定。

【司法案例】

荷兰甲公司诉昆明乙园艺有限公司国际货物买卖合同纠纷案①

诉讼结论：因国际货物买卖合同和技术进出口合同争议提起诉讼或者申请仲裁的诉讼时效为 4 年。

2008 年 2 月起至 2008 年 8 月 11 日，被告多次以传真方式向原告发出订单订购花卉。2011 年双方通过电子邮件进行账务核对，但随后被告仍未及时付款。经法院查明，原告属荷兰公司，故本案属于涉外案件。审理中双方当事人均确认选择中华人民共和国法律作为处理争议的准据法。同时，根据《合同法》第 129 条的规定，因国际货物买卖合同争议提起诉讼的期限为 4 年。故本案原告的债权诉讼时效并未完成。

---

① 云南省高级人民法院（2017）云民终 228 号民事判决书。

第二分编　典型合同

第九章　买 卖 合 同

第五百九十五条　买卖合同是出卖人转移标的物的所有权于买受人，买受人支付价款的合同。

【条文主旨】

本条是关于买卖合同定义的规定。

【条文理解】

买卖合同是最重要的有名合同，最常见的典型合同。出卖人转移买卖标的物的所有权于买受人，买受人支付货款给出卖人，这是买卖合同的基本内容。买卖合同的特征如下：(1)买卖合同是卖方转移财产所有权、买方支付价款的双务合同。卖方不仅要转移占有将标的物交付给买方，而且要将标的物的所有权转移给买方——有时可以约定出卖方暂时保留所有权用于担保。转移所有权，这使买卖合同与一方也要交付标的物的其他合同，如租赁合同、借用合同、保管合同等区分开来。(2)买卖合同是买方应支付价款的合同，并且价款是取得标的物所有权的对价。这又使买卖合同与其他转移财产所有权的合同，如互易合同、赠与合同区别开来。(3)买卖合同多是诺成合同。一般当事人就买卖达成合意，买卖合同即成立，而不以标的物或者价款的现实交付为合同成立的要件。① 但是，买卖合同当事人也可以在合同中约定，标的物或者价款交付时，买卖合同始为成立。此时的买卖合同即为实践合同或者称要物合同。

【司法适用】

实践表明，民商事纠纷案件中买卖合同纠纷数量常常是位居首位。买卖合同案件审理中需要遵循的原则和判断标准常为其他有名合同所借鉴、无名合同所参

---

① 这在某些国家的法律中是明确规定的，如《法国民法典》规定，当事人就标的物及其价金相互同意时，即使标的物尚未交付、价金尚未支付，买卖即告成立。

照。因此,在“合同编”典型合同分编中占据统领地位的买卖合同章堪称典型合同中的模范合同。为了维护法律适用统一、妥善审理买卖合同案件,维护市场公平秩序,鼓励市场交易,促进市场经济发展,2012 年 5 月 10 日,最高人民法院发布了《买卖合同解释》,主要对买卖合同的成立及效力、标的物交付和所有权转移、标的物毁损灭失的风险负担、标的物的检验、违约责任、所有权保留、特种买卖等方面如何具体适用法律作出明确的规定。

对于以权利为标的物的买卖合同,优先适用专门、特别法律。因此,合同涉及债权、股权、注册商标和专利等有偿转让的,凡特别法有规定的,自然适用特别法;特别法没有规定的,可以适用合同编通则、参照适用买卖合同的规定。

形式特别的买卖合同,譬如电子商务合同、拍卖合同,应当首先分别适用《电子商务法》《拍卖法》,这些特别法没有规定的,可以适用合同法通则、参照适用买卖合同的规定。

以供水、供电、供热为标的买卖合同,不属于本章调整的范围,不适用本章条款。

【司法案例】

某石油工程设计有限公司诉郭某某买卖合同纠纷案①

诉讼结论:若合同双方之间的实质关系为买卖关系的,应定性为买卖合同纠纷。

《买卖合同解释》第 1 条第 1 款规定:“当事人之间没有书面合同,一方以送货单、收货单、结算单、发票等主张存在买卖合同关系的,人民法院应当结合当事人之间的交易方式、交易习惯以及其他证据,对买卖合同是否成立作出认定。”本案中,上诉人设计公司与被上诉人郭某某虽未签订书面买卖合同,但根据 2014 年 5 月 16 日上诉人设计公司出具的《委托书》,双方对劈开砖及勾缝剂的采购达成合意,包括对选用品牌要求、单价、运输方式、需求总量、送货地点等,并由上诉人设计公司工作人员鲁某某签字确认、加盖“克拉玛依市城南新居住区二期工程 EPC 项目部业务专用章”。上诉人设计公司工作人员鲁某某在《克拉玛依城南新居住区二期工程材料进场签收凭证》上签字,可以证实上诉人设计公司与被上诉人郭某某劈开砖及勾缝剂买卖合同事实成立。

---

① 新疆维吾尔自治区克拉玛依市中级人民法院(2017)新 02 民终 217 号民事判决书。

第五百九十六条　买卖合同的内容一般包括标的物的名称、数量、质量、价款、履行期限、履行地点和方式、包装方式、检验标准和方法、结算方式、合同使用的文字及其效力等条款。

【条文主旨】

本条是关于买卖合同条款的规定。

【条文理解】

在买卖合同中，当事人可以根据具体合同的实际情况，在《合同法》第12条规定的条款之外，再约定包装方式、检验标准和方法、结算方式、合同使用的文字及其效力等条款。该条只是起提示性作用，一般对于买卖合同的成立及效力，买卖合同当事人的具体权利义务等并无实质性的影响。

【司法适用】

在司法实践中要明确包装、检验、合同结算、合同使用等概念的含义。标的物的包装，有两种含义：一种是指盛标的物的容器，通常称为包装用品或者包装物；另一种是指包装标的物的操作过程。因此，包装方式既可以指包装物的材料，又可以指包装的操作方式。标的物的检验是指买受人收到出卖人交付的标的物时，对其等级、质量、重量、包装、规格等情况的查验、测试或者鉴定。合同的结算是国有企业、事业、机关、团体、集体经济单位等法人之间因履行合同发生款项往来而进行的清算和了结。主要有两种方式：一种是现金结算，另一种是转账结算。合同使用的文字及其效力条款主要涉及涉外合同。涉外合同常用中外文两种文字书写，且两种文本具有同样的效力。若合同在中国履行，最好明确规定“两种文本在解释上有争议时，以中文文本为准”；在外国履行的合同可考虑接受以外文文本为准。这样既公平合理又可减少争议。

第五百九十七条　因出卖人未取得处分权致使标的物所有权不能转移的，买受人可以解除合同并请求出卖人承担违约责任。

法律、行政法规禁止或者限制转让的标的物，依照其规定。

【条文主旨】

本条是关于无权处分效力的规定。

【条文理解】

本条是在吸收了《合同法解释（一）》将合同效力与合同标的物所有权转移区

别开的精神和《买卖合同解释》第3条规定，[①]即无权处分情形下买卖合同的效力以及违约救济的规定的基础上，对《合同法》第132条加以改造而成。立法机关确立无权处分有效规则的理论基础在于合同效力区别于合同标的物所有权的变动，因而改变了《合同法》第51条[②]的理念，删除了《合同法》第51条所要求的合同有效的前提条件——经权利人追认或者无处分权的人订立合同后取得处分权，修正了理论上将无权处分合同视为效力待定合同的观点。[③] 但这种修正并不等于鼓励无权处分，支持出卖他人财产。

无权处分问题被学界比喻为"法学上的精灵"，[④]具有独特的理论魅力，但是学界的争议也引发了司法实践的困扰、混乱和关注，出卖人未取得处分权而订立合同的效力认定问题也经历了多年的周折和反复。

继《合同法解释(一)》将合同效力与合同标的物所有权转移区别开之后，《物权法》第15条在法律上正式确立了区分原则。根据该原则，《买卖合同解释》第3条对于《合同法》第51条与第132条之间的关系进一步梳理，从司法审判实践角度对第132条作出了反面解释，无权处分情形下合同效力以及出卖人责任有了基本一致的认定。

与《合同法》第132条倡导性法律规范相比，本条在性质上实际是裁判规范，诉讼上主要适用于买卖合同的买受人以合同纠纷为案由，以解除合同和无权处分的出卖人承担违约责任为诉讼请求的案件。

【司法适用】

在该条的适用情形上，一是针对出卖未取得处分权的物，买卖合同的标的物既可以是现实存在之物，又可以是将来产生之物。实际经济生活中存在大量的期货买卖和以将来财产为标的物之买卖合同，这意味着买卖合同缔约时，标的物尚不存在，只要履行交付义务时能够生产出来就不影响买受人的利益。这种情形并非《合同法》第51条所谓的无权处分，第51条所谓无权处分是指出卖无所有权之物，甚至是恶意出卖他人之物，虽然具性质为负担行为即债权行为，与通常所谓的

---

① 《买卖合同解释》第3条规定：当事人一方以出卖人在缔约时对标的物没有所有权或者处分权为由主张合同无效的，人民法院不予支持。出卖人因未取得所有权或者处分权致使标的物所有权不能转移，买受人要求出卖人承担违约责任或者要求解除合同并主张损害赔偿的，人民法院应予支持。

② 《合同法》第51条规定：无处分权的人处分他人财产，经权利人追认或者无处分权的人订立合同后取得处分权的，该合同有效。

③ 许中缘、夏沁：《〈合同法〉修改：从合同法典回归民法典合同法编》，载《晋阳学刊》2017年第3期。

④ 王泽鉴：《民法学说与判例研究》（第5册），中国政法大学出版社1998年版，第87页。

无权处分情形在性质上相同,但如果在买卖合同纠纷的实际处理结果完全相同,恰恰使得恶意出卖他人之物的人目的得逞,从而使真正的所有权人遭受不可预期之损失,其财产安全感遭到摧毁。二是出卖他人之物的买卖合同,如果归入本条适用的情形,只重交易安全,必将使所有权人的财产面临随时遭到侵夺之虞,物之安全荡然无存。因此,凡以侵犯他人财产所有权为目的出卖他人之物的,人民法院应当坚持诚信原则,抑恶扬善,扶正祛邪。对于无处分权的人处分他人财产,凡未经权利人追认或者无处分权的人订立合同后仍未取得处分权的,人民法院可以依照"总则编"第3条和"物权编"关于民事主体的财产权利不得侵犯的规定,根据权利人的请求认定无权出卖行为无效、无权占有人返还财产。至于合同效力如有争议,则依照"合同编"关于合同效力的规定加以考量。从法律实施的效果考虑,对于无权出卖他人财产且未经权利人追认或者无处分权的人订立合同后仍未取得处分权的,与其既认定合同有效又裁决标的物不转移所有权,倒不如认定出卖他人财产的行为包括缔约行为无效,以维护财产安全,维持法律秩序的连续性,提升司法的公正性和法治的公信力。

【司法案例】

罗某会诉毕某娟船舶买卖合同纠纷案①

诉讼结论:当事人一方以出卖人在缔约时对标的物没有所有权或处分权为由主张合同无效的,人民法院不予支持。

本案"荣远渔168"号渔船买卖合同经买卖双方姜某与罗某会签字,合同成立。罗某会不是"荣远渔168"号渔船的登记所有人,在与姜某订立买卖合同时,不论其对案涉船舶是否享有处分权,依据前述法律规定,均不影响对合同效力的认定,姜某与罗某会签订的渔船买卖合同有效,原审予以确认。

第五百九十八条　出卖人应当履行向买受人交付标的物或者交付提取标的物的单证,并转移标的物所有权的义务。

【条文主旨】

本条是关于出卖人基本义务的规定。

① 辽宁省高级人民法院(2018)辽民终156号民事判决书。

【条文理解】

《联合国国际货物销售合同公约》第 30 条规定，卖方必须按照合同和本公约的规定，交付货物，移交一切与货物有关的单据并转移货物所有权。交付是指标的物占有的转移。民法理论将标的物的交付分为现实的交付和拟制的交付两种。现实的交付即指出卖人将标的物的占有直接转移于买受人，使标的物处于买受人的实际控制之下。如将出卖的商品直接交给买受人，将出卖房屋的钥匙交给买受人等，这些都是现实交付。拟制的交付是指出卖人将对标的物占有的权利转移于买受人，以替代现实的交付。本条规定的出卖人应当履行向买受人交付"提取标的物的单证"的义务，就是一种拟制交付。这种拟制交付可以称为指示交付，它是指在标的物由第三人占有时，出卖人将对于第三人的请求提取标的物的权利让与买受人，以代替标的物的实际交付。最常见的指示交付是将仓单、提单交给买受人。交付必须是依出卖人的意思而作出的，如未经出卖人的同意，买受人自行将标的物或者提取标的物单证从出卖人处取走，则不构成交付，而是非法侵占的行为。

【司法适用】

在司法实践中，买卖合同中买受人的目的是取得标的物的所有权，将标的物的所有权转移给买受人是出卖人的基本义务。标的物所有权的转移方法，依法律规定而定。动产一般以占有为权利的公示方法，因此，除法律另有特别规定或者当事人另有约定以外，动产所有权依交付而转移。不动产和法律有特别规定的动产，如车辆、船舶、航空器等，以登记为权利公示的方法，因此，其所有权的转移须办理所有权人的变更登记。无论合同是否作出约定，出卖人都应当协助买受人办理所有权的变更登记手续，并将有关的产权证明文书交付买受人。此前提到的在买卖合同成立时出卖人尚未取得标的物所有权的情况下，出卖人就应当在合同订立后取得该标的物的所有权，以将其转移给买受人。

第五百九十九条　出卖人应当按照约定或者交易习惯向买受人交付提取标的物单证以外的有关单证和资料。

【条文主旨】

本条是关于出卖人交付有关单证和资料义务的规定。

【条文理解】

买卖合同的出卖人应当交付标的物或者交付提取标的物单证。提取标的物的单证，主要是提单、仓单，是对标的物占有的权利的体现，可以由出卖人交付给买受人作为拟制的交付以代替实际的交付。这种拟制的交付不需要合同作出专门的约定。除了标的物的仓单、提单这些用于提取标的物的单证外，现实生活中关于买卖的标的物，尤其是国际贸易中的货物，还有其他一些单证和资料，比如商业发票、产品合格证、质量保证书、使用说明书、产品检疫书、产地证明、保修单、装箱单、海关发票、领事发票等。

【司法适用】

在实践中，对于提取标的物单证以外的有关单证和资料，如果买卖合同中明确约定了出卖人交付的义务或者是按照交易的习惯，出卖人应当交付，则出卖人就有义务在履行交付标的物的义务以外，向买受人交付这些单证和资料。《联合国国际货物销售合同公约》第 34 条规定，如果卖方有义务移交与货物有关的单据，他必须按照合同所规定的时间、地点和方式移交这些单据。我国民法理论关于买卖合同出卖人的交付义务中，也有这方面的内容。

第六百条　出卖具有知识产权的标的物的，除法律另有规定或者当事人另有约定外，该标的物的知识产权不属于买受人。

【条文主旨】

本条是关于知识产权归属的规定。

【条文理解】

本条规定的意旨在于说明作为知识产权的载体的买卖与知识产权买卖的不同。知识产权的买卖是权利买卖的一种。涉及权利主体转变的合同法律关系，在有关法律中一般称为权利的转让。如我国《专利法》第 10 条规定，专利权可以转让。专利权的转让是指专利权人作为转让方，将其发明创造专利的所有权或者持有权转移给受让方，受让方支付约定的价款。除了这种权利转让的合同，我国有关法律还规定了一种权利客体的许可使用合同。如《专利法》第 12 条规定了专利实施许可合同，它是指专利权人作为许可方许可被许可方在约定的范围内实施其所有或者持有的专利技术，被许可方按照约定支付使用费的合同。这种合同与专利权转让合同的区别在于，后者是以专利所有权的转移为目的，而前者是以转让技术使用权为目的，所以也可理解为专利技术使用权的转让合同，转让人并不因专利技术使用权的转让而丧失专利所有权。

【司法适用】

在权利买卖中,当事人所追求的合同目的与一般的货物买卖是不同的。尽管从根本上说,一般货物买卖也是权利,即货物所有权的转移,但是,货物的所有权是建立在现实的、可见的实物之上,其所有权是一个法律上的抽象定义,当事人所追求的是物的实用性。而权利的买卖或者转让则不同,当事人所追求的是权利本身所体现的利益。作为买卖对象的权利,尽管也有一定的载体,但买卖当事人看重的显然不是该载体本身,而是通过它表现的一定技术以及对这一技术享有支配的权利而能带来的利益。因此,如果一个买卖合同的标的物本身体现着一定的知识产权,除非当事人明确表明,或者法律有相关规定(如《著作权法》规定美术作品的展览权随作品原件转移),买卖可以影响知识产权,该标的物所体现的知识产权就不转移于买受人。

第六百零一条　出卖人应当按照约定的时间交付标的物。约定交付期限的,出卖人可以在该交付期限内的任何时间交付。

【条文主旨】

本条是关于标的物交付时间和期限的规定。

【条文理解】

本条的规定比较明确,容易理解,其源于《合同法》第138条,同时借鉴了《联合国国际货物销售合同公约》第33条的规定,即卖方必须按以下规定的日期交付货物:(1)如果合同规定有日期,或从合同可以确定日期,应在该日期交货;(2)如果合同规定有一段时间,或从合同可以确定一段时间,除非情况表明应由买方选定一个日期外,应在该段时间内任何时候交货;(3)在其他情况下,应在订立合同后一段合理时间内交货。

【司法适用】

本条适用的关键是对于交付时间和交付期限的厘定。交付期限是指一个时间段,除非对交付的时间有较高要求的合同外,一般在某个时间段之内履行即是合理的。如果买卖合同对于交付时间作了具体约定,则出卖人应当在此日期之时,履行标的物交付义务。晚于此日期,即为迟延交付。早于此日期,即为提前履行。按照“合同编”第530条的规定,买受人可以拒绝出卖人提前履行债务,但提前履行不损害买受人利益的除外。出卖人提前履行债务给债权人增加的费用,由出卖人承担。交付期限指的是一个时间段。具体的合同纷繁复杂,这一时间段是某几年、某几个月或者某几天都有可能。这种情况下，依照本条规定，出卖人就可以在该交付期限内的任何时间交付，这也是符合当事人约定的。

第六百零二条　当事人没有约定标的物的交付期限或者约定不明确的，适用本法第五百一十条、第五百一十一条第四项的规定。

【条文主旨】

本条是关于标的物交付期限不明的规定。

【条文理解】

从条文本身的内容以及“合同编”的体例安排和立法技术上看，这部法律中的第510条和第511条是两个十分重要的条文，对于合同内容的确定和合同的履行具有重要的意义。本法分则各章中经常要引用通则的这两条以确定各有关合同约定不明时解决的规则。

按照本法第510条的规定，合同生效后，当事人就质量、价款或者报酬、履行地点等内容没有约定或者约定不明确的，其中的“等”内容包括了期限的没有约定或约定不明，此时，当事人可以协商达成补充协议；不能达成补充协议的，按照合同有关条款或者交易习惯确定。如果这样仍然不能确定，按照本法第511条的规定，出卖人就可以随时履行，买受人也可以随时要求出卖人履行，但应当给对方必要的准备时间。

【司法适用】

合同生效后，当事人就标的物的交付期限没有约定或者约定不明确时，当事人可以协商达成补充协议；不能达成补充协议的，按照合同有关条款或者交易习惯确定。如果这样仍然不能确定，出卖人就可以随时履行，买受人也可以随时要求出卖人履行，但应当给对方必要的准备时间。为了使买受人有一个合理的准备接收标的物的时间，如准备仓库等，出卖人应当在交付之前通知买受人。即使法律对此不作规定，这也是出卖人按照诚实信用的合同原则应当履行的义务，因为通知一下对出卖人来说并不是多大的负担，却可以使买受人免受可能的损害。至于这段准备时间应当多长，则应当根据具体的情况合理地确定，这是无法规定出来的。

【司法案例】

杨某诉云南甲集团房地产开发有限公司房屋买卖合同纠纷案[①]

诉讼结论：原告可以在被告领取房产证后随时要求被告发放房产证。

原、被告订立合同时，双方都没有对房产证的领取及发放时间作出明确约定，应当视为约定不明。根据我国《合同法》第139条的规定，原告可以在被告领取房产证后随时要求被告发放房产证。被告领取房产证后，其代房产部门向原告履行发证义务时，按照交易习惯，原告领证时应当出具与领证相关的全部单证及发票，如原告未履行其相应的义务，则被告可以拒绝发放，故被告拒绝发证的行为应属其行使合理抗辩权，并未对原告构成违约。

第六百零三条　出卖人应当按照约定的地点交付标的物。

当事人没有约定交付地点或者约定不明确，依据本法第五百一十条的规定仍不能确定的，适用下列规定：

（一）标的物需要运输的，出卖人应当将标的物交付给第一承运人以运交给买受人；

（二）标的物不需要运输，出卖人和买受人订立合同时知道标的物在某一地点的，出卖人应当在该地点交付标的物；不知道标的物在某一地点的，应当在出卖人订立合同时的营业地交付标的物。

【条文主旨】

本条是关于标的物交付地点的规定。

【条文理解】

本条所要解决的问题主要是合同对交付地点没有约定或者约定不明确时应当怎样确定。与交付期限没有约定或者约定不明确的情形一样，合同如果没有约定交付地点或者约定不明确的，首先仍然要适用本法第510条的规定，即合同生效后，当事人可以协商达成补充协议，不能达成补充协议的，按照合同有关条款或者交易习惯确定。

【司法适用】

在实践中，如果买卖合同标的物需要运输，无论运输以及运输工具是出卖人

---

① 云南省昆明市中级人民法院（2007）昆民三终字第382号民事判决书。

安排的，还是买受人安排的，出卖人的交付义务就是将标的物交付给第一承运人。即使在一批货物需要经过两个以上的承运人才能运到买方的情况下，出卖人也只需把货物交给第一承运人。这时即认为出卖人已履行了交付义务。因此，出卖人交付的地点也就是应当将标的物交付给第一承运人的地点。如果标的物不需要运输，即合同中没有涉及运输的事宜，这时如果出卖人和买受人立合同时知道标的物在某一地点的，出卖人应当在该地点交付标的物。在不属于以上两种情况的其他情况下，出卖人的义务是在其订立合同时的营业地把标的物交付买受人处置。出卖人应当采取一切必要的行动，让买受人能够取得标的物。

【司法案例】

甲动力机械集团有限公司诉陕西乙实业有限公司买卖合同纠纷案①

诉讼结论：若乙公司没有指明交货地点，甲公司最终也可以在交货日之前通知乙公司至其营业地提货。

乙公司按照合同约定先履行了第一次的付款义务，之后甲公司就应在合同约定的2013年3月15日之前将货物送至某县乙公司指定地点，但在实际的履行过程中，甲公司却迟延履行交付义务。其辩称是因为合同约定的交货地点不明确导致迟延交货，故不应承担违约责任，但依照本案合同履行地点某县地理环境复杂性、标的物的特殊性及合同性质与交易习惯，甲公司作为卖方，交付货物是其主要义务，应承担比乙公司更严格的责任。因此在发货前，其应作出通知并询问乙公司以确定最终交货地点以便顺利履行交货义务的积极行为，然而甲公司并没有证据证明其在约定的交货日期之前通知并与乙公司确认过交货地点；即使乙公司没有指明交货地点也不必然导致甲公司迟延交付。根据《合同法》第141条的规定，出卖人应当按照约定的地点交付标的物。当事人没有约定交付地点或者约定不明确，依照本法第61条的规定仍不能确定的，适用下列规定：标的物不需要运输，出卖人和买受人订立合同时知道标的物在某一地点的，出卖人应当在该地点交付标的物；不知道标的物在某一地点的，应当在出卖人订立合同时的营业地交付标的物。如乙公司没有指明交货地点，甲公司最终也可以在交货日之前通知乙公司至其营业地提货，甲公司亦没有证据证明其履行过通知义务。

① 陕西省高级人民法院（2016）陕民终687号民事判决书。

第六百零四条　标的物毁损、灭失的风险，在标的物交付之前由出卖人承担，交付之后由买受人承担，但是法律另有规定或者当事人另有约定的除外。

【条文主旨】

本条是关于标的物毁损、灭失风险承担的规定。

【条文理解】

异地买卖中，《合同法》建立了货交第一承运人的规则，这一规则适用的条件是当事人对交付地点未约定或约定不明为前提条件的。根据《合同法》的风险随标的物交付而转移的一般原则，并结合《联合国国际货物销售合同公约》第67条第1款的规定，即如果销售合同涉及货物的运输，但卖方没有义务在某一特定地点交付货物，自货物按照销售合同交付给第一承运人以转交给买方时起，风险就转移到买方承担。如果卖方有义务在某一特定地点把货物交付给承运人，在货物于该地点交付给承运人之前，风险不转移到买方承担。在标的物运送至买受人指定地点并交付给承运人后，将风险责任分配给买受人符合公平原则和国际惯例。

【司法适用】

审判实践中，判断转移风险时点应当区分出卖人向买受人交付和向承运人交付两种情况。在向买受人交付的情况下，无论是出卖人负责送货还是买受人自提，风险转移时点均为买受人受领货物之时。在向承运人交付的情况下，出卖人向承运人移交货物后，风险即转移给买受人承担。向承运人交付的风险转移规则不仅适用于国际货物买卖，也适用于国内货物买卖。

第六百零五条　因买受人的原因致使标的物未按照约定的期限交付的，买受人应当自违反约定时起承担标的物毁损、灭失的风险。

【条文主旨】

本条是关于标的物迟延交付风险转移的规定。

【条文理解】

一般而言，合同标的物毁损、灭失风险与所有权伴随。在合同履行中发生因买受人的原因致使交付迟延的情况下，则要考虑按此规则处理是否会导致对当事人各方的不公平。如果有，就需要作出相应的例外规定。因买受人的原因而交付迟延，在迟延过程中标的物有可能被损坏甚至灭失，这时需要确定的就是标的物毁损、灭失的风险由哪一方承担问题。此时法律明确规定该风险由买受人承担。

【司法适用】

标的物的风险自交付时起，由出卖人转移至买受人。在标的物迟延交付是由买受人过错造成的情况下，如果仍然坚持标的物的风险自交付起转移，则显然对出卖人是不公平的。因为他已经为标的物的交付做好了准备，标的物已处于可交付的状态，而买受人则违反了及时接收标的物的合同义务。因此，本条作出这样的规定，是合情合理的。《联合国国际货物销售合同公约》第69条也规定，在相关情况下，买方从货物交付给他处置但他不收取货物，从违反合同时起，承担货物的风险。

【司法案例】

陈某仙诉施某琴等买卖合同纠纷案①

诉讼结论：自约定日起因羽绒服长期存放被告仓库而造成的衣物霉斑、蓬松度下降等毁损风险应当由原告承担。

2011年6月27日，原告陈某仙与顾某华一起在被告仓库内对选定服装进行了打包、封包，计45个包裹，并由顾某华在其中41个包裹上进行了标注，以表明该批货物为原告所有。从原告完成封包行为起，已封包的服装即从种类物转变为特定物，被告施某琴有义务向原告交付封包内的服装，而原告也有义务按照约定在提货时支付剩余所欠的货款。2011年10月22日，原告只愿意提取与已付价款等价的羽绒服，而拒不接受剩余羽绒服，也不支付剩余的290,000元货款，不符合双方在销货清单上约定的“提货时货款一次性付清”。原告违约在先，被告有权拒绝其提货要求。根据约定，原告应当在2011年10月20日左右提货，原告拒不支付剩余货款，致使提货不成，按照《合同法》第143条的规定，“因买受人的原因致使标的物不能按照约定的期限交付的，买受人应当自违反约定之日起承担标的物毁损、灭失的风险”，因此自该日起因羽绒服长期存放被告仓库而造成的衣物霉斑、蓬松度下降等毁损风险应当由原告承担。原告于提货时拒不支付剩余货款，违约在先，依法应由其承担违约责任。

第六百零六条　出卖人出卖交由承运人运输的在途标的物，除当事人另有约定外，毁损、灭失的风险自合同成立时起由买受人承担。

① 浙江省台州市中级人民法院(2013)浙台商终字第512号民事判决书。

【条文主旨】

本条是关于路货买卖中的标的物风险负担的规定。

【条文理解】

路货买卖是指标的物已在运输途中,出卖人寻找买主,出卖在途的标的物。它可以是出卖人先把标的物装上开往某个目的地的运输工具(一般是船舶)上,然后再寻找适合的买主订立买卖合同,也可以是在一个买卖合同买受人未实际收取标的物前,再把处于运输途中的标的物转卖给另一方。一般路货买卖以第二种形式为多,往往是在 CIF 条件下买方取得卖方交付的有关货物单证后转卖货物。《联合国国际货物销售合同公约》第 68 条对路货买卖的风险承担问题作了规定:"对于在运输途中销售的货物,从订立合同时起,风险就转移到买方承担。但是,如果情况表明有此需要,从货物交付给签发载有运输合同单据的承运人时起,风险就由买方承担。尽管如此,如果卖方在订立合同时已知道或者理应知道货物已经遗失或者损坏,而他又不将这一事实告知买方,则这遗失或者损坏应由卖方负责。"

【司法适用】

出卖在运输途中的货物,一般在合同订立时,出卖人就应当将有关货物所有权的凭证或者提取货物的单证等交付买方,货物也就处在买方的支配之下。因此,一般来说,从订立合同时起转移货物的风险承担也是合理的。但实际问题是,以合同订立之时来划分路货买卖的风险承担有时是比较困难的。因为在订立买卖合同时,货物已经装在运输工具上处于运输的途中,在收集不到确切证据的情况下,买卖双方都难以搞清风险的发生到底是发生在运输途中的哪一段,是在合同订立之前还是在之后。所以公约作出了这样的规定,即如果情况表明有此需要,从货物交付给签发载有运输合同单据的承运人时起,风险就由买方承担。这就把风险转移的时间提到了货物交付承运人之时,也就是说,从货物交付运输之时起,货物风险就由买受人承担了。

【司法案例】

向某江诉吴某祥买卖合同纠纷案[①]

诉讼结论:出卖人自将标的物交由承运人运输开始,该标的物毁损、灭失的风险就已转移至买受人承受,出卖人已完成合同义务,买受人有义务按合同约定支付货款。

---

① 江西省吉安市中级人民法院(2016)赣 08 民终 864 号民事判决书。

上诉人向某江与被上诉人吴某祥口头约定，向某江以代办运输的方式，将塑料薄膜卖给吴某祥，吴某祥才支付货款及运费，双方之间形成代办运输的买卖合同关系。合同成立后，货物在运输途中货车发生交通事故致使损毁，根据《合同法》第144条的规定："出卖人出卖交由承运人运输的在途标的物，除当事人另有约定的以外，毁损、灭失的风险自合同成立时起由买受人承担。"即出卖人自将标的物交由承运人运输开始，该标的物毁损、灭失的风险就已转移至买受人承受，出卖人已完成合同义务，买受人有义务按合同约定支付货款。因此，吴某祥有义务向向某江支付货款，况且，吴某祥除已经支付3000元货款外，对尚欠货款已向向某江出具"欠条"，确认欠到货款13,000元，表明双方的买卖合同关系已经履行完毕。

第六百零七条　出卖人按照约定将标的物运送至买受人指定地点并交付给承运人后，标的物毁损、灭失的风险由买受人承担。

当事人没有约定交付地点或者约定不明确，依据本法第六百零三条第二款第一项的规定标的物需要运输的，出卖人将标的物交付给第一承运人后，标的物毁损、灭失的风险由买受人承担。

【条文主旨】

本条是关于需要运输的标的物风险负担的规定。

【条文理解】

本条规定是要解决标的物在运输中的风险由谁承担的问题。本法第603条第2款第1项规定，当事人未约定交付地点或者约定不明确，如果是标的物需要运输的，出卖人应当将标的物交付给第一承运人以运交给买受人。这项规定实际上确定了在这种情况下，出卖人将标的物交付给第一承运人就是履行了合同的交付义务。而本法规定标的物的风险，交付前由出卖人承担，交付后由买受人承担。所以规定这种情况下，在出卖人将标的物交付给第一承运人后，标的物的风险由买受人承担就是符合逻辑的。

【司法适用】

大量的买卖合同，尤其是国际货物贸易都涉及货物的运输，而在运输过程中又容易发生各种风险导致标的物的毁损、灭失。所以确定货物运输中的风险由谁承担是一个非常重要并且十分现实的问题。规定其风险由买方承担的理由是买方所处的地位使他能在目的地及时检验货物，在发现货物受损时便于采取必要的措施，包括减轻损失，及时向有责任的承运人请求赔偿以及向保险人索赔等。某些国际贸易惯例也确定了这样的原则,如采取 FOB、CIF 和 CFR 条件订立买卖合同时,都是由买方承担货物在运输过程中的风险。

【司法案例】

田某平诉广东甲医疗器械有限公司买卖合同纠纷案①

诉讼结论:出卖人原告将标的物交付给第一承运人后,标的物毁损、灭失的风险应由买受人被告承担。

本案从法律适用方面考量来看,我国《合同法》第 145 条规定了"当事人没有约定交付地点或者约定不明确,依照本法第一百四十一条第二款第一项的规定标的物需要运输的,出卖人将标的物交付给第一承运人后,标的物毁损、灭失的风险由买受人承担"。原、被告双方签订的《广东甲医疗器械有限公司湖南湘西地区代理合同》第 1.2 条约定了"甲方应于收到乙方发货通知的七个工作日内(正常安全库存)向乙方指定的地点组织发货,遇特殊规格订单公司无安全库存,需订做应提前与公司沟通确定发货时间",该合同中并没有约定具体的交货地点,从本案具体收货地点来看,有"吉首市老医院",也有"龙山县皇苍路 1 巷",因此应视为货物交付地点约定不明确。本案中原告方提供了本案 7 批次货物交付货运单或货运证明,已证实了原告将上述货物交付第一承运人运送的事实,因此即使按被告所述没有收到货物,造成货物灭失,但原告方也完成了合同交付义务,按照我国《合同法》第 145 条规定,出卖人原告将标的物交付给第一承运人后,标的物毁损、灭失的风险应由买受人被告承担。

第六百零八条　出卖人按照约定或者依据本法第六百零三条第二款第二项的规定将标的物置于交付地点,买受人违反约定没有收取的,标的物毁损、灭失的风险自违反约定时起由买受人承担。

【条文主旨】

本条是关于不履行收取标的物义务风险的规定。

【条文理解】

本法第 603 条第 2 款第 2 项规定,当事人未约定交付地点或者约定不明确,如果标的物不需要运输,出卖人和买受人订立合同时知道标的物在某一地点,那么

① 湖南省湘西土家族苗族自治州中级人民法院(2016)湘 31 民终 521 号民事判决书。

出卖人应当在该地点交付标的物；不知道标的物在某一地点的，应当在出卖人订立合同时的营业地交付标的物。总之，这种情况就是出卖人有义务在某一地点将标的物交付给买受人。在合同约定的交付期限届至时，如果标的物已经特定于合同项下而且出卖人已经完成了必要的交付准备工作，让买受人能够取得标的物，如将标的物适当包装，刷上必要的标志，并向买受人发出通知让其提货等，则标的物就处在了可以交付买受人处置的状态。如果这时买受人违反合同的约定没有接收标的物，那么按照该条的规定，买受人就从违反约定之日起承担标的物毁损、灭失的风险。

【司法适用】

本条的两个适用条件是：(1)出卖人按照约定或者依照本法第603条第2款第2项的规定将标的物置于交付地点；(2)买受人违反约定没有收取标的物。满足了前面的两个条件则自买受人违反约定之日起，标的物毁损、灭失的风险转移至买受人。如果当事人对标的物的交付地点有约定，则出卖人按照约定将标的物置于约定地点，即完成交付，无论买受人有没有按照约定收取标的物，标的物的风险都转移至买受人。

【司法案例】

甲(广州)科技有限公司诉乙科技(深圳)有限公司买卖合同纠纷案①

诉讼结论：出卖人按照约定将标的物置于交付地点，买受人违反约定没有收取的，标的物毁损、灭失的风险自违反约定之日起由买受人承担。

甲公司作为出卖方已经将旧设备置于交付地点，但乙公司没有按照合同约定在2015年2月15日前将全部货物提取完毕，而双方当事人在合同中约定的货物损毁灭失风险自乙公司提货时起转移的条款应该以满足在约定的提货期限内提货为前提条件，因此，合同项下的旧设备毁损、灭失的风险自2015年2月16日起应由乙公司承担。乙公司不能提供证据证明旧设备部件被盗发生的时间在2015年2月15日前，其应承担举证不能的法律后果。

第六百零九条　出卖人按照约定未交付有关标的物的单证和资料的，不影响标的物毁损、灭失风险的转移。

---

① 广东省广州市中级人民法院(2016)粤01民终2367号民事判决书。

【条文主旨】

本条是关于未交付单证、资料不影响风险转移的规定。

【条文理解】

本条适用的范围主要是买卖合同涉及标的物运输的情况。本章规定，当事人可以在买卖合同中约定保留标的物所有权的条款。该条款可以约定买受人未履行支付价款或者其他义务的，标的物的所有权属于出卖人。在涉及标的物运输的买卖合同中，出卖人不向买受人移交有关标的物的单证，其性质可以由当事人在合同中约定，当事人可以约定这就是出卖人保留标的物所有权的表示。

【司法适用】

司法实践中，在合同对此没有约定时，各国解决的办法不尽一致。如英国法律可能就认为这表明卖方保留了所有权，而《美国统一商法典》则认为这对卖方而言，只是作为买方支付价款的担保，但并不影响标的物所有权的转移。然而，按照前面的释义中所述，合同法确立的标的物风险转移的原则，除当事人另有约定以外，是以标的物的交付作为标准，与标的物的所有权转移相联系。因此，无论出卖人不交付标的物的单证是否意味着所有权的保留，都不影响标的物的风险从交付时起由出卖人转移给买受人。本条借鉴《联合国国际货物销售合同公约》第 67 条的规定，即卖方有权保留控制货物处置权的单据，并不影响风险的转移。

【司法案例】

关某钢诉施某铎、李某船舶买卖合同纠纷案[①]

诉讼结论：虽然出卖人未交付船舶的有关单证资料，但船舶实物已交付于买受人，船舶实物毁损、灭失的风险应转移至买受人。

根据《合同法》第 147 条的规定，虽然关某钢未交付船舶的有关单证资料，但船舶实物已交付于施某铎，船舶实物毁损、灭失的风险应转移至施某铎。在船舶始终放置于施某铎的修船厂内、施某铎应当知道且有能力控制船舶的情况下，船舶仍被拆解，应认为拆解事实并不违反施某铎的意愿。由此推知，关某钢未交付船舶相关单证资料的履行瑕疵并不影响施某铎签订船舶"买卖协议"合同目的的实现，施某铎在受领船舶实物的情况下，无权以关某钢未交付船舶相关单证资料而拒绝履行付款义务。"买卖协议"明确约定施某铎应在合同签订后"30 天内将款付清"，则施某铎应如约履行合同义务，向关某钢支付相应船款。在（2010）青海法海商初字第 23 号案件的庭审中，对 37 万元是否从 110 万元的船款中扣减的问

① 山东省高级人民法院（2015）鲁民四终字第 31 号民事判决书。

题,关某钢明确回答“协议里是这个意思,但事后不同意”。据此,关某钢应得的船款应依其与施某铎签订协议时的真实意思,即将37万元从110万元约定船款中扣减,施某铎应支付的船款为73万元。

第六百一十条　因标的物不符合质量要求,致使不能实现合同目的的,买受人可以拒绝接受标的物或者解除合同。买受人拒绝接受标的物或者解除合同的,标的物毁损、灭失的风险由出卖人承担。

【条文主旨】

本条是关于出卖人根本违约的规定。

【条文理解】

本条源于《合同法》第148条,是参考《美国统一商法典》作出的规定,《美国统一商法典》规定了出卖人违约与买受人风险承担的关系。首先,如果出卖人所交付的货物不符合约定,足以使买受人有权拒收货物时,则在出卖人消除了货物的缺陷,或者在买受人接受货物以前,货物的风险仍由出卖人承担。这里的“接受”指的是买受人对货物的认可。其次,如果买受人有正当理由拒绝对货物的接受,则他可以在保险合同不包括的限度内,认为出卖人自始就承担了货物的风险。

【司法适用】

买卖合同履行中,既存在卖方违约的可归责行为,又发生了不可归责性的风险损失,两者并存的场合,可归责性的违约行为和不可归责性的风险分配规则,两者同时存在促发本条款的适用。需要注意的是,由于现代合同法中的“违约”定义已趋于客观化,乃至任何不符合合同约定的客观义务违反行为,皆可称“违约”。然而,若因不可归责于双方当事人的事由导致合同履行不能,这不仅属于风险现实化,而且本身亦构成法定解除事由。此种情况,不属于违约行为与风险损失之间的相互影响和协调问题。[①]

【司法案例】

广东甲药业集团有限公司诉上海乙药业有限公司合同纠纷案[②]

诉讼结论:因标的物质量不符合质量要求,致使不能实现合同目的,买受人可

---

① 刘洋:《根本违约对风险负担的影响——以原〈合同法〉第148条的解释论为中心》,载《华东政法大学学报》2016年第6期。

② 最高人民法院(2019)最高法民申1897号民事裁定书。

以拒绝接受标的物或者解除合同。

根据《停止进口药品公告》以及国家食药监总局的要求，乙公司停售并召回了案涉细菌溶解物并退还甲公司；甲公司亦将案涉细菌溶解物封存于公司仓库不再销售。乙公司已无法进行案涉细菌溶解物的招标、推广及销售等相关工作，《分销合同》目的显然不能实现，乙公司有权解除合同。至于《分销合同》是否仅可适用情势变更原则予以解除的问题，根据《合同法解释(二)》第26条的规定，情势变更原则适用于合同成立以后客观情况发生了当事人在订立合同时无法预见的非不可抗力造成的不属于商业风险重大变化。由于双方当事人在《分销合同》中已对产品质量问题的责任承担进行了约定，说明其在订立合同时并非无法预见案涉细菌溶解物的质量问题，故《分销合同》不应适用情势变更原则予以解除。原审法院根据乙公司的诉讼请求判决解除《分销合同》，事实和法律依据充分。甲公司以原审法院判决解除《分销合同》系认定基本事实缺乏证据证明，且适用法律错误为由申请再审，理据不足，本院不予支持。

第六百一十一条　标的物毁损、灭失的风险由买受人承担的，不影响因出卖人履行义务不符合约定，买受人请求其承担违约责任的权利。

【条文主旨】

本条是关于买受人承担风险与出卖人违约责任关系的规定。

【条文理解】

本条源于《合同法》第148条，是参考《联合国国际货物销售合同公约》作出的规定。它表明在出卖人违约的情况下，买受人虽然按照本法的规定承担了标的物风险，但并不影响因出卖人的违约行为，买受人请求其承担违约责任的权利，如请求损害赔偿。在标的物质量不符合质量要求，致使不能实现合同目的的情况下，可以适用前条的规定。

【司法适用】

“合同编”明确规定了商品买卖的风险分担原则是，商品交付给对方之前由卖家自行负担，一旦完成了货物转移那么风险就要由商品的买家来负担。从这一条我们不难得出，我国的买卖合同标的物风险转移的时间不区分标的物是动产和不动产，规定是从标的物交付时起发生转移。在买卖合同中，如果当事人之间另有约定或者法律另有规定时，根据合同的任意性，特殊约定优先于一般约定，交付主义是准则性规定，具有优先适用的特点。根据本条，在买卖合同中，买受人承担了标的物的损害、灭失、破坏之后,仍可以保留追究违约一方的违约责任的权利。

【司法案例】

甲保险公司诉青岛乙橡胶工业有限公司保险人代位求偿权纠纷案①

诉讼结论:装船时货物风险的转移,不影响因其在装船前对货物的包装和固定违反合同约定而应承担的违约责任。

2012年10月17日和11月16日,丙公司委托第三方检验人对受损的货物进行了两次检验,损失金额共计187,440欧元。2012年11月30日,丙公司出具权益转让书,确认其已于2012年11月27日收到了保单项下的所有保险赔偿金187,440欧元。乙公司虽对货损数额有异议,但未提交相反证据予以证明,因此,应认定货损数额为187,440欧元。2013年11月7日,作为保险人的授权保险代理人通过本案的委托诉讼代理人向乙公司发送了律师函,就涉案货物代表保险公司向乙公司追偿货物损失187,440欧元。因此,应从2013年11月7日甲公司向乙公司主张权利之日起计算货损赔偿金的利息。甲公司主张从2012年11月23日其向丙公司支付保险赔偿款之日起计算货损赔偿金的利息,不予支持。甲公司请求乙公司赔偿其为索赔而支出的相关法律费用,因无合同及法律依据,对其该项主张,不予支持。

第六百一十二条　出卖人就交付的标的物,负有保证第三人对该标的物不享有任何权利的义务,但是法律另有规定的除外。

【条文主旨】

本条是关于出卖人权利瑕疵担保义务的规定。

【条文理解】

买卖合同中出卖人对标的物的权利担保指的是出卖人应当保证对标的物享有譬如所有权等合法的权利,出卖行为没有侵犯任何第三人的权利,并且任何第三人都不会就该标的物向买受人主张任何权利。擅自出卖他人财产,既是对所有权人物权的侵犯,也是对买受人的欺诈,或者是与买受人的恶意串通,如果未经原所有权人追认,应予以否定性的法律评价,这是维护物权安全和交易安全的共同需要。买卖合同根本上就是标的物所有权的转让,因此,出卖人的这项义务也是其一项最基本的义务。本条所规定的义务是买卖合同中出卖人的一项法定义务,

---

① 山东省高级人民法院(2018)鲁民终1071号民事判决书。

即使合同中对其未作约定,出卖人也必须履行。我国台湾地区“民法”第 349 条也规定,出卖人应担保第三人就买卖之标的物对于买受人不得主张任何权利。《英国货物买卖法》第 12 条规定,除另有规定外,在任何买卖合同中,卖方有一项默示的义务(无论合同是否约定,都应当承担的义务),保证他享有出售该项货物的权利。并且保证他所出售的货物不存在任何订约时未曾告知买方的担保权益,从而使买方能安稳地占有货物,不受他所不知道的第三人的干扰。

具体来说,出卖人的保证义务包括:(1)出卖人对出卖的标的物享有合法的权利,他须对标的物具有所有权或者处分权。出卖人作为代理人替货主出售货物,即是出卖人具有处分权的情形。而出卖人将其合法占有或者非法占有的他人财产作为出卖的标的物,或者出卖自己只有部分权利的标的物,如与他人共有的财产等都是对此项义务的违反。(2)出卖人应当保证标的物上不存在他人可以主张的权利,如抵押权、租赁权等。(3)出卖人应当保证标的物没有侵犯他人的知识产权。确定出卖人的这项义务比较复杂,需要结合有关知识产权的法律作出判断。《联合国国际货物销售合同公约》对此有比较具体的规定。本条规定的“法律另有规定的除外”,主要考虑的也是这方面的情况。

【司法适用】

出卖人未能履行权利担保的义务,使合同订立后标的物上的权利缺陷没有去除,属于出卖人不履行债务的一种情况,买受人可以依照“合同编”的规定,请求出卖人承担违约责任。即使在标的物的部分权利属于他人的情况下,也可以认为出卖人的行为构成了根本违约,即严重影响了买受人订立合同所期望的经济利益,买受人可以单方解除合同。如果买受人不想解除合同,则可以请求出卖人减少标的物的价款。人民法院审理这类无权处分买卖合同纠纷案件,可以根据买受人的诉讼请求追究出卖人的违约责任的同时,根据物权人的诉讼请求追究出卖人即无权处分人的物权侵权责任。

如果有关专门立法对有权利缺陷标的物的买卖作出特别规定,则首先要依照其规定。根据“物权编”第 406 条的规定,抵押期间,抵押人转让已办理登记的抵押物的,应当通知抵押权人并告知受让人转让物已经抵押的情况。因此,在这种情况下,有关抵押物的买卖合同就应当按照无效处理,当事人应当依照本法有关合同无效的条文确定其权利义务关系。

【司法案例】

大连甲工贸有限公司诉大连乙房地产开发有限公司合同纠纷案①

诉讼结论：甲公司负有保证第三人不得向赵某明主张任何权利的义务。

根据工商登记信息，在签订《协议书》时，工商登记显示，甲公司系丙公司、丁公司、戊公司的唯一股东，赵某明有理由相信甲公司享有案涉股权。《协议书》签订后，作为《联合购买股权协议》的一方当事人，甲公司陈述直到己公司向二审法院主张权利时才得知案涉土地权属存在争议，故赵某明对《联合购买股权协议》的签订与否更难以知悉。甲公司、乙公司向本院申请再审时提交了甲公司与己公司签订的《联合购买股权协议》及转款凭证等，主张乙公司系案涉土地实际权利人，甲公司为无权处分人，《协议书》中对案涉土地使用权转让的约定无效。上述主张不能成立。《联合购买股权协议》的转账凭证为两张中信银行来账业务回单，上述回单凭证没有载明款项用途，仅在摘要或者附言标注“往来”。甲公司、乙公司未能举证证明上述资金流向系己公司的投资行为。《联合购买股权协议》显示的签订日期早于《协议书》签订日期及赵某明向一审法院起诉之日，甲公司作为《联合购买股权协议》的签订主体，乙公司持股98%的股东朱某辉亦是乙公司签约时的委托代理人，甲公司、乙公司对未能在一审、二审期间提交上述材料不能作出合理解释。再审审查阶段对上述材料的真实性不能认定。甲公司、乙公司另提交了《大连市丙房地产开发有限公司、大连丁贸易有限公司、大连戊投资咨询有限公司的股权收购协议》、丙项目股权收购款资金来源及付款凭证、宋某某、朱某辉的股权代持声明等材料，赵某明对上述材料的真实性、合法性不予认可。根据《买卖合同解释》第3条规定，“当事人一方以出卖人在缔约时对标的物没有所有权或者处分权为由主张合同无效的，人民法院不予支持”。即使《联合购买股权协议》等上述材料经过质证可以采信，并足以证明甲公司对案涉股权没有处分权，仍不影响《协议书》的效力。甲公司、乙公司申请再审认为甲公司对案涉土地的处分系无权处分，《协议书》中关于案涉土地使用权的约定无效，上述申请再审理由不能成立，不予支持。

第六百一十三条　买受人订立合同时知道或者应当知道第三人对买卖的标的物享有权利的，出卖人不承担前条规定的义务。

---

① 最高人民法院(2017)最高法民申554号民事裁定书。

【条文主旨】

本条是关于出卖人权利担保义务免除的规定。

【条文理解】

在订立合同时,如果买受人已知或者应知标的物在权利上存在缺陷,除合同没有约定相反的意思,就应当认为买受人抛弃了对出卖人的担保权。因为买受人在订立合同时明知这种情况就等于表示愿意购买有权利缺陷的标的物。这同买受人明知货物有质量上的瑕疵而仍愿意购买的道理是一样的。我国台湾地区"民法"第351条也规定,买受人于契约成立时知有权利之瑕疵者,出卖人不承担保之责,但契约另有订定者不在此限。契约另有订定,可以表现为在合同中约定出卖人负有在合同订立后除去权利缺陷的义务,则在这种情况下出卖人的权利担保义务就不得免除。《联合国国际货物销售合同公约》第41条也规定,卖方所交付的货物,必须是第三方不能提出任何权利或者请求的货物,但买方同意在受制于这种权利或者请求的条件下,收取这项货物的除外。

【司法适用】

在司法实践中,此条所对应的情形即属于上一条款条所言"但是法律另有规定的除外"中的"除外情形",也即在出卖他人之物的场合,若买受人知道出卖人在出卖他人之物的,只要双方当事人之间没有额外约定,则出卖人无须对买受人承担权利瑕疵担保义务。《买卖合同解释》第3条第2款所提及的出卖人对买受人承担违约责任的前提条件是买受人主观上善意,即对出卖人处分权瑕疵的事实不知情也不应该知情。当然,基于意思自治原则乃私法领域的最高原则,如果出卖人与知情的买受人在买卖合同中约定了买受人因为出卖人处分权瑕疵而无法取得买卖标的物所有权时出卖人仍需承担违约责任,则自然应当尊重当事人之间的合意。此外,如果就买受人是否知情发生争议,出卖人如果主张买受人在订立合同时明知标的物的权利缺陷,则对此举证的责任在出卖人,而非买受人。

需要着重强调的是,该条明确规定买受人只有在"订立合同时"知道或者应当知道标的物上附着第三人的权利的,才能令出卖人免于瑕疵担保责任。所谓知道,是指买受人主观上已经明知标的物上存在第三人的权利;所谓应当知道,是指买受人若尽合理注意义务,就能知道标的物上存在其他权利,仅因买受人自身的过失而致客观上不知标的物之权利瑕疵时,也应免除出卖人的瑕疵担保责任。但与此同时,买卖合同双方共同侵权责任也因此而产生。

【司法案例】

刘某瑞诉徐某、新疆甲发电股份有限公司股权转让纠纷案①

诉讼结论：刘某瑞在签订《股份转让协议》时知道或应当知道受让股权已质押的，则可免除徐某的权利瑕疵担保责任。

徐某所称刘某瑞明知股权已质押事实仍同意受让的事实不能成立。关于《股份转让协议》中有关"徐某从转让之日起不再获得股利和其他形式的利益分配及承担贷款责任"的约定。该约定中虽涉及"不再承担贷款责任"的内容，但系何种贷款责任并不明确。根据《合同法》第 94 条，一方迟延履行债务或者有其他违约行为致使不能实现合同目的，当事人可以解除合同。本案中，徐某违反权利瑕疵担保义务的行为构成违约，且至今也未采取措施消灭涉案股权上所设定的质权，该违约行为致使刘某瑞签订《股份转让协议》的目的无法实现。故刘某瑞要求解除 2009 年 8 月 25 日《股份转让协议》的理由成立，对其该项上诉请求予以支持。

第六百一十四条　买受人有确切证据证明第三人对标的物享有权利的，可以中止支付相应的价款，但是出卖人提供适当担保的除外。

【条文主旨】

本条是关于买受人中止支付价款的规定。

【条文理解】

本条赋予买受人中止支付价款权的目的在于对买受人提供一种积极的保护，使其免受可能丧失标的物权利的损害。但买受人行使这一权利时，应当依照本条的规定，首先要有"确切的证据"，其次，只能中止支付与受影响的标的物"相应"的价款。

大陆法系的一些民法典也有类似的规定。如《日本民法典》第 576 条规定，有就买卖标的主张权利者，致买受人有丧失其买受权利之全部或一部之虞时，买受人可以按其危险程度，拒绝支付价金的全部或一部。但是，出卖人已提供相当担保时，不在此限。我国台湾地区"民法"第 368 条规定，买受人有正当理由，恐第三人主张权利，致失其因买卖契约所得权利之全部或一部者，得拒绝支付价金之全部或一部，但出卖人已提出相当担保者不在此限。可以看出，在给买受人此项权

① 新疆维吾尔自治区高级人民法院(2015)新民二终字第 203 号民事判决书。

利的同时，为了不过分损害出卖人的利益，这些法律和本条都规定，出卖人可以提出以提供担保的办法使买受人支付价款。这种担保应当是与买受人有理由证明的可能损害相适应的。

【司法适用】

该条规定了买受人的中止支付价款权，在司法实践中，为买受人提供了一种自我保护方式，避免其权利遭受更大的损害。据此，标的物若有权利瑕疵，其法律后果为买受人可中止支付价款。但严格来讲，其显非最终之结果，而仅是一时之抗辩权，用以保障买受人的利益。根据该条，买受人要行使此种抗辩权，应具备两个要件：(1)买受人确有证据证明标的物上存在权利瑕疵；(2)出卖人未提供适当的担保。所谓“有确切证据证明”，仅要求买受人证明存在权利瑕疵的可能性，而非其确实存在。若出卖人提供适当的担保，买受人仍需继续履行合同，支付相应的价款，否则即构成违约。另外，买受人中止支付的，只能是与“第三人可能主张的权利”价值相应部分价款，超出部分仍需要支付。

第六百一十五条　出卖人应当按照约定的质量要求交付标的物。出卖人提供有关标的物质量说明的，交付的标的物应当符合该说明的质量要求。

【条文主旨】

本条是关于标的物应当符合约定质量的规定。

【条文理解】

质量要求是买卖合同的重要条款。出卖人交付的标的物应当符合约定的质量要求，否则，买受人可以依照本法的规定请求出卖人承担违约责任。《联合国国际货物销售合同公约》第 35 条也规定了类似的内容，即卖方交付的货物必须与合同所规定的数量、质量和规格相符，并须按照合同所规定的方式装箱或包装。

【司法适用】

实践中，出卖人提供的有关标的物质量的说明，严格说来，也是当事人对标的物质量要求的一种约定。这些都属于买卖合同对标的物的明示约定。《美国统一商法典》第 2－313 条的有关规定，很有参考意义。即明示担保可以通过以下 3 种方式表现：(1)如果卖方对买方就有关货物在事实方面作出了确认或者许诺，并作为交易基础的组成部分，就构成一项明示担保，即保证他所出售的货物与他所作的确认或者许诺相符。这种对事实所作的确认或者许诺可以用货物的标签、商品说明及目录等方式表示，也可以记载在合同内。例如，如果卖方在出售服装的标签上写明“100%纯棉”，这就是一项对事实的确认，就是一项明示的担保。（2）卖方对货物所作的任何说明，只要是作为交易基础的一部分，就构成一项明示担保，卖方所交的货物必须与该项说明相符。（3）作为交易基础的组成部分的样品、模型，也是一种明示担保，卖方所交的货物应当与样品或者模型一致。本法为使凭样品买卖的合同中当事人的权利义务更加明确，在本章中单独设立一条样品买卖的条文。以上所介绍的美国法律的这些有关规定，可以帮助了解本条的意旨。

【司法案例】

甲机器有限责任公司诉乙机床集团有限公司买卖合同纠纷案①

诉讼结论：案涉《买卖合同》项下标的物及其交货期间根据约定的质量条款确定。

案涉《买卖合同》约定甲机器公司购买一台乙机床公司生产的“数控双柱立式车铣床”和一套“铣削系统（含铣头）”，同时还约定“乙机床公司负责机床安装、调试、操作及维修人员培训，至验收合格，完成交钥匙工程”。从上述合同内容看，甲机器公司购买的是一台整机机床及一套铣削系统（含铣头），并非机床零部件。根据《合同法》第153条的规定，“出卖人应当按照约定的质量要求交付标的物。出卖人提供有关标的物质量说明的，交付的标的物应当符合该说明的质量要求”。故案涉《买卖合同》项下标的物应系一台安装调试完毕并验收合格的整机机床和一套铣削系统（含铣头），该标的物终验收合格之日即为实际交货日期。而案涉《买卖合同》约定“交货期为32周”，并约定“支付合同总额30%预付款开始计算交货期”，甲机器公司支付该笔预付款的时间系2010年7月19日，以此推算“32周交货期”的交货期截止日应为2011年2月28日，故乙机床公司应在2011年2月28日前向甲机器公司交付一台安装调试完毕且验收质量合格的整机机床。原审判决以双方未约定“安装完毕并验收合格作为交货日期”为由，认定不能以终验收之日确定交货日期不当，应予纠正。

第六百一十六条　当事人对标的物的质量要求没有约定或者约定不明确，依据本法第五百一十条的规定仍不能确定的，适用本法第五百一十一条第一项的规定。

---

① 黑龙江省高级人民法院（2015）黑高商终字第67号民事判决书。

【条文主旨】

本条是关于标的物质量要求不明时的处理的规定。

【条文理解】

本条解决的中心问题是买卖双方如果在合同中对标的物的质量要求问题没有约定或者约定不明确时怎么办。与合同的其他条款一样，首先要依照本法第510条的规定予以确定。确定不了的，接着适用本法第511条的一般性规定。即“质量要求不明确的，按照强制性国家标准履行；没有强制性国家标准的，按照推荐性国家标准履行；没有推荐性国家标准的，按照行业标准履行；没有国家标准、行业标准的，按照通常标准或者符合合同目的的特定标准履行”。这是买卖合同法中必须解决的问题，大陆法系有关的制度称为瑕疵担保制度，英美法系则称为默示担保制度。本条借鉴了以上两种制度的合理规定，主要是以英美法系的默示担保制度作为参考。大陆法系的瑕疵担保责任是不同于违约责任的一种法定责任，其理论认为，违约责任属于过错责任，当事人承担违约责任的前提是他对违约行为有过错。而瑕疵担保责任是无过错责任，只要出卖人不履行瑕疵担保义务，无论其是否有过错，该责任都要承担。而“合同编”第八章违约责任的规定即是采取的无过错原则，不考虑违约方的主观状态，只要有违约行为，就应当承担违约责任。因此，就没有必要在违约责任之外再设立瑕疵担保责任。但大陆法系有关出卖人瑕疵担保义务的一些规定还是合理的，可以借鉴。英美法系的默示担保制度与《民法典》“合同编”买卖合同一章的思路则基本上是一致的。合同双方当事人明确约定的标的物质量要求，出卖人提供的标的物必须符合约定，否则构成违约。如果当事人没有约定的，由法律规定出卖人应当履行的义务，这些规定就视为当事人约定的义务，出卖人不履行该义务，同样是违约。这样既令问题简单化，便于实际操作，又与本法总则的规定相协调，在逻辑关系上是合理的。

【司法适用】

本条规定的出卖人法定质量担保义务是，有国家标准、行业标准的，要符合该标准，没有的，要使标的物的质量符合合同种物的通常标准或者为了实现合同目的该物质量应当达到的特定标准。应当讲，这是一种比较原则的表述。然而，由于实际生活中买卖合同的情况纷繁复杂，涉及的标的物以及合同标的额千差万别，试图在法律中作出具体明确的规定不仅很难做到，反而不利于调整具体的合同关系。对本条的理解，可以参考上述国际公约的有关规定，而它在实践中的适用则要结合所遇到的个案进行具体的分析，以确定“通常标准”或者“特定标准”的内容，即在具体问题的处理过程中体现出法律规定的原则和精神。

【司法案例】

青海甲化工有限公司诉江苏乙电缆厂有限公司买卖合同纠纷案①

诉讼结论：无法判断产品的合理使用寿命周期，根据相关法条确定。

系列合同在约定质量保修期一年的同时，又约定了设备保证期为"合理使用寿命周期届满为止"，电缆设备属于易腐蚀的消耗产品，该产品因储存不当会出现电缆老化、电缆盘锈蚀等情况，因此，无法判断产品的合理使用寿命周期，根据《合同法》第154条"当事人对标的物的质量要求没有约定或者约定不明确，依照本法第六十一条的规定仍不能确定的，适用本法第六十二条第一项的规定"、第61条"合同生效后，当事人就质量、价款或者报酬、履行地点等内容没有约定或者约定不明确的，可以协议补充；不能达成补充协议的，按照合同有关条款或者交易习惯确定"、第158条第2款"当事人没有约定检验期间的，买受人应当在发现或者应当发现标的物的数量或者质量不符合约定的合理期间内通知出卖人。买受人在合理期间内未通知或者自标的物收到之日起两年内未通知出卖人的，视为标的物的数量或者质量符合约定，但对标的物有质量保证期的，适用质量保证期，不适用该两年的规定"之规定，本案中，双方当事人在系列合同中仅约定了质量保修期，对质量保证期约定不明，一审法院按照上述法律规定确定案涉质量保证期为两年。

第六百一十七条　出卖人交付的标的物不符合质量要求的，买受人可以依据本法第五百八十二条至第五百八十四条的规定请求承担违约责任。

【条文主旨】

本条是关于质量瑕疵担保责任的规定。

【条文理解】

本条所规定的出卖人交付的标的物不符合质量要求，既包括标的物的质量要求由合同当事人明确约定的情形，也包括在前条中通过法律规定的情形。本法第582条至第584条规定，质量不符合约定的，应当按照当事人的约定承担违约责任。对违约责任没有约定或者约定不明确，依照本法第510条的规定仍不能确定的，受损害方根据标的的性质以及损失的大小，可以合理选择请求修理、更换、重

① 最高人民法院（2019）最高法民终38号民事判决书。

作、退货、减少价款或者报酬。质量不符合约定,造成其他损失的,可以请求赔偿损失。买卖合同中买受人对出卖人的质量违约行为,就可以通过这些规定要求其承担违约责任。

【司法适用】

该条是关于标的物质量不符合要求时,买受人可以行使的诉讼请求权的规定。本条所规定的出卖人交付的标的物不符合质量要求,既包括标的物的质量要求由合同当事人明确约定的情形,也包括在前条中通过法律规定的情形。瑕疵担保义务是买卖合同中出卖人的法定义务,如果出卖人违反该项义务,应承担违约责任。

【司法案例】

四川甲机械集团有限责任公司诉四川甲机械集团有限责任公司乙矿山机器厂买卖合同纠纷案①

诉讼结论:出卖人交付的标的物不符合质量要求的,买受人可以依法请求承担违约责任。

案涉设备存在质量问题,达不到合同约定的技术参数,应是多方原因造成。设计、制造、安装和使用环节的缺陷和操作不当均有可能导致。但甲公司乙矿机厂作为设备的制造方对质量问题应负主要责任。从案涉合同约定看,丙公司作为需方提供技术参数,并在实际操作中参与了案涉设备的设计,但设计参数的准确性仍由甲公司乙矿机厂负责,也即甲公司乙矿机厂作为设备的制造、提供方对设备符合合同约定的技术参数负有不可推卸的责任。这也是甲公司乙矿机厂在纠纷过程中积极配合丙公司处理设备质量问题的原因。丙公司主张依照合同约定,甲公司乙矿机厂负责确保设计的正确性和指导设备的安装工作,即使存在上述因素,也应归责于甲公司乙矿机厂。丙公司亦参与了案涉设备设计参数的确定,且案涉设备的安装工作实际由丁公司负责,丙公司将上述因素综合导致的质量问题完全归责于甲公司乙矿机厂与案件事实不符,也不符合公平原则。综上,依照《合同法》第155条关于"出卖人交付的标的物不符合质量要求的,买受人可以依照本法第一百一十一条的规定要求承担违约责任"的规定,甲公司、甲公司乙矿机厂应对案涉设备存在的质量问题负主要责任。甲公司、甲公司乙矿机厂关于案涉设备不存在质量问题,且即使存在质量问题,也不应由其承担责任的上诉理由与本案查明的事实不符,本院不予支持。

---

① 四川省高级人民法院(2017)川民终166号民事判决书。

第六百一十八条　当事人约定减轻或者免除出卖人对标的物瑕疵承担的责任，因出卖人故意或者重大过失不告知买受人标的物瑕疵的，出卖人无权主张减轻或者免除责任。

【条文主旨】

本条是关于瑕疵担保责任减免特约效力的规定。

【条文理解】

在买卖合同订立和履行中，因标的物瑕疵而承担的违约责任是出卖人的一项重要责任，围绕买卖合同关系而设计的一系列法律规范，包括标的物的交付、受理、质量检验等，均与标的物瑕疵存在密切关系。买卖双方在订立合同时作出了免除瑕疵担保责任的特约，按照合同意思自治的原则，应尊重这一约定。但在出卖人因故意或重大过失未告知买受人标的物瑕疵的情况下，上述免责特约有悖诚实信用原则，所以各国法律通常都保护买受人的利益，不支持出卖人根据免责特约减轻或免除责任。

【司法适用】

买卖双方约定免除出卖人的瑕疵担保责任，既可以在书面合同中以具体条文作出明确约定，也可以由一方在要约中明确提出，相对方通过承诺的方式予以确定。通知、声明、说明甚至广告的形式均无不可，只要一方通过上述形式完整表达了免除瑕疵担保责任的意思，并且被对方明确接受，都可以认为约定成立。在书面合同中约定免责条款，但实践中采取这种方式的较为少见，多数免责约定是以合同一方提出、相对方承诺的方式订立。以书面合同以外的方式约定免除瑕疵担保责任，应当以恰当方式引起相对方注意，凡是利用相对方疏忽大意或不了解情况而诱使其接受的，可以视为未达成约定。

【司法案例】

克拉玛依市甲拍卖有限责任公司、刘某东
诉乙公路运输有限公司拍卖合同纠纷案①

诉讼结论：拍卖合同作为特殊的买卖合同，委托人未告知标的物的瑕疵状况，致使拍卖人在尽到适当注意义务的前提下仍未能了解到标的物存在瑕疵的，拍卖人可以免于承担瑕疵担保责任。

---

① 新疆维吾尔自治区克拉玛依市中级人民法院(2015)克中民二终字第159号民事判决书。

上诉人甲拍卖公司按照法律规定程序拍卖涉案车辆，被上诉人刘某东参加竞买并购得涉案车辆，双方之间存在事实上的拍卖合同关系，双方签订的《拍卖规则》《注意事项》系其真实意思表示，内容不违反法律法规的强制性规定，故合法有效，具有法律约束力，双方当事人均应按照约定履行各自的义务。根据《拍卖法》第18条第2款"拍卖人应当向竞买人说明拍卖标的的瑕疵"及第27条"委托人应当向拍卖人说明拍卖标的的来源和瑕疵"的规定，在拍卖法律关系中，拍卖人对于拍卖标的物的来源和瑕疵有义务进行了解，委托人也有义务向拍卖人告知标的物的瑕疵状况，并且拍卖人应当将标的物存在瑕疵的情形告知竞买人。根据《拍卖法》第61条第2款"拍卖人、委托人在拍卖前声明不能保证拍卖标的的真伪或者品质的，不承担瑕疵担保责任"及《买卖合同解释》第32条"合同约定减轻或者免除出卖人对标的物的瑕疵担保责任，但出卖人故意或者因重大过失不告知买受人标的物的瑕疵，出卖人主张依约减轻或者免除瑕疵担保责任的，人民法院不予支持"的规定，拍卖合同作为特殊的买卖合同，委托人未告知标的物的瑕疵状况，致使拍卖人在尽到适当注意义务的前提下仍未能了解到标的物存在瑕疵的，拍卖人可以免于承担瑕疵担保责任。本案被上诉人乙公路运输公司认为涉案车辆经过鉴定，符合机动车安全技术标准，故将涉案车辆委托上诉人甲拍卖公司进行拍卖。上诉人甲拍卖公司按照法律规定，对涉案车辆的资产评估报告等资料进行核实并接受委托，其已尽到适当的注意义务。被上诉人刘某东将竞拍的涉案车辆提走并办理过户登记后，涉案车辆所有权归被上诉人刘某东所有，涉案车辆毁损、灭失等风险由被上诉人刘某东承担。被上诉人刘某东主张的修理费系保养维护以及修复车辆外观瑕疵而产生的费用，竞拍车辆有预展期，被上诉人刘某东作为竞买人有义务对竞拍的车辆进行了解，并且能够获知车辆是否存在外观瑕疵。对于被上诉人刘某东主张的安全气囊更换问题，此系涉案车辆的隐蔽瑕疵，需要通过一定方式检验才能发现，上诉人甲拍卖公司在接受委托时对涉案车辆已尽到适当的注意义务，其事先声明不能保证标的物的真伪及品质，符合交易习惯和公平原则。因此，原审法院以上诉人甲拍卖公司未履行隐蔽瑕疵的说明义务为由，判决上诉人甲拍卖公司在收取佣金范围内承担市场价与拍卖价的差额，无事实及法律依据。

第六百一十九条　出卖人应当按照约定的包装方式交付标的物。对包装方式没有约定或者约定不明确，依据本法第五百一十条的规定仍不能确定的，应当按照通用的方式包装；没有通用方式的，应当采取足以保护标的物且有利于节约资源、保护生态环境的包装方式。

【条文主旨】

本条是关于标的物包装方式的规定。

【条文理解】

标的物的包装方式既可以指包装物的材料，又可以指包装的操作方式，它对于标的物品质的保护具有重要作用，尤其对一些易腐、易碎、易潮以及如化学物品等更是这样。对有些标的物来说，质量标准的一部分可能就通过包装本身来表现。因此，本章特设一条予以规定。出卖人交付的标的物，应当符合合同约定的包装方式。没有约定或者约定不明确的，要依照本法第 510 条解决，仍然解决不了的，本法没有针对此项规定一般性的规则，而要适用本条的规定。本条的规定借鉴的是《联合国国际货物销售合同公约》第 35 条的有关内容，即卖方交付的货物必须与合同所规定的数量、质量和规格相符，并须按照合同所规定的方式装箱或包装。除双方当事人业已另有协议外，货物除非符合以下规定，否则即为与合同不符：……货物按照同类货物通用的方式装箱或包装，如果没有此种通用方式，则按照足以保全和保护货物的方式装箱包装。至于何为“足以保护标的物的包装方式”，则需要根据具体的买卖合同标的物作出判断。

【司法适用】

在货物买卖中，包装是说明货物的重要组成部分，包装条款是买卖合同的重要条款。许多国家的法律和有关国际公约都规定，如卖方交付的货物未按约定的条件包装，或与行业习惯不符，买方有权拒收货物。《美国统一商法典》规定，按合同要求，将货物适当地装箱、包装、加标签是货物适销品质的要求之一。本法第 619 条对出卖人的包装义务作出了具体规定。作为调整国际货物买卖的统一实体法的《联合国国际货物销售合同公约》第 35 条第 2 款、第 3 款规定，货物按照同类货物通用的方式装箱或包装，如果没有此种通用方式，则按照足以保全和保护货物的方式装箱或包装。可以说，离开了商品包装，国际货物买卖将无法进行。该条还加入了“有利于节约资源、保护生态环境的包装方式”的要求，与“总则编”的绿色原则一致，该要求的加入对解决我国面临日益严重的资源短缺和环境污染问题具有重要意义。

【司法案例】

广西甲船务有限责任公司诉何某龙、杨某平运输合同纠纷案①

诉讼结论：没有通用方式的，应当采取足以保护标的物的包装方式，在托运人

① 广西壮族自治区高级人民法院（2012）桂民四终字第 26 号民事判决书。

未采取相应足以保护货物的包装的情况下,承运人有权拒绝运输。

当事人双方的航次租船合同中有“由承租方按上述货物的总价值投保足额综合险,否则造成的一切损失均由承租方自行承担”的条款。经审查,在甲公司提交的多个航次租赁合同中,均有此条款的表述,应当视为格式合同。根据《合同法》第40条的规定,甲公司作为提供格式合同的一方免除自己责任、加重对方责任、排除对方主要权利的,条款无效。甲公司作为承运人,仍应对承运的货物承担安全运输的责任,在货物灭失时承担相应的赔偿责任。《合同法》第306条规定:“托运人应当按照约定的方式包装货物。对包装方式没有约定或者约定不明确的,适用本法第一百五十六条的规定。托运人违反前款规定的,承运人可以拒绝运输。”本案中托运人与承运人并无包装的约定,依《合同法》第156条,应当按照通用的包装,没有通用方式的,应当采取足以保护标的物的包装方式,在托运人未采取相应足以保护货物的包装的情况下,承运人有权拒绝运输。本案甲公司在红砖装船时未对货物的包装提出质疑,放弃了对标的物包装不合格拒绝运输的权利。作为承运人,应当有判断货物的基本包装是否满足最低运输标准的能力,其允许货物装船并起运,应当视为认可了承载的货物的包装是合格的,不会产生航运的风险,诉讼中再以此抗辩本院不予支持。

第六百二十条　买受人收到标的物时应当在约定的检验期限内检验。没有约定检验期限的,应当及时检验。

【条文主旨】

本条是关于买受人检验期限的规定。

【条文理解】

在买卖合同的履行过程中,在出卖人交付标的物后,另一个重要问题就是买受人对标的物的检验。检验的目的是查明出卖人交付的标的物是否与合同的约定相符,因此它密切关系着买受人的合同利益,各国法律都赋予买受人检验标的物的权利。例如,《美国统一商法典》对此规定得较为全面。该法典第2－513条规定,除当事人另有约定外,买方在支付货款和接受标的物以前,有权对货物进行检验。检验的时间、地点和方法按照合同约定办理。如合同未作约定,在卖方负责把货物运到目的地的情况下,应在目的地进行检验。在其他情况下,应当在合理的时间、地点,以合理的方式进行检验。如检验表明货物与合同约定相符合,检验的费用由买方承担,反之由卖方承担。如果合同约定采用交货付款或者交单付款等付款条件,则买方就得在检验之前付款。在国际贸易中,大都采用交单付款方式,买方通常都是在卖方移交提单时支付货款,等货物运达目的地后再进行检验。在这种情况下,买方虽已按合同约定支付了货款,但并不构成对货物的接受,也不影响买方检验的权利以及对卖方违约采取各种法律补救措施的权利。

【司法适用】

在实践中,对标的物的及时检验,可以尽快地确定标的物的质量状况,明确责任,及时解决纠纷,有利于加速商品的流转。否则,就会使合同当事人之间的法律关系长期处于不稳定的状态,不利于维护健康正常的交易秩序。所以,本条要求买受人收到标的物后应当及时进行检验。为使买受人能够正常地对标的物进行检验,出卖人应当有提供技术资料的义务。供方必须对产品的质量和包装质量负责,提供据以验收的必要技术资料或实样。供方交货时,应将产品合格证(或质量保证书)和双方商定的必要的技术资料随同产品或运单交需方据以验收。需方在验收中,如果发现没有合格证(或质量保证书)和必要的技术资料,在托收承付期内有权拒付这部分产品的货款,并应将产品妥为保管,立即向供方索要,供方应及时补送给需方。超过合同规定交货期限补交的,即作为逾期交货处理。

【司法案例】

包头甲高分子工业有限公司诉乙环保工程股份有限公司买卖合同纠纷案①

诉讼结论:买受人收到标的物时应当在约定的检验期间内检验。没有约定检验期间的,应当及时检验。当事人没有约定检验期间的,买受人应当在发现或者应当发现标的物的数量或者质量不符合约定的合理期间内通知出卖人。

本案双方当事人签订的合同未约定货物检验期间,但约定了一年的质量保证期。根据《合同法》第158条的规定,当事人没有约定检验期间的,买受人应当在发现或者应当发现标的物的数量或者质量不符合约定的合理期间内通知出卖人。买受人在合理期间内未通知或者自标的物收到之日起两年内未通知出卖人的,视为标的物的数量或者质量符合约定,但对标的物有质量保证期的,适用质量保证期,不适用该两年的规定。故本案中买受人甲公司通知出卖人乙公司货物检验不合格的“合理期间”应为一年质量保证期。乙公司于2009年10月16日、10月24日、11月21日、12月5日、12月28日及2010年9月陆续将合同约定的四套电石炉设备交付甲公司。甲公司在货物验收过程中均未提出质量问题,而是承认乙公司所售设备符合合同要求并已实际使用。甲公司虽然上诉主张原审判决认定事

① 最高人民法院(2014)民二终字第27号民事判决书。

实错误,但在二审中没有提供证据证明其于一年质量保证期内向乙公司提出了质量异议的事实。根据《买卖合同解释》第20条的规定,《合同法》第158条规定的检验期间经过后,买受人主张标的物的数量或者质量不符合约定的,人民法院不予支持。故甲公司现以产品存在质量问题为由对乙公司行使合同履行抗辩权和请求赔偿权,不予支持。

第六百二十一条　当事人约定检验期限的,买受人应当在检验期限内将标的物的数量或者质量不符合约定的情形通知出卖人。买受人怠于通知的,视为标的物的数量或者质量符合约定。

当事人没有约定检验期限的,买受人应当在发现或者应当发现标的物的数量或者质量不符合约定的合理期限内通知出卖人。买受人在合理期限内未通知或者自收到标的物之日起二年内未通知出卖人的,视为标的物的数量或者质量符合约定;但是,对标的物有质量保证期的,适用质量保证期,不适用该二年的规定。

出卖人知道或者应当知道提供的标的物不符合约定的,买受人不受前两款规定的通知时间的限制。

【条文主旨】

本条是关于买受人的通知义务的规定。

【条文理解】

本条规定了标的物有瑕疵异议的,具体分以下3种情形:(1)约定检验期限的异议期间。如果当事人在合同中约定了检验期限,买受人应当在检验期限内将标的物的数量或质量不符合约定的情况通知出卖人。买受人怠于通知的,视为标的物数量或质量符合约定。(2)未约定检验期限的异议期间。买受人应在发现或者应当发现质量问题的合理期间内及时通知对方。(3)出卖人知道或应当知道标的物不符合约定的异议期间。如果出卖人故意提供不符合约定的标的物,构成欺诈的,那么法律上规定的利益就不应再享有。如果买受人能证明出卖人知道或应当知道交付的标的物不符合约定,则不论买受人何时提出异议,出卖人均应承担标的物的瑕疵担保责任。

【司法适用】

在出卖人已履行供货义务的情况下,有必要对出卖人利益进行合理保护。为了保障交易的迅捷和有序,"合同编"规定了买受人享有质量异议权的同时,还规定买受人应对标的物及时检验,并在检验后及时向出卖人进行瑕疵通知。何为及时,通常理解为需要一个合理期间。如买受人未在合理期限内提出质量异议的,视为标的物不存在瑕疵。不论何种瑕疵,买卖人通知的时间均不能太长,所以规定了一个最长的异议通知期间为二年。即在二年内,不论买受人是否发现标的物的数量或质量不符合约定,只要未向出卖人提出异议,就视为认可了标的物的数量或质量。但二年的法定期间并非强行性期间,当事人可以约定排除适用。如合同对标的物的质量保证期限作了约定,只要约定不违反公序良俗和诚实信用原则,则为当事人对最长异议通知期限的约定,这时就不再适用二年的法定期间。

【司法案例】

甲机械(余姚)销售有限公司诉宁波乙电器有限公司买卖合同纠纷案①

诉讼结论:物的瑕疵担保责任必须具备以下要件:(1)须标的物的瑕疵于交付时存在;(2)须买受人于合同订立时不知标的物有瑕疵;(3)须买受人于规定的期间内就标的物瑕疵通知出卖人。

乙公司主张甲公司提供的机器存在质量问题。首先,乙公司在接受甲公司交付04标准的注塑机时并没有提出履行失当异议,也没有作出拒绝接受的表示。其次,94标准是属于已经被04标准所替代的标准,国家04标准是为了适应社会和科学技术不断进步、适应产品进步要求而颁布的新标准。按照新标准提供的机器设备只会优于按照老标准制造的机器设备。最后,乙公司至今没有提供证据证明甲公司按04标准提供的注塑机各方面的标准低于94标准而无法使其达到合同目的,因此甲公司提供的04标准的机器不会对乙公司的合同目的造成不利后果。

第六百二十二条　当事人约定的检验期限过短,根据标的物的性质和交易习惯,买受人在检验期限内难以完成全面检验的,该期限仅视为买受人对标的物的外观瑕疵提出异议的期限。

约定的检验期限或者质量保证期短于法律、行政法规规定期限的,应当以法律、行政法规规定的期限为准。

① 浙江省高级人民法院(2008)浙民再抗字第44号民事判决书。

【条文主旨】

本条是关于检验期限过短时的规定。

【条文理解】

本条第1款规制过短的检验期限，以保护买受人对隐蔽瑕疵提出异议的合法权利；第2款的中心点，是在当事人约定与法定权利冲突时，否定当事人的约定，以保护当事人的法定权利不受侵犯。

诚实信用是民法的一项基本原则，民事活动必须遵守，如果约定期限明显过短，不利于买受人行使权利的，应依据诚实信用原则认定约定的检验期限为当事人进行外观瑕疵检验的期限，对于隐蔽瑕疵的检验期限视为没有约定。对买受人提出隐蔽瑕疵异议期限依照合理期限原则确定。

【司法适用】

在具体审判实践中，如何具体把握当事人约定的检验期限过短，主要可以考虑以下几个方面因素：(1)应当根据标的物的性质和交易习惯，在全面考虑案情的情况下，判断约定的检验期限，对于隐蔽瑕疵的检验是否过短。(2)买受人是否存在怠于通知的行为。若买受人在异议期内发现隐蔽瑕疵，却没有及时通知出卖人的，应当视为标的物质量符合约定。(3)买受人对不能及时检验隐蔽瑕疵是否存在过失。

关于检验期限和质量保证期限，国家法律、行政法规和部门规章还对一些商品的检验期限和质量保证期限作出规定。由于涉及社会公共利益，法律、行政法规对一些物品的质量检验期限作出强制性要求。对国家有强制性规定的质量检验期限和质量保证期限，应按该规定执行。约定的检验期限或者质量保证期限短于法律、行政法规规定的检验期限或者质量保证期限的，应当以法律、行政法规规定的检验期限或者质量保证期限为准。

【司法案例】

甲机械制造公司诉陆某买卖合同标的物质量异议纠纷案①

诉讼结论：买受人收到标的物时应当在约定期间内对标的物进行检验。双方约定的检验期过短，难以完成全面检验的，该期间仅视为买受人对外观瑕疵提出异议的期间。

双方当事人虽然在买卖合同中约定了检验期间，但根据产品的性质，买受人显然无法在约定期间内完成全面检验的，该期间应视为外观瑕疵异议期间。对隐

① 江苏省连云港市中级人民法院(2015)连商终字第00278号民事判决书。

蔽质量瑕疵提出异议的合理期间，应当综合产品的性质、瑕疵检验方法的难易程度等因素进行认定。购买的机器在安装调试、投入使用后频繁出现故障，无法生产出合格产品，出卖人根据买受人的反映，虽多次进行维修、调试，该机器仍无法正常稳定地生产产品，应当认定买受人已经在合理期间内提出了质量异议。

第六百二十三条　当事人对检验期限未作约定，买受人签收的送货单、确认单等载明标的物数量、型号、规格的，推定买受人已经对数量和外观瑕疵进行检验，但是有相关证据足以推翻的除外。

【条文主旨】

本条是关于检验期限未约定时的处理的规定。

【条文理解】

对物的瑕疵的分类，存在不同的分类方法。本条将物的瑕疵分为数量瑕疵和质量瑕疵，其中质量瑕疵根据检验的难易程度，分为外观瑕疵和隐蔽瑕疵。外观瑕疵一般指标的物的表面性能和种类上的瑕疵，而隐蔽瑕疵通常指通过通常的检验手段不能知道、需要专门检验或者需要安装运转之后才能发现的瑕疵。

本条之所以规定买受人签收未提异议即视为标的物数量符合约定、标的物不存在质量外观瑕疵，主要是为了保护出卖人的利益。出卖人已然交付货物，出卖人应该尽快就合同关系的正常清算得到明确信息。相比拒绝履行或履行迟延，出卖人交付货物可能不符过错程度相对较轻。因此，立法着重保护买受人利益的同时，有必要给予出卖人相应保护。买受人应对出卖人所交付的标的物在约定时限或合理期限内进行检验，并将存在的不符及时通知出卖人，否则将丧失宣称货物不符的权利。这样便于出卖人及时采取补救措施，便于双方当事人及时保存证据，避免加重出卖人证据风险。

【司法适用】

由于数量和外观瑕疵的检验无须借助物理、化学、生物等专门的学科知识，仅凭当事人的自身感观即可实现，因此本条规定买受人在签收时对标的物的数量和外观进行检验，这也符合日常生活经验法则。双方合同对检验期限没有约定，买受人签收的送货单、确认单等载明标的物数量、型号、规格的，此时由买受人承担不利益既是保障商品快速流转、维护市场秩序正常活动的需要，也是买受人自己不积极履行验收和通知义务的责任使然。

但有相反证据，足以证明当事人未能对数量和外观瑕疵进行检验的除外。近年来,物流业迅猛发展。其中,在网络购物中消费者与网络卖家约定先验后签,但消费者在实际签收时只是对外包装是否完好进行验收,并非打开包装查看内件物品,此时能否认定消费者已对收件数量和外观瑕疵进行验收,值得探讨。

【司法案例】

李某洪诉广州市甲种子有限公司产品责任纠纷案[①]

诉讼结论:当事人对标的物的检验期间未作约定,买受人签收的送货单、确认单等载明标的物数量、型号、规格的,人民法院应当认定买受人已对数量和外观瑕疵进行了检验,但有相反证据足以推翻的除外。

本案中,该批菠菜种子代收人李某先对种子数量、包装等确认后签字并领取,事后,李某洪未对该批种子的质量、包装等提出异议,应当认定已经对标的物的数量以及外观等进行了检验。李某洪作为专业从事蔬菜种植的人员,在甲公司未向其告知种植条件以及种植方法,他也未在播种前向甲公司咨询过案涉种子的播种期、生长环境、适宜温度、气候条件等技术性问题的情况下,即进行大面积种植,与常理不符。加之,甲公司提交的 8 份经销商、种植户出具的证明(证言)均证明甲公司在对外销售中外包装袋上均附有种子标签,依法履行了告知义务。

第六百二十四条　出卖人依照买受人的指示向第三人交付标的物,出卖人和买受人约定的检验标准与买受人和第三人约定的检验标准不一致的,以出卖人和买受人约定的检验标准为准。

【条文主旨】

本条是关于向第三人履行情形下检验标准的规定。

【条文理解】

与直接向买受人履行合同相比,向第三人履行的合同内容中附加了“向第三人履行”的约款,以此变更了给付义务的方向。这样第三人履行的合同结构是基本合同加第三人约款。约定由出卖人向第三人履行合同实际上包括两种情形:一种是为第三人利益而订立的合同;另一种是经由被指令出卖人而为交付的合同。出卖人向买受人指示的第三人的履行,将本应进行的两次交付简化为一次。第三人并不独立享有前一个合同上的权利和利益,只是代替债权人接受履行。所以如

---

① 最高人民法院(2015)民申字第 2239 号民事判决书。

果债务人未按债权人指令向第三人为给付行为，债务人应对债权人承担违约责任，第三人无权对债务人提出履行请求，也无权对债务人主张违约责任。也就是说，无论是哪种情形下的向第三人履行，并没有突破合同相对性原则。

严守合同相对性的原则，进一步确认了此种向第三人履行的约定仅在出卖人与买受人之间具有效力，将出卖人和买受人之间关于标的物的品质的约定作为判断瑕疵的首要标准，体现了对双方当事人意思的充分尊重。

【司法适用】

在实践中，行使检验义务的验货人并非限于买受人及其代理人，在出卖人直接向买卖合同以外第三人履行的场合，如果合同没有明确约定买受人是唯一的验货人，且买受人与第三人之间可能存在特殊约定的，便面临双重检验标准的问题。对本条规定的把握，应当注意两个方面：(1)严守合同相对性，如出卖人和买受人约定的检验标准与买受人和第三人约定的检验标准不一致的，则应以出卖人与买受人之间合同中约定的检验标准为依据，判断质量瑕疵是否存在。(2)如果一份合同约定明确，另一份合同约定不明，应首先看买卖合同双方对货物检验标准约定是否明确；如买卖合同双方对检验标准不明确，则应当借助于一些客观标准合理确定质量瑕疵是否存在。

【司法案例】

上海甲图像技术有限公司诉郑州乙科技股份公司买卖合同纠纷案①

诉讼结论：出卖人和买受人之间约定的检验标准与买受人和第三人之间约定的检验标准不一致的，应当以出卖人和买受人之间约定的检验标准为标的物的检验标准。

双方当事人争议的核心问题系对设备的检测调试标准，上海甲图像技术有限公司（买方）与案外人河南丙电器公司之间签订的合同的约定不同于本案双方当事人之间约定。郑州乙科技公司（卖方）曾多次前往案外人处就该设备进行调试，买方虽要求以其与案外人的合同约定为调试标准，但并未能与卖方达成一致。卖方已积极履行了对设备进行调试的合同义务。买方以其与案外人之间的合同约定为调试标准，进而主张卖方未完成调试安装致使该套设备无法完成验收。因该状况系验收标准的分歧所造成，买方也未能提供有力证据以证明卖方对该设备的调试未达到其双方之间的合同验收标准，应承担举证不能的责任。

---

① 河南省郑州市中级人民法院（2015）郑民二终字第2028号民事判决书。

第六百二十五条　依照法律、行政法规的规定或者按照当事人的约定，标的物在有效使用年限届满后应予回收的，出卖人负有自行或者委托第三人对标的物予以回收的义务。

【条文主旨】

本条是关于出卖人回收义务的规定。

【条文理解】

促进生态文明建设是我国基本国策。新时代中国特色社会主义生态文明建设中提出坚持人与自然和谐共生，是落实生活方式绿色革命，倒逼生产方式绿色转型的法治引导方式之一。为落实《民法典》“总则编”第9条规定的“节约资源、保护生态环境”绿色原则的要求，在合同终止后负有旧物回收义务主体是买卖合同的出卖人。

该条对于买卖合同的标的物回收范围作了界定，即依照法律、行政法规的规定或者当事人约定，具体包括两类：一类是国家强制性规定的必须回收的标的物，另一类是当事人在合同中约定须回收的标的物。2019年3月2日起实施的《废弃电器电子产品回收处理管理条例》明确规定，家电生产企业、经销商和售后服务机构有责任回收废旧家电。回收的废旧家电应当交售给有资质的企业处理。《农药管理条例》明确，农药生产企业、农药经营者应当回收农药包装废弃物。

标的物有效使用年限届满之后，标的物无法正常使用，应作出对环境无损害处置。该条隐含如果不实施有效回收，则标的物可能存在难以消解危及环境等情形。

出卖人履行回收义务的方式，既可以直接自行回收，也可以委托第三人行使。回收涉及标的物是否折价，或由标的物使用人支付必要费用的情况，如果有约定从约定，没有约定则推定系免费回收。

【司法适用】

出卖人承担的回收责任是严格责任。主张出卖方履行回收义务，必须由原告承担以下证明责任：(1)该回收义务源于法律、行政法规的规定或者当事人约定；(2)起诉时处于回收期限，即标的物有效使用年限届满；(3)出卖人自行或者委托的第三人没有履行法定或约定的回收义务。出卖人用证据及事实对上述三条证明责任加以反驳，只要其中一条成立则不承担回收义务。

本条是《合同法》中没有规定而《民法典》专为出卖人设定的后合同义务。这种义务如为当事人所约定，则本条可构成买受人提起环境民事私益诉讼的请求权基础；如为法律、行政法规规定的义务，则并可以构成环境民事公益诉讼。

【司法案例】

甲电子科技有限公司诉青岛乙进出口有限公司
国际货物买卖合同纠纷案①

诉讼结论：产品召回制度通过召回本身防止损害的发生与扩大，在产品已经输出的情况下谁更方便、有效地合理预防、消除风险，谁即应当及时、正确地采取相应措施。

原告甲公司主要以进口产品在进口国被政府职能部门指令召回为根据提出质量主张的。为了维护不特定消费者的利益和公共安全，在政府部门的指导和监督下，按照规定的程序和要求，对存在系统性缺陷的产品，由制造商、进口商及时采取召回措施，能有效预防和消除缺陷可能导致的损害。产品召回重在预防和消除危险，并不以实际损害为前提。原告甲公司就产品缺陷所造成的实际损害的举证不够充分，且原告对于最终结果的出现亦有一定责任，因此，原告承担低于一半的责任符合本案实际。鉴于仅有产品召回的结果而缺乏更为充分、可靠的完全归责于被告的最终结论，对于原告所主张的返还货款，原、被告分别承担40%、60%的责任。

第六百二十六条　买受人应当按照约定的数额和支付方式支付价款。对价款的数额和支付方式没有约定或者约定不明确的，适用本法第五百一十条、第五百一十一条第二项和第五项的规定。

【条文主旨】

本条是关于买受人支付价款数额和方式的规定。

【条文理解】

支付价款是买卖合同中买受人的基本义务，是出卖人交付标的物并转移其所有权的对等条件。价款的支付数额分为两种情况：一是当事人有明确约定；二是当事人没有约定或约定不明确。此时如果认定合同未成立，对买卖双方来说就失去了一次交易的机会，阻碍了商品流转，也违背了交易主体的意愿，所以要让这样

① 参见《最高人民法院公报》2013年第11期。

的合同成立,但需要法律规定出解决的原则。应当依次采用下列具体做法确定价款数额:(1)签订补充协议;(2)双方当事人不能达成补充协议的,按照合同有关条款或者交易习惯确定;(3)依照上述规定仍不能确定价款数额的,按照合同订立当时合同履行地的市场价格确定具体数额。如果行政法规对标的物的价格规定了政府定价或政府指导价的,则应按法规规定的政府定价或者政府指导价计算买受人应当支付的价款数额。

对价款支付方式的确定也依照上述原则确定。

【司法适用】

在合同当事人就价款的问题无法达成补充协议的,也无法按照合同有关条款或者交易习惯确定的,如果此时仍然不能确定价款怎么办?《联合国国际货物销售合同公约》第54条规定,如果合同已有效地订立,但没有明示或暗示地规定价格或规定如何确定价格,在没有任何相反表示的情况下,双方当事人应视为已默示地引用"订立合同时"此种货物在有关贸易的类似情况下销售的通常价格。本条的规定借鉴了公约的规定,即价款不明确的,除依法由政府定价的以外,按照订立合同时履行地的市场价格履行。由法律确定价款是为了弥补当事人的订立合同时考虑的不足,而依订立合同时的市场价格确定是合理地反映当事人的心理状态。

【司法案例】

甲塑料厂诉乙塑料工业总公司结算货款纠纷案①

诉讼结论:在长期连续货物买卖中,合同双方对货物价格未约定也未能协商一致的,可以参照订立合同时国家对同类产品定价规定,结合双方实际履行的情况确定。

本案为长期连续货物买卖,乙塑料公司、甲塑料厂双方对供货数量在诉讼中达成一致,但均不能提交详细、准确的货物价格,且在本案诉讼中对货物价格也未达成一致。经组织乙塑料公司和甲塑料厂双方协商,参照1996年、1997年国家对农膜原料计划价格的规定,并结合双方实际履行的情况,确认乙塑料公司向甲塑料厂供货应收货款金额。

---

① 最高人民法院(2003)民二终字第17号民事判决书。

第六百二十七条　买受人应当按照约定的地点支付价款。对支付地点没有约定或者约定不明确，依照本法第五百一十条的规定仍不能确定的，买受人应当在出卖人的营业地支付；但是，约定支付价款以交付标的物或者交付提取标的物单证为条件的，在交付标的物或者交付提取标的物单证的所在地支付。

【条文主旨】

本条是关于买受人支付价款地点的规定。

【条文理解】

本条要结合《民法典》第510条和第511条进行适用，涉及合同对支付价款地点约定不明时合同解释问题。该问题之所以产生，一般都是合同当事人在事后对所用语言、文字的含义或合同内容有所争议，诉诸法院裁决解决，在性质上属于一种事后解释。在我国，裁判者应首先寻找合适的或者相应的法律规定以及交易目的、交易性质、交易习惯作为补充合同漏洞的依据，最后用诚信、公平两项原则作整体审视、权衡。

【司法适用】

在国际货物买卖中往往涉及外汇付款的问题。如果双方约定了支付价款的地点，买受人应当依约履行。如果未约定或者约定不明确，应首先适用本法第510条的规定。仍不能确定的，买受人应当在出卖人的营业地支付。这是价款支付地确定的一般原则。依照上述原则仍不能确认的，如果按照合同的约定，支付价款以移交货物或单据为条件，则买受人应当在交付标的物或者提取标的物单证的所在地支付价款。按照国际贸易的通行做法，采用不同的货款支付方式，交单的地点也是不同的。

【司法案例】

嘉兴甲纺织贸易有限公司诉杭州乙工贸有限公司买卖合同纠纷案①

诉讼结论：关于合同履行地，《民事诉讼法》与实体法均作出了规定。合同对履行地点没有约定或者约定不明确，争议标的为给付货币的，接收货币一方所在地为合同履行地。

本案系原告起诉被告要求支付货款，争议标的为给付货币，原告作为接收货

① 浙江省高级人民法院（2017）浙民辖143号民事裁定书。

币的一方,其所在地为合同履行地。《民事诉讼法》第23条仅规定:"因合同纠纷提起的诉讼,由被告住所地或者合同履行地人民法院管辖。"故本案可以由原告一方所在地人民法院管辖。

第六百二十八条　买受人应当按照约定的时间支付价款。对支付时间没有约定或者约定不明确,依照本法第五百一十条的规定仍不能确定的,买受人应当在收到标的物或者提取标的物单证的同时支付。

【条文主旨】

本条是关于买受人支付价款时间的规定。

【条文理解】

若当事人在合同中明确约定了支付价款的时间,买受人应在约定的时间支付价款。如果合同没有约定或约定不明确时,应当依次采用下列具体方法确定:(1)签订补充协议;(2)双方当事人不能达成补充协议的,按照合同有关条款或交易习惯确定;(3)依照上述规定仍不能确定的,买受人应当在收到标的物或提取标的物单证的同时支付,这实际上就是把接受标的物的时间作为支付价款的时间,体现了同时履行的原则。这也与我国民间"一手交钱,一手交货"的习惯相符合。

【司法适用】

合同未约定履行期限,在出卖人交付货物的同时,买受人出具没有还款日期的欠款条的诉讼时效期间起算问题,应区分3种情形进行分析:(1)能够确定买受人应在出卖人交货的同时支付货款的情形。该情形下,如果根据《民法典》第510条的规定,当事人补充约定或根据交易习惯可以认定在出卖人交货的同时买受人支付货款,或者根据本条的规定,买受人应在收货的同时支付货款,则在交货当时,应出卖人的要求,买受人出具没有还款日期的欠款条,应认定诉讼时效中断,如果出卖人在诉讼时效中断后一直未主张权利,诉讼时效期间则应从出卖人收到买受人所写欠款条之日的第二天开始重新计算。(2)能够确定买受人支付货款期限(第一种情形除外)的情形。该情形下,如果根据《民法典》第510条的规定,当事人补充约定或根据交易习惯可以确定支付货款期限的。在该期限届满后,买受人未支付货款而出具没有还款日期的欠款条,应认定诉讼时效中断,如果出卖人在诉讼时效中断后一直未主张权利,诉讼时效期间则应从出卖人收到买受人所写欠款条之日的第二天开始重新计算。(3)不能确定履行期限的情形。如果根据

《民法典》第 510 条的规定，不能确定明确的履行期限，则应根据《民法典》第 511 条的规定，债务人可随时履行义务，债权人也可随时主张权利，但应给予对方一定的宽限期。

【司法案例】

大庆甲风电塔筒制造有限公司诉乙风电科技（集团）股份有限公司买卖合同纠纷案①

诉讼结论：合同必须严格遵守。如果合同义务有先后履行顺序，先履行一方怠于履行给后履行一方履行合同造成困难的，后履行一方因此取得先履行抗辩权，并有权要求对方履行全部合同。

尽管出卖人存在延期交货，但由于买受人从合同履行伊始就拖欠货物进度款，且在交货后长期拖欠货款，经出卖人多次书面催讨，仍一直故意拖欠，造成出卖人公司购买塔筒材料困难。该行为对迟延交货产生了直接影响，况且出卖人在催款时已书面告知买受人，如不及时支付货款将迟延交货，符合双方最初的约定。故对于买受人要求出卖人承担延期交付标的物的赔偿费的主张，人民法院不予支持。

第六百二十九条　出卖人多交标的物的，买受人可以接收或者拒绝接收多交的部分。买受人接收多交部分的，按照约定的价格支付价款；买受人拒绝接收多交部分的，应当及时通知出卖人。

【条文主旨】

本条是关于出卖人多交标的物的处理的规定。

【条文理解】

合同数量直接决定着合同金额，是卖方支付价款的依据。依照本条规定，对出卖人多交货物，买受人可以接收多交的部分。如果买方收取多交货物，他应当按照双方订立合同时约定的标的物价格计算价款，而不是按照交付时的价格。买受人也有权拒绝接收多交的部分。买受人拒绝接收的，可以拒付多交部分的货款和运杂费。

【司法适用】

从权利行使的后果来看，买方拒绝接收多交付货物，除了可能产生对抗卖方

① 黑龙江省高级人民法院（2015）黑高商终字第 68 号民事判决书。

给付请求权的作用外，还会对货物所有权及风险的转移产生影响。买方拒绝接收对方多交货物，多交货物所有权和风险并不发生转移；同时，除非买方同意，否则买方向卖方作出拒绝接收货物的表示足矣。即从权利行使的方式来看，买方的拒绝接收权是形成权，而非抗辩权。但这并不是说，买方拒绝接收货物后就万事大吉。法律赋予买方及时通知卖方的义务。同时，如卖方因路途遥远等原因不能迅速赶到，而买方又将货物弃之不管，则卖方将遭受重大损失，因此，买方还负有一定的合理照管货物的义务。

【司法案例】

旬邑甲煤业有限公司诉泰安市乙机械有限公司买卖合同纠纷案[①]

诉讼结论：买受人未拒绝接收多交货物，事后也没有及时将拒绝的意思通知出卖人，买受人应当支付该部分多交货物的价款。

对于交付15,000个截齿的事实，双方当事人并无争议，仅对其中11,000个截齿的交付的性质存在争议。上诉人虽主张其中11,000个截齿属于多交付的、属代存代管。但上诉人收货当时没有拒绝接收，事后也没有及时将拒绝的意思通知出卖人，因此其主张不能成立，其应当支付该部分货物的价款。上诉人至今未付大部分货款，被上诉人有权主张未付货款产生的损失。

第六百三十条　标的物在交付之前产生的孳息，归出卖人所有；交付之后产生的孳息，归买受人所有。但是，当事人另有约定的除外。

【条文主旨】

本条是关于标的物孳息归属的规定。

【条文理解】

买卖合同孳息归属问题特指买卖合同订立后买卖标的物所生的孳息的归属问题，即合同法领域所探讨的利益承受问题。买卖合同中标的物涉及的孳息，一般为天然孳息。但如果买卖的不是一般的货物，则也有可能涉及法定孳息。对买卖中的利益承受，因孳息之产生与原物占有人的照料大有关系，故本条亦采用交付主义原则而规定，即孳息收益人的确定与标的物的交付相联系。本孳息归属规

---

① 山东省泰安市中级人民法院（2018）鲁09民终368号民事判决书。

则中的“交付”与“合同编”第604条中风险负担规则中的“交付”内涵一致,均需符合风险与利益一致的基本理念。交付主义的利益承受规则是交换正义理念所要求。

本条与“物权编”第321条规定并不存在矛盾。“物权编”第321条规定的是对主物物权不发生变动前提下,孳息的物权归属。而本条是对买卖合同中孳息的归属。对买卖合同中孳息的归属,没有排除当事人自由约定。

【司法适用】

在涉及所有权保留买卖之中,孳息何时转移?应适用所有权转移时点还是交付时点,这在实践中存在争议。买卖合同生效之后的交付标的物的最终目的是转移所有权。在保留所有权买卖合同中,交付与所有权转移并不同步。本条确立的孳息归属交付主义规则,是以所有权已经转移或最终能转移至受让人为适用前提。即在所有权保留合同中,天然孳息归属问题以当事人约定优先。若当事人没约定时,在买受人对买卖标的物的所有权转移的债权请求权在法律上尚能实现或已交付情况下,买受人取得对天然孳息的所有权。

【司法案例】

毛某武诉新疆甲股权投资管理有限合伙企业公司股权转让纠纷案①

诉讼结论:股权转让后取得的收益,不属于本条所指的孳息。

毛某武以《合同法》第163条“标的物在交付之前产生的孳息,归出卖人所有,交付之后产生的孳息,归买受人所有”为据,主张甲投资公司返还8,647,147.35元的孳息。但毛某武所主张的该项财产利益系针对股权的价值变化,而非基于股权之外取得的收益,不属于本条法律规定所指的孳息,故本案不适用该条法律规定。

第六百三十一条　因标的物的主物不符合约定而解除合同的,解除合同的效力及于从物。因标的物的从物不符合约定被解除的,解除的效力不及于主物。

【条文主旨】

本条是关于从物与合同解除的规定。

① 最高人民法院(2014)民申字第2097号民事裁定书。

【条文理解】

主物是"从物"的对称。指独立存在的,与同属于一人的它物合并使用而起主要经济效用的物。反之从物就是"主物"的对称。指独立存在的,与同属于一人的他物合并使用而起辅助经济效用的物。一般情况下,从物的归属依主物的归属而定。本条的规定明确因主物有瑕疵而解除合同的,其效力及于从物;从物有瑕疵的,买受人仅能就从物部分解除。其理由即从物附随于主物。

【司法适用】

自本条开始后的连续 3 个法条规定了买卖合同中标的物整体与部分之间的解除关系。其中,本条是关于买卖合同中主物与从物分别不符合约定的合同解除问题;第 632 条是关于并存数物时一物不符合约定对其他部分在解除上的影响;第 633 条是关于分批交付的标的物各批次之间在解除上的影响。这类规则,不仅涉及买卖合同,对所有给付为有体物或者金钱的合同都有适用,且规则都具有共同性,即对于有体物来说,无论是主物与从物关系、独立数物,还是分批交付关系,都应看履行部分与未履行部分是否存在相互影响关系,从而决定是解除部分还是解除整体。

【司法案例】

阮某勇诉赤峰市甲商厦李某芳等 77 名产权人租赁合同纠纷案①

诉讼结论:受领标的物为金钱的,自受领时起的利息亦应与本金一起计算返还;但受让股权的,投资款的利息利益已为合同预期利益等吸收,不再另行主张。

在投资方的合同目的就是利息(如借款合同)或不能支持合同可得利益的情况下,已受领金钱的返还可以包括利息,除此以外不能计算利息。理由是:恢复原状的本意就是返还原物或等额返还;投资款依合同支付给受领人,所有权属于受领人,其后产生的孳息属于所有权人,不应返还;投资款的利息利益已被合同的履行期待利益吸收,发生了转化,金钱受领人只对投资人承担合同责任。如果合同利益得到赔偿或补偿再支持利息,投资人将重复获利。本案中既然支持了阮某勇租金利益的损失赔偿请求,就不应再支持投资款的利息。

第六百三十二条　标的物为数物,其中一物不符合约定的,买受人可以就该物解除。但是,该物与他物分离使标的物的价值显受损害的,买受人可以就数物解除合同。

① 最高人民法院(2006)民一提字第 9 号民事判决书。

【条文主旨】

本条是关于数物同时出卖时合同解除的规定。

【条文理解】

当买卖标的物为数物，标的之数物中一物有瑕疵的，由于数物不存在主从关系，对合同的实现具有同等价值，买受人仅可解除与有瑕疵物相关的合同。当事人之任何一方如因有瑕疵之物与他物分离而受损害的，可以解除全部合同。如果质量不符合约定的物不宜与他物分离，否则将明显受到损害，那么合同当事人的任何一方，包括买受人和出卖人，都可以要求解除全部合同。

【司法适用】

同一交易合同项下存在数个标的物、且相互不存在主从关系，前物与后物的交易具备逻辑或时间任务上的先后关系。前一合同交付不能时，如果后一合同条件已经发生了根本变化，后一合同目的无法实现时，双方都应该有解除合同的权利。

【司法案例】

唐某诉甲公司解除自行车库买卖合同纠纷案①

诉讼结论：购房者与开发商分别签订商品房买卖合同和自行车库买卖合同，购房者之所以签订自行车库买卖合同系基于将来实际居住时方便自行车停放的需要，两份合同之间存在事实上的依附关系。

由于商品房买卖合同已解除，自行车库买卖合同的履行亦失去实际意义，故对购房者要求一并解除自行车库买卖合同的主张，法院予以支持。

第六百三十三条　出卖人分批交付标的物的，出卖人对其中一批标的物不交付或者交付不符合约定，致使该批标的物不能实现合同目的的，买受人可以就该批标的物解除。

出卖人不交付其中一批标的物或者交付不符合约定，致使之后其他各批标的物的交付不能实现合同目的的，买受人可以就该批以及之后其他各批标的物解除。

买受人如果就其中一批标的物解除，该批标的物与其他各批标的物相互依存的，可以就已经交付和未交付的各批标的物解除。

---

① 江苏省连云港市海州区人民法院（2014）新民初字第02567号民事判决书。

【条文主旨】

本条是关于分批交付标的物合同解除的规定。

【条文理解】

对于分批交付标的物的情况，如果出现出卖人不履行的情况，买受人要解除合同，应当受本条规定调整。履行批次是判断一个债是否可分的基本准则。在履行可分的情况下，债的关系由于履行的可分割性而被切割成数个相对独立的债权、债务，相应产生数个请求权。在部分履行情况下，债务人已经交付了部分货物，除非债权人能够证明部分履行将构成重大违约，导致订约目的不能实现，则一般不能解除合同；在决定部分不履行是否构成根本违约时，应考虑违约部分与合同目标实现的关系，如果违约影响合同目的的实现，即使违约部分价值不高，也应认为已构成根本违约。例如，房屋买卖合同与代办贷款合同，即遵循着贷款在先，买卖在后的流程。若贷款不能，购房者需要以贷款支付大部分价款时，合同双方都应该有解除代办贷款合同和买卖合同的权利，因为合同条件已经发生了根本变化。但是如果买方能够在约定的付款期限内支付约定价款，则卖方的解除权不成立或消灭。

【司法适用】

分批履行合同的解除可为 3 个层次：(1)一般情况下，出卖人不履行某一批标的物的交付，买受人可以针对该批标的物不履行的情况要求出卖人承担违约责任；(2)出卖人对某批标的物的根本违约，如果将导致对该批以及之后各批的根本违约，买受人就有权解除合同中该批以及其后的这部分，本条规定应严格适用，买受人不能随意行使该项权利；(3)某批标的物与整个合同的其他各批标的物可能是相互依存的，买受人如果依法可以对该批标的物解除，那么他就可以直接解除整个合同。

【司法案例】

长春市甲餐饮管理有限公司诉刘某等特许经营合同纠纷案[①]

诉讼结论：债务人已经履行的部分合同构成重大违约，导致其他合同订立目的不能实现，对其他关联合同可以解除。

甲餐饮公司提供无标签肉品及餐具及餐巾纸均不符合相关法律规定，分别被予以行政处罚的事实，给刘某从事特许经营业务造成实质影响。刘某经营 5 家火锅店，肉品作为其主要经营的产品，甲餐饮公司无法保证其安全、质量，致使餐饮

---

① 吉林省吉林市中级人民法院（2017）吉 02 民终 2521 号民事判决书。

经营的目的不能实现,法院判定支持刘某解除该特许经营合同的请求。

第六百三十四条　分期付款的买受人未支付到期价款的数额达到全部价款的五分之一,经催告后在合理期限内仍未支付到期价款的,出卖人可以请求买受人支付全部价款或者解除合同。

出卖人解除合同的,可以向买受人请求支付该标的物的使用费。

【条文主旨】

本条是关于分期付款买卖合同的规定。

【条文理解】

本条内容是规制分期付款买卖的重要法律依据。分期付款买卖是一种特殊的买卖形式,买受人将其应付的总价款按照一定期限分批向出卖人支付的买卖。与一般买卖形态相比,分期付款买卖的标的物常常在合同成立时或给付第一期价款时先行交付。因为商品让渡和收取价款时间相互分离,出卖人实际上是向买卖人授予了一定的信用,并以套取买受人未来的收入作为交易目的。因标的物已归买受人占有,作为授信人的出卖人,在价款回收上存在一定的风险。

该款究竟为强制性规范还是任意性规范?由于分期付款买卖中的期限利益属于买受人,为防止因特别约定致使买受人一有迟延付款的行为即丧失期限利益的不公平现象,分期付款的出卖人只有在买受人未支付到期价款的金额达到全部价款的1/5时,才可请求买受人支付到期及未到期的全部价款或者解除合同。因此,保护分期付款买卖中的买受人免受不利约款的束缚,是该条的立法初衷。该条第1款应认定为强制性规定。

【司法适用】

分期付款买卖的主要特征为:(1)买受人向出卖人支付总价款分三次以上,出卖人交付标的物之后买受人分两次以上向出卖人支付价款。(2)多发、常见在经营者和消费者之间,一般是买受人作为消费者为满足生活消费而发生的交易。(3)出卖人向买受人授予了一定信用,而作为授信人的出卖人在价款回收上存在一定风险,为保障出卖人剩余价款的回收,出卖人在一定条件下可以行使解除合同的权利。

【司法案例】

汤某龙诉周某海股权转让纠纷案[①]

诉讼结论：股权分期付款时，转让股东不享有《合同法》第 167 条规定的合同解除权。

本案系有限责任公司股东将股权转让给公司股东之外的其他人。尽管案涉股权的转让形式也是分期付款，但由于本案买卖的标的物是股权，因此具有与以消费为目的的一般买卖不同的特点：(1)汤某龙受让股权是为参与公司经营管理并获取经济利益，并非满足生活消费；(2)周某海作为有限责任公司的股权出让人，基于其所持股权一直存在于目标公司中的特点，其因分期回收股权转让款而承担的风险，与一般以消费为目的的分期付款买卖中出卖人收回价款的风险并不同等；(3)双方解除股权转让合同，也不存在向受让人要求支付标的物使用费的情况。因此，对案涉《股权转让资金分期付款协议》不宜简单适用《合同法》第 167 条规定的合同解除权。

本案双方订立股权转让合同目的能够实现。且本案审理过程中，汤某龙明确表示愿意履行付款义务。按诚实信用原则，周某海应当首先选择要求汤某龙支付全部价款，而非解除合同。从维护交易安全的角度，一项有限责任公司的股权交易关涉诸多方面，社会成本和影响已经倾注其中。汤某龙受让股权后已实际参与公司经营管理、股权也已过户登记到其名下，因此，如果不是汤某龙有根本违约行为，不宜解除双方股权转让合同。

第六百三十五条　凭样品买卖的当事人应当封存样品，并可以对样品质量予以说明。出卖人交付的标的物应当与样品及其说明的质量相同。

【条文主旨】

本条是关于凭样品买卖合同的规定。

【条文理解】

凭样品买卖又称货样买卖，是按货物样品确定买卖标的物的买卖，出卖人交付的货物应当与当事人保留的样品具有相同的品质。较之普通买卖，凭样品买卖的特殊性在于：(1)合同标的物的品质以样品确定；(2)出卖人有义务按样品交付

---

① 最高人民法院指导案例 67 号。

标的物。凭样品买卖的特点,是加强出卖人的责任,视为出卖人担保交付的买卖标的物与货样有同一品质。如果出卖人未履行这项义务,买受人不但可以要求其承担违约责任,并且可以认为出卖人的违约行为对买受人来说,会严重影响订立合同所期望的根本目的,从而由买受人单方解除合同。

由于样品代表的品质需要由当事人去解释,而这极易导致理解上的分歧,所以,本条还规定,当事人"可以对样品质量予以说明"。

【司法适用】

样品封存期间品质发生变化,出卖人应交付标的物的品质标准如何确定?首先应考察当事人是否事先对此有约定,有约定的,依约定;如果当事人未约定的,应以提交样品时的品质状态作为出卖人应交付的标的物的品质标准,因为这反映了双方当事人就凭样品买卖订立合同时双方达成的合意。

【司法案例】

鹤壁甲建材有限公司诉张某良买卖合同纠纷案①

诉讼结论:凭样品买卖的当事人应当封存样品,并可以对样品质量予以说明。

鹤壁甲公司与张某良之间《劈开砖供货合同》系凭样品买卖的合同。双方当事人未对样品进行封存,系对买卖合同标的物质量标准约定不明,双方就合同标的物质量也不能达成一致意见。现合同已无法实际履行,合同可以解除。由于对买卖合同标的物质量标准约定不明,故鹤壁甲公司在履行合同过程中不存在违约行为,张某良要求其支付违约金的诉讼请求不成立。但张某良已支付的合同预付款 3 万元应予返还。

第六百三十六条　凭样品买卖的买受人不知道样品有隐蔽瑕疵的,即使交付的标的物与样品相同,出卖人交付的标的物的质量仍然应当符合同种物的通常标准。

【条文主旨】

本条是关于凭样品买卖合同隐蔽瑕疵处理的规定。

【条文理解】

瑕疵分为质量瑕疵和权利瑕疵,这里指的是质量瑕疵。在买卖合同关系中,

---

① 河南省许昌市中级人民法院(2018)豫 10 民终 509 号民事判决书。

标的物是否具有瑕疵，是判断出卖人是否应履行瑕疵担保责任的核心环节。在凭样品买卖中，“出卖人交付的标的物应当与样品及其说明的质量相同”，在样品存在隐蔽瑕疵的情况下，是否也适用前条的规定呢？本条针对前条的规定作出特别规定，即应符合同种物的通常标准。本条是为了保护买受人的利益，既然是隐蔽瑕疵，就是买受人所不知道的。因此，买受人不知道样品存在隐蔽瑕疵的，即使交付的标的物与样品相同，本法规定的义务仍然适用于出卖人，而不论出卖人是否知道样品存在隐蔽瑕疵。即使当事人约定出卖人交付的标的物仅以样品为标准时，亦不能免除出卖人因违反特殊瑕疵担保义务所应承担的违约责任。

【司法适用】

适用此种特殊瑕疵担保责任的条件为：(1)样品本身有隐蔽瑕疵存在。隐蔽瑕疵是存在于标的物内部的凭一般买受人的经验，经一般、通常的检查不易发现的样品品质缺陷。隐蔽瑕疵应于一方当事人将样品提交给对方当事人时就已存在。(2)买受人不知道样品有隐蔽瑕疵。如果买受人知道样品本身有隐蔽瑕疵仍接受该瑕疵标的物的，则买受人丧失追究出卖人瑕疵担保责任的权利。但是，如果出卖人交付标的物的样品本身的隐蔽瑕疵，违反了法律法规的强制性规定，则应确定合同无效。(3)出卖人非恶意，即出卖人不知道样品有隐蔽瑕疵。如果出卖人明知样品有隐蔽瑕疵而故意隐瞒不告知买受人，则买受人既可主张出卖人行为构成欺诈，也可以依据本条主张出卖人承担瑕疵担保责任。(4)出卖人交付标的物的品质应当符合同种物的通常标准，而不是有隐蔽瑕疵的样品的标准。

买受人要求出卖人交付符合同种物通常标准的标的物的权利，当然受到“合同编”第621条规定的对标的物检验期限的限制，即当事人约定检验期限的，买受人应当在检验期内将标的物的质量不符合约定的情形通知出卖人。

凭样品买卖仍实行“谁主张，谁举证”的原则。对样品买卖是否成立有争议的，应由主张样品买卖合同成立的一方负举证责任；而对于样品买卖合同是否履行以及履行状况如何有争议的，则应由提出主张的一方负举证责任。

【司法案例】

甲股份有限公司诉景德镇市乙陶瓷有限公司买卖合同纠纷案[①]

诉讼结论：凭样品买卖仍实行“谁主张，谁举证”的原则。

本案买卖合同属凭样品买卖，甲公司对乙陶瓷公司交付的第三批货物，以事后才知道为陶板而不是瓷板为由，提出产品质量瑕疵请求。但甲公司已对此前交

① 江西省景德镇市中级人民法院(2016)赣02民初44号民事判决书。

付的第一批、第二批产品进行了验收。买方甲公司在事前即知道标的物的材质，并非事后才知道。双方认可本案交付的产品符合按样品外观质量，但买方提出产品存在隐蔽瑕疵。买方提供的证据不能直接证明该产品的内在质量以及发生破裂的原因，本案产品必须经过有合法资质的司法鉴定机构作出鉴定。而本案鉴定机构无法检测出产品破裂的原因。本案产品是否存在内在质量问题无法查明。根据"谁主张，谁举证"原则，对买方提出的本案产品质量及破裂原因系主张，根据本案情况及现有证据无法认定，本案讼争产品推定为符合合同约定的产品。

第六百三十七条　试用买卖的当事人可以约定标的物的试用期限。对试用期限没有约定或者约定不明确，依据本法第五百一十条的规定仍不能确定的，由出卖人确定。

【条文主旨】

本条是关于试用买卖的试用期限的规定。

【条文理解】

试用买卖是一种附条件的买卖，指当事人双方约定由买受人试用或者检验标的物，以买受人认可标的物为条件的买卖合同。试用买卖中标的物的试用期限是重要条款。买受人决定同意购买应受一定时间的限制，买受人只有在试用期限内实施可以推定为同意购买的行为，才能认定其具有同意购买的真实意思表示。

根据本条规定，试用期限的确定有3种方法：(1)当事人约定；(2)合同补充约定或按照合同的有关条款或者交易习惯加以确定；(3)出卖人确定。法律将确定使用期限的期限利益赋予出卖人的主要原因有：(1)试用买卖是否生效纯粹是以买受人是否承认为停止条件。(2)出卖人与买受人签订试用买卖合同后，在买卖合同正式生效前受合同约束，不能将标的物转让予他人，如果对试用期限没有约定，将使出卖人和买受人之间的法律关系陷入悬而未决的状态。

【司法适用】

试用买卖与一般买卖相比，具有其特殊性：(1)试用买卖约定由买受人试用或者检验标的物；出卖人有义务在买卖合同成立前将标的物交付给买受人试用或者检验。(2)试用买卖是以买受人认可标的物为生效条件的买卖。试用买卖合同经当事人双方意思表示一致而成立，但该种买卖合同在买受人认可标的物时才生效。买受人的认可，完全取决于自己的意愿，而不受其他条件的限制。如果当事人在合同中约定标的物非经试用或者检验符合一定的标准或者要求，买卖合同不生效，那么这种合同就只是一般意义上的附条件买卖合同，而非本法所规定的试用买卖合同。

【司法案例】

东莞市甲超声波机械有限公司诉深圳市乙电子制造有限公司试用买卖合同纠纷案①

诉讼结论：试用买卖合同买方自收取货物后试用期间届满前，对是否购买涉案标的物未作出表示，应视为同意购买涉案标的物。

乙公司收到甲公司要约后，在“定购合同”旁用括号标注“样机试用”，并增加“如未购此设备，物流费用由我司支付”，回传给甲公司。乙公司上述添加内容对买卖合同进行了实质性变更，将一经成立即生效的合同变更为试用买卖合同。甲公司收到传真件后当天向乙公司交付标的物，并在《送货单》中注明试用期为7天，乙公司签收货物并对此表示确认。双方合同对试用期间没有约定或者约定不明确，且依照法律规定仍不能确定的，由出卖人确定。甲公司作为出卖人提出试用期间为7天，具有法律效力。乙公司自收取货物后试用期限届满前，对是否购买涉案标的物未作出表示，应视为同意购买涉案标的物。

第六百三十八条　试用买卖的买受人在试用期内可以购买标的物，也可以拒绝购买。试用期限届满，买受人对是否购买标的物未作表示的，视为购买。

试用买卖的买受人在试用期内已经支付部分价款或者对标的物实施出卖、出租、设立担保物权等行为的，视为同意购买。

【条文主旨】

本条是关于试用买卖效力的规定。

【条文理解】

试用买卖的买受人在试用期内可以购买标的物，也可以拒绝购买，这是试用买卖合同中买受人的基本权利，买受人对标的物的认可，完全取决于自己的意愿而不受其他条件的限制。买受人对标的物表示不同意购买不需要任何理由，也无

---

① 广东省深圳市中级人民法院（2013）深中法商终字第1332号民事判决书。

所谓“因不具正当理由，而违反诚信原则”。

买受人的同意，除以民事方式表示同意外，还可通过一些外部行为作出法律上的推定：（1）试用期限届满，买受人对是否购买标的物未作表示的；（2）买受人无保留地支付一部分或者全部的价款或者对标的物从事试用之外的行为的；（3）买受人进行诸如出卖，出租或者设定担保等非试用行为。推定同意购买是基于信赖利益保护原则。买受人实施的行为在客观上可能对出卖人造成一定损失，出于信赖保护，需要推定买受人具有同意购买的意愿。

【司法适用】

承认的形式有明示和默示两种，明示形式则有口头形式和书面形式之分。明示形式应由双方在买卖合同中约定，如无约定的，买受人应采用与买卖合同同样或更为正式的形式。默示承认即根据买受人的行为，可推定买受人承认抑或不承认的内心意思，此刻法律拟制买受人已作出承认或不承认的意思表示，从而使试用买卖合同生效抑或解除。

【司法案例】

福建甲纺织科技股份有限公司诉宁波乙机械有限公司试用买卖合同纠纷案①

诉讼结论：试用买卖合同卖方交付标的物虽与合同约定不符，但买受人明知而接受的，试用期间届满，买受人对是否购买标的物未作表示的，视为购买。

双方签订的《试用协议》约定由乙公司提供设备给甲公司免费试用3个月，且约定协议是否生效完全取决于甲公司的意愿，未受到其他条件限制。该协议符合试用买卖合同的构成要件。乙公司交付的设备虽与约定型号不一致，但甲公司明知且未提出异议，并进行试用，可以认定买方同意按交付设备型号买卖、亦按照试用协议履行。双方约定试用3个月，其间双方并无明确约定延长试用期。买方甲公司虽称设备未达到预期但又未在3个月内提出拒绝购买，双方试用买卖合同应在试用期过后已经生效，卖方有权要求买方支付货款。

第六百三十九条　试用买卖的当事人对标的物使用费没有约定或者约定不明确的，出卖人无权请求买受人支付。

① 浙江省宁波市中级人民法院（2017）浙02民终2751号民事判决书。

【条文主旨】

本条是关于试用买卖使用费负担的规定。

【条文理解】

试用买卖合同为附生效条件合同。买受人同意购买，试用买卖合同生效后，试用期限的法律关系被生效后的法律关系所取代或者吸收，买受人在试用期限没有尽到一般注意义务造成的标的物损失问题，也将因标的物所有权由出卖人转移到买受人失去意义。出卖人没有按照约定交付标的物供买受人试用，或者买受人在试用期限内拒绝购买的，试用期限产生的一些问题就会暴露出来。在此情况下，当事人有约定的，从其约定，当事人没有约定的，出卖人无权向买受人主张。其理由在于使用所产生的费用是出卖人应承担的成本中的必要组成部分。

【司法适用】

如合同双方对费用的负担未约定的，那么在适用本条规定之前，是否需要根据“合同编”第511条的规定进行补充？本条规定的目的在于对于当事人订立合同时存在的漏洞进行填补。如果当事人之间对使用费作了约定，则无须适用。此处当事人约定，不仅指当事人之间明确约定，还应包括通过合同解释原则可以确定的当事人意思表示。因此，在当事人没有约定情况下，可以先根据“合同编”第511条，结合交易习惯、合同目的以及诚实信用原则进行补充。

【司法案例】

无锡甲水处理有限公司诉无锡乙纸业有限公司买卖合同纠纷案[①]

诉讼结论：试用期满后双方业务关系终止、免费试用条件未成就的，出卖人应支付使用费。

甲公司与乙纸业公司虽在访谈记录中有“同意免费”内容，但双方未在洽谈决议中作最终确定。试用买卖合同约定了免费试用条件是签订正式买卖合同，因试用期满后双方业务关系终止，并未订立书面合同，故免费试用条件并未成就。乙纸业公司主管刘某亦以短信形式向甲公司确认了要交付费用的事实。双方之间不形成法律意义上的试用买卖合同，应按照约定履行价款支付等义务。

第六百四十条　标的物在试用期内毁损、灭失的风险由出卖人承担。

---

① 江苏省无锡市中级人民法院(2013)锡商终字第0374号民事判决书。

【条文主旨】

本条是关于试用期限标的物灭失风险的承担的规定。

【条文理解】

本条是合同法的新规定。在一般买卖合同中出卖人交付标的物,发生所有权转移的后果。而在试用买卖中,在标的物已交付,标的物的风险是否移转呢?应当认为,试用买卖合同因其自身特点不宜适用普通买卖合同风险转移及负担的规则。在试用买卖中,买卖合同成立后,出卖人遂将标的物交付给买受人。但因为交付标的物时合同尚未生效,出卖人交付标的物不产生转移所有权的效力,其意义仅在于转移占有及转移使用。标的物的所有权仍然归于出卖人。如果买受人经试用认可标的物,表示同意购买后,合同才生效,标的物所有权才发生转移。试用买卖合同标的物所有权的转移取决于买受人的同意,买受人同意购买的合同即生效,标的物所有权也发生转移。

标的物的风险负担,使用交付主义原则。标的物毁损、灭失的风险,在标的物交付之前由出卖人承担责任,交付之后由买受人承担。在试用买卖中,因买卖合同附生效条件,标的物的风险转移也负有条件。标的物虽然在买受人同意购买前已经交付给买受人,但标的物上的风险负担并不因此转移。买受人拒绝承认,合同不生效,风险负担当然不发生转移,买受人同意购买,标的物当然发生转移。

【司法适用】

至于风险负担转移的时间点,因标的物已交付给买受人,其风险转移的时点应是买受人承认购买时。试用买卖合同自买受人承认时生效,不具有溯及力。因为如果买受人的认可具有溯及力,这显然与试用买卖合同附停止条件的性质不相符,另外,使尚未确定是否购买标的物的买受人在试用期限要承担标的物毁损、灭失的风险,也有失公平。

如买受人在试用过程中因自身过错造成标的物损失,合同无约定或明确约定时,相应的损失是否应仍由出卖人承担?应认为,买受人在承认试用合同前,试用合同尚未生效。但买受人基于前合同义务也应当妥善保管、试用标的物,若因故意或重大过失致使试用标的物发生毁损、灭失的,应承担相应的责任,但此时已不属于风险负担讨论的问题。

【司法案例】

甲保险股份有限公司无锡中心支公司诉吕某刚保险代位求偿权纠纷案[1]

诉讼结论：试用买卖合同试用人保管不当而导致标的物被盗，试用人因负有过错而需要对所有人承担赔偿责任。

试用买卖合同是约定买受人先行试用标的物，然后在一定期间内再决定是否购买的买卖合同。试用人开始试用后，标的物的实际控制、占有已经转移，试用人负有妥善保管标的物，以及在买卖合同最终无法达成时，返还标的物的义务。试用人保管不当而导致标的物被盗，应负相应赔偿责任。保险公司对标的物进行赔偿后，依照《保险法》规定，取得在赔偿金额范围内代位行使被保险人对第三者请求赔偿的权利。因此，保险公司有权向负有过错而导致标的物被盗灭失的试用人追偿。

第六百四十一条　当事人可以在买卖合同中约定买受人未履行支付价款或者其他义务的，标的物的所有权属于出卖人。

出卖人对标的物保留的所有权，未经登记，不得对抗善意第三人。

【条文主旨】

本条是关于所有权保留的规定。

【条文理解】

所有权保留是指买卖合同中买受人先占有、使用标的物，但在双方当事人约定的特定条件成就前出卖人仍保留标的物的所有权，条件成就后标的物所有权才转移给买受人的制度。所有权保留只是买卖合同中的一个条款，而并非一个独立的合同。所有权保留制度在较大程度上体现了所有权转移与交付相分离，或者所有权附条件转移的特征。

买卖属性是所有权保留买卖的根本属性。所有权保留买卖还具有担保属性。所有权保留买卖的本意是“买卖”，即移转标的物之所有权，保留所有权只是为了担保价金偿付而采用的一种形式。《民法典》未将所有权保留纳入“物权编”而放在“合同编”，是因为买受人并没有取得作为所有权的核心权能——处分权，出卖

① 江苏省无锡市滨湖区人民法院(2005)锡滨民二初字第221号民事判决书。

人仍然是标的物之所有人。买受人尚不得处分标的物,擅自处分标的物则构成了无权处分。

对第三人来说,该标的物的实际权利状态与占有所显示出的外观状态不一致。第三人很难判断也很难决定是否就该标的物进行交易。为了妥善平衡所有权保留双方及第三人间的利益,本条规定了所有权保留的登记制度。在所有权保留双方之间,无须以登记为所有权保留生效要件。但在出卖人与第三人之间,除登记可对第三人产生对抗效力以外,如第三人知晓该保留状态,则该所有权保留对第三人产生对抗效力。善意取得只有在出卖人没有将其所有权保留事实进行登记的前提下成立。

【司法适用】

关于所有权保留制度的适用范围问题。《买卖合同解释》明确规定,所有权保留制度仅适用于动产。但是,绝对禁止在不动产买卖中约定所有权保留,未免过于绝对和僵化。不动产交易虽有预告登记等制度来保护,但在法律上仍可以给当事人更多的选择,由当事人根据具体的情况采取相应的权利保障措施。同一个标的物上可以设定若干个担保物权,这不但不违背一物一权原则,而且“一物能够作为多人和多个债权的担保”恰恰是担保物权的本质属性所在。如果所有权保留是当事人达成的合意,法律没有必要予以禁止。

动产所有权保留制度在功能上最类似于动产抵押制度。我国立法模式上对特殊动产抵押实行登记对抗主义,对普通动产抵押是否需要登记未作明确规定,实际上继续采用了登记对抗主义。动产抵押制度的法定性强于所有权保留制度的法定性。在动产所有权保留登记问题上,宜采用与动产抵押登记相同的模式。统一采用登记对抗主义是当前较好的选择。

所有权保留与让与担保同属可以由当事人约定转移所有权的非典型性担保。两者同样承载担保功能,也存在一些区别。仅从制度构造上来看,让与担保一般采取占有改定方式,不直接移转标的物的占有;担保人将权利让渡给债权人,担保人不再享有对该动产的处分权能,也无法直接行使取回权。而所有权保留买卖的标的物须经出卖人移转给买受人占有;标的物使用权与处分权分离,分别由买受人和出卖人享有;在买受人违约且可能损害出卖人利益时,出卖人可以直接将标的物取回。买受人拒绝的,出卖人可以提起民事诉讼行使物权请求权。

【司法案例】

广东甲电梯有限公司诉武夷山市乙置业有限公司买卖合同纠纷案①

诉讼结论：买卖双方签订所有权保留合同，在善意第三人取得标的物所有权情形下，出卖人不能再依据买卖合同保留标的物所有权。

虽然原、被告双方约定了电梯的保留所有权，但由于被告又将包含电梯在内的房屋转让给本案第三人，并办理了房屋产权登记。第三人受让时支付了合理的对价。依照法律规定电梯过户不需要登记，且没有证据证明第三人在购买房屋时知晓电梯系出卖人保留所有权，可以认为第三人善意取得该电梯的所有权，原告方不能再依据设备买卖合同保留对电梯的所有权。

第六百四十二条　当事人约定出卖人保留合同标的物的所有权，在标的物所有权转移前，买受人有下列情形之一，造成出卖人损害的，除当事人另有约定外，出卖人有权取回标的物：

（一）未按照约定支付价款，经催告后在合理期限内仍未支付；

（二）未按照约定完成特定条件；

（三）将标的物出卖、出质或者作出其他不当处分。

出卖人可以与买受人协商取回标的物；协商不成的，可以参照适用担保物权的实现程序。

【条文主旨】

本条是关于所有权保留买卖合同的出卖人权利的规定。

【条文理解】

本条第1款源于《买卖合同解释》第35条，第2款取回方式的规定为新规定。取回权是指在所有权保留情形下，买受人有违约行为并可能损害出卖人合法权益时，出卖人依法享有的从买受人处取回标的物的权利，取回权可以由法律规定，也可以由当事人自行约定。本条对出卖人的取回权进行明确规定，只要交易双方约定了所有权保留制度，即使没有明确约定，出卖人也可以享有取回权。

在出卖人行使取回权时，如私力救济买受人不配合的，只能通过公力救济的

① 福建省南平市中级人民法院（2010）南民终字第971号民事判决书。

方式保护出卖人的取回权。《民事诉讼法》在特别程序一章规定了行使担保物权一节。既然所有权保留中,出卖人所享有的是一种担保权益,就应当允许参照《民事诉讼法》关于担保物权行使的程序。

从所有权保留的经济功效角度理解,出卖人保留所有权的主要目的就是担保价款债权实现,所以买受人未依约履行义务时,应当允许出卖人采取相应措施督促买受人履行义务。其中最直接的措施就是赋予出卖人取回权。一旦买受人不依约支付价款或者对标的物进行处分,进而使标的物的价值降低和状态改变,都将危害到出卖人的利益。因此,当买受人未履行支付价款义务或未尽善良管理人应尽的注意义务时,出卖人应享有一定的救济权利。取回标的物无疑是最好的手段。

【司法适用】

司法实践中,应当注意兼顾取回权的物权保护与鼓励交易之间的关系。如对买受人支付价款的方式、迟延的期限以及出卖人是否应当进行必要的催告等作出必要的限制,可能对买受人的利益构成侵害,不利于促成交易、鼓励交易。因此,有必要借鉴关于根本违约的规定,对取回权进行适当限制。也就是说,在履行迟延较为严重,且构成根本违约的情况下,出卖人才能行使取回权。出卖人行使取回权也应当进行必要的催告。

买受人将标的物出卖、出质或者作出其他不当处分的,出卖人享有取回权时,能否对抗善意第三人?在所有权保留未经登记的情况下,财产在买受人占有之下,占有本身就是一种权利公示,因此,买受人转让该财产给善意第三人,第三人可以依法取得所有权。出卖人所享有的取回权,不得对抗善意第三人。出卖人因丧失取回权,有权要求买受人支付价款或者赔偿损失。

【司法案例】

无锡甲起重机械有限公司诉宜兴市乙混凝土有限公司定作合同纠纷案①

诉讼结论:当事人约定所有权保留,在标的物所有权转移前,买受人未按约定支付价款,对出卖人造成损害,出卖人可主张取回标的物;取回的标的物价值显著减少,出卖人可要求买受人赔偿损失。

甲公司与乙公司签订的"工业品定作合同"虽属承揽合同,但该合同约定的标的物所有权转移条款,即合同标的物的所有权自乙公司付清价款时转移,乙公司未履行支付价款义务的,标的物属于甲公司所有。按照合同约定,乙公司应在涉

① 江苏省无锡市高新技术开发区人民法院(2013)新民商初字第0013号民事判决书。

案起重机验收合格之日起5个月内付清价款，但乙公司未按约付款，且已付价款不足上述定作合同总价款的75%，故甲公司要求从乙公司取回上述定作合同所涉的设备，并要求乙公司偿付取回设备的折价损失，于法有据。

第六百四十三条　出卖人依据前条第一款的规定取回标的物后，买受人在双方约定或者出卖人指定的合理回赎期限内，消除出卖人取回标的物的事由的，可以请求回赎标的物。

买受人在回赎期限内没有回赎标的物，出卖人可以以合理价格将标的物出卖给第三人，出卖所得价款扣除买受人未支付的价款以及必要费用后仍有剩余的，应当返还买受人；不足部分由买受人清偿。

【条文主旨】

本条是关于买受人的回赎权的规定。

【条文理解】

回赎是指所有权保留买卖中出卖人对标的物行使取回权后，在一定期限内，买受人履行支付价金义务和完成其他条件后享有的重新占有标的物的权利。在所有权保留的情形，买受人所取得的权利已超过了普通买卖合同中买受人所取得的请求出卖人移转标的物的所有权的债权性请求权。买受人可以行使回赎权，目的是阻止出卖人对标的物再行出卖，从而使原买卖交易重新回到正常轨道上来。

买受人由于对标的物的占有使用已与其形成了一定的利益关系，买受人对出卖人完全转移标的物所有权也具有一定的期待，这种利益关系及期待应予保护。出卖人取回标的物后，买受人可以在特定期间通过消除相应的取回事由而请求回赎标的物，此时出卖人不得拒绝，而应将标的物返还给买受人。可见，买受人并不是处于完全消极的地位，只要积极恰当地履行义务，买受人的利益还是能够得到保障的。

回赎期限是出卖人可以行使回赎权的期限，一般包括法定期限和约定期限。本条没有确定回赎法定期限，只规定了两种约定期限，原因在于买受人回赎期的长短只影响双方当事人的利益，一般不具有涉他性，所以法律没有必要干预。

【司法适用】

出卖人再次出卖标的物，应当确保价格公平，否则可能对买受人产生不利。再次转卖所获得价款，扣除相应转卖费用后，剩余部分主要应当用于弥补出卖人原先未获清偿的价款。如果还有剩余，应当归原买受人所有。如果剩余部分不足以弥补出卖人未获清偿价款，此时出卖人在原买卖合同中利益还未实现，出卖人还可以继续向买受人追偿。

出卖人再次出卖标的物所得价款在返还买受人前需要扣除一定的费用，总的原则是：因原买卖合同非正常履行，必然发生的费用均应从前述价款中扣除，主要包括取回和保管费用、交易费用、利息、未清偿的价金。

【司法案例】

杭州甲股份有限公司诉吉林长岭乙能源有限公司买卖合同纠纷案①

诉讼结论：在所有权保留买卖合同履行过程中，如买受人逾期付款的，出卖人可以对标的物取回。而在取回标的物后，买受人可以行使回赎权。回赎期由双方协商确定或卖方确定。

甲公司根据所有权保留合同行使取回权。在未经过回赎期、未另行出卖标的物、未进行结算，返还剩余货款的条件也未成就的情况下，甲公司可以拒绝先返还货款。甲公司是基于所有权保留主张取回标的物，仅形成确认出卖人单方行使取回标的物的法律效果，而不同于合同解除还可能产生双方互相返还、恢复原状的法律后果。甲公司对返还货款没有提出请求，返还货款不属于本案审理范围。回赎期的确定主要采取双方协商确定或由出卖人指定方式。案中甲公司对标的物行使取回，本质上是继续履行买卖合同的一种方式，在回赎期内，如乙公司消除取回标的物事由的，可以主张回赎标的物。回赎期实质是给买受人继续履约的宽限期，双方协商不成的，由出卖人指定。本案中双方未约定回赎期，诉讼期间也未能协商一致，甲公司作为出卖人有权指定回赎期，属于当事人权利处分，人民法院应当秉承谨慎处理原则，不宜直接判决回赎期。

第六百四十四条　招标投标买卖的当事人的权利和义务以及招标投标程序等，依照有关法律、行政法规的规定。

【条文主旨】

本条是关于招标投标买卖的规定。

【条文理解】

招标投标买卖是指招标人公布买卖标的物的出卖条件，投标人参加投标竞

① 吉林省高级人民法院(2017)吉民终54号民事判决书。

买，招标人选定中标人的买卖方式。招标投标买卖法律关系的主体包括出卖人，又称招标人；竞买人，又称投标人和买受人，也称中标人。招标投标除可作为一种特种买卖形式外，还适用于承揽、建设工程、运输、服务等合同的订立。

【司法适用】

招标投标买卖的程序，可分为招标、投标、开标、评标、定标。招标人定标，招标投标买卖成立。

本条仅对招标买卖合同作了原则性的规定，即招标投标买卖合同的当事人的权利义务以及招投标的程序等，仅依“合同编”的规定并不能作出正确的、完整的判断，而应当依照其他法律和行政法规的规定审理相关案件，比如，《招标投标法》。另外，为了加强财政支出的管理，还有《政府采购法》以及各级政府机关颁布的采购办法，这些行政法规和政府规章也应当在审理相关案件时予以适用或者参照适用。

【司法案例】

甲地质大队诉海南乙建筑工程公司建设工程施工合同纠纷案①

诉讼结论：当事人就同一建设工程另行订立合同与备案的中标合同实质性内容不一致的，应当以备案的中标合同作为结算根据。

《建设工程施工合同》是双方当事人经过招投标程序签订并经备案登记的施工合同，依法成立并有效。《招标投标法》第46条第1款规定，招标人和中标人不得再行订立背离合同实质性内容的其他协议。《建设工程施工合同解释一》第21条规定：“当事人就同一建设工程另行订立的建设工程施工合同与经过备案的中标合同实质性内容不一致的，应当以备案的中标合同作为结算工程价款的根据。”本案双方当事人签订《建设工程施工合同》及《补充协议书》约定的工程款结算内容同经备案登记的《建设工程施工合同》不同，属于对《建设工程施工合同》的实质性内容进行了变更，因违反法律的强制性规定而无效。案涉工程款的结算应以《建设工程施工合同》为依据。

第六百四十五条　拍卖的当事人的权利和义务以及拍卖程序等，依照有关法律、行政法规的规定。

---

①　最高人民法院(2017)最高法民再249号民事判决书。

【条文主旨】

本条是关于拍卖的规定。

【条文理解】

拍卖是拍卖人以公开竞价的方式,将拍卖标的出售给最高应价人的买卖方式。拍卖按其性质可分为司法强制拍卖和民事拍卖。合同法中的拍卖指私法拍卖。私法拍卖遵循公开、公平、公正、诚实信用的原则。本条将拍卖作为买卖合同的一种加以规定,将其纳入有名合同的范畴。也就是说,因拍卖而产生的纠纷可以适用"合同编"的有关规定处理。相对于本条规定而言,《拍卖法》中关于拍卖的规定属于特别法规定,在审理拍卖纠纷案件时,应当优先适用。

【司法适用】

拍卖程序一般分为3个阶段:拍卖人发出拍卖的意思表示;参加竞买人发出的购买标的物的意思表示;拍卖的成交。国家行政机关、司法机关委托拍卖企业从事的拍卖活动,适用《拍卖法》的规定。其直接网上拍卖属于公法拍卖、强制拍卖,不属于私法拍卖。

近年来网络司法拍卖发展迅猛,实践中存在模式多样、主体多元、操作规程不一等问题。为解决这些问题,最高人民法院出台《网络司法拍卖规定》,并于2017年1月1日起施行,以确保司法拍卖公开、公平、公正,最大限度保障竞买人的知情权,方便社会监督,减少权力寻租空间。

【司法案例】

曾某龙诉江西甲拍卖有限公司、乙银行股份有限公司上饶市分行、徐某炬拍卖纠纷案①

诉讼结论:竞买人的最高应价未达到保留价时,该应价不发生效力,拍卖师应停止拍卖。

拍卖师在当前最高应价未达到保留价时未宣布拍卖结束的,仅单独询问当前出价最高的竞买人并在对方同意接受保留价后便落槌宣布拍卖成交,此行为不符合向全体竞买人报价这一必须遵循的公平、公正原则,侵害了其他竞买人公平参与竞价的合法权益,在客观上也未能使委托人的利益实现最大化。因此,落槌行为应认定为无效。

拍卖过程中竞买人之间对落槌有争议的,当拍卖师无力解释和妥善处理时,其无权自行宣布该落槌无效,而应通过合法途径确认此落槌行为的效力。拍卖师

---

① 最高人民法院(2005)民一终字第43号民事判决书。

在宣布此次拍卖活动结束后，又继续进行拍卖，不论前次最高价竞买人是否参与均违反拍卖程序，因此后一次落槌也当属无效。

第六百四十六条　法律对其他有偿合同有规定的，依照其规定；没有规定的，参照适用买卖合同的有关规定。

【条文主旨】

本条是关于买卖合同准用于有偿合同的规定。

【条文理解】

以当事人享有合同权利是否需要偿付代价为标准，可以把合同分为有偿合同和无偿合同。在有偿合同之中，以买卖合同为最常见、最重要。因此，本法买卖合同一章条文结构也最完整、详细。而这其中的一些规定，属于有偿合同共通性的规则。为避免重复繁杂，从立法技术上有关条款就不再规定于其他各有偿合同的相关章节之中，而直接可以参照适用买卖合同的内容。

【司法适用】

法律或者行政法规对债权转让、股权转让等权利转让合同有规定的，依照其规定；没有规定的，可以参照适用买卖合同的有关规定。权利转让或者其他有偿合同参照适用买卖合同的有关规定的，应当首先引用本条规定，再引用买卖合同的有关规定。

【司法案例】

甲股份有限公司诉重庆乙环保科技有限公司加工合同纠纷案①

诉讼结论：合同法对加工合同产品的质量异议期未作明确规定的，可以参照有关买卖合同的规定确定期限。

依照《合同法》第174条、第185条第2款之规定，甲公司自收到加工货物之日起两年内未通知供货人加工货物质量不符合约定，视为该期间内加工产品质量符合约定。

第六百四十七条　当事人约定易货交易，转移标的物的所有权的，参照适用买卖合同的有关规定。

---

① 最高人民法院(2017)最高法民申3514号民事裁定书。

【条文主旨】

本条是关于互易合同的规定。

【条文理解】

互易合同是互易人相互交换标的物,转移标的物所有权的合同。互易合同的当事人可以是双方,也可以是三方以上的当事人。互易是双务、有偿合同。互易合同与买卖合同最为相似,都是转移合同标的物所有权的合同。不同之处在于买卖合同是买卖标的物与价金的交换,而单纯的互易合同是标的物的交换,无须价金的支付。实际生活中存在附补足金的互易。不等价的互易可附补足金。不等价互易的互易人互易后,尚有差额,差方可以金钱补足,此为附补足金互易。附补足金互易实为互易与买卖的混合合同,补足金不够部分应当按买卖合同进行。

【司法适用】

互易合同当事人主要有以下权利义务:(1)依合同约定互为交付标的物并转移标的物的所有权或者其他权利;(2)当事人互相对其交付的标的物负有瑕疵担保义务;(3)如果为附补足价金的互易,除上述第一项义务外,补足人还负有按照约定补足价金的义务。互易合同双方当事人的权利义务,可参照适用本章买卖合同的规定。

【司法案例】

史某培诉甘肃甲酿造(集团)有限责任公司、北京乙商贸有限责任公司互易合同纠纷案①

诉讼结论:双方当事人之间签订的两个合同虽然涉及同一批货物,但因两个合同的订立目的及约定内容各不相同,故应分别依照合同约定确定货物价值,不能以一个合同关于货物价值的约定否定另一个合同的相关约定。

对于丙投资公司已经履行的易货白酒的价值数额的确定。甲酿造公司与丁实业公司之间曾经存在712万元的资金拆借关系,甲酿造公司以价值700万元的皇台系列白酒向丁实业公司清偿借款。双方以此为背景,又于2002年达成《易货协议》,约定丁实业公司尚未售出的皇台系列白酒向甲酿造公司换取食用酒精和葡萄酒。1998年《协议书》中约定价格是针对甲酿造公司通过以白酒归还其欠丁实业公司的712万元借款而确定的,并非针对双方再次签订的2002年《易货协议》而专门约定的。2002年《易货协议》对互易白酒的总体价值作出明确约定。

① 最高人民法院(2007)民二终字第139号民事判决书。

随着时间的推移，白酒的价格随着市场供求关系而发生变化，甲酿造公司静态机械地依据1998年《协议书》所约定的单位白酒价格来计算2002年易货白酒的价值，违反市场价值规律和两个协议的缔约目的。

第十章　供用电、水、气、热力合同

第六百四十八条　供用电合同是供电人向用电人供电，用电人支付电费的合同。

向社会公众供电的供电人，不得拒绝用电人合理的订立合同要求。

【条文主旨】

本条是关于供用电合同定义及强制缔约义务的规定。

【条文理解】

供用电合同是供电人与用电人订立的，由供电人供应电力、用电人使用该电力并支付电费的协议。供用电合同是一种常见的民事合同。合同的标的，是一种特殊的商品“电”，由于其具有客观物质性并能为人们所使用，因而属于民法上“物”的一种。供电人将自己所有的电力供应给用电人使用，用电人支付一定数额的价款，双方当事人之间的关系实际上是一种买卖关系。《民法典》规定了供电人的强制缔约义务，该义务是对合同自由的限制，应作为合同自由的例外看待。在电力业中，强制缔约的最主要的制度价值在于避免电网企业等自然垄断企业利用市场优势地位从事差别对待、歧视等损害市场公正的行为。

在社会主义市场经济条件下，供用电双方签订供用电合同，明确双方的权利义务关系，按照合同的约定并根据市场规律供应与使用电力，这是十分必要的。供用电合同属于一种持续供给合同。由于电力供应的连续性，合同的履行方式呈持续状态。供电人在发、供电系统正常的情况下，负有连续向用电人供电的义务；用电人在合同约定的时间内，享有连续用电的权利。

【司法适用】

强制缔约虽然限制了一方自由选择缔约方的权利，但基于合意确定的合同仍是双方权利义务的基础。在强制缔约制度下，缔约义务人对于要约人的要约非有正当理由不得拒绝承诺。“正当理由”包括两个方面的内容：(1)法律依据，目前《民法典》“合同编”已规定向社会公众供电的供电人，不得拒绝用电人合理的订立合同要求。(2)用电人的合理请求，此种合理性可根据缔约义务人的服务区域、能力以及服务时间等方面综合确定。例如，由于供电企业具有明确的供电营业区，用户无特殊情况不应向不在其供电服务范围的供电企业申请供电，否则供电企业有权拒绝。再如，某些对于供电种类或者电量有特殊要求的用户，也不应要求仅拥有一般供电能力的企业与其强制缔约。

本章从这一现实出发，本着合同自由原则，把供用电双方作为平等的民事主体，着重从当事人合同关系的角度，对供用电合同的有关内容、供用电双方的权利义务及违约责任等作出规定，以适应社会主义市场经济发展的需要。

【司法案例】

甲县供电局诉乙香辣食品公司供用电合同纠纷案[①]

诉讼结论：供用电合同具有强制缔约的性质。缔约义务人即供电企业无正当理由拒绝缔约，导致相对人的损害，应负损害赔偿责任。

甲县城区供电所、甲县供电局于2005年12月11日对乙公司进行停电，虽有一定的事实和法律依据，但其在收到乙公司表示已经整改并要求恢复供电的请示后，既未进行验收，也未恢复供电，违反了双方合同关于"在电力系统正常的情况下，供电方按《供电营业规则》规定的电能质量标准向用电方供电"之约定，对由此造成的损失应当承担相应的责任。

第六百四十九条　供用电合同的内容一般包括供电的方式、质量、时间，用电容量、地址、性质，计量方式，电价、电费的结算方式，供用电设施的维护责任等条款。

【条文主旨】

本条是关于供用电合同内容的规定。

【条文理解】

供用电合同是供电人与用电人就电力的供应与使用以及电费的支付订立的协议。供电企业对申请用电的用户提供的供电方式，应从供用电的安全、经济、合理和便于管理出发，依据国家的有关规定、电网的规划、用电需求以及当地供电条件等因素，进行技术经济比较，与用户协商确定。供电质量，是指供电频率、电压和供电可靠性三项指标。频率（周波）质量，是以频率允许偏差来衡量；电压质量，

---

① 贵州省高级人民法院（2015）黔高民商终字第117号民事判决书。

是以电压的闪变、偏离额定值的幅度和电压正弦波畸变程度衡量；供电可靠性，是以供电企业对用户停电的时间及次数来衡量。用电时间，是指用电人有权使用电力的起止时间。双方应在合同中具体规定用电时间。规定用电时间的目的在于保证合理用电和安全用电，避免同一时间用电人集中用电，造成高峰时间供电设施因负荷过大而发生断电、停电事故，同时也可以防止低谷负荷过低而造成电力浪费。近几年，随着我国电力事业的迅速发展，电力供应的紧张状况已趋于缓和，对用电时间的限制将逐步放宽。

【司法适用】

在供用电合同中，双方应当协商确认供电设施运行管理责任的分界点，分界点电源侧供电设施属于供电人，由供电人负责运行维护管理，分界点负荷侧供电设施属于用电人，由用电人负责运行维护管理。供电人、用电人分管的供电设施，除另有约定外，未经对方同意，不得操作或更动。

在实践中，电价实行国家统一定价，由电网经营企业提出方案，报国家有关物价部门核准。电费是电力资源实现商品交换的货币形式。供电企业应当按照国家核准的电价和用电计量装置的记录，向用电人计收电费；用户应当按照国家核准的电价和用电计量装置的记录，按时交纳电费。为防止电费的拖欠，双方当事人可以在合同中约定电价、电费的结算方式。双方可采取下列结算方式：(1)收取电费保证金；(2)采取预付电费制；(3)有账务往来的，可商订价款互抵协议；(4)提倡采用商业承兑汇票或银行承兑汇票的结算方式；(5)由供、用、银行三方商签每月电费按期划拨协议；(6)其他有效方式。

此外，当事人还可以在协商一致的情况下在合同中约定其他认为需要的事项，如合同的有效期限、违约责任等条款。对于合同内容的要求是提倡性和指导性的，而不是强制性的。如果供用电合同没有完全具备法律规定的内容，不影响合同的效力。供用电合同生效后，当事人就合同的某些内容没有约定或者约定不明确的，可以协议补充；不能达成补充协议的，按照合同有关条款或者交易习惯确定。

第六百五十条　供用电合同的履行地点，按照当事人约定；当事人没有约定或者约定不明确的，供电设施的产权分界处为履行地点。

【条文主旨】

本条是关于供用电合同履行地的规定。

【条文理解】

合同的履行地点,是合同的主要条款之一,是指当事人双方行使其权利、履行其义务的地点。履行地点往往是确定验收地点的依据,是确定运输费用由谁负担、风险由谁承受的依据,也是确定标的物所有权是否转移的依据。本条中的“供用电合同的履行地点”,具体是指供电人将电力的所有权转移于用电人的转移点。根据合同自由的原则,供用电双方可以在供用电合同中约定该履行地点,供用电合同约定了履行地点的,供电人应当按照该约定履行供电义务。

如果供用电双方对履行地点没有约定或者约定不明确,供电设施的产权分界处为履行地点。当事人对合同的履行地点没有约定或者约定不明确的,可以协议补充;不能达成补充协议的,按照合同有关条款或者交易习惯确定。如果仍不能确定的,应当适用本法第511条第3项的规定,即给付货币的,在接受货币一方所在地履行;交付不动产的,在不动产所在地履行;其他标的,在履行义务一方所在地履行。但是,由于电力系统具有网络性,供电人与用电人由网络相联结,电力的生产、供应与使用同时完成,且具有连续性,这就使供用电合同的履行地点具有一定的特殊性,很难适用本法第511条的规定。

【司法适用】

供电设施的产权分界处是划分供电设施所有权归属的分界点,分界点电源侧的供电设施归供电人所有,分界点负荷侧的供电设施归用电人所有。在用电人为单位时,供电设施的产权分界处通常为该单位变电设备的第一个磁瓶或开关;在用电人为散用户时,供电设施的产权分界处通常为进户墙的第一个接收点。上述供电设施的产权分界处为供用电合同的履行地点。合同履行地是确定诉讼管辖的根据之一。

以供电设施的产权分界处作为供用电合同的履行地点,对于履行供用电合同、确定供电设施的维护管理责任,具有重要的作用。供用电双方应当根据供电设施的产权归属,承担供电设施的安装、维护、检修和管理责任。

第六百五十一条　供电人应当按照国家规定的供电质量标准和约定安全供电。供电人未按照国家规定的供电质量标准和约定安全供电,造成用电人损失的,应当承担赔偿责任。

【条文主旨】

本条是关于供电人安全供电义务的规定。

【条文理解】

本条强调供电人应当正确地履行供用电合同约定的义务，按照国家规定的供电质量标准和合同的约定安全供电。《供电营业规则》对供电质量标准作了规定：(1)在电力系统正常状况下，供电频率的允许偏差为：电网装机容量在300万千瓦及以上的，为±0.2赫兹；电网装机容量在300万千瓦以下的，为±0.5赫兹。在电力系统非正常状况下，供电频率允许偏差不应超过±1赫兹。(2)在电力系统正常状况下，供电企业供到用户受电端的供电电压允许偏差为：35千伏及以上电压供电的，电压正、负偏差的绝对值之和不超过额定值的10%；10千伏及以下三相供电的，为额定值的±7%；220伏单相供电的，为额定值的+7%、-10%。在电力系统非正常状况下，用户受电端的电压最大允许偏差不应超过额定值的±10%。用户用电功率因数达不到规定标准时，其受电端的电压偏差不受此限制。上述供电质量标准是衡量供电质量和安全的重要指标，供电人只有按照国家规定的供电质量标准供电，才能保证供电的安全，维护用电人的合法权益。这里的“安全供电”，是指按照国家有关安全供电的规章制度供应电力，电压要稳定，频率要达到标准，输电线路要安全畅通等。

【司法适用】

本条对供电人的违约责任作出了规定：供电人未按照国家规定的供电质量标准和约定安全供电，造成用电人损失的，应当承担损害赔偿责任。只要违反合同，就应承担责任，这一规定与“合同编”违约责任一章的一般规定是一致的。本法第577条规定：“当事人一方不履行合同义务或者履行合同义务不符合约定的，应当承担继续履行、采取补救措施或者赔偿损失等违约责任。”违约方承担违约责任，仅以其不履行合同或者履行合同不符合约定为要件。《电力法》也有类似的规定，该法第59条规定：“电力企业或者用户违反供用电合同，给对方造成损失的，应当依法承担赔偿责任。”据此，只要供电人没有按照国家规定的供电质量标准和约定安全供电，并造成用电人损失的，就应当承担损害赔偿责任。

这里的“承担赔偿责任”，是指供电人就其违约行为赔偿给用电人所造成的损失，损失包括直接损失，也包括合同履行后可以获得的利益，但不得超过供电人订立合同时预见到或者应当预见到的因违反合同可能造成的损失。

第六百五十二条　供电人因供电设施计划检修、临时检修、依法限电或者用电人违法用电等原因，需要中断供电时，应当按照国家有关规定事先通知用电人；未事先通知用电人中断供电，造成用电人损失的，应当承担赔偿责任。

【条文主旨】

本条是关于中断供电通知义务的规定。

【条文理解】

供用电合同是一种持续供给合同，供电人在发电、供电系统正常的情况下，应当连续向用电人供电，不得中断，否则应当承担违约责任。这是供电人连续供电的义务。但是在某些法定情形下，供电人可以中断供电，根据本条和《电力法》第29条的规定，这些情形包括供电设施检修、依法限电或者用户违法用电等。“供电设施检修”包括供电设施计划检修和临时检修；“依法限电”，是指依照有关法律、行政法规对一个地区中的一部分地区、部分用户、用电大户的部分用电设施中断供电，使其用电总量减少的一种措施行为；“用户违法用电”，包括违章用电、窃电、超计划用电、不安全用电以及其他违反法律、行政法规用电的行为。发生中断供电的事由，需要提前通知用电人，若未尽到事先通知义务的，供电人应当承担由此给用电人造成的损失赔偿责任。

【司法适用】

在司法实践中，供电人因供电设施计划检修、临时检修、依法限电或者用电人违法用电等原因中断供电，不承担违约责任，但前提是应当按照国家有关规定事先通知用电人。因供电设施计划检修停电，供电企业应当提前7天通知用户或者进行公告；因供电设施临时检修停电，供电企业应当提前24小时通知重要用户；因发电、供电系统发生故障需要停电、限电时，供电企业应当按照事先确定的限电序位进行停电或者限电。但限电序位应事前公告用户。引起停电或者限电的原因消除后，供电企业应当尽快恢复供电。

如果因供电设施检修、依法限电或者用户违法用电等原因中断供电，供电企业没有按照国家有关规定事先通知用户，比如遇到计划检修时，没有提前7天通知用户或者进行公告，依法限电时，没有按照事先确定的限电序位进行限电，因此给用电人造成损失的，应当承担损害赔偿责任。

第六百五十三条　因自然灾害等原因断电，供电人应当按照国家有关规定及时抢修；未及时抢修，造成用电人损失的，应当承担赔偿责任。

【条文主旨】

本条是关于供电人抢修义务的规定。

【条文理解】

本条中的“自然灾害等原因”，主要是指不可抗力的原因。我国法律规定不可抗力为合同的免责事由。《民法典》“总则编”第180条规定：“因不可抗力不能履行民事义务的，不承担民事责任。法律另有规定的，依照其规定。不可抗力是不能预见、不能避免且不能克服的客观情况。”不可抗力独立于人的行为之外、不受当事人的意志所支配。但是这里所言不可抗力并不能无限度地作为供电人免责的理由，根据客观情况，在适当的时间内，供电人应当及时抢修，否则依然要承担因断电而给用电人造成损失的赔偿责任。

【司法适用】

因断电给用电人所造成的损失是否由供电人承担责任的关键是要看断电的原因是否为自然灾害等造成的，这里的自然灾害一般归为不可抗力，包括某些自然现象（如地震、台风、洪水）和某些社会现象（如战争）。本条所指的自然灾害等原因，主要包括：（1）自然因素造成的事故损害，如风、雪、霜、雾、空气污染等造成的断电；（2）一些不能预见、又不能避免的外力破坏，如鸟害。虽然不可抗力是合同的免责事由，但在不可抗力发生以后，当事人仍应以诚实善意的态度去努力克服，以最大限度地减少因不可抗力所造成的损失。这是合同诚实信用原则的要求。因此，因自然灾害等原因断电后，供电人应当按照国家有关规定及时抢修，尽早恢复供电，减少用电人因断电所造成的损失。如果供电人没有及时抢修，给用电人造成损失，供电人应当就没有及时抢修而给用电人造成的损失部分承担赔偿责任。此外，判断供电人是否尽到了及时抢修的义务，应以国家的有关规定为标准。

第六百五十四条　用电人应当按照国家有关规定和当事人的约定及时支付电费。用电人逾期不支付电费的，应当按照约定支付违约金。经催告用电人在合理期限内仍不支付电费和违约金的，供电人可以按照国家规定的程序中止供电。

供电人依据前款规定中止供电的，应当事先通知用电人。

【条文主旨】

本条是关于交付电费义务的规定。

【条文理解】

供用电合同是供电人向用电人供给电力，用电人支付电费的合同。供用电合同实际上是一种特殊买卖合同，即用电人向供电人购买电力使用，同时向供电人支付该电力的价款，双方买卖的标的物是电力。在供用电合同中，支付价款是用电人的主要义务。电力的价款即电费，是电力资源实现其商品价值的货币形式，是供电人出卖电力的对价，用电人只有按照国家有关规定和双方当事人的约定履行交付电费的义务，才能实现电力的商品价值，完成一次电力资源的买卖过程。

【司法适用】

在实践中，用电人按照国家有关规定交付电费，主要是按照有关电力供应与使用的法律法规的规定履行交费的义务。《电力法》第33条第3款规定，用户应当按照国家核准的电价和用电计量装置的记录，按时交纳电费；对供电企业查电人员和抄表收费人员依法履行职责，应当提供方便。《电力供应与使用条例》第27条第2款规定，用户应当按照国家批准的电价，并按照规定的期限、方式或者合同约定的办法，交付电费。用电人按照约定交付电费，主要是按照约定的电费结算方式、交付期限等履行交费的义务。

用电人在合同约定的期限内未交付电费，应当承担迟延支付的违约责任。如果供用电双方就迟延交付电费约定了违约金，则用电人应当按照约定支付违约金。违约金作为一种违约责任形式，是指当事人在合同中约定的、在一方违约时生效的独立于履行行为之外的金钱给付，约定违约金主要在于补偿一方当事人因对方违约所造成的损失。有关电力供应与使用的行政法规和规章对迟延支付的违约金作出了规定。《电力供应与使用条例》第39条规定，用户逾期未交付电费的，供电企业可以从逾期之日起，每日按照电费总额的1‰～3‰加收违约金，具体比例由供用电双方在供用电合同中约定。《供电营业规则》第98条规定，用户在供电企业规定的期限内未交清电费时，应承担电费滞纳的违约责任。电费违约金从逾期之日起计算至交纳之日止。目前，供用电合同多采用格式条款订立，供用电双方一般按照上述规定约定迟延支付的违约金。

第六百五十五条　用电人应当按照国家有关规定和当事人的约定安全、节约和计划用电。用电人未按照国家有关规定和当事人的约定用电，造成供电人损失的，应当承担赔偿责任。

【条文主旨】

本条是关于安全用电义务的规定。

【条文理解】

供用电合同一经成立,就对当事人产生法律效力,用电人应当按照国家有关规定和合同的约定安全用电。这是因为,虽然供用电合同是供用电双方就电力的供应与使用订立的买卖合同,但它与一般买卖合同不同,一般买卖合同在标的物交付后,买受人取得该标的物的所有权,可以对其任意处分,出卖人无权干涉,国家也没有必要对该物的使用作出规定。电力的供应与使用则不同,由于电力系统具有网络性,电力的生产、供应和使用由网络联结,相互影响,并且同时完成,任何一个用户能否安全、合理地使用电力,都将关系到电力的运行安全,关系到千千万万用户的用电安全,关系到整个社会的公共安全,任何一种违章、违约用电行为,都可能造成人身和财产的重大损害。因此,不仅双方当事人有必要在供用电合同中对如何安全、合理地使用电力作出约定,而且应当按照国家的有关规定安全用电。电力作为国家生产生活不可获缺的能源,遵循民法的绿色原则,用电人也要符合节约和计划用电的要求。

【司法适用】

司法实践中,用电人违章用电,应当承担一定的法律责任,有关电力供应与使用的法律法规对违章用电的法律责任作出了规定。《电力法》第 65 条规定,危害供电、用电安全或者扰乱供电、用电秩序的,由电力管理部门责令改正,给予警告;情节严重或者拒绝改正的,可以中止供电,可以并处 5 万元以下的罚款。《电力供应与使用条例》第 40 条规定,违章用电的,供电企业可以根据违章事实和造成的后果追缴电费,并按照国务院电力管理部门的规定加收电费和国家规定的其他费用;情节严重的,可以按照国家规定的程序停止供电。以上规定,多是从行政管理的角度出发,给予行政处罚。从合同关系考虑,违章用电属于违约用电行为,用电人违章用电,违背节约用电、计划用电的约定,应当承担违约责任,包括采取补救措施、支付违约金、供电人中止供电等,造成供电人损失的,应当给予赔偿。在法律适用上,《电力法》是特别法,《民法典》是普通法,前者应当优先适用。

第六百五十六条　供用水、供用气、供用热力合同,参照适用供用电合同的有关规定。

【条文主旨】

本条是关于参照适用供用电合同的规定。

【条文理解】

供用水、供用气、供用热力合同，与供用电合同一样，都是一种常见的民事合同。合同的标的，即水、气、热力，既是国民经济中的重要能源，也是一种特殊的商品。其合同都是供应人向使用人供应水、气或者热力，使用人支付价款的合同，双方当事人的关系都是一种买卖关系。因此，供用水、供用气、供用热力合同在本质上都属于特殊类型的买卖合同。它们与供用电合同具有以下共同点：(1)供应方是特殊主体，只能是依法取得特定营业资格的供应企业，其他任何单位和个人都不得作为供应方。(2)属于持续供给合同。(3)合同一般按照格式条款订立。(4)对用户的责任都有特殊要求。由于电、水、气、热力系统都具有网络性，其生产、供应与使用都由网络联结，相互影响，任何一个用户的使用，都可能关系到整个系统的运行，关系到其他用户的利益。

【司法适用】

鉴于供用水、气、热力合同与供用电合同有许多共同点，因此本条规定：供用水、供用气、供用热力合同，参照适用供用电合同的有关规定。例如，供用水合同中供水方的责任，首先适用《水法》的相关规定，同时参照本法第651条的规定，供水方应当按照国家规定的供水质量标准和约定供水。如果供应的水没有达到国家规定的质量标准，给用户的健康造成损害的，供水方应当承担损害赔偿责任。同时，供用水、供用气、供用热力合同，又各有其特性，与供用电合同并不完全相同，因此，本条规定的是“参照适用供用电合同的有关规定”，而不是完全适用，如何体现供用水、气、热力合同的特殊性，还需要寻找相关法律、法规的具体规定。

第十一章　赠与合同

第六百五十七条　赠与合同是赠与人将自己的财产无偿给予受赠人，受赠人表示接受赠与的合同。

【条文主旨】

本条是关于赠与合同定义的规定。

【条文理解】

本条源于《合同法》第185条。赠与，是财产所有人作出无偿地把财产转移给相对人的意思表示，而相对人表示承受的合同。[①] 无偿给予财产的人为赠与人，接受财产的人为受赠人。

赠与合同具备以下几个特征：

(1)赠与合同是一种转移财产权利的合同。赠与合同体现为一种财产权利转移的合同，赠与人需要将自己的财产权利转移给受赠人。赠与的标的物并不限于有体财产，也包括无体财产。赠与的财产可以是现实取得的财产，将来可取得的财产进行赠与在法律上也没有禁止。转移财产权利是赠与合同区别于借用合同的标志之一。赠与人享有财产权的时间点，不以赠与合同成立时为限，将来可归为赠与人的财产，也可以赠与。

(2)赠与合同是一种双方法律行为。赠与合同双方当事人是赠与人和受赠人，赠与合同的成立需要双方当事人意思表示一致。也就是说，赠与合同的法律结构是赠与人作出财产给予的意思表示之后，受赠人需要作出接受赠与的意思表示，当双方意思表示一致之时，赠与合同即告成立。从反面而言，如果赠与人有意赠与财产，但受赠人无意接受赠与，此时赠与合同并不成立。这也是赠与合同不同于赠与行为的地方，因为赠与行为是赠与人的单方行为，而赠与合同是以赠与为内容的协议，是双方合同。[②]

---

① 王家福主编：《民法债权》，中国社会科学出版社2015年版，第552页。

② 刘凯湘：《合同法》，中国法制出版社2010年版，第481页。

(3)赠与合同是一种单务法律行为。单务法律行为强调一方义务性,即一方当事人负有合同义务,另一方并不负有合同义务。赠与合同中往往仅是赠与人负有给予赠与财产的义务,而受赠人往往并不负有义务。即便是在附义务赠与合同中,也仅仅是赠与人负有义务,而受赠人仅是按照赠与合同约定负担某种特定义务,该义务并不是赠与人义务的对价,此时之赠与合同仍为单务合同。

(4)赠与合同是一种无偿法律行为。无偿法律行为强调合同中仅有一方当事人为给付,另一方当事人并不支付相应对价。无偿性是赠与合同区别于买卖合同的标志之一,无偿性也"决定了赠与人的注意义务、给付义务、归责事由和责任范围较轻"。①

(5)赠与合同是一种诺成法律行为。诺成法律行为与实践法律行为相对应:诺成法律行为强调双方当事人意思表示一致,承诺成立之时,合同即告成立;实践法律行为强调在当事人意思表示一致以外,还需要交付标的物才能使合同成立。赠与合同为诺成合同,无论赠与的财产是否交付,当事人意思表示一致时赠与合同即告成立。

(6)赠与合同是一种不要式法律行为。不要式法律行为与要式法律行为相对应:不要式法律行为强调合同的成立不需要特定的形式,而要式法律行为强调合同的成立需要特定的形式,如书面形式等。赠与合同为不要式合同,赠与合同的成立可以采用书面形式,也可以采用口头形式、公证形式等,合同的形式并不影响赠与合同的成立。

【司法适用】

适用本条时应当注意以下问题:(1)赠与合同的对象是赠与财产,赠与财产不限于有体物,也包括无体物、债权等财产;(2)赠与合同的特征是赠与合同区别于其他合同类型的重要体现,应当从赠与合同的单务性、无偿性等角度认定赠与合同。需要注意的是,赠与合同的成立不需要特定的合同形式和实践形式。

【司法案例】

徐某伟等诉甲研究会等捐赠合同纠纷案②

诉讼结论:徐某云与被上诉人甲研究会的捐赠合同,因系双方真实意思表示,且被上诉人具备接受该批文物资料的主体资格,该行为也不违反法律的强制性和禁止性规定,因而该合同合法有效,依法应予以保护。

---

① 崔建远:《合同法》,北京大学出版社2013年版,第467页。

② 山西省高级人民法院(2001)晋民二终字第4号民事判决书。

徐某云与被上诉人甲研究会的捐赠合同，因系双方真实意思表示，且被上诉人具备接受该批文物资料的主体资格，该行为也不违反法律的强制性和禁止性规定，因而该合同合法有效，依法应予以保护。因合同标的物已实际交付，捐赠行为已完成，且从案件标的物的性质来讲，也不能返还给个人，故上诉人要求确认合同无效，返还该批文物资料的诉讼请求不予支持。

第六百五十八条　赠与人在赠与财产的权利转移之前可以撤销赠与。

经过公证的赠与合同或者依法不得撤销的具有救灾、扶贫、助残等公益、道德义务性质的赠与合同，不适用前款规定。

【条文主旨】

本条是关于赠与人任意撤销权及其限制的规定。

【条文理解】

本条在承继《合同法》第186条的基础上，第2款内容有所变化。理解本条需要注意：

(1)赠与合同中的撤销权，是指赠与合同成立之后，赠与财产转移之前，赠与人可以根据自己的意思作出撤销赠与的意思表示。因为赠与合同的特征之一是无偿性，并且赠与人享有撤销权，一般不会损害受赠人的利益。所以，从利益衡量的角度而言，立法应当允许赠与人基于自己的意思表示决定是否撤销赠与。可以说，赠与人的撤销权是对赠与人较为公平的一项制度，当然，需要注意的是，赠与人撤销权行使的时间是赠与合同成立之后，赠与财产转移之前。如果赠与的财产还没有转移权利，则赠与人可以撤销赠与；如果赠与的财产已经转移权利，则赠与人不享有撤销权；如果赠与的财产部分转移权利，则赠与人对未转移权利部分享有撤销权，对已转移部分不享有任意撤销权。

(2)赠与人的撤销权也是有限制的，如果对赠与人的撤销权不加限制，那么将使赠与人不受赠与合同的约束，这不符合赠与合同的单务性，既对受赠人不公平，也有违诚实信用原则。因此，该条规定，经过公证的赠与合同或者依法不得撤销的具有救灾、扶贫、助残等公益、道德义务性质的赠与合同，赠与人不享有撤销权。首先，经过公证的赠与行为，说明赠与人作出赠与的意思表示十分谨慎，法律禁止这种情形的赠与人任意撤销赠与。其次，具有救灾、扶贫、助残等公益、道德义务性质的赠与行为涉及社会公共利益，赠与人也明知这种公益性、道德性，如果赠与人可以任意撤销，则有违社会公共道德，所以法律也禁止这种情形的赠与人任意撤销赠与。

需要说明的是,该条第 2 款对《合同法》第 186 条第 2 款作了修改。后者规定,具有救灾、扶贫等社会公益、道德义务性质的赠与合同或者经过公证的赠与合同,不适用前款规定。该条第 2 款规定,经过公证的赠与合同或者依法不得撤销的具有救灾、扶贫、助残等公益、道德义务性质的赠与合同,不适用前款规定。该条修改的内容有:(1)将经过公证的赠与合同前置,强调公证行为的法律效力。(2)在公益性赠与之前增加"依法不得撤销",强调公益性赠与中赠与人任意撤销权限制的法定性。公益事业捐赠,不同于一般的民事赠与,其受赠主体是特定的,一般情况下,只限于公益性社会团体以及公益性非营利的事业单位。公益事业具有特定的含义,其性质应当是非营利的,其受益人是不特定的个人或群体。《公益事业捐赠法》第 12 条规定:"捐赠人可以与受赠人就捐赠财产的种类、质量、数量和用途等内容订立捐赠协议。捐赠人有权决定捐赠的数量、用途和方式。捐赠人应当依法履行捐赠协议,按照捐赠协议约定的期限和方式将捐赠财产转移给受赠人。"

【司法适用】

适用本条时应当注意以下问题:(1)一般情形下,赠与人享有撤销权,即使赠与合同成立,只要赠与财产没有交付,赠与人均可以撤销赠与合同;(2)特殊情形下,赠与人的撤销权受到限制,在经过公证的赠与合同或者依法不得撤销的具有救灾、扶贫、助残等公益、道德义务性质的赠与合同中,赠与人不享有撤销权。

【司法案例】

郭某芝诉田某海赠与合同纠纷案[①]

诉讼结论:赠与的涉案房屋未转移登记至郭某芝名下之前,田某海作为财产的赠与人有权依法行使撤销权。

赠与人在赠与财产的权利转移之前可以行使撤销权。本案中,赠与的涉案房屋未转移登记至郭某芝名下之前,田某海作为财产的赠与人有权依法行使撤销权,且双方在之前诉讼中,田某海业已向郭某芝明确表达了撤销赠与涉案房屋的意思表示,一审、二审根据上述查明的事实,再结合本案证据情况,认定田某海作出撤销赠与的行为符合法律规定,所作判决认定事实清楚,适用法律正确,并无不当。综上,郭某芝的再审理由不能成立。

---

① 北京市高级人民法院(2017)京民申 3049 号民事裁定书。

第六百五十九条　赠与的财产依法需要办理登记或者其他手续的，应当办理有关手续。

【条文主旨】

本条是关于赠与财产办理有关法律手续的规定。

【条文理解】

本条源于《合同法》第187条。如果赠与的财产依法需要办理登记或者其他手续，应当办理有关法律手续。这说明只有在转移所有权的情形下，才有必要办理登记手续。对于需要登记的赠与，通常是依据法律规定，通过登记才可以发生财产权利转移效力的赠与。这主要是针对特殊财产的赠与，如不动产赠与，根据《民法典》第209条的规定，不动产物权的设立、变更、转让和消灭，经依法登记，发生效力；未经登记，不发生效力。所以，在不动产赠与中，赠与人应当向不动产登记部门申请不动产权属变更登记。

【司法适用】

适用本条时应当注意应结合不动产物权变动规定以及其他法律规定，综合认定特定赠与财产是否完成交付。

【司法案例】

石某生诉石某华附义务赠与合同纠纷案[①]

诉讼结论：本案中石某华赠与石某生的诉争房屋，尚未完成过户登记，诉争房屋所有权尚未转移，赠与人石某华尚可撤销该项赠与。

本案中，诉争房屋原系石某生及其妻子胡某芝共同所有，2006年8月14日石某生及胡某芝分别以公证遗嘱的形式作出了将诉争房屋留给女儿石某华的意思表示，2006年8月24日石某生将诉争房屋过户至石某华名下，该行为应视为石某生、胡某芝对石某华的赠与，且该赠与行为已经履行完毕，石某华已经成为诉争房屋的合法所有人。2011年4月4日石某生与石某华签订的撤销遗赠协议书，石某华愿意将诉争房屋再过户给石某生的意思表示认定为诉争房屋的现所有人石某华对石某生的赠与，该项认定正确合理。本案中石某华赠与石某生的诉争房屋，尚未完成过户登记，诉争房屋所有权尚未转移，赠与人石某华尚可撤销该项赠与。鉴于在本案审理过程中，石某华已明确表示不同意履行对诉争房屋的赠与，据此

---

① 北京市高级人民法院（2014）高民申字第547号民事裁定书。

石某华将不再负担将诉争房屋过户至石某生名下的义务。

第六百六十条　经过公证的赠与合同或者依法不得撤销的具有救灾、扶贫、助残等公益、道德义务性质的赠与合同，赠与人不交付赠与财产的，受赠人可以请求交付。

依据前款规定应当交付的赠与财产因赠与人故意或者重大过失致使毁损、灭失的，赠与人应当承担赔偿责任。

【条文主旨】

本条是关于受赠人的交付请求权以及赠与人因过错所承担责任的规定。

【条文理解】

本条源于《合同法》第188条、第189条，并作了部分修改。《合同法》第188条规定："具有救灾、扶贫等社会公益、道德义务性质的赠与合同或者经过公证的赠与合同，赠与人不交付赠与的财产的，受赠人可以要求交付。"第189条规定："因赠与人故意或者重大过失致使赠与的财产毁损、灭失的，赠与人应当承担损害赔偿责任。"

（1）赠与人不交付赠与财产时受赠人的交付请求权。受赠人的交付请求权发生在赠与人违约时，但赠与人的撤销权对其违约责任构成一定的限制。根据本法第658条第1款之规定，赠与人享有撤销权，所以一般情况下，当赠与人不交付赠与财产时，受赠人不得请求赠与人交付赠与财产，赠与人也无须承担违约责任。但是，本法第658条第2款对赠与人的撤销权进行了限制，所以特殊情形下的赠与合同中赠与人并不享有撤销权，此时若赠与人不交付赠与财产，则属于违约行为，受赠人可以基于赠与合同的约束力请求赠与人交付赠与财产。具体而言，经过公证的赠与合同或者依法不得撤销的具有救灾、扶贫、助残等公益、道德义务性质的赠与合同中，赠与人不享有撤销权，所以，如果赠与人不交付赠与财产，则赠与人之行为构成违约，应承担违约责任，受赠人可以请求赠与人交付赠与财产。需要说明的是，因为赠与合同为单务合同、无偿合同，仅仅是赠与人承担合同义务，所以，法律对赠与人的违约责任也进行了限制，若赠与人存在不交付赠与财产违约行为，受赠人仅可以请求赠与人交付赠与财产。

（2）赠与人因过错所承担的责任。赠与人因故意或者重大过失导致赠与财产毁损灭失应承担相应的赔偿责任。根据本条规定，赠与人的赔偿责任之成立要求赠与人主观上具有过错，且主观过错仅限于故意和重大过失。这是因为赠与合同本质上是无偿合同、单务合同，所以若对赠与人科以较重的赔偿责任对其不公平，赠与人一般过失情形下不应承担赔偿责任。

【司法适用】

适用本条时应当注意以下问题：(1)适用本条应与上一条结合理解，一般情形下，赠与人享有撤销权，若赠与人存在违约行为，受赠人不享有交付请求权。受赠人的交付请求权仅限于特定情形，在经过公证的赠与合同或者依法不得撤销的具有救灾、扶贫、助残等公益、道德义务性质的赠与合同中，赠与人存在不交付赠与财产的行为的，受赠人享有交付请求权。(2)因为赠与合同的单务性、无偿性，所以赠与人的违约责任原则上仅限于交付赠与财产。当赠与人因故意或者重大过失导致赠与财产毁损灭失的，赠与人应承担相应的赔偿责任。

【司法案例】

阳江市江城甲中英文学校诉关某抗赠与合同纠纷案①

诉讼结论：甲学校作为捐赠的受益人有权要求关某抗按合同约定交付80万元用于买校车及修建橡胶跑道。

由于该80万元是乙公司赠与关某抗用于购买校车及修建橡胶跑道，实际上是为关某抗当时承包的甲学校利益设立的，甲学校应是合同约定捐赠款的受益人，在关某抗没有按约定用途使用80万元捐赠款，而该承包经营合同关系又被生效判决解除的情况下，甲学校作为捐赠的受益人有权要求关某抗按合同约定交付80万元用于买校车及修建橡胶跑道。鉴于关某抗与乙公司的承包合同已解除，关某抗不再承包甲学校，原审判决关某抗将合同约定的捐赠款80万元交付给权利人甲学校并无不当，应予维持。

第六百六十一条　赠与可以附义务。

赠与附义务的，受赠人应当按照约定履行义务。

【条文主旨】

本条是关于附义务赠与合同的规定。

【条文理解】

本条源于《合同法》第190条。赠与人在作出赠与的意思表示之时，可以附加

① 广东省阳江市中级人民法院(2017)粤17民终1070号民事判决书。

受赠人接受赠与的义务，如果受赠人表示接受赠与人所附义务，则附义务赠与合同成立。也就是说，在附义务赠与合同中，受赠人受有利益的同时需要履行双方当事人约定的义务。“在附义务的赠与合同中，受赠人要承担一定的义务，并以此作为取得赠与物所有权的一个条件，但这一义务对受赠人所产生的负担是远远低于其所获得的利益的。”[①]附义务的赠与合同不同于一般的赠与合同，可以说是一种特殊类型的赠与合同。其与一般的赠与合同之间的区别在于：（1）一般的赠与合同中，受赠人仅享有取得赠与财产的权利，而不负担任何义务；但附义务的赠与合同中，受赠人在享有取得赠与财产权利的同时，还需要承担一定的义务。（2）一般来说，附义务的赠与合同中所附义务之内容可以任由当事人约定，只要不违反法律的禁止性规定即可。当事人之间可以约定受赠人义务的履行在赠与人履行交付赠与财产之前，也可以约定在后；当事人可以约定受赠人向赠与人履行义务，也可以约定受赠人向第三人履行义务等。当然，需要注意的是，虽然附义务的赠与与一般赠与存在不同之处，但受赠人所负担的义务并不与赠与人所承担的义务之间构成对待给付关系。

【司法适用】

附义务的赠与，受赠人要履行一定的义务，此种赠与合同是单务、有偿合同。适用本条时应当注意以下问题：（1）附义务赠与合同中所附义务只要不违反法律强制性规定，应当认定附义务赠与合法有效。（2）当事人之间可以自由约定受赠人履行义务时间和赠与人履行义务时间的先后顺序，若当事人约定受赠人先履行义务的，受赠人不履行义务，不得请求赠与人履行赠与财产的义务；若当事人约定赠与人先履行义务的，赠与人履行义务后，受赠人未履行义务的，赠与人可以请求受赠人履行义务或者撤销赠与，若赠与人撤销赠与的，受赠人应当返还受赠财产。（3）因赠与合同的目的在于使得受赠人获益，所以，附义务赠与合同中所附义务应当不超出赠与财产的价值，如果赠与财产的价值不足受赠人所附义务，则受赠人仅在赠与财产价值内承担义务，人民法院在审理相关案件时应把握利益平衡。

【司法案例】

李某君诉李某敏赠与合同纠纷案[②]

诉讼结论：李某君未能提交充分有效证据证明双方的赠与合同所附义务的约定内容，进而亦无法证明李某敏违反了赠与合同约定的义务，故李某君应承担举

① 刘凯湘：《合同法》，中国法制出版社2010年版，第482页。

② 最高人民法院（2019）最高法民申560号民事裁定书。

证不能的不利后果。

本案中，李某君主张李某敏不履行约定义务，违反了赠与所附条件，故赠与应予撤销。根据“谁主张，谁举证”的原则，在李某敏不承认涉案赠与附有条件或义务的情况下，李某君应就赠与合同的约定内容，即涉案赠与附有条件或义务承担举证责任。但李某君未能提交充分有效证据证明双方的赠与合同所附义务的约定内容，进而亦无法证明李某敏违反了赠与合同约定的义务，故李某君应承担举证不能的不利后果。

第六百六十二条　赠与的财产有瑕疵的，赠与人不承担责任。附义务的赠与，赠与的财产有瑕疵的，赠与人在附义务的限度内承担与出卖人相同的责任。

赠与人故意不告知瑕疵或者保证无瑕疵，造成受赠人损失的，应当承担赔偿责任。

【条文主旨】

本条是关于赠与人瑕疵担保责任的规定。

【条文理解】

本条源于《合同法》第191条。所谓瑕疵，“是指标的物不符合法定或约定的质量标准，或者不具备标的物通常应有的功能和效用”。[①] 赠与人对其赠与的财产负有瑕疵担保责任，因为如果赠与人所赠与的财产有瑕疵，则可能导致受赠人的利益受到损失，为了保护受赠人的利益，基于公平理念，法律规定赠与人的瑕疵担保责任。但是赠与人的瑕疵担保责任也是有适用条件的：(1)原则上，赠与人对其赠与的财产不负有瑕疵担保责任，赠与的财产即使有瑕疵，赠与人也不承担责任。(2)在附义务的赠与合同中，赠与人的瑕疵担保责任范围与受赠人所承担的义务范围一致，这是因为赠与合同本质上是无偿的，也兼顾保护受赠人的利益。赠与人的责任固然限于“附义务的限度内”，但当赠与物瑕疵造成受赠人固有利益损失时，赠与人的赔偿责任并无此限。(3)赠与人如果故意不告知瑕疵，存在隐瞒行为，或者赠与人保证赠与财产无瑕疵，造成受赠人财产损失，赠与人应当承担损害赔偿责任，这是因为赠与人主观上存在故意，行为上有违诚信，法律规定其承担瑕疵担保责任符合公平理念。

---

① 王利明：《合同法研究》(第3卷)，中国人民大学出版社2015年版，第210页。

【司法适用】

由于赠与合同的无偿性,并且赠与合同的目的是受赠人获得利益,所以赠与人对赠与财产的瑕疵担保责任与一般的有偿合同不同。适用本条时应当注意:(1)原则上,赠与人对赠与财产不负有瑕疵担保责任。(2)赠与人的瑕疵担保义务是有限度的,在附义务的赠与合同中,赠与人的瑕疵担保义务范围与受赠人所附义务的范围一致。在附义务的赠与合同中,虽然赠与人负有履行赠与财产的义务,但受赠人也负有义务,如果赠与的财产有瑕疵,则必然导致受赠人所受利益有所损失。所以,为了保护受赠人的利益,赠与人的瑕疵担保义务仅限于受赠人所附义务范围内,赠与人就如同承担了买卖合同中出卖人承担的瑕疵担保责任。(3)赠与人的瑕疵担保义务还体现在赠与人故意不告知瑕疵或者保证无瑕疵的情形下,因为赠与人故意不告知瑕疵说明赠与人主观上存在故意,此时若造成受赠人损失,应承担损害赔偿责任。当然,如果赠与人故意不告知瑕疵,但没有给受赠人造成损失,则不承担赔偿责任。赠与人保证赠与物无瑕疵,给受赠人造成损失的,也应承担损害赔偿责任。

【司法案例】

马某娟诉杨某平赠与合同纠纷案①

诉讼结论:杨某平在公证赠与时,已向马某娟明确承诺,赠与房屋不存在所有权争议,否则愿意承担法律责任。因此,杨某平也不能以赠与人对赠与物不承担瑕疵担保责任为由主张免责。

本案中,涉案赠与房屋属于杨某平与吴某君夫妻关系存续期间取得的财产,应由其共同共有,但在2008年4月28日发生涉案赠与行为时,杨某平与吴某君已经离婚,其共有基础已经丧失,按照一般的财产分割原则,杨某平可以享有其中的一半份额。因此,杨某平赠与马某娟整套房屋的行为虽然无效,但杨某平对其中的一半份额却是有处分权的,故对于该部分房屋份额的赠与应属合法有效。并且,涉案赠与系经公证的赠与,杨某平依法不享有任意撤销权,马某娟有权要求杨某平履行。现杨某平不能实际履行,依法应赔偿因其履行不能所致损失。杨某平在公证赠与时,已向马某娟明确承诺,赠与房屋不存在所有权争议,否则愿意承担法律责任。因此,杨某平也不能以赠与人对赠与物不承担瑕疵担保责任为由主张免责。

---

①　江苏省常州市中级人民法院(2014)常民终字第1094号民事判决书。

第六百六十三条　受赠人有下列情形之一的，赠与人可以撤销赠与：
（一）严重侵害赠与人或者赠与人近亲属的合法权益；
（二）对赠与人有扶养义务而不履行；
（三）不履行赠与合同约定的义务。
赠与人的撤销权，自知道或者应当知道撤销事由之日起一年内行使。

【条文主旨】

本条是关于赠与人的法定撤销权及其行使期间的规定。

【条文理解】

本条源于《合同法》第192条。赠与人的法定撤销权是指，赠与人在受赠人有法律规定的特定的情形下可以撤销赠与。赠与人撤销权行使的法定情形有3种：(1)受赠人严重侵害赠与人或者赠与人近亲属的合法权益。首先，此种情形强调严重性，既包括受赠人侵害行为的严重性也包括侵害行为给赠与人或者近亲属造成的损害具有严重性；其次，此种情形强调侵害对象是赠与人或者赠与人的近亲属，超出近亲属范围的其他亲属实施的严重侵害行为或者造成的严重侵害后果，不在此列。(2)受赠人对赠与人有扶养义务而不履行。此种情形强调受赠人对赠与人有扶养义务，并且受赠人对赠与人有扶养能力，而不履行对赠与人的扶养义务。反言之，如果受赠人没有扶养能力或者丧失了扶养能力，则赠与人不享有撤销权。(3)受赠人不履行赠与合同约定的义务。此种情形强调赠与合同中约定了受赠人负有一定的义务而未履行该义务，并且赠与人已将赠与财产交付受赠人，否则赠与人无须启动法定撤销权。在附义务赠与中，受赠人应当履行赠与合同所附义务。在赠与人向受赠人交付了赠与财产后，受赠人如果不履行其义务，赠与人可以撤销赠与。

此外，赠与人的撤销权本质上属于形成权，法律规定了一定的行使期间。赠与人行使法定撤销权的期间为1年，自知道或者应当知道撤销事由之日起计算。这一期间属于除斥期间，即法律对某种权利所预定的行使期间，不存在中止、中断和延长。撤销权人如在法律规定的期间内不行使撤销权的，其撤销权即归于消灭。

【司法适用】

适用本条时应当注意：赠与合同本是使受赠人获得利益的行为，如果受赠人对赠与人或者其近亲属有侵害行为，法律应赋予赠与人撤销赠与的权利。赠与人在赠与合同中的法定撤销情形，均为受赠人的违法行为或者违约行为。

【司法案例】

胡某某诉胡某赠与合同纠纷案①

诉讼结论：本案存在赡养义务人胡某经济能力弱、赡养对象胡某某经济能力强的特殊情况，胡某某提出撤销赠与有悖诚实信用原则，若撤销赠与将加剧胡某经济恶化，导致利益失衡，亦无助于双方亲子关系修复。

胡某某系大学副教授退休，有较高的退休金，不存在子女经济资助的需要。2012 年，胡某某与曹某某离婚时，分得一套位于同安的房产，后胡某某将该房产处分理应获得可观对价。胡某某名下无房系其处分同安房产先行行为导致，其住房需求亦可用处分房产获取的对价再行购买或租住房屋解决，不应认定其有住房匮乏之虞。反观胡某，目前仍在国外求学，暂无经济上供养、生活上照料胡某某的能力。胡某某两次赠与时胡某已出国留学，胡某某明知胡某留学期间仍需家庭资助，作出赠与且未提出赡养要求，本意是为胡某今后生活提供物质保障，减轻胡某经济压力。迄今，胡某和胡某某的各自经济状况、彼此的空间距离未有实质改变，故胡某某主张胡某未尽赡养义务并诉请撤销赠与系对其赠与真意的反言。本案存在赡养义务人胡某经济能力弱、赡养对象胡某某经济能力强的特殊情况，胡某某提出撤销赠与有悖诚实信用原则，若撤销赠与将加剧胡某经济恶化，导致利益失衡，亦无助于双方亲子关系修复。

第六百六十四条　因受赠人的违法行为致使赠与人死亡或者丧失民事行为能力的，赠与人的继承人或者法定代理人可以撤销赠与。

赠与人的继承人或者法定代理人的撤销权，自知道或者应当知道撤销事由之日起六个月内行使。

【条文主旨】

本条是关于赠与人继承人或者法定代理人的撤销权的规定。

【条文理解】

本条源于《合同法》第 193 条。赠与的撤销权本应属于赠与人，赠与人享有法定撤销权，但当受赠人的违法行为造成赠与人死亡的，法律赋予其继承人可以撤销赠与，受赠人需要返还赠与财产。当受赠人的违法行为造成赠与人丧失民事

① 福建省厦门市中级人民法院（2017）闽 02 民终 388 号民事判决书。

行为能力的,赠与人无法有效行使撤销权,赠与人的法定代理人可以为了赠与人的利益而撤销赠与。这两种情形下,法律规定赠与人的继承人或者法定代理人享有法定撤销权,一是为了保护赠与人的合法权益,二是打击受赠人的违法行为。

此外,需要注意的是,赠与人的继承人或法定代理人行使撤销权的期间为6个月,自知道或者应当知道撤销事由之日起计算,这与赠与人的法定撤销权行使期间是不同的。

【司法适用】

适用本条时需要注意:(1)赠与人的继承人或者法定代理人的撤销权行使事由。赠与人继承人撤销权的行使事由是,受赠人的违法行为致使赠与人死亡。赠与人法定代理人撤销权的行使事由是,受赠人的违法行为致使赠与人丧失民事行为能力。(2)赠与人的继承人或者法定代理人撤销权行使期间是6个月,自知道或者应当知道撤销事由之日起计算。

【司法案例】

庞某甲诉庞某乙等赠与合同纠纷案①

诉讼结论:赠与合同撤销权的行使须以赠与人合法权益遭受侵害为前提。

赠与人或者其继承人享有的赠与合同撤销权,须得以受赠人侵害赠与人合法权利为前提。本案中,庞某甲、庞某丁虽主张撤销赠与,但未充分举证证明庞某乙侵害了武某的权利。

第六百六十五条　撤销权人撤销赠与的,可以向受赠人请求返还赠与的财产。

【条文主旨】

本条是关于撤销权人撤销赠与的法律后果的规定。

【条文理解】

本条源于《合同法》第194条。本条中的撤销权人既包括赠与人,也包括赠与人的继承人,还包括赠与人的法定代理人。赠与人本人享有任意撤销权和法定撤销权,原则上赠与人可以任意撤销赠与,当受赠人严重侵害赠与人或者赠与人近

① 北京市第三中级人民法院(2018)京03民终4784号民事判决书。

亲属合法利益时,当受赠人对赠与人有扶养义务而不履行时,当受赠人不履行赠与合同约定的义务时,赠与人也可以撤销赠与。当因受赠人的违法行为致使赠与人死亡时,赠与人的继承人可以撤销赠与。当因受赠人的违法行为致使赠与人丧失民事行为能力时,赠与人的法定代理人可以撤销赠与。撤销赠与的法律后果是受赠人返还赠与财产。

【司法适用】

适用本条时应注意以下几点:(1)不同撤销权人行使撤销权的事由是不同的,撤销权人可以是赠与人,还可以是赠与人的继承人,也可以是赠与人的法定代理人。(2)撤销权的行使后果是受赠人返还赠与财产,赠与财产毁损灭失的,受赠人应当予以赔偿。(3)当赠与人还未交付赠与财产时,撤销权人撤销赠与的,无须再交付赠与财产。

【司法案例】

丁某法、尹某仙诉李某、丁某琰附义务赠与合同纠纷案[①]

诉讼结论:受赠人未履行约定义务,赠与人有权撤销赠与合同。

本案中,丁某法、尹某仙将涉案房屋赠与给丁某峰时,双方约定丁某峰应自2004年起每年支付丁某法、尹某仙赡养费600元并负担丁某法、尹某仙医疗费不足部分的一半,属附义务的赠与。现丁某峰认可自2016年8~9月起未支付过任何费用,虽李某、丁某琰不认可,但并未提供充足依据予以抗辩,故对丁某法、尹某仙称丁某峰未按约履行赡养义务的事实予以采信。丁某法、尹某仙要求撤销对丁某峰的赠与符合法律规定,应予支持。判决撤销丁某法、尹某仙对丁某峰就无锡市梁溪区山北镇房屋的赠与,无锡市梁溪区山北镇房屋归丁某法、尹某仙所有。

第六百六十六条　赠与人的经济状况显著恶化,严重影响其生产经营或者家庭生活的,可以不再履行赠与义务。

【条文主旨】

本条是关于赠与人终止赠与的规定。

【条文理解】

本条源于《合同法》第195条。当赠与人发生特定的情形使得继续履行合同

---

① 江苏省无锡市中级人民法院(2019)苏02民终394号民事判决书。

对赠与人显著不公平时,赠与人可以终止履行赠与合同。此种单方解除合同权是情势变更原则在赠与合同中的某种体现。赠与人为赠与表示之后,若突遭巨变,以至于经济状况急转直下,无力继续履行赠与义务,或履行后将加剧经济状况的恶化,此时仍要求赠与人继续履行赠与义务,无异于雪上加霜,与我国济危扶困的道德传统多有不合。[①] 赠与人单方解除合同应符合一定的条件:(1)经济状况显著恶化的发生时间是赠与合同成立之后。(2)经济状况显著恶化,严重影响其生产经营或者家庭生活。在经过公证的赠与合同或者具有社会公益、道德义务性质的赠与合同中,赠与人还未履行赠与合同的,可以不再履行赠与合同中规定的义务。

【司法适用】

适用本条时,应注意以下几点:(1)赠与人终止履行的适用要件是,赠与合同成立后,赠与人发生了经济状况显著恶化的情形,严重影响赠与人的生产经营或者家庭生活。(2)赠与人解除合同后,不再履行赠与义务。"在具备法定条件时,赠与人可以拒绝履行未履行部分的赠与义务,并且其拒绝的表示可使受赠人的权利永久地消灭。"[②]在一般赠与中,赠与人部分履行部分未履行的,未履行部分无须再履行;在特殊赠与中,赠与人未履行的,无须再履行。(3)本条是赠与人终止履行赠与义务的依据,不是撤销赠与的理由,因此无权请求返还已经赠与的财产,有权解除合同终止履行。本条规定的是赠与合同解除赠与义务终止的法定情形,可以构成赠与人请求权基础,而不仅仅是抗辩权的事由。

【司法案例】

陈某燕等诉杨某兴赠与合同纠纷案[③]

诉讼结论:赠与合同的撤销应满足法定条件。

本案中无论赠与人是否已将赠与的房屋实际交付给杨某兴,但签署赠与合同之时,陈某燕已经年近80周岁,说明陈某燕对于自己在房屋赠与后需要面临的需由儿女赡养及丧失赠与房屋所有权等风险已有充分估计。现陈某燕在第三人杨某全家中居住并由第三人杨某全及其家人照顾。第三人作为陈某燕的子女,赡养照顾陈某燕为其法定义务,且即使杨某兴存在不赡养陈某燕的情形,陈某燕亦有

---

① 崔建远:《合同法》,北京大学出版社2013年版,第474页。

② 易军:《撤销权、抗辩权抑或解除权——探析〈合同法〉第195条所定权利的性质》,载《华东政法学院学报》2003年第5期。

③ 广东省广州市中级人民法院(2017)粤01民终14289号民事判决书。

权利要求杨某兴履行相应的赡养义务。另杨某华陈述杨某培去世后留下丧葬费、抚恤金等10万元，现由其代陈某燕保管，第三人及杨某兴均未对上述款项主张权利，亦证明陈某燕尚有一定的经济能力。故本案中陈某燕提交的证据并不足以证实赠与合同成立后其经济状况显著恶化，已达到不能维持其正常生计的情形。

第十二章　借款合同

第六百六十七条　借款合同是借款人向贷款人借款，到期返还借款并支付利息的合同。

【条文主旨】

本条是关于借款合同定义的规定。

【条文理解】

随着民间借贷的蓬勃发展，借款合同引发的纠纷与日俱增。在合同纠纷案件中，借款合同纠纷是数量最多的案件类型之一。

借款合同与借贷合同的概念有所不同。根据传统民法理论，借贷合同可分为使用借贷和消费借贷。使用借贷又可称为借用合同，主要是指当事人一方将物出借他方，约定他方无偿使用后返还原物的合同，而消费借贷主要是指当事人一方将物或金钱出借他方，约定他方有偿地以同样种类、品质、数量之物或金钱进行返还的合同。其中，消费借贷又分为实物借贷和金钱借贷。本法规定的借款合同，主要是指消费借贷中的金钱借贷。

本条源于《合同法》第196条，其所包含内容有所增加。《合同法》所指的借款合同主要包括两大类：一类是金融机构与自然人、法人、非法人之间的借款合同；另一类是指自然人之间的借款合同。近年来，由于金融机构的资金供给已无法满足民间对资金的旺盛需求，催生了大量的民间借贷行为，此类借贷广泛存在于自然人、法人以及非法人组织之间，作为正规金融的合理补充，因其具有手续简便、期限灵活、成本低廉、放款迅速等特点，借贷规模激增，已经成为广大民众获取资金、谋取利益的重要渠道。

《民间借贷规定》有条件地承认企业间借贷的合同的效力，同时，也将非金融机构与自然人之间的借款纳入规制范围。基于此，我们认为，本法所指的借款合同，既包括金融机构与自然人、法人、非法人组织之间的借款合同，也包括自然人、法人、非法人组织之间的借款合同。

【司法适用】

借款合同的法律依据，除《民法通则》外，1999 年施行的《合同法》、2017 年施行的《民法总则》、1996 年中国人民银行颁布的《贷款通则》、2015 年最高人民法院颁布的《民间借贷规定》等相关法律法规和司法解释，均对借款合同作出相关规定。

在此次民法典起草和修订过程中，有人提出，应根据借款目的和性质的不同，分为经营性借款合同和一般性借款合同，分别作出规定。对此，全国人大宪法和法律委员会经研究认为，民法典应着重于一般性规范，形成与其他分类规范并存的多层次立法体系。因此，本编未采用分别规定的体例。

民间借贷与金融借贷存在较为明显的差别。根据 2019 年《九民会议纪要》的规定，凡由金融监管部门或者有关政府部门批准设立的持有金融牌照的银行、非银行金融机构从事的借贷行为，均为金融借贷，不适用民间借贷的相关规则及利率标准。人民法院在审理民间借贷纠纷案件时，可依据《民间借贷规定》等进行裁决。

【司法案例】

汤某、刘某龙、马某太、王某刚诉新疆鄂尔多斯甲房地产开发有限公司商品房买卖合同纠纷案①

诉讼结论：借款合同双方当事人经协商一致，终止借款合同关系，建立商品房买卖合同关系，将借款本金及利息转化为已付购房款并经对账清算的，并非为双方之间的借款合同履行提供担保。

本案双方经协商一致终止借款合同关系，建立商品房买卖合同关系，并非为双方之间的借款合同履行提供担保，而是借款合同到期，甲公司难以清偿债务时，通过将甲公司所有的商品房出售给汤某等 4 位债权人的方式，实现双方权利义务平衡的一种交易安排。该交易安排并未违反法律、行政法规的强制性规定，不属于《物权法》第 186 条规定禁止的情形，亦不适用《民间借贷规定》第 24 条规定。但在确认商品房买卖合同合法有效的情况下，在当事人请求司法确认和保护购房者合同权利时，人民法院对基于借款合同的实际履行而形成的借款本金及利息数额应当予以审查，以避免当事人通过签订商品房买卖合同等方式，掩盖其获得违法高息的目的。

① 最高人民法院指导案例 72 号。

第六百六十八条　借款合同应当采用书面形式，但是自然人之间借款另有约定的除外。

借款合同的内容一般包括借款种类、币种、用途、数额、利率、期限和还款方式等条款。

【条文主旨】

本条是关于借款合同形式和内容的规定。

【条文理解】

本条对《合同法》第 197 条作了少量文字修改，仅在第 1 款增加了“应当”两字，在第 2 款增加了“一般”两字。

1. 借款合同形式

借款是一项重要的民事活动，采用书面形式订立合同，对明确双方的权利和义务，减少纠纷起着至关重要的作用。通常情况下，借款合同应当采用书面形式，便于确定双方当事人的权利义务关系，且通过书面形式订立合同，借贷双方会更加慎重，合同的内容更全面、准确、严谨，在发生纠纷时利于当事人举证。我国法律法规规定金融借款合同均应采用书面形式，目的在于明确金融机构与借款人的权利义务，保障金融机构信贷资金安全。以书面形式订立借款合同是金融机构办理贷款业务的必经程序。而自然人之间的借款，因通常具有互助、无偿的性质，不应强制一律采取书面合同形式。

2. 借款合同内容

借款合同的内容一般包括借款种类、币种、用途、数额、利率、期限和还款方式等条款，但这些条款并不是任一借款合同均应具备的。除上述内容外，借款合同的当事人还可对其他需要约定的内容作出约定。

【司法适用】

自然人之间的借款合同，既可以采用书面形式，也可以采用口头形式。司法实践中，自然人之间的借款合同形式较为简单和随意，往往仅由借款人出具借据、收条或者欠条等。《民间借贷规定》第 2 条规定：“出借人向人民法院起诉时，应当提供借据、收据、欠条等债权凭证以及其他能够证明借贷法律关系存在的证据。”该规定表明，借据、收据、欠条等债权凭证或者其他能够证明借贷法律关系存在的凭证，可以作为证明民间借贷类型借款合同关系存在的证据。有的民间借贷合同，仅包括数额、期限，而未对借款种类、币种、用途、数额、利率和还款方式进行约定，在借贷双方对借贷事实认识一致或未发生争议的情况下，并不影响借贷关系的成立。在认定借贷关系是否真实存在时，人民法院应结合实际情况进行综合判断。

【司法案例】

罗某伟诉杜某明民间借贷纠纷案①

诉讼结论：自然人之间成立民间借贷合同关系应具备借款合意和款项交付事实两个构成要件。

出借人应提供借据等反映借款意思表示的债权凭证以及与借款人存在交往的相关证据，以证明双方之间存在借款合意。如果出借人仅提供转账记录，未能提供借据等反映借款意思表示的债权凭证以及与借款人存在交往的相关证据，不符合民间借贷的一般生活常理，应认定不存在借贷关系。互不熟识的自然人之间数十万元的款项往来，仅有转款记录而无借款借据，不符合民间借贷的一般生活常理；且杜某明亦就其主张提供了上述相关证据，证据之间能够相互印证，故法院认为罗某伟与杜某明之间转款交易不是基于双方之间借款合意发生。

第六百六十九条　订立借款合同，借款人应当按照贷款人的要求提供与借款有关的业务活动和财务状况的真实情况。

【条文主旨】

本条是关于借款人应当提供真实情况义务的规定。

【条文理解】

本条源于《合同法》第199条。为保证借款能够合法、合理使用以及借款人按时还款，保证贷款人的知情权，借款人具有披露与借款相关真实情况的义务。一般来说，借款人应当提供自身资格、业务活动和财务状况的情况，供贷款人进行审核。需要借款人提供业务活动情况通常包括有关产品销售和生产经营方面的情况，以便于贷款人及时对借款人的业务能力、生产经营活动收益，对借款人是否按照借款用途使用借款等作出判断。借款人的财务状况，通常包括上年度财务报告、资产负债表和其他有关财务账目等，以便于贷款人全面充分了解借款人的实际资金运作情况、资信情况等，判断借款人的还款能力，保障借款安全。

---

① 北京市第一中级人民法院（2018）京01民终4359号民事判决书。

【司法适用】

订立借款合同时,贷款人可以通过审核借款人提供的情况来决定是否发放贷款。借款人应提供的有关业务和财务状况材料的具体内容一般可参照《贷款通则》的规定:

借款人申请贷款,应当同时提供以下一项或多项资料:

(1)借款人(及担保人)的基本情况。

(2)自然人必须提供有效身份证明和有关资信状况证明。

(3)法人、其他组织必须提供有关财务报告,其中年度报告必须经具有法律效力的有关部门或会计师(审计)事务所审计,企(事)业法人还应提供贷款卡(号)。

(4)抵押物(质物)清单、有处分权人的同意抵押(质押)证明或保证人同意保证的有关证明文件。

(5)贷款人认为需要提供的其他有关资料。

接到贷款申请后,贷款人应同时审核以下一项或几项情况:

(1)借款人提供的各类信息。

(2)借款人的财务状况、现金流量以及历史还款记录等其他非财务因素,评估借款人的还款能力。

(3)评估借款人的信用等级。根据借款人的人员素质、经济实力、资金情况、履约记录、经营效益和发展前景等因素,评定借款人的信用等级。评级可由贷款人独立进行,内部掌握,也可由有权部门批准的评估机构进行。

(4)担保的质量和法律效力。

(5)发放公司贷款时,必须严格审查借款人的资产负债状况以及预测借款人的现金流量。

(6)发放项目贷款时,必须评估贷款项目的未来现金流量预测情况和质权、抵押权以及保证或保险等,并严格审查贷款项目的项目建议书和可行性研究报告。

(7)发放关联企业贷款时,应统一评估审核所有关联企业的资产负债、财务状况、对外担保以及关联企业之间的互保等情况。

【司法案例】

甲轮胎股份有限公司诉乙银行股份有限公司天津分行、河北丙股份有限公司借款担保合同纠纷案[①]

诉讼结论:隐瞒真实财务状况订立借款合同或担保合同的,构成欺诈。

① 最高人民法院(2007)民二终字第36号民事判决书。

丙公司在与甲公司订立《互保合同》时，隐瞒真实财务状况，欺骗甲公司签订《互保合同》的事实成立，丙公司构成欺诈。乙银行作为与丙公司长期合作的贷款银行是知道或者应当知道丙公司财务状况的。《商业银行法》《贷款通则》等相关法律法规并未规定商业银行违反贷款中严格审查义务的民事责任，上述规定与乙银行的内部规定，均是从商业银行风险控制角度加以规范，属管理性规范，乙银行即使违反相关规定，亦不影响乙银行与丙公司之间的信贷行为的效力和《最高额保证合同》的效力。

第六百七十条　借款的利息不得预先在本金中扣除。利息预先在本金中扣除的，应当按照实际借款数额返还借款并计算利息。

【条文主旨】

本条是关于借款利息不得预先扣除的规定。

【条文理解】

本条源于《合同法》第200条。借款的数额和利息是借款合同需要规定的主要内容，当事人在订立借款合同时，一般要对借款数额、利息及支付期限作出明确的约定。通常，借款利息的支付是按照合同约定，于借款期限届满时或者合同履行期间分期偿付给贷款人的。现实中，有的贷款人为确保利息不受损失，在提供借款时就预先将利息从本金中扣除，造成借款人实际借款数额实质上为扣除了利息后的数额。① 这种做法损害了借款人的合法利益，由于借款人实际得到的借款少于合同约定的借款数额，将影响资金的正常使用，大大增加了借款人的负担，也容易引起贷款人与借款人的矛盾纠纷。为保证合同公平、双方地位平等，防止贷款人利用优势地位订立不平等的合同条款，本条规定，借款的利息不得预先在本金中扣除。利息预先在本金中扣除的，应当按照实际借款数额返还借款并计算利息。

【司法适用】

实践中，少数金融机构在向借款人提供贷款时，常常以预扣利息、收取贷款保证金、利息备付金、定金等形式变相提高贷款利率，扰乱了正常的市场经济秩序，侵犯了国家金融管理制度，危害十分严重。为此，中国人民银行多次明文禁止，这

① 全国人民代表大会常务委员会法制工作委员会编：《中华人民共和国合同法释义》，法律出版社2013年版，第328页。

种行为属于非法行为，不受法律保护。与此相应，民间借贷贷款人利用借款人急于获得借款的心理，将借款利息在本金中预先扣除的做法也十分盛行，严重侵害了借款人的合法权益。为确保当事人双方的借贷关系建立在公平平等原则的基础上，防止贷款人利用优势地位订立不公平的借款合同，本条对预扣利息行为作了禁止性规定。

在预扣利息借贷案件中，对于本金和利息的认定问题，由于利息实质上应是借款人因实际使用贷款人的资金而在双方之间形成的债的关系，若本金未交付则不会产生支付利息的问题。按照本条规定，本金应为借款人实际到手的借款金额，而利息按照实际到手的借款数额为本金进行计算。

【司法案例】

王某诉昆明甲房地产开发有限公司民间借贷纠纷案①

诉讼结论：借贷双方签订的借款合同中已经明确约定借款人须提前支付利息，利息从本金中扣除，而借款人多次明确表明已经足额收到了借款人提供的借款，则不能认定出借人违反当事人之间的约定未足额支付借款，该约定应视为双方当事人对款项提供方式的变更。

预先在本金中扣除利息的做法违反了法律规定。利息预先在本金中扣除的，应当按照实际借款数额返还借款并计算利息。王某提供3115万元借款后，甲公司并未就其所谓的未足额出借部分向王某提出相应主张，因此，虽然王某未实际向甲公司提供3500万元借款，但其提供的借款数额符合合同约定，应当认定为是双方当事人的真实意思表示。

第六百七十一条　贷款人未按照约定的日期、数额提供借款，造成借款人损失的，应当赔偿损失。

借款人未按照约定的日期、数额收取借款的，应当按照约定的日期、数额支付利息。

【条文主旨】

本条是关于贷款人未按照约定提供借款以及借款人未按照约定支取借款的责任的规定。

---

① 最高人民法院（2018）最高法民终23号民事判决书。

【条文理解】

本条源于《合同法》第 201 条。借款合同一经签订，当事人双方必须严格按照约定履行合同。如果贷款人由于资金或其他原因未按照约定日期、数额提供借款，即构成违约，将会损害借款人的利益，并对借款人造成损失，贷款人应对该损失进行赔偿。如借款人在订立借款合同后，未按照合同约定的日期、数额收取借款，仍应当按照约定日期、数额支付利息，有利于督促借款人及时接受借款，避免资金闲置浪费。此外，由于自然人之间的借款是以实际交付为成立要件的，因此，自然人之间的借款合同，不适用本条的规定。

【司法适用】

在我国目前资金短缺，金融市场尚不发达，资金融通渠道不是很畅通的情况下，往往是借款人求助于贷款人，贷款人很有可能利用其优势地位，不按合同约定的时间提供贷款，从而给借款人造成损失。在司法实践中，赔偿损失的范围如何界定，应依据本法第 584 条规定进行确定，"当事人一方不履行合同义务或者履行合同义务不符合约定，造成对方损失的，损失赔偿额应当相当于因违约所造成的损失，包括合同履行后可以获得的利益；但是，不得超过违约一方订立合同时预见到或者应当预见到的因违约可能造成的损失"。

【司法案例】

甲银行股份有限公司通化分行诉通化乙房地产开发有限公司金融借款合同纠纷案①

诉讼结论：贷款人未按照约定日期和数额提供借款，造成借款人经济损失的，应当赔偿损失。

根据《合同法》第 94 条第 4 项的规定：当事人一方迟延履行债务或者有其他违约行为致使不能实现合同目的，当事人可以解除合同。甲银行通化分行拒绝履行发放贷款义务，致使乙公司不能实现合同目的，故法院对乙公司提出的解除与甲银行通化分行之间的《个人抵押借款合同》诉讼请求予以支持。《合同法》第 113 条规定："当事人一方不履行合同义务或者履行合同义务不符合约定，给对方造成损失的，损失赔偿额应当相当于因违约所造成的损失，包括合同履行后可以获得的利益，但不得超过违反合同一方订立合同时预见到或者应当预见到的因违反合同可能造成的损失。"因当事人双方在《个人抵押借款合同》中未规定贷款人逾期放款的违约责任，本案应在认定乙公司实际损失的基础上，确定甲银行通化

① 吉林省高级人民法院(2014)吉民二终字第 35 号民事判决书。

分行应承担的违约责任。

第六百七十二条　贷款人按照约定可以检查、监督借款的使用情况。借款人应当按照约定向贷款人定期提供有关财务会计报表或者其他资料。

【条文主旨】

本条是关于贷款人监督、检查权利以及借款人相应义务的规定。

【条文理解】

本条与《合同法》第202条相比，作了少许修改，在“借款人应当按照约定向贷款人定期提供有关财务会计报表”后修改为“或者其他资料”。这是由于借款人的财务状况的真实情况，除财务会计报表外，还可能存在其他形式。

根据本法第669条的规定，借款人应当按照贷款人的要求提供与借款有关的业务活动和财务状况的真实情况。此规定是要求借款人订立合同时履行的义务，但由于借款人的业务活动和财务状况会随着时间推移及经济、社会发展而发生变化，并受到政策、市场竞争、供求关系的影响，其业务活动和财务状况不可能一直保持在订立合同时的状态。① 为保证借款的合理使用和借款合同的有效履行，使贷款人能够按照合同约定收回借款，应赋予贷款人按照约定检查、监督借款的使用情况的权利，以便在发现借款人擅自改变款项用途或者发生其他可能影响贷款人权利的情况时，及时采取措施、收回款项及利息。为此，借款人应履行按照约定向贷款人定期提供有关财务会计报表或者其他资料的义务。这些资料包括有关财务状况、盈利状况、财务计划和盈利计划以及财务会计报表等内容，这些资料能够真实反映借款人的财务状况、生产经营情况、资信情况等，有助于贷款人正确、全面地对借款能否收回作出判断，保证合同有效履行以及贷款人自身利益。

【司法适用】

如果借款人违反约定，不提供有关财务会计报表或其他资料，或者提供虚假材料、拒绝贷款人监督检查借款使用情况的，构成违约。参照《贷款通则》第72条的规定，可由贷款人责令借款人改正，情节特别严重或逾期不改正的，由贷款人停止支付借款人尚未使用的贷款，并提前收回部分或全部贷款。

---

①　全国人民代表大会常务委员会法制工作委员会编：《中华人民共和国合同法释义》，法律出版社2013年版，第330页。

【司法案例】

李某、朱某敏诉贝某公司借款合同纠纷案[①]

诉讼结论：借款人提供不真实的材料和报表会影响出借人对借款使用情况的监督，不利于其及时行使自己的权利，而不提供相关材料和报表会使出借人无从了解案涉款项的使用情况，不利于其及时行使自己的权利。

本案中，贝某公司向李某、朱某敏借款7000万元用于房地产项目，某房地产公司承担连带担保责任，并签订《担保借款合同》。合同第4条第1款约定出借方有权检查、监督款项使用情况，借款方有义务提供报表和相关资料，合同还约定借款担保方提供的报表或者各项材料虚假的，或者借款方、担保方与第三者发生诉讼的，有可能无力向出借方偿付本息的，出借方有权立即收回借款本息。本案中，借款人在借款两年多内从未向出借人提供相关材料和报表，构成违约，应归还7000万元本息，担保人某房地产公司承担连带责任。

第六百七十三条　借款人未按照约定的借款用途使用借款的，贷款人可以停止发放借款、提前收回借款或者解除合同。

【条文主旨】

本条是关于未按照约定用途使用借款责任的规定。

【条文理解】

本条源于《合同法》第203条。借款用途是借款人使用借款的目的。借款人使用借款的用途直接关系到借款人能否按期偿还借款，如果借款人擅自改变借款用途，就会使借款合同无法按照约定的内容履行，贷款人按期收回借款以及获得借款利息收益的权益就难以保障，贷款人将承担较大风险。金融机构作为贷款人时，其借款用途往往还需要符合国家经济政策、信贷政策、产业发展政策以及金融相关法律法规的规定。

【司法适用】

在实践中，借款人不按照合同约定用途使用借款的情况较多，金融机构作为贷款人对借款用途以及违约责任作出了严格规定。《商业银行法》第35条对此作出了具体规定，据此，借款人违反合同约定的借款用途使用借款的，贷款人首先可

---

① 最高人民法院(2014)民一终字第38号民事判决书。

以停止发放未发放部分的借款，同时可以提前收回借款或者解除合同。民间借贷中对借款用途作出约定的，借款人也应当按照约定的用途使用借款。擅自改变借款用途对贷款人造成损害的，贷款人也可按照本条规定，采取相应的措施来保护自身的利益。

需要注意的是，贷款人明知借款人改变借款用途，仍继续发放贷款，并以此为由要求解除借款合同的，人民法院不予支持。

【司法案例】

甲县农村信用合作联社诉临沂市乙食品有限责任公司、沂南县丙新型建材有限公司金融借款合同纠纷案①

诉讼结论：借款人应当按照借款合同约定的借款用途使用借款，否则构成违约，贷款人有权提前收回贷款。

本案中，根据当事人双方的合同约定，被告方的借款用途应为购买饲料等，与其经营范围相符，而其改变经营范围为冷冻产品销售后，无须再购买饲料，显然已经改变了借款用途，系双方签订的流动资金借款合同条款中的违约行为，依照约定，原告有权宣布流动资金借款合同项下的未偿还借款立即到期，并提前收回借款。

第六百七十四条　借款人应当按照约定的期限支付利息。对支付利息的期限没有约定或者约定不明确，依据本法第五百一十条的规定仍不能确定，借款期间不满一年的，应当在返还借款时一并支付；借款期间一年以上的，应当在每届满一年时支付，剩余期间不满一年的，应当在返还借款时一并支付。

【条文主旨】

本条是关于利息支付期限的规定。

【条文理解】

本条源于《合同法》第205条。向贷款人支付利息是借款人的主要义务，借款人不仅应当按照约定的数额支付利息，而且还应当在约定的期限内向贷款人支付。当事人既可以约定在借款期限届满时一次性支付本金和利息，也可以约定在借款期限内分批或定期向贷款人支付。

① 山东省沂南县人民法院（2013）沂南商初字第593号民事判决书。

如果当事人对支付利息的期限没有约定或者约定不明确，本条规定，首先按照本法第510条的规定："合同生效后，当事人就质量、价款或者报酬、履行地点等内容没有约定或者约定不明确的，可以协议补充；不能达成补充协议的，按照合同相关条款或者交易习惯确定。"如果依据以上规定仍然不能确定支付利息的期限，借款在1年以内的，利息在借款合同期限届满时和本金一并支付；借款在1年以上的，在每届满1年时支付，剩余期间不满1年的，在返还借款时一并支付。

【司法适用】

在司法实践中，值得注意的是，对借款人向贷款人支付的款项未明确性质的，该款项应确定为还本还是付息？我们认为，对借款人向贷款人支付的款项，未明确性质的，应当根据合同约定确定是归还本金还是支付利息。合同未约定或约定不明的，应按照交易习惯处理，即如果已经发生结欠利息的，通常按先归还利息，后归还本金的原则处理。

【司法案例】

段某恩诉董某明、郑某莲等民间借贷纠纷案①

诉讼结论：借款人应当按照约定的期限支付利息。对支付利息的期限没有约定或者约定不明确，依照《合同法》第61条的规定仍不能确定，借款期间不满一年的，应当在返还借款时一并支付；借款期间一年以上的，应当在每届满一年时支付，剩余期间不满一年的，应当在返还借款时一并支付。

本案双方未对支付利息的期限作出约定，根据《合同法》第205条的规定，在双方对支付利息的期限约定不明的情况下，要求借款人在返还借款时一并支付利息，于法有据。因双方对利息自出借之日2012年6月9日已经偿还至2013年4月，且最后一笔借款偿还之日为2013年9月29日这一事实，均无异议。2013年9月29日后，剩余的借款本金再按月息7500元计算即超过了同期银行贷款利率的4倍，应将2013年9月30日至起诉前2015年8月5日之间的利息按照年利率24%予以计算。

第六百七十五条　借款人应当按照约定的期限返还借款。对借款期限没有约定或者约定不明确，依据本法第五百一十条的规定仍不能确定的，借款人可以随时返还；贷款人可以催告借款人在合理期限内返还。

① 山东省潍坊市中级人民法院（2016）鲁07民终812号民事判决书。

【条文主旨】

本条是关于借款期限的规定。

【条文理解】

本条源于《合同法》第206条。借款合同的当事人应当在合同中明确约定借款期限,以免纷争。借款期限是借款人对贷款的使用期限,根据借款人的生产经营期限、还款能力和贷款人的资金供给能力由借贷双方共同商议后确定,并在借款合同中载明。约定借款期限的目的在于:(1)贷款人根据借款期限的长短可以科学合理地安排贷款,使信贷资产的安全性和效益性都能得到保证;(2)借款人可以根据借款的期限申请贷款,争取获得最大效益;(3)借款期限与利息支付紧密相连,可以使借款人更合理地确定借款成本,也可以使贷款人合理分配贷款额度,降低资金成本。

贷款人催告借款人还款的合理期限具体有多长,本条并未作出明确规定,主要是考虑到金融机构和自然人、法人或者非法人组织作为贷款人时,对借款返还的期限要求是不同的,统一规定还款期限无法适应各类贷款人的情况。因此,该合理期限由贷款人根据具体情况来确定。

【司法适用】

在司法实践中,若借款合同对借款期限没有约定或者约定不明确时,双方当事人无法通过补充协议确定,按照有关合同条款、交易习惯等仍不能确定借款期限的,借款人可以随时向贷款人返还借款,贷款人不得拒绝;贷款人也可以随时向借款人请求返还,但应给借款人保留合理的准备期限,"合理期限"的标准,应由贷款人根据具体情况确定。在发生纠纷时,司法机关可根据实际情况判断该期限是否合理。待合理的准备期满后,如借款人仍不能按时归还借款本金和利息,则应承担违约责任。

【司法案例】

贾某政诉方某民间借贷纠纷案①

诉讼结论:借款人应当按照约定的期限返还借款,对借款期限没有约定或者约定不明确,借款人可以随时返还,出借人也可催告借款人在合理期限内返还。

该案中,由于在借条中对借款期限没有约定,贾某政可以催告方某在合理期限内返还,现贾某政以提起诉讼的方式主张方某还款,考虑到应给予方某合理的准备时间,该案的还款期限应以该案开庭时间(2017年10月30日)为宜,现还款期限已经届满,方某至今未偿还借款的行为已构成违约,应立即将所欠款项偿还给贾某政。

---

① 北京市第一中级人民法院(2018)京01民终2785号民事判决书。

第六百七十六条　借款人未按照约定的期限返还借款的，应当按照约定或者国家有关规定支付逾期利息。

【条文主旨】

本条是关于未按照约定的期限返还借款责任的规定。

【条文理解】

本条源于《合同法》第207条。借款人的主要义务是还款付息，未按期返还借款，是典型的违约行为，会损害贷款人的利益。逾期利息，又称罚息，是借款人承担违约责任的一种形式，其性质应属于违约金或损害赔偿。法律对逾期利息的支付是持肯定态度的。

根据本条规定，借贷双方可以在借款合同中约定逾期利息，借款人逾期未返还借款时，应当按照约定支付逾期利息；但如果双方未约定逾期利息，贷款人仍可在借款人逾期未返还借款时向借款人请求支付逾期利息，也就是说，逾期利息的支付并不以双方约定为前提。

本条对逾期利息的规定，既适用于金融借款合同，也适用于民间借贷。在金融借款合同中，如果未对逾期利息作出约定，那么金融机构应按照国家规定的利率向借款人收取逾期利息。这主要是因为金融机构出借资金的主要来源是存款，金融机构通过收回借款的本息来保证资金的正常周转。如果借款人不按期返还借款，就会使贷款人无法保证存款的按期支付，造成存贷收支不平衡的局面，对金融机构造成损失。因此，金融借款合同的逾期利息，具有损失赔偿和惩罚的性质。关于逾期利息的标准，按照《贷款通则》的规定，贷款人对不能按借款合同约定期限归还的贷款，应当按规定加罚利息。根据《中国人民银行关于人民币贷款利率有关问题的通知》规定，逾期贷款（借款人未按合同约定日期还款的借款）罚息利率为在借款合同载明的贷款利率水平上加收30%～50%。

在民间借贷中，逾期利息的支付不仅不以双方约定为前提，也不以借期内存在利息为前提，即使双方约定借款在借期内没有利息，贷款人仍可请求逾期未还款的借款人支付逾期利息。关于逾期利息的标准，应根据《民间借贷规定》第29条的规定，借贷双方对逾期利率有约定的，从其约定，但以不超过年利率24%为限。未约定逾期利率或者约定不明的，人民法院可以区分不同情况处理：（1）既未约定借期内的利率，也未约定逾期利率，出借人主张借款人自逾期还款之日起按照年利率6%支付资金占用期间利息的，人民法院应予支持。（2）约定了借期内的利率但未约定逾期利率，出借人主张借款人自逾期还款之日起按照借期内的利率支付资金占用期间利息的，人民法院应予支持。

【司法适用】

在司法实践中,应注意以下问题:

(1)逾期利息计算的截止时间。由于借款人在完成还款之前一直处于违约状态,因此,逾期利息应支付到借款全部清偿为止。具体可适用《民事诉讼法》第253条以及《最高人民法院关于执行程序中计算迟延履行期间的债务利息适用法律若干问题的解释》的规定计算。

(2)关于逾期利息的上限。《民间借贷规定》第26条规定民间借贷利率的司法保护上限同样适用于逾期利率。

(3)关于借款合同中违约金、逾期利息以及其他费用并存问题,应根据《民间借贷规定》第30条的规定处理,即出借人与借款人既约定了逾期利率,又约定了违约金或者其他费用,出借人可以选择主张逾期利息、违约金或者其他费用,也可以一并主张,但总计超过年利率24%的部分,人民法院不予支持

【司法案例】

甲银行股份有限公司拉萨康昂东路支行诉西藏乙药业股份有限公司、西藏丙药业集团有限公司、成都丁生物制药有限公司金融借款合同纠纷案①

诉讼结论:合同约定的逾期利息,符合《合同法》第207条以及《中国人民银行关于人民币贷款利率有关问题的通知》第3条第1款的有关规定,应为合法有效。

依据合同约定,本案对逾期借款的利息计算应以中国人民银行公布的同期人民币贷款基准利率再上浮30%的利率为计算标准。关于对应付未付利息计收复利是否符合法律规定和合同约定问题。本案双方签订的《借款合同》载明,本案所涉贷款的借款种类为短期流动资金。中国人民银行发布的《人民币利率管理规定》第20条第2款规定“短期贷款按季结息的,每季度末月的二十日为结息日;按月结息的,每月的二十日为结息日。具体结息方式由借贷双方协商确定。对贷款期内不能按期支付的利息按贷款合同利率按季或按月计收复利,贷款逾期后改按罚息利率计收复利。最后一笔贷款清偿时,利随本清”。双方在两份《借款合同》中亦约定,对应付未付利息,贷款人依据中国人民银行规定计收复利。因此,甲行拉萨康昂支行对借款人西藏乙公司应付未付的利息计收复利的主张,事实和法律依据充分。

① 最高人民法院(2013)民二终字第47号民事判决书。

第六百七十七条 借款人提前返还借款的，除当事人另有约定外，应当按照实际借款的期间计算利息。

【条文主旨】

本条是关于借款人提前偿还借款的规定。

【条文理解】

本条源于《合同法》第208条。在借款合同中，一般对返还借款的期限都有明确的约定，借款人应当按照约定履行合同。但有时因情况发生变化，借款人在合同履行期间可能会出现不再需要所借款项的情况，发生提前还款行为。针对提前还款是否经贷款人同意及利息如何计算这两个问题，一种意见认为，借款的提前返还有利于将资金用于短缺的项目中，对贷款人并无损害，且有利于合同履行。因此，应鼓励借款人提前还款，不应让提前还款的借款人承担违约责任或加重其还款负担，提前还款不需要征得贷款人的同意，且利息应当按照实际借款期限计算。另一种意见认为，提前还款实质上改变了合同的主要内容和合同的履行期限，特别是在金融机构作为贷款人时，借款人在未与贷款人商议的情况下提前还款，会打乱贷款人原有的资金使用安排，并受到一定的利息损失。

由于借款人提前还款实际上是提前履行合同的行为。本法第530条规定："债权人可以拒绝债务人提前履行债务，但是提前履行不损害债权人利益的除外。债务人提前履行债务给债权人增加的费用，由债务人负担。"按照该规定，在借款人提前还款会造成贷款人的利息或其他损失的情况下，贷款人可以拒绝借款人提前还款。实践中，提前还款是否对贷款人有利，应根据实际情况确定。借款人在未与贷款人协商一致的情况下提前还款，对贷款人而言，由于借款人提前还款往往会造成出借资金的闲置浪费，对其利益造成一定损害。但通常情况下，对贷款人而言，借款合同最大的风险在于借款人不能归还或者不能按期归还借款，因此，对借款人提前还款的行为，法律通常持肯定态度，出于保护合同有效履行的角度，也应保护借款人还款、甚至是提前还款的积极性，不宜作出对借款人提前还款行为不利的规定。为此，本条规定，借款人提前还款应当按照双方的约定，如双方在借贷合同中约定，提前还款也应按照原借款期限支付利息的，借款人即应按照双方约定履行；如果借贷双方没有约定，为保证借款人的合法权益，应当按照实际借款的期间计算利息。

【司法适用】

在司法实践中，按照本条规定，首先，借贷双方在借款合同中对提前还款有约定,应从其约定。其次,借贷双方在借款合同中对提前还款没有约定,按照本法第530条规定,如果提前还款不损害贷款人利益的,借款人可以提前还款,且利息按照实际借款期限计算;如果提前还款损害贷款人利益的,贷款人有权拒绝借款人提前还款的要求。最后,如果贷款人同意提前还款的,相当于借贷双方协商一致,统一变更合同的履行期限,因此,借款人应当按照实际履行期限计算利息。

民间借贷的提前还款问题,也适用本条规定。如民间借贷没有约定还款期限,贷款人可以随时要求借款人还款,但应当给借款人必要的准备时间;在贷款人要求还款之前,借款人也可以随时还款,因此没有约定还款期限的民间借贷一般不存在提前还款的问题。如民间借贷中约定了还款期限,那么提前还款可以分为以下几种情形:

(1)如果民间借贷贷款人同意借款人提前还款的,视为双方同意变更合同,按双方约定的时间还款,并支付利息。对利息有新约定的按照新约定计算利息,对利息没有约定的,应按照原借款合同利率和实际借款天数计算利息。

(2)如果在借款期限届满前,借款人明确表示或者以自己的行为表示将不履行合同的,虽然借款期限未届满,但贷款人仍可以要求借款人还款。利息应按照实际借款期间计算。

(3)对于借款人要求提前还款,而贷款人不同意的。实践中如果双方当事人对提前还款有特别规定,应当按照合同规定承担违约责任。如果没有对提前还款有特别约定,只规定了一般违约责任,因为提前还款一般不会损害贷款人利益,所以一般会免除借款人的违约责任。但是因提前还款而造成贷款人额外支出的费用,应当由借款人承担。

【司法案例】

甲银行(中国)有限公司广州分行诉邓某嫦、冯某琴金融借款合同纠纷案[①]

诉讼结论:如果双方当事人对提前还款有特别规定,应当按照合同规定承担违约责任。在金融借款合同中,双方当事人约定提前还款补偿金的,该约定属于对提前还款的特别约定,当出现提前还款行为时,应适用该约定。

本案中,借款人未按照本合同约定按时足额偿还贷款本息及相关费用,抵押人未履行或未完全履行本合同约定之义务,保证人未履行或者未完全履行本合同的保证义务,视为违约。贷款人可以宣布已贷出款项提前到期,并要求借款人立

---

① 广东省肇庆市中级人民法院(2015)肇中法民四终字第282号民事判决书。

即偿还全部或部分欠款。贷款人根据前述约定要求借款人还款或者要求保证人履行保证责任时，有权将该还款行为视为提前还款，借款人应按照本合同关于提前还款的约定向贷款人支付补偿金。

第六百七十八条　借款人可以在还款期限届满前向贷款人申请展期；贷款人同意的，可以展期。

【条文主旨】

本条是关于借款展期的规定。

【条文理解】

本条源于《合同法》第209条。借款展期，指的是借款人在合同约定的借款期限不能偿还借款，在征得贷款人同意的情况下，延长原先约定的借款期限，使借款人能够继续使用借款。借款展期实际上是对原合同履行期限的变更，因此，借款人应征得贷款人同意。

借款人申请展期，应当在借款到期前向贷款人提出申请，贷款人可根据借款人的申请，对借款人不能按期偿还借款的情况进行调查和了解，以便于对是否同意展期作出决定。特别是对借款合同存在担保的情况下，如果贷款人同意借款合同展期，还需要担保人继续承担责任，因此，展期还需要征得担保人的同意。如果借款合同展期未经过担保人同意，那么，担保人对展期后的借款不承担责任。

【司法适用】

金融借款合同的贷款展期，应根据《贷款通则》第12条规定处理，贷款展期：不能按期归还贷款的，借款人应当在贷款到期日之前，向贷款人申请贷款展期。是否展期由贷款人决定……短期贷款展期期限累计不得超过原贷款期限；中期贷款展期期限累计不得超过原贷款期限的一半；长期贷款展期期限累计不得超过3年。国家另有规定者除外。借款人未申请展期或申请展期未得到批准，其贷款从到期日次日起，转入逾期贷款账户。

【司法案例】

江苏省甲信用社诉乙公司担保借款合同纠纷案①

诉讼结论：约定贷款展期不一定构成贷款展期。

① 江苏省高级人民法院(2012)苏商再终字第008号民事判决书。

借款人乙公司没有在贷款到期之前向贷款人甲信用社申请贷款展期,保证人也没有出具同意保证贷款展期的书面证明。且本案贷款期限在一年以内,属于短期贷款,其展期期限累计不得超过原贷款期限。故本案情形不构成贷款展期。由于不构成贷款展期,按照财政所的承诺,本案保证期间应为自借款之日起至借款到期后 2 年,由于甲信用社未能举证证明在上述保证期间内向保证人主张权利,保证人的保证责任消灭。且仅凭丙镇政府在 2003 年 12 月 12 日《协议书》上加盖公章的行为,不能认定其有提供保证的意思表示,亦不能认定成立了新的保证行为。故丙镇政府在本案中不应承担相应的民事责任。

第六百七十九条　自然人之间的借款合同,自贷款人提供借款时成立。

【条文主旨】

本条是关于自然人之间的借款合同成立的规定。

【条文理解】

本条与《合同法》第 210 条对应,将"自贷款人提供借款时成立生效"修改为"自贷款人提供借款时成立"。

本法第 502 条第 1 款规定:"依法成立的合同,自成立时生效,但是法律另有规定或者当事人另有约定的除外。"合同的生效时间,是指合同产生法律约束力的起始时间。合同生效后,当事人应当依据合同的规定,享受权利、承担义务,当事人依法受合同的拘束,且任何单位或个人都不得侵犯当事人的合同权利,不得非法阻挠当事人履行义务。当事人违反合同的,将依法承但民事责任。

一般情况下,合同自成立时生效,但如果违反了法律相关规定,合同成立后可能存在有效、无效、效力待定等不同情况。因此,借款合同成立后是否生效,应视其是否属于法律另有规定或当事人是否约定的情况。自然人之间的合同是实践性合同,其同样可能存在成立但效力待定的情况。自然人之间的借款合同应符合合法性的要求,如果违反了法律效力性强制规定,即属于无效合同。如本法第 680 条第 1 款规定,禁止高利放贷,借款的利率不得违反国家有关规定。

本条规定,自然人之间的借款合同,自贷款人提供借款时成立。主要是因为自然人之间的借款合同多发生在熟人之间,在合同订立时往往较为随意,借贷双方更关注的是借款是否实际发生并交付,而对合同的订立并不作周密安排。因此,以贷款人实际交付借款作为合同生效时间,有利于明确双方的权利义务,避免矛盾纠纷。另外,自然人之间的借款合同由于其往往具有互助性、无偿性,更应注重保护贷款人的权益,当借贷双方签订借款合同后,如贷款人的情况发生变化,无法或不愿提供借款时,借款人也无权要求贷款人按照合同约定提供借款。因此,尽管自然人之间的借款合同并不是都具有互助和无偿的性质,但通说认为,自然人之间的借款合同是实践合同,即以借款的实际交付作为合同成立的要件,仅有当事人的借款合意,而未发生实际交付行为的,不能视为合同成立。

【司法适用】

司法实践中,自然人之间的借款合同产生的借贷纠纷日益增多。因借款用途等因素的不同,一般存在以下两种借款交付形式:一是贷款人将款项通过现金或汇款等方式直接交由借款人占有、使用;二是贷款人或受托付款人按照指示将款项实际交付借款人指定或认可的接收人。但无论哪一种交付形式,只要符合缔约各方的真实意思表示,一旦交付,均能产生借款合同成立的法律后果。

由于自然人之间的借款合同并非均以现金进行借款交付,按照交付的方式不同,《民间借贷规定》第9条对自然人之间借款合同的成立要件作出了具体规定:(1)以现金支付的,自借款人收到借款时;(2)以银行转账、网上电子汇款或者通过网络贷款平台等形式支付的,自资金到达借款人账户时;(3)以票据交付的,自借款人依法取得票据权利时;(4)出借人将特定资金账户支配权授权给借款人的,自借款人取得对该账户实际支配权时;(5)出借人以与借款人约定的其他方式提供借款并实际履行完成时。

【司法案例】

孙某、吕某昆民间借贷纠纷案①

诉讼结论:该自然人之间的借款合同关于借款的约定内容部分属于成立而不生效的未生效约定。该未生效合同部分已不具备生效可能,系自始没有法律效力,在法律后果上可比照无效合同处理。

关于《借款及担保协议》的效力问题:

第一,《借款及担保协议》关于担保的约定内容违反法律效力性强制规定,应认定无效。《借款及担保协议》第6条、第7条约定将48号地块的土地使用权作为财产担保。事实上,双方在签订合同之时均不享有48号地块的国有土地使用权。签订合同之后,借款方陈某萍、徐某蕾也未取得该地块的国有土地使用权,反而是由出借方孙某竞拍成功,并与毕节市国土资源局签订《成交确认书》和《国有建设用地使用权出让合同》,约定48号地块的国有建设用地使用权出让给孙某。

① 最高人民法院(2015)民一终字第149号民事判决书。

在一审法庭辩论终结前,孙某将该地块转让给甲公司,该地块土地使用权已登记在甲公司名下,甲公司从未表示该块土地可作为抵押财产。由此可见,当事人约定将48号地块作为担保财产,并非是设定了建立在国有土地使用权基础上的担保物权,而是创设了一种新型担保。根据《物权法》第5条"物权的种类和内容,由法律规定"的物权法定原则和《物权法》《担保法》相关规定,担保物权包括抵押权、质权、留置权,当事人无权创设法律没有规定的担保物权。因此,双方关于担保的约定内容违反了法律效力性强制规定,根据《合同法》第52条的规定,应当认定无效。

第二,《借款及担保协议》关于借款的约定并未实际履行,不发生法律效力。《借款及担保协议》约定孙某出借8080万元款项给陈某萍、徐某蕾,但实际履行中,一是该款项自始至终未打入陈某萍、徐某蕾可以实际控制的账户,未交付给陈某萍、徐某蕾;二是陈某萍、徐某蕾借款的目的是获取土地使用权,但该笔款项没有由陈某萍、徐某蕾用于购买土地使用权,而是由孙某购买土地使用权,陈某萍、徐某蕾借款的目的未能实现;三是8080万元汇款行为不能定性为交付借款行为。根据《合同法》第210条"自然人之间的借款合同,自贷款人提供借款时生效"的规定,自然人之间的借款合同属于实践性合同,贷款人提供借款是借款合同的法定生效要件。故该合同关于借款的约定内容部分属于成立而不成效的未生效约定。该未生效合同部分已不具备生效可能,系自始没有法律效力,在法律后果上可比照无效合同处理。

第三,尽管陈某萍、徐某蕾在一审诉讼中并未提出要求返还4920万元及其相应利息的诉讼请求,但是,根据《合同法》第58条"合同无效或者被撤销后,因该合同取得的财产,应当予以返还"的规定,一审判决孙某应当返还因《借款及担保协议》取得并长期占用4920万元的款项及其相应孳息,如此处理虽然在程序上存在瑕疵,但却有利于从根本上解决双方之间权利义务关系,减少当事人的讼累,符合实质正义的要求,亦无不可。何况,合同效力系法律对当事人合意的评价,法院可主动向当事人释明,亦可依职权作出关于合同无效或未生效的认定,进而"一揽子"解决因无效而产生的法律后果,不属于严重违反法律程序。

第六百八十条　禁止高利放贷,借款的利率不得违反国家有关规定。

借款合同对支付利息没有约定的,视为没有利息。

借款合同对支付利息约定不明确,当事人不能达成补充协议的,按照当地或者当事人的交易方式、交易习惯、市场利率等因素确定利息;自然人之间借款的,视为没有利息。

【条文主旨】

本条是关于禁止高利放贷以及对借款利息的规定。

【条文理解】

本条与《合同法》第211条相比，作出了较大程度的修改：(1)增加了"禁止高利放贷，借款的利率不得违反国家有关规定"；(2)将原条文中对支付利息没有约定的，由原先的自然人之间，扩展到了包括自然人在内的所有借款合同；(3)将借款合同对支付利息约定不明确，且当事人不能达成补充协议的情况，区分一般借款合同和自然人之间借款合同，作出区别性规定。

1. 关于禁止高利放贷的规定

利率问题是借款合同的核心问题。本条新增"禁止高利放贷，借款的利率不得违反国家有关规定"，主要是考虑到我国民间金融风险增加，为保证民间资金良性循环、融通、流动，促进社会和谐稳定发展而作出的规定。

《贷款通则》第13条规定："贷款人应当按照中国人民银行规定的贷款利率的上下限，确定每笔贷款利率，并在借款合同中载明。"因此，金融机构的借款利率，一般不会违反国家法律法规的规定。

目前，我国民间借贷利率正处于由严格管控向市场主导转化的过程之中，由于实体经济的利润率很难达到高利借贷的利率，高利借贷具有极高的风险和赌博性质，无论企业还是自然人，一旦进行了高利借款，往往极难完成还款，导致企业破产或个人陷入资金困境，这种借贷行为不利于经济和金融秩序的良性发展，应当受到法律管制。对于利率达到多少算是高利放贷，《民间借贷规定》第26条规定："借贷双方约定的利率未超过年利率的24%，出借人请求借款人按照约定的利率支付利息的，人民法院应予支持。借贷双方约定的利率超过年利率的36%，超过部分的利息约定无效。借款人请求出借人返还已支付的超过年利率36%部分的利息的，人民法院应予支持。"这表明，我国目前对民间借贷利率规制保护的上限是年利率24%。现实中，一些民间借贷利率常常达到30%甚至40%，由此引发的故意逃债、暴力催债情况频频出现，这表明，资金借贷成本一旦超过一定的限度就容易产生较高的金融风险，继而引发违法犯罪行为。为此，"禁止高利放贷"符合我国经济和社会发展的需要。

2. 关于借款合同没有约定利息的规定

通常情况下，金融机构作为贷款人时，除法律法规特别规定外，借款合同均约定利率和利息，这是由金融机构以资金融通为主营业务的性质决定的。民间借贷则不然，特别是自然人之间的借款，多发生在熟人之间，借款用途主要是生活消费或应急之用，且原则上是无偿的。因此，自然人之间没有约定利息的，视为没有利息。

自然人与法人、非法人组织之间，以及法人、非法人组织相互之间的借款合同，在没有约定利息时，对利息的确定，在理论和审判实务中曾经一直存在不同观点。一般来说，法人和非法人组织的民商事行为能力、营利能力和风险规避能力均高于自然人，对其以获取利息为目的的借款行为，应在借款合同中明确约定利息。如未明确约定利息，应视为贷款人没有获取利息的目的或者借贷双方没有达成获取利息的合意，应参照自然人之间没有约定利息的规定，同样视为没有利息。

3. 关于借款合同利息约定不明的规定

《合同法》第 211 条规定，自然人之间的借款合同利息约定不明时，视为不支付利息。本法基本上延续了该规定，并加入了以当事人不能达成补充协议作为前提。该规定在理论和审判实务中也存在不同观点，本条对此进行了明确，主要是基于自然人之间借款合同的特点，鼓励和支持自然人之间互通有无、互相帮助，形成和谐友好的亲朋、邻里关系。

自然人与法人、非法人组织之间，以及法人、非法人组织相互之间的借款合同，由于借款一方为具有商事性质的主体，且双方均认可对利息进行了约定，仅对利息数额存在争议，根据本法第 510 条规定，应进行协议补充。在当事人不能达成补充协议时，根据本条规定，按照当地或者当事人的交易方式、交易习惯、市场利率等因素确定利息，但不得违反国家有关规定。根据《民间借贷规定》第 26 条的规定，民间借贷利率的司法保护上限为年利率 24%。

【司法适用】

需要注意的是：

（1）根据《九民会议纪要》关于借款合同的规定：人民法院在审理借款合同纠纷案件过程中，要根据防范化解重大金融风险、金融服务实体经济、降低融资成本的精神，区别对待金融借贷与民间借贷，并适用不同规则与利率标准。自 2019 年 8 月 20 日起，中国人民银行贷款基准利率这一标准已经取消，因此，人民法院裁判贷款利率的基本标准应改为全国银行间同业拆借中心公布的贷款市场报价利率。

（2）对于借款合同没有约定利息，但借款人自愿支付的，应按照《民间借贷规定》第 31 条的规定处理：没有约定利息但借款人自愿支付，或者超过约定的利率自愿支付利息或违约金，且没有损害国家、集体和第三人利益，借款人又以不当得利为由要求出借人返还的，人民法院不予支持，但借款人要求返还超过年利率 36% 部分的利息除外。

（3）自然人之间借款的利息，往往还会存在口头约定的情况，经常导致双方对利息是否存在以及利息的高低存在争议。为此，人民法院应根据本编和《民事诉讼法》的程序规定以及《民间借贷规定》的规定，按照高度盖然性原则对利息约定的事实进行查明和处理。

(4)本条所规定的利息仅指借款期间的利息，逾期利息不适用本条规定。对逾期利息，根据本法第676条的规定：借款人未按照约定的期限返还借款的，应当按照约定或者国家有关规定支付逾期利息。因此，逾期利息不因借期利息没有约定或约定不明而不予支持。

【司法案例】

苏甲诉徐某、某县丙汽车出租有限责任公司民间借贷纠纷案①

诉讼结论：借贷双方是否存在对借款利息高息的约定，应根据借款与还款的事实进行判断。

根据苏甲在一审起诉时的主张，讼争借款的利息最初约定为5分，后变更为3分。而从一审、二审查明的事实看，徐某向苏乙、苏甲等人汇款已经超过了其向苏乙等人的借款数额，因此，应理解为借贷双方存在高息的约定。对于徐某及丙公司已经偿还的利息部分，因系债务人的真实意思表示，且没有损害国家、社会公共利益，对借款人按照不当得利要求返还的诉讼请求于法无据。同时，二审判决对于苏甲主张自2012年9月8日其按照同期银行贷款利率4倍计算利息的主张并未予以支持，而是根据《最高人民法院关于人民法院审理借贷案件的若干意见》的规定，参照人民银行同期同类贷款利率自2014年4月20日起计算逾期利息，已经兼顾了徐某以及丙公司的利益。

① 最高人民法院(2015)民申字第3411号民事裁定书。

第十三章　保 证 合 同

第一节　一 般 规 定

第六百八十一条　保证合同是为保障债权的实现，保证人和债权人约定，当债务人不履行到期债务或者发生当事人约定的情形时，保证人履行债务或者承担责任的合同。

【条文主旨】

本条是关于保证合同定义的规定。

【条文理解】

要正确理解保证合同，应注意：(1)保证属人的担保，具有人身性，可简称“人保”；(2)保证具有从属性，体现在保证合同成立、存续、保证范围、权利转移等方面；(3)保证责任有两种，履行债务或者承担责任，且二者可以转换。如保证合同中约定保证人代为履行非金钱债务的，如果保证人不能实际代为履行，对债权人因此造成的损失，保证人应当承担赔偿责任。

【司法适用】

司法适用保证合同，应注意：(1)尊重当事人意思自治。在担保法体系中，5种法定担保方式共同存在。后来定金规则成为《合同法》违约责任体系的一部分，物保规定在《物权法》中，保证纳入《民法典》保证合同一章，故契约自由的基本精神应该约束保证合同。(2)对于保证责任的理解应回归债务属性。保证责任并非保证人违反民事义务的后果，而是直接基于保证合同而产生的第一性的义务，按照法学界关于责任是违反第一义务所产生的第二性义务的通说，保证责任不是民事责任，而是真正的民事义务，称为保证债务。但民法学界已经习惯把保证债务叫作保证责任，为理解便利，本书将保证责任和保证债务作为同义语使用。(3)保证作为重要的担保手段，在发生原因上不受限制。公法上的请求权，如税收债权，也应该在受担保之列。(4)充分发挥担保对缓解融资难融资贵的积极作用，不轻易否定新类型担保、非典型担保的合同效力及担保功能。

【司法案例】

甲资产管理公司石家庄办事处(甲公司)诉乙化肥有限公司(化肥公司)、某市丙玻璃钢厂(玻璃厂)借款担保合同纠纷案①

诉讼结论:乙化肥有限公司对某市丙玻璃钢厂的182万美元借款本金及利息承担连带清偿责任。

判断一个行为究竟是保证,还是并存的债务承担,应根据具体情况确定。如承担人承担债务的意思表示中有较为明显的保证含义,可认定为保证;如没有,则应从保护债权人利益的立法目的出发,认定为并存的债务承担。故本案中,根据承诺书具体内容及催收通知中的担保人身份注明,均对玻璃厂的保证人身份有较为明确的表示与认可,甲公司主张玻璃厂承诺系保证人增加的理由成立。

第六百八十二条 保证合同是主债权债务合同的从合同。主债权债务合同无效的,保证合同无效,但是法律另有规定的除外。

保证合同被确认无效后,债务人、保证人、债权人有过错的,应当根据其过错各自承担相应的民事责任。

【条文主旨】

本条是关于保证合同从属性及保证合同无效的法律后果的规定。

【条文理解】

要正确理解主从关系,应注意:(1)从效力上看,保证合同的效力依主合同而定。主合同无效,则保证合同无效;相反,保证合同无效,不影响主合同的效力。(2)保证合同无效后保证人仍然要承担民事责任,责任形式为民事赔偿责任。(3)民事赔偿责任判断标准基于过错。首先,主合同有效而保证合同无效,债权人无过错的,保证人与债务人对主合同债权人的经济损失,承担连带赔偿责任;其次,主合同有效而保证合同无效的,债权人、保证人有过错的,保证人承担民事责任的部分,不应超过债务人不能清偿部分的二分之一。

【司法适用】

司法适用主从关系,应注意:从属性是担保的基本属性,但由银行或者非银行

① 最高人民法院(2005)民二终字第200号民事判决书。

金融机构开立的独立保函除外。独立保函纠纷案件依据《最高人民法院关于审理独立保函纠纷案件若干问题的规定》处理。需要进一步明确的是：凡是由银行或者非银行金融机构开立的符合该司法解释第 1 条、第 3 条规定情形的保函，无论是用于国际商事交易还是用于国内商事交易，均不影响保函的效力。银行或者非银行金融机构之外的当事人开立的独立保函，以及当事人有关排除担保从属性的约定，应当认定无效。但是，根据“无效法律行为的转换”原理，在否定其独立担保效力的同时，应当将其认定为从属性担保。此时，如果主合同有效，则担保合同有效，担保人与主债务人承担连带保证责任。主合同无效，则该独立担保也随之无效，担保人无过错的，不承担责任；担保人有过错的，其承担民事责任的部分，不应超过债务人不能清偿部分的三分之一。

【司法案例】

甲银行重庆江北支行诉乙银行襄樊市樊东支行等信用证垫款纠纷案①

诉讼结论：担保人乙行樊东支行从申请开证环节上无法获知合同的违法性。因此，应认定乙行樊东支行无过错，乙行樊东支行不承担民事责任。

根据《担保法》第 5 条的规定，由于本案开证法律关系无效，故本案担保法律关系亦应认定无效。在主合同无效导致担保合同无效的情形下，担保人并非主合同的当事人，主合同无效不应当要求非合同当事人的担保人承担无效后果。因此，担保人的过错不应是指担保人在主合同无效上的过错。担保人的过错应当包括：担保人明知主合同无效仍为之提供担保、担保人明知主合同无效仍促使主合同成立或为主合同的签订做中介等。就本案而言，开证法律关系无效是由于外贸公司欺诈开证行开立没有贸易背景的信用证造成的，担保人乙行樊东支行从申请开证环节上无法获知合同的违法性。因此，应认定乙行樊东支行无过错。根据前述规定，乙行樊东支行不承担民事责任。

第六百八十三条　机关法人不得为保证人，但是经国务院批准为使用外国政府或者国际经济组织贷款进行转贷的除外。

以公益为目的的非营利法人、非法人组织不得为保证人。

① 最高人民法院（2003）民四终字第 21 号民事判决书。

【条文主旨】

本条是关于不得担任保证人的主体范围的规定。

【条文理解】

正确理解保证人的主体资格问题，应注意：(1)机关法人的主要职责是依法行使国家权力，进行日常公务活动，所以不能直接参与经济活动，也不能为他人债务提供保证，当然也存在例外；(2)公益乃不特定之多数人的利益，一般是非经济利益。如果允许上述机构为债权人提供担保，那么极有可能减损其用于公益目的的财产，无疑有违公益法人的宗旨。因此，法律不允许他们作为保证人。公益组织既可以包括事业单位、社会团体在内的非营利法人，也可以包括取得法人资格的基金会和社会服务机构，还可以包括非法人组织。

【司法适用】

关于保证人的主体资格，《担保法》采用了"原则 + 例外"的模式，原则上要求保证人具备清偿能力，例外情况下，规定国家机关、以公益为目的的事业单位和社会团体、企业法人的分支机构和职能部门不得为保证人。《民法典》取消了"代为清偿能力"作为保证人资格的前提条件，仅规定以公益为目的的非营利法人、非法人组织不得为保证人。尽管《民法典》未明确企业法人的分支机构和职能部门不得为保证人，但从法的变迁及体系解释的角度，企业法人的分支机构和职能部门不得为保证人是应有之义。

【司法案例】

甲市自来水公司诉某行乙支行、丙实业集团有限公司借款担保纠纷案[①]

诉讼结论：保证人自来水公司应对主债权债务关系承担连带清偿责任。

自来水公司作为具有完全民事行为能力的法人，应依法对其所做民事法律行为独立承担民事责任。保证合同系自来水公司与某行乙支行之间签订，自来水公司没有证据证明某行乙支行在与之签订保证合同时采取了欺诈、胁迫等手段。自来水公司是否受合同以外第三人影响的问题并不涉及合同当事人之间的权利义务关系。自来水公司领取的是企业法人执照，属于以营利为目的的企业法人，其经营活动虽具有一定的公共服务性质，但不属于以公益为目的的事业单位。

---

① 最高人民法院(2004)民二终字第262号民事判决书。

第六百八十四条　保证合同的内容一般包括被保证的主债权的种类、数额，债务人履行债务的期限，保证的方式、范围和期间等条款。

【条文主旨】

本条是关于保证合同内容的规定。

【条文理解】

保证合同的内容，是确定保证合同当事人权利和义务的根据以及判断保证合同是否合法、有效的要件。一般而言，保证合同的内容包括主债权的种类、数额、债务履行期限、保证方式、保证范围以及保证期间，以及双方认为需要约定的其他事项。本条规定不具有强制性，而是一种指导性规范，当事人未约定的，可以协议补充，也可以直接援引相关法律规定。如立法对保证方式、保证期间以及保证范围都有兜底性的规定，如未规定保证方式的推定为一般保证，未明确保证期间的，从主债务履行期限届满之日起6个月。

【司法适用】

本条规定可以看作《合同法》第12条在保证合同领域的体现。司法实务中需要注意，保证合同也是有必备条款的，即被保证的主债权种类、数额。只要当事人在被保证的主债权种类、数额上达成合意，保证合同即告成立，否则保证合同不成立。尽管最高额保证合同看似未确定，但是其种类和总数在一段时间内的确定也是一种形式上的确定。

【司法案例】

甲国际信托投资有限公司诉乙综合信息交易所、丙房地产公司委托贷款合同纠纷案①

诉讼结论：本案不构成以贷还贷，保证人应该承担保证责任。

保证人连续在几份借款合同上盖章同意为交易所担保，其应当知道此为签约各方以该种方式履行合同约定，即以贷还贷。作为新贷和旧贷同一保证人的丙公司，以其不知道或不应知道主合同系以新贷还旧贷，故应免除担保责任的主张，不成立。

---

① 最高人民法院(2005)民二提字第8号民事判决书。

第六百八十五条 保证合同可以是单独订立的书面合同，也可以是主债权债务合同中的保证条款。

第三人单方以书面形式向债权人作出保证，债权人接收且未提出异议的，保证合同成立。

【条文主旨】

本条是关于保证合同形式的规定。

【条文理解】

合同有书面形式、口头形式和其他形式。保证合同，法律明确要求采用书面形式。对于具体形式，则未作严格要求，只要是具备保证合同的必备条款，即被担保的主债权的种类、数额明确具体，保证合同即可成立，其他保证合同条款要么补正要么引用法律规定即可完善。因此，主债权债务合同中的保证条款、第三人单方以书面形式向债权人作出的担保书等形式，都满足保证合同书面形式要求。另外，主债权债务合同中虽无保证条款，但是保证人在主债权债务合同中以保证人的身份签名或者盖章的，保证合同也成立。

【司法适用】

立法规定保证合同采用书面形式，系出于保护保证人的纯负担行为，书面化应该贯穿保证合同从成立到续保再到解除的全过程。对于保证人的认定应当采取明示标准，即保证法律关系的成立以当事人明确地作出意思表示为前提，当事人仅在合同或欠条等债权凭证上盖章或签名的并不能当然认定其为保证人；除此之外，《民法典》第490条第2款规定的履行治愈规则，当然可以适用于分编的保证合同。

【司法案例】

甲市人民政府诉某行乙分行担保纠纷案①

诉讼结论：甲市政府的《承诺函》不构成保证，不应承担保证责任。

甲市政府先后向某行乙分行出具了3份《承诺书》，其中均有相同的表述“本政府愿意督促该驻港公司切实履行还款责任，按时归还贵行贷款本息。如公司出现逾期或者拖欠贵行的贷款本息情况，本政府将负责解决，不让贵行在经济上蒙受损失”。根据《担保法》第3条规定，担保活动应该遵循平等、自愿、公平、诚实信

① 最高人民法院（2004）民四终字第5号民事判决书。

用的原则，与借贷合同无关的第三人向合同债权人出具承诺函，但未明确表示承担保证责任或代为还款的，不能推定其出具承诺函的行为构成保证法律关系。

第六百八十六条　保证的方式包括一般保证和连带责任保证。

当事人在保证合同中对保证方式没有约定或者约定不明确的，按照一般保证承担保证责任。

【条文主旨】

本条是关于保证方式的规定。

【条文理解】

本条第2款默认保证方式从连带责任保证到一般保证的改变，具有颠覆性，更具有合理性。默认连带责任保证，产生于特定的历史时期，是为应对当时社会经济秩序混乱、交易诚信严重缺失的困境。随着时代的发展，默认保证方式回归一般保证，是符合保证特点和时代发展需求的。默认一般保证的法理基础在于，传统民法中的保证以无偿性为特点，保证人是为他人债务的不履行而承担责任，从性质上讲应当具有补充性，考虑到债权人和保证人权利义务的平衡，应当以一般保证为主，连带责任保证为辅，如若当事人对于保证方式没有约定或者约定不明时，推定为一般保证为宜。

【司法适用】

默认保证方式的改变，会对保证期间、保证债务诉讼时效、当事人诉讼地位确定等产生一系列的影响。比如，一般保证的保证人享有先诉抗辩权，即债权人必须先行对主债务人主张权利，在经强制执行仍不能得到清偿的情况下，方能要求保证人承担保证责任。在具体的诉讼中，债权人不能单独起诉保证人，至多可以同时起诉保证人和债务人；而连带责任保证的保证人不享有先诉抗辩权，债权人可以单独起诉保证人或者债务人。

【司法案例】

林某延与甲实业公司等债权转让合同纠纷案①

诉讼结论：保证方式约定不明确的，推定为连带责任保证。

《担保法》第17条规定："当事人在保证合同中约定，债务人不能履行债务时，

① 最高人民法院(2018)最高法民终1189号民事判决书。

由保证人承担保证责任的，为一般保证。”由上述规定可见，一般保证，是指在债务人不能履行债务时保证人才承担保证责任。一般保证人享有先诉抗辩权，即：一般保证人在债务人以其财产清偿债权之前，享有免于承担担保的权利。本案中，《承诺函》载明，林某延承诺，债务人不能按期偿付债务则林某延以其持有的香港主板上市公司新昌营造集团有限公司或其他香港上市公司相当于该笔债务到期未付本息的股票，代债务人偿付债务。由该《承诺函》的文义可见，林某延承担保证责任是以债务人未能按期偿付债务为前提，债务人未能按期偿付债务并不表明债务人不能以其财产清偿债务，因此，林某延并非承诺承担一般保证责任。该《承诺函》未明确表明林某延承担何种保证方式，属于对保证方式约定不明。《担保法》第十九条规定：“当事人对保证方式没有约定或者约定不明确的，按照连带责任保证承担保证责任。”故林某延应承担连带保证责任。

第六百八十七条　当事人在保证合同中约定，债务人不能履行债务时，由保证人承担保证责任的，为一般保证。

一般保证的保证人在主合同纠纷未经审判或者仲裁，并就债务人财产依法强制执行仍不能履行债务前，有权拒绝向债权人承担保证责任，但是有下列情形之一的除外：

（一）债务人下落不明，且无财产可供执行；

（二）人民法院已经受理债务人破产案件；

（三）债权人有证据证明债务人的财产不足以履行全部债务或者丧失履行债务能力；

（四）保证人书面表示放弃本款规定的权利。

【条文主旨】

本条是关于一般保证及先诉抗辩权的规定。

【条文理解】

一般保证具有补充性，即先诉抗辩权。先诉抗辩权的行使必须是债权人向保证人证明已经向主债务人实际执行而无效果。也就是先诉抗辩的行使前提“执行不能”。当然，法律也规定了例外情形：(1)债务人下落不明，且无财产可供执行；(2)人民法院受理债务人破产案件；(3)债权人有证据证明债务人的财产不足以履行全部债务或者丧失履行债务能力；(4)保证人书面放弃本款规定的权利。上述4种情形应该由债权人承担举证责任。

【司法适用】

先诉抗辩权属于实体法的概念,其强调的是责任承担的补充性。补充责任的实现形态是诉讼法概念,其强调当事人诉讼地位的确定和诉讼技巧的使用。一般保证人在具体诉讼中则属于补充责任人。在具体的诉讼中,补充责任的实现有几种不同的诉讼形态:(1)债权人可以先起诉直接责任人再起诉补充责任人,这属于较为传统的一种方式,缺点在于诉讼不经济;(2)债权人可以直接起诉直接责任人和补充责任人,但是应当在判决书中明确在对债务人财产依法强制执行后仍不能履行债务时,由保证人承担保证责任;(3)债权人直接起诉补充责任人,此时法院应该释明追加直接责任人为共同被告,否则驳回起诉。

【司法案例】

某资产管理公司甲办事处诉贵阳乙有限责任公司借款合同纠纷案①

诉讼结论:某公司甲办事处向乙公司主张的保证债权,因债权人在法定期间内向保证人主张了权利,乙公司抗辩不承担保证责任的理由不能成立。

区分连带责任保证和一般保证的重要标志是保证人是否享有先诉抗辩权,即债权人是否必须先行对主债务人主张权利并经强制执行,仍不能得到清偿时,方能要求保证人承担保证责任。借款合同中的第一种表述,只要贷款达到约定期限仍未偿还,即将担保方式与借款方的责任一并对待,并未区分保证人应否在主债务人客观偿还不能,即先向主债务人主张权利不能后方承担保证责任,因此此处保证责任约定是清楚的连带责任保证。

第六百八十八条　当事人在保证合同中约定保证人和债务人对债务承担连带责任的,为连带责任保证。

连带责任保证的债务人不履行到期债务或者发生当事人约定的情形时,债权人可以请求债务人履行债务,也可以请求保证人在其保证范围内承担保证责任。

【条文主旨】

本条是关于连带责任保证的规定。

---

① 最高人民法院(2008)民二终字第106号民事判决书。

【条文理解】

连带责任是指两个或两个以上的债务人对同一债务均负有全部清偿的责任。连带责任保证的保证人可以是一人,也可以是数人。连带责任保证的保证人承担保证责任的前提是,主债务人在主合同规定的债务履行期届满没有履行主债务。如果主债务履行期限尚未届满,或者主债务人有履约能力并已开始实际履行,债权人就不能请求保证人承担保证责任。因此,在连带责任保证中,一旦主债务人到期不履行主合同债务,债权人既可以要求主债务人清偿债务,也可以要求保证人承担保证责任。

【司法适用】

在连带责任保证中,保证人对债权人承担连带清偿责任,保证人与债务人的地位相同。债务人承担的和保证人担保的债务系同一债务,债权人在向债务人和保证人主张权利时不分先后次序。究竟是分别起诉,还是一并起诉,在于债权人的选择。从有利于案情查明以及节约司法资源的角度,一并诉讼或许是最好的选择。即使债权人选择仅起诉连带保证人,但为查明借贷事实等基础法律关系,法院也是可以依职权追加主债务人的。

【司法案例】

青岛甲置业有限公司诉青岛乙实业股份有限公司、滨州市丙置业有限责任公司财产保全损害责任纠纷案[①]

诉讼结论:青岛甲置业有限公司有权就判决确定的债权对滨州市丙置业有限责任公司名下滨州市渤海十七路以东、黄河七路以南都心世贸广场192号房产折价或者拍卖、变卖价款优先受偿。

为财产保全提供的担保系向人民法院出具的司法担保,而非平等民事主体之间的担保。财产保全措施系因申请而采取,财产保全错误的,申请保全人是侵权行为人。第三人提供担保的,对被保全人的损失,应当按照承诺承担相应的担保责任。丙公司为乙实业公司申请财产保全提供的担保系其向人民法院出具的司法担保,而非平等民事主体之间的担保。亦即,一旦公司作为担保人在申请财产保全时提供的担保经法院审查被接受以后,担保人不能以《公司法》第16条规定作为抗辩担保行为无效的理由。

---

① 最高人民法院(2017)最高法民终118号民事判决书。

第六百八十九条　保证人可以要求债务人提供反担保。

【条文主旨】

本条是关于反担保的规定。

【条文理解】

反担保，是指担保人为保障追偿权的实现，要求债务人或者第三人为追偿权提供的担保。作此规定，主要意义在于使得担保人能够安心为债务人提供担保，解除其提供担保的后顾之忧，从而促进经济交往。反担保人的权利义务，依相应的担保方式而定。对于反担保的理解，应注意：(1)担保保障的是主债权，反担保保障的是追偿权；(2)担保存在三方当事人，即债权人、债务人和担保人，反担保存在担保人和反担保人；(3)在担保和反担保中，担保人和被担保人的地位对调，在担保关系中是担保人的，在反担保关系中成为被担保人，反之亦然。

【司法适用】

反担保和担保在形成的法律关系本质上是一回事，反担保人可以是债务人，也可以是债务人之外的其他人。反担保方式可以是债务人提供的抵押或者质押，也可以是其他人提供的保证、抵押或者质押。但在债务人本人作为反担保人时，反担保方式一般不选择保证。因为债务人本身就对担保人负债，再设定保证来担保，等于债务人自己为自己提供保证，没有任何现实意义，不利于担保追偿权的实现。一般应当选择抵押或质押这样的物保方式比较有意义。而第三人提供反担保，则不受此限制。另外，因法律规定而产生的担保，不能作为反担保的方式，如留置、法定抵押权等。因为，留置和法定抵押权是因法律的直接规定而设立，与当事人的意思表示无关，不属于依法律行为设立的担保方式。

【司法案例】

安徽省甲建设(集团)有限公司诉乙置业房地产有限公司及第三人丙银行、某银行股份有限公司安徽省分行保函欺诈纠纷案①

诉讼结论：甲集团公司不能证明乙置业公司存在独立保函欺诈情形以及丙银行明知乙置业公司存在独立保函欺诈情形，仍然违反诚信原则予以付款，甲集团公司主张止付本案独立保函及独立反担保函项下款项没有事实依据。

---

① 最高人民法院(2017)最高法民再134号民事判决书。

基于独立保函的特点,担保人于债务人之外构成对受益人的直接支付责任,独立保函与主债务之间没有抗辩权上的从属性,即使债务人在某一争议解决程序中行使抗辩权,并不当然使独立担保人获得该抗辩利益。另外,即使存在受益人在独立保函项下的欺诈性索款情形,亦不能推定担保行在独立反担保函项下构成欺诈性索款。只有担保行明知受益人系欺诈性索款且违反诚实信用原则付款,并向反担保行主张独立反担保函项下款项时,才能认定担保行构成独立反担保函项下的欺诈性索款。现甲集团公司不仅不能证明丙银行向乙置业公司支付独立保函项下款项存在欺诈,亦没有举证证明丙银行在独立反担保函项下存在欺诈性索款情形,其主张止付独立反担保函项下款项没有事实依据。

第六百九十条　保证人与债权人可以协商订立最高额保证的合同,约定在最高债权额限度内就一定期间连续发生的债权提供保证。

最高额保证除适用本章规定外,参照适用本法第二编最高额抵押权的有关规定。

【条文主旨】

本条是关于最高额保证合同的规定。

【条文理解】

最高额保证是指保证人和债权人签定一个总的保证合同,为一定期限内连续发生的借款合同和某项商品交易行为提供保证,只要债权人和债务人在保证合同约定的债权额限度内进行交易,保证人则依法承担保证责任。其特点如下:(1)最高额保证的生效与被保证的债务是否实际发生无关,其保证的债务均为将来发生的债务;(2)最高额保证所担保的债务为一定期间内连续发生的债务;(3)最高额保证约定了保证人承担保证责任的最高限额;(4)最高额保证所担保的是整体债务,各笔债务的清偿期仅对债务人有意义,并不影响保证人承担保证责任。

【司法适用】

司法适用最高额保证,应注意:(1)准确识别决算期。决算期是确定最高额保证所担保的债权实际数额的时期,保证合同有约定的从约定,无约定的可协商,且保证人也可以随时终止保证合同。(2)决算期只是债权额的确定期,至于保证人是否需要承担保证责任,取决于各笔债权的履行期限是否届满。(3)最高额保证合同对保证期间没有约定或者约定不明的,如最高额保证约定有保证人清偿债务期限的,保证期间为清偿债务期限届满之日起6个月;没有约定债务清偿期限的,保证期间自最高额保证终止之日或自债权人收到保证人终止保证合同的书面通知到达之日起6个月。

【司法案例】

甲银行股份有限公司宁波分行诉浙江乙电器有限公司等金融借款合同纠纷案①

诉讼结论：岑某锋、丁塑模公司、丙电子公司对债务承担连带保证责任。

丙电子公司应当承担保证责任。理由如下：(1)民事权利的放弃必须采取明示的意思表示才能发生法律效力，默示的意思表示只有在法律有明确规定及当事人有特别约定的情况下才能发生法律效力，不宜在无明确约定或者法律无特别规定的情况下，推定当事人对权利进行放弃。具体到本案，甲银行与乙电器公司签订的温银9022011企贷字00542号借款合同虽未将丙电子公司签订的最高额保证合同列入，但原告未以明示方式放弃丙电子公司提供的最高额保证，故丙电子公司仍是该诉争借款合同的最高额保证人。(2)本案诉争借款合同签订时间及贷款发放时间均在丙电子公司签订的编号温银9022010年高保字01003号最高额保证合同约定的决算期内(2010年9月10日至2011年10月18日)，甲银行向丙电子公司主张权利并未超过合同约定的保证期间，故丙电子公司应依约在其承诺的最高债权限额内为乙电器公司对甲银行的欠债承担连带保证责任。(3)最高额担保合同是债权人和担保人之间约定担保法律关系和相关权利义务关系的直接合同依据，不能以主合同内容取代从合同的内容。具体到本案，甲银行与丙电子公司签订了最高额保证合同，双方的担保权利义务应以该合同为准，不受甲银行与乙电器公司之间签订的甲银行非自然人借款合同约束或变更。(4)丙电子公司曾于2012年6月、10月、11月三次归还过本案借款利息，上述行为也是丙电子公司对本案借款履行保证责任的行为表征。综上，丙电子公司应对乙电器公司的上述债务承担连带清偿责任，其承担保证责任后，有权向乙电器公司追偿。

---

① 浙江省宁波市中级人民法院(2014)浙甬商终字第369号民事判决书。

第二节　保 证 责 任

第六百九十一条　保证的范围包括主债权及其利息、违约金、损害赔偿金和实现债权的费用。当事人另有约定的，按照其约定。

【条文主旨】

本条是关于保证范围的规定。

【条文理解】

保证范围是保证合同的重要内容，分为法定保证范围和约定保证范围两种；法定保证范围为保证合同当事人约定保证范围提供了指导和范本，法定保证范围包括主债权及其利息、违约金、损害赔偿金和实现债权的费用；约定保证范围是根据当事人的协商意向对法定的保证范围进一步的明确化、具体化，体现了当事人的意思自治。

【司法适用】

《九民会议纪要》明确规定，从属性是担保的基本属性，担保人承担的担保责任范围不应当大于主债务，是担保从属性的必然要求。当事人约定的担保责任的范围大于主债务的，如针对担保责任约定专门的违约责任、担保责任的数额高于主债务、担保责任约定的利息高于主债务利息、担保责任的履行期先于主债务履行期届满等，均应当认定大于主债务部分的约定无效，从而使担保责任缩减至主债务的范围。

【司法案例】

甲银行股份有限公司北京中关村分行诉北京乙房地产集团有限责任公司保证合同纠纷案①

诉讼结论：甲银行在破产程序中核定的债权已足额受偿，债权已得以全部实现，并不存在未受清偿的部分，故在主债权消灭的情况下，乙公司作为保证人无须再承担保证责任。

在债务人进入破产程序时，债权人享有选择权，如果债权人选择向保证人主

① 北京市海淀区人民法院（2013）海民初字第04072号民事判决书。

张权利而非在债务人破产程序中申报债权，则保证人理应根据实际还款期限承担相应的保证责任。如果债权人选择在破产程序中申报债权，则应根据企业破产法的相关规定实现债权。本案中，甲银行在破产程序中核定的债权已足额受偿，债权已得以全部实现，并不存在未受清偿的部分，故在主债权消灭的情况下，乙公司作为保证人无须再承担保证责任。

第六百九十二条　保证期间是确定保证人承担保证责任的期间，不发生中止、中断和延长。

债权人与保证人可以约定保证期间，但是约定的保证期间早于主债务履行期限或者与主债务履行期限同时届满的，视为没有约定；没有约定或者约定不明确的，保证期间为主债务履行期限届满之日起六个月。

债权人与债务人对主债务履行期限没有约定或者约定不明确的，保证期间自债权人请求债务人履行债务的宽限期届满之日起计算。

【条文主旨】

本条是关于保证期间的规定。

【条文理解】

保证期间，含有两个要素：第一，保证期间的起算。（1）有约定的从约定，但约定的保证期间早于主债务期限或者与主债务期限同时届满的，视为没有约定；（2）未约定保证期间但约定主债务履行期限的，自主债务履行期限届满之日计算；（3）未约定保证期间也未约定主债务履行期间的，自债权人要求债务人履行义务的宽限期届满之日计算。第二，保证期间的长度，又称保证期限。有约定的从约定，没有约定或者约定不明确的，保证期限为 6 个月。需要注意的是，债务人进入破产程序后，债权人选择申报债权的，债权人要求保证人承担破产程序中未受清偿的部分，应当在破产程序中终结后 6 个月内提出。

【司法适用】

保证期间是一种权利行使期间。（1）保证期间与诉讼时效的关系，保证期间功成身退时，开始计算诉讼时效。（2）保证期间起算点和期限可约定。但应该避免保证期间和诉讼时效冲突的情形。比如，保证期间起算时，主债务已过诉讼时效。又如，保证期间与主债务诉讼时效重叠，导致保证期间远小于合同约定等。

【司法案例】

甲公司合肥办事处诉乙集团总公司等借款担保合同纠纷案[①]

诉讼结论：化工厂应偿还甲公司合肥办事处借款本息中的本金1028万元，利息5,113,121.30元六药厂承担连带清偿责任。六药厂在承担连带清偿责任后，有权向化工厂追偿。

借款合同和保证合同合法有效，各方都应该如约履行。丙银行和甲公司合肥办事处签订《债权转让协议》，将上述借款合同项下的债权转让给甲公司合肥办事处，并向化工厂发出债权转让通知，化工厂在转让通知回执上盖章确认。借款合同中明确约定了全部债务的履行期限，六药厂承担保证责任的保证期间应当确定为主债务履行期届满之日起两年，即从2001年12月至2003年12月。甲公司合肥办事处在受让借款合同的债权后，化工厂、六药厂于2001年7月31日在甲公司合肥办事处发出的催收贷款通知书和履行担保义务通知书上盖章确认。甲公司合肥办事处于2003年6月19日在《安徽法制报》上刊登催收债权公告，并未超过保证期间。

第六百九十三条　一般保证的债权人未在保证期间对债务人提起诉讼或者申请仲裁的，保证人不再承担保证责任。

连带责任保证的债权人未在保证期间请求保证人承担保证责任的，保证人不再承担保证责任。

【条文主旨】

本条是关于保证责任免除的规定。

【条文理解】

保证合同的当事人是债权人和保证人，保证期间调整的是债权人与保证人之间的债权债务关系。但由于受先诉抗辩权的影响，债权人主张权利的对象因保证责任形式不同而有所不同。在一般保证中，债权人主张权利的对象是债务人。在连带责任保证中，债权人主张权利的对象之一是保证人。

【司法适用】

债权人应该在保证期间内向保证人或者债务人主张权利，但具体方式如何，

---

① 最高人民法院(2004)民二终字第54号民事判决书。

法律未明确。在司法实务中,可以参照诉讼时效中断的情形。《民法典》第 195 条规定,有下列情形之一的,诉讼时效中断,从中断、有关程序终结时起,诉讼时效期间重新计算:(1)权利人向义务人提出履行请求;(2)义务人同意履行义务;(3)权利人提起诉讼或者申请仲裁;(4)与提起诉讼或者申请仲裁具有同等效力的其他情形。

【司法案例】

储某平诉上海甲企业发展有限公司、李某明、王某园民间借贷纠纷案①

诉讼结论:王某园、甲公司的保证责任已经免除。

当事人对保证方式没有约定或者约定不明确的,按照连带责任保证承担保证责任。连带责任保证的保证人与债权人未约定保证期间的,债权人有权自主债务履行期届满之日起 6 个月内要求保证人承担保证责任。在前述保证期间,债权人未要求保证人承担保证责任的,保证人免除保证责任。本案中,根据该合同约定的借款期限和此后的承诺书内容,可以确认王某园的保证期间为 2016 年 6 月 16 日至 2016 年 12 月 15 日,甲公司的保证期间为 2016 年 9 月 16 日至 2017 年 3 月15 日,因储某平确认未向王某园主张过保证责任,储某平提交的证据无法佐证曾向甲公司主张保证责任,现储某平迟至 2017 年 8 月 23 日方提起诉讼并要求王某园、甲公司承担保证责任,已超过法定的保证期间,王某园、甲公司的保证责任已经免除。

第六百九十四条　一般保证的债权人在保证期间届满前对债务人提起诉讼或者申请仲裁的,从保证人拒绝承担保证责任的权利消灭之日起,开始计算保证债务的诉讼时效。

连带责任保证的债权人在保证期间届满前请求保证人承担保证责任的,从债权人请求保证人承担保证责任之日起,开始计算保证债务的诉讼时效。

【条文主旨】

本条是关于保证债务诉讼时效的规定。

① 上海市第一中级人民法院(2018)沪 01 民终 3551 号民事判决书。

【条文理解】

一般保证债务的诉讼时效与连带责任保证债务的诉讼时效起算规则不一样，前者较为复杂，后者相对明确。一般保证债务的诉讼时效起算点为先诉抗辩权不成立以及消灭时。先诉抗辩权不成立是指以下4种情形：(1)债务人下落不明，且无财产可供执行；(2)人民法院受理债务人破产案件；(3)债权人有证据证明债务人的财产不足以履行全部债务或者丧失履行债务能力；(4)保证人书面放弃本款规定的权利。先诉抗辩权消灭指的是债务人的财产依法强制执行仍不能履行时。连带责任保证债务诉讼时效的起算点从债权人请求保证人承担保证责任之日起。

【司法适用】

一般保证债务和连带责任保证债务诉讼时效起算点之所以不一致，核心在于法理基础不同。一般保证强调从属性，连带保证强调独立性。之所以如此，是因为一般保证人具有先诉抗辩权，债权人只能先向债务人提起请求，一般保证人的先诉抗辩权可以有效对抗债权人的付款请求权。保证人拒绝承担保证责任的权利实际上就是先诉抗辩权。因此对于这个权利的识别，应该紧密结合先诉抗辩的规定，尤其需要注意一般保证人先诉抗辩权除外责任与《担保法》相比已经发生了明显的变化。

【司法案例】

黑龙江甲投资担保股份有限公司与黑龙江省建三江农垦乙粮油工贸有限责任公司、黑龙江省建三江农垦丙粮油工贸有限公司等担保合同纠纷案①

诉讼结论：黑龙江甲投资担保股份有限公司不承担担保责任。

同一债权上既有人的担保，又有债务人提供的物的担保，债权人与债务人的共同过错致使本应依法设立的质权未设立，保证人对此并无过错的，债权人应对质权未设立承担不利后果。《物权法》第176条对债务人提供的物保与第三人提供的人保并存时的债权实现顺序有明文规定，保证人对先以债务人的质物清偿债务存在合理信赖，债权人放弃质权损害了保证人的顺位信赖利益，保证人应依《物权法》第218条的规定在质权人丧失优先受偿权益的范围内免除保证责任。

---

① 最高人民法院(2017)最高法民申925号民事裁定书。

第六百九十五条　债权人和债务人未经保证人书面同意，协商变更主债权债务合同内容，减轻债务的，保证人仍对变更后的债务承担保证责任；加重债务的，保证人对加重的部分不承担保证责任。

债权人和债务人变更主债权债务合同的履行期限，未经保证人书面同意的，保证期间不受影响。

【条文主旨】

本条是关于主合同变更对保证责任影响的规定。

【条文理解】

本条借鉴了《担保法》及《担保法解释》的规定，总结了司法实践经验，[①]在文字表达上稍作调整，在立法技术上不再对合同变更的情形具体化，而将是否加重保证人负担作为判断是否承担担保责任的标准，主合同变更履行期限超过原保证期限的，保证期限不变，保证责任免除。此种规定具有科学性，毕竟任何列举都难免挂一漏万。与此同时，债的变更要求经过保证人的书面同意，这属于保证合同书面化的体现。

【司法适用】

债的变更有广义、狭义两种。广义的债的变更包括债的内容和主体的变更。狭义的债的变更仅指债的内容的变更。此处的债的变更指狭义的债的变更，具体是指合同的数量、价款、履行期限等具体规定的变更。在司法实践中，对主合同的变更要考虑变更的要素，若变更的要素改变了主合同，使之与原来的合同不存在同一性，则为债的更新，旧债消灭，从而原保证合同也消灭，保证人不再承担保证责任。另外，本条单独规定主合同履行期限，显然系其规则有别于第 1 款债的内容。也就是说，债权人与债务人对主合同履行期限作了变动，无论结果是加重还是减轻保证人保证责任，保证期间为原合同约定的或者法律规定的期间。

【司法案例】

甲银行玛纳斯县支行诉新疆乙水泥有限责任公司保证责任纠纷案[②]

诉讼结论：保证期间，债权人与债务人对主合同数量、价格、币种、利率等内容作了变动，未经保证人同意加重债务人的债务的，保证人对加重的部分不承担保证责任。

---

① 曹守晔：《债权人擅允债务人延期清偿债务保证责任免除》，载《法学研究》1992 年第 2 期。

② 新疆维吾尔自治区昌吉回族自治州中级人民法院(2002)昌中民二初字 23 号民事判决书。

乙公司在收到甲行玛县支行借款120万元后,违背诚实信用原则,不按合同约定将资金用于企业经营中的流动资产周转,却将借款悉数归还了其所欠丙综合公司的借款,属于违约行为,应当承担相应的法律责任。甲行玛县支行对于借款人使用款项负有监督之责,在乙公司归还丙综合公司120万元借款时,甲行玛县支行明知乙公司违反合同约定的借款用途而不予制止,有失职责,亦应承担一定的民事责任。丁公司在签订保证合同时的意思表示,是给乙公司提供周转用流动资金,并由乙公司用销售收入归还借款本息,而乙公司将借款归还丙综合公司后,已无资金用于生产经营,亦不可能有销售收入用来归还其向甲行玛县支行的借款。因此,乙公司改变借款用途的行为,属于变更主合同条款的行为;甲行玛县支行明知乙公司改变借款用途而不予制止,属于行为默认。因此,乙公司所借甲行玛县支行款项不能归还的责任,应由乙公司和甲行玛县支行承担。由于乙公司改变借款用途,实质上改变了主合同条款,又未经保证人同意,故丁公司的保证责任应当予以免除。

第六百九十六条　债权人转让全部或者部分债权,未通知保证人的,该转让对保证人不发生效力。

保证人与债权人约定禁止债权转让,债权人未经保证人书面同意转让债权的,保证人对受让人不再承担保证责任。

【条文主旨】

本条是关于债权转让对保证责任影响的规定。

【条文理解】

保证债权作为从权利,随主债权的转让而转让。在转让的过程中,保证人与债务人未发生变化,发生变化的仅仅是债权人。由于保证人保障的是债务人的履约能力,债务人未变化不影响保证人利益,由谁享受债权对保证人不产生影响。因此,债权转让时,不需要保证人同意,只需要通知保证人即可,未经通知,该转让对保证人不发生效力。但如果保证合同对债权人有特定化要求或者有禁止债权转让的约定,反映了保证人仅愿意与特定的债权人发生担保关系,此时应该尊重当事人的意思自治。需要注意的是,保证合同关于禁止债权转让的规定,并不会真正发生阻止主债权转让的法律效力,因为保证人并非主债权的合同当事人,根据合同相对性的要求,保证人或者受让人均不得以债权人与保证人有禁止债权转让的约定而否定主债权转让效力,其直接法律效果是保证人获得免除保证责任的抗辩权。

【司法适用】

在司法实务中,需要注意以下几个问题:(1)主债权转让的通知主体,可以适当进行目的性扩张,在确认债权转让通知真实性的前提下,受让人也是债权转让通知主体。(2)主债权转让的通知方式,应该准用民事法律行为的规定。民事法律行为可以采取书面形式、口头形式或者其他形式。法律规定是特定形式的,应当依照法律规定。其中,如果能够个别通知,则不应该公告送达,除非法律有特别规定,应该坚持公告通知的兜底性。(3)上述行为应该发生在保证期间内,保证期间经过保证人免除保证责任。(4)债权转让可以部分转让也可以全部转让,这里强调债的可分性,部分转让的,可以只针对部分转让适用相关规则。

【司法案例】

何某兰诉甲公司等清偿债务纠纷案①

诉讼结论:水泥制品厂于判决生效后10日内偿还何某兰借款本金1050万元及利息合计14,709,604.12元,甲公司承担连带清偿责任。

对于债权转让通知的方式,目前国家法律没有强制性规定必须用什么方式通知。登报通知是一种合法的方式,更具有时间性、公开性和广泛性,与单个书面通知具有同等作用和效力。债权转让不同于债务转让,我国法律对债务转让有明确的规定,即债务人转移债务的必须书面通知债权人及保证人,并征得债权人和保证人的同意,否则转让无效。而债权转让只需要通知债务人及保证人即可,无须经债务人及保证人同意。本案债权转让通知是原债权人乙资产管理公司济南办事处于2003年1月21日在丙报上用登报通知方式通知债务人及担保人,其内容和形式均符合《合同法》第80条之规定,亦不违反《合同法》第79条的规定。

第六百九十七条　债权人未经保证人书面同意,允许债务人转移全部或者部分债务,保证人对未经其同意转移的债务不再承担保证责任,但是债权人和保证人另有约定的除外。

第三人加入债务的,保证人的保证责任不受影响。

【条文主旨】

本条是关于债务承担对保证责任影响的规定。

① 最高人民法院(2003)民一终字第46号民事判决书。

【条文理解】

债务承担属于债的主体变更,其对保证人保证责任的影响较为明显:(1)债务承担分为免责的债务承担和并存的债务承担。前者又称债务承担,是指原债务人退出债权债务关系,第三人成为新的债务人。后者又称债务加入,是指原债务人不退出债权债务关系,债务人和第三人成为共同债务人。上述两种情况对保证责任的影响也不同。(2)免责的债务承担,需要取得保证人的书面同意,否则保证人不再承担保证责任,除非另有约定。债的加入的,保证人的保证责任不受影响。

【司法适用】

在司法实务中,应该注意以下3点:(1)保证人的书面同意。保证合同的书面化,应该贯穿整个过程,当然包括债务承担时。(2)债务可分,债务转移既包括全部债务转移,也包括部分债务转移。部分转移的,原债务人并不完全免除清偿责任,未经保证人书面同意转让出去的债务部分免除保证责任。(3)债务发生法定转移的,比如债务因继承发生转移、从属性债务随同主债务一并转移的,不适用上述规定,即使没有保证人的书面同意,也并不免除保证人的保证责任。

【司法案例】

甲公司昆明办事处诉水泥公司公司解散纠纷案①

诉讼结论:公司注销时债务由其他主体承担属于债务转移,若未征得保证人书面同意,则保证人对未经其同意转让的债务不再承担保证责任。

在通常情况下,公司准备注销应通知债权人,并按法律规定进行相关的债权债务等清算工作。而本案乙公司在准备注销时,与水泥公司约定,由水泥公司承担该公司的全部债权债务。基于水泥公司自愿承受乙公司一切债权债务这一约定的存在,使乙公司未经清算即行注销,因此,在此特定情况下,乙公司的债权债务由水泥公司承担的法律性质是一种承继行为,该承继行为非法定承继,而是基于一公司即将注销,另一公司自愿代其承受全部债权债务的合意承继,但并未取得保证人甲公司昆明办事处的同意。因此,保证人免除担保责任。

---

① 云南省高级人民法院(2005)云高民二终字第186号民事判决书。

第六百九十八条　一般保证的保证人在主债务履行期限届满后，向债权人提供债务人可供执行财产的真实情况，债权人放弃或者怠于行使权利致使该财产不能被执行的，保证人在其提供可供执行财产的价值范围内不再承担保证责任。

【条文主旨】

本条是关于一般保证人保证责任免除的规定。

【条文理解】

在一般保证中，保证人发现债务人有可供执行的财产并向债权人提供了真实情况，债权人如果积极行使权利，不仅债权能够得到保障，而且可以免除保证人承担保证责任。如果债权人放弃或者怠于行使权利致使债务人财产流失，不能被强制执行，势必会增加保证人承担责任的风险。为此，法律规定保证人可以积极发现债务人的财产并提供给债权人，以减少自身风险，加强自我保护。

【司法适用】

按照“谁主张，谁举证”的原则，证明债权人放弃或者怠于行使权利的举证责任由保证人承担。保证人仅主张债权人“放弃行使或怠于行使权利”但不能提供证据的，不能免除担保责任。法院在裁判债权人是否构成放弃或怠于行使权利的，应当重点判断债权人是否存在放弃权利或怠于行使权利的行为，债权人如因客观原因行使权利受阻，则不能认定债权人放弃行使权利或者怠于行使权利。因债权人认识上的原因未及时行使权利的，也不宜认定债权人怠于行使权利。

【司法案例】

甲银行股份有限公司大连分行与大连乙地产有限公司保证合同纠纷案①

诉讼结论：乙地产有限公司的保证责任免除。

阶段性担保在商品房预售合同中比较常见，通过办理买房人所购房屋预告抵押登记，可以有效减少金融机构和房地产企业的风险。因其阶段性特征，预告抵押登记和商品房预售登记的衔接非常重要。金融机构怠于办理预告抵押登记，等于无限延长房地产企业的保证期间，有违担保法的精神，亦有违诚实信用原则。本案中，甲银行是办理预告抵押登记的义务主体，在乙公司未在约定的90个工作

① 最高人民法院(2017)最高法民申3474号民事裁定书。

日内交付办理预告抵押登记手续情况下，甲银行收到乙公司迟延交付的预告抵押登记手续后，应当在合理期限内及时办理预告抵押登记，防止案涉房屋被法院查封而无法办理。但是甲银行收到乙公司迟延交付预告抵押登记手续后，不但没有提出异议，而且一年多不去办理预告抵押登记，且无合理解释，应视为乙公司阶段性担保的保证责任免除条件成就。根据《担保法》第26条第2款“在合同约定的保证期间和前款规定的保证期间，债权人未要求保证人承担保证责任的，保证人免除保证责任”的规定，甲银行未在保证期间内向乙公司主张权利，乙公司的保证责任免除。

第六百九十九条　同一债务有两个以上保证人的，保证人应当按照保证合同约定的保证份额，承担保证责任；没有约定保证份额的，债权人可以请求任何一个保证人在其保证范围内承担保证责任。

【条文主旨】

本条是关于共同保证的规定。

【条文理解】

共同保证，是指数个保证人担保同一债权的保证，至于是自然人还是法人或法律认可的非法人组织在所不问。数个保证人与债权人签订一个保证合同固然可以成立共同保证，而签订数个保证合同共同担保同一债权也可以成立共同保证。共同保证分为按份共同保证与连带共同保证。未约定保证份额的，推定为连带共同保证。

【司法适用】

对于本条的适用，需要认真对比《担保法》第12条、《担保法解释》第20条和第21条，最明显的变化体现在如下几个方面：(1)取消了《担保法》第12条推定连带共同保证的规定，继而失去了连带共同保证人之间的法定追偿权，这种变化与混合共同担保以及共同抵押等具有一致性，体现了共同担保规则的一般化。(2)债权人实现债权具有选择权，而且债权人可以选择要求其中一个保证人实现全部债权。(3)共同保证人之间不是连带责任，则会影响债权人在保证期间内向保证人主张权利，即债权人在保证期间内向一个保证人主张权利的效果不自然及于其他保证人。

【司法案例】

周某顺诉温州甲房地产开发有限公司、杨某料等民间借贷纠纷案①

诉讼结论:连带共同保证中,债权人免除部分保证人的保证责任,其他保证人承担责任后无权向该部分保证人追偿。

《担保法》第12条规定连带共同保证人之间因追偿而产生的法律关系,应建立在共同保证基础上,如共同保证的部分保证人保证责任被免除,该部分保证人对债权人不再承担清偿债务的责任时,那么共同保证人之间追偿和被追偿法律关系即失去存在基础。本案中,周某顺放弃对王某诉请,其他担保人的担保责任应相应减轻。依据《担保法解释》第20条第2款的规定,现各当事人无证据证明连带保证人之间对担保份额有内部约定,应按平均分担处理。周某顺放弃对8个担保人中其中一个的诉请,应视为免除总债务1/8的保证份额,其余7个担保人应对主债务的7/8承担连带保证责任。因此,法院判决杨某料等7人对甲公司不能偿还周某顺借款本息的7/8承担连带保证责任。

第七百条　保证人承担保证责任后,除当事人另有约定外,有权在其承担保证责任的范围内向债务人追偿,享有债权人对债务人的权利,但是不得损害债权人的利益。

【条文主旨】

本条是关于保证人追偿权的规定。

【条文理解】

保证人的追偿权,具有以下要件:(1)必须是保证人已经承担保证责任。保证人的追偿,必须限于自己有所给付。只有在破产语境下,才涉及保证人预先行使追偿权。(2)必须是主债务人对债权人因保证而免责。如果主债务人的免责不是由保证人承担保证责任引起的,那么保证人就没有追偿权。而关于追偿权的数额,则需要遵守保证从属性的基本规定。(3)必须是保证人没有无偿保证的意思。这是保证人的追偿权的消极要件,保证人在行使追偿权时必须就此举证。

【司法适用】

对于保证人追偿权的适用,应当注意以下几点:(1)保证人的追偿权,可以理

---

① 浙江省温州市中级人民法院(2016)浙03民终2086号民事判决书。

解为保证人的代位权。这也决定了保证人的代位权的范围,不得超过保证人的追偿权的范围,亦即不得超过保证人承担保证责任的范围。(2)保证人的追偿权属于法定取得,保证人一经承担保证责任即取得,无须当事人意思表示。(3)如果保证人承担部分担保责任,保证人取得的债权与债权人保留的债权并存,此时保证人追偿权的行使,不得有损债权人的利益。

【司法案例】

某银行黑龙江省分行宏博支行诉甲国际租赁有限公司担保合同纠纷案①

在主合同和担保合同有效的情形下,担保人的担保责任在本质上属于代为清偿的责任,即代替债务人向债权人清偿债务。因此,担保人在承担代为清偿责任之后,在其可得求偿的范围内,债权人所享有的权利当然转移于担保人,即担保人因代为履行而取得代位权;同时,担保人也因代为清偿而自然产生对债务人的求偿权。此时,担保人因为代位履行而产生的代位权和求偿权情形,属于请求权竞合。在其中一权利的行使而得到满足时,其他权利即归消灭。本案中的租赁物因系甲公司取回权的客体而被排除在化工厂破产财产范围之外,化工厂的破产致使某行宏博支行无法行使基于代位履行而享有的求偿权,因此,某行宏博支行可以行使代位权而在其可得求偿的范围内取得甲公司对化工厂所享有的权利,其中当然包括对租赁物的所有权。甲公司应当在某行宏博支行承担保证责任之后,将租赁物的所有权转移给某行宏博支行。一审法院认定租赁合同和担保协议有效正确,但未对租赁合同项下的租赁物所有权的转让问题予以处理不妥,故某行宏博支行关于甲公司依法不能享有租赁物所有权和取得全部租金的双重权利的主张有理,应予以支持。

第七百零一条　保证人可以主张债务人对债权人的抗辩。债务人放弃抗辩的,保证人仍有权向债权人主张抗辩。

【条文主旨】

本条是关于保证人抗辩权的规定。

【条文理解】

抗辩权,是指债权人行使债权时,债务人根据法定事由,对抗债权人行使请求

① 最高人民法院(2000)经终字第267号民事判决书。

权的权利。传统保证以从属性为本质属性，在《民法典》的保证合同中，这一点显然得到延续。保证人抗辩权的法理基础实质上恰恰是保证之债的从属性。针对债权人的请求，如果主债务人可以提出抗辩而保证人无此权利，将导致保证责任重于主债务人责任的后果，显然有悖于从属性的要求。同时，保证人对债权人的抗辩权也具有相对独立性，不因债务人的放弃而消灭。

【司法适用】

诉讼时效抗辩权属于抗辩权的典型情况，也是实践中常见的抗辩权之一。在现行立法中，法院不能依职权审查诉讼时效抗辩权。主债务诉讼时效期间届满，保证人享有主债务人的诉讼时效抗辩权。保证人未主张前述诉讼时效抗辩权，承担保证责任后向主债务人行使追偿权的，人民法院不予支持，但主债务人同意给付的情形除外。

【司法案例】

甲资产管理公司大连办事处诉辽宁乙集团公司等借款担保纠纷案①

诉讼结论：保证人的诉讼时效抗辩权，不因债务人放弃而消灭。

主债权已经超过诉讼时效，根据《担保法》第 20 条第 1 款的规定，一般保证和连带责任保证的保证人享有债务人的抗辩权。债务人放弃对债权人的抗辩权的，保证人仍有权抗辩，保证人依法取得了主债务人享有的主债权诉讼时效届满产生的抗辩权。虽然嗣后主债务人又在催款通知书上签字确认债权，放弃了原债权诉讼时效届满的抗辩权，但依照《担保法》第 21 条第 1 款的规定，对于主债务人放弃的抗辩权，担保人仍然可以行使，主债务人放弃时效届满抗辩权的行为，对担保人不发生法律效力。

第七百零二条　债务人对债权人享有抵销权或者撤销权的，保证人可以在相应范围内拒绝承担保证责任。

【条文主旨】

本条是关于保证人拒绝履行权的规定。

① 最高人民法院(2003)民二终字第 93 号民事判决书。

【条文理解】

从理论上讲,保证人基于从属性而享有的主债务人的权利主要是抗辩权而非形成权。但形成权人通过单方意思表示即可塑造法律关系的属性,在主债务人未及时行使权利时,必然使主合同法律关系处于不稳定状态继而影响保证合同。甚至可能产生保证人履行保证债务后主债务人才行使撤销权或者抵销权的情形,继而衍生不必要的循环诉讼。因此,立法明确规定保证人享有基于主债务人抵销权和撤销权而拒绝履行的权利。

【司法适用】

在司法适用中,一定要注意,保证人的拒绝履行权是区别于抗辩权的一种法定权利。当主债务人享有抵销权和撤销权时,保证人可以行使主债务人的何种权利?比较法对此有两种不同的立法体例,一种是直接规定保证人享有抵销权或者撤销权,另一种是规定保证人享有拒绝履行的权利,显然我国立法选择了第二种立法体例。这里的撤销权,仅指因意思表示的瑕疵(如欺诈、胁迫、错误)而享有的撤销已从事的法律行为的权利,而非作为债的保全方法之一的撤销权。

【司法案例】

甲银行股份有限公司杭州经济技术开发区支行与浙江乙交通工程有限公司、丙建设集团股份有限公司、丁建设发展有限公司合同纠纷案①

诉讼结论:应收账款未有效转让并不必然构成银行与债权人恶意串通骗取保证人提供保证。

案涉应收账款未有效转让并不必然构成甲银行与乙公司双方恶意串通,骗取丙公司、丁公司提供保证。一方面,从恶意串通的构成要件来看,恶意串通必须以双方具有共同的意思联络为要件,就本案事实而言,丙公司、丁公司均确认乙公司与某市交通运输局之间存在真实的交易行为,甲银行对应收账款以及应收账款转让后的通知行为也进行了必要的审查,因而不能认定甲银行与乙公司存在骗取丙公司、丁公司提供保证的共同意思联络。另一方面,从举证责任的角度来看,《担保法》第30条规定的"主合同当事人双方串通,骗取保证人提供保证的"情形,其举证责任在于保证人,而丙公司、丁公司未能提供相应的证据证明。事实上,乙公司已经向甲银行提供了加盖某市交通局印章的应收账款债权转让通知书,可以认

---

① 浙江省杭州经济技术开发区人民法院(2014)杭经开商初字第646号民事判决书。

定甲银行对应收账款转让是否通知已经尽到了审查义务，对应收账款最终未有效转让并没有过错。因此，丙公司、丁公司并未提供足以证明甲银行与乙公司存在恶意串通骗取其提供保证的证据，应承担举证不能的法律后果。

第十四章　租 赁 合 同

第七百零三条　租赁合同是出租人将租赁物交付承租人使用、收益，承租人支付租金的合同。

【条文主旨】

本条是关于租赁合同定义的规定。

【条文理解】

租赁合同是出租人将租赁物交付承租人使用、收益，承租人支付租金的合同。租赁合同主要有以下特征：(1)租赁合同是转移财产使用、收益权的合同。出租人的基本义务是在租期内让渡租赁物的占有使用权。承租人对标的物只有使用、收益权，而非所有权、处分权，这是租赁合同与买卖合同的区别所在，在承租人破产时租赁物不能被列为破产财产。(2)租赁合同是双务、诺成合同。双方当事人达成意思一致，租赁合同即成立，不以实际交付标的物为合同的成立或生效要件。(3)租赁合同是有偿合同。承租人取得租赁物使用、收益权利的代价是按照合同约定支付租金，这是租赁合同与借用合同的根本区别。借用合同中的借用方也是以取得标的物的使用、收益为目的，但借用方无须支付对价。按照合同约定支付租金，包括按照合同约定的支付时间和金额支付租金。(4)租赁合同具有期限性或临时性。按照租赁合同是否明确约定租赁期限，可分为定期与不定期两种形式。对于约定租期的，按照“合同编”第705条规定，租赁期限不得超过20年。超过20年的，超过部分无效。租赁期限届满，当事人可以续订租赁合同，但约定的租赁期限自续订之日起不得超过20年。

【司法适用】

在司法实践中，当事人签订的合同名称可能为合作协议，或长期转让使用权协议等，对于符合租赁合同特性的合同，应将协议的性质和案由相应调整为租赁合同纠纷，并按照租赁合同的相关规则审理。反之，当事人签订的协议名为租赁合同，但从合同内容及履行情况看实属买卖或其他性质的，在具体适用时可能会产生较大的争议，应结合具体案情个案处理。

【司法案例】

三亚甲塑料材料有限公司诉三亚市吉阳区乙村民委员会土地租赁合同纠纷案[①]

诉讼结论：对于符合租赁合同特点的合作协议，应认定为租赁合同。

生效判决认为，关于案涉《合作协议书》是土地租赁合同还是合作合同的问题，根据《合同法》第212条"租赁合同是出租人将租赁物交付承租人使用、收益，承租人支付租金的合同"的规定，租赁合同的出租人交付租赁物后，只收取固定的租金，而不承担任何经营风险。根据《合作协议书》的约定，乙村委会向甲公司交付约定土地后，甲公司按合同约定定期向乙村委会和第五、六、七村民小组支付土地承包利润款，甲公司在土地上自主经营、自负盈亏。因此，《合作协议书》符合租赁合同的特点，而不符合合作合同双方共享利润、共担风险的特点。对乙村委会认为《合作协议书》是租赁合同的主张，予以支持。对甲公司关于《合作协议书》是合作合同的答辩意见，无事实和法律依据，不予支持。

第七百零四条　租赁合同的内容一般包括租赁物的名称、数量、用途、租赁期限、租金及其支付期限和方式、租赁物维修等条款。

【条文主旨】

本条是关于租赁合同主要内容的规定。

【条文理解】

租赁合同的形式包括书面形式、口头形式和其他形式。租赁期限6个月以上的，应当采用书面形式。当事人未采用书面形式，无法确定租赁期限的，视为不定期租赁。对于不定期租赁或者不满6个月的租赁合同，可不采用书面形式。无论何种形式的租赁合同，因标的物不同、租赁方式或者当事人对合同格式的偏好不同，合同的具体内容不同，但一些主要条款应该具备，包括：(1)关于租赁标的物的条款，包括标的物的名称、数量、用途。租赁物可以是种类物，也可以是特定物，对于种类物，一旦承租人选择完毕即已特定化。如果需要变更，应征得承租人的同意。租赁物的名称、数量、用途约定明确与否关系到租赁物的交付、期限届满承租人的返还义务、第三人对租赁物主张权利、租赁物损坏责任的认定等问题。(2)关

---

① 最高人民法院(2019)最高法民终752号民事判决书。

于租赁期限的条款。租赁期限关系到租赁合同究竟是定期还是不定期租赁，两类合同中双方当事人的权利义务不同，尤其是合同的解除权。租赁期限可以按照年、月、日、小时计算，如果没有约定，视为不定期租赁。(3)关于租金的条款，包括支付金额、期限和方式。租金的金额包括基本租金与按照年限增长约定租金增长的幅度，期限包括按月还是按年支付。租金的支付一般有先付和后付两种方式。先付，或预付，俗称上打租，即先付租金后使用；后付，俗称下打租，即先使用后付租金，在约定的使用期限届满后一定时限内支付。后付租金一般在起租日前约定一段宽缓期，宽缓期届满才开始支付第一笔租金。前述事项如果没有约定清楚，事后容易引发争议。(4)关于租赁物维修的条款。对租赁物的维修义务主要由出租人承担，但存在以下情况的，承租人负有维修义务：一是依照法律规定，如《海商法》规定光船租赁的维修、保养由承租人负责；二是依照合同约定，双方可以在合同中约定维修义务由承租人负责；三是依照交易习惯或惯例；四是由承租人过错引起的租赁物损坏。

上述条款是租赁合同的必备条款，为便于双方履行和避免争议，当事人还可以约定是否允许转租、违约责任、争议解决方式与解除合同的条件等重要内容。

【司法适用】

适用的难点在于对本条规定的租赁合同的主要内容约定不明时如何处理。首先应按照"合同编"第510条规定确定，如果仍不能确定的，再依照"合同编"第511条规定的标准确定质量、价款或报酬、履行地点、履行期限、履行方式、履行费用的负担。以租金为例，按照前述规定仍不能确定的，当事人也不同意通过司法评估确定的，应以缺乏必备条款认定双方租赁合同未成立。

【司法案例】

中国烟草甲进出口有限责任公司诉黑龙江乙酒店管理咨询有限公司租赁合同纠纷案[①]

诉讼结论：双方对租金没有约定，未能协商达成一致，又不同意按照市场价评估确定租金的，租赁合同因缺失租金这一必备条款而未成立。

生效判决认为租金是承租人依约因使用出租人的财产而应当向出租人支付的费用，租金的约定是租赁合同的必备条款。双方当事人对后10年租赁费没有约定，且未能签订补充协议，又不愿按照市场价评估鉴定，故诉争房屋后10年的租赁合同因缺失租金这一必备条款而未成立。因未依法成立的合同既无须解除，

---

① 最高人民法院(2016)最高法民再369号民事判决书。

也不存在履行问题，故烟草公司请求解除、乙酒店要求继续履行《酒店租赁合同》的诉辩主张均不成立。

第七百零五条　租赁期限不得超过二十年。超过二十年的，超过部分无效。

租赁期限届满，当事人可以续订租赁合同；但是，约定的租赁期限自续订之日起不得超过二十年。

【条文主旨】

本条是关于租赁最长期限的规定。

【条文理解】

一方面，租赁合同具有一定的临时性，物的使用价值也具有期限性，承租人不可能对租赁物永久地使用。另一方面，为了防止当事人滥用租赁合同具有“买卖不破租赁”的特性，约定租赁合同永久有效，损害善意买受人或其他方式取得标的物所有权主体的合法权益。法律要从各方利益中寻找一个平衡点，明确规定租赁合同的期限不得超过 20 年。超过 20 年的，超过部分无效。

【司法适用】

20 年并不是一个绝对的最长期限，20 年租赁期限届满后，双方可以续签租赁合同，可以再订一个租赁期限不超过 20 年的合同。如果合同约定租赁期限超过 20 年，按照本条规定，超过 20 年的部分无效。20 年期满后，当事人没有续签书面租赁合同，而双方租赁关系亦未终止的，双方形成不定期租赁关系，当事人可以随时要求解除合同，只需给对方合理的准备期限。

【司法案例】

北京市怀柔区某镇水库管理处诉北京某旅游开发有限责任公司租赁合同纠纷案[①]

诉讼结论：对于租赁合同签订于《合同法》施行前的，租赁期限从 1999 年 10 月 1 日《合同法》施行之日起计算超过 20 年的部分无效。

原怀柔县某镇水库管理处（现北京市怀柔区某镇水库管理处，甲方）与旅游开发公司（乙方）于 1998 年 5 月 11 日签订《租赁合同》，约定甲方将某镇水库库区内

---

① 北京市高级人民法院（2019）京民再 154 号民事判决书。

水面及水库所属设施、土地出租给乙方使用。水利工程归水库管理。租赁期限为40年,期满由甲方收回。水库管理处起诉请求确认《某镇水库租赁合同》超过20年的部分无效。生效判决认为,《租赁合同》成立于《合同法》实施之前,当时的法律对于最长租赁期限并无规定。由于市场波动或国家经济形势变化经常是不可预期的,承租人长期占有使用租赁物,特别是排他性使用的不动产,将在出租人权益保护方面严重失衡。《合同法解释(一)》第1条规定,合同法实施以前成立的合同发生纠纷起诉到人民法院,除本解释另有规定的以外,适用当时的法律规定,当时没有法律规定的,可以适用合同法的有关规定。鉴于《合同法》对于实施之前成立的合同并无溯及力,故认定20年最长租赁期限应从1999年10月1日《合同法》实施之日起算,即《租赁合同》自2019年10月1日以后的部分无效。

第七百零六条　当事人未依照法律、行政法规规定办理租赁合同登记备案手续的,不影响合同的效力。

【条文主旨】

本条是关于租赁合同依法办理登记备案手续对合同效力影响的规定。

【条文理解】

本条源于《合同法解释(一)》和《城镇房屋租赁解释》第4条"当事人以房屋租赁合同未按照法律、行政法规规定办理登记备案手续为由,请求确认合同无效的,人民法院不予支持。当事人约定以办理登记备案手续为房屋租赁合同生效条件的,从其约定。但当事人一方已经履行主要义务,对方接受的除外"。关于合同的效力,"合同编"第502条规定,"依法成立的合同,自成立时生效,但是法律另有规定或者当事人另有约定的除外。依照法律、行政法规的规定,合同应当办理批准等手续的,依照其规定。未办理批准等手续影响合同生效的,不影响合同中履行报批等义务条款以及相关条款的效力。应当办理申请批准等手续的当事人未履行义务的,对方可以请求其承担违反该义务的责任。依照法律、行政法规的规定,合同的变更、转让、解除等情形应当办理批准等手续的,适用前款规定"。上述规定表明,法律、行政法规规定应当办理批准等手续生效的,依照其规定。登记备案手续不同于报批义务,登记备案系管理性强制性规定,并非效力性强制性规定,登记备案不是租赁合同的生效要件。当事人未办理登记备案手续的,不影响合同效力。

【司法适用】

在司法实践中,一般不因租赁合同未办理登记备案手续而认定无效。在房屋租赁合同中对此款的适用争议较小,争议较大的是《城镇房屋租赁解释》第4条第2款规定,“当事人约定以办理登记备案手续为房屋租赁合同生效条件的,从其约定。但当事人一方已经履行主要义务,对方接受的除外”。但“合同编”第706条未吸收该争议较大的条款,意味着无论当事人对登记备案如何约定,登记备案均为管理性条款,不是租赁合同的生效要件,对租赁合同的效力不产生影响。

【司法案例】

张某军诉罗某芳、广东甲投资开发有限公司租赁合同纠纷案[①]

诉讼结论:依法申报、缴纳房屋租赁相应税款是出租人的义务,出租人未能配合办理登记备案的,不影响合同效力,但出租人构成违约,导致合同目的不能实现时,承租人有权解除合同。

商铺《租赁合同》签订后,承租人张某军委托律师向出租人罗某芳发出《律师函》,要求罗某芳收到律师函之日起5个工作日内与张某军或自行带相关证件办理《租赁合同》备案,并将备案回执给张某军办理营业执照,否则张某军将在到期后解除双方《租赁合同》并追究罗某芳违约赔偿责任。罗某芳于同日签收该邮件。后张某军自行将案涉物业内的物品搬走,并以罗某芳没有办理《租赁合同》备案以致其未能办理工商营业执照为由向法院起诉。生效判决认为,本案争议的焦点在于张某军能否以租赁合同未办理登记备案手续为由主张解除合同。租赁合同未对房屋租赁合同的登记备案手续的办理作出具体约定,双方本应协商配合办理手续。合同签订不久后,双方因税费的负担问题发生争议,根据《广州市房屋租赁管理规定》第10条第1款第9项的规定,依法申报、缴纳房屋租赁相应税款是出租人的义务,因此本案房屋租赁的税款应当由罗某芳负担。由于罗某芳不履行交税义务致使合同登记备案不能完成,根据《广州市房屋租赁管理规定》第19条的规定,工商行政管理部门办理工商营业执照登记时,对以租赁房屋为经营场所的,应当要求当事人提供经区、县级市房地产租赁管理所登记备案的房屋租赁合同,直接导致张某军未能办理经营所需的工商营业执照手续,合同目的无法实现。因此,张某军有权提出解除合同。至于罗某芳上诉主张根据合同第6条的约定包括相关税费的一切费用均应当由张某军承担,由于该条只是约定张某军“自行办理相关手续、承担相关责任”,并未明确房屋租赁所产生的税费由张某军负担,且根据《合同法》第62条第6项“履行费用的负担不明确的,由履行义务一方负担”的规定,依法缴纳房屋租赁相应税款是罗某芳作为出租人的法定义务,因此罗某芳

---

① 广东省广州市中级人民法院(2015)穗中法民五终字第4077号民事判决书。

根据该条约定主张其不缴纳备案合同所产生的税费不构成违约,缺乏法律依据,不予支持。

第七百零七条　租赁期限六个月以上的,应当采用书面形式。当事人未采用书面形式,无法确定租赁期限的,视为不定期租赁。

【条文主旨】

本条是关于租赁合同的形式的规定。

【条文理解】

关于合同的形式,“合同编”第469条规定:“当事人订立合同,可以采用书面形式、口头形式或者其他形式。书面形式是合同书、信件、电报、电传、传真等可以有形地表现所载内容的形式。以电子数据交换、电子邮件等方式能够有形地表现所载内容,并可以随时调取查用的数据电文,视为书面形式。”按照本条规定,租赁合同为不要式合同,是否采用书面形式不影响该合同的成立与生效,对于不满6个月的租赁合同,可以采用书面形式、口头形式或者其他形式;对于租赁期限6个月以上的合同,要求采用书面形式,如果因未采用书面形式,无法确定租赁期限的,视为不定期租赁。

【司法适用】

在司法实践中,存在争议的是定期租赁合同到期后,双方未终止履行,又对续订租赁合同的内容未能达成一致时如何处理,一般认定为不定期租赁。需重点审查双方是否就续订租赁合同且合同的主要内容达成了一致,包括租金、期限等必备条款是否齐备,否则仅以对方按新租金标准支付的租金开具发票的行为主张达成续订书面协议的,可能无法得到支持。因为该发票能否被认定为书面租赁合同存在争议,如被认为不属于书面租赁合同,按照本条规定,当事人之间形成不定期租赁。

第七百零八条　出租人应当按照约定将租赁物交付承租人,并在租赁期限内保持租赁物符合约定的用途。

【条文主旨】

本条是关于出租人交付租赁物义务和适租义务的规定。

【条文理解】

出租人应履行的两大义务:(1)交付义务,转移租赁物的占有、使用、收益权至承租人;(2)适租义务,即出租人对租赁物的瑕疵担保责任。本条规定出租人对租赁物的瑕疵担保责任体现在合同履行的两个阶段:(1)在租赁物交付时保证交付的租赁物符合约定的用途,使承租人能够正常使用;(2)在租赁期限内保持租赁物符合约定的用途。在租赁期限内如果租赁物本身出现问题,承租人可以请求出租人维修,出租人应及时进行维修;如果出租人不能及时予以维修,承租人可以自行维修,维修费用应由出租人承担。因维修租赁物影响承租人使用时,承租人有权请求减少租金或延长租期。

【司法适用】

本条司法适用的难点在于:(1)如何认定出租人未履行适租义务;(2)承租人因此享有何种权利。规定出租人适租义务的目的在于保障承租人能够按照合同约定实现对租赁物的使用收益。出租人提供的租赁物需符合约定用途,就要求合同明确约定租赁用途。出租人在明确知晓用途的情况下,如承租人在履行合同过程中发现租赁标的物不符合约定用途,应及时通知出租人,双方就此协商,如果能达成补充协议,合同继续履行;如果未能协商一致,或者对补救措施产生的费用负担不能达成一致,又或者出租人提供的租赁物如果按照承租人原定的用途可能违反消防或其他国家安全标准的强制性规范,导致承租人租赁合同的目的无法实现的,承租人可以解除合同。

【司法案例】

霸州市甲物流有限公司诉河北乙物流开发有限公司租赁合同纠纷案①

诉讼结论:乙公司作为出租人,负有保证出租房屋符合合同约定用途的义务,在房屋出现质量问题没有尽到维修义务时,应当承担主要责任。

《商铺(仓储)房租赁合同》签订后,承租人甲公司即组织装修,后因墙面质量问题无法继续施工,经协商,由丙公司进行修复,甲公司认为修复结果没有达到要求,遂起诉解除合同。生效判决认为,《鉴定检验报告》表明案涉房屋由于墙面起皮、裂缝等原因无法投入经营使用,既有房屋墙体自身质量不合格的原因,也有装修过程不符合建筑装饰装修工程质量验收规范的原因。应认定乙公司和甲公司对合同解除造成的损失均应承担相应责任。乙公司作为出租人,负有保证出租房屋符合合同约定用途的义务,但在房屋墙面墙体出现质量问题时没有尽到维修义务,应当承担主要责任。租赁合同约定甲公司负责装修案涉房屋,故甲公司负有按照装饰装修工程质量验收规范进行装修的义务,但在发现房屋墙面墙体存在问

① 最高人民法院(2017)最高法民再105号民事判决书。

题时，未能按照装修规范要求采取有效措施进行弥补和及时止损，应当承担次要责任。由于案涉合同解除系因双方都存在违约行为造成，所以应依据双方的责任程度对损失予以分担，乙公司承担80%的责任，甲公司承担20%的责任。

第七百零九条 承租人应当按照约定的方法使用租赁物。对租赁物的使用方法没有约定或者约定不明确，依据本法第五百一十条的规定仍不能确定的，应当根据租赁物的性质使用。

【条文主旨】

本条是关于承租人对租赁物的使用方法的规定。

【条文理解】

承租人租赁标的物的目的是占有、使用、收益，由于承租人并没有获得所有权，最终仍需将租赁物返还给出租人，故承租人负有保证租赁物始终符合其自身品质和效用的义务。正常使用租赁物会产生相应的自然损耗和折旧，本条规定要求承租人按照约定方法使用租赁物，避免非正常的加速损耗和折旧。按约定的方法使用租赁物，指当合同约定租赁物用途的，必须按约定的用途使用租赁物，如合同约定租赁房屋用于居住，承租人不能用作商业经营；约定租赁物使用方法的，如租赁机器设备，应按约定的使用方法进行。如果对租赁物的使用方法没有约定或约定不明确，依照第510条规定进行确定；如果按照上述方式仍不能确定的，应当按照租赁物的性质使用。租赁物的性质，指租赁物本身的属性。承租人如果违反了按约定使用租赁物的义务需要承担相应的违约责任，如果租赁物因此受到损害，出租人有权要求损失赔偿，按照合同约定支付违约金，并有权解除合同。

【司法适用】

司法适用的难点在于如何认定承租人是否按照约定的方法使用租赁物。因为出租人临时性地让渡了租赁物的占有使用权，而租赁物一般非一次性消耗品，为了保障租赁物在租赁期间发生非正常使用发生的损害，持续地保证出租人对物的效用的合法权益。要求出租人尽量在合同中明确使用方法，以便承租人遵守。如果难以确定其使用方法，在客观上将难以要求承租人履行此项义务。

第七百一十条 承租人按照约定的方法或者根据租赁物的性质使用租赁物，致使租赁物受到损耗的，不承担赔偿责任。

【条文主旨】

本条是关于承租人按约定使用租赁物免责的规定。

【条文理解】

承租人按照约定的方法或租赁物的性质正常使用租赁物,租赁物因使用受到的损耗是合理的,承租人不承担赔偿责任。出租人在出租物品时,应当知道其正常使用可能发生的损耗与折旧,在合同中订立了使用方法,就意味着出租人认可了这种正常的使用损耗与折旧,并把折旧的价值计入了租金中。因此,只要承租人按照约定的方法或交易习惯,根据租赁物的性质使用租赁物,对租赁物的正常损耗与价值贬损不承担赔偿责任。

【司法适用】

本条是对承租人按照约定方法或租赁物的性质使用租赁物情况下造成租赁物正常损耗的免责条款。承租人需要提供充分证据证明其已按照约定方法或租赁物的性质使用,其在使用过程中不存在过错;出租人则需要提供相反证据证明承租人未按照约定方法或租赁物的性质使用造成损坏,同时也应举证证明其自身对租赁物维修义务的履行是适当的。

【司法案例】

陇东甲学校诉湖北乙机电工程学校、丙机电工程学校租赁合同纠纷案①

诉讼结论:承租人按照协议约定的用途使用,也未改变租赁物的性质使用,协议约定出租人履行维修义务而出租人未予维修的,不宜认定承租人存在使用不当的损害赔偿责任。

陇东甲学校(出租方)与乙机电学校(承租方)签订《协议书》。甲学校起诉请求判令乙机电学校、丙机电学校给付固定资产及实物的使用费,赔偿损失、支付违约金。甲学校申请对案涉不动产是否存在损坏、损坏原因及维修费用进行鉴定。《鉴定意见书》认为,学生公寓一层外延阳台矮墙及窗户,设计过程中存在缺陷,后期因使用不当造成基础下陷,整体倾斜、开裂,建议进行拆除;所申请鉴定的学生公寓、教师及宿舍楼(一层宿舍、二层教室)、实训车间(南)及实训车间(北)建筑地基土层含水量高于最优含水率,有浸水现象,为使用不当所致。生效判决认为,双方协议约定租赁物的用途为开办学校,乙机电学校是按照协议约定的用途开办学校,并未改变约定用途,也未改变租赁物的性质使用。乙机电学校对于使用造成的损失不应承担赔偿责任。《鉴定意见书》表明建筑物地基浸水现象为“使用不

① 甘肃省高级人民法院(2018)甘民终 479 号民事判决书。

当"所致。鉴定人员出庭陈述,"使用不当"指建筑物需要维修而未及时维修并继续使用造成的后果。在案涉租赁合同之前建筑物已使用8～11年,乙机电学校使用期间占损坏现状原因比例无法得出,从何时使用不当也无法判断,该《鉴定意见书》结论"使用不当"不具有准确性和唯一性,不能证明损坏原因是乙机电学校使用所致。协议约定租赁物的维修义务由甲学校承担,且甲学校两名管理人员一直在管理租赁物,对于租赁物状况及何时需要维修,是明知并掌握的。《鉴定意见书》载明学生公寓设计存在缺陷;实训车间(南)及实训车间(北)原始施工质量不符合要求;教室及宿舍楼的致损原因是改扩建所致;供暖管道未进行改造和更换,造成锈蚀。上述建筑物设计施工缺陷和改建均与乙机电学校无关,管道更换也非乙机电学校义务。本案无据证明案涉租赁物的损坏是乙机电学校违反合同约定和建筑物性质使用所致,其主张乙机电学校承担损害赔偿责任的请求证据不足,不予支持。

第七百一十一条　承租人未按照约定的方法或者未根据租赁物的性质使用租赁物,致使租赁物受到损失的,出租人可以解除合同并请求赔偿损失。

【条文主旨】

本条是关于承租人未按约定使用租赁物致使租赁物受到损失的法律后果的规定。

【条文理解】

按照权利义务相一致原则,承租人享有使用租赁物的权利,对应的则是承担合理使用租赁物的义务,否则就需要向出租人承担赔偿损失的责任,出租人还可以行使合同解除权。因为承租人不按约定的方法使用租赁物,造成租赁物毁损的,本身就是根本性违约行为。本条赋予出租人自主决定的权利,如果出租人还愿意继续该租赁合同,承租人的违约行为对租赁物造成的损失不大,可以采取措施及时挽回,出租人可以先阻止承租人的违约行为,及时补救;如果出租人不同意继续履行租赁合同的,可以行使合同解除权,并要求承租人赔偿损失。

【司法适用】

本条与前一条的规定是一致的,区别在举证责任的分配上,本条侧重要求出租人提供充分证据证明承租人存在违反约定使用租赁物且致使租赁物受到损失的情况。

第七百一十二条　出租人应当履行租赁物的维修义务，但是当事人另有约定的除外。

【条文主旨】

本条是关于出租人对租赁物的维修义务的规定。

【条文理解】

出租人的维修义务是出租人对物的瑕疵担保责任派生的义务，指在租赁物出现不符合合同约定的使用状态时，出租人应当对该租赁物进行修理和维护，以保证承租人能够正常使用该租赁物。出租人履行维修义务并不是绝对的、无限的，应具备一定的条件：(1)租赁物有维修的必要。租赁物已经出现影响正常使用的状况，不进行维修将影响必要功能的正常使用。(2)有维修的可能，如果租赁物已经彻底损坏，没有修复的可能，出租人无法通过维修使其恢复到损坏前的状态，那么就转变成为其他民事责任，如终止合同、减少租金等。(3)非承租人使用不当造成的维修。出租人的维修义务一般指在承租人按约定正常使用租赁物时出现问题时要求的维护。如果是因为承租人保管使用不善、或未按合同约定方法使用造成租赁物损坏时，出租人不负有维修义务。

维修义务主体变更为承租人的主要有以下情形：(1)法律、行政法规规定由承租人承担维修义务。如《海商法》规定，在光船租赁中，由承租人负责维修保养。(2)双方约定维修义务由承租人负担。(3)按照风俗习惯或交易惯例由承租人负担。如在汽车租赁中对汽车小的维修义务一般由承租人负担，房屋租赁市场上一般采用"大修为主、小修为客"的习俗。

【司法适用】

出租人维修义务的履行需要承租人履行合同附随义务。(1)承租人的通知义务。由于租赁物控制在承租人手中，当租赁物出现质量问题时，承租人需履行及时通知义务，以便能够得到及时维修。(2)积极配合提供维修方便的义务。出租人对租赁物进行正常维修时，还需要承租人的积极配合。(3)采取必要措施止损的义务。如房屋下水管发生漏水，承租人可能需要关闭总水阀，因此影响承租人对房屋的使用。承租人的这些义务虽然在合同与法律上没有明确规定，但依照诚实信用原则，这些附随义务是当事人理应履行的。

第七百一十三条　承租人在租赁物需要维修时可以请求出租人在合理期限内维修。出租人未履行维修义务的，承租人可以自行维修，维修费用由出租人负担。因维修租赁物影响承租人使用的，应当相应减少租金或者延长租期。

因承租人的过错致使租赁物需要维修的，出租人不承担前款规定的维修义务。

【条文主旨】

本条是关于出租人不履行维修义务的法律后果的规定。

【条文理解】

出租人的维修义务应在合理期限内履行，以保证租赁物及时恢复到正常使用状态，避免承租人的使用不便或其他损失。该合理期限根据物的损坏程度、承租人需要维修的紧迫度和出租人的维修能力等具体情况确定。如出租人拒绝维修或因其他原因不能在合理期限内对租赁物进行维修的，承租人可以自行维修，维修费用由出租人负担。承租人垫付的维修费用有权要求出租人偿还或从租金中扣除。租赁物非因承租人过错出现使用障碍的，无论维修主体是出租人还是承租人，因维修租赁物影响承租人使用的，承租人有权要求出租人相应减少租金或者延长租期。

与《合同法》第221条相比，本条增设第2款，该款进一步明确了出租人承担维修义务的前提是承租人不存在过错。

【司法适用】

适用本条的举证责任分配，对于承租人而言，其需证明不存在使用方法的不当，租赁物发生损坏的结果与其损失之间的因果关系及造成损失的金额。该损失的补偿方式可以通过出租人及时赔付、减少租金、延长租期进行。在出租人未及时维修时，承租人应自行维修止损，否则应就扩大损失承担相应责任。

【司法案例】

安徽甲商业运营管理有限公司诉程某房屋租赁合同纠纷案①

诉讼结论：出租人未对标的物维修构成违约，应对合同解除负主要责任；承租人没有尽到注意义务，未自行组织维修以避免损失的扩大，对合同的解除应承担

① 安徽省高级人民法院(2017)皖民再字第69号民事判决书。

次要责任。

承租人程某在租赁合同签订后装修经营期间，因楼上健身房漏水，导致其经营的养生会馆不能正常经营，加之因开发商前期设计原因，租赁房屋所在路段进行封闭式改造1年多，后养生会馆停业。甲公司起诉解除合同、返还房屋、支付欠付租金、违约金。程某反诉请求赔偿装修损失、停业损失、违约金。生效判决认为，甲公司未对出租房维修构成违约，应对合同解除负主要责任。程某也没有尽到注意义务，未对漏水的房屋自行组织维修以避免损失的扩大，对合同的解除应承担次要责任。故判决甲公司和程某分别按80%、20%责任承担合同解除造成的装潢残值损失与停业损失。

第七百一十四条　承租人应当妥善保管租赁物，因保管不善造成租赁物毁损、灭失的，应当承担赔偿责任。

【条文主旨】

本条是关于承租人妥善保管租赁物义务的规定。

【条文理解】

租赁物的所有权人为出租人，承租人占有使用的是他人的财产，为了保障出租人的权益，要求承租人履行妥善保管义务，主要有：(1)按照约定的方法或租赁物的性质所要求的方法保管租赁物；(2)按租赁物的使用状况进行正常维修；(3)通知和协助义务。当租赁物出现质量问题影响承租人正常使用时，应及时通知出租人，并积极采取措施防止损失扩大，必要时应先进行维修。如果承租人违反该项义务，造成租赁物毁损、灭失的，应当承担赔偿责任。

【司法适用】

本条司法适用的难点在于：(1)如何认定系承租人保管不善造成租赁物毁损、灭失。在司法实践中，对此往往采用排除法，除非承租人能够举证证明系出租人的原因或租赁标的物自身缺陷导致租赁物毁损、灭失的，否则按照近因原则，承租人可能需要承担保管不善之责，向出租人承担赔偿责任。(2)租赁期限届满后，承租人不能返还租赁物时应当承担赔偿责任的范围，应限于不能归还的租赁物的折价赔偿，不包括租赁期限届满后的租金损失。

【司法案例】

上海甲建筑工程有限公司诉乙有限公司租赁合同纠纷案[①]

诉讼结论：在租赁期限届满后，承租人不能返还租赁物时应当向出租人承担赔偿责任，赔偿的范围应限于不能归还的租赁物的折价赔偿，不包括租赁期限届满后的租金损失。

租赁合同约定甲公司向乙公司出租钢管、扣件、顶托等材料，租金单价包含材料折旧费、产品维护费、服务费、管理费、利润、税金。租赁起止时间约定：承租方计划内的租赁材料，从材料到达次日起租，超过计划的材料，从承租方开始使用当日起租，退租当天计算租金。合同签订后，出租人向承租人交付出租钢管、扣件等。合同履行过程中，承租方分批返还了部分租赁材料，未返还部分因遭遇洪水在施工中被冲走丢失。生效判决认为，案涉租赁物在租赁合同履行期满时已经灭失，经双方协商，该部分不能归还的租赁物折价款由乙公司赔偿给甲公司。因租赁合同已经履行完毕，且双方当事人并未约定合同租赁期满后灭失标的物还应另行支付租金，故乙公司在按照合同约定支付租赁期间内的租金以及租赁物赔偿款后，无须就已经灭失的租赁物在租赁期限届满后向甲公司支付租金。

第七百一十五条　承租人经出租人同意，可以对租赁物进行改善或者增设他物。

承租人未经出租人同意，对租赁物进行改善或者增设他物的，出租人可以请求承租人恢复原状或者赔偿损失。

【条文主旨】

本条是关于承租人对租赁物进行改善或增设他物的法律后果的规定。

【条文理解】

承租人对租赁物只享有占有、使用、收益权，不享有处分权，因此不能擅自对租赁物进行拆除、改造或添附。承租人为使租赁物充分有效地发挥作用，对租赁物进行改善或增设时，需要经过出租人的同意。改善是指对租赁物不改变原有形态，改良性能，增加效用。承租人在他人物上进行改造和添附，征得物的权利人同意是应有之义。首先，因为该种改造和添附未必是出租人所愿意并认可的。其

---

① 浙江省高级人民法院(2019)浙民再224号民事判决书。

次，该改造和添附可能会产生一定的费用，但其价值大小对于出租人和承租人而言是不同的。

【司法适用】

本条司法适用的难点在于未经出租人同意情况下，添附或增设他物的价值如何确定，以及出租人的补偿责任。正常情况下的添附或增设他物，会提升租赁物的原有价值，在租赁合同期限未届满提前终止合同时，对于承租人要求出租人对添附或增设的补偿如何处理。如果添附和增设是可移动而不减损价值的，一般要求承租人自行拆除、恢复原状；如果添附和增设是不可移动的，一旦移动将没有价值或大大贬值的，从发挥物的最大效用和经济效益最大化的角度出发，不宜要求承租人拆除，而是从受益者的角度由出租人予以适当的补偿比较合理。

【司法案例】

甘肃兰州甲商贸有限责任公司诉甘肃乙电线电缆有限责任公司房屋租赁合同纠纷案①

诉讼结论：出租房屋存在严重质量问题，导致承租人自试营业至停业期间始终不能正常经营，装修工程自完工后即不能正常、全面发挥其使用功能，对正常折旧和加速折旧的财产价值应认定为损失，由承租人和出租人按损失造成的原因分担。

甲公司承租案涉新建房屋后设立丙酒店。丁市公安局消防局曾发函指明对承租房一、二层商场装修未经审核、验收擅自使用，但在此之前丁市七里河区公安局消防局发出的《消防安全检查意见书》认为，丙酒店已具备消防安全条件，同意使用1年。生效判决认为，根据司法委托的鉴定意见：(1)该房屋渗漏水的主要原因是土建、安装不按规范施工造成的；(2)大门外地坪起鼓与厨房地坪起鼓是由于地坪受硫酸盐腐蚀膨胀所致；(3)该商贸城北段Ⅱ区A段一、二层梁、板、柱仅有46.8%的构件强度达到设计要求。该房屋存在严重质量问题，建议建设单位对该楼进行整体可靠性鉴定。《建筑法》第60条第2款规定，建筑工程竣工时，屋顶、墙面不得留有渗漏、开裂等质量缺陷。由于乙公司未履行法定义务已违反国家法律强制性规定，且不符合租赁房屋的使用条件，其违约在先，应承担违约赔偿责任。装修作为出租房屋的添附，在解除房屋租赁合同时应随原物返还，出租人乙公司应对添附增值部分予以补偿。由于出租房屋存在严重质量问题，导致承租人自试营业至停业期间始终不能正常经营，装修工程自完工后即不能正常、全面发

① 最高人民法院(2002)民一终字第4号民事判决书。

挥其使用功能,对正常折旧和加速折旧的财产价值应认定为损失,由乙公司和甲公司按损失造成的原因分担,应由乙公司承担装修价值的80%。

第七百一十六条 承租人经出租人同意,可以将租赁物转租给第三人。承租人转租的,承租人与出租人之间的租赁合同继续有效;第三人造成租赁物损失的,承租人应当赔偿损失。

承租人未经出租人同意转租的,出租人可以解除合同。

【条文主旨】

本条是关于承租人对租赁物转租的法律后果的规定。

【条文理解】

转租包括经出租人同意的转租和未经出租人同意的转租两种情况。第一,出租人同意的转租:(1)在租赁合同中明确约定承租人有权转租;(2)在租赁期间承租人征得出租人的同意转租。无论在合同履行的哪个阶段,经出租人同意的转租都是有效的。经出租人同意的转租产生的法律关系包括:一是出租人与承租人之间的租赁合同关系仍然存续。双方之间的权利义务仍按照租赁合同进行,承租人有向出租人支付租金、到期返还租赁物的义务。因次承租人造成租赁物损坏的,承租人需要向出租人赔偿损失。二是承租人与次承租人之间的租赁关系以承租人与出租人之间的租赁合同存续为前提,租赁合同终止或解除时,承租人与次承租人之间的租赁关系也随之终止。三是次承租人与出租人之间没有直接的合同关系。如果出租人未在法定期限内履行租赁物的修缮义务,次承租人无权直接要求出租人履行,但可请求承租人进行修缮,承租人履行后,可以向出租人追偿。第二,未经出租人同意的转租,依据本条规定,出租人可以解除合同。承租人未经出租人同意擅自将租赁物转租他人,造成多层次的对租赁物的占有使用关系,增加了出租人要求返还租赁物的难度或使租赁物的损耗加剧,加速了租赁物的折旧。

【司法适用】

对于未经出租人同意的转租,本条规定出租人可以解除合同,且未对出租人行使解除合同权进行时间限制。对于出租人在得知转租事实后未及时行使合同解除权的,未表示反对亦未予认可的,按照《合同法》第51条规定,“无处分权的人处分他人财产,经权利人追认或者无处分权的人订立合同后取得处分权的,该合同有效”。视为出租人默认同意转租。但《民法典》中已经删除该条规定。“总则”第140条规定,“行为人可以明示或者默示作出意思表示。沉默只有在有法律规定、当事人约定或者符合当事人之间的交易习惯时，才可以视为意思表示。"从该条规定可以看出，除非符合交易习惯，否则不能认定出租人以默示方式同意承租人转租。结合"合同编"第718条的规定，"出租人知道或者应当知道承租人转租，但是在六个月内未提出异议的，视为出租人同意转租"。出租人可以随时行使合同解除权的合理期限为知道或应当知道之日起6个月，否则推定出租人同意转租。

【司法案例】

庞某菁诉徐某功房屋租赁合同纠纷案[①]

诉讼结论：承租人未经出租人同意转租的，甚至未经出租人同意，对住宅进行改建后群租进行产业化经营的，出租人可以解除合同。对于承租人的恶意违约行为，出租人可以行使与违约方违约程度相当的抗辩权。

庞某菁（甲方）与徐某功（乙方）签订《房屋租赁合同》，乙方承诺房屋仅作居住使用；未经甲方同意，不得擅自改变房屋结构；不得擅自将房屋的部分或全部转租他人。后庞某菁在催交房租时发现徐某功结欠水、电费未缴，未经准许擅自更改租赁房屋的内部结构，并将案涉房屋转租给多人。庞某菁以前述理由要求徐某功归还房屋，徐某功以租赁合同未到期为由予以拒绝，庞某菁以业主身份联系自来水公司停止水供应，起诉请求解除租赁合同，返还房屋，并支付租金和占有使用费、欠付水电费。生效判决均予以支持。

租赁合同中明确约定不得擅自改变房屋结构、不得擅自转租，但承租人在未征得出租人同意的情况下，私自改建房屋，并进行群租经营。第一，群租需更改原住房结构，拆除或另行增加墙体以增加房间数量，可能会对房屋原有装修和结构造成破坏。租赁合同解除时，对出租人而言，将会产生恢复原状的费用及房屋空置损失。第二，群租可能增加事故发生概率，对房屋和财产安全带来较大风险。因为居住的人员过多，而资源有限，可能引发纠纷，如群租房内发生重大伤亡事件，还会导致房屋贬值和出售困难。第三，群租可能增加出租人收回房屋的难度，因为出租人并不掌握次承租人的具体信息资料，在实际清退这些次承租人时，可能会遇到一定的阻碍。第四，对于次承租人而言，即使其已经向转租人支付了租金，仍可能面临被法院强制搬离群租房及不能退还已付房租的风险。

---

① 江苏省苏州市姑苏区人民法院（2017）苏0508民初3045号民事判决书。

第七百一十七条　承租人经出租人同意将租赁物转租给第三人，转租期限超过承租人剩余租赁期限的，超过部分的约定对出租人不具有法律约束力，但是出租人与承租人另有约定的除外。

【条文主旨】

本条是关于超过承租人剩余租赁期限的转租期间效力的规定。

【条文理解】

承租人与次承租人的转租合同是以承租人与出租人之间租赁合同的存续为前提，转租期限不应超过承租人剩余租赁期限，关键在于对租期的理解。租赁合同分为定期与不定期两类，对于定期合同，“合同编”第705条规定，“租赁期限不得超过二十年。超过二十年的，超过部分无效。租赁期限届满，当事人可以续订租赁合同；但是，约定的租赁期限自续订之日起不得超过二十年”。对于不定期租赁合同，不存在剩余租赁期限问题，承租人可以转租，但转租也须为不定期租赁。对于超出租赁期限的转租合同对出租人的法律约束力而言，例外情形是出租人与承租人可以对此进行约定，有特殊约定的，按约定办理。

【司法适用】

本条的相关内容原规定于《城镇房屋租赁解释》第15条，“承租人经出租人同意将租赁房屋转租给第三人时，转租期限超过承租人剩余租赁期限的，人民法院应当认定超过部分的约定无效。但出租人与承租人另有约定的除外”。与司法解释不同的是，“合同编”本条规定避开了超期限转租合同的无效论，采用了对出租人不具有法律约束力的观点。租赁合同与转租合同既具有与主合同和从合同相似的属性，又具有一定的独立性，毕竟两个合同的签订主体不同，而合同具有相对性。故以超过租赁期限的转租合同对出租人不具有法律约束力这一处理方式更符合合同的相对性原则。承租人因此给次承租人造成损失的，应按照转租合同的约定向次承租人承担赔偿损失等违约责任。

第七百一十八条　出租人知道或者应当知道承租人转租，但是在六个月内未提出异议的，视为出租人同意转租。

【条文主旨】

本条是关于推定出租人同意转租的规定。

【条文理解】

出租人知道或者应当知道承租人转租,但是在6个月内未提出异议的,视为出租人同意转租。本条的相关内容是从《城镇房屋租赁解释》第16条演化而来,该条规定:“出租人知道或者应当知道承租人转租,但在六个月内未提出异议,其以承租人未经同意为由请求解除合同或者认定转租合同无效的,人民法院不予支持。”该条要求城镇房屋的出租人在6个月内提出异议,否则推定出租人同意转租。与第16条规定不同的是,“合同编”第718条未进一步规定超过6个月再请求解除合同或认定转租合同无效的问题,这与第717条的变化是一致的。即此种情况下的转租合同应独立认定效力,没有赋予出租人关于确认转租合同无效的权利。对于6个月异议期的性质,应理解为除斥期间,不适用诉讼时效关于中断、中止、延长的规定。

【司法适用】

审判实践中,以下问题是转租中处理的重点与难点:(1)关于承租人擅自转租,出租人行使解除权对转租合同的影响。对于未经出租人同意的转租,出租人可以行使解除权。出租人不解除的,转租关系仍然存续,不会受到影响;出租人在6个月内行使解除权的,其可以依据物权请求权要求返还租赁物,转租合同终止。次承租人仅能基于转租合同向承租人主张违约责任。(2)出租人能否向次承租人收取租金及收取租金是否构成不当得利。按照合同相对性原则,出租人不能直接向次承租人收取租金,但在承租人违约未向出租人支付租金的情况下,出租人可以依法行使解除权,在租赁合同被解除的情况下,转租合同赖以存在的基础不复存在而不得不终止。在未经出租人同意的转租关系中,次承租人为了继续租赁,可以选择向出租人交纳租金,双方形成新的租赁关系。对于次承租人向承租人已重复交纳的租金,其可以依照合同的相对性向承租人主张返还。在经出租人同意,或推定同意的转租关系中,次承租人主张其已向承租人支付租金的,出租人无权要求次承租人重复向其交纳租金。

【司法案例】

江西甲商贸城诉江西省乙投资有限公司、丙木材厂、南昌市西湖区丁大药房房屋租赁合同纠纷案①

诉讼结论:出租人与承租人、次承租人的经营地相同或相近,出租人知道或者应当知道转租的事实。出租人未在其知道或应当知道之日起6个月内对转租行

① 江西省高级人民法院(2016)赣民终97号民事判决书。

为提出异议，视为同意转租。

租赁合同约定租赁期内，未经出租人木材厂同意，承租人乙投资公司不得转租他人。租赁期内，租赁房屋的所有权人变更为甲商贸城，其致函乙投资公司解除《租赁合同》。同日，木材厂向乙投资公司邮寄通知书，认为甲商贸城解除租赁合同行为符合租赁合同及法律，要求乙投资公司收到通知后5日内腾出房屋。乙投资公司分别回函，对解除租赁合同事宜提出异议，称其按约支付租金，转租行为得到木材厂同意。生效判决认为，转租行为均发生在甲商贸城成为产权人以前。按照常理，各商户在经营时不仅会悬挂招牌，还会悬挂营业执照，而甲商贸城、木材厂的住所地与租赁房屋所涉商户经营地相同或相近，木材厂知道或者应当知道转租的事实。木材厂未在其知道或应当知道之日起6个月内对转租行为提出异议，视为木材厂同意将店面转租给各经营户。因木材厂未在法定期限内对转租行为提出异议，对甲商贸城以转租行为未经出租人同意为由请求解除《租赁合同》的主张，不予支持。

第七百一十九条　承租人拖欠租金的，次承租人可以代承租人支付其欠付的租金和违约金，但是转租合同对出租人不具有法律约束力的除外。

次承租人代为支付的租金和违约金，可以充抵次承租人应当向承租人支付的租金；超出其应付的租金数额的，可以向承租人追偿。

【条文主旨】

本条是关于次承租人代位求偿权的规定。

【条文理解】

本条的相关内容是从《城镇房屋租赁解释》第17条演化而来，该条规定："因承租人拖欠租金，出租人请求解除合同时，次承租人请求代承租人支付欠付的租金和违约金以抗辩出租人合同解除权的，人民法院应予支持。但转租合同无效的除外。次承租人代为支付的租金和违约金超出其应付的租金数额，可以折抵租金或者向承租人追偿。"本条内容在一定程度上是对合同相对性原则的突破。依据合同的相对性理论，出租人与承租人的租赁合同和承租人与次承租人的转租合同，两者是独立的两个合同，次承租人与出租人之间没有直接合同关系，次承租人的任何主张不能对抗出租人。但本条对合同相对性原则的突破是有前提的，此种突破又具有一定的必然性。第一，转租合同对出租人具有法律约束力，主要包括：（1）经出租人同意的转租，且转租期限没有超过租赁合同期限；（2）未经出租人同意但出租人在知道或应当知道转租而在6个月内未提出异议。第二,次承租人占有、使用、收益的租赁物的处分权归出租人。出租人与次承租人并非没有任何联系的主体,他们之间虽没有直接的合同关系,但联结他们的是同一个租赁物,该租赁物既是租赁合同又是转租合同的标的物,这就决定了次承租人与出租人并非完全没有关联的独立合同主体,可以在一定程度上突破独立的两个租赁合同的相对性。第三,这种突破对次承租人和出租人都是有益的。如果承租人不存在违约行为,那么出租人和次承租人的权益均不会发生损害,租赁合同与转租合同可以同时有序运行。本条规定的这种突破发生在承租人违约时,法律在出租人和次承租人的共同利益之中寻找平衡。对出租人有法律约束力的转租合同,承租人拖欠租金的,次承租人可以代承租人支付其欠付的租金和违约金,以维系转租合同的履行,次承租人代为支付的租金和违约金,可以充抵次承租人应当向承租人支付的租金;超出其应付的租金数额的,可以向承租人追偿。

【司法适用】

在司法适用中,应注意以下内容:(1)当出租人解除租赁合同以致次承租人不能继续使用租赁物造成的损失,次承租人只能向合同的相对方即转租人主张违约责任或损害赔偿,不能直接要求出租人承担责任。(2)对于经出租人同意的转租合同,如因转租人拖欠租金,出租人要求解除,而次承租人要求继续履行转租合同的,除非出租人与次承租人能就继续履行合同达成一致,否则,应判决解除两个租赁合同。因为两个租赁合同毕竟是独立的两份合同,出租人并非转租合同的主体,不能强制要求其继续履行转租合同的义务。(3)对于因承租人违约导致出租人解除合同的,出租人应以承租人为被告,在腾退的诉讼请求里同时应将实际占用租赁物的次承租人列为共同被告。如果出租人未将次承租人列为共同被告的,法院应依职权通知次承租人作为第三人参加诉讼。

第七百二十条　在租赁期限内因占有、使用租赁物获得的收益,归承租人所有,但是当事人另有约定的除外。

【条文主旨】

本条是关于租赁物收益归属的规定。

【条文理解】

租赁物的收益一般包括:(1)因占有租赁物而产生的收益;(2)因使用租赁物而产生的收益。除当事人另有约定外,租赁期间承租人占有、使用租赁物获得的收益归承租人所有。这是由租赁合同的性质决定的,出租人收取租金,让渡的是租赁物的占有、使用、收益权。对于能产生孳息的租赁物,在没有特殊约定的情况下,孳息的所有权归承租人。

【司法适用】

本条司法适用的难点在于收益范围的确定。如租赁房屋被拆迁的,出租人对承租人的损失如何予以补偿,如果合同有约定的,按照约定处理;合同没有约定的,按照实际情况酌情处理。承租人转租取得的收益,按照本条规定,归承租人所有。

【司法案例】

甲有限责任公司诉深圳市乙珠宝首饰有限公司房屋租赁合同纠纷案[①]

诉讼结论:承租人享有租赁物使用、收益权,包括转租房屋能够获取的租金。对于出租人将承租期内的房屋转租给他人,承租人因此产生的租金损失,出租人应予赔偿。

丙国际信托投资公司(承租方)与深圳市丁实业股份有限公司(出租方)签订租赁合同,后甲公司按照协议承继了丙国投公司在原《租赁合同》下的权利义务,取得承租权。2011 年 1 月,乙公司取得案涉房屋的房产证后,于同年 10 月在涉案房产张贴《通告》,要求该层所有租户与乙公司签订租赁合同。部分租户与乙公司签订租赁合同,并支付租金。2013 年 5 月 10 日,另案生效判决确认甲公司对涉案房产享有从 1996 年 3 月 11 日起至 2019 年 10 月 1 日止的承租权且无须向乙公司支付该期限内的租金。甲公司起诉请求乙公司腾空全部房屋并赔偿租金损失。生效判决乙公司向甲公司赔偿至租期届满之日止的租金损失。

第七百二十一条　承租人应当按照约定的期限支付租金。对支付租金的期限没有约定或者约定不明确,依据本法第五百一十条的规定仍不能确定,租赁期限不满一年的,应当在租赁期限届满时支付;租赁期限一年以上的,应当在每届满一年时支付,剩余期限不满一年的,应当在租赁期限届满时支付。

① 广东省深圳市中级人民法院(2018)粤 03 民终 23117 号民事判决书。

【条文主旨】

本条是关于租金支付期限的规定。

【条文理解】

按照合同约定支付租金是承租人的基本义务。租金的支付期限是租赁合同的主要条款,当事人应在合同中尽量约定明确,以便于执行。双方可以约定租金预先支付,也可以是在租赁期间届满后支付;可以是一次性支付,也可以分期支付;可以约定在一定期限内支付,可以约定在具体的日期前支付。

【司法适用】

本条司法适用的难点在于租金支付期限没有约定或约定不明确时如何确定支付时点。按照"合同编"第510条关于约定不明的通常处理方式进行,即可以协议补充;不能达成补充协议的,按照合同相关条款或者交易习惯确定。如果按照上述方式仍不能确定的,则按照下述方法确定支付期限:(1)租赁期限不满1年的,应当在租赁期限届满时支付;(2)租赁期限1年以上的,应当在每届满1年时支付,剩余期间不满1年的,应当在租赁期限届满时支付。

第七百二十二条　承租人无正当理由未支付或者迟延支付租金的,出租人可以请求承租人在合理期限内支付;承租人逾期不支付的,出租人可以解除合同。

【条文主旨】

本条是关于承租人违反支付租金义务的法律后果的规定。

【条文理解】

承租人有正当理由拒付租金的情况主要有:(1)发生不可抗力或意外事件,致使租赁物部分或全部毁损、灭失,承租人无法使用租赁物的,可以请求不支付租金。(2)出租人未按合同约定履行维修义务,承租人可以请求扣减或不支付相应租金。(3)因承租人自身出现意外状况暂不能及时支付到期租金的,其可以请求适当延缓支付。对于承租人无正当理由未支付或者迟延支付租金的,为了维护交易稳定和保障承租人的权益,法律给予合理的催告期。承租人在经催告后仍不支付的,出租人可以解除合同。租赁合同解除后,合同终止履行,承租人应返还租赁物,按实计付租金及合同解除后发生的占用费。

【司法适用】

对于承租人无正当理由未支付或者迟延支付租金的,在合理的催告期届满后，出租人请求解除合同的，司法实践一般予以支持，这是从保护出租人合法权益角度进行的考量。承租人发生经营状况恶化等情形无力支付租金时，出租人对此能够提供充分证据予以证明的，可以依法行使不安抗辩权，应允许出租人及时解除合同止损。司法审查是否存在"正当理由"时，应侧重审查是否存在不可抗力情形，慎用情势变更。针对新冠疫情，最高人民法院陆续出台两份《关于依法妥善审理涉新冠肺炎疫情民事案件若干问题的指导意见》。针对涉新冠肺炎疫情民事案件，指导意见要求依法准确适用不可抗力规则，强调当事人对疫情或疫情防控措施对合同履行影响的举证义务，人民法院应当按照公平原则处理。承租房屋用于经营，疫情或者疫情防控措施导致承租人资金周转困难或者营业收入明显减少，出租人以承租人没有按照约定的期限支付租金为由请求解除租赁合同，由承租人承担违约责任的，人民法院不予支持。承租非国有房屋用于经营，疫情或疫情防控措施导致承租人没有营业收入或者营业收入明显减少，继续按照原租赁合同支付租金对其明显不公平，承租人请求减免租金、延长租期或者延期支付租金的，人民法院可以引导当事人参照有关租金减免的政策进行调解；调解不成的，应当结合案件的实际情况，根据公平原则变更合同。

【司法案例】

沈阳甲房地产开发有限公司诉乙餐饮有限公司、丙饭店有限公司、沈阳丁房地产开发有限公司房屋租赁合同纠纷案[①]

诉讼结论：承租人欠付租金的，出租人有权解除合同。承租人迟延履行给付租金，经催告后在合理期限内仍未履行，对租赁协议的解除应承担全部责任。

甲公司（出租人）与乙公司（承租人）签订租赁协议，乙公司法定代表人杨某超签名，丙公司加盖公章共同确认。甲公司按照约定将房屋交付给乙公司经营使用，乙公司未向甲公司交纳房屋租金。甲公司起诉请求确认租赁协议已解除，判令乙公司和丙公司连带给付租金及占用费，腾退房屋。生效判决认为乙公司从未向甲公司交纳过房屋租金，甲公司向丙公司和乙公司先后送达《律师函》要求支付租金未果，甲公司依法享有解除租赁协议的权利。乙公司没有通过法院或仲裁机构确认解除合同的效力，故认定租赁协议已解除。乙公司迟延履行给付租金，经催告后在合理期限内仍未履行，对租赁协议的解除应承担全部责任。

---

① 辽宁省高级人民法院（2019）辽民终 1441 号民事判决书。

第七百二十三条　因第三人主张权利，致使承租人不能对租赁物使用、收益的，承租人可以请求减少租金或者不支付租金。

第三人主张权利的，承租人应当及时通知出租人。

【条文主旨】

本条是关于出租人权利瑕疵担保责任的规定。

【条文理解】

出租人对租赁物应享有对外出租的权利，担保第三人不能就租赁物主张权利，妨碍租赁的使用，否则应向承租人承担责任。出租人的权利瑕疵担保责任的构成要件如下：(1)权利瑕疵在合同订立前已经存在。如果是租赁合同订立后发生的买卖，则适用买卖不破租赁规则，对承租人不发生影响。(2)承租人不知道存在权利瑕疵。如果在订立合同时出租人已告知权利瑕疵，承租人明知出租人没有处分权，自愿承担风险，无权作为善意相对人要求出租人承担权利瑕疵担保责任。(3)权利瑕疵在租赁合同成立后仍未消除，且第三人主张权利，致使承租人不能对租赁物使用、收益。如第三人主张抵押权的实现，将导致承租人无法继续使用租赁物。

【司法适用】

本条司法适用的难点在于第三人主张权利的证据保存与及时通知出租人后，承租人享有何种救济权利，本条并未明确规定承租人是否有权解除合同，只是规定承租人可以请求减少租金或者不支付租金。通常认为，当第三人主张权利时，承租人应及时通知出租人，双方需要协商，并由出租人负责协调解决。如果仍不能解决，第三人采取强制措施导致承租人无法使用租赁物、租赁合同目的无法实现时，可以请求减少或不支付租金，并请求解除合同、赔偿损失等违约责任。

【司法案例】

黄某勤诉郑某木房屋租赁合同纠纷案[①]

诉讼结论：承租方在第三人主张权利后直接与第三人签订解除协议并将房屋返还给第三人的，对租赁合同的履行也存在一定的过错。

黄某勤(出租方)与郑某木(承租方)签订租赁合同，记载租赁物的产权人为黄某月。黄某月系黄某勤、黄某贞的母亲。租赁期间，黄某月去世，黄某贞取得房

① 福建省高级人民法院(2018)闽民终956号民事判决书。

产证，并多次向郑某木主张继承产生的相关权益。郑某木与黄某贞签订协议书，提前终止与黄某勤签订的租赁合同，将房屋交还给黄某贞。同日，黄某勤收到郑某木发出的《终止〈租赁合同〉通知书》。生效判决认为，在履行合同过程中，由于黄某勤的妹妹黄某贞出面干扰，黄某勤在出租房屋时也未将该房屋权属情况如实告知郑某木，致使本案合同无法履行，黄某勤对此负有责任。郑某木在支付租金过程中也存在过错，明知房屋租赁合同是与黄某勤签订的，但与黄某贞签订了解除合同，故双方对解除合同均具有过错，各自承担相应的责任。郑某木要求黄某勤承担赔偿责任及黄某勤提出的没收押金请求，均不予支持。

第七百二十四条　有下列情形之一，非因承租人原因致使租赁物无法使用的，承租人可以解除合同：

（一）租赁物被司法机关或者行政机关依法查封、扣押；

（二）租赁物权属有争议；

（三）租赁物具有违反法律、行政法规关于使用条件的强制性规定情形。

【条文主旨】

本条是关于非承租人构成根本性违约，承租人可以解除合同的规定。

【条文理解】

本条相关内容是从《城镇房屋租赁解释》第20条演化而来，该条规定："租赁房屋在租赁期间发生所有权变动，承租人请求房屋受让人继续履行原租赁合同的，人民法院应予支持。但租赁房屋具有下列情形或者当事人另有约定的除外：（一）房屋在出租前已设立抵押权，因抵押权人实现抵押权发生所有权变动的；（二）房屋在出租前已被人民法院依法查封的。"出租人有适租义务，但因租赁物被依法查封、他人主张权属、具有违反法律和行政法规关于使用条件的强制性规定情形，导致租赁物无法使用时，出租人构成根本性违约，承租人可以解除合同。其中"违反法律、行政法规关于使用条件的强制性规定情形"，如租赁房屋不符合消防规定，未取得消防验收合格手续，导致承租人无法取得消防安全许可证，被行政主管部门责令停业的，因房屋不符合租赁用途，承租人可以解除合同。

【司法适用】

依照本条进行司法审查的要点：（1）租赁物存在被依法查封、权属有争议或违反法律、行政法规关于使用条件的强制性规定情形。（2）该情形是出租人原因造成。（3）该情形达到使租赁物无法使用的程度。"租赁物无法使用"指无法按照租赁物约定用途使用,或者无法按照租赁物的性质使用,致使无法实现合同目的,租赁合同无法继续履行,承租人有权解除合同。如果还没有达到租赁物无法使用的程度,则承租人无权解除合同。如果租赁物发生本条规定的情形,承租人应及时通知出租人,由出租人负责处理。对于出租人解决不了,承租人无法使用租赁物的,租赁合同已失去继续履行的基础,承租人可以解除合同。

第七百二十五条　租赁物在承租人按照租赁合同占有期限内发生所有权变动的,不影响租赁合同的效力。

【条文主旨】

本条是关于所有权变动不破租赁的规定。

【条文理解】

本条规定被学界通说认为是民法体系中债权物权化的典型代表,俗称"买卖不破租赁"规则,指当出租人在租赁合同有效期内将租赁物的所有权转让给第三人时,租赁合同对新所有人有效。"买卖不破租赁"的提法形象地表达了所有权变动对租赁合同不发生影响的效果,但其仅表述买卖是不全面的,应当还包括互易、赠与、继承、遗赠、征收、强制执行等其他所有权变动情形。所有权变动不破租赁的构成要件:(1)租赁合同已经成立并生效;(2)承租人对租赁物已经占有使用;(3)所有权变动发生在租赁期间;(4)第三人取得租赁物的所有权。具备上述条件的,即使所有权受让人不知道租赁合同的存在,租赁关系仍得以对抗该所有权受让人。

【司法适用】

所有权变动不破租赁规则在司法实践中也受"合同编"第724条规定的影响,该条规定情形是所有权变动不破租赁的法定除外条件。即存在以下情形时:(1)租赁物被司法机关或者行政机关依法查封、扣押;(2)租赁物权属有争议;(3)租赁物具有违反法律、行政法规关于使用条件的强制性规定情形。承租人不能以租赁合同对抗新受让人,只能请求解除合同。

【司法案例】

苏某利、苏某民等诉夏邑县甲集团有限公司
租赁合同纠纷案[①]

诉讼结论:租赁物在租赁期间发生所有权变动的,不影响租赁合同的效力。

---

① 最高人民法院(2017)最高法民再268号民事判决书。

所有权变动后，原出租人已不是案涉房产的所有权人，依法丧失了原租赁合同的主体地位，不再享有解除合同的权利。

甲公司（出租方）与苏某明（承租方）签订房屋租赁协议，约定租期30年，苏某明当日付清了全部租金。苏某明将其承租的房屋转租给他人。甲公司以苏某明未经其同意擅自转租为由，以苏某明为相对人制作了解除合同通知书，但将该通知书送达给了苏某明之子苏某利。甲公司将该解除合同通知书又向苏某明本人进行了送达。后甲公司与案外人许某签订房屋买卖协议，将其中一间门面房卖给许某并办理房屋所有权证。另一间门面房经法院执行裁定作价抵债债务，由案外人郭某取得所有权证。原一、二审判决均以苏某明超过《合同法解释（二）》第24条规定的3个月异议期才向法院起诉，判决驳回了苏某明关于确认甲公司的解除合同通知书无效的诉讼请求。本案经最高人民检察院抗诉，最高人民法院再审认为，依据“租赁物在租赁期间发生所有权变动的，不影响租赁合同的效力”的规定，虽然甲公司、房屋受让人与苏某明之间没有另行签订变更原租赁合同主体的书面协议，但其实际的法律后果应当是在承租人和租赁物的新所有人之间形成租赁合同关系。因此，甲公司向苏某明发出解除合同通知书时已不是案涉房产的所有权人，依法丧失了原租赁合同的主体地位，不再享有解除合同的权利，即甲公司无权解除案涉租赁合同。

第七百二十六条　出租人出卖租赁房屋的，应当在出卖之前的合理期限内通知承租人，承租人享有以同等条件优先购买的权利；但是，房屋按份共有人行使优先购买权或者出租人将房屋出卖给近亲属的除外。

出租人履行通知义务后，承租人在十五日内未明确表示购买的，视为承租人放弃优先购买权。

【条文主旨】

本条是关于房屋承租人优先购买权的规定。

【条文理解】

房屋承租人优先购买权，是指在同等条件下，房屋承租人依法享有优先于他人购买租赁房屋的权利。按照本条规定，承租人对租赁物的优先购买权仅限于房屋。房屋承租人优先购买权的法律性质存在较大争议，主要有：（1）请求权说，认为房屋承租人在出租人出卖房屋时享有以与第三人同等条件请求购买房屋的权利。（2）形成权说，包括形成权说与附条件形成权说两种意见。形成权说认为以承租人一方之意思表示，无须出租人的承诺，即可形成出卖人与第三人同等条件为内容的契约；附条件形成权说则进一步认为，此项形成权须出租人将标的物出卖给第三人时才始得行使。(3)物权说与准物权说。物权说认为承租人优先购买权具有对抗第三人的效力；准物权说认为法律赋予承租人的优先效力和追及效力体现其具有物权的某种属性。上述学说不能完全准确反映承租人优先购买权的法律性质。请求权说对承租人的保护力度过弱；形成权说赋予承租人有确认出租人与第三人签订买卖合同无效的权利，有过度保护承租人之嫌，也不符合我国的司法实践；承租人优先购买权具有与物权相似的部分特性，如均具有法定性，但它本身并不是物权，也不能准用物权的相关规定。房屋承租人优先购买权是基于房屋承租人的特定身份，为维护社会经济秩序稳定，在不损害出租人合法权益的情况下，为维护承租人权益而赋予承租人的一项法定优先权。房屋承租人优先购买权的实现依赖出租人履行通知义务，在权利受到侵害时，仅能请求出租人给予损害赔偿。

房屋承租人的优先购买权作为一种法定权利，其实现需具备以下条件：(1)在租赁合同存续期间内；(2)在同等条件下购买。同等条件包括买卖的价款、付款期限与方式等。(3)在合理期限内购买。一是要求出卖人在合理期限内事先通知承租人；二是要求承租人在接到通知之日起 15 日内明确作出购买的意思表示。

【司法适用】

《合同法》第 230 条规定，“出租人出卖租赁房屋的，应当在出卖之前的合理期限内通知承租人，承租人享有以同等条件优先购买的权利”。《城镇房屋租赁解释》第 21 ~ 24 条对房屋承租人优先购买权进行了细化规定。“合同编”吸收了《城镇房屋租赁解释》第 24 条第 1 ~ 3 项规定，在《合同法》第 230 条的基础上增加了但书条款及第 2 款。关于承租部分房屋的承租人在出租人整体出卖房屋时是否享有优先购买权的问题，《最高人民法院关于承租部分房屋的承租人在出租人整体出卖房屋时是否享有优先购买权的复函》指明，可以从以下两个方面综合考虑：第一，从房屋使用功能上看，如果承租人承租的部分房屋与房屋的其他部分是可分的、使用功能可相对独立的，则承租人的优先购买权应仅及于其承租的部分房屋；如果承租人承租的部分房屋与房屋的其他部分是不可分的、使用功能整体性较明显的，则其对出租人所卖全部房屋享有优先购买权。第二，从承租人承租的部分房屋占全部房屋的比例看，承租人承租的部分房屋占出租人出卖的全部房屋一半以上的，则其对出租人出卖的全部房屋享有优先购买权；反之则不宜认定其对全部房屋享有优先购买权。

对于享有优先购买权的承租人，在优先购买期内未作出放弃优先购买权的表示，出租人不得在该期间将房屋卖给他人，如果出租人违反了该项规定，承租人不能请求确认该买卖合同无效，按照“合同编”第728条的规定，承租人只能向出租人请求损害赔偿。本条司法适用的难点在于如何认定“同等条件”，需要对同等条件进行具体考察，在对买受人资质有特殊要求而承租人不具备该资质的，不应认定符合同等条件。

【司法案例】

李某俭诉韩某伟、邵某美房屋租赁合同纠纷案①

诉讼结论：不定期与定期房屋租赁合同的承租人同样享有优先购买权。侵害承租人优先购买权造成其损失的，应当承担相应的赔偿责任。

双方未签订书面租赁合同，承租人韩某伟、邵某美一直支付租金并占用房屋。出租人李某俭与案外人宿某签订房屋买卖合同，将涉案房屋以25万元卖给宿某，并过户至宿某名下。承租人被宿某起诉时才知晓涉案房屋被过户（经鉴定，此时涉案房屋价值492,100元），法院生效判决腾房。此后，承租人认为出租人与案外人之间的房屋买卖行为侵犯了其作为承租人的优先购买权，曾起诉请求确认出租人与案外人签订的房屋买卖协议无效，未被支持。承租人以优先购买权受到侵犯，并造成巨大损失为由，在本案起诉请求出租人赔偿各项损失共计348,575元（房屋差价损失307,100元、自建房屋价值损失11,500元、装饰装修损失29,975元）。生效判决认为：出租人在不定期租赁合同仍然履行时出卖房屋，未通知承租人，损害了承租人的优先购买权，应当适当赔偿承租人相应损失。承租人的经济损失应当以涉案房屋实际交易之日与承租人知道或者应当知道交易信息之日的差价损失242,100元为基础计算，结合本案不定期租赁的特殊情况和机会利益的特殊性，法院酌情认定出租人赔偿承租人涉案房屋差价损失的20%。

第七百二十七条　出租人委托拍卖人拍卖租赁房屋的，应当在拍卖五日前通知承租人。承租人未参加拍卖的，视为放弃优先购买权。

【条文主旨】

本条是关于委托拍卖情况下房屋承租人优先购买权的规定。

---

① 山东省济南市中级人民法院（2016）鲁01民终4094号民事判决书。

【条文理解】

本条是从《城镇房屋租赁解释》第 23 条演化而来，该条规定："出租人委托拍卖人拍卖租赁房屋，应当在拍卖 5 日前通知承租人。承租人未参加拍卖的，人民法院应当认定承租人放弃优先购买权。"对于出租人未按照"合同编"第 726 条通知承租人的，或者已按规定通知承租人，承租人在催告期内明确表示购买，但未能购买成功的，出租人委托拍卖公司拍卖租赁房屋的，应当在拍卖 5 日前通知承租人，承租人未参加拍卖的，推定其放弃优先购买权。

【司法适用】

拍卖是一种特殊的买卖方式，具有以下特点：(1)拍卖是通过专业中介机构拍卖公司进行的，拍卖公司与委托方签订委托拍卖合同、与最高竞价者签订成交确认书及其发布拍卖公告连接委托方与竞买方，并负责操作整个拍卖活动。(2)拍卖是在同一时间、地点通过公开竞价，价高者得的过程。(3)拍卖活动受《拍卖法》的规制，委托方、拍卖方、竞买方均有各自的权利义务及拍卖程序。拍卖具有诺成性，拍卖师落槌成交是交易惯例，拍卖的唯一规则就是最终实现价高者得，如果承租人不参加拍卖，不能保证在出现最高竞价时再场外征求承租人的意见，甚至在承租人表示同意以该最高价购买时将购买权确给承租人。承租人的优先购买权与拍卖规则存在冲突的情况下，承租人的优先购买权让位于拍卖规则，承租人仍需遵守拍卖规则。对于承租人参加拍卖的，如何在拍卖中保护承租人的优先购买权问题，《最高人民法院关于人民法院民事执行中拍卖、变卖财产的规定》第 16 条规定："拍卖过程中，有最高应价时，优先购买权人可以表示以该最高价买受，如无更高应价，则拍归优先购买权人；如有更高应价，而优先购买权人不作表示的，则拍归该应价最高的竞买人。顺序相同的多个优先购买权人同时表示买受的，以抽签方式决定买受人。"

第七百二十八条　出租人未通知承租人或者有其他妨害承租人行使优先购买权情形的，承租人可以请求出租人承担赔偿责任。但是，出租人与第三人订立的房屋买卖合同的效力不受影响。

【条文主旨】

本条是关于房屋承租人优先购买权受到侵害的法律后果的规定。

【条文理解】

房屋承租人优先购买权的行使要求出租人履行通知与协助义务，如果因为出租人未通知承租人或者有其他妨害承租人行使优先购买权的行为，比如严苛购买条件，提高首付比例，限定购买时间过短等情形的，一方面，“买卖不破租赁”，另一方面，租赁不碍买卖，按照本条规定，出租人与第三人订立的房屋买卖合同的效力不受影响，即承租人无权以其优先购买权受到侵害为由请求确认房屋买卖合同无效。承租人也无权请求撤销该房屋买卖合同，只能请求出租人承担损害赔偿责任。

【司法适用】

承租人以本条为依据起诉的，应系侵犯法定优先购买权的侵权之诉。承租人需要提供证据证明：(1)出租人存在侵犯优先购买权的行为；(2)承租人的权益受到损害；(3)出租人的侵权行为与损害结果之间存在因果关系。本条适用的难点在于承租人可以请求出租人承担赔偿责任的范围，最重要的也最有争议的应是房屋增值的损失。理论上包括房屋增值的损失，但该损失的承担是否需要具备一定的前提条件存在争议。有观点认为，只要出租人未通知或有其他妨害承租人优先购买权的行为，房屋在此期间的增值部分承租人可以直接向出租人要求赔偿。但此种处理方式可能会造成承租人没有支付任何成本，就获取巨额利益之嫌。本条要求出租人承担赔偿责任的前提是承租人有能力购买房屋而完全因为出租人的原因未能购买，需要承租人提供充分证据证明自己具有购房能力，且其为购买房屋已经做了相应的准备，包括筹备首付款等。

第七百二十九条　因不可归责于承租人的事由，致使租赁物部分或者全部毁损、灭失的，承租人可以请求减少租金或者不支付租金；因租赁物部分或者全部毁损、灭失，致使不能实现合同目的的，承租人可以解除合同。

【条文主旨】

本条是关于不可归责于承租人的租赁物毁损、灭失时的权利救济的规定。

【条文理解】

在承租人已经尽到善良管理人义务的情况下，因其他原因造成租赁物部分或全部毁损、灭失的，承租人的权利救济包括：(1)承租人可以请求减少租金或不支付租金。(2)致使不能实现合同目的的，可以解除合同。此种情况下，承租人解除合同的，不仅无须向出租人承担违约责任，还有权要求出租人返还剩余租金。

【司法适用】

不可归责于承租人原因造成租赁物毁损、灭失的情形主要有：(1)不可抗力，指合同订立时不能预见、不能避免且不能克服的客观情况，包括自然灾害，如台风、火灾、洪水、地震等；政府行为，如征收、征用；社会异常现象，如罢工、骚乱等。(2)意外事件，指外来的、突发的、非本意的使租赁房屋发生部分或全部毁损、灭失的客观事件，包括第三人的过错行为。意外事件的构成要件：行为在客观上造成了损害结果；行为人对于自己的行为所造成的损害结果在主观上既无故意也无过失；损害结果的发生是由于不可抗拒或不能预见的原因引起的。(3)因出租人不履行义务造成租赁物毁损、灭失，包括未及时履行维修义务等。(4)租赁物自身存在质量问题或设计缺陷。

【司法案例】

重庆市江津区甲商贸有限公司诉廖某兴房屋租赁合同纠纷案①

诉讼结论：由于租赁物被政府依法征收，租赁合同因征收终止的，出租人对该合同的终止并无任何过错。按照公平和诚信原则，出租人应对承租人遭受的损失酌情予以赔偿，但承租人无权要求政府因征收给予产权人的补偿款。

租赁期间诉争房屋被国家征收，出租人廖某兴与房屋征收中心签订房屋征收货币补偿协议书后，向乙配送中心发出通知，告知因政府征收并请承租人将该房屋腾空后交还出租人，同时解除双方签订的租赁合同。承租人收到该通知后未提出异议。承租人对该房屋装修装饰损失申请鉴定。经鉴定，房屋装修工程造价为80,359.21元。征收中心对该房屋中的冻库设备评估价值为20万元，对该房屋中冻库构筑物土建部分的评估价值为27万元。征收中心支付了廖某兴积极搬迁奖励费、装修装饰补偿费和6个月的停产停业损失费。承租人起诉请求出租人支付搬迁费、积极搬迁奖励费、设备设施补偿费、停产停业损失补偿费、装饰装修补偿费共计81万元。生效判决认为，因公共利益的政府征收行为属于不可抗力，出租人与承租人均不存在违约。承租方的停产停业损失，在金额上难以具体确定，在没有对承租人进行全面的税务、财务审计的情况下难以确定剩余期限的经营利润的，酌情确定一定期限的恢复经营期，由出租人在征收补偿所获停产停业损失限额内给予承租人一定补偿，符合公平正义的法律精神。考虑本案租期长、投入大，营业预期比较大，且投入土建和冻库等花费时间较长，恢复经营所需时间较长的实际情况，并考量合同解除至实际搬迁，承租人已经获得9个月的时间另行恢复

---

① 重庆市第五中级人民法院(2014)渝五中法民终字第785号民事判决书。

生产，在此基础上将出租人从政府获得的6个月的停产停业补偿全部支付给承租人作为恢复生产的费用，较为恰当合理。判决出租人向承租人支付搬迁费、设备设施补偿费、装修装饰损失费、部分停产停业损失费。

第七百三十条　当事人对租赁期限没有约定或者约定不明确，依据本法第五百一十条的规定仍不能确定的，视为不定期租赁；当事人可以随时解除合同，但是应当在合理期限之前通知对方。

【条文主旨】

本条是关于租赁期限没有约定或约定不明确时的法律后果的规定。

【条文理解】

租赁合同分为定期与不定期两大类，当事人可以约定期限，没有约定期限或约定不明确，按照协议补充、合同相关条款或者交易习惯等方式仍不能确定的，视为不定期租赁。对于不定期租赁，当事人包括承租方和出租方均可以随时解除合同，只需要在合理期限之前通知对方。不定期租赁具有一定的灵活性，双方当事人都有随时解除权，为了减少相对方的经济损失，需要给予一定的合理期限。

【司法适用】

本条司法适用的难点在于如何认定不定期租赁合同的解除时间。一般认为，租赁关系的解除时间为双方就解除事宜达成合意或租赁物返还给出租方的时间。对于当事人单方主张解除合同的，应当在合理期限之前通知对方。如何认定合理期限则根据具体案情而定，灵活性较强的短期租赁合同，合理期限可以为几天；对于大型房屋或机器设备，出租人寻找其他承租人需要较长时间的，或者承租人寻找新的租赁物或搬迁较为困难的，合理期限则为1～3个月不等。

第七百三十一条　租赁物危及承租人的安全或者健康的，即使承租人订立合同时明知该租赁物质量不合格，承租人仍然可以随时解除合同。

【条文主旨】

本条是关于租赁物质量不合格时承租人解除权的规定。

【条文理解】

出租人的瑕疵担保责任包括物的瑕疵担保责任和权利的瑕疵担保责任。本条系出租人关于物的瑕疵担保责任，具体是指出租人应担保所交付的租赁物具有依交易惯例或当事人约定能够为承租人使用收益的价值、效用或品质。如果出租人违反此项担保义务，应承担民事责任。出租人关于物的瑕疵担保责任构成要件：(1)租赁物有质量瑕疵，出租人对租赁物本身的瑕疵担保责任贯穿于整个租赁期间，即该瑕疵发生或发现时间无论是在交付前还是在交付后，出租人均负有物的瑕疵担保责任。(2)承租人于合同订立时不知道租赁物有瑕疵，即使知道该租赁物质量不合格，当租赁物的质量瑕疵达到危及承租人安全或健康的程度时，本条规定赋予承租人合同解除权。

【司法适用】

本条司法适用的难点在于租赁物质量不合格的认定。对于租赁物存在危及承租人安全或者健康情形的，承租人主张租赁物质量不合格时，一般是通过司法鉴定，依靠专业鉴定机构对租赁物的质量是否合格作出结论，租赁物自身质量是否存在缺陷，即租赁物存在危及承租人的安全或者健康的情形系自身质量存在缺陷造成的，而不是承租人使用不当原因造成的。

【司法案例】

饶某礼诉上海甲加固技术工程有限公司房屋租赁合同纠纷案①

诉讼结论：即使承租人订立合同时明知该租赁物质量不合格，租赁物危及承租人的安全或者健康的，承租人仍然可以随时解除合同。

乙酒店(经营者为饶某礼)通过公开招标的方式中标获取租赁监狱管理局供应站合法占有的诉争房屋的权利。中标同日乙酒店出具承诺书，承诺如该公司中标以后，一定会严格按照加固设计单位和某省建设工程安全质量监督管理局等权威部门出具的加固改造方案，对租赁房屋进行科学、安全的加固。在取得具有法律效力的书面文件后，再使用该房屋。乙酒店与监狱管理局供应站签订《租赁合同》，第5条“特别约定”：租赁物经有关部门鉴定为危楼，需加固后方能使用。乙酒店对租赁物的前述问题及瑕疵已充分了解。乙酒店承诺对租赁物进行加固，确保租赁物达到商业房产使用标准，乙酒店承担全部费用。如因加固、供水电及乙酒店履约不能等因素致使合同无法履行，乙酒店应承担违约责任，监狱管理局供应站不予退还履约保证金、不予补偿乙酒店的实际投资；如监狱管理局供应站因此遭受损失，乙酒店承担赔偿责任。乙酒店接收房屋后与甲加固公司签订加固改造工程《协议书》，后在加固施工过程中，涉案的建筑物大部分垮塌。生效判决认

---

① 江西省高级人民法院(2018)赣民终173号民事判决书。

为,《城市房屋租赁管理办法》第6条规定:有下列情形之一的房屋不得出租:……(六)不符合安全标准的。案涉房屋早在2007年就已被江西省建设工程质量监督管理站鉴定为D级危房,并被建议予以拆除。出租前也未进行过维修、加固。依据上述规定不能出租。按照《合同法》第233条"租赁物危及承租人的安全或者健康的,即使承租人订立合同时明知该租赁物质量不合格,承租人仍然可以随时解除合同"之规定,饶某礼可以随时解除合同。何况,案涉房屋在加固过程中即已倒塌,租赁合同的标的物灭失,合同约定计付租金的时间也未开始,故案涉房屋租赁合同并未实际履行。

第七百三十二条　承租人在房屋租赁期限内死亡的,与其生前共同居住的人或者共同经营人可以按照原租赁合同租赁该房屋。

【条文主旨】

本条是关于房屋承租人死亡的租赁关系处理的规定。

【条文理解】

正常情况下,租赁合同一方当事人死亡,合同权利义务自然终止。由于房屋作为重要的不动产,既可以作为居住生活用,也可以用作商业经营。承租人虽为一人,但可能存在共同居住人或共同经营人,因此,在调整租赁关系时,需要考虑承租人死亡后共同居住人或共同经营人的居住利益。在住房租赁中,承租人取得租赁房屋的使用权,不具有公租房的福利性,不存在继承租赁权的情形。对于原租赁合同未到期未履行的剩余部分,共同居住的人或共同经营人可以继续履行原租赁合同,出租人不得干涉。为避免不必要的争议,共同居住的人或共同经营人可以与出租人达成新的租赁协议,变更承租人。

【司法适用】

《合同法》第234条规定:"承租人在房屋租赁期间死亡的,与其生前共同居住的人可以按照原租赁合同租赁该房屋。"《城镇房屋租赁解释》第19条规定:"承租人租赁房屋用于以个体工商户或者个人合伙方式从事经营活动,承租人在租赁期间死亡、宣告失踪或者宣告死亡,其共同经营人或者其他合伙人请求按照原租赁合同租赁该房屋的,人民法院应予支持。""合同编"吸收增加了共同经营人的租赁权。如果共同居住的人或共同经营人与出租人达成新的租赁合同,双方形成新的租赁关系,双方继续履行租赁合同自无争议,但如双方未能达成新的租赁合同,又对原租赁合同的继续履行发生争议时,依照本条处理。本条适用的难点在于举证责任:(1)共同居住的人或共同经营人需要提供证据证明自己的共同居住或共同经营行为,以证明其有继续居住或经营的主体资格。(2)原租赁合同的内容与履行情况。共同居住人或共同经营人对租赁房屋使用权是原承租权的延续,不享有超过原承租人的权利范围,其需要提供证据证明原租赁合同仍在履行有效期限内,原租赁合同尚未履行完毕,以对抗出租人关于终止与腾退的请求。

【司法案例】

某市轻工集体经济联社诉杨某、姚某贤、田某园、田某房屋租赁合同纠纷案①

诉讼结论:承租人在租赁期间死亡的,共同经营人有权按照原租赁合同继续租赁房屋。

田某坤共承租7间门面商铺用于经营,其中两家个体工商户营业执照登记的经营者为杨某。田某坤去世,杨某、姚某贤、田某园、田某系其法定继承人。杨某等继续按约交租。出租人轻工联社起诉请求解除《房屋租赁合同》与《补充协议书》,杨某、姚某贤、田某园、田某共同赔偿违约转租经济损失860,800元。生效判决认为,因双方约定租期至拆迁为止,即在租赁房屋未被拆迁之前,租赁期限不超过20年均为有效的约定,双方的合同尚处于有效租赁期限内。田某坤作为承租人在涉案房屋租赁期间死亡。在田某坤去世前,杨某就曾以自己的名义将涉案房屋进行转租,参与个体经营,共同受益,而且杨某是田某坤的配偶,家庭成员之间共同经营管理个体工商户或者个人独资企业,也符合日常生活经验法则。田某坤具有个体工商户经营者、个人独资企业投资人等身份,所承租的房屋均被用于经营而不是用于居住,其转租行为亦应属于经营行为。故杨某作为共同经营人有权按照原租赁合同继续租赁涉案房屋。轻工联社收到杨某支付的相应租金后并未提出异议,在此情况下又主张解除涉案租赁合同违反诚信原则。

第七百三十三条　租赁期限届满,承租人应当返还租赁物。返还的租赁物应当符合按照约定或者根据租赁物的性质使用后的状态。

【条文主旨】

本条是关于租赁期限届满承租人返还租赁物的规定。

① 新疆维吾尔自治区高级人民法院(2019)新民再47号民事判决书。

【条文理解】

租赁期限届满,承租人返还租赁物是其主要义务:(1)承租人应于租赁关系终止时向出租人返还租赁物。只要租赁关系终止时,租赁物还存在,且有返还必要的,承租人应向出租人返还租赁物。只有当租赁物不存在,或者已经由出租人控制时,承租人才不负有返还义务。如租赁物已经毁损、灭失的,承租人无法返还租赁物,也就不存在返还义务问题。如果租赁物系因承租人原因毁损、灭失的,承租人的返还义务变更为损害赔偿责任;如果租赁物系非因承租人原因毁损、灭失的,承租人不承担责任。(2)承租人返还的租赁物应当符合按照约定或者根据租赁物的性质使用后的状态。租赁物一般为有体物、非消费物,具有一定的重复利用价值,并非一次性消耗品。同时,租赁物在使用过程中会产生一定的自然损耗和折旧。只要承租人返还的租赁物符合合同约定状态,或符合承租人正常使用收益后合理损耗状态,其返还义务的履行就是适当的。(3)承租人应在租赁期限届满时及时返还租赁物。一般情况下,租期届满前,最晚不超过届满日,承租人应返还租赁物,双方有时候出于种种原因不能及时交接,如出租人外出,则可以按照约定时间返还。

【司法适用】

双方应在租赁合同中明确约定租赁物的名称、数量、用途,避免承租人在履行返还租赁物义务时产生争议。司法适用的难点在于如何认定承租人的返还义务是否适当,其返还的租赁物是否符合按照约定或者根据租赁物的性质使用后的状态。如双方租赁的标的物系土地使用权,承租人在租赁土地上建造房屋或对原有建筑进行改造、添附,租赁合同终止时,对于出租人要求承租人拆除厂房设备平整土地的诉请如何处理,在司法实践中存在不同做法。经出租人同意进行的改造和添附,不宜认定承租人违约;未经出租人同意,承租人为经营所需自行改造,在改造或添附使原租赁物增值的情况下,不宜要求承租人完全恢复原状再返还给出租人。

【司法案例】

江苏甲集团有限公司诉徐州乙纺织有限公司租赁合同纠纷案①

诉讼结论:双方对返还租赁物的数量、价款等存在争议时,双方各负相应的举证责任,当承租人不能举证证明资产系其自有时,应承担举证不能的不利法律后果。承租人不能及时返还租赁资产的,需向出租人赔偿租赁物折价款。

---

① 江苏省高级人民法院(2018)苏民终813号民事判决书。

江苏甲集团有限公司(甲方)与乙纺织控股有限公司(乙方)签订《合作协议》,约定乙方租赁甲方合法拥有的厂房及生产设施(附清单)。租赁期满后,甲方按清单收回租赁资产,乙方应该保证租赁物完好无损,如有损坏、丢失、乙方应承担赔偿责任。双方履行了该合作协议,乙纺织控股有限公司将租赁资产交由其投资成立的丙公司实际经营使用,但各方未就租赁资产进行完整交接。《合作协议》约定的承租期限届满后,因甲公司占用的国有划拨土地已被政府依法拍卖并成交。丙公司将全部机器设备搬迁至新址。甲公司起诉请求丙公司赔偿损失1930.03万元。生效判决认为,乙公司将其承租的甲公司的机器设备等资产搬迁至新厂区继续使用,需要对搬迁的机器设备等资产进行清点记录,以确认其实际搬迁的机器设备等资产的情况,因而形成了详细记录搬迁资产的出门证。该出门证上有双方工作人员的签字,并对其中属于乙公司的资产特别予以了注明,因此可以认定该出门证上未予注明乙公司资产的部分应系甲公司所有。乙公司主张上述资产中存在重复统计以及属于乙公司所有的资产,已由审计机构进行了多次审计,确认了部分重复统计的资产以及能够证明系乙公司自购的资产。乙公司不能举证证明系重复统计或归其所有的7,592,904.54元资产,根据举证责任规则应由乙公司承担举证不能的不利后果。由于剩余租赁资产主要系纺织设备配件,具有容易磨损消耗的特点,故在乙公司既不购买剩余的租赁资产,又不支付租金,亦不及时返还租赁资产的情况下,判决乙公司向甲公司赔偿租赁物搬迁时的折价款。

第七百三十四条　租赁期限届满,承租人继续使用租赁物,出租人没有提出异议的,原租赁合同继续有效,但是租赁期限为不定期。

租赁期限届满,房屋承租人享有以同等条件优先承租的权利。

【条文主旨】

本条是关于租赁期限届满承租人继续使用租赁物及房屋承租人的优先承租权的规定。

【条文理解】

从合同是否约定固定期限看,租赁可分为定期与不定期租赁。定期租赁合同期限届满,合同自然终止。租赁期限届满,当事人可以续订合同。对于没有续订租赁合同,承租人继续使用租赁物的,双方形成事实上的租赁关系,法律推定双方存在租赁合同关系,按照原租赁合同相关内容履行,只是租赁期限转为不定期。当事人可以随时解除合同,只需在合理期限内提前通知即可。

优先承租权,指在租赁关系中,租赁期限届满,原房屋承租人在同等条件下有优先承租的权利。其性质类似于优先购买权,均属于法定优先权。

【司法适用】

与《合同法》第236条相比,本条增加了第2款,以立法形式确定了房屋承租人的优先承租权。此前优先承租权仅散见于部分地方性法规或规范性文件中,如《上海市居住房屋租赁管理办法》等,实务中租赁合同中有约定优先承租权的,按照约定办理。该款应系承租人优先购买权演化而来,进一步体现了对社会经济秩序稳定性的价值考量与承租人弱势地位的倾斜保护。本条没有规定租赁期限届满时租赁合同的履行状态,理论上包含两种情形:(1)双方形成不定期租赁;(2)租赁合同已经终止履行,承租人已经搬离,或者即将搬离的状态。在不定期租赁合同关系中,规定房屋承租人的优先承租权,将具有限制出租人行使任意解除权的法律效果。在同等条件下,出租人仍应优先考虑与原承租人签订租赁合同。第二种情形应系合同已经终止履行,承租人不再继续租赁,或者合同履行发生争议,承租人客观上仍控制租赁房屋。为避免侵犯原房屋承租人的优先承租权,出租人应在合理时间内向原承租人履行告知义务。本条未具体规定通知期限,可以参照优先购买权,出租人履行通知义务后,原承租人在15日内未明确表示承租的,视为放弃优先承租权。

【司法案例】

陈某平诉浙江甲房地产开发有限公司中国轻纺城分公司、程某宝、张某娟房屋租赁合同纠纷案[①]

诉讼结论:承租人依约享有同等条件下的优先承租权受到侵害的,出租人应按照过错比例承担赔偿责任。

程某宝与陈某平原系夫妻,在夫妻关系存续期间,程某宝以陈某平名义与产权单位(出租人)浙江甲房地产开发有限公司中国轻纺城分公司订立租赁协议书,约定租赁期届满,如需继续承租,承租人在同等条件下有优先承租权。双方协议离婚后,程某宝又以陈某平的名义将诉争房屋的使用权经他人转让给张某娟。陈某平知道涉案营业房被转让交易即向甲公司进行交涉,在本案起诉请求张某娟、程某宝、甲公司连带赔偿损失2,625,000元。生效判决认为,陈某平作为承租人依约享有同等条件下的优先承租权。甲公司作为案涉营业房的所有权人和出租人,对其经营出租的营业房租赁权的转让过户应当按约谨慎审查,认真核对办理

---

① 浙江省高级人民法院(2019)浙民再36号民事判决书。

过户人员的身份以及权限。案涉营业房租赁权转让过程中,甲公司疏于对程某宝代理权的审查,未向《房屋租赁证书》登记的承租人核实,以致损害了承租人的优先承租权,对因该违约行为造成的损失应承担相应责任。陈某平对于其名下的案涉营业房租赁权亦未尽到合理的管理与注意义务。案涉营业房长期由程某宝以陈某平丈夫的身份出面负责管理。陈某平在与程某宝离婚后,未及时将离婚情况告知出租方甲公司并接管案涉营业房,亦未提供证据证明其曾于甲公司公示的续租手续办理截止时间前要求与甲公司签订租赁协议书,对登记在自己名下的权利怠于管理,未根据合同的交易习惯及时履行通知的义务,故其也应当自行承担相应的责任。综合考虑双方在合同履行过程中的违约行为,酌定由甲公司承担60%的主要责任。

第十五章　融资租赁合同

第七百三十五条　融资租赁合同是出租人根据承租人对出卖人、租赁物的选择，向出卖人购买租赁物，提供给承租人使用，承租人支付租金的合同。

【条文主旨】

本条是关于融资租赁合同定义的规定。

【条文理解】

融资租赁是一种贸易与信贷相结合，融资与融物为一体的综合性交易。鉴于其复杂的法律关系，不同国家和地区对融资租赁有着不同的理解和定义。一般来说，融资租赁要有三方当事人（出租人、承租人和出卖人）参与，通常由两个合同（融资租赁合同、买卖合同）或者两个以上合同构成，其内容是融资，表现形式是融物即租赁。典型的融资租赁合同具有以下3个方面的含义：

（1）出租人须根据承租人对出卖人和租赁物的选择出资购买租赁物。这是融资租赁合同不同于租赁合同的一个重要特点。租赁合同的出租人是以自己现有的财物出租，或者根据自己的意愿购买财物用于出租。而融资租赁合同是出租人按照承租人的要求，主要是对出卖人和租赁物的选择，出资购买出租的财物，使承租人不必付出租赁物的价值，即可取得租赁物的使用收益，从而达到融资的效果。

（2）出租人须将购买的租赁物交付承租人使用收益。在融资租赁合同中，出租人虽然须向第三人购买标的物，但其购买的直接目的是交付承租人使用收益，而不是自己使用。这是融资租赁合同中出租人的买卖行为不同于买卖合同之处。

（3）承租人须向出租人支付租金。融资租赁合同的承租人对出租人购买租赁物为使用收益，并须支付租金。也正是在这种意义上，该种合同的名称中含有“租赁”一词。

【司法适用】

对于名为融资租赁合同，但实际不构成融资租赁合同关系的，不应一律认定合同无效。其实际构成的合同是否有效，一是要审查现行法律对其实际构成的合同关系的效力是否有特殊规定，案涉合同是否符合相关的法律规定；二是要审查其实质构成的合同关系是否具备合同无效的法定情形。如果合同既不属于融资租赁合同,也不属于本编所规定的有名合同,从维护交易安全、促进交易形成的角度来说,人民法院也不应简单认定无效,如不具备合同无效的法定情形,可认定为无名合同,并按照合同的约定,确定双方当事人之间的权利义务关系。

【司法案例】

柳林县甲煤焦有限责任公司等诉乙金融租赁有限责任公司等融资租赁合同纠纷案

诉讼结论:租赁物客观存在且所有权由出卖人转移给出租人系融资租赁合同区别于借款合同的重要特征。作为所有权的标的物,租赁物应当客观存在,并且为特定物。没有确定的、客观存在的租赁物,亦无租赁物的所有权转移,仅有资金的融通,不构成融资租赁合同关系。

乙公司与甲公司、丙公司于2011年6月20日签订的编号为CIBFL－2011－033－HZ的《融资租赁合同》,虽名为"融资租赁合同",并就租赁物及租金等问题作出了明确约定,且附有《租赁物所有权转移证书》及《租赁物清单》,但《租赁物所有权转移证书》仅载明租赁物所有权转移而未载明具体的租赁物名称及型号,《租赁物清单》仅列明了租赁物的供货商、租赁物名称、入账金额、入账时间、已提折旧及账面净值。而入账金额、时间、折旧、账面净值系财务记账方式,供货商及设备名称尚不足以使得租赁物特定化。该合同第3条"租赁物的购买"与交付第2款约定:甲公司须在合同签订当日向甲方提交租赁物所有权凭证原件、租赁物购货合同、销售发票原件、租赁物保险凭证原件(若有),乙公司认为证明甲公司拥有租赁物完整所有权所需的其他必要文件、资料;乙公司在检查完毕上述材料后,留存租赁物所有权凭证原件、甲公司加盖公章的租赁物购货合同、销售发票及其他材料的复印件。根据该条约定,乙公司亦可通过提供上述书面文件,证明合同所约定的租赁物真实存在,并转移了所有权。但乙公司在本案诉讼期间未提交上述书面文件,也未提供乙公司取得租赁物所有权时对租赁物进行过实物检视、租赁物的现状及存放地点以及其他能够证明特定租赁物真实存在的证据。故仅凭《租赁物所有权转移证书》及《租赁物清单》尚不足以证明存在能与《租赁物清单》所列租赁物一一对应的特定租赁物,也不足以证明案涉《融资租赁合同》履行过程中存在租赁物的所有权转移,故现有证据不足以认定三方当事人之间系融资租赁合同关系。综上,现有证据仅能证明乙公司与甲公司、丙公司之间存在资金的出借与返还关系,故应当认定乙公司与甲公司、丙公司之间的法律关系为借款合同关系。

第七百三十六条　融资租赁合同的内容一般包括租赁物的名称、数量、规格、技术性能、检验方法，租赁期限，租金构成及其支付期限和方式、币种，租赁期限届满租赁物的归属等条款。

融资租赁合同应当采用书面形式。

【条文主旨】

本条是关于融资租赁合同内容和形式的规定。

【条文理解】

由于租赁方式的不同，融资租赁合同的内容往往也不同，本条是对典型的融资租赁合同内容的规定，主要包括以下几方面内容：有关租赁物的条款、有关租金的条款、有关租赁期限的条款、有关租赁期间届满租赁物的归属的条款等。除上述条款外，融资租赁合同一般还应包括租赁物的交付、使用、保养、维修和保险、担保、违约责任、合同发生争议时的解决方法、合同签订日期和地点等条款。融资租赁合同的法律关系比较复杂，同时，融资金额一般较大，履行期较长，为了明确当事人各方的权利义务关系，本法规定融资租赁合同必须采用书面形式。

【司法适用】

典型的融资租赁涉及三方当事人（出租人、承租人、出卖人）和两个合同（融资租赁合同和买卖合同）。在签订合同时，通行的做法是：当某个企业需要某种设备又缺少所需资金时，可以向租赁公司提出，要求租赁公司出资购买并租给其使用，双方达成一个租赁意向。租赁公司根据承租人对设备和出卖人的要求，与出卖人签订一个买卖合同，由出卖人将设备直接送交承租人，由承租人验收。出租人凭承租人的验收合格通知书向出卖人支付货款。出租人在付款前，与承租人正式签订一份融资租赁合同。由此可以看出，融资租赁交易行为所包含的融资租赁合同和买卖合同是相互联系、相互影响的，各自虽具有独立性，但又并不完全独立，而是在一定意义上以对方的存在为条件。

【司法案例】

李某梅诉甲建设有限公司、刘某峰融资租赁合同纠纷案①

诉讼结论：本案没有证据证明出卖人、出租人、承租人签订了融资租赁合同，双方均认可出卖人是将租赁物交付给出租人李某梅，而不是交付给承租人甲公

① 黑龙江省高级人民法院（2017）黑民再45号民事判决书。

司,本案系租赁合同而非融资租赁合同。

李某梅未与甲公司签订书面合同,双方之间权利义务约定不明,出卖人乙公司亦未直接向承租人甲公司交付租赁物塔吊。且从双方约定的租金来看,双方只约定月租金数额,未约定租期,致租金具体数额无法确定,从而无法体现出双方在达成塔吊租赁意向时租金构成中包含了购买诉争塔吊 18 万元分期负担的对价及租金的价值还包括了购买价款的利息及出租的合理利润。综上,双方之间的法律关系不具有融资租赁合同的特征。李某梅购买塔吊后出租给甲公司使用,由甲公司交付租金,双方间形成租赁法律关系。李某梅关于其与甲公司之间为融资租赁关系的主张无事实及法律依据,不予支持。《合同法》第 216 条规定:"出租人应当按照约定将租赁物交付承租人,并在租赁期间保持租赁物符合约定的用途。"本案中,李某梅在将塔吊交付给甲公司后,负有使塔吊在租赁期间符合约定用途的义务,而塔吊在进场后尚未使用时电机即发生故障,致使甲公司无法使用塔吊,据此认定李某梅无权收取租赁费并无不当。

第七百三十七条　当事人以虚构租赁物方式订立的融资租赁合同无效。

【条文主旨】

本条是关于融资租赁合同无效的规定。

【条文理解】

融资租赁合同与借贷合同的主要区别在于当事人之间不存在单纯的借贷关系,出租人对承租人的资金融通表现形式为出租设备,承租人直接获得只是租赁物的使用权而不是贷款。由于融资租赁合同有其自身的特点,在作无效处理时,应该按下列情形分别处理:

(1)因承租人的过错造成合同无效,出租人不要求返还租赁物的,租赁物可以不予返还;(2)因出租人的过错造成合同无效,承租人要求退还租赁物的,可以退还租赁物,如有损失,出租人应赔偿相应损失;(3)因双方的共同过错造成合同无效的,可以返还租赁物,并根据过错大小各自承担相应的责任。租赁物正在使用且发挥效益的,对租赁物是否返还,可以协商解决,协商不成的,由人民法院根据实际情况作出判决。要充分考虑融资租赁合同的特殊性,在具体处理时,不采取简单的返还原则,而是根据造成无效合同的原因、租赁物件使用状况、有无返还必要等因素作了灵活性的规定,目的在于尽量减少当事人的不必要的损失。

【司法适用】

该条是为了明确融资租赁无效的具体形式,因为“虚构租赁物”的情形仅为列举的诸多情形中的一例,所以融资租赁合同无效的要件实质上是“掩盖非法目的”一个标准。融资租赁合同被确定为无效后,也要根据相应情形分别处理。

对实务中出现的较多的金融租赁公司从事的名为融资租赁、实为借贷的合同,涉及金融租赁公司从事此类业务,是否应当认定无效的问题。在我国现行的监管体制下,考虑到融资租赁合同的类金融性质,金融租赁公司系由银保监会负责监管,对金融租赁公司的经营范围和所从事的业务也应当由银保监会进行监督管理。因银保监会同时具备金融市场监管之责,如果其监管部门未对此类业务作出无效和禁止的监管要求,人民法院一般也不应简单认定为无效。

【司法案例】

甲租赁有限公司与山东丙投资有限公司、山东丁担保有限公司企业借贷纠纷案[①]

诉讼结论:甲租赁公司作为名义上的商品房买受人和出租人,并不享有租赁物的所有权,作为专业的融资租赁公司,其对案涉租赁物所有权无法过户亦应明知,故其真实意思表示并非融资租赁,而是出借款项。

乙置业公司作为租赁物的所有权人,虽名为“承租人”,但实际上不可能与自己所有的房产发生租赁关系,其仅是以出卖人之名从甲租赁公司获得1亿元款项,并按合同约定支付利息,其真实意思表示也并非售后回租,而是借款。由此可以看出,案涉融资租赁交易,只有融资,没有融物,双方之间的真实意思表示名为融资租赁,实为借款法律关系。甲租赁公司作为内资融资租赁业务试点企业,虽未取得发放贷款资质,但并没有证据表明其以发放贷款为主要业务或主要利润来源。甲租赁公司与乙置业公司的案涉企业间借款系双方的真实意思表示,且不违反法律、行政法规的禁止性规定,关于案涉主合同不符合借款合同无效情形的认定并无不当。

2011年7月12日,甲租赁公司与乙置业公司签订国租(11)回字第201107202号《融资租赁合同》,约定乙置业公司将“大地锐成”项目137套商品房所有权转让给甲租赁公司,然后回租该商品房,融资金额1亿元。上述合同签订后的当天,甲租赁公司即将1亿元人民币通过网银打入乙置业公司的账户。协议履行过程中,乙置业公司共支付633万元(其中500万元为租赁期限内支付,其余为展期期间

① 最高人民法院(2014)民二终字第109号民事判决书。

支付),2011 年 12 月 20 日的补偿协议到期后,乙置业公司未再支付租金或租息。根据上述合同约定计算,截止到 2013 年 8 月 31 日,乙置业公司欠付租金 147,228,296.2 元及截止到 2013 年 8 月 31 日逾期租金占用利息、违约金为 7,356,937.14 元。涉案的租赁物为大地锐城小区的 2、4、6 号楼盘中的 137 套商品房,共计 19,582.58 平米。大地锐城小区的原规划为,楼层数应该 19 层,而实际上建筑层数均为 33 层,超过了规划部门的建设要求。据此,济南市城市管理行政执法局依法认定了 2、4、6 号楼属于超规划建设的违章建筑,责令乙置业公司立即停止违法建设。2013 年 8 月 14 日,济南市规划局向乙置业公司下发对超面积予以规划确认的复函,对大地锐城项目中住宅建设现状及超面积部分予以规划确认,并责令乙置业公司完善相关手续并缴纳有关规费。涉案的租赁物至今未取得预售许可证。本案所涉《融资租赁合同》系房地产售后回租业务,出卖人和承租人均为乙置业公司,租赁物系乙置业公司在建 137 套商品房。在合同订立前,该租赁物已被有关行政主管部门认定为超规划建设的违章建筑;在租赁期间,该项目亦未取得商品房预售许可,故案涉商品房(租赁物)所有权无法从出卖人乙置业公司移转至出租人甲租赁公司。由此产生的实际法律关系是,甲租赁公司作为名义上的商品房买受人和出租人,并不享有租赁物的所有权,作为专业的融资租赁公司,其对案涉租赁物所有权无法过户亦应明知,故其真实意思表示并非融资租赁,而是出借款项;乙置业公司作为租赁物的所有权人,虽名为"承租人",但实际上不可能与自己所有的房产发生租赁关系,其仅是以出卖人之名从甲租赁公司获得 1 亿元款项,并按合同约定支付利息,其真实意思表示也并非售后回租,而是借款。由此可以看出,案涉融资租赁交易,只有融资,没有融物,双方之间的真实意思表示名为融资租赁,实为借款法律关系。

第七百三十八条　依照法律、行政法规的规定,对于租赁物的经营使用应当取得行政许可的,出租人未取得行政许可不影响融资租赁合同的效力。

【条文主旨】

本条是关于租赁物经营许可对合同效力影响的规定。

【条文理解】

关于行政许可与融资租赁合同效力的关系,融资租赁公司作为出租人,是以融物的方式向承租人提供融资,租赁物的经营使用与出租人没有直接关系,法律、行政法规要求租赁物经营使用者取得行政许可的,只要承租人取得许可就可以达到监管目的,不应以出租人未取得许可为由认定融资租赁合同无效。

【司法适用】

按照本条规定,在无其他影响合同效力的要素存在的情况下,人民法院不应仅以出租人未取得行政许可而认定融资租赁合同无效。但从反面也可能被理解为,如果承租人未取得行政许可,则可认定合同无效。但无论从法理上解释还是从促进融资租赁行业发展来看,都不能仅以承租人对租赁物的经营使用未取得行政许可而认定合同无效。租赁物的经营使用需要取得行政许可是对承租人具体经营使用租赁物的监管,属于承租人取得租赁物后是否合法使用的问题,不应当影响融资租赁合同的效力。在一些情况下,承租人取得相应行政许可需要以其取得租赁物为前提,为避免承租人事后未取得许可而影响出租人合法权益并因此产生大量纠纷,将合同效力与行政许可完全脱钩是妥当的。需要指出的是,尽管承租人是否取得行政许可不影响合同效力,但并不意味着承租人完全不用承担其他法律责任。对于未经行政许可而经营使用特定租赁物的,有关行政机关仍可依据法律、法规追究承租人的行政责任,情节恶劣的,甚至可以依法追究刑事责任。

【司法案例】

甲建设机械有限公司诉成都市乙丝绸有限责任公司等借款纠纷案①

诉讼结论:甲公司虽未取得从事融资租赁业务的金融许可,但与乙丝绸公司签订的《融资租赁合同》系双方真实意思表示,且符合《合同法》第237条有关融资租赁合同的定义。

根据《融资租赁解释》第3条“承租人对于租赁物的经营使用应当取得行政许可的,人民法院不应仅以出租人未取得行政许可为由认定融资租赁合同无效”以及《合同法》第237条“融资租赁合同是出租人根据承租人对出卖人、租赁物的选择,向出卖人购买租赁物,提供给承租人使用,承租人支付租金的合同”的规定,租赁物经营使用的行政许可约束的是承租人利用租赁物开展的经营行为,并不涉及出租人与承租人之间的合同效力问题。本案的法律关系性质应为融资租赁法律关系。(1)乙丝绸公司与甲公司签订的《融资租赁合同》,系乙丝绸公司按照双方约定,将自有租赁物出卖给甲公司,再通过融资租赁合同将租赁物从甲公司处租回,符合《融资租赁解释》第2条关于售后回租亦构成融资租赁法律关系的规定。(2)根据《合同法解释(一)》第10条关于超越经营范围订立的合同,人民法院不

---

① 最高人民法院(2017)最高法民申2175号民事裁定书。

因此认定合同无效的规定，甲公司虽不具有融资租赁业务的资质，但不影响《融资租赁合同》的法律性质和法律效力。(3)本案融资租赁标的物具备融资与融物相结合的特征，亦不存在仅有资金空转的情形，原审判决以履盖全厂区的电网、煤气管网、自来水管网已于2012年即开始使用，且不是独立的可分割物，无法实现租赁物的担保功能为由，否定融资租赁关系的成立不妥。(4)因融资合同的租赁标的物可能实际上无法收回，或者起不到物权担保的作用导致出租人权利受损，故实践中存在承租人向出租人提供担保以确保出租人债权实现的情形。因法律法规未就融资租赁关系中设定担保予以禁止，故甲公司与乙丝绸公司、其他保证人另行签订担保合同保障甲公司债权的安全，不影响融资租赁合同的法律性质。

第七百三十九条　出租人根据承租人对出卖人、租赁物的选择订立的买卖合同，出卖人应当按照约定向承租人交付标的物，承租人享有与受领标的物有关的买受人的权利。

【条文主旨】

本条是关于融资租赁标的物交付的规定。

【条文理解】

出卖人按照约定向承租人交付标的物，承租人享有与受领标的物有关的买受人的权利，是融资租赁与传统租赁的一个重要区别。在传统租赁中，出租人是将自己现有的物或者根据自己的意愿购买的物出租给承租人，承租人与出卖人之间不存在任何法律关系，出租人对租赁物负有瑕疵担保责任。在融资租赁中，融资租赁合同的租赁物即是买卖合同的标的物。融资租赁合同最重要的法律特征就是融资与融物相结合，融资为融物服务。买卖合同是出租人根据承租人对出卖人和租赁物的选择订立的，作为买受人的出租人只负支付货款的义务，而承租人是租赁物的占有、使用、收益人，且了解租赁物。出租人实质上是为承租人购买租赁物提供资金，真正的买卖双方是承租人和出卖人，因此，出卖人应直接向承租人交付标的物。

【司法适用】

出卖人不仅应向承租人直接交付标的物，而且应承担租赁物的瑕疵担保责任。这是因为之所以会有租赁物的质量问题，根本原因是出卖人没有按照合同约定的内容履行交付符合国家规定或者当事人约定的质量标准的标的物的义务。

因此，在融资租赁合同中，出租人一般不负瑕疵担保责任，也不负迟延履行的责任。承租人应当按照合同约定的时间、地点、验收方法接收标的物。接收标的物，既是承租人的权利，也是承租人的义务。作为义务，承租人应当接收标的物，无正当理由不接收的，应当承担相应的迟延履行责任；作为权利，承租人有权接收标的物，出卖人不得拒绝将标的物交付给承租人。

【司法案例】

沈阳甲租赁有限公司诉佛山市南海区乙机械制造有限公司买卖合同纠纷案①

诉讼结论：丙公司作为案涉租赁物的承租人依法享有与受领案涉租赁物有关的买受人的权利，但并不能据此认定甲公司将案涉《采购合同》项下权利义务全部转让给丙公司。

案涉《融资租赁合同》及《采购合同》中虽然约定由丙公司自主选择出卖人和出卖物，并直接接收租赁物等事宜，以及办理因买卖合同发生的争议，承担由此发生的一切纠纷及法律责任，但并未明确约定甲公司不再享有买受人权利。不能认定甲公司已通过法律规定及合同约定的方式将其与受领标的物有关的买受人权利包括解除合同的权利转移给了丙公司。据此，乙公司未按时交付设备的原因在于丙公司怠于履行合同的行为，乙公司不构成违约，案涉《采购合同》不符合《合同法》第94条规定的法定解除条件，有事实和法律依据。甲公司虽在《催告函》中要求乙公司交付设备，但案涉《采购合同》明确约定需丙公司先行验货，货到丙公司指定地点并经丙公司查验验收后，才视为乙公司完成交货。甲公司并没有举示证据证明双方实际履行过程中变更了交付方式。且甲公司在《催告函》中并没有明确指定具体的交货地点，也没有提供证据证明丙公司已经具备接收设备的配套基建条件，且该函件内容载明认为乙公司迟延交付货物构成违约，在其要求乙公司选择的两种处理方式中均包括要求乙公司支付违约金。在此情形下，乙公司未按照甲公司的单方催告进行发货，而是回函陈述货物未交付的原因，乙公司在履行案涉《采购合同》过程中不存在迟延交付货物导致合同应予以解除的根本违约行为。

---

① 最高人民法院（2018）最高法民申145号民事裁定书。

第七百四十条　出卖人违反向承租人交付标的物的义务，有下列情形之一的，承租人可以拒绝受领出卖人向其交付的标的物：

（一）标的物严重不符合约定；

（二）未按照约定交付标的物，经承租人或者出租人催告后在合理期限内仍未交付。

承租人拒绝受领标的物的，应当及时通知出租人。

【条文主旨】

本条是关于承租人可以拒绝受领租赁物的具体情形的规定。

【条文理解】

根据与融资租赁合同相联系的买卖合同的约定，通常情况下，出卖人直接向承租人交付租赁物，承租人按合同约定受领租赁物。除非另有约定，出租人一般不承担交付和受领租赁物的义务。当出卖人交付的租赁物本身出现质量问题或交付方式不符合合同约定时，承租人可以拒绝受领租赁物，并根据不同情况采取相应的救济措施。对于承租人拒绝受领租赁物的情况，在法律上如何认定，拒绝受领的具体标准如何确定，当事人可以采取何种救济手段和补救措施等，系本条所要解决的主要问题之一。

【司法适用】

租赁物严重不符合合同约定，以至于承租人无法正常占有和使用租赁物，导致融资租赁合同目的无法实现，承租人拒绝受领租赁物且可以提供确凿证据予以证明。但考虑到融资租赁交易涉及的资金量大，租赁期间长，租赁物通常为大型机器设备甚至是专门为承租人定制的特种设备等因素，尽可能从维护融资租赁交易稳定性及融资租赁合同正常履行的角度出发，依法认定承租人拒绝受领租赁物的条件，允许出卖人或出租人在合理期限内采取必要的补救措施，避免因一些程度较轻的违约行为导致承租人拒绝受领租赁物并引发进一步的矛盾和纠纷。

【司法案例】

厦门甲融资租赁有限公司诉秦某利、合肥丙工程机械有限公司等融资租赁合同纠纷案①

诉讼结论：因质量问题，秦某利不能正常使用案涉机器，丙旌德分公司作为出卖

① 安徽省合肥市中级人民法院(2016)皖01民终3529号民事判决书。

方应当承担相应的赔偿责任。现案涉机器已被出租方甲公司收回,《融资租赁合同》已解除,丙旌德分公司应当赔偿合同解除前机器不能正常使用而造成的租金损失。

本案所涉融资租赁合同、产品购买合同不违反法律法规的强制性规定,合法有效,对各方具有法律约束力。在合同履行过程中,因秦某利逾期支付租金致甲公司将案涉租赁物收回,其收回租赁物的行为表达了解除合同的意思表示,且该合同现客观上已无法履行,故依法确认案涉融资租赁合同于2013年12月30日解除;在融资租赁合同解除后,买卖合同在买受人甲公司及出卖人丙旌德分公司间继续有效,加之双方未主张解除合同,故对秦某利要求解除产品买卖合同的诉请不予支持。秦某利因案涉挖掘机发动机质量问题而停工并产生一定的损失,丙旌德分公司作为出卖人应承担相应的违约责任。在融资租赁法律关系中,甲公司作为出租人,承担依照秦某利选择购买挖掘机并出租给秦某利使用的义务,并因此享有收取租金的权利,其对依照秦某利指示购买的挖掘机的质量瑕疵所致秦某利的损失不承担赔偿责任。租金系《融资租赁合同》项下的权利义务内容,质量问题则属于《产品购买合同》项下权利义务内容,两者属于不同法律关系。根据《融资租赁解释》第6条规定,承租人对出卖人行使索赔权,不影响其履行融资租赁合同项下支付租金的义务。秦某利无权以机器存在质量问题为由拒付租金,案涉机器被收回系甲公司基于秦某利拖欠租金的事实根据《融资租赁合同》的约定行使其权利。因此,机器被甲公司收回系秦某利自身的违约行为导致,甲公司收回机器的行为符合合同约定,秦某利要求甲公司退还首付租金、手续费、担保费没有依据。首付租金、手续费、担保费系《融资租赁合同》项下款项,丙旌德公司并非《融资租赁合同》的相对方,亦不应承担返还责任。

第七百四十一条　出租人、出卖人、承租人可以约定,出卖人不履行买卖合同义务的,由承租人行使索赔的权利。承租人行使索赔权利的,出租人应当协助。

【条文主旨】

本条是关于承租人行使索赔权的规定。

【条文理解】

由于融资租赁合同的特殊性,作为买受人的出租人在买卖合同中的主要义务就是支付价款,由于租赁物是由承租人指定购买的,对其性能和生产要求等,出租人往往缺乏了解,很难对出卖人提供的租赁物做检验和判断,同时,租赁物的用益权也属于承租人，为了保证租赁物符合要求，便于解决使用中出现的问题，出租人往往将选择由谁来提供何种品质、规格的租赁物的决定权赋予承租人，由承租人负责收货验收，发现质量技术问题由承租人直接与出卖人交涉，即出租人将索赔权转让给承租人。对由于出卖人的过错，如租赁物质量不合格或者迟延供货等原因所造成的损失，承租人可以直接向出卖人行使索赔权而得到赔偿。这样，既简化了法律关系，同时又降低了索赔成本。

【司法适用】

承租人直接向出卖人行使索赔权的内容主要有以下两种：

（1）出卖人交付的标的物质量不符合约定时，承租人可以要求：一是减少价金。如果出卖人交付的标的物虽不符合合同约定，但不影响使用，而承租人也愿意继续使用的，可以按质论价，要求出卖人减少价金。二是修理，调换。当出卖人交付的标的物不能利用时，根据标的物的具体情况，承租人可以请求出卖人负责修理或者另行交付无瑕疵的标的物，并承担修理、调换而支付的实际费用。三是支付违约金。在出卖人交付的标的物不符合质量要求时，承租人可以请求出卖人支付约定的或者法定违约金。在违约金不足以抵偿损失时，承租人还可以要求出卖人支付损害赔偿金。四是解除合同并赔偿损失。当出卖人交付的标的物由于质量问题无法使用时，承租人不仅可以要求解除合同，而且可以要求赔偿损失。

（2）出卖人未交付或者迟延交付标的物的，承租人可以请求出卖人继续履行交付义务，并请求支付违约金，或者解除合同并要求损害赔偿。

【司法案例】

木某等诉甲融资租赁有限公司等融资租赁合同纠纷案①

诉讼结论：甲公司（出租人）、木某（承租人）、乙公司（出卖人）协商一致由出卖人乙公司直接向承租人木某交付租赁车辆，在出卖人乙公司未履行交付义务时，由承租人木某行使索赔权。

2013年5月28日，丙车运输服务有限公司（以下简称丙公司）（甲方）、木某（乙方）签订《车辆确认合同》，主要约定：乙方自愿选择甲公司（出租人）以融资租赁形式租用车辆进行自主运营，甲方受出租人委托向乙方确认其自主选定的车辆及出卖方，并协助乙方从出租人处办理车辆融资租赁相关事宜。乙方自主选定的出卖方为乙公司，自主选定的车辆为一汽解放青岛汽车有限公司生产的解放牌汽车。鉴于甲公司根据木某对乙公司及木某所租车辆的自主选择而委托丁公司订

① 四川省成都市中级人民法院（2017）川01民终11414号民事判决书。

立本合同，丁公司同意乙公司按照本合同约定向木某交付本合同标的车辆，木某享有与受领该车辆有关的丁公司的权利，乙公司未完全履行交付义务的，木某可直接向乙公司索赔。上述各个合同，均系各方当事人真实意思表示，不存在《合同法》第52条规定的违法情形，应为合法有效，对各方均具有约束力。约定的租金支付期限已届满，甲公司要求木某支付欠付租金的诉讼请求成立，一审法院予以支持。木某、毛某兵辩称木某未提车，甲公司未履行交付租赁车辆义务，融资租赁合同并未实际履行，其不应支付租金。丁公司接受甲公司委托与乙公司签订《车辆购销合同》，乙公司在订立合同时知道该代理关系，故《车辆购销合同》直接约束甲公司与乙公司。根据《合同法》第239条、第240条的规定以及《车辆购销合同》及《车辆融资租赁合同》的约定，甲公司（出租人）、木某（承租人）、乙公司（出卖人）协商一致由出卖人乙公司直接向承租人木某交付租赁车辆，在出卖人乙公司未履行交付义务时，由承租人木某行使索赔权。因此，交付案涉车辆的义务主体应为出卖人乙公司。木某、毛某兵辩称甲公司未履行交付义务的主张不成立。木某称在签订融资租赁合同后听说该车质量有问题，就没有付款，也没有去提车。首先，该说法与庭审查明的事实即木某通过其交款专用卡向甲公司支付租金合计26,800元不符；其次，根据木某该辩称意见，是其自主决定不去提车，并非由于甲公司过错导致提车不能，由此产生的不利后果显然应由木某自行承担。

第七百四十二条　承租人对出卖人行使索赔权利，不影响其履行支付租金的义务。但是，承租人依赖出租人的技能确定租赁物或者出租人干预选择租赁物的，承租人可以请求减免相应租金。

【条文主旨】

本条是关于承租人行使索赔权不影响支付租金义务的规定。

【条文理解】

从合同相对性的理论出发，买卖合同的履行存在瑕疵不能直接影响融资租赁合同的履行，并且融资租赁的特征决定了出租人的本质义务是为承租人提供融资，在承租人选定出卖人、租赁物的前提下，履行买卖合同的风险也应由承租人承担。但在承租人依赖出租人的技能确定租赁物或者出租人干预选择租赁物时，出卖人及租赁物的选择、买卖合同的订立均与出租人的确定及干预相关，由买卖合同的履行障碍而产生的风险及索赔，不单是由承租人的意志及行为所引发。此时，是否影响融资租赁合同项下的租金支付义务，应当结合买卖合同履行障碍产生的原因及责任来确定。

【司法适用】

融资租赁合同具有不可解约性,承租人在融资租赁合同中的租金给付义务与买卖合同项下出卖人的交付义务是相对独立的,这是融资租赁的内在要求和典型特征。在租赁物和出卖人均系承租人自主选择,出租人已经履行了支付购买价款的主要义务且并无其他违约行为时,承租人向出卖人直接行使索赔权,不影响其继续履行融资租赁合同项下包括支付租金在内的主要义务,索赔的费用和结果均由承租人承担。在承租人向出卖人直接索赔时,出租人应予以必要的协助。出租人要求承租人继续支付租金的,应予支持。

【司法案例】

哈尔滨甲有限公司诉乙汽车股份有限公司、哈尔滨丙汽车销售有限公司追偿权纠纷案①

诉讼结论:在回购型融资租赁中,出卖人或者生产商作为回购义务人,对承租人的租金债务进行担保。出卖人或者生产商向承租人行使追偿权的前提是其履行了约定的回购担保义务。若承租人以产品质量不符合合同约定为由对追偿权进行抗辩的,不应支持。承租人可另诉索赔,或者请求解除融资租赁合同。

甲公司称其与丙公司签订《产品买卖合同》,后因涉案车辆存在质量问题遂停止支付租金,且现关于产品质量纠纷的另案已进入再审,应中止审理等待另案审理结果。对此法院认为,《融资租赁解释》第6条规定:"承租人对出卖人行使索赔权,不影响其履行融资租赁合同项下支付租金的义务,但承租人以依赖出租人的技能确定租赁物或者出租人干预选择租赁物为由,主张减轻或者免除相应租金支付义务的除外。"故若涉案车辆存在质量问题,甲公司可以向出卖人丙公司或生产者乙公司行使索赔权,但该项权利的行使并不影响其向丁公司履行支付租金的义务。而乙公司系基于融资租赁法律关系履行垫付义务,并依据其与甲公司签订的《服务协议》,向甲公司行使追偿权,该权利的行使与涉案车辆质量无关。因此,《产品买卖合同》的履行情况和涉案车辆质量问题,与甲公司、丁公司、丙公司之间的融资租赁合同关系并非同一法律关系,故甲公司的该项主张不能成立。本案是以《融资租赁合同》和《服务协议》为基础审理的追偿权纠纷,如涉案车辆质量存在问题,甲公司可依法另行向丙公司、乙公司主张赔偿损失。

---

① 北京市第一中级人民法院(2017)京01民再13号民事判决书。

第七百四十三条　**出租人有下列情形之一，致使承租人对出卖人行使索赔权利失败的，承租人有权请求出租人承担相应的责任：**

（一）明知租赁物有质量瑕疵而不告知承租人；

（二）承租人行使索赔权利时，未及时提供必要协助。

出租人怠于行使只能由其对出卖人行使的索赔权利，造成承租人损失的，承租人有权请求出租人承担赔偿责任。

【条文主旨】

本条是关于出租人妨碍承租人依约对出卖人行使索赔权应向承租人承担责任的规定。

【条文理解】

承租人行使买卖合同中的索赔权，出租人有协助义务。在司法实践中，各地法院对出租人违反协助义务的情形和违反该项义务应当承担的责任掌握的标准不一。《融资租赁解释》第18条对此细分为4种情形：（1）出租人明知租赁物有质量瑕疵而不告知承租人，有违诚信原则，故应当对承租人承担相应的责任；（2）出租人未履行及时必要的协助义务；（3）融资租赁合同约定只能由出租人行使而出租人怠于行使索赔权的情形；（4）针对融资租赁合同中未对索赔权行使作出约定，但客观上买卖合同的索赔权只能由出租人行使而出租人怠于行使的情形。在上述情形下，如出租人怠于协助行使索赔权将导致出卖人有正当的抗辩理由，产生承租人索赔不成的败诉后果，因此，有必要明确出租人此时的协助义务。

【司法适用】

在融资租赁法律实务中，极易产生这样一种混淆，认为索赔权与受领权、瑕疵担保责任之间存在必然联系。这种观点又可细分为两种观点：一是只要承租人享有直接受领权即可推定其享有直接索赔权；二是只要出租人保留索赔权，则其应当承担瑕疵担保责任。实际上，相关司法解释的规定，这三者之间并不存在必然关联。（1）承租人享有直接受领权并不必然推定出其享有直接索赔权。承租人要取得直接索赔权需要取得出租人、承租人和出卖人三方的就承租人享有直接索赔权的一致同意。直接受领权的约定并不能推导出索赔权的取得。（2）出租人承担瑕疵担保责任与出租人保留索赔权之间并无直接联系。出租人原则上不负担瑕疵担保责任，除非承租人依赖出租人的技能确定租赁物或者出租人干预选择租赁物。很明显，出租人承担瑕疵担保责任并非基于保留索赔权，而是基于法律所规定的特定干预行为。即使出现了本条所规定的情形，并不必然推定出出租人应当向承租人承担责任的结论。

【司法案例】

甲融资租赁有限公司诉梅某桥、戴某融资租赁合同纠纷案①

诉讼结论：梅某桥既没有提交证据证明自己在行使索赔权时甲公司有拒绝提供协助或甲公司怠于行使索赔权的行为发生，也没有证据证明自己对出卖人的索赔失败，请求甲公司承担车辆质量方面的民事责任条件未成立。

2013年6月21日，销售方（甲方）乙二手车经营部与购买方（乙方）甲公司、承租方（丙方）梅某桥签订《汽车购销合同》，对甲方根据丙方对甲方销售汽车的选择，乙方出资向甲方购买车架号为WVGAB97P88D024981的二手大众途锐车一辆进行了约定，并明确了丙方已认可车辆的质量，车辆交付后车辆的质量由丙方负责等。同日，甲公司作为甲方与梅某桥作为乙方签订了《融资租赁购车合同》《融资租赁标的物》《融资租赁价款分期付款表》《融资租赁标的物交收单》，约定甲方根据乙方的要求向乙方指定的出卖人购置车架号为WVGAB97P88D024981的二手大众途锐车一辆。梅某桥同时在《融资租赁购车抵押合同》中签字，确定将该车架号为WVGAB97P88D024981的大众途锐车抵押给甲公司，以确保该《融资租赁购车合同》的履行。以上合同签订后，甲公司向乙二手车经营部指定的收款人支付了全部购车款588,000元，并向梅某桥交付了车辆，梅某桥在《融资租赁标的物交收单》上签字确认。现梅某桥仅支付甲公司保证金12,133元、首付款即第一期租金238,000元、从2013年7月21日起至2015年4月10日止共计22期的租金266,926元；梅某桥以车辆存在质量问题为由拒不支付余下租金。梅某桥与甲公司签订的《融资租赁合同》合法、有效，双方应当履行。现梅某桥从2015年5月10日开始未付租金，至起诉之日已超过30日，故甲公司主张梅某桥余下未到期的租金视为全部到期，并要求其按照合同约定支付余欠租金，予以支持。

第七百四十四条　出租人根据承租人对出卖人、租赁物的选择订立的买卖合同，未经承租人同意，出租人不得变更与承租人有关的合同内容。

① 湖南省长沙市中级人民法院（2016）湘01民终3309号民事判决书。

【条文主旨】

本条是关于出租人不得擅自变更买卖合同内容的规定。

【条文理解】

融资租赁本身是由融资租赁合同与买卖合同两部分构成的，因此，为融资租赁而订立的融资租赁合同和买卖合同，均不同于传统的租赁合同与买卖合同。此处的融资租赁合同与买卖合同是融资租赁交易中相互联系、相互影响的两部分，各自具有独立性，但又并不完全独立，而是在一定意义上以对方的存在为条件的。就租赁与买卖的关系而言，租赁合同自当事人双方签订合同之日起成立，但合同自承租人收到出卖人交付的标的物时起生效。因此，若买卖合同不成立、无效或者解除，则融资租赁合同也就因标的物的履行不能而解除。同时，买卖合同虽由出租人与出卖人订立，但关于买卖的条件却是由承租人指定的，买卖的标的物是出租人用于租赁的物，因此，买卖合同在标的物交付前，若租赁合同不成立、无效或者解除，买卖合同可以解除，但在当事人协议变更、解除买卖合同时，除合同另有约定外，须出租人、承租人及出卖人三方当事人同意。

【司法适用】

在融资租赁交易中，先签订的买卖合同是租赁物的依据，后签订的融资租赁合同是买卖合同成立的前提。两者缺一不可，构成联立联动关系。出租人与承租人和出卖人均形成正式合同关系，出卖人与承租人之间形成准合同关系。买卖合同虽是由出租人与出卖人订立的，在买卖合同未履行或者未完全履行前，出租人与出卖人只要协商一致，就可以对合同进行修改、补充。但由于买卖合同与融资租赁合同关系密切，出租人订立买卖合同的目的是方便承租人，而且买卖合同的条款往往是经承租人确认的，出租人和出卖人在变更买卖合同时，不得损害承租人的利益。未经承租人同意，出租人不得擅自变更与承租人有关的买卖合同的内容。

【司法案例】

沈阳甲租赁有限公司等诉佛山市南海区乙机械制造有限公司买卖合同纠纷案①

诉讼结论：在已经转让了相关买受人权利，且未经承租人丙公司同意的情况下，作为出租人的甲公司依法无权向乙公司提出解除融资租赁设备采购合同。

案涉三方签订的融资租赁设备采购合同不是普通的买卖合同，而是基于甲公司与丙公司签订的《复合铝型材生产设备融资租赁合同》而订立的买卖合同，应同

① 辽宁省高级人民法院（2017）辽民终734号民事判决书。

时适用有关融资租赁合同的法律规定。根据上述两份合同的约定内容可见，融资租赁合同中的承租人丙公司完全自主选择决定出卖人和出卖物，直接接收租赁物、协商决定安装等事宜，办理基于租赁物件的买卖合同所发生的一切争议以及索赔、仲裁和诉讼，并承担为此发生的一切纠纷和法律责任，与出租人甲公司无关，甲公司仅需给予合理的协助。这与《合同法》第239条“出租人根据承租人对出卖人、租赁物的选择订立的买卖合同，出卖人应当按照约定向承租人交付标的物，承租人享有与受领标的物有关的买受人的权利”的规定是相符合的。本案中，因案涉采购合同所涉出卖人和出卖物均系由丙公司自主选择，甲公司仅是为丙公司购买租赁物提供资金，故基于买卖合同产生的与受领标的物有关的买受人的权利，均已依照法律规定并通过合同约定方式转由丙公司享有，甲公司不再享有相关买受人的权利。案涉融资租赁设备采购合同不符合《合同法》第94条规定的法定解除条件，并未解除。如前所述，根据合同约定和相关法律规定，丙公司享有与受领标的物有关的买受人的权利，乙公司需向丙公司承担交付租赁物义务，丙公司亦应按照合同约定的时间、地点、验收方法接收标的物。案涉融资租赁设备采购合同约定的交货流程是先要由丙公司到乙公司设备所在地，根据其对标的物的专业知识和合同约定进行验收，甲公司陪同，验收后才能发货。乙公司未按时交付设备的原因在于丙公司怠于履行合同的行为，乙公司并无过错，其行为不构成违约，不能导致案涉融资租赁设备采购合同达到法定条件而解除，其也就无须承担返还货款及支付违约金的责任。甲公司虽在一审判决后向丙公司提出解除租赁合同，但仅是基于丙公司迟延支付租金的违约行为，并不影响案涉融资租赁设备采购合同的效力。

第七百四十五条　出租人对租赁物享有的所有权，未经登记，不得对抗善意第三人。

【条文主旨】

本条是关于租赁物所有权的规定。

【条文理解】

本条主要涉及作为租赁物非所有权人的承租人或者实际使用人无权处分租赁物行为的效力问题。在融资租赁法律关系中，租赁物的承租人或者实际使用人无权处分的效力认定涉及对出租人和受让方的利益平衡保护问题。在融资租赁交易关系中，出租人享有租赁物的所有权，承租人在租赁期间对租赁物进行占有和使用。租赁物的所有权与占有相分离,极易造成承租人是租赁物所有人的假象,给承租人非法处置租赁物提供了便利,第三人依善意取得规则获得租赁物物权,使出租人的权利得不到有效保护,作为出租人的融资租赁公司承担着一定的交易风险,故设置了登记的例外。通过判断第三人受让权利是否善意来遏制承租人恶意处分租赁物是一种有效的方法,而判断的核心是第三人对标的物是租赁物是否知道或者应当知道。为达到这个效果,首先应明确一个租赁物登记平台,为交易主体能够知道租赁物权属状况创造条件。

【司法适用】

融资租赁登记制度的建立对于市场交易的主要影响在于:拟就租赁物从事交易的相对人,仅依租赁物占有的权利外观,与承租人进行交易,其信赖利益无法依善意取得制度得到保护。基于此,是否查询融资租赁登记系统就成了交易相对人主观上是否构成善意的判断标准。故要使上述租赁物登记产生法律效力,还须明确交易主体在受让动产所有权或接受抵押权、质权等权利时,知道自己有查询权属状况的注意义务。应规定第三人在办理资产抵押、质押或者受让等业务时,应当在统一登记公示系统进行查询,未依照规定进行查询的,应推定其未尽到审慎注意义务,因而不构成善意第三人。

【司法案例】

甲国际租赁有限公司诉乙市信用融资担保有限责任公司等案外人执行异议之诉纠纷案①

诉讼结论:乙融资担保公司就涉案设备进行了动产抵押登记,甲租赁公司关于其对涉案设备享有所有权并要求排除法院强制执行的诉讼请求,缺乏事实及法律依据,不予支持。

乙融资担保公司就涉案执行标的抵押权进行了动产抵押登记,该抵押权经(2013)潍商初字第111号民事判决书予以确认,并依法裁定对抵押物进行拍卖。根据《民事诉讼法解释》第311条"案外人或者申请执行人提起执行异议之诉的,案外人应当就其对执行标的享有足以排除强制执行的民事权益承担举证证明责任"之规定,甲租赁公司应就其对涉案5台设备享有足以排除强制执行的民事权益承担举证证明责任。从甲租赁公司提交的证据看,上海市长宁区人民法院(2013)长民二(商)初字第635号民事判决书虽确认其与丙电器公司之间的融资租赁关系,但该判决书系于涉案标的物被依法查封[2013年7月17日经(2013)潍

① 山东省高级人民法院(2017)鲁民终849号民事判决书。

商初字第111号民事裁定书予以查封]之后作出(2013年11月4日),且从判决书载明的"若丙电器公司不能返还上述租赁物,则应折价赔偿甲租赁公司2,765,000元"等内容看,该判决亦未确认执行标的归属于甲租赁公司。参照《执行异议和复议案件规定》第26条之规定,(2013)长民二(商)初字第635号民事判决书并不足以产生排除对涉案标的强制执行的效力。甲租赁公司关于其享有足以排除对涉案标的强制执行民事权益的主张,缺乏充分的事实依据,不符合法律规定,不予支持。

第七百四十六条　融资租赁合同的租金,除当事人另有约定外,应当根据购买租赁物的大部分或者全部成本以及出租人的合理利润确定。

【条文主旨】

本条是关于融资租赁合同租金构成的规定。

【条文理解】

租金是融资租赁合同中一项非常重要的内容。由于租赁双方均以营利为目的,而租金又直接影响利润,所以租金的确定是融资租赁交易中至关重要的问题。在融资租赁交易中,承租人负有支付租金的义务。但因其为"融资"租赁,所以承租人支付的代价并非是租赁物为使用收益的代价,而是融资的代价,因此,融资租赁合同中租金标准的确定,与租赁合同中租金的确定标准是不同的,它高于传统租赁中的租金。与商品价格概念相对应,租金以出租人消耗在租赁物上的价值为基础,同时依据租赁物的供求关系而波动。通常情况下,出租人消耗在租赁物上的价值包括三部分,即租赁物的成本、为购买租赁物向银行贷款而支付的利息、为租赁业务而支付的营业费用。

【司法适用】

通常情况下,融资租赁合同的租金应根据购买租赁物的大部分或者全部成本以及出租人的合理利润来确定,但目前国际和国内融资租赁领域,除保留传统的固定租金方式外,已越来越多地采用灵活的、多形式的、非固定的租金支付方式,以适应日趋复杂的融资租赁关系和当事人双方的需要。在融资租赁交易中,当事人经常根据承租人对租赁物的使用或者通过使用租赁物所获得的收益来确定支付租金的大小和方式,也可以按承租人现金收益的情况确定一个计算公式来确定租金,或由当事人约定并在融资租赁合同中规定以其他方式来确定租金。

【司法案例】

甲市某区人民政府等诉乙金融租赁有限公司等融资租赁合同纠纷案[①]

诉讼结论:抵押借款合同由本金加利息构成,而在售后回租合同中,租金一般由租赁物的购买价款、费用及出租人的合理利润摊提而成。偿还方式不同,抵押借款多为整借整还,售后回租多为按月或按年分期偿还。

本案中,乙租赁公司与丙公司之间形成的法律关系符合售后回租融资租赁法律关系的特征,具体分析如下:(1)当事人之间签订有《融资租赁合同》,该合同的附件包括《租赁物清单》《概算租金支付表》《实际租金支付表》《所有权转移证书》。上述合同及其附件表明,本案存在着租赁物以及租赁物所有权的移转即买卖租赁物、回租给付租金的事实,当事人之间并非没有租赁物或者未进行租赁物的所有权转移,并非只是单纯的资金流转。(2)债权金额构成不同于借款合同。《融资租赁合同》约定,丙公司承租租赁物须向原告支付租金,租金及其给付办法等事项均按《概算租金支付表》及原告发出的《实际租金支付表》办理。《概算租金支付表》载明,承租人需支付租金、租赁保证金,租赁服务费,双方还对留购价格和损失赔偿金进行了约定。尽管《概算租金支付表》载明,租赁利率是按照中国人民银行公布的人民币3年期贷款基准利率上调4%,是以中国人民银行公布的人民币3年期贷款基准利率为基础,但在此之外双方还规定了服务费,保证金等内容。这显然不同于借款合同只返本付息的特性。(3)偿还方式为按月分期偿还。《融资租赁合同》附件二《概算租金支付表》载明,每3个月支付一次租金,租金分期给付。融资租赁的租期由当事人自由约定,3年将本息全部收回。(4)预留购置款75,000元并不足以否定融资租赁合同的性质。综上,甲市某区人民政府、甲市某区国土资源局关于本案乙租赁公司与丙公司之间形成的是企业之间借贷法律关系的上诉理由不能成立,不予支持。

第七百四十七条　租赁物不符合约定或者不符合使用目的的,出租人不承担责任。但是,承租人依赖出租人的技能确定租赁物或者出租人干预选择租赁物的除外。

---

① 最高人民法院(2016)最高法民终480号民事判决书。

【条文主旨】

本条是关于租赁物质量瑕疵担保责任的规定。

【条文理解】

租赁物瑕疵分为物的瑕疵（也称质量瑕疵）和权利瑕疵两种。对于租赁物质量瑕疵，确定其担保责任的承担主体是至关重要的，因为它直接关系到融资租赁交易本质特征能否体现，关系到融资租赁与传统租赁能否明确区分。在传统租赁中，出租人与买卖合同中的出卖人一样负有质量瑕疵担保责任，须使租赁物合于合同约定的使用收益的状态。而在融资租赁合同中，一般都明确规定，出卖人迟延交付租赁物或者租赁物的规格、式样、性能等不符合合同约定或者不符合使用目的的，出租人不承担责任，由承租人直接向出卖人索赔，并承担索赔不成时的损害后果。此即所谓出租人瑕疵担保的免责特约。这种约定既符合融资租赁交易的理论和实践，同时也不违背现行法律的规定。

【司法适用】

不是在任何情况下，出租人都免除其质量瑕疵担保责任。当承租人完全依赖出租人的技能和判断选择租赁物，或者出租人干预选择租赁物时，如出租人为承租人确定租赁物或者擅自变更承租人已选定的租赁物的，出租人应承担全部或者部分租赁物的质量瑕疵担保责任。此外，在以下几种特殊情况下，租赁物的质量瑕疵担保责任也应由出租人负担：(1)出租人明知租赁物有瑕疵而来告知或者因重大过失不知有瑕疵的；(2)出租人与出卖人有密切关系的；(3)承租人无法或者不能直接向出卖人索赔的。

【司法案例】

范某义诉福建甲工程机械有限公司融资租赁合同纠纷案①

诉讼结论：范某义应当对乙租赁公司承担租赁合同所约定的义务。

根据《融资租赁代理协议》和《融资租赁合同》两份协议中所指向的标的物租赁物件名称均是中国重汽自卸车，品牌型号是中国重汽 WERO 工程勇士，车辆型号：ZZ3259M384PB3，双方均确认车辆是中国重汽 WERO 工程勇士，范某义未提供证据证明其所说的 WERO 工程 30 勇士即是本案涉诉中国重汽自卸车，亦未提供证据证明福建甲公司在签订合同的过程中有告诉范某义涉诉车辆可以上牌照，而且从该两份合同内容看，也并未约定要给涉诉车辆上牌照。从具有范某义亲笔签名的《租赁申请表》《确认书》《租赁物件明细表》的内容可以看出，范某义要求

---

① 福建省高级人民法院(2017)闽民申 1546 号民事裁定书。

并确认的租赁的租赁物名称均是中国重汽自卸车。从《租赁物验收证明书》的内容可以看出，范某义对编号为“RXZL－2013－Z－0213”的《融资租赁合同》即案涉合同约定的物件确认已经运抵指定地点并验收完毕。并对清单中的物件进行检验，所有零部件到位，运行良好，符合使用的要求。可见乙租赁公司已根据《融资租赁合同》的约定向福建甲公司购买了约定的租赁物，并向范某义交付了该租赁物，范某义亦出具了租赁物件验收证明书，乙租赁公司已履行了《融资租赁合同》约定的主要义务，范某义承租后应按约支付租金。本案福建甲公司、范某义对乙租赁公司主张范某义已累计达3个月未向乙租赁公司支付租金无异议。基于乙租赁公司将《融资租赁合同》项下的债权转让给福建甲公司作出相应判决并无不当。至于福建甲公司销售的WERO工程30勇士是不是合格产品因不属于本案的涉案车辆，原审不予认定不并无不当。至于范某义所主张的涉诉车辆的《中国重汽产品保修手册》及所附《汽车产品保修卡》《汽车技术检查合格证》皆非合同双方约定的验收方式，且范某义按照《融资租赁合同》约定的验收方式验收了该涉诉车辆，即使主张涉诉车辆存在质量问题，也非本案审查范围。

第七百四十八条　出租人应当保证承租人对租赁物的占有和使用。

出租人有下列情形之一的，承租人有权请求其赔偿损失：

（一）无正当理由收回租赁物；

（二）无正当理由妨碍、干扰承租人对租赁物的占有和使用；

（三）因出租人的原因致使第三人对租赁物主张权利；

（四）不当影响承租人对租赁物占有和使用的其他情形。

【条文主旨】

本条是关于出租人保证承租人占有和使用租赁物的规定。

【条文理解】

在融资租赁合同中，虽然承租人是通过租赁公司融通资金的，但承租人订立融资租赁合同的根本目的是要取得租赁物的使用权。所以，承租人在接受出卖人交付的标的物后，在租赁期间内，承租人对租赁物享有独占使用权，对使用租赁物所取得的收益可以独立处分。从买卖的角度看，出租人为买受人，出卖人虽将标的物直接交付给承租人，但标的物的所有权属于出租人，承租人则取得标的物的占有权、使用权和收益权。出租人转让租赁物所有权的，融资租赁合同对新的所有权人继续有效，新所有权人不得解除合同，取回租赁物。此即所谓“买卖不破租赁”原则。出租人将租赁物设定抵押时，出租人的抵押行为不得影响承租人的使用收益权。承租人的使用收益权可以对抗抵押权人的抵押权。当然，承租人在行使上述权利时，应以不危害出租人对租赁物的所有权为限。在租赁期间内，承租人如果受到对租赁物享有合法权利的人的干扰，出租人应承担违约责任。

【司法适用】

在租赁期间内，出租人应保证承租人对租赁物的占有和使用，这是融资租赁合同中出租人的一项主要义务，也是承租人的一项主要权利。应当注意的是，由于融资租赁是集融资与融物、贸易与技术更新于一体的新型金融产业，鉴于其融资与融物相结合的特点，有时出租人出于维护租赁物所有权的需要，在租赁期限内须定期或不定期地对租赁物的使用和完好状态进行查询检查，此种情形下有时难免会妨碍和干扰承租人对租赁物的占有和使用，若据此要求出租人赔偿承租人的损失，显然不合常理。基于对出租人和承租人双方利益的权衡和保护，此种情形应该认定为正当理由。当然，双方可以在合同中约定出租人行使该权利时承租人应予协助和配合，这样也能避免争议的发生。

【司法案例】

甲金融租赁有限公司诉郭某等融资租赁合同纠纷案①

诉讼结论：郭某请求甲公司继续履行《融资租赁合同》，返还8台沃尔沃挖掘机的诉讼请求，符合法律规定，予以支持。甲公司违法收回租赁物，依法应当赔偿郭某相应的损失。

2011年10月12日，甲公司作为买受方，乙公司作为出卖人，郭某作为承租人签订了5份《买卖合同》。2011年10月12日，甲公司作为出租人，郭某作为承租人签订了5份《融资租赁合同》。2015年1月9日，甲公司以涉案8台挖掘机欠付租金为由，将停放在内蒙古自治区乌海市蓝海停车场的8台挖掘机强行拖走。拖车时，甲公司在现场留下了《拖车授权通知书》8份，载明涉案的8台挖掘机租金累计逾期6期以上未还款，授权沃尔沃建筑设备(中国)有限公司取回挖掘机。《融资租赁合同》第17条约定，承租人连续3期或累计6期未按照本合同约定按时、足额向甲公司支付租金的视为承租人根本违约；若承租人根本违约，甲公司除可以要求郭某承担违约责任外，还可以取回或禁止承租人使用租赁物；取回租赁物后，甲公司可以处置租赁物。本案中郭某按照《融资租赁合同》的约定按时、足额支付了前26期的融资款。第26期后的融资款，郭某申请提前结清，甲公司许

---

① 宁夏回族自治区高级人民法院(2016)宁民终118号民事判决书。

可并计算出提前结清的剩余融资款,郭某也按照甲公司给乙公司的指示交清了剩余融资款。从郭某申请结清之日起,甲公司长期未向郭某主张或索要过第27期至第36期的融资款。直到郭某支付剩余融资款1年后的2015年1月9日,甲公司在未有效通知郭某的情形下,强行将郭某承租的8台设备强行拖走。甲公司强行将车辆拖走的行为不符合《融资租赁合同》的约定,属于违约行为。

第七百四十九条 承租人占有租赁物期间,租赁物造成第三人人身损害或者财产损失的,出租人不承担责任。

【条文主旨】

本条是关于租赁物致人损害的责任承担的规定。

【条文理解】

所谓对第三人的侵权责任,是指因租赁物本身及其设置、使用、保管等造成第三人的财产损害或者人身伤害。这种侵权责任通常有3种情形:(1)产品责任;(2)高度危险作业责任;(3)建筑物责任。而出租人并未实际占有租赁物,对租赁物的运行没有支配权,同时,出租人收取的租金与租赁物的使用收益并非对价关系,不存在租赁物的运行利益。因此,对租赁物属高度危险作业设备而致第三人损害的情形,出租人不负损害赔偿责任。

【司法适用】

租赁物因本身存在缺陷,造成他人人身和财产损害的,应由租赁物的供应商或者制造商承担赔偿责任。出租人虽非租赁物的制造商,但在承租人于租赁期满行使留购选择权时,出租人便成为销售者。在这种情况下,出租人仍不负租赁物的产品责任。这是因为:(1)融资租赁的实质是出租人对承租人的融资,其经济地位接近于金融业者,而异于商业销售者,实质的买卖关系存在于承租人和出卖人之间;(2)在融资租赁中,出租人并不与租赁物发生直接联系,不具备有关租赁物的商品知识、信息、检测技术和手段等。在融资租赁中,承租人对租赁物的运行拥有支配权,并享有运行利益,当然应作为经营者承担赔偿责任。

【司法案例】

湖南甲物流有限公司诉欧阳某仁等公路货物运输合同纠纷案①

诉讼结论:虽欧阳某仁、高某文与乙公司合同中对发生交通事故、运输事故等

---

① 湖南省高级人民法院(2017)湘民再33号民事判决书。

事故后的责任承担进行了约定，但属双方之间内部约定，不能对抗善意第三人。故乙公司对欧阳某仁、高某文的赔偿责任承担连带赔偿责任并未显失公平。

2012 年 1 月 14 日，欧阳某仁通过中介联系，驾驶赣 C－G6983 货车至位于广州市白云区利邦物流园承运货物一批，运输目的地为长沙黄花机场。2012 年 1 月 15 日 14 时左右，承运货物的赣 C－G6983 货车行驶至湖南省衡阳市耒阳市小水镇江波村 107 国道华海石化附近时，因雨天路滑以及驾驶员陈某洪采取措施不当，致使车辆冲出国道后侧翻，造成车上货物受损。赣 C－G6983 货车系欧阳某仁和高某文合伙出资经营，驾驶员陈某洪系欧阳某仁和高某文共同聘请的司机，交通事故发生时欧阳某仁乘坐于货车内。赣 C－G6983 货车登记所有权人为乙公司。欧阳某仁、高某文与乙公司于 2011 年 10 月 28 日签订的融资租赁合同约定：乙公司根据欧阳某仁、高某文的要求和自主选定，融资购买福田牌 BJ5313VPCJJ－9 型汽车 1 辆租赁给欧阳某仁、高某文，欧阳某仁与高某文享有该汽车的占有、使用、收益权；租赁期限自 2011 年 10 月 28 日起至 2014 年 10 月 27 日止；租金总金额 20 万元，按汽车融资租赁租金给付表支付；租赁期间，承租车辆如发生交通事故、运输事故或意外事件等，造成本人或他人的伤亡或财产损失，一切费用和赔偿责任全部由欧阳某仁、高某文承担，乙公司不承担任何责任；租赁期间，汽车所有权归乙公司所有。期满，租赁汽车的所有权归欧阳某仁、高某文。合同签订后，欧阳某仁、高某文向乙公司支付 14 万余元后，从乙公司取得承租车辆。欧阳某仁、高某文与乙公司签订的融资租赁合同合法有效。单就融资租赁关系而言，欧阳某仁、高某文占有使用车辆发生交通事故致使承运货物受损，乙公司不需要承担责任。在融资租赁法律关系中，出租人除了根据承租人的要求在约定的期限购买适格的标的之外，并无出借资质等其他义务。本案涉案车辆属于运营车辆，我国对运输经营采取严格的市场准入制度，取得运输经营权需经相关行政主管部门准许并发放道路运输经营许可证。欧阳某仁、高某文没有道路运输经营资格，乙公司却将道路运输经营许可证、行驶证交由欧阳某仁、高某文任意使用，欧阳某仁、高某文才得以从事货物运输经营活动。乙公司允许欧阳某仁、高某文以乙公司的名义使用经营许可从事货物运输，实质上是欧阳某仁、高某文借用乙公司的道路运输经营资质从事货物运输活动，故道路运输经营资质出借人乙公司应对借用人欧阳某仁、高某文在道路运输中的民事行为承担连带责任。

第七百五十条　承租人应当妥善保管、使用租赁物。

承租人应当履行占有租赁物期间的维修义务。

【条文主旨】

本条是关于承租人对租赁物所负保管、维修义务的规定。

【条文理解】

在融资租赁中,承租人的一项非常重要的义务就是妥善保管租赁物、严格按照合同的技术操作规程使用租赁物,并对租赁物进行保养、维修。这是因为,一方面,承租人得对租赁物为使用收益,出租人须容忍承租人为使用收益;另一方面,租赁物虽为承租人选定,但为出租人所有,因此承租人为自己使用收益的需要,为保护出租人利益的需要,应负保管义务。

【司法适用】

在融资租赁中,承租人在租赁期间只得自己使用租赁物,而不得擅自转租,更不得处分租赁物。承租人擅自转租的,出租人可以解除合同,收回租赁物。承租人处分租赁物的,是对他人财产的处分,出租人可以解除合同,收回租赁物,或者在第三人善意取得租赁物且不能返还时请求损害赔偿。出租人不负标的物的瑕疵担保责任,因而对租赁物无维修义务,但出租人却享有于租赁物期间届满后收回标的物加以使用或者处分的期待利益。因此,承租人需保障出租人期待利益的实现,不仅需妥善保管标的物,而且负有维修保养标的物的义务。

【司法案例】

赵某国诉河北甲融资租赁有限公司等融资租赁合同纠纷案[①]

诉讼结论:租赁物在王某卫使用期间丢失,根据融资租赁合同的性质,车辆丢失的风险应由王某卫承担。

被告王某卫自愿选择从原告甲公司以融资租赁形式租用车辆进行自主经营,第三人乙公司受甲公司委托向王某卫确认其自主选定的车辆及出卖方,并协助王某卫从原告处办理车辆融资租赁相关事宜。2013 年 6 月 14 日,王某卫与原告甲公司签订编号为:晋长治 F0031 的《车辆融资租赁合同》《车辆融资租赁合同标的及租赁条款》,其中《车辆融资租赁合同标的及租赁条款》第 2.1 条规定:“租赁期限为 18 个月,租金总额 324,310 元。”同日,甲公司与王某卫、第三人乙公司签订《融资租赁车辆服务合同》《融资租赁车辆服务合同补充协议》《融资租赁车辆服务合同费用及其他条款》,同时,赵某国与以上三方共同签订《担保协议》,自愿就王某卫在租赁合同及服务合同项下的义务提供连带责任保证担保。后王某卫陆续向原告支付了部分租金,加上支付的定金,共支付租金 146,800 元及部分租金

① 山西省长治市中级人民法院(2017)晋 04 民终 1789 号民事判决书。

的迟延滞纳金2205.2元，剩余租金177,510元至今未付。融资租赁合同中租赁物灭失的风险承担问题已有明确规定，据此本案中融资租赁合同关于被上诉人享有车辆丢失免责的条款并不违反法律的规定。

第七百五十一条　承租人占有租赁物期间，租赁物毁损、灭失的，出租人有权请求承租人继续支付租金，但是法律另有规定或者当事人另有约定的除外。

【条文主旨】

本条是关于租赁物毁损、灭失对租金给付义务影响的规定。

【条文理解】

与通常由物的所有权人负担风险不同，因融资租赁的租赁物是由承租人选定并直接交付给承租人占有、使用的，出租人在融资租赁中的主要功能与职责为融资，而不承担对租赁物的管控义务，因此，要求出租人承担租赁物毁损、灭失的风险，既不公平，也不现实。从国外立法例看，融资租赁合同中租赁物的风险由承租人负担，也是各国融资租赁立法及有关国际公约的一致做法，本条对此予以明确。本条同时规定了承租人负担风险的后果，即承租人占有租赁物期间租赁物毁损、灭失的，承租人应继续履行融资租赁合同中的租金支付义务。但允许当事人就租赁物的风险承担作出不同约定。本条是在融资租赁合同无约定且法律没有特别规定时的补充性规定。

【司法适用】

只有在承租人实际占有和使用租赁物期间，租赁物毁损、灭失的风险才由承租人承担。在承租人受领并占有和使用租赁物之前，则要区分具体情况。根据融资租赁合同约定，租赁物毁损、灭失的风险在转移给承租人之前，应由出卖人承担；在转移给承租人之后，由承租人承担。至于风险转移的时点，如前所述，主要应取决于合同约定，包括诺成合同和践成合同两种情况。故一般可认为，租赁物风险自从出卖人转移给出租人之时起，即视为同时转移给承租人负担。实际上，本条要解决的主要问题是明确出租人在租赁期间是否承担租赁物毁损、灭失的风险。根据融资租赁的特点，出租人只承担支付价款购买租赁物的责任，与租赁物本身相关的风险和收益全部转归承租人承担和享有。因此，无论在何种情况下，都是由出卖人或者承租人承担租赁物的风险，出租人无须承担与租赁物本身有关的任何风险责任，这也是融资租赁区别于其他租赁的显著特征之一。

【司法案例】

甲保险股份有限公司苏州分公司诉苏州乙精密机械有限公司保险人代位求偿权纠纷案①

诉讼结论:本案所涉租赁物的毁损、灭失系由于不可归责于承租人乙机械公司的原因而发生,虽然乙机械公司依据合同约定仍负有向出租人苏州丙融资租赁有限公司给付租金的义务。

2012年12月6日,被保险人苏州丙融资租赁有限公司为其所有的租赁给生产企业的机械设备向甲苏州分公司投保财产一切险(保险单号为ASUZ59102413Q000343U)。保险期间2013年3月8日至2014年3月7日。2013年3月4日,乙机械公司(承租人、乙方)与苏州丙融资租赁有限公司(出租人、甲方)签订融资租赁合同一份,在租赁事项一栏中约定:租赁物为立式加工中心,购买价格为39万元,使用地点为苏州工业园区唯亭镇富民家庭作坊创业园2幢13号厂房。2013年9月30日3时10分,苏州市110指挥中心接到报警称,位于苏州工业园区蠡塘路124号苏州工业园区唯亭联发投资有限公司西区富民孵化基地发生火灾,火灾未造成人员伤亡。火灾主要烧毁设备、房屋等。火灾原因可排除线路短路和遗留火种引发火灾的可能,不可排除外来不明火种引燃可燃物所致的可能。因乙机械公司所租赁的设备即型号为CNM560的立式加工中心在此次火灾中受损,经苏州丁国际贸易有限公司现场测定,认定该设备已无修复可能性,并据此出具了相关证明。甲苏州分公司承保的被保险设备发生保险事故,其已经按约理赔并取得代位求偿权。但其称乙机械公司在履行融资租赁合同时违约,故应对甲苏州分公司的支出的涉案设备的损失360,525元承担赔偿责任的问题,甲苏州分公司并未提交证据证明本案中保险事故的发生系乙机械公司未按融资租赁合同的约定履行所致。甲苏州分公司称,依据融资租赁合同第8条,租赁物不论任何原因的毁损灭失均应由承租人承担损害赔偿。但经查,该条款仅明确了毁坏、损害致无法修复或永久丧失其使用价值的情况下,乙机械公司的给付义务并不减轻或免除,并未明确约定由乙机械公司承担相应的损害赔偿责任。综上,甲苏州分公司要求乙机械公司赔偿甲苏州分公司支出的涉案设备的损失360,525元的主张,缺乏事实依据。融资租赁物由于不可归责于承租人的原因而毁损、灭失,承租人应向出租人承担给付租金的义务,此系基于双方关于租赁物毁损、灭失情形下风险负担约定而负担的给付义务,非承租人存在违约行为而应承

---

① 江苏省苏州市中级人民法院(2014)苏中商终字第00921号民事判决书。

担的违约赔偿责任。

第七百五十二条　承租人应当按照约定支付租金。承租人经催告后在合理期限内仍不支付租金的，出租人可以请求支付全部租金；也可以解除合同，收回租赁物。

【条文主旨】

本条是关于承租人支付租金义务的规定。

【条文理解】

在融资租赁合同规定的每期租金支付期限到期之前，出租人无权请求承租人支付。但在融资租赁合同中往往规定，承租人不支付租金或者有其他违约行为时，出租人有权要求承租人付清全部租金。此即所谓期限利益丧失约款。出租人之所以要在合同中规定期限利益丧失约款，是因为在融资租赁合同中，租赁物是为了承租人的特殊需要，由承租人选定，出租人出资购买的，此类租赁物专用性较强，在承租人不支付租金时，出租人即使收回租赁物，也难以通过重新转让或出租收回所投资金。同时，在融资租赁交易中，出租人与承租人互负的义务并非是同时履行的，而是有先后层次的，出租人支付租赁物价款的义务履行在先，承租人支付租金的义务履行在后，出租人的利益缺乏一种相互制衡或者保障。由于一般情况下，承租人在迟延支付一期租金时，很有可能也无力支付剩余未到期的租金，所以此时出租人如果不能一次性主张全部租金或者不能收回租赁物，将使自己处于默视损失扩大却无能为力的被动局面。因此，在承租人违约不支付租金时，出租人有权要求承租人支付全部租金，这有利于保护出租人的利益，同时，承租人丧失了期限利益，也是对承租人违约行为的一种惩罚，有利于促使承租人更好地履行自己的义务。

【司法适用】

在租赁期间，承租人应当按照合同约定向出租人支付租金，这是承租人的基本义务。由于融资租赁合同中的租金并非租赁物的对价，而是融资的对价，所以当租赁物存在瑕疵时，承租人不得以此为理由拒付租金。承租人未按照约定支付租金时，出租人可以规定一个合理期限，要求承租人支付。经出租人催告，承租人在规定的期限内仍不支付租金的，即构成违约，出租人可以采取以下两种救济措施：(1)要求承租人支付全部租金；(2)解除合同，收回租赁物，并请求赔偿损失。

【司法案例】

贵州省仁怀市茅台镇甲酒业股份有限公司等诉乙金融租赁有限公司融资租赁合同纠纷案[①]

诉讼结论：乙公司可以要求甲酒业公司向其支付全部租金。

2013年6月13日，乙公司与甲酒业公司签订编号为长金租回租字（2013）第106号《回租租赁合同》和编号为长金租回租字（2013）第106－1号《回租买卖合同》；与甲酒业公司签订了1份《抵押担保合同》，编号为长金租抵担字（2014）第0106－3－4号；与丙房产公司签订4份《抵押担保合同》，编号依次为长金租抵担字（2014）第0106－3号、第0106－3－1号、第0106－3－2号、第0106－3－3号。《回租买卖合同》约定，乙公司购买甲酒业公司自有物件（酿酒设备），并将该设备出租给甲酒业公司使用。《回租租赁合同》约定，甲酒业公司于2015年1月22日起向乙公司支付租金，租赁保证金1560万元，手续费540万元。租赁期间为36月，共9期，初始租金包括本金和租赁费合计134,727,281元。2014年9月26日甲酒业公司向乙公司支付租赁保证金1560万元，手续费540万元，共计2100万元。2014年9月29日，乙公司向甲酒业公司支付了设备购买价款1.2亿元。2014年9月26日，乙公司对丙房产公司提供的4处房产在贵州省遵义县住房和城乡建设局办理抵押登记。在2015年1月5日至2015年7月6日，甲酒业公司分别在2015年1月26日、1月28日、7月3日、7月6日，分别向乙公司支付租金226万元、730,825元、20万元、30万元，合计支付了第1期租金349.0825万元，欠付第1期租金8,472,475元。2014年11月22日，乙公司向甲酒业公司发送《租金调整通知书》，租赁费率由原合同约定的7.503%调整为7.32%，租金总额由原合同约定的134,727,281元调整为131,218,637.89元，各期租金额发生相应变更。2016年1月5日，甲酒业公司向乙公司支付租金50万元，合计给付3,990,825元，之后租金至今未支付。综上，甲酒业公司自判决生效后10日内向乙公司支付租金111,627,812.89元、租赁物留购费150,000元、逾期租金利息2,055,809.49元及自2015年11月25日起至租金付清之日止的罚息、保全措施费5000元，丙房产公司以其抵押物对甲酒业公司前述债务承担抵押担保责任，乙公司对丙房产公司提供的抵押物拍卖、变卖、折价的价款享有优先受偿权。

---

① 最高人民法院（2016）最高法民终540号民事判决书。

第七百五十三条　承租人未经出租人同意，将租赁物转让、抵押、质押、投资入股或者以其他方式处分的，出租人可以解除融资租赁合同。

【条文主旨】

本条是关于出租人解除融资租赁合同的规定。

【条文理解】

融资租赁合同的不可解约性，又称"中途解约禁止"。由于融资租赁交易具有融资性、周期长、利益重大、交易复杂等特点，融资租赁合同的解除与一般合同的解除相比有着更为严格的条件。融资租赁合同中一般都有类似"除合同约定条款外（或除特殊情况外），未经对方书面同意，任何一方不得中途变更合同内容或解除合同"的约定，即所谓的"中途禁止解约条款"。有鉴于此，我国中途禁止解约的问题都是在具体的合同中以特殊条款予以规定的，即所谓的"中途禁止解约条款"。但是，中途禁止解约并非融资租赁合同不适用解除制度，在出现法定或约定的特殊情况下，应当允许当事人基于一方或双方的意思使合同归于消灭。比如，出租人与承租人协议解除；承租人未经出租人同意，将租赁物转让、抵押、质押、投资入股或者以其他方式处分租赁物；承租人未按约定的期限和数额支付租金等。

【司法适用】

本条规定出租人一方可以解除融资租赁合同的情形，针对承租人擅自处分租赁物的行为，这类行为对出租人的租赁物所有权和租金债权的实现均构成严重威胁，属于承租人的严重违约。但对于承租人而言，承租人之所以要支付比贷款本息高得多的租金通过出租人获得租赁物，主要原因是承租人缺乏足够的资金购买设备又难以获得贷款。承租人在租赁过程中已经投入了相当的资金，若允许出租人单方任意解除合同，将使承租人已投入的资金无法收回而蒙受损失；为了使用租赁物，承租人往往需要进行一定的配套设备的投入，出租人如中途解约，会增加承租人的损失；由于租赁物的特定性，出租人单方中途解约收回租赁物以后，承租人如果要再购进同种物件，不仅相当困难，短期内也难以实现，这样势必给承租人造成极大的损失。

【司法案例】

四川甲食品有限公司诉成都乙融资租赁有限公司融资租赁合同纠纷案①

诉讼结论：成都乙公司提起本案诉讼的请求权基础系基于合同履行中的违约，而其诉讼请求包括确认丙公司与四川甲食品公司签订的转租合同无效、四川甲食品公司立即停止使用案涉租赁设备并与丙公司连带向其支付租金等，显然是基于丙公司与四川甲食品公司可能对其财产权的侵害而提出的权利主张，应系侵权之诉，与本案争议的合同之诉亦系两个不同法律关系。

2013 年 12 月 18 日，成都乙与丙公司签订的《融资租赁合同》（金控（2013）租字第 048 号）主要内容。该份合同主要约定：成都乙按照丙公司的需求购买相关机器设备，并将其出租给丙公司使用，双方对租赁期限、租金的给付方式及租赁物所有权归属进行了相应约定。因丙公司经营情况严重恶化，丁企业集团有限公司（以下简称丁集团）、戊公司拟对甲系公司（包括丙公司、甲食品成都公司、己置业公司）实施重组。此后，戊公司与丙公司为实施重组共同出资设立了四川甲食品公司。2015 年 3 月 25 日，四川甲食品公司与丙公司签订了《厂房、设施及生产设备租赁合同》，租赁丙公司的厂房、设施设备，租金为每年 5,662,195.8 元。2015 年 4 月 1 日起，其开始使用案涉机器设备至今。后，出租人将承租人及次承租人诉至法院，要求确认承租人与次承租人签订的转租合同无效，并要求二者连带支付承租人欠付的租金。依据民法及民事诉讼法基本原理，合同之诉是指一方当事人基于其与对方当事人之间存在的合同关系而提起的要求对方承担违约责任的诉讼；侵权之诉是指一方当事人基于对方当事人的损害行为而提起的要求对方承担侵权损害责任的诉讼。如果违约责任和侵权责任发生竞合，当事人应在违约责任和侵权责任中选择其中之一予以主张，而不能同时主张。本案系出租人提起的融资租赁合同纠纷，而次承租人并非案涉融资租赁合同的各方当事人，故出租人请求其承担违约责任缺乏事实依据。出租人要求次承租人连带支付租金，其实质为主张侵权之诉，要求实际使用人对侵害其所有权的行为承担连带责任。一审判决次承租人承担共同支付义务，既非当事人诉请的“连带责任”，也不存在次承租人承担共同支付责任的事实和法律依据。出租人如认为次承租人对其构成侵权，可另行起诉主张权利。

---

① 最高人民法院（2017）最高法民终 213 号民事判决书。

第七百五十四条　有下列情形之一的，出租人或者承租人可以解除融资租赁合同：

（一）出租人与出卖人订立的买卖合同解除、被确认无效或者被撤销，且未能重新订立买卖合同；

（二）租赁物因不可归责于当事人的原因毁损、灭失，且不能修复或者确定替代物；

（三）因出卖人的原因致使融资租赁合同的目的不能实现。

【条文主旨】

本条是关于出租人和承租人均可解除融资租赁合同的规定。

【条文理解】

作为合同双方均可解约的情形，本条规定并未考虑出租人或承租人是否存在违约行为或主观上的过错，而是以融资租赁合同客观上的履行不能作为解除的前提。前两种情形均以承租人无法继续占有、使用租赁物为合同解除的条件，至于合同解除后的返还及赔偿责任则可以依双方的过错由人民法院作出裁决。第三种情形是将出卖人的原因纳入了双方均可解约的情形，理由有两个：（1）融资租赁的合同目的无法实现，客观履行不能；（2）在因出卖人的原因导致融资租赁合同无法继续履行时，给承租人以解除融资租赁合同的方式进行救济的权利，避免因出租人不解除买卖合同，导致承租人非因自身过错仍要持续负担融资租赁合同义务的情形。

【司法适用】

鉴于融资租赁合同的“不可解约性”特点，本条对均可解约的情形进行了限定，对于出租人与出卖人订立的买卖合同解除、被确认无效或者被撤销附加了“未能重新订立买卖合同”这一条件，对租赁物意外毁损、灭失附加了“不能修复或者确定替代物”这一条件，实践中要正确把握。（1）本条的用语为“未能”，而非“拒绝”“不愿”，强调的是未重新订立买卖合同、未修复或者确定替代物这一客观事实，而不强调形成这一客观事实的主客观原因。（2）融资租赁合同对买卖合同解除、被确认无效或者被撤销后重新订立买卖合同的期限，以及租赁物意外毁损、灭失后修复或者确定替代物的期限有约定的，在该期限届满前，不产生解除权；融资租赁合同对前述期限未作约定的，应参照适用本编第 563 条第 3 项“当事人一方迟延履行主要债务，经催告后在合理期限内仍未履行”的规定，确定解除权产生的时间。（3）诉讼期间，出租人与出卖人重新订立买卖合同，租赁物得以修复或者确定了替代物，且融资租赁合同的履行不存在其他障碍的，不应判令解除融资租赁合同。

【司法案例】

李某等诉江苏甲工程机械租赁有限公司等融资租赁合同纠纷案[1]

诉讼结论：李某签订案涉融资租赁合同的目的不能实现，且原因在于出卖人乙汽贸公司，李某有权要求解除案涉融资租赁合同。

2012年9月13日，李某向甲租赁公司出具“选定设备及出卖人通知单”1份，主要内容为：本人经过市场考察，认为甲重型机械有限公司生产的QY100K－1型号设备符合本人生产经营需要。由于本人无力一次性购买该设备，故请你公司出资购买设备，并将设备以双方商定的租金出租给我方。同日，李某在甲租赁公司向其送达的“大吨位产品上牌提示书”上签字确认。同日，甲方（出租人甲租赁公司）与乙方（承租人李某）、丙方（出卖人乙汽贸公司）签订融资租赁合同。上述合同签订后，甲租赁公司按约履行了购买并向李某交付租赁物的义务，李某支付了履约保证金18.8万元及保险、登记证押金1万元，租金等其他款项未付。2013年8月2日，李某将案涉车辆开至甲租赁公司驻地大门外停放。根据合同关于案涉车辆应以承租人名义为租赁车辆登记上牌的约定，出卖人乙汽贸公司提供的案涉车辆应具备在承租人所在地区上牌的条件。承租人李某提供的《机动车业务退办凭证》表明其已至当地车辆管理部门申请办理上牌业务，但无法办理，当地车辆管理部门出具的退办凭证载明的退办原因是“车辆外廓尺寸与公告不符”。据此，承租人李某针对其提出的无法上牌、合同目的不能实现的主张，举证证明案涉融资租赁合同项下的车辆因外廓尺寸与公告不符导致被车辆管理部门退办上牌业务，已完成了初步的举证责任。案涉车辆实际于2013年8月2日已由出卖人乙汽贸公司控制，应视为李某于当天已将车辆退还给出卖人，案涉合同的解除时间应认定为2013年8月2日，且解除原因在出卖人乙汽贸公司，李某有权要求解除案涉融资租赁合同。

第七百五十五条　融资租赁合同因买卖合同解除、被确认无效或者被撤销而解除，出卖人、租赁物系由承租人选择的，出租人有权请求承租人赔偿相应损失；但是，因出租人原因致使买卖合同解除、被确认无效或者被撤销的除外。

---

① 江苏省高级人民法院（2016）苏民终20号民事判决书。

出租人的损失已经在买卖合同解除、被确认无效或者被撤销时获得赔偿的，承租人不再承担相应的赔偿责任。

【条文主旨】

本条是关于承租人承担赔偿责任的规定。

【条文理解】

融资租赁合同因买卖合同被解除、被确认无效或者被撤销而解除的，属于因融资租赁合同当事人以外的原因导致合同解除，承租人虽无违约行为，但如合同事先已明确约定由承租人承担损失赔偿责任的，承租人应依约承担责任。合同虽然未事先明确约定由承租人承担损失赔偿责任，但如买卖合同的出卖人、租赁物系由承租人选择，承租人亦应对选择的后果负责，即对由此而给出租人造成的损失承担赔偿责任。由于融资租赁合同解除对出租人造成的损失与买卖合同被解除、被撤销或被确认为无效对出租人造成的损失往往存在一定的交叉和重合，为保护承租人的合法权益，避免出租人通过在不同法律关系中分别求偿而获得双重利益，本条规定出租人在买卖合同中已经获得赔偿的，在融资租赁合同的索赔中应当相应予以扣减。

【司法适用】

出租人主张损失赔偿的前提是，其对买卖合同的无效、被撤销或被解除均不具有可归责事由，否则，如出租人因其行为或过错导致买卖合同存在瑕疵并进而导致融资租赁合同被解除，其不享有求偿权。实践当中，出租人存在可归责事由的情形包括：出租人不履行价款支付义务，导致买卖合同被解除的；因出租人单独或与出卖人的共同过错，导致买卖合同无效或被撤销的；出租人干预选择出卖人、租赁物，或承租人依赖出租人的技能确定租赁物等。上述情形下，出租人或者对买卖合同的缔结施加了影响，或者对买卖合同的无效、被撤销、被解除存在过错，自然应承担由此产生的不利后果，而不应再转嫁风险，向承租人主张赔偿。

【司法案例】

厦门甲融资租赁有限公司诉秦某利、张某融资租赁合同纠纷案①

诉讼结论：秦某利逾期支付租金的行为构成违约，根据合同约定，甲公司有权收回案涉机械。若因机械质量造成承租人损失，承租人有权根据法律规定和合同

① 安徽省合肥市中级人民法院(2016)皖01民终3529号民事判决书。

约定向机械出卖方主张权利，但与本案并非同一法律关系，秦某利不能据此拒交租金。

2012年12月26日，出租人甲公司与承租人秦某利签订了一份编号为ZLD－201212－14858的《融资租赁合同》，合同约定：经双方协商一致，出租人同意向承租人租出、承租人同意向出租人租入本融资租赁合同所述租赁物件；租赁物出卖人合肥乙工程机械有限公司旌德分公司，租赁物为厦工挖掘机1台。2012年12月26日，乙机械公司旌德分公司依约交付XG822LC型厦工挖掘机（整机编号CXG00822CLC1B2739）1台供秦某利租赁使用，并由秦某利出具租赁物件接收证书，接收证书载明：经验收，租赁物件在所有方面均满足承租人在《融资租赁合同》项下的租赁要求。上述合同签订当日，秦某利即支付甲公司合同约定的首付租金84,000元，合同项下手续费11,340元、保证金37,800元及GPS的安装和使用费3460元，合计136,600元。至2013年10月20日，秦某利尚欠甲公司租金160,850元。秦某利并非依赖甲公司的机能确定租赁物或甲公司曾干预选择租赁物，秦某利如认为因机器质量问题影响其正常使用应向出卖人索赔或主张权利，但应按照约定向甲公司支付租金，且秦某利早在2013年1月20日第一期时就开始拖欠租金，早于其主张机器因故障送厂维修的时间。秦某利逾期支付租金的行为构成违约，根据合同约定，甲公司有权收回案涉机械。

第七百五十六条　融资租赁合同因租赁物交付承租人后意外毁损、灭失等不可归责于当事人的原因解除的，出租人可以请求承租人按照租赁物折旧情况给予补偿。

【条文主旨】

本条是关于租赁物意外毁损灭失的规定。

【条文理解】

当租赁物意外损毁灭失，融资租赁合同可以解除时，法律赋予了当事人可以自由选择的两种处理方式：如当事人不行使解除权，则按风险负担规则处理，承租人应继续支付租金，实际上是承担了租金的风险，但却可以避免合同解除后一次性补偿出租人的资金压力，从而获得分期支付的期限利益；如当事人行使解除权，则风险负担规则不再适用，而代之以合同解除制度的登场，承租人应承担返还租赁物的义务，并承担返还不能时的代物清偿义务，即按租赁物的价值对出租人给予补偿。合同解除时，承租人补偿出租人的租赁物价值中包含了剩余租赁期间租赁物的价值和租赁期满后租赁物的残值两部分,如果融资租赁合同事先约定租赁期满后租赁物的残值属于承租人所有,则承租人可以在支付的补偿金额中扣除应属于自己的残值部分。

【司法适用】

本条确定了融资租赁合同因租赁物意外毁损、灭失等不可归责于当事人的事由而解除时,出租人可以要求承租人按租赁物的折旧情况予以补偿的原则,但租赁物价值的计算时点如何确定?是按租赁物毁损、灭失时的价值进行补偿,还是按合同解除、返还义务产生时租赁物的价值作为补偿计算的时点,对此认识并不一致。租赁物毁损、灭失,当事人立即要求解除合同的,二者在时间上完全一致,以何者为计算时点并无不同。但当租赁物毁损、灭失一段时间以后,当事人才在解除权行使期间内主张解除合同的,由于租赁物损毁、灭失与合同解除存在时间差,受租赁物折旧率、市场价格变动等因素影响,折价返还时按不同时点计算出来的租赁物的价值往往会存在差异,此时如何确定租赁物折价的计算时点对当事人的利益会产生不同影响。应当看到,租赁物的折价补偿是因融资租赁合同解除而租赁物返还不能才产生的,是作为租赁物返还不能的替代方式而存在的,因此,折价返还时,租赁物价值的计算时点应以返还义务产生时租赁物的价值作为计算基准。租赁物意外毁损、灭失而当事人并未立即主张解除融资租赁合同的,合同并不自动解除,承租人应按风险负担规则承担租金风险,即负有继续支付租金的义务,但因合同并未解除,不存在返还租赁物的问题,也就不存在承租人因返还不能而即时折价补偿的问题。

【司法案例】

甲保险股份有限公司苏州分公司诉苏州乙精密机械有限公司保险人代位求偿权纠纷案①

诉讼结论:租赁物的毁损、灭失系由于不可归责于承租人乙机械公司的原因而发生,虽然乙机械公司依据合同约定仍负有向出租人苏州丙融资租赁有限公司给付租金的义务。

2012年12月6日,被保险人苏州丙融资租赁有限公司为其所有的租赁给生产企业的机械设备向甲苏州分公司投保财产一切险(保险单号为ASUZ59102413Q000343U)。保险期间2013年3月8日至2014年3月7日。2013年3月4日,乙机械公司(承租人、乙方)与苏州丙融资租赁有限公司(出租

---

① 江苏省苏州市中级人民法院(2014)苏中商终字第00921号民事判决书。

人、甲方)签订融资租赁合同1份,在租赁事项一栏中约定:租赁物为立式加工中心,购买价格为39万元,使用地点为苏州工业园区唯亭镇富民家庭作坊创业园2幢13号厂房。后火灾烧毁主要设备、房屋等。火灾原因可排除线路短路和遗留火种引发火灾的可能,不可排除外来不明火种引燃可燃物所致的可能。因乙机械公司所租赁的设备即型号为CNM560的立式加工中心在此次火灾中受损,经苏州丁国际贸易有限公司现场测定,认定该设备已无修复可能性,并据此出具了相关证明。甲苏州分公司承保的被保险设备发生保险事故,其已经按约理赔并取得代位求偿权。但其称乙机械公司在履行融资租赁合同时违约,故应对甲苏州分公司的支出的涉案设备的损失360,525元承担赔偿责任的问题,甲苏州分公司并未提交证据证明本案中保险事故的发生系乙机械公司未按融资租赁合同的约定履行所致。甲苏州分公司称,依据融资租赁合同第8条,租赁物不论任何原因的毁损灭失均应由承租人承担损害赔偿。但经查,该条款仅明确了毁坏、损害致无法修复或永久丧失其使用价值的情况下,乙机械公司的给付义务并不减轻或免除,并未明确约定由乙机械公司承担相应的损害赔偿责任。综上,甲苏州分公司要求乙机械公司赔偿甲苏州分公司支出的涉案设备的损失360,525元的主张,缺乏事实依据。融资租赁物由于不可归责于承租人的原因而毁损、灭失,承租人应向出租人承担给付租金的义务,此系基于双方关于租赁物毁损、灭失情形下风险负担约定而负担的给付义务,非承租人存在违约行为而应承担的违约赔偿责任。

第七百五十七条　出租人和承租人可以约定租赁期限届满租赁物的归属;对租赁物的归属没有约定或者约定不明确,依据本法第五百一十条的规定仍不能确定的,租赁物的所有权归出租人。

【条文主旨】

本条是关于租赁期间届满租赁物归属的规定。

【条文理解】

在传统租赁中,承租人的一项主要义务就是于租赁期间届满时,将租赁物返还给出租人。而在融资租赁中,租赁期间届满,承租人一般可以有3种选择权:留购、续租或退租。留购是指租期届满,承租人支付给出租人一笔双方商定的设备残值(名义货价),取得租赁物的所有权。续租是指租期届满,承租人与出租人更新合同,继续承租租赁物,承租人按新合同支付租金;或者承租人未退回租赁物,出租人同意合同继续有效至承租人退回租赁物或者留购租赁物,承租人按原合同支付租金，直至合同终止。退租是指租期届满，承租人负责将处于良好工作状态的租赁物按出租人要求的运输方式运至出租人指定的地点。由此而产生的一切支出，如包装、运输、途中保险等费用均由承租人承担。在这三种租赁物的处理方式中，出租人更愿意选择留购这一处理方式。

【司法适用】

在实践中，出租人关心的是如何收回其投入以及盈利，而对租赁物的使用价值没有多大兴趣，大多数融资租赁交易均把承租人留购租赁物作为交易的必要条件。如果选择另外两种方式处理租赁物，仍面临着租赁物的最终处理问题，出租人并不希望保留租赁设备。如果当事人双方对于租赁物的归属没有约定或者约定不明确时，可以规定协议补充；不能达补充协议时，应依照合同有关条款或者交易习惯加以确定。如果合同双方当事人既不能就租赁物的归属达成补充协议，又不能根据合同有关条款或者交易习惯确定时，租赁物的所有权归出租人享有。这是因为，融资租赁与传统租赁一样，在租赁期间，租赁物的所有权归出租人。租赁期间届满时，如果承租人未支付名义货价，即使名义货价只值一分钱，承租人也不能取得租赁物所有权，租赁物所有权仍归出租人享有。

【司法案例】

甲金融租赁有限公司诉山西乙煤化工有限公司等融资租赁合同纠纷案①

诉讼结论：在乙公司、丙公司、吴某生、袁某向甲公司支付完毕全部到期未付租金、未到期租金、逾期利息、留购价款之前，《融资租赁合同》项下租赁物的所有权应归甲公司所有。

2013年7月29日，甲公司与乙公司在北京市东城区东中街29号东环广场B座2层签订编号为XDZL2013－034《融资租赁合同》，约定：乙公司以筹措资金为目的，将其拥有真实所有权并有处分权的租赁物转让给甲公司，再由甲公司出租给乙公司使用；甲公司根据乙公司上述目的融资受让乙公司转让给甲公司的租赁物并出租给乙公司使用。由于租赁物原由乙公司所有，且一直由乙公司使用和保管，甲公司不承担向乙公司现实交付租赁物的义务。甲公司、乙公司一致同意，租赁物的转让价格为人民币12,000万元整。《融资租赁合同》约定租赁期限届满，在乙公司清偿完毕本合同项下应付甲公司的全部租金、留购价款及其他应付款后，甲公司向乙公司出具租赁物《所有权转移证书》（格式见附件四），解除租赁物

① 北京市第二中级人民法院（2016）京02民初82号民事判决书。

之上设定的一切担保权利(如有)等。2013年8月21日,甲公司向乙公司汇款12,000万元,乙公司向甲公司出具收到12,000万元的收据,并向甲公司出具《所有权转移证书》。在合同履行过程中,乙公司向甲公司支付了部分租金。截至2015年12月31日,乙公司欠付的到期租金为50,967,927.96元,到期未付租金的逾期利息4,735,451.2元,未到期租金60,009,289.38元,留购价款1万元,以上共计115,722,668.54元,扣除风险抵押金1200万元后,尚欠103,722,668.54元,《融资租赁合同》项下租赁物的所有权应归甲公司所有。

第七百五十八条 当事人约定租赁期限届满租赁物归承租人所有,承租人已经支付大部分租金,但是无力支付剩余租金,出租人因此解除合同收回租赁物,收回的租赁物的价值超过承租人欠付的租金以及其他费用的,承租人可以请求相应返还。

当事人约定租赁期限届满租赁物归出租人所有,因租赁物毁损、灭失或者附合、混合于他物致使承租人不能返还的,出租人有权请求承租人给予合理补偿。

【条文主旨】

本条是关于租赁物价值返还及租赁物无法返还的规定。

【条文理解】

在融资租赁实践中,损害赔偿金是以相当于残存租金额或者以残存租金额减去中间利息计算的。这样出租人不仅收回了租赁物,而且可以获得一笔相当于残存租金额的损害赔偿金。而在融资租赁合同完全履行时,出租人仅可取得全部租金及期满后取得租赁物的残余价值。由此可以看出,出租人中途解约取得的利益,比合同全部履行本应得到的利益还要多。这不仅不公平,而且由于利益驱动,会使出租人尽量使用解除合同的办法,不利于融资租赁合同关系的稳定。为了解决这一问题,本条规定,当事人约定租赁期限届满租赁物归承租人所有,承租人已经支付大部分租金,但是无力支付剩余租金,出租人因此解除合同收回租赁物,收回的租赁物的价值超过承租人欠付的租金以及其他费用的,承租人可以请求相应返还。也就是说,出租人因收回租赁物而所得,无论按所评估的公允价值,还是按公开拍卖的实际所得,都不直接归出租人所有。

【司法适用】

出租人适用本条规定获得补偿的前提是,当事人约定租赁期限届满租赁物归出租人。只有在租赁期限届满后租赁物归出租人的情形下，出租人才对租赁物的残余价值享有利益，进而在租赁物无法返还时获得补偿。需要注意的是，“当事人约定租赁期限届满租赁物归出租人”在此处应作广义解释。本法第757条规定，出租人和承租人可以约定租赁期间届满租赁物的归属。对租赁物的归属没有约定或者约定不明确，依照本法第510条的规定仍不能确定的，租赁物的所有权归出租人。当事人对租赁物归属没有约定或者约定不明，根据上述规定可以认定租赁物所有权归出租人的，也应当属于本条的适用范围。

【司法案例】

甲集团股份有限公司诉济宁乙新型建材有限公司融资租赁合同纠纷案①

诉讼结论：在融资租赁合同解除的情形下，出租人实际获得的利益不能超过合同履行利益。

本案中，甲集团取回了涉案车辆，表明其以实际行为解除了《融资租赁合同》，此时甲集团的债权范围为乙公司欠付的全部租金、其他费用、留购价款的总和减去租赁物的价值。根据查明的事实，乙公司欠付的全部租金为115,500元，涉案车辆被收回时的价值为345,300元，扣除乙公司欠付的租金及合同约定的残值1元后的剩余费用为229,799元，依据上述法律规定，甲集团应将该款项返还给乙公司。

第七百五十九条　当事人约定租赁期限届满，承租人仅需向出租人支付象征性价款的，视为约定的租金义务履行完毕后租赁物的所有权归承租人。

【条文主旨】

本条是关于支付象征性价款后租赁物归属的规定。

【条文理解】

合同双方可以在融资租赁合同中约定对租赁物抵押和转让的限制，以保障双方当事人的合法权益。一般来说，出租方是为了得到租金，并在合同到期后顺利收回租赁物成本，并向承租人转让租赁物。而承租方的主要目的是以少量花费（租赁费）获取租赁物使用权，在合同到期后付清租金，并取得租赁物的所有权。

① 北京市第二中级人民法院(2017)京02民终10047号民事判决书。

【司法适用】

融资租赁本来是租赁公司支持企业经营发展的良好举措,但有的承租企业不能信守合同,到期不能及时付清租赁费用,占用租赁标的物,不能有效保护租赁公司的合法权益。对此,有的租赁公司会约定自己享有抵押和转让租赁标的物的权利,如果要改变该种现状,双方可以约定,亦可以由承租人另行提供担保,以获得对标的物相对稳定的权利,避免届时发生出租人通过诉讼、仲裁等手段将租赁标的物转让或承担其他债务,使承租人的权益受损。

【司法案例】

甲租赁有限公司诉乙通信有限公司等融资租赁合同纠纷案①

诉讼结论:乙公司支付象征性价格1万元后,租赁物的所有权归乙公司所有。

2014年4月17日,甲公司与乙公司签订《所有权转让协议》,约定:为了从甲公司租赁融资,乙公司将自有财产通信光纤设备转让给甲公司并租回使用。2014年4月18日,甲公司作为出租人,乙公司作为承租人,双方签订了编号为xxx《融资租赁合同》(售后回租类),约定:为实现融资租赁之目的,承租人同意向出租人转让承租人享有所有权之设备,再向出租人租回该等设备,出租人同意上述转让并将该等设备租赁给承租人使用,租赁期限届满,在承租人清偿本合同项下所有应付租金以及其他应付款项后,双方约定租赁设备以象征性价格1万元由承租人留购。甲公司与乙公司签订的《所有权转让协议》《融资租赁合同》,均系当事人的真实意思表示,内容不违反法律行政法规的强制性规定,合法有效,各方当事人均应依合同享有合同权利,履行合同义务。根据融资租赁合同约定,租赁期限届满,在承租人清偿本合同项下所有应付款项后,双方约定租赁设备以象征性价格1万元,由承租人留购。故甲公司主张乙公司支付留购款1万元,符合合同约定,但乙公司清偿案涉合同项下所有应付款项并支付留购款后,案涉合同出售回租设备清单项下的设备应归乙公司所有。

第七百六十条　融资租赁合同无效,当事人就该情形下租赁物的归属有约定的,按照其约定;没有约定或者约定不明确的,租赁物应当返还出租人。但是,因承租人原因致使合同无效,出租人不请求返还或者返还后会显著降低租赁物效用的,租赁物的所有权归承租人,由承租人给予出租人合理补偿。

① 山东省济南市中级人民法院(2019)鲁01民初2708号民事判决书。

【条文主旨】

本条是关于融资租赁合同无效租赁物归属的规定。

【条文理解】

通常情形下,合同被认定为无效后,租赁物返还给出租人。但由于融资租赁合同具有其特殊性,合同无效的处理应当综合考量合同无效的原因以及租赁物价值和使用价值的发挥。根据本条的规定,融资租赁合同无效时,应按以下顺序确定租赁物的归属:(1)充分尊重当事人意思自治,允许当事人事前或事后对合同无效后租赁物归属作出约定或进行协商;(2)当事人之间无约定且协商不成的,租赁物原则上应返还给出租人;(3)尊重融资租赁合同特性,综合考虑合同无效的原因、租赁物的效用发挥等因素。在因承租人原因导致合同无效,出租人不要求返还租赁物的情况下,或者将租赁物返还给出租人会显著降低租赁物价值和使用价值的,人民法院可以判决租赁物所有权属于承租人,并根据合同履行情况和租金支付情况由承租人对租赁物进行折价补偿。

【司法适用】

在本条规定情形下,人民法院可以判决租赁物所有权属于承租人,并根据合同履行情况和租金支付情况由承租人对租赁物进行折价补偿。融资租赁合同无效后,承租人应将租赁物返还给出租人,出租人应将租金返还给承租人,承租人在法定情形下可以不予返还,但要对租赁物进行折价补偿。此时存在两个方向相反的交付关系,出租人有权请求承租人返还租赁物的折价补偿款,承租人有权请求出租人返还租金。人民法院在审理过程中,可以结合具体案情,根据合同履行情况和租金支付情况,进行抵扣,避免增加支付成本,更高效地解决纠纷。

【司法案例】

北京甲融资租赁股份有限公司诉山东乙集团有限公司、丙控股集团有限公司等融资租赁合同纠纷案①

诉讼结论:本案合同约定、租赁物的性质、价值及租赁物所有权的转移,认定《融资租赁合同》符合融资租赁合同法律关系的要件,甲公司与丙公司之间系融资租赁法律关系并无不当。

从案涉《融资租赁合同》约定内容看,属于售后回租形式的融资租赁合同。《融资租赁合同》明确约定了租赁物,甲公司在法院指定的期间内提交了《租赁物清单》中所列机器设备的买卖合同及相应汇款凭证等资料。丙公司提交了相同的

① 最高人民法院(2017)最高法民申111号民事裁定书。

权属证明资料复印件，并认可原件由其保管，原判综合《融资租赁合同》、租赁物权属证明资料及现场勘察的实际情况，认定租赁物客观存在并无不当。《租赁物清单》确认租赁物账面净值总额为154,207,918.21元，转让价款总额为1.2亿元。且丙公司作为抵押人，某银行股份有限公司庆云县支行作为抵押权人的鲁庆工商抵登字（2014）第0007号《动产抵押登记书》系二审法院与乙公司代理人、甲公司代理人共同调取的证据，能够证明《动产抵押登记书》所附抵押物概况中与《租赁物清单》名称一致的机器设备的价值均高于《租赁物清单》的账目净值，原判综合《租赁物清单》中的账面金额及抵押登记中相同租赁物的实际价值，认定租赁物的转让价款在合理范围内并无不当。甲公司与丙公司签订《融资租赁合同》的附件七《所有权转移证书》，载明自2014年10月31日起，《融资租赁合同》项下全部租赁物的所有权自丙公司转移至甲公司。乙公司主张根据《担保法》的规定，《租赁物清单》与《动产抵押登记书》抵押清单相一致的租赁物转让行为无效。本案中，某银行股份有限公司庆云县支行作为抵押权人，甲公司作为受让人，均未向法院主张《融资租赁合同》无效，乙公司关于抵押物转让行为无效的主张法律依据不足，不能成立。原判综合本案合同约定、租赁物的性质、价值及租赁物所有权的转移，认定《融资租赁合同》符合融资租赁合同法律关系的要件，甲公司与丙公司之间系融资租赁法律关系并无不当。乙公司主张《融资租赁合同》系借款合同没有事实和法律依据，不应予以支持。

第十六章 保理合同

第七百六十一条　保理合同是应收账款债权人将现有的或者将有的应收账款转让给保理人，保理人提供资金融通、应收账款管理或者催收、应收账款债务人付款担保等服务的合同。

【条文主旨】

本条是关于保理合同定义的规定。

【条文理解】

保理，是指债权人依据与保理商之间的合同约定，将现在的或者将来的、基于与债务人订立的基础合同产生的应收账款转让给保理商，保理商向其提供资金融通、应收账款管理或者催收、应收账款债务人付款担保等多种服务项目中的至少一种。保理业务以债权人转让其应收账款债权为前提，集应收账款催收、管理、坏账担保及融资于一体，具有综合性。近年来，保理业务在我国国内贸易中的运用明显增多。相比传统合同纠纷而言，保理合同纠纷在我国尚属于新类型案件。我国1999年《合同法》未将保理合同规定为一种有名合同，最高人民法院颁布的《民事案件案由规定》中也一直没有"保理合同"的专门案由，[①]实践中各地法院长期将保理合同纠纷归入其他合同纠纷（如借款合同纠纷）来进行审理。为了适应我国保理行业发展和优化营商环境的需要，《民法典》"合同编"专章规定了保理合同。

对保理合同作出明确规定，有利于促进保理业务的健康发展，缓解中小企业融资难、融资贵的问题，进而促进我国实体经济发展。本条正是顺应社会经济发展，对保理合同作出的立法界定。第一，本条所称应收账款，是指权利人因提供一定的货物、服务或设施而获得的要求义务人付款的权利以及依法享有的其他付款

---

① 最高人民法院研究室曾经在其负责起草的民事案由规定讨论稿中列明了保理合同纠纷案由，但提交审判委员会讨论时，被当时分管商事审判工作的副院长以当时情况不明、案件太少为由而否定。随着保理合同定义在《民法典》"合同编"中的确立，最高人民法院应将保理合同纠纷明确规定为一级案由。

请求权。包括现有的和未来的金钱债权,但不包括因票据或其他有价证券而产生的付款请求权,以及法律、行政法规禁止转让的付款请求权,其实质为一般债权、金钱债权。第二,本条所称的保理人,是指具备提供资金融通、应收账款管理或者催收、应收账款债务人付款保证等服务能力的商业银行与专门从事保理业务的非银行法人企业等机构,[①]也就是我们通常所称的保理商。从审批监管的角度来看,我国的保理商目前主要包括两类:一类是银行业监督管理机构审批监管的银行类保理机构;另一类则是商务部、地方商务主管机关审批监管的商业保理公司。[②] 第三,本条所称的资金融通,是指以应收账款合法、有效转让为前提的融资服务,包括贷款和预付款;应收账款管理是指,保理人根据债权人要求,定期或不定期向其提供关于应收账款的回收情况、逾期账款情况、对账单等各种财务和统计报表,协助其进行应收账款管理。债务人付款担保是指,保理人与债权人签订保理协议后,为债务人核定信用额度,并在核准额度内,对债权人无商业纠纷的应收账款,提供约定的付款担保,不限于保证的方式。除本条规定的保理人提供的4种典型的保理服务外,本条中的“等服务”是指其他可认定为保理性质的金融服务,如资信调查与评估、信用风险控制等。

【司法适用】

保理是以应收账款转让为中心的交易行为。在买入基础合同卖方的应收账款的前提下,保理人提供条文所列4项服务中的至少一项保理服务。不同的保理服务构成不同的的组合体,也就形成了不同的保理类型,导致不同风险在当事人之间分配。认定保理合同关系应从以下3个方面来把握:(1)主体方面,保理人必须是经过有关部门批准,可以展开保理业务的商业银行或商业保理公司;[③](2)法律关系方面,保理法律关系应当以债权转让为前提,即以应收账款所包含的已发生的和将来发生的债权转让关系为前提,以此在应收账款债权人与保理人之间形

---

① 2012年6月27日,商务部发布《关于商业保理试点有关工作的通知》,明确在天津滨海新区、上海浦东新区开展商业保理试点。试点内容为:设立商业保理公司,为企业提供贸易融资、销售分户账管理、客户资信调查与评估、应收账款管理与催收、信用风险担保等服务。2015年,商务部发布《商业保理企业管理办法(试行)》(征求意见稿),其中第3条对商业保理企业作出了定义:本办法所称商业保理企业是指专门从事保理业务的非银行法人企业。

② 2018年5月14日,商务部发布《关于融资租赁公司、商业保理公司和典当行管理职责调整有关事宜的通知》称:“商务部已将制定融资租赁公司、商业保理公司、典当行业务经营和监管规则职责划给中国银行保险监督管理委员会(以下称银保监会),自4月20日起,有关职责由银保监会履行。”据此,我国商业保理的监管和银行保理一样,统一归口调整到了银保监会系统。

③ 江苏省高级人民法院民二庭课题组:《国内保理纠纷相关审判实务问题研究》,载《法律适用》2015年第10期。

成保理合同法律关系；(3)服务类型方面，保理人应当提供上述资金融通、应收账款管理、应收账款催收以及应收账款债务人付款担保等至少一项服务。至于提供的是超出本条规定的4项服务范围的，则要根据业务的具体属性、特征等来判定其是否属于保理性质的金融服务。

【司法案例】

上海甲银行闵行支行诉四川乙制药集团有限公司融资租赁合同纠纷案[①]

诉讼结论：融资租赁合同出租人、承租人与保理银行之间基于涉案保理合同的履行而形成明确的权利义务对应关系，成立典型的保理合同，承租人应向保理银行承担给付应收账款债权责任。

乙集团公司作为承租人与丙融资租赁有限公司(下称丙公司)作为出租人签订的《融资租赁(售后回租)合同》，约定丙公司以售后回租的方式为乙集团公司提供融资租赁服务。2013年9月25日，丙公司以《融资租赁(售后回租)合同》项下对乙集团公司享有的租金向甲行闵行支行申请保理融资款。同日，丙公司向甲行闵行支行出具《应收账款转账通知书》，将应收账款转让事宜告知乙集团公司，乙集团公司盖章确认应收账款转让事宜。法院认为，丙公司将乙集团公司的应收账款与保理人甲行闵行支行签订的合同为保理合同，依此涉案应收账款的转让和保理合同的履行形成一笔完整的保理业务。甲行闵行支行的诉讼请求符合双方当事人的约定和法律规定，应当予以支持。

第七百六十二条　保理合同的内容一般包括业务类型、服务范围、服务期限、基础交易合同情况、应收账款信息、保理融资款或者服务报酬及其支付方式等条款。

保理合同应当采用书面形式。

【条文主旨】

本条是关于保理合同内容和形式的规定。

【条文理解】

基于保理合同的特殊性和复杂性，通过立法对其内容和形式作出规范有其现

---

① 四川省高级人民法院(2017)川民初118号民事判决书。

实必要性。一方面，是关于保理合同的形式，明确了应当采用书面形式的要求，这有助于提升保理行业的规范管理水平。另一方面，则是对保理合同一般应当具备的内容和条款作了进一步的明确。一份完整意义上的保理合同，应当具备业务类型、服务范围、期限、基础交易合同情况、应收账款信息、保理融资款、服务报酬及其支付方式等必要条款。这主要是出于对保理业务的专门性、特殊性和复杂性的考虑。本条中有关保理合同内容的规定，其性质应当属于指导性规范，而不是强制性规范，更不是效力性强制性规范。质言之，保理合同不会因为不具备本条规定的全部内容而无效。明确保理合同的必要结构和条款，其目的就是尽可能地明确界分保理合同当事人的权利和义务，减少因合同条款要素不完整、约定不明确导致的争议。

【司法适用】

根据《民法典》"合同编"第469条的规定，书面形式是合同书、信件等可以有形地表现所载内容的形式。以电子数据交换、电子邮件等方式能够有形地表现所载内容，并可以随时调取查用的数据电文，视为书面形式。按照合同成立是否要求符合特定的形式，可将合同分为要式合同与不要式合同。要式合同，是指法律要求必须具备一定的形式和手续的合同。不要式合同，则是指法律不要求必须具备一定形式和手续的合同。法律既然明确规定了保理合同应当采用书面形式，是否意味着保理合同就是要式合同？如果未采取书面形式，对保理合同的成立和生效是否产生影响？"合同编"第490条明确规定："当事人采用合同书形式订立合同的，自当事人均签名、盖章或者按指印时合同成立。在签名、盖章或者按指印之前，当事人一方已经履行主要义务，对方接受时，该合同成立。法律、行政法规规定或者当事人约定合同应当采用书面形式订立，当事人未采用书面形式但是一方已经履行主要义务，对方接受时，该合同成立。"①按此规定，如果当事人没有采用书面形式而履行了保理合同的主要义务，一般不影响保理合同的成立。因此，虽然法律明确了保理合同的书面形式要求，但也只是"应当"，而并非"必须"采用书面形式。该书面形式的要求仅具备一般的规范和指引作用，而并非判断保理合同成立和生效的标准。

---

① 《合同法》第36条规定：法律、行政法规规定或者当事人约定采用书面形式订立合同，当事人未采用书面形式但一方已经履行主要义务，对方接受的，该合同成立。

【司法案例】

甲银行股份有限公司乌鲁木齐钢城支行诉乙物资集团新疆有限公司、广州丙金属公司合同纠纷案①

诉讼结论:债务人就诸如债权不成立、成立时有瑕疵、无效或可撤销、债权消灭等对保理银行的抗辩权事先承诺进行放弃是保理业务的通行做法,有利于促进保理融资业务的顺利开展,是合法有效的。

债权转让后债务人对抗辩权和抵销权的行使享有选择权,其既可以对原债权人主张,也可以向受让人主张。即便债务人向保理银行预先承诺放弃行使抗辩权和抵销权,其所享有的实体权利并未因此而消灭,其仍然可以向原债权人主张相关的权利。从当事人之间利益状态来看,债务人对受让人预先承诺放弃抵销权和抗辩权并不会导致当事人之间利益的失衡。从当事人在保理融资业务中所追求的经济目的来看,债务人事先向受让人作出无异议承诺具有一定的合理性。根据本案已经查明的事实,乙新疆公司在《应收账款保理业务确认书》中向甲行钢城支行作出"不出于任何原因对该等款项进行任何抵销、反请求或扣减"的承诺,是其真实意思表示,故应依法认定为合法有效。

第七百六十三条　应收账款债权人与债务人虚构应收账款作为转让标的,与保理人订立保理合同的,应收账款债务人不得以应收账款不存在为由对抗保理人,但是保理人明知虚构的除外。

【条文主旨】

本条是关于虚构应收账款的法律后果的规定。

【条文理解】

该条文实际上是关于保理法律关系所依据的基础合同不真实时,保理合同的效力如何评判的问题。保理合同具有独立性,在保理法律关系所依据的基础合同不真实时,保理合同仍然有效。保理人在与应收账款债权人签订保理合同后,根据保理合同约定提供了保理服务,为了保护保理人的利益,本条规定应收账款债务人不得以应收账款不存在为由对抗保理人。但是,如果保理人明知应收账款债权人与债务人虚构应收账款而签订保理合同,此时,保理人便不具有善意,则应收

① 最高人民法院(2014)民二终字第271号民事判决书。

账款债务人可以以该应收账款不存在为由对抗保理人。

【司法适用】

在审理此类案件时，若应收账款债务人以应收账款不存在为由对抗保理人时，可主动审查涉案合同以及相关文件或材料。一般来说，法院居中裁判，奉行不告不理原则，但如果可能存在恶意串通损害第三方合法权益的情况，或者可能涉及虚假诉讼的情况下，人民法院有必要进行全面审查。如果存在恶意串通损害第三方合法权益的情况，依法认定合同无效；对于虚假诉讼参与人，依法采取罚款、拘留等妨碍民事诉讼强制措施；对于涉嫌虚假诉讼罪的，依法将相关线索和有关案件材料移送侦查机关。①

当债权人和债务人没有真实贸易往来，串通形成应收账款文件等行为进行保理融资的，其保理合同的法律效力不宜直接裁判为合同无效。当不存在应收账款标的，债务人以此为由拒绝履行，而保理人要求债务人继续履行保理合同的，人民法院应当予以支持。同时，债权人因虚构应收账款文件等行为构成骗取贷款或贷款诈骗犯罪的，保理合同的效力仍然应依据“总则编”“合同编”的相关规定作出判定。当然，对于基础合同与保理合同中的债权转让关系，因应收账款并不真实，应认定债权人违约履行。对于保理合同关系，则应根据具体案件情况作出处理：如果保理人明知应收账款文件作假，应收账款标的不存在的，应收账款债务人以此为由对抗保理人而拒绝履行合同的，人民法院应当支持债务人的该对抗主张。

【司法案例】

甲银行股份有限公司诉乙省电力燃料有限公司合同纠纷案②

诉讼结论：保理人已经尽到审慎义务，其有理由相信债权人的应收账款真实有效的，债务人不能以应收账款不存在为由对抗保理人。

本案中，乙燃料公司明知广州丙公司变造涉及标的9.5万吨煤炭买卖合同的行为，且在甲银行进行背景调查时，与广州丙公司共同实施欺诈行为，制造双方之间存在4000多万元应收账款的假象。同时，该9.5万吨合同系广州丙公司与乙燃料公司双方共同通谋实施的虚伪意思表示，依法应认定为无效合同，但在虚伪表示的当事人与第三人之间，应视该第三人是否知道或应当知道该虚伪意思表示而发生不同的法律后果。该案中，甲银行通过充分的背景调查与核实，广州丙公司与乙燃料公司共同向甲银行确认了基础债权真实、合法、有效，甲银行已经尽到审

---

① 《最高人民法院关于防范和制裁虚假诉讼的指导意见》第12条。

② 最高人民法院(2017)最高法民再164号民事判决书。

慎义务,其有理由相信广州丙公司对乙燃料公司享有4000余万元债权。所以,乙燃料公司不得以应收账款不存在对抗甲银行,仍然应当履行其应收账款债务。

第七百六十四条　保理人向应收账款债务人发出应收账款转让通知的,应当表明保理人身份并附有必要凭证。

【条文主旨】

本条是关于保理人表明身份义务的规定。

【条文理解】

"合同编"第546条规定:"债权人转让债权,未通知债务人的,该转让对债务人不发生效力。债权转让的通知不得撤销,但是经受让人同意的除外。"[①]按照这一规定,即便转让人与受让人达成了债权转让协议,该协议是否对债务人发生效力,取决于债权人是否将转让协议通知债务人,如果债权人没有履行该通知义务,则转让协议对债务人不发生效力。如果在保理合同中适用"合同编"第546条关于债权转让的一般规定,要求债权人亲自向债务人履行通知义务,则不利于保护保理人和债务人的利益。法律允许保理人作为应收账款的受让人和通知主体,有助于灵活解决保理合同的这一实际问题。当然,从债务履行安全角度考虑,本条对保理人附加表明身份和提供必要凭证的义务。在此条件下,债权转让通知债务人,其债权债务法律关系由债权转让人与债务人变更为受让人与债务人,即主体变为保理人与债务人。当应收账款转让人在债权转让通知文件上签章后,由保理人送达应收账款债务人的,性质上属于转让人对保理人的授权,应当认定该通知有效。保理人发出转让通知时,需要表明其保理人的身份和附带必要凭证,具体包括转让人签名的债权转让通知、商业发票、保理人身份证明、债权让与合同等书面材料。

【司法适用】

司法实践中,既有债权人向应收账款债务人发出债权转让通知,也有保理人向应收账款债务人发出通知的情况。由于基础合同和保理合同具有相对独立性,即便基础合同无效,也不会当然导致保理合同无效,保理人仍可通过表明身份介入债权债务的转让关系中。当应收账款债权转让时,对于保理人向应收账款债务

---

① 《合同法》第80条第1款规定:债权人转让权利的,应当通知债务人。未经通知,该转让对债务人不发生效力。

人发出通知的，债务人可以要求保理人表明身份并出示其取得应收账款的相关证明。如果仅仅是发出应收账款转让的通知，却没有提供相关文件证明其保理人身份的合法性和有效性，债务人可以拒绝向保理人履行。但需注意，应收账款债权的转让情况没有通知债务人，只是对债务人不发生效力，无论债务人是否收到或认可债权转让通知，不影响保理合同的效力。

在应收账款转让通知的形式方面，如果应收账款债权人、债务人以及保理人明确约定了转让通知的特定形式，则从其约定。如果应收账款债权人、债务人以及保理人未对通知形式作出约定，在特定情形下可以认定为已经履行了通知义务：(1)应收账款债权人在债权转让通知文件上签章，并实际送达债务人；(2)债权人在所转让应收账款的对应发票上明确记载了债权转让主体和内容，并实际送达债务人；(3)保理人与债权人、债务人共同签订债权转让协议，或债务人参与签订保理合同的；(4)经公证证明债权转让通知已经送达债务人。①

【司法案例】

甲银行股份有限公司太原迎宾路支行诉乙工程有限公司、丙工程机械销售有限公司等合同纠纷案②

诉讼结论：对于保理合同所形成的法律关系，不能将一般合同的相对性原则简单地理解和套用在保理合同纠纷中。

保理合同是一种有突出商业惯例特点的债权转让性质的合同，从保理业务的运作和合同约定的权利义务来看，供应商将债权转让给保理商，保理商支付融资款作为对价，并明确告知债务人将应收账款支付给保理商，保理商对债务承担信用风险责任，有债权转让的法律特征，又有商业运作惯例的特征，保理商在未受偿的情况下，以债务人和供应商为被告，行使追索权。保理合同所形成的法律关系，是基于两个或者两个以上的合同形成一个新的符合商业运作惯例的法律关系，不能将一般合同的相对性原则简单地理解和套用在保理合同的纠纷中。原审判决乙公司承担全部的偿还责任，丙公司承担补充赔偿责任，基于乙公司为案涉款项的实际受益人、资金使用人的考量，公平合理，既符合保理合同运作惯例，也符合本案的实际情况。

---

① 李超：《保理合同纠纷裁判规则与典型案例》，中国法制出版社2017年版，第186页。

② 最高人民法院(2015)民申字第2394号民事裁定书。

第七百六十五条　应收账款债务人接到应收账款转让通知后，应收账款债权人与债务人无正当理由协商变更或者终止基础交易合同，对保理人产生不利影响的，对保理人不发生效力。

【条文主旨】

本条是关于变更或者终止基础交易合同对保理人的效力的规定。

【条文理解】

虽然保理合同关系具有独立性，但是仍然不可避免会受到债权人与债务人之间基础交易合同关系变化的影响。可以说，应收账款债权人与债务人之间的基础交易合同是成立保理的前提，而债权人与保理人之间的应收账款债权转让则是保理关系的核心。本条意在通过法律的明确规定来限制基础交易合同的变化对保理合同关系特别是保理人的权利义务的影响。以应收账款转让通知到达债务人为标志，债务人即受到应收账款转让效力的约束，如若基础交易合同当事人双方仍然私下、任意地协商变更、终止基础交易合同，给保理人带来的不利影响不应当由保理人来承受，否则有违公平原则。因此，必须为变更或者终止的基础交易合同的行为附加限制条件，只有满足“正当理由”时，这种变更或终止基础交易合同的行为才对保理人发生效力。

【司法适用】

司法实践中的难题在于，应收账款债权人和债务人以何种理由协商变更或者终止基础交易合同，方可被认定为“正当理由”？如果保理合同中约定了“不得变更基础交易”，对保理人所提出的这种绝对禁止变更的约定条款，其效力又当如何评判呢？(1)要正确认识保理合同与基础交易合同的关系。基础交易合同的存在是保理合同订立的前提。但是，二者并非主从合同关系，而是相对独立的两个合同。当然，二者所涉及的权利义务关系的约定存有一定的牵连性。(2)对于保理合同条款的效力，仍然要根据合同效力的一般性判定规则来作出认定。只要不具有法律规定的合同无效情形，均应当认定其有效性。应收账款债务人收到债权转让通知后，应当按照通知要求向保理人支付应收账款，这也是保理人所享有的权利。(3)要根据具体情况来确定保理人和债务人之间的权利义务。债务人依据基础合同享有的抵销权及抗辩权，可以对抗保理人，但保理人与债务人另有约定的除外。对于保理人明知基础交易合同约定应收账款债权不得转让，但仍然受让债权的，应当考虑两方面因素：一方面，保理人与债务人的另有约定，并不当然影响保理合同的效力；另一方面，保理人以保理合同为依据向基础交易合同债务人主张债权的，并不能以此约束债务人，债务人仍可以此抗辩。根据《民法典》第545条第2款的规定，当事人约定金钱债权不得转让的，不得对抗第三人，则债务人对抗受让金钱债权的保理人于法无据。债权人、债务人及保理人就基础交易合同的变更、终止作出约定的，应当依照三方约定处理。如果无三方约定，保理人受让债权后，债务人又与原债权人变更或终止基础交易合同，理由不正当的，保理人可不予承认；导致保理人不能实现保理合同目的的，保理人可以据此请求原债权人承担违约责任或者解除保理合同并赔偿损失。

【司法案例】

甲银行股份有限公司武汉水果湖支行诉乙招标有限公司、湖北丙贸易有限公司合同纠纷案①

诉讼结论：保理银行未举证证明基础交易合同约定的付款条件成就的，应当驳回保理银行对基础交易债务人的诉讼请求。

保理银行应审查基础交易合同货物交付凭证、买方确认函等文件原件，对背景贸易真实性进行审查，这既是银监会或保理协议要求履行的审核义务，也是保理业务自身对于风险防控的要求。本案中，甲行水果湖支行在办理案涉保理业务时即应审核丙公司与乙公司之间《煤炭买卖合同》，审核该煤炭买卖合同约定合同履行的条件是否成就。但甲行水果湖支行并未举证证实《煤炭买卖合同》约定的交货已经完成且收到煤炭接收方电厂的验收清单，亦未举证电厂已经向乙公司支付该批次煤款。因此，甲行水果湖支行并未完成其举证责任，原审法院据此认为《煤炭买卖合同》约定的付款条件未成就而驳回甲行水果湖支行对乙公司的诉讼请求，适用法律并无不当。

第七百六十六条　当事人约定有追索权保理的，保理人可以向应收账款债权人主张返还保理融资款本息或者回购应收账款债权，也可以向应收账款债务人主张应收账款债权。保理人向应收账款债务人主张应收账款债权，在扣除保理融资款本息和相关费用后有剩余的，剩余部分应当返还给应收账款债权人。

① 最高人民法院（2017）最高法民申366号民事裁定书。

【条文主旨】

本条是关于有追索权保理的规定。

【条文理解】

在保理分类中，按照保理人在债务人无法偿付应收账款时，是否可以向债权人反转让应收账款、要求债权人回购应收账款或归还融资，分为有追索权保理和无追索权保理。其中，有追索权保理又称回购型保理，是指保理人不承担为债务人核定信用额度和提供坏账担保的义务，仅提供包括融资在内的金融服务。在保理合同中，保理人首先从被让与的债权中获得清偿，只有在没有从中获得成功清偿的情况下，才可以反过来向债权人进行追索，并要求返还财务预支或要求债权人回购应收账款。

真正的保理是没有追索权的，本质上属于买卖行为，标的物为债权；非真正的保理，涉及信贷行为与担保性债权让与相连接，在法律上归类为贷款合同。这种分类，也是《商业银行保理业务管理暂行办法》规定的无追索权保理和有追索权保理。[①] 有追索权保理是指在应收账款到期无法从债务人处收回时，商业银行可以向债权人反转让应收账款、要求债权人回购应收账款或归还融资。有追索权保理又称回购型保理，即非真正的保理。由于有追索权保理合同的主要法律关系为金融借贷关系，当保理人向应收账款债务人主张应收账款后，一方面，应收账款债权已转让给保理人；另一方面，保理人只是代为管理该应收账款，并将收回款项优先清偿保理人所支付的保理融资款项。另外，保理人收取的应收账款如果超过保理融资款项，应当在扣除保理融资款本息和相关费用后，将剩余的部分返还给应收账款债权人，以避免保理人不当得利而损害债权人的利益。

【司法适用】

在审理有追索权保理合同纠纷时应当注意，保理融资虽与普通金融借贷相类似，但保理融资与金融借款存在明显的不同，即保理融资的款项主要来源于应收账款债务人的付款，而不是应收账款债权人获得应收账款债权后直接归还融资款项。在有追索权保理中，债权人向保理人获取融资款项，并转让其对债务人的应收账款，在应收账款无法收回时，债权人负有向保理人回购债权的义务。

保理人实现应收账款债权有两种方式：一种是通过在有追索权保理合同中作出约定，当应收账款无法收回时，可要求应收账款债权人回购应收账款债权，并且支付保理融资款项的本息。另一种是要求应收账款债务人履行应收账款债务，当应收账款债务人履行应收账款债务后，收取的应收账款款项中多于保理人向应收

---

① 参见原中国银监会《商业银行保理业务管理暂行办法》第10条。

账款债权人提供的保理融资款项时，则应当扣除保理人向应收账款债权人保理融资款的本金和利息以及相关的必要款项，以防保理人不当得利，避免对保理金融市场环境以及债权人、第三方的利益造成影响。

【司法案例】

甲资产管理股份有限公司河北省分公司诉四川乙水运有限责任公司等金融借款合同纠纷案[①]

诉讼结论：有追索权保理中，保理人在向债务人主张应收账款债权无果的情况下，可要求债权人承担回购保理预付款的责任。

在本案中，丙燃料公司与乙水运公司签订《燃料购销合同》，后丙燃料公司以《燃料购销合同》作为基础合同，将其应收账款债权与保理人建设银行北戴河支行签订《有追索权国内保理合同》以及《应收账款转让清单》等，符合保理合同法律关系成立的形式要件。但在履行《燃料购销合同》中，丙燃料公司并未向乙水运公司履行发货义务，因此乙水运公司拒绝履行应收账款债务。依据建设银行北戴河支行与丙燃料公司签订的《有追索权国内保理合同》，在保理人向债务人主张应收账款债权无果后，可要求债权人丙燃料公司承担回购6000万保理预付款的责任，并支付其利息。

第七百六十七条　当事人约定无追索权保理的，保理人应当向应收账款债务人主张应收账款债权，保理人取得超过保理融资款本息和相关费用的部分，无需向应收账款债权人返还。

【条文主旨】

本条是关于无追索权保理的规定。

【条文理解】

无追索权保理合同是一种常见的保理合同形式。根据原中国银监会《商业银行保理业务管理暂行办法》第10条的规定，无追索权保理合同又称买断型保理，是指应收账款在无商业纠纷等情况下无法得到清偿的，由商业银行作为保理人承担应收账款的坏账风险的合同。即应收账款债权人向保理人申请保理业务时，保理人根据债务人的核准信用额度，在信用额度内承购债权人对债务人的应收账

① 最高人民法院（2019）最高法民申4065号民事裁定书。

款,并且提供应收账款债务人付款保证服务。当债务人无法按时足额支付应收账款时,保理人不能向债权人追索。但是,所谓无追索权并不是在任何情况下都不能对债权人行使追索权,而是可以根据合同约定来作出安排。一般情况下,如果债权人有明显的欺诈行为、不可抗力和债务人对基础合同部分提出异议等非因债务人财务或资信方面的原因使得应收账款到期无法收回的,保理人有权向债权人进行追索。

我国理论界和实务界主流观点认为保理的本质是一种债权让与的特殊形式,即应收账款债权人将在与债务人成立基础合同时所形成的应收账款债权转让给保理人,由保理人向应收账款债权人提供资金融通、坏账担保等保理服务,从而买断债权人对债务人的应收账款债权。所以,保理人要实现应收账款债权,通常情况下只能向应收账款债务人主张应收账款债权,而不能向应收账款债权人主张回购应收账款债权。除非在保理合同中明确约定由于如不可抗力等原因造成的应收账款追索事由外,保理人对应收账款债权是否能够完全实现负责,即“自负盈亏”。在应收账款债权没有完全被实现时,保理人所收到财物少于给付给债权人的融通资金时,此时所产生的亏损应当由保理人自己承担。与此经营风险相对应,在应收账款债权全部实现,保理人获得超出融资款本息和相关费用的盈余部分,应当视其为保理人经营的风险收益,保理人此时无须向应收账款债权人返还。

【司法适用】

本条与有追索权保理恰好相反,无追索权保理在提供资金融通的同时还对标的应收账款提供坏账担保服务。正是由于无追索权保理对应收账款债权收益与风险的买断性质,使保理人在应收账款债权符合“合同编”有关形式要件的规定后,保理人如果在向债务人主张的应收账款债权中取得了大于应收账款债权的利益,多于应收账款债权本息及其相关费用的部分是不需要再返还给应收账款债权人的。

无追索权保理合同可以采取两种方式:一种是双保理,即由两家保理机构分别向买卖双方提供保理服务,此时的保理合同关系实际涉及四方当事人,包括卖方、买方、卖方保理人以及买方保理人。[①] 而如果同一保理人既与买方签订保理合同,又与卖方签订保理合同,实际上是由一家保理机构单独为买卖双方提供保理服务,此时的保理形式即转为单保理。另一种是公开保理,在无追索权保理中,保

---

① 根据原中国银监会《商业银行保理业务管理暂行办法》的规定,买卖双方保理机构为同一银行不同分支机构的,原则上可视作双保理。商业银行应当在相关业务管理办法中同时明确作为买方保理机构和卖方保理机构的职责。有保险公司承保买方信用风险的银保合作,视同双保理。

理人与应收账款债权人签订保理合同后,债权一经转让便通知债务人,要求其在约定时间向保理人履行债务。采取上述两种方式,可以最大限度地保障保理人的利益。

【司法案例】

甲银行股份有限公司大连青泥洼桥支行诉大连乙集团有限公司、丙融资租赁有限公司合同纠纷案①

诉讼结论:根据案涉保理合同所确定的无追索权保理业务,即因承租人(债务人)资信原因在约定期限内不能足额偿付应收租赁款的,保理人无权向出租人(债权人)追索未偿融资款。

在本案中,乙公司与丙融资租赁公司签订融资租赁合同后,丙融资租赁公司作为出租人又以其与承租人(乙公司)之间形成的应收租赁款,与甲行青泥洼桥支行(保理人)签订了应收租赁款保理业务协议。根据该协议,无追索权保理业务是指若乙公司因资信原因在约定期限内不能足额偿付应收租赁款,甲行青泥洼桥支行无权向乙融资租赁公司追索未偿融资款。该项约定明显符合无追索权保理的"买断性",在没有重大违约的情况下,甲行青泥洼桥支行应当直接向应收账款债务人(乙公司)追索,而不能向应收账款债权人(丙融资租赁公司)追索,也不能要求债权人回购债务。

第七百六十八条　应收账款债权人就同一应收账款订立多个保理合同,致使多个保理人主张权利的,已经登记的先于未登记的取得应收账款;均已经登记的,按照登记时间的先后顺序取得应收账款;均未登记的,由最先到达应收账款债务人的转让通知中载明的保理人取得应收账款;既未登记也未通知的,按照保理融资款或者服务报酬的比例取得应收账款。

【条文主旨】

本条是关于多个保理的受偿顺序的规定。

【条文理解】

在保理实践中,应收账款债权人常常就同一应收账款进行重复转让,与多个保理人签订有效保理合同,从而导致多个保理人的权利发生冲突。为妥善应对这

---

① 辽宁省大连市中级人民法院(2016)辽02民终6057号民事判决书。

种冲突,本条采取了登记优先受偿原则。应收账款融资登记网络平台已经建立,保理人可以登录中国人民银行征信中心查询应收账款的转让或质押情况,以便确定即将订立的保理合同的权益价值和受偿位序。为此,多地金融主管部门均要求保理人在办理应收账款转让业务时查询应收账款权属状况,也要求保理人在办理应收账款转让手续时,通过平台登记应收账款和公示权利状况。

设置登记为准的优先受偿原则和受偿顺位确定的规则,有利于保护保理人对应收账款权属状况的知情权与财产权利,也有利于推动登记制度的适用,营造良好的金融秩序。对于属于登记优先权与转让合同时间顺序优先权相结合的情形,仍然以登记作为优先获得受偿的原则,多份合同均已登记的,以登记时间的先后来进行受偿;如果债权均未登记,则应当以债权转让的通知时间为准,即以债务人分别收到各方转让通知的先后次序来确定受偿顺序。该条将债权让与通知作为处分行为对抗第三人要件,在后签订保理合同的第二保理人先于先签订保理合同的第一保理人通知应收账款债务人时,第二保理人可以基于善意取得制度取得债权。因为债权转让此时并未登记,缺乏公示性,在债权转让未通知债务人情形下,第二保理人无从审查债权是否转让,而此时债权转让通知作为对抗第三人要件,则能有效避免"一账多转"带来的诚信风险。

【司法适用】

本条规则的确立,直接应对了在保理业务中重复融资如何处理的问题,是保理合同规则的突出亮点。应收账款债权转让在中国人民银行征信中心进行登记是保理实务的重要环节,然而在应收账款上设立质押同样也是需要办理登记的。如果质押登记期限届满而未展期的,保理人能否依据质权对应收账款行使优先权,司法实践中存在争议。虽然在此之前,也有通过权威网络平台(如中登网)对应收账款进行登记的,但是这种登记仅能起到公示作用,本质上产生的是证权效力,而并非设权行为。根据本条规定,以债权转让通知作为第三人对抗要件的受偿顺序放在末尾,因为以通知时间顺序为准的优先权原则会出现债务人与转让人恶意串通伪造通知情形,为了保护交易安全,本条首先采取的是登记对抗主义。①并且规定了应收账款重复转让时,是否登记将直接影响保理人的受偿顺位,进一步明确了此种登记的法律效力。这种按照登记顺序优先受偿的效力,与应收账款

① 实际上,早在2014年8月,天津市金融工作局、中国人民银行天津分行、天津市商务委员会联合下发《关于做好应收账款质押及转让业务登记查询工作的通知》中就已经明确规定,保理人在进行应收账款债权转让时进行登记与查询,未经查询的,不构成善意,同时未经登记的,不得对抗善意保理人。此次"合同编"中吸收了地方实践探索经验,上升为全国性立法,规范引导全国统一的保理行业发展。

质押登记的规定相似。本条的突破之处体现为，对于未登记保理人的受偿也作出了规定，与《民法典》第445条规定的应收账款质押登记的“设权”性质又有所区别。保理人的受偿权不以应收账款的转让登记为要件。即便转让登记期限届满，不再具有对抗第三人的优先效力，保理人依然可以对应收账款进行受偿，只是在受偿顺序上劣后于其他登记有效的保理人。而且由于转让登记的“证权”性质，保理人受偿权的诉讼时效应与主债权的诉讼时效一致，与其登记行为无关，适用《民法典》关于诉讼时效的规定。如果保理人仅在央行应收账款质押系统进行保理债权转让登记，不能免除债权转让通知债务人的法定义务。在债务人未收到明确债权转让通知的情况下，保理合同对债务人不发生效力。这必然会对保理人的登记行为起到督促作用，从而提升保理业务实践中应收账款转让行为的规范化和透明度，有效遏制重复转让、重复融资等诸多不诚信行为。

当然，在应收账款债权重复转让已成事实的情况下，更多的是多个保理人主张债权所产生的冲突和争议。由登记生效的保理人优先获得受偿，不论与债权人签订的顺序如何，若只有一个保理人登记的，则该保理人为第一顺位受偿人。且在登记生效的情况下，该已登记的保理人便成为合法的受让人。在登记机构实质审查后，该项债权无法进行转让登记。若登记机构只进行形式审查，有多位保理人登记的，则根据保理人登记顺序进行受偿，并不完全对抗其他受让人。根据本条规定，优先级别高的保理人并不完全对抗其他保理人，而是在先顺位的保理人保理利益得到满足后，后顺位的其他保理人再获得清偿。但此款不适用无追索权保理，在无追索权保理合同中，保理人所获全部应收账款利益，应收账款没有额外的利益再次分配给下一位保理人。该项债权由于债权转让通知的优先权原则而存在一定缺陷，所以只有当多个债权人没有登记，才由应收账款债务人最先收到的转让通知所载明的保理人受偿。

【司法案例】

甲银行股份有限公司上海市青浦支行诉上海乙纺织品有限公司、上海丙有限公司等保理合同纠纷案①

诉讼结论：即便债权转让在央行登记系统中进行了登记，亦不能免除法律规定的对债务人的债权转让通知义务。

央行登记系统系根据物权法等规范性法律文件，为应收账款质押登记而设。保理业务中债权转让登记无法律法规赋予其法律效力，仅为公示服务，故与应收

① 上海市第二中级人民法院(2012)沪二中民六(商)终字第147号民事判决书。

账款质押登记不同,债权转让登记于央行登记系统不发生强制性排他对抗效力。另外,法律、司法解释或相关规范性法律文件未赋予任何形式的登记以债权转让通知的法律效力,因此,即便债权转让在系争登记系统中进行了登记,也不能免除法律规定的债权转让通知义务。二审法院驳回甲行青浦支行针对丙公司的诉请,终审维持原判。

第七百六十九条　本章没有规定的,适用本编第六章债权转让的有关规定。

【条文主旨】

本条是关于适用债权转让一般规则的规定。

【条文理解】

本条明确了保理合同和债权转让的关系。保理合同以基础交易合同关系的产生为基础,但是基础交易合同关系却并不必然产生保理合同。基础交易合同中的应收账款债权发生转让,才成就了保理合同关系产生的事实基础。因此,单就保理合同而言,其基础、核心的法律关系仍然是债权转让。

【司法适用】

保理合同被立法确定为有名合同,表面上看直接解决的是案由问题,深层次的问题却是保理合同纠纷长期面临法律适用难。保理合同与基础合同二者具有相对独立性,保理合同的独立性就体现在其所涉法律关系的多重性,针对这种特殊性立法确定了相应的规则,解决了长期困扰司法实践的诸多难题。保理合同的基础是债权转让。因此,债权转让规则是保理合同的一般规则,而本章则是保理合同的特殊规则,在本章没有规定时,仍然要遵循一般的债权转让规则。本条明确了保理合同章与债权转让章在法律适用上的先后顺序,从而明确了司法裁判规则。

第十七章　承揽合同

第七百七十条　承揽合同是承揽人按照定作人的要求完成工作，交付工作成果，定作人支付报酬的合同。

承揽包括加工、定作、修理、复制、测试、检验等工作。

【条文主旨】

本条是关于承揽合同的定义和主要类型的规定。

【条文理解】

本条源于《合同法》第 251 条。承揽合同是承揽人按照定作人的要求完成一定的工作，并将工作成果交付给定作人，定作人接受该工作成果并按照约定向承揽人给付报酬的合同。按照指示完成特定工作并交付工作成果的人是承揽人。要求对方完成特定工作，接受工作成果并支付对价的人是定作人。承揽人和定作人均可以是自然人、法人以及非法人组织。承揽合同的客体为承揽标的，承揽标的是有体物的，合同的标的物又可以称为承揽物或者定作物。

承揽合同具备以下几个特征：

（1）承揽合同以完成工作为目的。在承揽合同中，定作人所需要的并非劳务而是物化的工作成果。因此，承揽合同中的承揽人必须按照定作人的要求完成一定的工作。质言之，承揽人是否履行了合同约定的义务只能体现在工作的最终成果之上。该工作成果可以是有形的，如烹饪的美食、定制的家具，也可以是无形的，如调试仪器使其正常工作。在这一点上，承揽合同与劳务合同存在本质区别。

（2）承揽合同的标的具有特定性。特定性是指工作成果的标的是特定的，具有不可替代性。具言之，定作人通常是基于信任与承揽人签订承揽合同，而后者通过特定技能完成工作成果满足前者的特定需求。

（3）承揽合同中的承揽人原则上应独立完成工作。未经定作人同意，承揽人不得将全部或部分工作转交他人完成；当然，承揽合同另有特别约定除外。承揽合同标的的特定性蕴含了定作人对承揽人特定技能的信任。定作人之所以选择与承揽人签订承揽合同，在很大程度上是因为看重承揽人的特定技能能够满足自身的特定需求。因而,未经定作人同意,承揽人应当以自己的设备、技术和劳力独立完成工作成果。否则,承揽人应当承担相应的违约责任。

本条第 2 款规定了承揽合同的类型,主要包括 6 种:

(1)加工。根据《现代汉语词典》的解释,加工有两种含义:一是"把材料、半成品等制成成品,或使达到规定的要求"。二是"为使成品更完美、精致而做的各种工作"。在法律上,加工合同是指承揽人通过技能、设备和劳力,将定作人提供的材料制作为特定成品,定作人接受成品并支付相应对价的合同。加工合同是实践中大量存在的合同,如裁缝用顾客提供的布匹缝制衣服、画廊为他人装裱图画等。

(2)定作。定作就是承揽人根据定作人的要求,以自己技能、设备和劳力,用自己的材料为定作人制作成品,定作人接受制作成品并给付对价的合同。定作合同与加工合同的本质区别是材料提供者不同。加工合同中的材料由定作人提供,而定作合同中的材料由承揽人提供。如蛋糕店为顾客定作蛋糕,由于普通人一般不会拥有制作蛋糕的材料,因此蛋糕店与顾客签订的多为定作合同。

(3)修理。修理是指承揽人为定作人修复损坏的动产和不动产,定作人接受修复后的动产或不动产并支付对价的合同。例如,为鞋子更换鞋底、重新喷涂车漆、修复房屋门窗等。

(4)复制。复制是指承揽人按照定作人的要求,根据定作人提供的样品,重新制作类似的成品,定作人接受复制品并支付对价的合同。复制的方式可以有多种,如复印、翻录、翻拍等。

(5)测试。测试是指承揽人根据定作人的要求,利用自己的技术和设备为定作人完成某一项目的性能检测试验,定作人接受测试成果并支付对价的合同。

(6)检验。检验是指承揽人以自己的技术和仪器、设备等为定作人提出的特定事物的性能、问题、质量等进行检查化验,定作人接受检验成果,并支付对价的合同。

【司法适用】

本条对承揽合同概念内涵与外延作出了规定。在适用本条时应当注意以下问题:(1)本章所调整的范围不仅限于第 2 款规定的承揽合同类型。任何符合本条第 1 款所定义的合同均在本章调整范围之内,在不违反法律规定的情况下,承揽人以何种手段、方式履行合同义务,在所不问。(2)承揽合同以完成工作、交付工作成果为目的。这是承揽合同与劳务合同的本质区别所在。应当从合同约定内容出发,根据当事人约定的主给付义务是否符合本条规定,来确定案涉合同是否为承揽合同,进而避免因合同性质界定错误而在法律适用上出现偏差。

【司法案例】

谢某祖、谢某丹诉叶某余海上、通海水域人身损害责任纠纷案[1]

诉讼结论：谢某温的工作具有独立性，其并非以他人设备、技术为依托，也未受他人指挥、管理，不存在身份上的支配和从属关系，并非单纯地提供劳务，而是以完成特定内容为工作成果，符合承揽关系的特征。

承揽合同是承揽人按照定作人的要求完成工作，交付工作成果，定作人支付报酬的合同。承揽人应当以自己的设备、技术和劳力完成主要工作。根据原审查明的事实，叶某余与谢某温约定劳动报酬为挖掘机按时计费、拖拉机按车次计费、工程结束后再一次性补偿谢某温物资运输费用5000元；从施工前的准备来看，谢某温与谢某朝等人勘察完现场后，与叶某余协商施工方案，谢某温除决定需用何种挖掘机外，还决定需用多少拖拉机，并负责物资运输；在该工程中谢某温除提供自有的挖掘机外，雇佣了挖掘机操作员官某某，联系了拖拉机手林某某、谢某某等人。原审基于上述事实，认为谢某温的工作具有独立性，其并非以叶某余的设备、技术为依托而工作，也未受叶某余的指挥、管理，叶某余对谢某温并不存在身份上的支配和从属关系，在完成案涉堤塘加固工程土石方的过程中自行提供工具设备，拥有专业技术，在人身方面又对叶某余没有依赖性，且雇佣他人操作挖掘机，完成案涉工程的过程中并非单纯地提供劳务，而是以完成一定的堤塘加固工程土石方为工作成果，故认定本案符合承揽关系的特征，谢某温与叶某余之间为承揽合同关系而非雇佣合同关系，认定事实和适用法律并无不当。

第七百七十一条　承揽合同的内容一般包括承揽的标的、数量、质量、报酬，承揽方式，材料的提供，履行期限，验收标准和方法等条款。

【条文主旨】

本条是关于承揽合同主要内容的规定。

【条文理解】

根据本法第470条，合同的内容由当事人约定。因此，本条所列的部分项目并非合同必须包含的内容。在确保合同满足成立要件的前提下，合同双方可根据实际情况，参照本条对合同内容进行增减。

---

[1] 最高人民法院（2019）最高法民申560号民事裁定书。

承揽合同主要包括以下内容：

(1)承揽的标的。合同标的是合同当事人权利义务所共同指向的对象。承揽的标的是指承揽人按照定作人的要求应当完成的特定工作。合同标的是合同成立的必备要件，加之承揽合同的标的具有特定性，因此，合同双方在订立合同时，承揽的标的必须具体明确，否则可能会影响合同的成立。譬如，顾客与商家订立的制作蛋糕的合同，承揽标的就是商家按照顾客要求完成蛋糕的制作并交付。

(2)数量。承揽的数量是指承揽人按照定作人的要求应当完成的工作量，其为承揽标的的具体化，也是合同成立的必备条款。因此，合同双方应当共同明确承揽的数量、计量单位、计量方法。

(3)质量。承揽的质量是指承揽人完成的工作成果优劣程度。合同双方对于承揽质量的约定同样应当具体详细。一般应当包含标的的技术指标、规格、型号、物理和化学成分、性能以及观感要素。

(4)报酬。承揽的报酬是指承揽人按照定作人要求完成工作成果，定作人应当支付的对价。承揽合同当事人可以约定具体的报酬数额，也可以约定以一定的计价方式在承揽工作完成后支付报酬。

(5)承揽方式。承揽方式是指承揽人完成承揽工作的具体方法。例如，铁锅可以通过机器打制也可以用手工打制，合同双方可以对完成铁锅制作的具体方法进行约定。

(6)材料的提供。合同双方应当约定由谁提供承揽工作的材料，并明确材料所提供材料的规格、数量、质量以及提供的时间、地点、方式等。材料的提供关乎承揽工作的开展，因此，合同双方应当对材料的提供作出明确具体的约定。如果约定不明的，合同双方可以补充协议；如果不能达成补充协议的，按照合同有关条款或交易习惯确定；仍不能确定，按照最有利于达成合同目的确定。例如，为方便起见，材料一般可由承揽人提供。材料的质量应当符合承揽工作的要求，提供材料的时间不得影响承揽工作的进度。

(7)履行期限。履行期限是指承揽合同双方履行合同义务的时间。具体而言，承揽人的履行期限是其完成承揽工作，交付工作成果的时间；定作人的履行期限是其接受工作成果，支付相应对价的时间。

(8)验收标准和方法。验收标准是指检验材料、承揽工作质量的标准。验收方法是合同双方检验材料和承揽工作质量的方法。为避免争议，双方当事人应当对验收标准和方法进行具体详细的约定。如果约定不明的，可根据本法第510条和第511条的规定进行确定。

【司法适用】

本条对承揽合同的主要内容进行了规定。在判断案涉合同性质时，可依据本条并结合本章第770条的规定对合同性质进行综合认定。质言之，承揽合同所具备的特征应当在其合同条款中有所体现，通过对合同具体条款的审查，准确判断合同性质。

【司法案例】

甲电炉有限责任公司诉乙重型机械有限责任公司承揽合同纠纷案①

诉讼结论：一方以自己的设备、技术、材料和劳力，按照《技术协议》要求定作工业电炉，乙重机公司接受成果并支付报酬，双方当事人应为承揽合同关系。

承揽合同的内容包括承揽的标的、数量、质量、报酬、承揽方式、材料的提供、履行期限、验收标准和方法等条款。本案中，甲电炉公司自认本案争议合同就是其以自己的设备、技术、材料和劳力，按照与乙重机公司签订的《技术协议》要求定作工业电炉，乙重机公司接受成果并支付报酬的合同。对此，乙重机公司并不持异议。根据案涉《工业品买卖合同》及《技术协议》的相关约定，结合前述法律规定，双方当事人真实意思表示应为承揽合同关系，一审法院认定为买卖合同关系不妥，应予纠正。甲电炉公司经营范围包括工业用电炉及配件、电源设备制造及电炉安装等项目，合同约定内容不违反法律、行政法规的强制性规定，不损害社会公共利益，应认定合法有效。甲电炉公司此点上诉理由成立，应予采纳。

第七百七十二条　承揽人应当以自己的设备、技术和劳力，完成主要工作，但是当事人另有约定的除外。

承揽人将其承揽的主要工作交由第三人完成的，应当就该第三人完成的工作成果向定作人负责；未经定作人同意的，定作人也可以解除合同。

【条文主旨】

本条是关于完成承揽工作主体的规定。

【条文理解】

本条沿袭了《合同法》第253条的规定。如前所述，承揽人独立完成承揽工作是承揽合同的特征之一。这是由承揽标的的特定性决定的。承揽标的的特定性

① 辽宁省高级人民法院(2016)辽民终575号民事判决书。

是承揽合同区别于买卖合同的本质特征。承揽合同的订立是建立在定作人对承揽人承揽能力高度信任之上的。因此,除非另有约定,承揽人应当独立地以自己的设备、技术和劳力完成承揽的主要工作,也被称为主承揽。“自己的设备”是指承揽人进行工作所使用的工具。“技术”是承揽人进行工作所需的包括专业知识、经验等在内技能。“劳力”指承揽人完成工作所付出的劳动力。“主要工作”是指决定工作成果能否完成的关键部分。

承揽人将主要工作交由第三人完成的,需要定作人同意。否则,合同赖以成立的信任基础被破坏,定作人当然有权解除合同。例如,裁缝由于种种原因无法完成衣服的定制,经与顾客协商一致后,其可将工作交由另一裁缝完成。当然,无论是否经定作人同意,承揽人将工作交由第三人完成的,承揽人仍为合同当事人,仍然应当对成果负责,至于承揽人与第三人之间的纠纷,双方另行解决即可。这一规定是合同相对性原理在承揽合同中的具体体现。

【司法适用】

本条第 2 款规定,承揽人将其承揽的主要工作交由第三人完成的,应当就该第三人完成的工作成果向定作人负责。在《合同法》实施过程中,部分地方的人民法院以及诉讼当事人对该规则的理解存在偏差。该规则在体系逻辑上是本法第 523 条的具体化。质言之,即便承揽人经与定作人协商后,将主要工作交由第三人完成的,承揽人仍为合同主体,合同权利义务并未发生转移,其仍应当对工作成果负责,定作人也应当向承揽人支付对价。

需要注意的是,被承揽人转交的工作是否为“主要工作”,往往是决定承揽人转交承揽工作是否违约的关键。“主要工作”是指决定承揽工作的成果能否符合定作人要求的关键工作。主要工作有时指承揽工作的核心部分,如汽车发动机;有时指数量上占据较大比例的工作。“主要工作”的认定属法官自由裁量的范围,需要法官结合具体案情进行综合判断。

【司法案例】

陈某和诉东莞甲建设工程有限公司、肖某如承揽合同纠纷案①

诉讼结论:承揽人将辅助工作交由第三人完成的,即与第三人订立了一个承揽合同。该合同是独立的合同,而不是原承揽合同的一部分,二者之间也不具有主从关系。

承揽人将辅助工作交由第三人完成的,即与第三人订立了一个承揽合同。这

① 广东省兴宁市人民法院(2017)粤 1481 民初 2193 号民事判决书。

一承揽合同虽然与原承揽合同有事实上的联系,但在法律上,它是一个独立的合同,而不是原承揽合同的一部分,二者之间不具有主从关系。也就是说,承揽合同与次承揽合同各自独立,其当事人各不相同。本案作为次承揽合同,且承揽合同与建设工程合同在合同法已将两者分别立法。原告提供甲公司与陈某和签订《外墙脚手架工程施工承包补充协议》仅证明被告甲公司与原告陈某和之间在兴宁市神光山1号皇家金煦国际度假村B区项目存在补充协议,与本案涉案工程在C区1－19栋并无关联,因此,在陈某和未能提供证据证实在其与甲公司、肖某如之间约定有连带责任的情况下,被告甲公司、被告肖某如对上述确定的被告丰某应承担的债务不负连带清偿责任。

第七百七十三条　承揽人可以将其承揽的辅助工作交由第三人完成。承揽人将其承揽的辅助工作交由第三人完成的,应当就该第三人完成的工作成果向定作人负责。

【条文主旨】

本条是关于承揽辅助工作转交的规定。

【条文理解】

承揽人不经定作人同意便可将辅助工作转交第三人完成。辅助工作是指主要工作以外的,对承揽工作的完成仅起协助、完善的而非决定性的工作。因为承揽合同建立在定作人对承揽人的高度信任之上,而承揽合同中的主要工作对合同目的的实现起到了决定性作用,所以未经定作人同意,承揽人不得将主要工作转交第三人完成,否则应当承担违约责任。然而,辅助工作对合同目的的达成并不起决定性作用,承揽人在未经定作人同意的情况下将辅助工作转交第三人完成,符合承揽合同的交易习惯,也有利于提高履约效率。当然,承揽人在转交辅助工作时,应当秉持诚实信用原则,对第三人的能力进行认真考察,做出合理的选择。

由第三人完成的辅助工作在质量、数量以及期限等方面不符合合同约定的,基于合同的相对性,承揽人应自己对此向定作人承担违约责任。

【司法适用】

承揽人将辅助工作转交第三人的,无须征得定作人同意,因此,主要工作与辅助工作的界定是本条司法适用的重点和难点。一般认为,辅助工作是主要工作之外,仅起协助、完善作用而非决定性作用的工作。主要工作与辅助工作的界定需要结合个案的实际情况。辅助工作有时指承揽工作核心以外的工程,例如,制造汽车轮胎;有时指承揽工作中难度较小的工作,例如,为定作的西装缝制纽扣。

第七百七十四条　承揽人提供材料的,应当按照约定选用材料,并接受定作人检验。

【条文主旨】

本条是关于承揽人提供材料时的义务的规定。

【条文理解】

承揽工作的材料,是承揽人确保承揽工作质量、按照合同要求交付工作成果的基础,因此又称工作基底。在加工承揽合同中,承揽工作的材料一般由定作人提供;而在定作承揽合同中,材料一般由承揽人提供。除此以外,法律并未对提供材料的主体进行规定,需要合同双方在合同中进行约定。如果合同双方在承揽合同中约定由承揽人提供材料的,则承揽人有以下两个方面的义务:

(1)承揽人应当按照约定的时间、材料的数量和质量准备材料。如果对此没有约定的,按照本法第510条和第511条的规定进行确定。例如,按照行业惯例,承揽人为定作人粉刷房屋墙壁,且双方未约定涂料提供主体时,由承揽人提供。承揽人准备材料时,还应当备齐有关的资料,如发票、质量说明书等说明文件。

(2)承揽人应当接受定作人对材料的验收。承揽人选用材料后,应当接受定作人对该材料的规格、型号、数量、质量等进行的检查验证。承揽人在选定材料后,应当及时通知定作人检验,并如实提供发票等用以说明材料规格、型号、数量和质量等的说明文件。因承揽人未及时通知而导致承揽工作无法按照约定完成的,承揽人应当承担相应责任。如在合理期限内,定作人未做检验的,视为承揽人提供的材料符合要求,定作人不得再对该材料提出质量异议。定作人在检验后,发现材料存在瑕疵,不符合约定的,可以要求承揽人采取补齐数量、更换材料等措施。

【司法适用】

本条与本章第770条存在逻辑上的关联。定作承揽合同的本质特征是承揽人提供材料,质言之,由承揽人提供材料的承揽合同即为加工承揽合同,两者可相互推导。因此,合同双方虽未明确约定合同为何种类型的承揽合同,但约定了由承揽人提供材料,该合同应界定为定作承揽合同;反之,亦成立。

根据诚实信用原则,本条实际上还暗含另外一层意思。承揽人在进行承揽工作的过程中,不得擅自更换经定作人检验确认的材料,定作人有权对其进行监督。

如承揽人在定作人检验确认后擅自更换材料的，承揽人应当承担违约责任。在实践中适用本条时应当加以关注。

【司法案例】

李某大诉沈阳甲汽车贸易有限公司承揽合同纠纷案[1]

诉讼结论：被告作为专业维修企业，在维修过程中更换不同款后保险杆未与原告方进行沟通亦未取得原告同意，违反了法律规定。

被告作为专业维修企业，在维修过程中更换不同款后保险杆未与原告方进行沟通亦未取得原告同意，其行为违反了上述法律规定，现维修结果不符合原告的要求，原告亦不同意到被告处重新修理，故被告应当向原告退还后杠骨架及后保险杠的工时费、材料费共计为2555元（540元+845元+1170元），同时由原告返还不符合约定的案涉后杠骨架、后保险杠。

第七百七十五条　定作人提供材料的，应当按照约定提供材料。承揽人对定作人提供的材料应当及时检验，发现不符合约定时，应当及时通知定作人更换、补齐或者采取其他补救措施。

承揽人不得擅自更换定作人提供的材料，不得更换不需要修理的零部件。

【条文主旨】

本条是关于由定作人提供材料时合同双方权利义务的规定。

【条文理解】

合同双方在合同中约定由定作人提供材料时，应当约定提供材料的时间、数量、质量以及规格。双方的权利义务主要有以下内容：

（1）定作人应当按照合同约定提供材料。具体而言，定作人提供材料的数量、质量、规格、成分以及提供的时间、地点、方式等方面都应当符合合同的约定。否则，定作人应当承担相应不利后果，如承揽工作无法按时完成，并对承揽人因此遭受的损害承担赔偿责任。

（2）承揽人应当及时检验定作人提供的材料。承揽人在受领定作人提供的材料后，应当立即检验材料的数量、质量、规格以及成分是否符合合同的约定。如承

---

① 辽宁省沈阳市铁西区人民法院（2019）辽0106民初1242号民事判决书。

揽人发现材料不符合合同约定,其应当及时通知定作人按照合同约定补齐或者更换材料或采取其他补救措施。这里的“补救措施”可以是增加价款、授权承揽人代购等方式。承揽人迟延通知导致承揽工作无法按期完成,由承揽人承担违约责任。

(3)承揽人应当妥善保管材料。如果经承揽人检验,定作人提供的材料符合约定的,承揽人应当妥善保管该材料。因承揽人保管不善,造成材料损失的,由承揽人承担赔偿责任。此外,承揽材料的风险转移遵循民法上标的物毁损风险负担的一般规则,即由材料的所有人负担材料毁损、灭失的风险,但当事人另有约定的除外。

(4)承揽人不得擅自更换材料。承揽人未经定作人同意不得更换定作人提供的材料,即使承揽人认为定作人提供的材料不符合合同约定,也只能及时通知定作人补齐、更换或采取其他补救措施,而不得自作主张予以更换;定作人提供的材料符合合同约定时,承揽人应当以此材料完成工作。尤其是在修理合同中,定作人提供的材料往往包含无须修理的材料,在此种情形下,承揽人不得更换不需要修理部分的材料。否则,承揽人应当承担相应违约责任。

【司法适用】

在实践中经常引发纠纷的问题是,如承揽人未发现材料存在瑕疵,导致工作成果不符合合同约定,应由谁承担责任?对此,法律并无明确规定。民法理论一般认为,如果该瑕疵较为隐蔽,定作人应当承担责任;如果该瑕疵显而易见,承揽人应当承担相应责任。理由是,定作人应当对其提供的材料有充分的了解,将发现隐蔽瑕疵的义务转移至承揽人是不公平的。而承揽人未能发现材料中明显的瑕疵,显然是没有尽到本条所规定的检验义务。当然,如果承揽人根本没有履行检验的义务,那么承揽人理应承担相应责任。

【司法案例】

张某军诉曲某林承揽合同纠纷案[①]

诉讼结论:承揽人对定作人提供的材料未及时检验的,视为定作人提供的材料合格。

张某军作为承揽人对定作人提供的木材数量未具体测量,亦未能提供证据证实其已告知曲某林提供的木材数量不足以加工上述家具并通知其补齐材料,故应当视为曲某林提交的水曲柳板材数量符合合同约定。

---

① 黑龙江省绥化市中级人民法院(2019)黑12民终944号民事判决书。

第七百七十六条　承揽人发现定作人提供的图纸或者技术要求不合理的，应当及时通知定作人。因定作人怠于答复等原因造成承揽人损失的，应当赔偿损失。

【条文主旨】

本条是关于定作人提出不合理要求时合同双方沟通义务的规定。

【条文理解】

定作人往往通过提供图纸或技术要求的方式表达自己的特定定作需求。虽然承揽人一般应当严格按照定作人的特定需求完成承揽工作、交付工作成果，但是如果定作人所提要求不合理，按此要求难以产生符合合同约定的工作成果甚至有损定作人利益的，承揽人发现后应当及时将情况通知定作人。承揽人未及时通知定作人的，怠于通知期间的误工损失由承揽人自己承担，造成工期拖延或给定作人造成损失的，承揽人应当承担赔偿责任。如果承揽人发现定作人提供的图纸或者技术要求不合理而未通知定作人，仍然按照原图纸或者技术要求进行工作致使工作成果不符合合同约定的，应由承揽人承担违约责任，比如造成定作人损失的，承揽人应当赔偿损失。在定作人所提要求不合理的情况下，承揽人之所以应当履行通知义务，是因为定作人往往缺乏对专业知识的了解，也不懂得相关设备的运行原理，难以对承揽工作提供准确的图纸和技术要求。相反，承揽人对设备的操作较为熟悉，具备一定的专业技能，由承揽人承担通知义务较为公平合理。与此同时，定作人在接到通知后，应当与承揽人保持密切沟通，及时对图纸或技术要求进行修改，并予以答复。定作人怠于答复导致工期延误由定作人承担责任。定作人在承揽人催告后的合理期限内仍不答复的，承揽人有权解除合同，并请求定作人赔偿损失。

【司法适用】

本条既规定了承揽人的及时通知义务，也规定了定作人的及时答复义务。图纸或者技术要求是否合理以及如何修改需要承揽人和定作人之间的密切沟通。况且，实际情况中合同双方对图纸或者技术要求的修改往往会进行反复的沟通。准确认定合同双方是否积极履行沟通义务是本条正确适用的关键。因此，要重点审查合同双方所提供的证据能否足以证明其已履行本条规定的沟通义务。

【司法案例】

甲工业(惠阳)有限公司诉深圳市乙科技有限公司承揽合同纠纷案①

诉讼结论:定作人应对产品标准履行及时通知义务,否则,应承担违约责任。

乙公司虽未举证证明其向甲公司提供了样品的品质标准,但从双方的邮件内容来看,甲公司确认乙公司曾于2015年6月提出5.5贴皮项目达到苹果手机的标准,且双方在2015年7月17日的会议纪要中对5.0金刚一号最终的交期和5.5贴皮项目解决方案的作出时间有了明确的约定,5.0金刚一号制品签样标准"参照亿和品质签样标准"。2015年7月30日,乙公司回复甲公司邮件称:"金刚一号我司的标准一直以来都有明确告知贵司,书面品质标准很早之前已经发过书面文件。实际操作中,我司也已经给过贵司多次华为MATE7、OPPO样板作为参考。"2015年7月17日的会议纪要已限定了5.0金刚一号最终交期和5.5贴皮项目解决方案的作出时间,并约定甲公司逾期将承担违约责任,如当时5.0金刚一号还未确定样品标准,甲公司可以当场拒签会议纪要或另行约定乙公司提交相关标准后再确定交期。根据双方提交的电子邮件和以上分析,本院认为甲公司当时应是知悉"亿和品质签样标准"的。而甲公司在最终可签样的时间2015年7月25日已过的2015年7月30日才向乙公司提出未给其提供金刚一号明确具体的标准,就5.5贴皮项目解决方案要求乙公司修改设计方案。甲公司履行合同有违诚实信用原则,既未履行及时通知义务,更未如期交付产品,应承担相应的违约责任。

第七百七十七条　定作人中途变更承揽工作的要求,造成承揽人损失的,应当赔偿损失。

【条文主旨】

本条是关于定作人变更要求赔偿损失的规定。

【条文理解】

定作人中途变更承揽工作的要求是指,自承揽合同生效起至合同义务履行完毕时止,在此期间定作人对承揽合同中规定的承揽人完成工作的要求进行变动、更改。一般情况下,合同生效后对合同双方均产生拘束力,除非双方合意达成新的合同,任何一方不得擅自变更合同内容。然而,由于承揽合同以满足定作人特

① 广东省深圳市中级人民法院(2018)粤03民终1383号民事判决书。

定需求为目的,如承揽工作的成果不能满足定作人的需要,承揽合同就不能实现定作人订立合同时所期望的利益,因此,法律赋予了定作人中途单方面变更承揽要求的权利。承揽人应当按照变更后的要求完成承揽工作。当然,承揽人认为定作人提出的新要求不合理的,应当及时通知定作人,定作人也应当及时予以答复。定作人拒绝修改的,承揽人可以解除合同。

值得注意的是,在定作人拒绝对不合理的新要求进行修改的情况下,根据诚实信用原则,承揽人不应当按照原要求继续履行。承揽人应当按照变更的承揽要求重新工作,这意味着其前期支付的费用、付出的劳力、耗费的精力很可能被白白浪费。根据公平原则,定作人享受了中途变更要求的便利就应当弥补其变更行为给承揽人带来的损失。

【司法适用】

定作人的赔偿数额遵循填补原则。承揽人按照原要求完成部分工作的,定作人应当支付该部分工作的报酬。由承揽人提供材料的,定作人应当支付完成该部分工作所耗费的材料的价款和保管费。按照新要求,需增加材料的,由定作人负担费用。新要求使原承揽工作质量、难度提高的,定作人应当相应增加报酬。因定作人中途变更合同,使工期顺延,因此造成承揽人误工损失的,由定作人赔偿损失。此外,定作人还应当支付承揽人为此支付的利息。

【司法案例】

上海甲建筑装饰工程有限公司诉乙(中国)电器有限公司定作合同纠纷案①

诉讼结论:乙公司第二次变更设计方案,将“四维保鲜盒”由拼装改为整体结构,由此造成甲公司的损失,应予赔偿。

甲公司、乙公司依据交易习惯,在签订书面合同前通过往来电子邮件的方式由乙公司委托甲公司定作“四维保鲜盒”。在甲公司制作生产过程中,乙公司中途变更了两次设计要求,对第一次变更设计给甲公司造成的损失双方已经达成一致,在签订的《承揽服务单》中对此补偿了400,659元,对甲公司再次主张第一次修改设计产生的损失92,550元,不予支持。乙公司第二次变更设计方案,将“四维保鲜盒”由拼装改为整体结构,由此造成甲公司的损失,应予赔偿。甲公司依据《报价表》主张亚克力废料200套,按1409元/套的成本价,共计281,800元;烤箱底座废料200套,按1510元/套的成本价,共计302,000元,有事实及法律依据,予

① 湖南省长沙市中级人民法院(2017)湘01民终2535号民事判决书。

以支持。法院认为,乙公司应赔偿甲公司包括合同履行后可以获得利益在内的损失。原审判决根据双方在合同中对亚克力道具的数量和价格确定乙公司的损失并无不妥,故予以支持。

第七百七十八条　承揽工作需要定作人协助的,定作人有协助的义务。定作人不履行协助义务致使承揽工作不能完成的,承揽人可以催告定作人在合理期限内履行义务,并可以顺延履行期限;定作人逾期不履行的,承揽人可以解除合同。

【条文主旨】

本条是关于定作人协作义务的规定。

【条文理解】

根据本条的规定,根据承揽工作的性质、交易习惯或者诚实信用原则,定作人有协助义务的,定作人应当协助承揽人完成工作。

本法第509条第2款规定,合同双方应当根据诚实信用原则履行协作义务,该义务属于合同从给付义务的范畴。因此,即使无本条之规定,定作人亦应当在合同履行过程中基于诚实信用原则尽到相应的协助义务。承揽合同以满足定作人的特定需求为目的,定作人的协助,是承揽合同适当履行的保障。若定作人不协助承揽人进行工作,承揽合同很可能无法顺利履行,甚至无法履行,双方当事人订立合同的目的难以实现。定作人协助对于承揽合同的顺利履行尤为重要。因此,定作人应当按照承揽人的要求积极履行协助义务。

在定作人应当履行协助的义务而不履行,且经承揽人催告后仍不履行的情况下,承揽人有权解除合同。本条所称逾期不履行是指定作人在合理期限内不履行协助义务将导致合同无法继续履行,承揽工作无法按约完成。承揽人决定解除合同的,应当通知定作人,合同自通知到达定作人时解除。承揽人解除合同后,尚未履行的合同义务,履行终止。承揽人因此遭受的损失,由定作人承担赔偿责任。

【司法适用】

本条在实践中适用时应当注意两个问题:(1)定作人的协助义务应当为承揽合同所约定的协助义务或是基于承揽工作的性质所必须提供的协助义务,在实践中对该义务及其限度的认定需遵循诚实信用原则。(2)承揽人行使合同解除权应当满足两个条件,首先,根据诚实信用原则,承揽人应当先行向定作人进行催告;其次,定作人不履行协助义务导致承揽工作无法完成。相反,如果定作人的不履行协助义务并不会导致承揽工作无法继续的，承揽人只能顺延工期，而无权解除合同。换言之，承揽人主张解除合同亦应遵循诚实信用原则。

【司法案例】

王某龙诉大连甲实业有限公司承揽合同纠纷案[①]

诉讼结论：承揽合同解除的原因在于上诉人不履行法定的协助义务，故上诉人作为给付定金的一方，无权要求被上诉人返还。

上诉人作为定制一方，有协助承揽方的法定义务，在被上诉人将设计图纸交付给上诉人后，上诉人既不予以确认，也无据证明提出过异议，且不予签订书面合同，对后续工程的必要费用亦不予支付，故上诉人不履行协助义务系导致案涉工程无法继续进行的主要原因。依据上述规定被上诉人有权解除合同，现被上诉人亦同意解除合同。由于案涉承揽合同解除的根本原因在于上诉人不履行法定的协助义务，故上诉人作为给付定金的一方，无权要求被上诉人返还。

第七百七十九条　承揽人在工作期间，应当接受定作人必要的监督检验。定作人不得因监督检验妨碍承揽人的正常工作。

【条文主旨】

本条是关于定作人对承揽工作进行监督检验的规定。

【条文理解】

在承揽合同中，承揽工作的实施主体与承揽成果的收取主体分离，且定作人在工作完成后很难对工作过程中出现的问题进行检验，因此，为了保证工作按照约定完成，尽可能避免合同纠纷，提高合同履行效率，节约成本，定作人有必要在工作期间对承揽工作进行监督和检查。监督检验是指定作人在承揽人工作期间，对承揽人的承揽工作进度进行必要的检验监督，对材料的使用是否按照定作人提出的图纸和技术要求等进行必要的检验。对于本条的理解，主要有以下3个方面需要注意：

（1）承揽人应当积极配合定作人的监督检验。承揽人应当为定作人的必要监督检验提供条件，不得拒绝，更不得故意设置障碍。定作人发现承揽人的工作不符合约定或存有瑕疵的，应当及时通知承揽人。承揽人接到通知要与定作人积极

① 辽宁省大连市中级人民法院（2018）辽02民终1647号民事判决书。

沟通,按照定作人的合理要求对承揽工作进行修正。

(2)定作人所做的监督检验是必要的。所谓“必要”是指依据合同性质、合同目的以及工作难度等因素必不可少的监督检查。单纯从承揽效率层面而言,定作人在承揽工作所做的任何干预都有可能影响承揽人的工作效率,但为了保证承揽工作符合合同要求,法律赋予定作人必要的监督检验权。

(3)定作人的监督检验行为不得妨碍承揽人的正常工作。根据公平原则,定作人行使监督检验权利的同时不能给承揽人带来不合理的负担,否则,定作人应当赔偿因此给承揽人造成的损失并承担其他不利后果。

【司法适用】

判断定作人的监督检验是否必要,可以从两个方面进行:(1)合同中已经约定定作人监督检验的范围,那么定作人当然有权在约定的范围对承揽工作进行监督检验;(2)如果合同性质需要定作人进行监督检验的,定作人有权进行监督检验,承揽人有接受监督检验的义务。

至于定作人的监督检验行为是否影响承揽人的正常工作,以下几点可以考虑:定作人事先与承揽人约定监督时间的,定作人应当在约定的时间内进行监督检验;如果双方没有约定的,定作人应当提前通知监督检验的内容,便于承揽人作出合理安排;定作人的监督检验需要符合交易习惯和诚实信用原则。

【司法案例】

邓某宣诉薛某军承揽合同纠纷案①

诉讼结论:定作人以监督检验的名义,多次要求承揽人更换石匠,妨碍了承揽人的正常施工,存在监督权的滥用,虽不属于违约行为,但应对由此产生的延期完工的后果承担相应责任。

承揽人按照定作人的要求,独立完成工作,定作人不得妨碍其施工,更不能对其所用人员进行干涉,邓某宣以监督、检验的名义,多次要求其更换石匠,确实妨碍了承揽人的正常施工,存在监督权的滥用,虽不属于违约行为,但对承揽人的施工造成了影响,而承揽人以更换石匠为由,无限期停工,确有拖延施工的情形,为此,薛某军对未按期完工,应负主要责任,邓某宣对停工负次要责任。

---

① 四川省遂宁市中级人民法院(2018)川09民终335号民事判决书。

第七百八十条 承揽人完成工作的,应当向定作人交付工作成果,并提交必要的技术资料和有关质量证明。定作人应当验收该工作成果。

【条文主旨】

本条是关于承揽人工作成果交付的规定。

【条文理解】

首先应当明确的是,并非所有的承揽合同都需要交付工作成果。一般认为,承揽工作成果是有形的,需要交付;工作成果是无形的,原则上无须交付。因而,在理解本条时应当进行目的性限缩。在承揽合同中,承揽人应履行的义务属于结果性债务,因此承揽人不仅应完成承揽工作还应当交付工作成果。而定作人在收到工作成果时,应当及时验收。具言之,合同双方对于工作成果的交付有以下义务:

(1)承揽人负有将工作成果交付给定作人的义务。承揽人应当在合适的地点、时间,以合适的方式交付工作成果。关于工作成果交付地点和方式,合同双方有约定的,承揽人应当按照合同约定交付。合同双方可以约定由承揽人亲自送交,也可约定由第三人运输的方式送交,还可以约定由定作人至承揽人处自提。合同约定工作成果由承揽人送交的或第三人运输的,承揽人应当将成果在定作人指定的地方送交定作人,定作人未指定的,在根据合同目的可推知的交付地点交付。

(2)承揽人负有将必要的技术资料与有关质量证明交付定作人的义务。出于方便定作人对工作成果验收和使用的目的,承揽人应当将必要的技术资料与有关质量证明连同工作成果一并交付定作人。必要的技术资料是指结构图纸、技术数据、使用说明书等。有关的质量证明是指证明工作成果的质量达到合同约定的质量标准的证明文件,包括检测单位出具的质量合格证书、鉴定证明等。承揽人未向定作人提交上述材料的,应当承担违约责任。

(3)定作人及时验收工作成果的义务。承揽人向定作人交付工作成果后,后者应当及时检验该工作成果是否符合合同约定。验收往往是双方当事人进行结算、定作人支付报酬的前提条件。定作人在检验后认为工作成果符合合同约定的,应当受领该成果,并支付相应的报酬;定作人认为工作成果与合同约定不符的,可以视情况拒收或要求承揽人承担违约责任。但是,定作人无故拒绝受领的,工作成果灭失的风险由定作人承担。

【司法适用】

一般认为,工作成果是否合格应当以是否符合合同约定为准。合同双方对工作成果是否合格存在争议的,可申请相关检验机构进行检验。经检验,工作成果存在严重质量缺陷的或者数量短缺的,定作人可以拒收。定作人未拒收的,根据诚实信用原则,定作人应当受领成果但可以要求承揽人承担违约责任。定作人超过合理期限受领工作成果的,承揽人可以按照本法的规定提存或者留置工作成果,并有权要求定作人支付未付的报酬、材料费以及保管费等费用,并可以要求其承担违约责任。

【司法案例】

重庆市甲房地产开发有限公司诉重庆乙建设工程质量检测有限公司承揽合同纠纷案①

诉讼结论:虽然监测点的设置与合同约定的不完全相符,但其并未提交证据证明其在接受前30期监测报告时对此提出了异议,乙公司对于监测点的设置也作出了合理的解释,故甲公司应当按照合同约定支付监测费用。

甲公司在本案中接收了前30期监测报告,虽然监测点的设置与合同约定的不完全相符,但其并未提交证据证明其在接受前30期监测报告时对此提出了异议,乙公司对于监测点的设置也作出了合理的解释。另外,甲公司应在2014年8月7日支付第2笔款项19,000元,其未按期支付,还于2014年10月8日签收了第030期监测报告,其申请再审称以拒付到期费用的方式已对监测点的设置提出异议的理由不能成立。乙公司后未将第031期至第034期监测报告交付于甲公司,也是因甲公司未按照合同约定支付第2笔监测费用所致。因此,甲公司应当按照合同约定支付剩余的监测费用57,000元,法院判决甲公司向乙公司支付监测费用57,000元并无不当。

第七百八十一条　承揽人交付的工作成果不符合质量要求的,定作人可以合理选择请求承揽人承担修理、重作、减少报酬、赔偿损失等违约责任。

【条文主旨】

本条是关于工作成果不符合质量要求时承揽人承担违约责任的规定。

---

① 重庆市高级人民法院(2018)渝民申1371号民事裁定书。

【条文理解】

在承揽合同中,承揽人的核心义务是按照合同约定或者定作人的要求完成承揽工作、交付工作成果,因此,交付的工作成果是否符合质量标准,关系到合同目的能否实现。根据本条规定,承揽人交付的工作成果不符合质量标准和要求的,应当承担违约责任,定作人可以合理选择行使以下权利:

(1)请求承揽人修理。一般认为,工作成果有轻微瑕疵,且该瑕疵不会对工作成果的使用产生根本性影响,定作人可以要求承揽人进行修整、修补,使工作成果符合质量。因修理造成工作成果迟延交付,给定作人造成额外损失的,承揽人仍应承担违约赔偿责任。

(2)请求承揽人重作。工作成果存在严重质量瑕疵,已经完全无法满足定作人的特殊需求的,定作人可以拒绝受领该工作成果,并请求承揽人返工重新制作。因重作而造成工作成果迟延交付的,承揽人仍然应当承担违约责任。

(3)请求承揽人减少报酬。承揽人交付的工作成果存在瑕疵,但定作人愿意接受的,定作人可以受领工作成果并请求承揽人按照瑕疵的严重程度相应地减少价款。

(4)请求承揽人赔偿损失。由于工作成果不符合质量标准,给定作人造成人身伤害或者财产上损害的,定作人有权要求承揽人赔偿因此造成的损失。

当然,除上述4种违约责任外,承揽合同还可以适用本法“合同编”通则部分规定的其他违约责任。

【司法适用】

合同双方在合同中对工作成果的质量标准有约定的,承揽人应当交付符合该约定的工作成果;如果合同双方对质量标准没有约定或约定不明的,则应当根据合同的其他条款或者交易习惯确定质量标准;如果根据合同条款或者交易习惯仍无法确定的,工作成果应当具备通常的使用效用。所谓通常的使用效用,是指具备类似用途的同类产品在使用时能够产生的效果。

在适用该条款时,应当选择最符合绿色原则的方式判决承揽人承担违约责任,尽可能在弥补定作人损失的同时不要过于加重承揽人的违约成本。

【司法案例】

精河县甲农机工程机械有限公司诉程某中建设工程施工合同纠纷案①

诉讼结论:本案中程某中所施工的工程存在质量问题的事实属实,其理应依

---

① 新疆维吾尔自治区高级人民法院(2018)新民终396号民事判决书。

法承担相应的民事责任，应从尚欠工程款数额中对相应款项予以扣除。

本案中程某中所施工的工程存在质量问题的事实属实，其理应依法承担相应的民事责任。根据037号鉴定意见书所载内容，鉴定机构出具了两种修复意见，拆除更换和找材料差价，因案涉工程已实际使用，拆除更换势必给双方造成更大的损失，故对该方案本院认为不宜采取。对于找材料差价的修复意见，鉴定机构及鉴定人员均已确认，335号鉴定意见书中确定的工程造价并未扣减037号鉴定意见书中所载找材料差价，结合前述案涉工程存在质量问题的事实及037号鉴定意见书应予采信的意见，应从尚欠工程款数额中对该部分款项予以扣除，故甲农机公司实际应付程某中工程款数额为620,320.27元。

第七百八十二条　定作人应当按照约定的期限支付报酬。对支付报酬的期限没有约定或者约定不明确，依据本法第五百一十条的规定仍不能确定的，定作人应当在承揽人交付工作成果时支付；工作成果部分交付的，定作人应当相应支付。

【条文主旨】

本条是关于定作人向承揽人支付报酬的期限的规定。

【条文理解】

报酬是指定作人受领承揽人交付的工作成果所应支付的对价，包括承揽人的工作报酬、承揽人提供材料时的材料费、定作人提供材料时或其迟延受领时承揽人保管材料或成果的保管费。在承揽合同中，按照约定的期限向承揽人支付报酬是定作人的主要义务。此项义务具体包括两个方面：

(1)定作人应当按照合同约定支付相应数额的报酬。关于报酬的数额，合同双方有约定的，从其约定；没有约定或约定不明的，双方可以补充协议；仍无法明确的，按照交易习惯确定，即以工作成果交付时当地类似工作的市场报酬为准。承揽人一次性交付全部工作成果的，除另有约定外，定作人应当一次性付清报酬；承揽人分批分段交付工作成果的，定作人可分批支付报酬。总而言之，定作人支付的报酬数额一般与承揽人交付的成果相对应。

(2)定作人应当按照合同约定在一定期限内支付报酬。一般认为，承揽人尚未交付工作成果或在无须交付工作成果的情况下，尚未完成工作时，其无权请求定作人支付报酬，除非合同双方存在相反的约定。否则，定作人可以根据本法第525条和第526条的规定进行抗辩。

【司法适用】

对于报酬支付期限，合同双方对报酬支付期限有约定的，从其约定；合同没有约定或约定不明确的，可通过补充协议或者根据合同其他条款以及交易习惯确定；仍无法确定的，承揽人交付工作成果的时间为定作人支付报酬的时间。合同约定由承揽人亲自送交定作人指定的地点的，定作人应当在实际受领时支付相应报酬；合同约定由第三人代为运输到指定地点的，承揽人应当将第三人揽收货物的日期通知定作人，定作人应当在收到该通知时支付报酬；合同约定由定作人自提的，定作人应当在承揽人通知定作人提货时支付相应报酬。这里特别需要注意的是，如果合同对报酬支付期限没有约定或约定不明确的，应适用本条来确定报酬的支付时间。本条规定的内容，前半部分其实是第 510 条的具体化，但本条后半部分的规定已经排除了第 511 条的适用。

【司法案例】

甲建设集团有限公司诉中山市南头镇乙装卸服务部承揽合同纠纷案①

诉讼结论：虽然双方没有约定承揽的服务费的支付期限，亦未达成补充协议，甲公司应在乙服务部完成承揽的项目时支付相应的服务费。

乙服务部与甲公司虽然没有对承揽的服务费的支付期限，双方亦没有达成补充协议，依上述条款的规定，甲公司应在乙服务部完成承揽的项目时支付相应的服务费。甲公司在双方核算有关费用后没有及时支付，已构成违约，根据《合同法》第 107 条"当事人一方不履行合同义务或者履行合同义务不符合约定的，应当承担继续履行、采取补救措施或者赔偿损失等违约责任"的规定，乙服务部主张甲公司支付所欠承揽服务费的逾期付款利息实质是逾期付款违约金，应当予以支持。

第七百八十三条　定作人未向承揽人支付报酬或者材料费等价款的，承揽人对完成的工作成果享有留置权或者有权拒绝交付，但是当事人另有约定的除外。

【条文主旨】

本条是关于定作人未履行付款义务时承揽人权利的规定。

① 广东省中山市中级人民法院(2019)粤 20 民终 1565 号民事判决书。

【条文理解】

按照约定支付相应对价是定作人的主要合同义务，对价一般包括承揽人的工作报酬、承揽人提供材料时的材料费、定作人提供材料时或其迟延受领时承揽人保管材料或工作成果的保管费。

本条与《合同法》第264条相比，新增了承揽人拒绝交付工作成果的权利之规定。根据本法第525条的规定，当事人互负债务，没有先后履行顺序的，应当同时履行。一方在对方履行之前有权拒绝其履行请求。一方在对方履行债务不符合约定时，有权拒绝其相应的履行请求。如无特别约定，承揽人有同时履行抗辩权，即定作人未按照合同约定支付对价的，承揽人有权拒绝交付工作成果，因此，即使本条未明文规定承揽人拒绝交付的权利，承揽人仍有权依据本法第525条行使同时履行抗辩权。此处新增规定是注意性规定，避免出现理解和适用上的偏差。

本条还规定了承揽人对工作成果的留置权。根据本法第447条之规定，债务人不履行到期债务，债权人可以留置已经合法占有的债务人的动产，并有权就该动产优先受偿。前款规定的债权人为留置权人，占有的动产为留置财产。然而，在承揽合同中，工作成果未交付之前，所有权的归属要视定作材料来源予以判定。因此，本条所规定的承揽人留置权与上述条文中规定的债权人留置权在构成的要件上有所区别，这点值得关注。承揽人在行使留置权后，应当通知定作人在不少于两个月的期限内履行支付义务，定作人接到通知后逾期仍不履行的，承揽人可以将工作成果折价，也可通过拍卖、变卖的方式以所得价款优先受偿。

【司法适用】

承揽人行使留置权，应当满足4个条件：(1)定作人无正当理由不按照合同约定履行付款义务。定作人未足额支付、逾期支付都属于不按照合同约定履行付款义务。(2)承揽人合法占有本承揽合同的工作成果。对已经交付的工作成果，承揽人不得行使留置权。(3)承揽人只能留置合同关系直接相关工作成果，不得留置其他定作人的财产。(4)承揽人与定作人没有作出排除留置权的特别约定。在此，应当着重审查承揽人行使留置权的条件是否满足。值得注意的是，留置财产的价值不以定作人未支付的对价为限，质言之，定作人不得以工作成果价值超出其所欠债务为由抗辩承揽人行使留置权。

【司法案例】

重庆甲水泥(集团)有限公司诉重庆乙齿轮箱有限公司修理合同纠纷案①

诉讼结论:定作人已支付案涉设备的修理费,承揽人因定作人未付另一起与本案没有关联的设备的维修费而对本案设备行使留置权,留置对象不当。

甲水泥公司与乙齿轮公司2018年7月13日口头协商后,当日甲水泥公司将JDX1000水泥磨减速机送往乙齿轮公司指定的重庆市丙传动设备有限公司进行修理,甲水泥公司2018年9月16日向乙齿轮公司支付了维修费78,000元,这与双方案涉《加工承揽合同》载明的金额一致。由此,乙齿轮公司应按双方订立的《加工承揽合同》第2条"修缮修理时间:甲方需维修设备到达乙方工厂4天内乙方完成所有工序并交付甲方承运司机"的约定履行义务,依据该条约定,乙齿轮公司至迟应于2018年7月18日将送修的JDX1000水泥磨减速机交付甲水泥公司指定的承运司机。从重庆市江津区公安局德感派出所2018年7月18日《重庆市公安局案(事)接报回执》载明的情况来看,甲水泥公司是指定了承运司机(或相关人员)前去重庆市丙传动设备有限公司拖回设备的。本案中,乙齿轮公司却以甲水泥公司未付KPM210立磨减速机的维修款而行使留置权,因乙齿轮公司留置的对象为案涉JDX1000水泥磨减速机,鉴于甲水泥公司已支付了该设备的修理费78,000元,而KPM210立磨减速机维修款是否支付与本次维修的JDX1000水泥磨减速机不具有关联性。因此,乙齿轮公司因甲水泥公司未付另一起设备维修款而对案涉JDX1000水泥磨减速机行使留置权,其留置的对象明显不当,故对其该项抗辩理由不予支持。

第七百八十四条　承揽人应当妥善保管定作人提供的材料以及完成的工作成果,因保管不善造成毁损、灭失的,应当承担赔偿责任。

【条文主旨】

本条是关于承揽人保管义务的规定。

【条文理解】

承揽人在履行合同义务的过程中往往会长时间地占有定作人提供的材料及

① 重庆市第四中级人民法院(2019)渝04民终232号民事判决书。

工作成果。材料和工作成果是否完好将影响合同目的的达成,故承揽人负有保管义务。根据本条规定,承揽人应妥善保管定作人提供的材料及工作成果。妥善保管是指在没有特别约定的情况下,按照本行业的普遍做法,根据材料和工作成果的性质采用适当的方式、选择合理的场地,对材料及工作成果进行保存和保管,防止毁损和灭失。例如,对于极易腐败的材料,承揽人应当进行低温储存。保管人可以亲自保管,也可以交由第三人保管。当然,承揽人将材料或工作成果交由第三人保管的,不得给定作人增加不合理的费用。

因保管不善造成毁损、灭失的,承揽人应当承担赔偿责任。由于承揽人未尽保管义务,致使材料的毁损、灭失的,承揽人应当承担赔偿责任,自负费用补齐、更换与定作人提供材料同质同量的材料,因此造成定作人损失的,应当赔偿损失;造成迟延交付的,应当承担违约责任。如果材料是不可替代物的,由于承揽人的原因致使材料毁损、灭失的,承揽人应当赔偿定作人材料损失,并承担违约责任。材料交给第三人保管的,承揽人对第三人的保管行为向定作人负责。材料因自身性质产生的自然损耗的,如果承揽人已尽妥善保管责任,则其不承担损害赔偿责任。由于承揽人未尽保管义务,致使工作成果的毁损、灭失的,承揽人应当重新完成工作并交付成果,并赔偿定作人因此而受到的损失。

【司法适用】

值得注意的是,承揽人未尽妥善保管义务,导致定作人和工作成果毁损灭失的,承揽人应当承担相应责任,自不待言。问题在于,承揽人已尽妥善保管义务,定作人提供的材料和工作成果毁损、灭失的,损失该由谁承担?这涉及风险承担的问题。合同双方对此有约定的,依照合同约定处理。如无约定,一般认为,为了出于利益衡量的考虑,定作人提供的材料毁损、灭失的风险应当由定作人承担;而工作成果毁损、灭失的风险应采交付主义,工作成果在交付之前归承揽人占有和所有,由承揽人承担该风险更为合理。

【司法案例】

南昌市青云谱区甲装饰行诉乙传媒文化集团有限公司承揽合同纠纷案①

诉讼结论:乙公司单方终止履行承揽合同,甲装饰行才没有完成全部承揽定作的义务,甲装饰行并未占有电缆电线,不存在保管不善的过错。

承揽人有保管定作人提供材料的义务,即法律上规定承揽人有保管的义务,

① 江西省高级人民法院(2016)赣民终32号民事判决书。

但本案中承揽人施工的地方并非在承揽人的场所，而是在乙公司的合作方丙国际体育中心。由于乙公司单方终止履行承揽合同，甲装饰行才没有完成全部承揽定作的义务，乙公司也没有举证证明电缆电线被甲装饰行拿走，乙公司也未通知甲装饰行对工程进行拆除，包括本案争议的电缆电线及甲装饰行施工的脚手架都在丙国际体育中心处，甲装饰行并未占有电缆电线，也不存在保管不善的过错责任。甲装饰行对本案争议的电缆电线没有保管义务，乙公司要求用电缆电线充抵余下工程款的上诉请求，缺乏事实依据和法律依据，人民法院不予支持。

第七百八十五条 承揽人应当按照定作人的要求保守秘密，未经定作人许可，不得留存复制品或者技术资料。

【条文主旨】

本条是关于承揽人保密义务的规定。

【条文理解】

本法第509条第2款规定，当事人应当遵循诚信原则，根据合同的性质、目的和交易习惯履行通知、协助、保密等义务。一般认为，合同履行中的保密义务属于附随义务。本条对承揽人的保密义务作出具体规定，理由在于：承揽人合同的签订是为了满足定作人的特定需求，定作人往往会提供特定图纸、样品以及相关技术数据等，而这些材料往往包含了定作人不愿他人知晓的信息。因此，定作人要求承揽人保守秘密的，承揽人应当恪守保密义务。定作人保密的要求可以通过合同中约定，也可以在合同履行期间要求承揽人保守秘密。定作人和承揽人应当明确保密的内容、期限。保密的内容包括定作人独有的技术秘密以及其他可能涉及人身的信息。

本条不仅规定了承揽人保守定作人的秘密，还进一步规定了承揽人不得非法留存复制品或者技术资料。定作人向承揽人提供具有一定价值的技术资料，承揽人不得向他人泄露秘密，自己也不得不正当地利用秘密信息。在定作人提供图纸、技术资料、样品的情况下，承揽人未经定作人许可不得擅自复制工作成果。如果他人或者承揽人利用了这些特定的技术资料生产了相同的工作成果，定作人的合同目的也就变相地无法实现。当然，如果定作人与承揽人达成合意，则承揽人也可以留存复制品或技术资料。

【司法适用】

一般认为，保密的内容既包括技术秘密也包括商业秘密，如具有创造性的图纸、技术数据,或者是专利技术的工作成果,还包括其他定作人不愿他人知晓的信息,如定作人的姓名以及工作成果的名称、用途、功能等。保密的期限不限于承揽合同履行期间,在承揽合同终止后的一段期间内,承揽人仍应当保守有关秘密。

第七百八十六条　共同承揽人对定作人承担连带责任,但是当事人另有约定的除外。

【条文主旨】

本条是关于共同承揽人连带责任的规定。

【条文理解】

共同承揽是指由两个以上的人共同完成承揽工作。共同承揽人是指共同与定作人订立承揽合同、共同完成定作人所要求的承揽工作的人。连带责任是指,定作人可以请求一个、数个或所有共同承揽人承担全部或部分债务,被请求的承揽人不得拒绝。承揽人在承担债务后,有权对超出自己应当承担的债务份额部分向其他承揽人追偿。

本条之所以如此规定,是因为共同承揽的顺利完成需要所有共同承揽人的同心协力,只要有一个承揽人没有按照约定完成由其承担的承揽工作,定作人就无法获得预期的工作成果。而且,承揽工作往往需要专业的技能和知识,而共同承揽人数量可能较多,由定作人对每个共同承揽人进行有效监督不合理也不公平。因此,每个共同承揽人都应当对承揽的全部工作向定作人负责。

根据意思自治原则,如果合同双方约定共同承揽人对定作人不承担连带责任的,则应依据其约定确定各自的责任。合同双方可以约定共同承揽人各自承担自己相应的债务份额,也可以约定由其中一个共同承揽人承担全部或者部分债务。在有约定的情况下,定作人应当按照合同约定请求承揽人承担违约责任,被请求的承揽人有权拒绝承担超出合同约定范围的债务。

【司法适用】

在适用本条时,要注意共同承揽与转承揽的区别。所谓转承揽,是指承揽人将承揽工作交由第三人完成。尽管共同承揽与转承揽均有多个承揽人,存在一定的相似之处,但是,两者在性质和法律适用上都存在较大区别。(1)共同承揽合同需要共同承揽人共同与定作人签订承揽合同,所有承揽人都是合同的一方当事人;转承揽合同是承揽人与第三人或称次承揽人签订的新合同,次承揽人与定作人并无直接的合同关系。(2)在无约定的情况下,共同承揽人对定作人承担连带责任;而在转承揽中,无论是谁造成工作成果无法按照合同约定交付的,承揽人都应当对承揽工作向定作人承担违约责任。

【司法案例】

诸暨市甲织造厂诉绍兴市乙纺织品有限公司加工合同纠纷案①

诉讼结论:被上诉人与上诉人和原审被告签订了《委托加工合同》,虽然上诉人和原审被告具体负责的加工事宜有所不同,但在双方未明确区分权责的情况下,上诉人和原审被告应对被上诉人承担连带责任。

就涉案加工合同关系而言,被上诉人与上诉人和原审被告签订了《委托加工合同》,虽然上诉人和原审被告具体负责的加工事宜有所不同,但在双方未明确区分权责的情况下,上诉人和原审被告应对被上诉人承担连带责任。现因原审被告无法保质保量的完成加工义务,讼争的材料已转发送至案外人曹某处,虽然被上诉人对此显属明知并予以同意,但根据现有证据,尚不足以认定该转发行为即为受被上诉人指示,被上诉人也未与曹某签订书面的加工合同,上诉人和原审被告仍应对案外人曹某的加工行为向被上诉人负责。上诉人主张被上诉人已与案外人曹某成立新的加工合同关系,案外人曹某亦是涉案加工合同关系相对人的理由依据不足,不予支持。有鉴于此,追加案外人曹某参与本案诉讼已无必要,上诉人和原审被告与案外人曹某之间的法律关系,可另觅途径主张。至于上诉人和原审被告之间的内部关系,不能对被上诉人产生约束力,上诉人主张涉案的加工费欠款并非是其与原审被告共有,不能在本案赔偿款中抵扣,以及其已完成了相应加工义务,是因原审被告的原因才将讼争材料转发送至案外人曹某处加工的理由,均与审理本案无关,上诉人可另行向原审被告主张。

第七百八十七条　定作人在承揽人完成工作前可以随时解除合同,造成承揽人损失的,应当赔偿损失。

【条文主旨】

本条是关于定作人任意解除权的规定。

【条文理解】

本法第562条以及第563条规定了合同当事人的合同解除权,具体包括协议

① 浙江省绍兴市中级人民法院(2017)浙06民终4273号民事判决书。

解除、约定解除以及法定解除。一般来说，除上述几种情况外，合同一方不得任意解除合同，否则应当承担违约责任。但根据本法第563条第1款第5项，在法律规定的其他情形下，合同当事人可以解除合同。本条即为本法第563条第1款第5项的具体化。承揽合同是定作人为了满足其特殊需求而订立的，承揽人根据定作人的指示进行工作，如果定作人于合同成立后由于各种原因不再需要承揽人完成工作，则应当允许定作人解除合同。但承揽人在合同解除前已经为承揽工作的顺利完成耗费了一定的人力、物力，根据公平原则，定作人在承揽人完成工作前解除合同的应当赔偿承揽人因此造成的损失。

【司法适用】

根据本条和本法相关规定，关于定作人的任意解除权，应当符合以下几点：

（1）定作人应当在承揽工作完成前解除合同。虽然本条规定定作人可以随时解除合同，但“随时”是指合同成立生效后，承揽工作完成前的任意时间。如果承揽人已交付工作成果，定作人已支付报酬等费用，合同权利义务已经终止，定作人当然不能解除合同。

（2）定作人根据本条解除合同的，应当通知承揽人。解除通知到达承揽人时，解除生效，合同终止，承揽人可以不再进行承揽工作。

（3）定作人应当赔偿承揽人因此遭受的损失。损失内容主要包括承揽人按照合同约定所应当获得的相应报酬、承揽人为完成这部分工作所支出的材料费以及承揽人因合同解除而受到的其他损失。

合同解除后，承揽人应当将已完成的部分工作交付定作人。定作人提供材料的，如有剩余，也应当返还定作人。定作人预先支付报酬的，在扣除已完成部分的报酬外，承揽人也应当将剩余价款返还定作人。

【司法案例】

高某诉北京甲网络技术有限公司定作合同纠纷案①

诉讼结论：定作人有权要求解除合同，但因承揽人已履行了合同制作部分的合同义务，且该产品系为定作人单独开发制作，故定作人已经支付制作费用不应返还。

定作人高某有权要求解除合同，但因甲公司已向高某实际制作并交付电商版APP产品，并已通过验收，履行了合同制作部分的合同义务，且该产品系为高某单独开发制作，基于上述情形，其制作费用22,000元不应返还，法院对高某的该项

① 北京市第一中级人民法院（2015）一中民（商）终字第7092号民事判决书。

诉讼请求不予支持。因甲公司对后期的软件后台资料交付存在一定过错且因高某在2013年已向甲公司通知解除合同，甲公司亦未提交相应证据证明其实际履行了服务期间的后续服务，故其已收取的服务费8000元应予以返还。

第十八章　建设工程合同

第七百八十八条　建设工程合同是承包人进行工程建设，发包人支付价款的合同。

建设工程合同包括工程勘察、设计、施工合同。

【条文主旨】

本条是关于建设工程合同定义和种类的规定。

【条文理解】

本条第1款规定了建设工程合同的定义，体现了合同双方当事人即发包人和承包人的基本义务。承包人的基本义务就是按质按期地进行工程建设，包括勘察、设计和施工。发包人的基本义务就是按照约定支付价款。①

本条第2款规定了建设工程合同的种类，包括3种：

(1)工程勘察合同。工程勘察合同是指发包人与承包人就进行建设工程地理、地质状况的调查研究工作而订立的合同。发包人在进行工程建设时，经常需要先查清工程所在地的地理、地质状况，并在此基础上进行分析、研究、评价，以最终确定能否进行该项工程建设、如何进行该项工程建设。

(2)工程设计合同。所谓工程设计合同，是指发包人与承包人就建设工程的设计工作而订立的合同。工程设计合同包括初步设计合同和施工设计合同。初步设计合同是在建设工程立项阶段，承包人为项目决策提供可行性设计而与发包人订立的合同。施工设计合同是发包人与承包人就具体施工设计而订立的合同。

(3)工程施工合同。所谓工程施工合同，是指发包人与承包人就完成建设工程项目的施工工作而订立的合同。工程施工合同主要包括建筑和安装两个方面的内容，即进行工程的营造和进行与工程有关的线路、管道、设备等设施的装配。

---

① 《中华人民共和国合同法释义》，载中国人大网，第269条释义。

【司法适用】

建设工程合同的客体是工程。这里的工程是指土木建筑工程和建筑业范围内的线路、管道、设备安装工程的新建、扩建、改建及大型的建筑装修装饰活动，主要包括房屋、铁路、公路、机场、港口、桥梁、矿井、水库、电站、通讯线路等。建设工程合同的主体是发包人和承包人。发包人，一般为建设工程的建设单位，即投资建设该项工程的单位，通常也称作"业主"。建设工程实行总承包的，总承包单位经发包人同意，在法律规定的范围内对部分工程项目进行分包的，工程总承包单位即成为分包工程的发包人。建设工程的承包人，即实施建设工程的勘察、设计、施工等业务的单位，包括对建设工程实行总承包的单位和承包分包工程的单位。①

【司法案例】

包头市甲工程有限责任公司诉内蒙古乙国家粮食储备库等建设工程合同纠纷案②

诉讼结论：请求支付工程款只能向《施工合同》的相对人主张，不得向非当事人主张。

按照省人民政府的文件规定，粮库建设项目的招标人是联合办公室，而不是第一、第二被上诉人。作为政府组建的临时办事机构的联合办公室，对粮库建设项目起到的作用是监督检查。事实上，第一、第二被上诉人只是联合办公室的组成单位，既不是政府文件中规定的粮库建设项目的具体招标人和出资人，也不是《施工合同》的实际缔约人，因此，第一、第二被上诉人与上诉人在法律和合同的权利义务上没有任何关系。所以，上诉人只能要求《施工合同》的相对人，即第三被上诉人支付工程款，而不能要求第一、第二被上诉人支付。

第七百八十九条　建设工程合同应当采用书面形式。

【条文主旨】

本条是关于建设工程合同的形式的规定。

【条文理解】

建设工程所涉工作内容复杂，投资数额巨大，风险较高，对质量的要求十分精

① 《中华人民共和国合同法释义》，载中国人大网，第269条释义。

② 最高人民法院（2006）民一终字第54号民事判决书。

细,合同的履行期限也比较长。为使建设工程合同得到全面、正确履行,并在当事人发生纠纷时正确、及时解决纠纷,本条要求建设工程合同采用书面形式。

【司法适用】

本法规定的书面形式包括合同书、信件和数据电文(包括电报、电传、传真、电子数据交换和电子邮件)等可以有形地表现所载内容的形式。但在实践中,对较大的建设工程,一般都以合同书的形式订立建设工程合同。在合同书中,当事人写明各自的名称、地址,工程的名称和工程范围,明确约定履行内容、方式、期限、违约责任以及解决争议的方法等。勘察、设计合同还明确规定提交有关基础资料和文件(包括工程概预算)的期限、质量要求、费用以及其他协作条件等。施工合同还应明确约定建设工期、中间交工工程的开工和竣工时间、工程质量、工程造价、技术资料交付时间、材料和设备供应责任、拨款和结算、竣工验收、质量保修范围和质量保证期、双方相互协作等条款。当事人在进行工程建设时尚未订立书面建设工程合同的,应当在完工结算前,尽早以书面形式订立合同。当事人未订立书面建设工程合同的,除法律另有规定的以外,如果当事人已经履行了主要的义务,则该建设工程合同依然有效。

【司法案例】

内蒙古包头甲高新技术产业开发区管理委员会等
诉包头乙建筑工程有限公司工程款结算纠纷案①

诉讼结论:法律未明确规定合同的主体变更需要当事人以书面形式完成。在实际履行过程中,变更前后双方权利义务发生实际移转,变更后的双方当事人按照原合同规定的权利义务实际履行的,则可视为对合同主体变更的默认,此变更有效。

管委会虽与包头丙签订施工合同及补充协议,但履行义务的是包头丙和由包头丙依法分立的乙公司,对合同主体的变更,双方虽未采取书面形式,但管委会在建设中直接与乙公司发生合同约定的权利义务关系,依法应视为对合同主体变更的默认。

第七百九十条　建设工程的招标投标活动,应当依照有关法律的规定公开、公平、公正进行。

【条文主旨】

本条是关于建设工程招投标活动的原则的规定。

① 最高人民法院(1999)民终字第130号民事判决书。

【条文理解】

建设工程招标投标活动，是指建设工程的发包人作为招标方采用适当的方式，发布拟建工程的有关信息，如工程的内容和主要的技术条件，对承包人的资质要求等，但不标明工程的造价，通过这些行为表明发包人将选择符合条件的承包人与之订立建设工程合同的意向，由各有意承包该工程项目的承包人作为投标方，向招标方提出自己的工程报价和其他承包条件，参加投标竞争，经招标方对各投标方的报价和其他条件进行审查比较后，从中择优选定中标者，并与之签订建设工程合同的活动。

【司法适用】

根据本条的规定，建设工程的招标投标应当按照公开、公平和公正的原则进行。公开，是指进行招标投标活动的有关信息要公开，招标方应当通过新闻媒体上刊发广告或者以其他适当形式，发布建设工程招标信息，并在公开提供的招标文件中，载明招标工程的主要技术要求以及投标人的资格要求等内容，使所有符合条件的承包商都能有机会参与投标竞争。同时，招标投标的程序要公开，包括领取招标文件的时间、地点，投标的截止日期，开标的时间、地点以及评标与定标的标准、方法等，都应当公开透明，以便各方面监督，不允许进行“暗箱操作”。公平，就是指招标方平等地对待每一份投标，投标方也要以正当手段进行竞争，不得向投标方及其工作人员行贿、提供回扣等不正当竞争行为，以保证竞争的平等。公正，是指招标方在招标过程中要严格按照公开的招标文件和程序办事，严格按照既定的评标标准和定标，公平地对待每一个投标者。

根据本条规定，建设工程的招标投标活动还应当依照有关法律的规定进行。我国《公路法》《建筑法》《招标投标法》等法律对招标投标作了规定，其中《招标投标法》是专门规范招标投标活动的法律，对招标投标活动作了全面、详尽的规定。建设工程的招标投标活动，应当按照有关法律，特别是《招标投标法》的规定，进行建设工程的招标、投标、开标、评标和中标。建设工程的招标投标活动违反法律规定的，有关违法人员应当依法承担法律责任。根据《招标投标法》第 3 条的规定，大型基础设施、公用事业等关系社会公共利益、公众安全的项目，全部或者部分使用国有资金投资或者国家融资的项目以及使用国际组织或者外国政府贷款、援助资金项目的勘察、设计、施工、监理以及与工程建设有关的重要设备、材料等的采购，必须进行招标。如果依法必须招标的项目未招标或者中标无效，当事人签订的建设工程合同将因违反法律强制性规定而无效。此外，根据《建设工程施工合同解释一》的规定，建设工程施工合同具有建设工程必须进行招标而未招标或者中标无效的情形，人民法院认定该合同无效。

【司法案例】

某开发区建筑安装工程有限公司诉扬州甲房屋开发有限公司建设工程施工合同纠纷案①

诉讼结论：双方当事人签订《建设工程施工合同》并向建设主管部门进行了备案，另行签订的《施工补充合同》对中标备案合同在工程款结算方式、付款条件等方面作出了不同约定，属于对中标备案合同的实质性变更，该补充合同不能作为工程价款的结算依据。

关于本案工程款付款条件问题。《建设工程施工合同解释一》第21条规定，当事人就同一建设工程另行订立的建设工程施工合同与经过备案的中标合同实质性内容不一致的，应当以备案的中标合同作为结算工程价款的根据。本案中，案涉工程经招投标由开发区乙公司中标后与甲开发公司签订《建设工程施工合同》并向建设主管部门进行了备案，双方另行签订的《施工补充合同》对中标备案合同在工程款结算方式、付款条件等方面作出了不同约定，属于对中标备案合同的实质性变更，该补充合同不能作为工程价款的结算依据。工程款支付条件属于建设工程施工合同结算条款的组成部分，原审法院按照中标备案合同认定工程款支付条件符合相关司法解释的规定，甲开发公司关于工程款支付条件应按照《施工补充合同》认定的上诉请求缺乏依据，不予支持。

第七百九十一条　发包人可以与总承包人订立建设工程合同，也可以分别与勘察人、设计人、施工人订立勘察、设计、施工承包合同。发包人不得将应当由一个承包人完成的建设工程支解成若干部分发包给数个承包人。

总承包人或者勘察、设计、施工承包人经发包人同意，可以将自己承包的部分工作交由第三人完成。第三人就其完成的工作成果与总承包人或者勘察、设计、施工承包人向发包人承担连带责任。承包人不得将其承包的全部建设工程转包给第三人或者将其承包的全部建设工程支解以后以分包的名义分别转包给第三人。

禁止承包人将工程分包给不具备相应资质条件的单位。禁止分包单位将其承包的工程再分包。建设工程主体结构的施工必须由承包人自行完成。

① 江苏省高级人民法院（2016）苏民终1151号民事判决书。

【条文主旨】

本条是关于建设工程的发包、承包、分包的规定。

【条文理解】

本条共有3款。第1款是关于建设工程合同发包、承包的规定;第2款是关于建设工程合同分包与禁止转包的规定;第3款是关于建设工程合同分包的条件与原则的规定。建设工程合同可以根据承包人承包的工作内容,分为直接承包和分包两大类。直接承包是指发包人直接将工程承包给承包人,包括工程总承包和单项工程承包两种方式。分包是指总承包人、勘察、设计、施工承包人经发包人同意,可以将自己承包的部分工作交由第三人完成。

【司法适用】

建设工程的发包可以采取总承包方式或单项工程承包方式。总承包是指发包人将建设工程的勘察、设计、施工等工程建设的全部任务一并发包给一个具备相应的总承包资质条件的承包人,由该承包人负责工程的全部建设工作,直至工程竣工,并向发包人交付经验收合格符合发包人要求的建设工程的发承包方式。单项工程承包则是发包人将建设工程中的勘察、设计、施工等不同工作任务,分别发包给勘察人、设计人、施工人,并与其签订相应的承包合同。但是不论发包人采取何种方式与承包人签订合同,都不得将建设工程肢解发包,即不得将应当由一个承包人完成的建设工程肢解成若干部分发包给几个承包人。如何确定是否应当由一个承包人完成的建设工程,则是由国务院有关主管部门根据实际情况作出具体规定。

建设工程的分包,是指工程总承包人、勘察承包人、设计承包人、施工承包人承包建设工程后,将其承包的某一部分工程或某几部分工程,再发包给其他承包人,并与其签订承包合同项下的分包合同。总承包人、勘察、设计、施工承包人在分包合同中成为分包合同的发包人。总承包人、勘察、设计、施工承包人分包建设工程的,应当符合以下条件:(1)总承包人、勘察、设计、施工承包人只能将部分工程分包给具有相应资质条件的分包人;(2)为防止总承包人、勘察、设计、施工承包人擅自将应当由自己完成的工程分包出去或者将工程分包给发包人所不信任的第三人,分包工程必须经过发包人的同意。一般而言,分包人仅就分包合同的履行向总承包人、勘察、设计、施工承包人负责,并不直接向发包人承担责任,但为了维护发包人的利益,保证工程的质量,本条适当地加重了分包人的责任,即第三人(分包人)就其完成的工作成果与总承包人或者勘察、设计、施工承包人向发包人承担连带责任。因分包的工程出现问题,发包人既可以要求总承包人、勘察、设计、施工承包人承担责任,也可以直接要求分包人承担责任。

建设工程的转包是指建设工程的承包人将其承包的建设工程倒手转让给第三人,使该第三人实际上成为该建设工程新的承包人的行为。转包与分包的根本区别在于:在转包行为中,原承包人将其工程全部倒手转给他人,自己并不实际履行合同约定的义务;而在分包行为中,承包人只是将其承包工程的某一部分或几部分再分包给其他承包人,承包人仍然要就承包合同约定的全部义务的履行向发包人负责。根据本法和其他法律规定,承包人经发包人同意将其部分工程分包给他人的行为是允许的,但承包人的转包行为是禁止的。本条明确规定,承包人不得将其承包的全部建设工程转包给第三人或者将其承包的全部建设工程支解以后以分包的名义分别转包给第三人。这是因为在建设工程合同订立过程中,发包人往往经过慎重选择,确定与其所信任并具有相应资质条件的承包人订立合同,承包人将其所承包的工程转包给他人,擅自变更合同,违背了发包人的意志,损害发包人的利益,这是法律所不允许的。禁止转包的规定符合我国的实际情况,也与国际通行做法相一致。

为了保证工程的质量,防止某些承包单位在拿到工程项目后以分包的名义倒手转包,损害发包人的利益,破坏建设市场秩序,本条第 3 款规定,禁止承包人将工程分包给不具备相应资质条件的单位。承包人在将工程分包时,应当审查分包人是否具备承包该部分工程建设的资质条件。承包人将工程分包给不具备相应资质条件的分包人,该分包合同无效。为避免因层层分包造成责任不清以及因中间环节过多造成实际用于工程费用减少的问题,根据本款的规定,分包人不得将其承包的工程再分包,即对工程建设项目只能实行一次分包。实行施工承包的,建设工程的主体结构必须由承包人自行完成,不得分包,即承包人承包工程全部施工任务的,该工程的主体结构必须由承包人自行完成,即使经发包人同意,也不得将主体工程的施工再分包给第三人,承包人违反本款规定,将工程主体部分的施工任务分包给第三人的,该分包合同无效。

【司法案例】

甲公司诉乙总公司建设工程分包合同纠纷案①

诉讼结论:禁止总承包单位将工程分包给不具有相应资质的单位,乙总公司将案涉工程的主体结构分包给不具有相应资质的公司施工,违反了法律的强制性规定,二者之间的分包行为违法,双方签订的工程劳务分包合同为无效合同。

本案涉及分包中的违法分包问题,双方之间订立的工程劳务分包合同,虽系

① 最高人民法院(2014)民申字第 1603 号民事裁定书。

双方当事人的真实意思表示，且甲公司实际进行了施工，但因乙总公司作为总承包方，其下属乙分公司将案涉工程的主体结构部分分包给不具备劳务分包作业资质的甲公司进行施工，根据《建设工程施工合同解释一》第4条"承包人非法转包、违法分包建设工程或者没有资质的实际施工人借用有资质的建筑施工企业名义与他人签订建设工程施工合同的行为无效"，《建筑法》第29条第1款"施工总承包的，建筑工程主体结构的施工必须由总承包单位自行完成"，第3款"禁止总承包单位将工程分包给不具备相应资质条件的单位"的规定，乙总公司将案涉工程的主体结构分包给不具有相应资质的甲公司施工，违反了上述法律的强制性规定，二者之间的分包行为违法，本案双方签订的工程劳务分包合同为无效合同。

第七百九十二条　国家重大建设工程合同，应当按照国家规定的程序和国家批准的投资计划、可行性研究报告等文件订立。

【条文主旨】

本条是关于国家重大建设工程合同的订立的规定。

【条文理解】

所谓国家重大建设工程，是指在一定时期内对国民经济和社会发展有重大影响的重要建设工程。根据《国家重点建设项目管理办法》的规定，国家重点建设项目，是指从下列国家大中型基本建设项目中确定的对国民经济和社会发展有重大影响的骨干项目：基础设施、基础产业和支柱产业中的大型项目；高科技并能带动行业技术进步的项目；跨地区并对全国经济发展或者区域经济发展有重大影响的项目；对社会发展有重大影响的项目；其他骨干项目。由于国家重大建设工程对国民经济和社会发展有重大影响，为规范国家重大工程的建设，保证国家投资计划得以实现，保证工程质量，避免资源浪费，保证投资效益，减少投资风险，法律对国家重大建设工程合同的订立，进行了比一般建设工程合同更加严格的特别规定。

【司法适用】

根据本条的规定，国家重大建设工程合同的订立，包括两个方面：

(1)国家重大建设工程合同应当按照国家规定的程序订立。国家规定的程序，包括《建筑法》《招标投标法》等法律以及相关行政法规、规章等规定的程序。例如，国家重大建设工程勘察、设计、施工、监理以及与工程建设有关的重要设备、材料等的采购，必须进行招标，择优选定中标单位；国家重点建设项目的投标单位应当具有国家规定的甲级（一级）资格（资质）；招标、投标、开标、评标和中标应当按照招标投标法等法律法规进行等。国家重大建设工程合同的订立程序不符合国家规定的，当事人应当依法承担法律责任。

（2）国家重大建设工程合同应当按照国家批准的投资计划、可行性研究报告等文件订立。在实践中，国家重大建设工程在事先应当进行可行性研究，对工程的投资规模、建设效益进行论证分析，并编制可行性研究报告，然后申请立项。立项批准后，再根据立项进行投资计划并报有关国家计划部门批准，投资计划被批准后，有关建设单位根据工程的可行性研究报告和国家批准的投资计划，遵照国家规定的程序进行发包，与承包人订立建设工程合同。

【司法案例】

包头市甲建筑工程有限责任公司诉内蒙古乙国家粮食储备库等建设工程合同纠纷案①

诉讼结论：合同双方未就合同的变更达成一致协议，且合同约定的变更条件亦未被满足的，一方当事人不能主张合同已经变更。建设工程施工合同约定固定价款的，一方当事人不能请求对造价进行鉴定以调整价款。

本案“呼盟乙粮食储备库建设项目”为招投标项目，依据招投标文件及双方签订的《施工合同》的约定，该项目固定价款 9, 256, 592 元。双方签订的《施工合同》第 23 条第 2 款、第 3 款虽约定“经自治区建库办批准的工程变更”的内容，但双方在履行《施工合同》过程中，建库办并未批准工程变更，包头甲未能举证证明该项目已获建库办批准变更或双方协商一致变更了《施工合同》的事实存在。因此，一审判决驳回包头甲关于乙储备库支付 6, 737, 742 万元工程款的请求，并无不当。包头甲以乙储备库向上级单位申请增加工程预算的报告、内蒙建库办向国家粮食局申请工程款的请示及工程监理出具的书面意见为据，主张双方签订《施工合同》的内容已变更，证据不足，最高人民法院不予支持。

第七百九十三条　建设工程施工合同无效，但是建设工程经验收合格的，可以参照合同关于工程价款的约定折价补偿承包人。

建设工程施工合同无效，且建设工程经验收不合格的，按照以下情形处理：

① 最高人民法院（2006）民一终字第 54 号民事判决书。

（一）修复后的建设工程经验收合格的，发包人可以请求承包人承担修复费用；

（二）修复后的建设工程经验收不合格的，承包人无权请求参照合同关于工程价款的约定折价补偿。

发包人对因建设工程不合格造成的损失有过错的，应当承担相应的责任。

【条文主旨】

本条是关于建设工程合同无效、验收后如何处理的规定。

【条文理解】

建设工程施工合同的特殊之处在于，建设工程的施工过程，就是承包人将劳务及建筑材料物化到建设工程的过程。因此，建设工程施工合同无效无法适用合同无效恢复原状的返还原则，只能折价补偿。建设工程经竣工验收合格后，无效合同与有效合同在《建筑法》制定的根本目的上已无很大的区别，为平衡当事人双方之间的利益关系，便捷、合理解决纠纷，确定建设工程施工合同无效，建设工程经竣工验收合格的，可参照合同约定支付承包人工程价款。

建设工程施工合同无效，且建设工程经竣工验收不合格的，一般包括两种情况：一种是建设工程质量虽然不合格，但经过修复，可以使缺陷得到弥补，符合国家或者行业强制性质量标准。这种情况下，发包人仍然可以接受建设工程，并在修复后继续利用建设工程，但可要求承包人承担修复费用。另一种是建设工程的质量缺陷无法通过修复予以弥补，建设工程丧失利用价值，承包人没有请求支付工程价款的权利。实践中工程质量缺陷经常是由于发包人原因导致，按照过错程度，由过错方承担责任，符合公平原则及合同法规定的按照过错承担无效合同赔偿责任的原则。

【司法适用】

在案件审理中，应把握工程是否经竣工验收合格这一标准。验收合格一般有建设行政主管部门的质量评定机构作出的认定，建设行政主管部门作出的评定标准是具有行政评定色彩，具有权威性，应在案件审理中予以采纳。对于建设行政主管部门作出的质量评定，当事人可以提出异议，如果提出的异议充分，应当允许当事人重新评定的申请，并依据重新评定的结果作为认定建设工程质量是否合格的参考。

经验收合格的工程，包括工程竣工后验收合格、正在建设中的工程经阶段性验收合格的工程及经过修复后验收合格的工程。《建筑法》第60条第1款规定，建筑物在合理使用寿命内，必须确保地基基础工程和主体结构的质量。地基基础工程和主体结构工程具有相对独立性，完成这部分工程时应当验收，验收合格后才能进行下一步施工；建筑物也因地基基础和主体结构的合格而产生一定价值，未完的工程，应当对经阶段性验收合格的地基基础工程和主体结构部分折价补偿。

参照合同约定支付价款是指，在通常情况下，应当依照合同约定来支付工程款。但是，根据案件的具体情况，按照合同约定无法计算工程款，或者工程大规模改变设计的情况下，也不排除根据案件的具体情况通过委托评估的办法来认定工程款的数额。

本条第2款适用的难点在于，修复后的建设工程经再次竣工验收是否合格。在承、发包双方均同意不再由承包人继续建设工程的修复工作的，首先要看建设工程存在的质量缺陷是否可以修复，并可以经竣工验收合格。对于建设工程存在的质量缺陷是否能够修复，如果双方当事人从建筑业的国家质量要求及行业质量要求的基础上，均认可建筑工程存在的质量缺陷可以修复，人民法院可以对此予以认可。发包人应当支付承包人工程价款，承包人负担工程的修复费用。如果双方对建筑工程存在的质量缺陷是否能够修复有不同的意见，且难以达成共识，就需要委托专业部门进行鉴定，以鉴定结果作为认定建筑工程经验收不合格，其存在的质量问题是否可以修复的参考。对于审判实践当中出现的工程没有竣工，经阶段性验收不合格，但可以予以修复的，修复后的工程经验收合格的，可以参照上述标准来处理。建筑工程合同无效，建筑工程经验收不合格的，原则上是承包人承担责任。但如果发包人对建设工程验收不合格存在过错的，也应当承担责任，其责任的承担应当结合发包人过错程度以及案件的实际情况及法律规定予以具体确定。

【司法案例】

乙公司诉甲公司支付拖欠工程款、返还履约保证金及相应补偿款案①

诉讼结论：根据《招标投标法》相关强制性规定判定建设工程施工合同无效后，当事人就既存债权债务达成的清理协议，不必然无效，其具有独立于施工合同的性质。如果不当扩大合同无效后果的边界，将补充协议的性质也归为无效，将不利于彰显维护诚信的价值取向。

① 最高人民法院(2014)民一终字第61号民事判决书。

从形式上看,《补充协议》是对施工合同的补充。但其效力是否受制于施工合同,应综合分析该协议内容所反映出来的当事人之间权利义务关系的性质及其与施工合同之间的相互关系。不论施工合同是否有效,除非法律、司法解释规定的特殊情形,否则发包方支付工程款的义务都不能免除。当然,在合同无效时,前述义务以折价补偿的方式体现,而折价补偿的标准和依据仍然是"参照合同约定"。《补充协议》的订立背景,是甲公司一再违反约定,未支付工程进度款、退还履约保证金,乙公司无力垫资被迫停工。而《补充协议》的目的,则是明确甲公司如何支付已欠工程款、退还保证金并承担相应补偿款。由此,该协议在性质上属于当事人对既存债权债务关系的清理,其中也包含了由于甲公司迟延支付工程款、乙公司一直垫资施工所遭受的融资成本损失的确认。较之施工合同,其独立性显而易见。由于乙公司取得工程款的权利即便在合同无效的情况下,也得到了司法解释的承认,那么当事人围绕该债权的实现所达成的具有独立性的合意,就不能概而论之地否定。据此,确认该《补充协议》不违反法律、行政法规的强制性规定,对双方当事人具有法律约束力。

第七百九十四条　勘察、设计合同的内容一般包括提交有关基础资料和概预算等文件的期限、质量要求、费用以及其他协作条件等条款。

【条文主旨】

本条是关于勘察、设计合同的内容的规定。

【条文理解】

勘察是指勘察人对工程建设地的地理状况(包括工程测量、选址的地质、水文地质等)进行调查研究的工作。设计是指设计人设计工程建设结构以及对工程价款进行概预算的工作。勘察、设计合同是指确立发包人与勘察、设计人之间的权利义务关系,由勘察人、设计人完成工程建设勘察设计任务,发包人支付勘察设计费的协议。

提交有关勘察或者设计基础资料和文件是发包人的义务,勘察或者设计的基础资料是指勘察人、设计人进行勘察、设计工作所依据的基础文件和情况。提交勘察设计文件(包括概预算)是勘察设计人的基本义务。勘察文件一般包括对工程选址的测量数据、地质数据和水文数据等。

【司法适用】

勘察、设计的期限,主要指发包人提交有关基础资料的期限以及勘察设计人交付设计文件的期限。

勘察、设计的质量要求，主要是指发包人对勘察设计工作提出的标准。勘察人和设计人应当按照确定的质量要求进行勘察、设计，按时提交符合质量要求的勘察、设计文件。勘察设计质量要求条款明确了勘察设计成果的质量，也是确定勘察人、设计人工作责任的重要依据。

勘察、设计的费用，是指勘察人、设计人完成勘察、设计工作应当获得的报酬。支付勘察、设计费用是发包人在勘察、设计合同中的主要义务，勘察、设计合同中应当予以明确规定。勘察、设计合同在约定勘察、设计费用时，可以约定其数额或者计算方法，以及支付的方式、地点、期限等。

勘察、设计合同的其他协作条件，包括发包人为入场工作的勘察、设计人员提供必要的工作条件和生活条件；勘察人、设计人配合工程建设的施工进行设计交底，解决施工中的有关设计问题，变更设计，修改预算，参加有关考核和工程验收等。

本条规定的内容是指引性的，只是根据勘察设计合同的性质作出的一般性规定，当事人约定的勘察设计合同中不具备上述内容的，并不导致合同的无效。

【司法案例】

甲建筑设计院诉龙海市乙房地产开发有限公司建设工程设计合同纠纷案①

诉讼结论：工程项目的设计因用地规划变更已发生变化，并由他人完成，涉案合同已无继续履行必要，可酌情支付设计费。

上诉人甲设计院与被上诉人乙公司签订的《建设工程设计合同》是双方当事人的真实意思表示，内容不违反法律法规的强制性规定，合同成立并有效，依法应受法律保护。综合本案的实际情形，讼争工程项目的设计因用地规划变更已发生变化，并由他人完成，涉案合同已无继续履行必要，考虑双方当事人实际履行情况并未与合同条款的约定完全一致，且被上诉人乙公司存在新旧股东之间的交接问题，并结合上诉人甲设计院的实际履行情况，一审酌情确定被上诉人乙公司应支付上诉人甲设计院一半的设计费，并无不当。

① 福建省漳州市中级人民法院（2017）闽06民终2863号民事判决书。

第七百九十五条 施工合同的内容一般包括工程范围、建设工期、中间交工工程的开工和竣工时间、工程质量、工程造价、技术资料交付时间、材料和设备供应责任、拨款和结算、竣工验收、质量保修范围和质量保证期、相互协作等条款。

【条文主旨】

本条是关于施工合同的内容的规定。

【条文理解】

施工合同,是指施工人完成工程的建筑安装工作,发包人验收后,接受该工程并支付价款的合同。本条为了规范施工合同,根据工程施工的一般特点,规定了施工合同中一些主要内容,即工程范围、建设工期、中间交工工程的开工和竣工时间、工程质量、工程造价、技术资料交付时间、材料和设备供应责任、拨款和结算、竣工验收、质量保证期、双方互相协作等条款。

【司法适用】

工程范围,是指施工的界区,是施工人进行施工的工作范围。工程范围是施工合同的必备条款。

建设工期,是指施工人完成施工任务的期限。

中间交工工程,是指施工过程中的阶段性工程,应当明确中间交工工程的开工和竣工时间。

工程质量,是指工程的等级要求,是施工合同中的核心内容,是施工合同的必备条款。工程质量必须符合国家有关建设工程安全标准的要求,发包人不得以任何理由,要求施工人在施工中违反法律、行政法规以及建设工程质量、安全标准,降低工程质量。

工程造价,是指施工建设该工程所需的费用,包括材料费、施工成本等费用。

技术资料,主要是指勘察、设计文件以及其他施工人据以施工所必需的基础资料。

材料和设备供应责任,是指由哪一方当事人提供工程建设所必需的原材料以及设备。

拨款,是指工程款的拨付;结算,是指工程交工后,计算工程的实际造价以及与已拨付工程款之间的差额。拨款和结算条款是施工人请求发包人支付工程款和报酬的依据。

竣工验收是工程交付使用前的必经程序,也是发包人支付价款的前提。建设工程竣工后,发包人应当根据施工图纸及说明书、国家颁发的施工验收规范和质量检验标准及时进行验收。

质量保证期,是指工程各部分正常使用的期限,在实践中也称质量保修期。质量保证期应当与工程的性质相适应,但不得低于国家规定的最低保证期限。

双方相互协作条款一般包括双方当事人在施工前的准备工作,施工人及时向发包人提出开工通知书、施工进度报告书、对发包人的监督检查提供必要的协助等。

【司法案例】

甲市建筑安装工程公司诉大庆市乙房地产开发有限公司建设工程结算纠纷案①

诉讼结论:对建设工程施工鉴定结论没有提出充分的相反证据和反驳理由,应予以采信。

在建设工程施工合同纠纷案件中,一审法院针对发包人和承包人就已完工程总造价、材料分析退价、不合格工程返修费用等事项产生的争议,基于当事人申请,分别委托鉴定机构就上述事项进行鉴定,经一审法院组织质证后,当事人对上述鉴定结论仍有异议提起上诉,经二审庭审补充质证,当事人对上述鉴定结论没有提出充分的相反证据和反驳理由的,可以认定上述鉴定结论的证明力。

第七百九十六条　建设工程实行监理的,发包人应当与监理人采用书面形式订立委托监理合同。发包人与监理人的权利和义务以及法律责任,应当依照本编委托合同以及其他有关法律、行政法规的规定。

【条文主旨】

本条是关于建设工程监理的规定。

【条文理解】

建设工程监理,是指由具有法定资质条件的工程监理单位,根据发包人的委托,依照法律、行政法规及有关的建设工程技术标准、设计文件和建设工程合同,对承包人在施工质量、建设工期和建设资金使用等方面,代表发包人对工程建设过程实施监督的专门活动。由具有工程建设方面的专业知识和实践经验的人员

① 最高人民法院(2004)民一终字第118号民事判决书。

组成的专业化的工程监理单位，接受发包人的委托，代表发包人对工程的质量、工期和投资使用情况进行监督，对于维护发包人的利益，协调发包人与承包人之间的关系，保证工程质量，规范建设市场秩序，都具有很大的作用。

对建设工程是否实行监理，原则上应由发包人自行决定。但法律、法规规定必须实行监理的建设工程，发包人必须实行监理。根据《建设工程质量管理条例》的规定，对国家重点建设工程，大中型公用事业工程，成片开发建设的住宅小区工程，利用外国政府或者国际组织贷款、援助资金的工程，以及国家规定必须实行监理的其他工程，必须实行监理。

【司法适用】

需要实行工程监理的，发包人应当委托具有相应资质条件的工程监理人进行监理。发包人与其委托的工程监理人应当订立书面委托监理合同，委托监理合同是工程监理人对工程建设实施监督的依据。发包人与工程监理人之间的关系在性质上是平等主体之间的委托合同关系，因此发包人与监理人的权利和义务关系以及法律责任，应当依照本法委托合同以及建筑法等其他法律、行政法规的有关规定。

建设工程监理人应当依照法律、行政法规及有关的技术标准、设计文件和建设工程合同，对承包人在工程建设质量、建设工期和建设资金使用等方面，代表发包人对工程建设进行监督。工程监理人员发现工程设计不符合建设工程质量标准或者合同约定的质量要求的，应当报告发包人要求设计人改正；工程监理人员认为工程施工不符合工程设计要求、施工技术标准和合同约定的，有权要求施工人改正。工程监理人在监理过程中，应当遵守客观、公正的执业准则，不得与承包人串通，为承包人谋取非法利益。

工程监理人不按照委托监理合同的约定履行监理义务，对应当监督检查的项目不检查或者不按照法律、行政法规和有关技术标准、设计文件和建设工程合同规定的要求和检查方法规定进行检查，给发包人造成损失的，应当承担相应的赔偿责任。工程监理人与承包人串通，为承包人谋取非法利益，给发包人造成损失的，应当与承包人承担连带赔偿责任。

委托监理合同纠纷适用本编委托合同及其他有关监理的法律、行政法规的规定。

【司法案例】

北京甲工程监理有限公司诉北京乙燃料电池有限公司等破产财产分配方案异议案[①]

诉讼结论：监理单位与建设单位本质上是一种委托关系，其与发包方和承包方之间的关系截然不同，监理费不属于建设工程款。因此监理费是存在于监理单位与建设单位之间的一种一般意义上的债权债务，监理单位没有优先受偿权。

甲公司因丙公司欠其工程监理费，且认为工程监理费属于建设工程款，建设工程款可以享有优先受偿权，故甲公司以其在丙公司执行案件中享有优先受偿权提起本案诉讼，但甲公司未提交相关证据证明工程监理费属于建设工程款，且根据《最高人民法院关于建设工程价款优先受偿权问题的批复》的相关规定，建设工程价款包括承包人为建设工程应当支付的工作人员报酬、材料款等实际支出费用，据此，甲公司在丙公司执行案件中不享有优先受偿权。

第七百九十七条　发包人在不妨碍承包人正常作业的情况下，可以随时对作业进度、质量进行检查。

【条文主旨】

本条是关于发包人的检查权的规定。

【条文理解】

发包人可以随时对工程作业的进度和质量进行检查。工地代表、监理人在检查过程中发现工程设计不符合建设工程质量要求的，应当报告发包人要求设计人改正。如果发现工程的施工不符合工程设计要求、施工技术标准和合同约定的，工地代表和监理人有权要求承包人改正。承包人应当接受发包人的检查，为工地代表和监理人的工作提供方便和协助，并应发包人的要求，及时向发包人提供月份作业计划、月份施工统计报表、施工进度报告表、工程事故报告等文件。如果承包人的勘察、设计、施工等工作不符合工程质量要求的，当发包人或工地代表、监理人提出改正要求的，承包人应当立即改正，不得拒绝。

发包人有权对承包人的工程作业进行检查，但发包人的检查行为要合理，不能因此妨碍承包人的正常作业。如果因为发包人或者工地代表、监理人的不当行

① 北京市第一中级人民法院(2010)一中民初字第3323号民事判决书。

为致使承包人无法进行正常作业的,承包人有权要求顺延工期,造成承包人停工、返工、窝工等损失的,有权要求发包人承担损害赔偿责任。

【司法适用】

发包人对工程作业的检查主要通过两种方式:(1)委派具体管理人员作为驻工地代表;(2)发包人委托监理人对工程建设过程进行检查。发包人委派驻工地代表的,应当及时通知承包人。派驻的工地代表负责对工程进度、工程质量进行监督检查,办理中间交工工程验收手续以及其他应当由发包人处理的相关事宜。国家规定强制监理的工程,发包人应当委托监理人对工程建设过程实施监理。另外,发包人也可以自行委托监理人对工程建设过程进行监理。

第七百九十八条 隐蔽工程在隐蔽以前,承包人应当通知发包人检查。发包人没有及时检查的,承包人可以顺延工程日期,并有权请求赔偿停工、窝工等损失。

【条文主旨】

本条是关于隐蔽工程检查的规定。

【条文理解】

隐蔽工程是指地基、电气管线。供水供热管线等需要覆盖、掩盖的工程。由于隐蔽工程在隐蔽后,如果发生质量问题,还得重新覆盖和掩盖,会造成返工等非常大的损失,为了避免资源的浪费和当事人双方的损失,本条规定了在隐蔽工程隐蔽以前,承包人应当通知发包人检查,发包人检查合格的,方可进行隐蔽工程。

【司法适用】

承包人负有在隐蔽工程隐蔽以前通知发包人检查的义务。承包人在隐蔽工程完工之后,不能立即将隐蔽工程隐蔽起来,而应当在隐蔽以前,通知发包人检查。经发包人检查合格的,承包人方可进行隐蔽工程的隐蔽施工。发包人经检查发现隐蔽工程条件不合格的,有权要求承包人在一定期限内返工修复。承包人没有通知发包人检查,就自行进行隐蔽工程的隐蔽施工的,发包人有权要求对已隐蔽的工程进行检查。此时承包人应当按照发包人的要求,对隐蔽工程进行剥露,供发包人检查。发包人检查后认为隐蔽工程合格的,承包人应当对隐蔽工程重新进行隐蔽;经检查隐蔽工程不符合要求的,承包人应当返工,对隐蔽工程进行修复或者重装、重作等,并在完工后、隐蔽前通知发包人检查,在检查合格后重新进行隐蔽。在这种情况下,承包人应当负担检查隐蔽工程所发生的相关费用,如返工后的检查费用、返工费用、材料费用等,并应当承担工期延误的违约责任。

发包人负有及时检查的义务。发包人在接到检查隐蔽工作的通知后,应当及时对隐蔽工程进行检查。发包人没有及时检查隐蔽工程的,承包人应当催告发包人在合理期限内进行检查,以便在发包人检查后对隐蔽工程进行隐蔽施工,并在此后进行下一项工程的作业。承包人通知发包人检查而发包人未能及时进行检查的,承包人有权暂停施工。承包人可以依照发包人迟延检查的时间,将合同约定的完成工程日期往后推延,并有权要求发包人赔偿其停工、窝工等损失。

【司法案例】

滁州市甲工贸有限公司诉安徽乙建设工程有限公司
建设工程施工合同纠纷案①

诉讼结论:隐蔽工程在隐蔽以前,承包人应当通知发包人检查。

案涉桩基工程属于隐蔽工程,应当在隐蔽之前验收,而甲公司已组织对主体工程进行验收,因此甲公司认为由于案涉桩基工程没有提交验收合格的书面材料,导致整体工程不可能进行竣工验收的理由,不足以采信。

第七百九十九条　建设工程竣工后,发包人应当根据施工图纸及说明书、国家颁发的施工验收规范和质量检验标准及时进行验收。验收合格的,发包人应当按照约定支付价款,并接收该建设工程。

建设工程竣工经验收合格后,方可交付使用;未经验收或者验收不合格的,不得交付使用。

【条文主旨】

本条是关于建设工程的竣工验收的规定。

【条文理解】

建设工程的竣工验收,是指建设工程竣工后,准备交付给发包人投入使用时,由发包人会同设计、施工、工程监理等有关单位及工程质量监督部门,依照国家关于建设工程竣工验收制度的规定,对该项工程是否合乎设计要求和工程质量标准所进行的检查、考核工作。建设工程的竣工验收是工程建设全过程的最后一道程序,是对工程质量实行控制的最后一个重要环节。

---

① 最高人民法院(2017)最高法民申3347号民事裁定书。

【司法适用】

建设工程的竣工验收,包括3个方面:

(1)发包人应当及时验收。建设工程竣工后,承包人应当向发包人提交建设工程竣工报告。发包人在收到建设工程竣工报告后,应当根据施工图纸及说明书、国家颁发的施工验收规范和质量检验标准及时进行验收。验收的内容主要包括:一是验收该工程是否符合规定的建设工程质量标准。建设工程的质量标准包括依照法律、行政法规的国家强制性标准、行业标准、国家颁发的施工验收规范标准以及合同中约定的该项建设工程特殊的质量标准。二是验收承包人是否提供了完整配套的工程技术经济资料。工程技术经济资料主要包括建设工程合同、建设用地批准文件、工程设计图纸及其他有关文件,工程所用主要建设材料、构配件和设备的出厂检验合格证明与进场检验报告,申请竣工验收的报告书及有关工程建设的技术档案等。三是验收承包人是否持有建设工程质量检验书。在工程竣工交付使用后,承包人应当按规定提供建设工程质量保修证书作为书面凭证,以在一定期限内对其施工的建设工程质量承担保修责任。四是验收该工程是否符合国家规定的其他竣工条件。

(2)验收合格的,发包人应当按照合同约定支付价款,并接收该建设工程。建设工程经验收合格,承包人即已经按照合同约定全面履行了自己的义务,此时发包人也应当按照合同约定全面履行自己的义务,即按照合同约定的数额、时间、方式向承包人支付价款,并接收该建设工程。

(3)建设工程竣工经验收合格后,方可交付使用;未经验收或者验收不合格的,不得交付使用。发包人在工程竣工验收前,擅自使用该工程,并发生质量问题的,由发包人自己承担责任。

【司法案例】

甘肃甲建设集团股份有限公司诉兰州乙房地产开发有限公司建设施工合同纠纷案①

诉讼结论:建设工程未经竣工验收,发包人擅自使用的,以转移占有建设工程之日为竣工日期;工程未经验收提前使用,发现质量问题应自己承担责任。

从上述事实可知,开发公司使用涉案某某大厦时,某某大厦未经验收。因而,虽然某某造价公司的造价鉴定确认某某大厦 ±0 以上存在少量未完工程,但是由于开发公司实际提前使用了某某大厦,并在使用该大厦之前,通知要求包括建设

---

① 最高人民法院二审案例,来源于法信数据库。

公司在内的各施工单位撤出工地，应视为开发公司已接收涉案的某某大厦工程。既然开发公司已经接收了涉案工程，就应当承担支付相应的工程款的义务。故一审判决认定涉案某某大厦具备结算条件，并无不当。

第八百条　勘察、设计的质量不符合要求或者未按照期限提交勘察、设计文件拖延工期，造成发包人损失的，勘察人、设计人应当继续完善勘察、设计，减收或者免收勘察、设计费并赔偿损失。

【条文主旨】

本条是关于勘察人、设计人对勘察、设计的责任的规定。

【条文理解】

勘察、设计的质量是整个建设工程质量的基础，如果勘察、设计的质量存在问题，整个建设工程质量也就没有保障；勘察、设计文件的提交日期决定了开始工程建设的日期，如果勘察、设计文件没有按照约定的期限交付，工程建设就无法如期开工，就会对工程的完工日期造成影响，因此，工程的勘察、设计应当符合质量要求，勘察、设计文件应当如期提交。勘察、设计的质量不符合要求或者未按照期限提交勘察、设计文件拖延工期的，勘察人、设计人应当承担相应的法律责任。

【司法适用】

根据本条的规定，勘察、设计人对勘察、设计的责任，包括3个方面：

（1）勘察、设计的质量应当符合要求。勘察人、设计人在进行勘察、设计后，其提交的勘察、设计文件应当符合有关法律、行政法规的规定，包括符合本法以及建筑法、城乡规划法、土地管理法、环境保护法等相关的法律、行政法规的规定；符合建设工程质量、安全标准；符合建设工程勘察、设计的技术规范；符合勘察、设计合同的约定等。

（2）勘察、设计文件应当按照期限交付。发包人订立勘察、设计合同的目的，是如期获得勘察、设计文件。勘察人、设计人应当按照勘察、设计合同约定的期限提交勘察、设计文件，以使建设工程如期进行。勘察人、设计人未按照合同约定的期限提交勘察、设计文件，发包人可以催告勘察人、设计人尽快提交勘察、设计文件，如果勘察、设计文件的迟延致使工期拖延给发包人造成损失的，发包人可以请求勘察人、设计人赔偿损失。如果勘察人、设计人在催告后合理期限内仍未能提交勘察、设计文件，严重影响工程进度的，发包人可以解除合同，委托其他勘察人、设计人完成勘察、设计工作。

(3)勘察人、设计人提交的勘察、设计文件不符合要求的,发包人可以请求勘察人、设计人承担以下违约责任:继续完善勘察、设计,减收或者免收勘察、设计费,赔偿损失。需要指出的是,如果勘察、设计质量只有轻微质量瑕疵的,发包人可以请求勘察人、设计人继续完善勘察、设计,如果勘察人、设计人不具备完成符合要求的勘察、设计工作能力或者提交的勘察、设计质量严重不符合约定的,发包人可以解除合同,重新委托其他勘察人、设计人完成勘察、设计工作。如果勘察、设计不符合约定造成工程质量问题的,勘察人、设计人应当承担相应的赔偿责任。

【司法案例】

甲厂诉原四川省乙工程勘察院建设工程勘察合同纠纷案[①]

诉讼结论:建设工程勘察人提供的报告书指出地基存在问题,但给出的建议值数据不准确、不完整,其对后发生的工程事故应承担责任;工程设计人因不具备设计资质,未看懂勘察报告,导致工程设计存在瑕疵,其对该事故也应承担责任。

本案双方均有过错,根据某省建筑工程质量检测中心和某市中级人民法院法庭科学技术研究所的鉴定结论,勘察院不当履行合同是引发本案所涉建筑物质量事故的根本原因,勘察院对此应负主要责任,其对甲厂造成的损害,应予赔偿,甲厂星光设计室违规设计,其对本案损害的发生,应负次要责任。因此作出判决:原审判决认定事实清楚,适用法律正确,审判程序合法。依法驳回上诉,维持原判。

第八百零一条　因施工人的原因致使建设工程质量不符合约定的,发包人有权请求施工人在合理期限内无偿修理或者返工、改建。经过修理或者返工、改建后,造成逾期交付的,施工人应当承担违约责任。

【条文主旨】

本条是关于施工人对建设工程质量承担民事责任的规定。

【条文理解】

建设工程的施工是指根据工程的设计文件和施工图纸的要求,通过施工作业最终形成建设工程实体的建设。在建设勘察、设计的质量没有问题的情况下,整个建设工程的质量状况最终取决于施工质量。根据本条规定,建设工程的施工人对工程的施工质量负责。

---

① 四川省高级人民法院二审案例,来源于法信数据库。

【司法适用】

施工人因施工质量不符合约定所应承担的民事责任，包括两个方面：

(1)在合理期限内无偿修理或者返工、改建。如果建设工程质量不符合当事人的约定，则发包人有权要求施工人在合理期限内无偿修理或者返工、改建。在发包人提出修理或者返工、改建的要求后，施工人应当进行修理或者返工、改建，并在发包人提出的合理期限内，使建设工程质量达到约定的要求。同时，施工人还应当承担该修理或者返工、改建的所有费用。

(2)承担逾期交付的违约责任。施工人对因自己的原因致使质量不符合约定的建设工程，在发包人的要求下进行修理或者返工、改建后，其质量达到了约定的要求，但此时交付符合约定质量的建设工程，已经超过了约定的期限的，施工人应当承担逾期交付的违约责任，包括根据施工人违约程度和发包人损失的大小，赔偿发包人因逾期交付受到的损失或者按照约定向发包人支付违约金、减少价款、执行定金罚则等。

【司法案例】

江苏南通甲建筑集团有限公司诉吴江乙房地产开发有限公司建设工程施工合同纠纷案①

诉讼结论：因施工方原因致使工程质量不符合约定的，施工方理应承担无偿修理、返工、改建或赔偿损失等违约责任。双方当事人对涉案屋面所做工序进行了明确约定，但建筑公司在施工过程中，擅自减少工序，导致其交付的屋面不符合约定要求，形成屋面渗漏，其理应承担违约责任。

本案中，双方当事人对涉案屋面所做工序进行了明确约定，但建筑公司在施工过程中，擅自减少工序，导致其交付的屋面不符合约定要求，形成屋面渗漏，其理应承担违约责任。鉴于房地产开发公司几经局部维修仍不能彻底解决屋面渗漏，双方当事人亦失去信任的合作基础，为彻底解决双方矛盾，法院按司法鉴定意见认定按全面设计方案修复，并判决由房地产开发公司自行委托第三方参照全面设计方案对屋面渗漏予以整改，建筑公司承担与改建相应责任有事实和法律依据，亦属必要。在确定赔偿责任时，应以造成损害后果的各种原因及原因力大小为原则，即在考虑案情实际的基础上合理分担全面设计方案修复费用，为此确定建筑公司赔偿开发公司屋面修复费用为287万余元。

---

① 江苏省高级人民法院(2012)苏民终字第0238号民事判决书。

第八百零二条　因承包人的原因致使建设工程在合理使用期限内造成人身损害和财产损失的，承包人应当承担赔偿责任。

【条文主旨】

本条是关于合理使用期限内质量保证责任的规定。

【条文理解】

根据本条规定，因承包人原因造成建设工程质量事故，致使人身、财产受到损害的，承包人应当承担赔偿责任。如果是造成发包人的人身或者财产损害的，发包人可以选择请求承包人承担违约责任或者侵权责任。

【司法适用】

根据本条规定，承包人承担损害赔偿责任的条件，包括3个方面：

(1)建设工程造成了人身和财产损害。即有建设工程造成人身和财产损害的事实存在，如因建设工程倒塌使人受伤、致残、死亡，以及使人们的财产受到损坏等。受到人身和财产损害的人，并不限于发包人，而是包括任何自然人、法人和非法人组织。

(2)因承包人的原因引起的建设工程对人身、财产的损害。建设工程造成人身和财产损害，可以由承包人引起，也可以由发包人引起，还可以由不可抗力引起。只有建设工程造成人身和财产损害是由承包人的原因致使的，如勘察、设计不符合质量要求，施工人偷工减料等，承包人才承担损害赔偿责任。

(3)人身、财产损害是发生在建设工程合理使用期限内。建设工程的合理使用期限，主要指建筑主体结构的合理使用期限，一般自交付发包人时起算。工程一旦建成，一般都将长期使用，这就要求在建设工程合理使用期限内，不能有危及使用安全的质量问题。如果在合理使用期限内造成人身和财产损害的，承包人应当承担损害赔偿责任。与一般产品的生产者对其产品的质量缺陷承担损害赔偿责任的责任期限最长不超过自产品交付最初使用用户10年不同的是，建设工程的承包人应当在该建设工程合理使用期限内对整个工程质量安全承担责任。具体建设工程的合理使用期限，根据不同的情况予以确定：凡在建设工程有关建设标准、规范中规定了合理使用年限的，合理使用期限应当为规定的合理使用年限；建设工程标准、规范中尚未规定合理使用年限的，或者发包人对建设工程的合理使用年限有特殊要求的，由发包人与设计人在合同中予以明确约定。

【司法案例】

无锡市甲物业管理有限公司诉江苏乙建工公司等人身损害赔偿追偿权纠纷案[①]

诉讼结论：建筑物脱落发生在建筑物合理使用年限内，系因工程质量缺陷所造成的，建设单位、施工单位亦应对损害承担相应的赔偿责任。因建筑物质量缺陷造成他人损害的，施工单位以建筑物超过保修期为由，主张不承担侵权赔偿责任的，人民法院不予支持。

《建设工程质量管理条例》中的最低保修期限调整的是建设工程施工合同发包方与承包方之间的关系，保修期限是对施工单位就建设工程质量问题进行无偿修理期限的规定。建筑物致他人损害所产生的赔偿责任的确定，不应适用保修期限的有关规定。建筑物的各分项工程，应当有合理使用年限，在合理使用年限内出现的倒塌、脱落等问题，如无证据证明系其他原因所致，即应认定建设工程存在质量缺陷，对因工程质量缺陷造成他人损害的，施工单位应当承担相应赔偿责任。虽然我国法律对建筑装修工程的合理使用年限没有明确规定，但不能就此将行政法规中规定的“保修期限”等同于合理使用年限；而应在充分考虑房屋建筑属于可以长期使用的固定资产这一特性的基础上，参照同类装修工程普遍的、通常可以达到的实际合理使用年限，使所确定的建筑物工程合理使用年限符合社会公众对房屋合理使用年限的预期，为社会公众认同和接受。因此，乙建工公司以建筑物超过保修期限为由，主张不承担侵权赔偿责任，对此法院不予支持。

第八百零三条　发包人未按照约定的时间和要求提供原材料、设备、场地、资金、技术资料的，承包人可以顺延工程日期，并有权请求赔偿停工、窝工等损失。

【条文主旨】

本条是关于发包人未按约定的时间和要求提供相关物资的规定。

【条文理解】

原材料、设备、场地、资金、技术资料对工程建设必不可少，发包人与承包人在

① 江苏省无锡市中级人民法院(2013)锡民终字第0930号民事判决书。

订立建设工程合同时,可以约定由发包人提供原材料、设备、场地、资金、技术资料。因此,发包人应当按照合同约定履行自己的提供义务。如果发包人不履行自己的提供义务,或者履行自己的提供义务不符合约定的时间、要求,就必然影响承包人工程建设的进行。为保证建设工程合同的全面履行,本条规定了发包人未按照约定的时间和要求提供原材料、设备、场地、资金、技术资料所应承担的法律责任。

【司法适用】

约定由发包人提供原材料、设备的,发包人应当按照约定的原材料、设备的种类、规格、数量、单价、质量等级和提供时间、地点的清单,向承包人提供建设所需的原材料、设备及其产品合格证明。承包人与发包人应当一起对原材料、设备进行检验、验收后,由承包人妥善保管,发包人支付相应的保管费用。对于必须经过试验才能使用的材料,承包人应当按照约定进行测燃、毒性反应等测试。不具备测试条件的,可以委托专业机构进行测试,费用由发包人承担。如果经检验发包人提供的原材料、设备的种类、规格、型号、质量等级与约定不符合的,承包人有权拒绝接收保管,并可以要求发包人运出施工现场并予以更换。如果发包人未按照约定时间提供原材料、设备的,承包人可以中止施工并顺延工期,因此造成承包人停工、窝工损失的,由发包人承担损害赔偿责任。

由发包人提供场地的,发包人应当按照合同约定向承包人提供承包人施工、操作、运输、堆放材料设备的场地以及建设工作涉及的周围场地(包括一切通道)。发包人未能提供符合约定、适合工作的场地致使承包人无法开展工作的,承包人有权要求发包人排除障碍、顺延工期,并可以暂停工作,因此造成承包人停工、窝工损失的,承包人可以要求发包人承担损害赔偿责任。

由发包人提供工程建设所需资金的,发包人应当按照约定的时间和数额向承包人支付。这里的资金一般是指工程款。在现实中,由发包人提供工程款的包括预付工程款和按工程进度支付工程款两种,具体可由双方当事人在建设工程合同中约定。发包人在合理期限内未能按照要求支付工程款的,承包人可以向发包人发出支付工程款的通知,发包人在收到通知后仍不能按照要求支付工程款,承包人可以停止工作并顺延工期,发包人应当从应付之日起向承包人支付应付价款的利息,并赔偿因此造成承包人停工、窝工的损失。

由发包人提供有关工程建设技术资料的,发包人应当按照合同约定的时间和份数向承包人提供符合约定要求的技术资料。发包人未能按照约定提供技术资料,承包人可以要求发包人在合理期限内提供建设工作所必需的技术资料并有权暂停工作,顺延工期,并有权要求发包人承担承包人因停工、窝工所造成的损失。

【司法案例】

甲电力公司诉乙钢结构工程公司建设工程施工合同纠纷案[①]

诉讼结论：发包人未按照约定的时间和要求提供原材料、设备、场地、资金、技术资料的，承包人可以顺延工程日期，并有权要求赔偿停工、窝工等损失。发包人在履行合同过程中变更设计，造成承包人停工、缓建、返工、改建，或者因发包人的要求而增加工程量，承包人可以顺延工程日期。

应当综合各种实际因素来确定工期延误的原因。(1)原告方在合同履行过程中存在违约的情形。双方在合同中对具体的付款时间节点进行了约定，但根据被告提供的《付款对比表》，原告方在合同约定的时间节点付款过程中存在延期付款之违约情形。根据《合同法》第283条规定，发包人未按照约定的时间和要求提供原材料、设备、场地、资金、技术资料的，承包人可以顺延工程日期，并有权要求赔偿停工、窝工等损失。故原告方在合同约定的时间节点付款过程中存在延期付款的违约情形，属于工期实际顺延考虑的因素之一。(2)根据案件查明事实，被告方工期延期客观存在以下因素：一是根据如皋市气象局的证明，如皋市2009年6至12月降水日数为58天。钢结构施工工程大部分情况下是露天作业，晴天施工，下雨天停止作业。下雨天停止作业属于不可抗力的天气因素造成，工期按理也应顺延。二是在实际施工过程中，发包人变更设计，造成承包人返工、改建，也属于承包人顺延工期的情形。综上所述，对原告要求被告支付工程延误违约金59万元的诉讼请求，法院不予支持。

第八百零四条　因发包人的原因致使工程中途停建、缓建的，发包人应当采取措施弥补或者减少损失，赔偿承包人因此造成的停工、窝工、倒运、机械设备调迁、材料和构件积压等损失和实际费用。

【条文主旨】

本条是关于因发包人原因造成工程停建、缓建所应承担责任的规定。

【条文理解】

在工程建设过程中，不仅承包人应当按照合同约定履行自己的义务，进行工

① 江苏省如皋市人民法院(2016)苏0682民初9757号民事判决书。

程建设,发包人也应当按照合同约定履行自己的义务,为承包人的建设工作提供必要的条件,以保证工程建设顺利进行。

【司法适用】

“因为发包人的原因”在实践中一般指下列情况:发包人变更工程量;发包人提供的设计文件等技术资料有错误或者发包人变更设计文件;发包人未能按照约定及时提供建设材料、设备或者工程进度款;发包人未能及时进行中间工程和隐蔽工程条件的验收并办理有关交工手续;发包人不能按照合同的约定保障建设工作所需的工作条件致使工作无法正常进行的等。在发生上述原因,致使工程建设无法正常进行的情况下,承包人可以停建、缓建、顺延工期,并及时通知发包人。

发包人因自身原因致使工程停建、缓建的,发包人应当承担违约责任。首先,应当采取必要措施,弥补或者减少损失,同时应当排除障碍,使承包人尽快恢复建设工作。如承包人在施工中发现设计有错误和不合理之处,应当通知发包人,发包人在接到通知后,应当及时同设计人等有关单位研究确定修改意见或者变更设计,并及时将修订后的设计文件送交承包人。其次,还应当赔偿承包人在停建、缓建期间的损失,包括停工、窝工、倒运、机械设备调迁、材料和构件积压所造成的损失和实际发生的费用。

承包人在停建、缓建期间应当采取合理措施减少和避免损失,妥善保护好已完成工程和做好已购材料、设备的保护和移交工作,将自有机械和人员撤出施工现场,发包人应当为承包人的撤出提供必要的条件。承包人应当将停建、缓建过程中发生的经济支出和其他实际发生的费用向发包人提出报告。

【司法案例】

甲公司诉乙公司建设工程合同纠纷案①

诉讼结论:发包人对造成停工损失扩大存在过错的,应对停工损失承担主要责任,但承包方未能采取合理方法避免损失的,也应承担责任。

出现发包人原因致使工程建设无法正常进行的,承包人可以停建、缓建,顺延工期,并及时通知发包人。承包人在停建、缓建期间应当采取合理措施减少和避免损失,妥善保护好已完成工程和做好已购材料、设备的保护和移交工作,将自有机械和人员撤出施工现场。本案中即因承包人没有采取合理的手段减损,故法院对其提出的停窝工损失未予认定。发包人应当为承包人的撤出提供必要的条件,

---

① 上海市第一中级人民法院(2013)沪一中民二(民)终字第582号民事判决书。

同时应当采取必要措施,弥补或者减少损失,并排除障碍,使承包人尽快恢复建设工作。

第八百零五条　因发包人变更计划,提供的资料不准确,或者未按照期限提供必需的勘察、设计工作条件而造成勘察、设计的返工、停工或者修改设计,发包人应当按照勘察人、设计人实际消耗的工作量增付费用。

【条文主旨】

本条是关于因发包人原因造成勘察、设计的返工、停工或者修改设计所应承担责任的规定。

【条文理解】

勘察、设计合同订立后,发包人与承包人应当按照合同的约定,全面履行自己的义务。发包人履行勘察、设计合同义务不符合约定的,应当依法承担违约责任。

【司法适用】

根据本条的规定,发包人对勘察、设计的返工、停工或者修改设计应当承担责任的条件和法律后果,包括两个方面:

(1)发包人对勘察、设计的返工、停工或者修改设计应当承担责任的条件。一是要有勘察、设计的返工、停工或者修改设计的事实存在。勘察、设计的返工,是指对已经完成的勘察、设计重新进行勘察、设计。勘察、设计的停工,是指在勘察、设计的过程中,停止勘察、设计工作。修改设计,是指对已经完成的设计进行调整、改正。勘察、设计返工、停工或者修改设计,就会有工作量的增加,也才会有由谁来承担工作量增加所产生的费用问题。二是勘察、设计的返工、停工或者修改设计,是因发包人变更计划,提供的资料不准确,或者未按照期限提供必需的勘察、设计工作条件而造成的。所谓发包人变更计划,是指发包人对原定的计划作出改变,如在数量上进行增减、在质量上提高或者降低、对工程场所予以改变等。所谓发包人提供的资料不准确,是指发包人在履行提交勘察或者设计基础资料的义务时,所提供的可行性报告,工程需要勘察的地点、内容,勘察技术要求及附图,工程的选址报告等勘察资料以及原料或者经过批准的资源报告,燃料、水、电、运输等方面的协议文件,需要经过科研取得的技术资料等,存在错误、遗漏等不准确之处。所谓发包人未按照期限提供必需的勘察、设计工作条件,是指发包人没有按照约定的期限,向勘察人、设计人提供其进行勘察、设计工作所必不可少的条件。

（2）发包人对勘察、设计的返工、停工或者修改设计承担的法律后果是按照勘察人、设计人实际消耗的工作量增付费用。所谓勘察人、设计人实际消耗的工作量，是指勘察人、设计人因勘察、设计的返工、停工或者修改设计而完成工作任务所付出的劳动量。勘察、设计返工、停工或者修改设计，必然会增加勘察人、设计人的工作量，而当事人约定的勘察、设计费用，并不包含所增加的这部分工作量的费用，增加费用又是由发包人的原因造成的，因此，发包人应当按照勘察人、设计人实际消耗的工作量增付费用。

【司法案例】

湖北省甲开发区建设投资有限公司与武汉乙建设工程有限公司建设工程施工合同纠纷案①

诉讼结论：如果工期延误是由建设单位引起的，施工企业可就窝工、停工引起的合理损失，要求建设单位赔偿。

中标通知书和原、被告双方签订的《绿化工程合同书》中确定的工程造价为6,502,845.53元。但被告提供的施工图纸和施工清单与实际施工地不符，即合同上约定的工程量与实际施工的工程量不一致，被告对原合同进行了变更，增加了工程量，根据原、被告双方签订的《绿化工程合同书》第2条第2项规定“双方有关工程的协商、变更等视为合同的组成部分”，该工程对设计及工程量的变更应视为该合同的组成部分。被告甲开发区建设投资公司根据甲开发区管委会会议纪要的要求重新向原告提供了一份施工图纸和施工清单，原告乙建设工程公司按照被告重新提供的施工图纸和施工清单进行施工，该工程竣工后经验收合格。由于被告变更了设计，增加了工程量，因此被告应当按照变更后新的施工图纸和施工清单所确定的工程量向原告支付工程款，而不能按照中标书和原合同约定的工程造价向原告支付工程款。由于该工程已经验收合格，并已交付使用，被告已按照合同约定和会议纪要要求委托其上级主管部门和原、被告双方认可的跟踪审计单位对该工程造价进行了审计，其审计结果为：该工程造价12,982,227.79元，该工程造价审计结论应当是双方结算的依据。

① 湖北省鄂州市中级人民法院（2017）鄂07民终562号民事判决书。

第八百零六条　承包人将建设工程转包、违法分包的，发包人可以解除合同。

发包人提供的主要建筑材料、建筑构配件和设备不符合强制性标准或者不履行协助义务，致使承包人无法施工，经催告后在合理期限内仍未履行相应义务的，承包人可以解除合同。

合同解除后，已经完成的建设工程质量合格的，发包人应当按照约定支付相应的工程价款；已经完成的建设工程质量不合格的，参照本法第七百九十三条的规定处理。

【条文主旨】

本条是关于合同解除及后果处理的规定。

【条文理解】

本条第1款是关于发包人合同解除权的规定。合同解除分为约定解除和法定解除两种。本款主要是《民法典》规定的法定解除权在建设工程施工合同中具体适用情形。因解除不是合同履行的常态，应限制合同解除权的行使。因此本款规定主要是从承包人将建设工程转包、违法分包，发包人享有合同解除合同权的情形。规定是对发包方解除权的界定，是从正面规定解除权行使的条件，但实际上也是对发包人合同解除权的一种限制，故在审判实践中应严格掌握。

第2款是关于承包人解除权的规定。本款规定也是法定解除权在建设工程施工合同中具体适用情形，主要是从发包人提供的主要建筑材料、建筑构配件和设备不符合强制性标准或者不履行协助义务，承包人享有合同解除权的角度进行了规定。没有就合同法定解除的其他情形进行规定。

第3款规定了合同解除后，已完工程质量合格，发包人应当按照约定支付相应的工程价款。已完工程质量不合格按照本法第793条的规定，即比照合同无效、工程质量不合格的规定处理，也就是说，建设工程有利用价值的，发包人可以请求减少工程价款或者由承包人承担修复费用；建设工程没有利用价值，承包人请求支付工程价款的，不予支持。

【司法适用】

本条规定发包人提供的主要建筑材料、建筑构配件和设备不符合强制性标准的，致使承包人无法继续施工，经催告后在合理期限内仍未履行义务，承包人享有合同解除权。按照国家有关规定及合同约定，由发包方提供建筑材料、建筑构配件和设备的，应当保证建筑材料、建筑构配件和设备符合设计文件和合同要求。

发包人不得明示或者暗示施工单位使用不合格的建筑材料、建筑构配件和设备。

本条规定发包人不履行合同约定的协助义务的,致使承包人违法继续施工,经催告后无效的,承包人可以请求解除合同。这主要源于《民法典》第三编第十七章承揽合同的相关规定。该章规定,承揽工作需要定作人协助的,定作人有协助的义务。定作人不履行协助义务致使承揽工作不能完成的,承揽人可以催告定作人在合理期限内履行义务,并可以顺延履行期限;定作人逾期不履行的,承揽人可以解除合同。在建设工程施工合同中,承包人的工作有时是需要发包人协助的,发包人对承包人的工作有相应的协助义务。发包人协助义务的发生,取决于合同的约定及施工工程本身的需要。如果发包人不履行有关协助义务,导致承包人无法施工或者继续施工,则是发包人违约。该违约行为经催告后没有有效改正的,承包人有权解除合同。此外,虽然该项是对发包人协助义务的规定,但并不是相对于主要义务和次要义务而言的,如果不履行协助义务致使承包人无法进行施工的,就可以认为发包人没有履行合同的主要义务,经承包人催告仍不履行的,承包人具有合同解除权。

【司法案例】

新疆甲房地产开发公司诉青岛乙建设公司建设工程施工合同纠纷案[①]

诉讼结论:承包人非法转包的行为违反法律规定且构成违约,发包人有权利要求解除合同。

青岛乙建设公司非法转包工程已构成违约,符合合同约定及法律规定的解除条件。

第八百零七条　发包人未按照约定支付价款的,承包人可以催告发包人在合理期限内支付价款。发包人逾期不支付的,除根据建设工程的性质不宜折价、拍卖外,承包人可以与发包人协议将该工程折价,也可以请求人民法院将该工程依法拍卖。建设工程的价款就该工程折价或者拍卖的价款优先受偿。

【条文主旨】

本条是关于发包人未支付工程价款的责任的规定。

---

① 最高人民法院(2006)民一终第42号民事判决书。

【条文理解】

为了确实解决拖欠工程款的问题,保障承包人价款债权的实现,本条规定了发包人未按约定支付价款,经承包人催告后在合理期限内仍不支付的,承包人可以与发包人协议将该工程折价,也可以申请人民法院将该工程依法拍卖。建设工程的价款就该工程折价或者拍卖的价款优先受偿。

【司法适用】

承包人按照本条规定行使优先受偿权,应当注意以下几点:

(1)发包人不支付价款的,承包人不能立即将该工程折价、拍卖,而是应当催告发包人在合理期限内支付价款。如果在该期限内,发包人已经支付了价款,承包人只能要求发包人承担支付约定的违约金或者支付逾期的利息、赔偿其他损失等违约责任。如果在催告后的合理期限内,发包人仍不能支付价款的,承包人才能将该工程折价或者拍卖以优先受偿。

(2)承包人对工程依法折价或者拍卖的,应当遵循一定的程序。折价是指承包人与发包人经过协商,一致同意将建设工程折合成建设工程的价款。拍卖是指以公开竞价的形式,将建设工程转让给最高应价者的买卖方式。拍卖必须依照拍卖法规定的条件、程序进行。发包人对工程折价的,应当与发包人达成协议,参照市场价格确定一定的价款把该工程的所有权由发包人转移给承包人,从而使承包人的价款债权得以实现。承包人因与发包人达不成折价协议而采取拍卖方式的,应当申请人民法院依法将该工程予以拍卖。承包人不得委托拍卖公司或者自行将工程予以拍卖。

(3)工程折价或者拍卖后所得价款如果超出发包人应付价款数额的,该超过的部分应当归发包人所有;如果折价或者拍卖所得价款还不足以清偿承包人价款债权的,承包人可以请求发包人支付不足部分。

(4)根据本条规定,按照工程的性质不宜折价、拍卖的,承包人不能将该工程折价或者拍卖。如发包方无所有权的工程、国防设施、国家重点工程、公共设施工程,就不得折价或者拍卖。

【司法案例】

陕西甲有限公司诉中建三局乙工程有限公司、中建三局丙建设工程有限责任公司建设工程施工合同纠纷案①

诉讼结论:施工合同项下工程款债权转让的,工程价款优先受偿权随之转让,

---

① 最高人民法院(2007)民一终字第10号民事判决书。

债权受让方可主张其对建设工程享有优先受偿权。

建设工程款具有优先受偿性质。乙公司基于受让债权取得此项权利。鉴于该项建设工程目前尚未全部竣工,《施工合同》因甲公司拖欠工程款等原因而迟延履行,乙公司优先受偿权的行使期限应从2005年10月10日解除合同时起算。

第八百零八条　本章没有规定的，适用承揽合同的有关规定。

【条文主旨】

本条是关于建设工程合同适用承揽合同有关规定的规定。

【条文理解】

承揽合同,是承揽人按照定作人的要求完成工作,交付工作成果,定作人给付报酬的合同。建设工程合同,是承包人进行工程建设,发包人支付价款的合同。建设工程合同的主体是发包人和承包人。建设工程合同的标的是建设工程,包括建设房屋、公路、铁路、桥梁、隧洞、水库工程。建设工程合同原为承揽合同中的一种,属于承揽完成不动产工程项目的合同。承揽合同和建设工程合同也具有与一般承揽合同相同的特征:如都是诺成合同、双务合同、有偿合同,都以完成一定工作为目的,标的都具有特定性。因此,本条规定本章没有规定而承揽合同一章有规定的,可以根据建设工程合同的性质适用承揽合同中的这些规定。建设工程合同中的发包人相当于承揽合同中的定作人,承包人相当于承揽合同中的承揽人。

【司法适用】

根据本条的规定,建设工程合同适用承揽合同的有关规定,主要是以下情况:

(1)适用本法第774条的规定。承揽人提供材料的,应当按照约定选用材料,并接受定作人检验。根据该条的规定,建设工程合同的当事人约定由承包人选择、使用材料、构配件和设备等的,承包人应当按照建设工程承包合同规定的规格、型号、数量、质量和时间等,选用材料、构配件和设备,并接受发包人的检验。

(2)适用本法第775条的规定。定作人提供材料的,应当按照约定提供材料。承揽人对定作人提供的材料应当及时检验,发现不符合约定时,应当及时通知定作人更换、补齐或者采取其他补救措施。承揽人不得擅自更换定作人提供的材料,不得更换不需要修理的零部件。根据该条的规定,建设工程合同的当事人约定由发包人提供材料、构配件和设备的,发包人应当在合同约定的时间向承包人提供符合约定规格、型号、数量、质量的材料、构配件和设备。承包人对发包人提供的材料、构配件和设备，应当及时检验，发现不符合约定时，应当立即通知发包人更换、补齐或者采取其他补救措施。同时，对发包人提供的材料、构配件和设备，承包人不得擅自更换，也不得更换不需要修理的零部件。

(3)适用本法第776条的规定。承揽人发现定作人提供的图纸或者技术要求不合理的，应当及时通知定作人。因定作人怠于答复等原因造成承揽人损失的，应当赔偿损失。根据该条的规定，承包人在建设工作之前或者工作之中发现发包人提供的图纸或者技术要求不合理的，应当及时将该情况通知发包人。发包人在接到承包人关于图纸或者技术要求不合理的通知后，应当立即采取措施，修改图纸和技术要求。

(4)适用本法第780条的规定。承揽人完成工作的，应当向定作人交付工作成果，并提交必要的技术资料和有关质量证明。根据该规定，承包人完成工程建设后，应当向发包人提交必要的技术资料和有关质量证明。

(5)适用本法第784条的规定。承揽人应当妥善保管定作人提供的材料以及完成的工作成果，因保管不善造成毁损、灭失的，应当承担损害赔偿责任。根据该条的规定，发包人按约定提供材料、构配件和设备后，承包人有义务妥善保管发包人提供的材料、构配件和设备。在工程未交付以前，承包人应当妥善保管工程。如果承包人未尽妥善保管义务，造成材料、构配件、设备或者工程毁损、灭失的，承包人应当承担损害赔偿责任。

(6)适用本法第785条的规定。承揽人应当按照定作人的要求保守秘密，未经定作人许可，不得留存复制品或者技术资料。根据该条的规定，承包人负有保密的义务。发包人要求承包人保密的，承包人应当保守秘密；在建设工程完成后，未经发包人的许可，承包人不得留存图纸以及其他技术资料。

【司法案例】

某市体育局等诉辽宁甲铝业工程股份有限公司建设工程施工合同纠纷案[①]

诉讼结论：建设工程合同没有规定的，可适用承揽合同的有关规定。

本案中，某体育局与甲公司于2005年4月10日签订的《建设工程施工合同》，系双方当事人真实意思表示，且不违反法律效力性强制性规定，二审法院认定该合同合法有效正确，本院予以维持。关于案涉工程火灾损毁责任的承担问题。某体育局、乙公司主张案涉工程火灾损毁的责任应该由甲公司承担。《合同

① 最高人民法院(2017)最高法民申3660号民事裁定书。

法》第 265 条规定:“承揽人应当妥善保管定作人提供的材料以及完成的工作成果,因保管不善造成损毁、灭失的,应当承担损害赔偿责任。”本案中,甲公司合同义务是完成并交付工作成果,在交付前,工作成果是在甲公司占有之下的,甲公司理应妥善保管工作成果,这种妥善保管义务在双方没有特别约定的情况下,应按照本行业的一般要求进行认定。案涉工程在施工过程中引起火灾并非系甲公司未采用适当的保管措施所造成,而是案外人丙公司因施工引起的。二审法院据此认定甲公司对火灾造成的损失不应承担损害赔偿责任,该认定并无不当,本院予以维持。

第十九章　运 输 合 同

第一节　一 般 规 定

第八百零九条　运输合同是承运人将旅客或者货物从起运地点运输到约定地点，旅客、托运人或者收货人支付票款或者运输费用的合同。

【条文主旨】

本条是关于运输合同定义的规定。

【条文理解】

本条对运输合同的定义参考了相关法律规定。如《海商法》第 41 条规定的海上货物运输合同以及《铁路法》第 11 条规定的铁路运输合同。对于是否在专门法之外专章规定运输合同,曾有不同看法。但最终仍认为有专章规定之必要,原因是各专门法并未涵盖所有运输方式,特别是随着经济活动发展出现的多式联运等新型的运输方法,专章规定可以涵盖所有运输方式;并且各专门法之间规定不尽一致,专章规定有利于补充和协调适用。同时,依据特别法优于普通法的原则,各专门法与本章的规定不一致的,优先适用特别法的规定。只有在特别法没有规定的情况下,才可适用本章的规定。

【司法适用】

运输合同的定义包含以下内容:

(1)运输合同的主体是承运人和旅客、托运人。运输合同是双务合同,当事人一方是享受收取运费或者票款权利承担运送义务的承运人,另一方是享受运送权利并支付运费的旅客和托运人。在运输合同中,承运人作为一方当事人,可以是一人或者为数人,如在相继运输中承运人可分为缔约承运人和实际承运人,在多式联运合同中有多式联运经营人和各区段承运人。承运人多为法人或者组织,但也可以是个人。托运人是指与承运人订立货物运输合同的一方当事人。在旅客运输合同中,旅客具有双重身份,其是运输合同的一方当事人,又是运输合同权利义务所指向的对象。运输合同中的托运人有时就是收货人,但是在多数情况下,另有收货人,此时,收货人不是运输合同的一方当事人。在存在收货人的情况下,托运人与承运人订立运输合同是为了收货人的利益,承运人应当依照运输合同向收货人交付,但收货人的权利产生于请求交付之时,而非运输合同订立时,收货人是运输合同的第三人,也是运输合同中重要的关系人。

(2)运输合同的客体是给付行为。运输合同属于合同的一种,即属于民法上债权关系的范畴。因此,运输合同的客体是当事人互为给付的行为,是一方当事人提供运输服务,另一方当事人给付运费的行为。运输合同的客体和运输合同的标的物不是同一概念。如前述,运输合同的客体是给付行为,而运输合同的标的物则是运输业务中具体的旅客或者运送的物品。根据本条的规定,运输合同的标的物主要是旅客和货物。

(3)运输合同的内容,是指承运人及旅客、托运人或者收货人之间的债权和债务关系。在运输合同中,承运人的义务是将旅客或者货物运输到约定地点,权利是收票款或者运费;而旅客、托运人的权利和义务与其对应,权利是要求承运人将其运输到约定地点,义务是向承运人支付票款或者运费。票款是指在旅客运输合同中,旅客向承运人支付的报酬;运费是指在货物运输合同中,托运人向承运人支付的报酬。

【司法案例】

福州甲物流有限公司诉莆田乙玻璃有限公司多式联运合同运费纠纷案[①]

诉讼结论:双方当事人签订了《沿海内贸货物运输委托书》,约定双方为货运代理关系,但事实上纠纷为多式联运合同纠纷。在合同名称与实际内容不一致的情况下,应以法院审查认定的实际法律关系对案件进行处理。

原告甲物流公司和被告乙玻璃公司签订的《委托书》中,虽然有关于“委托人签署本托运书时已视受托人为其代理人”的“声明”条款,但从本案约定的运输方式及其实行履行情况来看,原告并非只是货运代理人,而是体现“物流”公司的特点,负责货物的门到门运输的多式联运的经营人。因此,本案是多式联运合同运杂费纠纷,而非货运代理纠纷。对于原、被告法律关系的这种实质性认定,不影响双方所签《委托书》基本内容的法律效力。原告作为多式联运经营人,有义务将货物从接收地运至目的地交付收货人,有权收取全程运费。

---

① 厦门海事法院(2003)厦海法商初字第244号民事判决书。

第八百一十条　从事公共运输的承运人不得拒绝旅客、托运人通常、合理的运输要求。

【条文主旨】

本条是关于承运人强制缔约义务的规定。

【条文理解】

公共运输是指向社会开放的，为大众提供运输服务的事业。公共运输包括公路、铁路、水运、民航等多种方式。公共运输一般是有偿的，但是出于公益目的，也可以对一些特殊群体采取免费或者降低收费的措施。公共运输具有以下特点：(1)对公共运输的承运人要比一般承运人的要求高；(2)承运人提供的运输服务既具有营利性，也具有公共性或者公益性；(3)公共运输一般都有固定的路线、固定的时间和固定的价格。公共运输合同的表现形式上一般都是格式条款合同，旅客或者托运人一般只有选择是否接受的权利，而很少有改变格式条款合同的能力。

从事公共运输的承运人负有强制缔约义务。强制缔约义务，是指合同法明确规定，对特定的合同当事人赋予的给予另一方以承诺的义务。如果没有特殊的、重大的理由，负有强制缔约义务的一方当事人不得拒绝订立合同。强制缔约义务并不符合合同自由的一般原则，本条之所以作出这样的规定，主要的考虑有二：(1)公共运输事业具有公共性或者公益性，承运人除了要通过提供运输服务赚取利润以外，还要承担对社会提供公共服务的职能。(2)运输合同一般都是格式条款合同，旅客或者托运人在格式条款面前处于弱势的地位。因此，本条对承运人规定了负有强制缔约义务。

【司法适用】

本条规定从事公共运输的承运人不得拒绝旅客、托运人通常的、合理的运输要求。但在运输工具已满载的情况下，从事公共运输的承运人可以拒绝旅客的乘坐要求。由于不可抗力导致不能正常运输的情况下，从事公共运输的承运人也可以拒绝旅客或者托运人要求按时到达目的地的要求。本条强调的是不得拒绝旅客或者托运人通常合理的运输要求，判断是否为“通常合理”应当依照一般旅客或者托运人的判断，而不是依单个旅客或者托运人的判断。最后，这里的“通常合理”意味着从事公共运输的承运人不得对旅客或者托运人实行差别待遇。

【司法案例】

甲航运有限公司等诉厦门乙实业发展有限公司国际海上货运代理经营权损害赔偿纠纷案[1]

诉讼结论:公共运输履行为社会公众提供运输服务的社会职能,具有公益性、垄断性等特征。国际海上集装箱班轮运输是服务于国际贸易的商事经营活动,不属于公用事业,不具有公益性,也不具有垄断性,故不属于公共运输。托运人或者其货运代理人请求从事国际海上集装箱班轮运输的承运人承担强制缔约义务,没有法律依据,应予驳回。

公共运输是指为社会提供公用事业性服务并具有垄断地位的运输。国际海上集装箱班轮运输是服务于国际贸易的商事经营活动,不属于公用事业,不具有公益性,也不具有垄断性、价格受严格管制的特征,故不属于《合同法》第289条规定的公共运输,其承运人不负有强制缔约义务。

第八百一十一条 承运人应当在约定期限或者合理期限内将旅客、货物安全运输到约定地点。

【条文主旨】

本条是关于承运人安全运输义务的规定。

【条文理解】

本条规定是一项义务性的规定,即规定了承运人应当在约定期间或者合理期间内将旅客、货物安全运输到约定地点的义务,其中包含了3层意思:运输时间要求、安全运输要求、运输地点要求。

【司法适用】

(1)运输时间要求。承运人应当在约定或者合理的期间内,承运人应当将旅客或者托运人托运的货物运到目的地。如果由于承运人的原因造成旅客或者货物不能按时到达目的地的,承运人就要承担运输迟延的违约责任。

(2)安全运输要求。承运人在运输过程中,应当保证旅客或者货物的安全,运输行为是一项带有危险性的活动,运输活动的安全性是运输行业的一项基本原则,也是运输合同立法的基本原则。安全运输就是承运人要确保被运输的旅客和

---

① 最高人民法院(2010)民提字第213号民事判决书。

货物以及所使用的运输设备完好无损。在货物运输中,承运人往往会制作并提供格式化的保价声明条款。若该条款免除了承运人安全运输的义务或排除了托运人的主要权利,则应归于无效。

(3)运输地点要求。承运人应当将旅客、货物运到约定的地点。如果承运人不按合同约定的地点运输,就应当承担违约责任。

【司法案例】

甲铁路局诉宁某青铁路旅客运输合同纠纷案①

诉讼结论:承运人未履行安全运输义务造成旅客人身伤亡构成违约,承运人应当对运输过程中旅客的伤亡承担损害赔偿责任,该责任为无过错责任。

2013年1月19日,被上诉人宁某青持无座号车票从乌鲁木齐乘坐1044次列车到西安,与上诉人甲铁路局之间的铁路旅客运输合同关系成立,合法有效。乌鲁木齐铁路局作为承运人负有将宁某青安全运输到目的地的义务,对运输过程中宁某青身体受到的伤害负有尽力救助的义务。承运人应当对运输过程中旅客的伤亡承担损害赔偿责任。该责任为无过错责任,即只要不是旅客自身健康原因造成的或者承运人不能证明伤亡是旅客故意、重大过失造成的,承运人就应当承担赔偿责任。

第八百一十二条　承运人应当按照约定的或者通常的运输路线将旅客、货物运输到约定地点。

【条文主旨】

本条是关于承运人合理运输义务的规定。

【条文理解】

本条规定是一项义务性的规定,即规定了承运人应当按照约定的或者通常的运输路线将旅客、货物运输到约定地点的义务。

【司法适用】

根据本条规定,承运人选择运输线路有两个限定性的要求:合同约定的运输线路或者通常的运输线路。合同约定的运输线路,是指当事人在合同中明确商定好的运输线路。通常的运输线路,是指在合同没有明确约定运输线路的情况下,

---

① 西安铁路运输中级法院(2014)西铁中民一终字第00002号民事判决书。

承运人应当按照正常的、固定的、最佳的运输线路进行运输。强调承运人要按照通常运输线路进行运输,是为了防止承运人在没有合理理由的情况下故意绕行,给旅客或者托运人带来不必要的危险或是时间或者经济上本不应有的损失。

在个别情况下,承运人虽然偏离约定的或者通常的运输路线,但具有合理原因,则不按违约处理。这些情况主要包括:(1)合同明确约定出现某些情况可以绕行;(2)法律规定允许绕行的,如《海商法》第49条第2款规定的船舶在海上为救助或者企图救助人命或者财产而发生的绕航或者其他合理绕航;(3)在运输中遇到危险,为了运输工具、旅客或者货物的安全,承运人不按通常的运输路线而进行绕行;(4)因不可抗力的原因致使承运人不能按照通常的运输路线进行运输的。

【司法案例】

何某鸿诉卢某根运输合同纠纷案[①]

诉讼结论:承运人负有安全运输义务。

承运人应当按照约定货物安全运输到约定地点并完成交付。承运人对运输过程中货物的毁损、灭失承担损害赔偿责任,但承运人证明货物的毁损、灭失是因不可抗力、货物本身的自然性质或者合理损耗以及托运人、收货人的过错造成的,不承担损害赔偿责任。现没有证据证明案涉货物已经通过运输交付至收货人,卢某根无法以货物已交付为由向收货人主张权利,何某鸿作为已收取货物的承运人亦不能证明已经适当履行了承运义务,应视作货物在运输过程中毁损、灭失,何某鸿亦不能就此证明存在法定免责事由,故应承担相应的赔偿责任。

第八百一十三条 旅客、托运人或者收货人应当支付票款或者运输费用。承运人未按照约定路线或者通常路线运输增加票款或者运输费用的,旅客、托运人或者收货人可以拒绝支付增加部分的票款或者运输费用。

【条文主旨】

本条是关于支付票款或者运输费用的规定。

【条文理解】

本条规定了两项内容:一项是义务性的规定,即旅客、托运人或者收货人应当支付票款或者运输费用的义务;另一项是权利性的规定,即旅客、托运人或者收货

① 浙江省杭州市中级人民法院(2017)浙01民终5266号民事判决书。

人在法定情况下可以拒绝支付增加部分的票款或者运输费用。

【司法适用】

本条规定了旅客、托运人或者收货人应当支付票款或者运输费用的义务。运输合同属于双务合同,合同双方的当事人相互负有给付义务。在运输合同当中,一方当事人有提供运输服务的义务,同时也具有收取运费的权利(获取对价给付);另一方当事人有支付运费的义务,同时也具有享有运输服务的权利(获取对价给付)。因此,旅客、托运人或者收货人应当支付票款或者运输费用的义务。运费按支付时间可以分为"运费预付"和"运费到付"两种。"运费预付"是指承运人在签发单据之前就已经收到运费。"运费到付"就是在货物到达目的地后,承运人才能收到运费。例如,在 FOB 价格术语下,买方才是真正的托运人,就有可能采用运费到付的方式。

本条还赋予旅客、托运人或者收货人拒绝支付增加部分的票款或者运费的权利。依照约定的路线或者合理的路线进行运输是承运人的合同义务,偏离约定或合理路线已构成违约,在此种情况下,旅客、托运人或者收货人可以拒绝支付增加部分的票款或者运费。

【司法案例】

甲公司诉乙公司水陆联合运输合同纠纷案①

诉讼结论:托运人应向承运人支付运费,未按约支付运费应承担违约责任。

本案系水陆联合运输合同运费纠纷。甲公司和乙公司的纠纷属于运费纠纷。乙公司完成运输后,甲公司已确认运费总计 672,250.78 元,已付 502,063.58 元,余款 170,187.2 元经与乙公司协商作为后续合作保证金。但因双方至今没有合作,某乙公司以起诉的方式要求甲公司支付该笔运费,可推定双方今后亦无合作的意思,故 170,187.2 元运费余款转换为后续合作保证金的条件未成就。另外,甲公司发现货物受损后,仍将该 170,187.2 元作为运费余款予以扣留,并当庭表示扣留的目的是想与货物损失进行抵扣,乙公司亦在原审诉讼中将该 170,187.2 元作为运费余款提起诉讼。故涉案款项仍为甲公司拖欠乙公司的运费余款,双方当事人就该款项产生的纠纷属于水陆联合运输合同中的运费纠纷。根据《合同法》第 292 条的规定,甲公司作为托运人,应向承运人乙公司支付运费。

---

① 湖北省高级人民法院(2013)鄂民四终字第 00021 号民事判决书。

第二节　客运合同

第八百一十四条　客运合同自承运人向旅客出具客票时成立，但是当事人另有约定或者另有交易习惯的除外。

【条文主旨】

本条是关于旅客运输合同成立时间的规定。

【条文理解】

承运人所制作公布的客票、价目表和班次时刻表等间接或者直接地构成合同内容，但是否构成合同的内容，是以合同是否成立为界限，在旅客购票以前，即合同成立以前，这些内容的性质仅在于说明承运人的运输能力、运输安排、价格等实际情况，对承运人法定资格、经营范围、经营行为能力的公示，此时上述内容还不构成具体运输合同的内容，只有在旅客向承运人交付票款，旅客取得客票后，合同才成立，上述内容也才成为运输合同的内容。在普通情况下，客票就是旅客运输合同成立的凭据，也就是说，承运人向旅客签发的客票证明了承运人和旅客之间订立了合同。客票无纸化以后，客运合同则体现为以电子数据等方式表现所载内容，并可以在承运人网络平台或者客户端随时查阅调取的数据电文。

【司法适用】

依照本条规定，客运合同成立的时间，有3种情况：

(1)原则上，以承运人向旅客交付客票时间为旅客运输合同的成立时间。

(2)当事人另有约定的情况下，应以约定时间为客运合同成立的时间。民事活动遵循自愿原则。合同本质上是当事人之间意思自治和意思表示一致的民事法律行为，订立合同和履行合同也要遵循合同自由原则。因此，如果当事人在合同中明确约定合同成立时间的，应当以当事人的约定为准。例如，在航空运输中，旅客与承运人约定航空运输合同从旅客登上飞机时成立，则该航空运输合同的成立时间即为旅客登上飞机那一刻。

(3)在另有交易习惯的情况下，应以交易习惯确定的时间为客运合同成立的时间。例如，在出租车运输中，客票的交付时间一般在运输行为完成后，按出租车运输的交易习惯，该运输合同在旅客登上出租车时就成立。

【司法案例】

吴某仙等诉周某明客运合同纠纷案①

诉讼结论：短途旅客运输经常是采用先登上车，然后再购票，或者到达目的地后再支付票款的方式订立运输合同，此时合同成立。承运人在运输过程未将旅客安全运送到目的地而造成旅客死亡，应当承担赔偿责任，不得以有偿或无偿搭乘作为主张免责的事由。

周某明与汤某虎之间存在客运合同关系。当汤某虎登上周某明的三轮摩托车时，客运合同即生效。虽然汤某虎没有购买车票，但已经征得周某明的同意上了车，符合依“交易习惯”而乘车的情形。因为在现实社会生活中，短途旅客运输经常是采用先登上车，然后再购票的方式订立运输合同或者到达目的地后再支付票款。

第八百一十五条　旅客应当按照有效客票记载的时间、班次和座位号乘坐。旅客无票乘坐、超程乘坐、越级乘坐或者持不符合减价条件的优惠客票乘坐的，应当补交票款，承运人可以按照规定加收票款；旅客不支付票款的，承运人可以拒绝运输。

实名制客运合同的旅客丢失客票的，可以请求承运人挂失补办，承运人不得再次收取票款和其他不合理费用。

【条文主旨】

本条是关于旅客乘运义务的规定。

【条文理解】

客票是旅客支付运输费用以后，由承运人发放给旅客的运输凭证，是客运合同成立的凭证。旅客持有客票，即证明其有权按客票载明的时间、运输工具、运输路线等要求承运人提供运输服务。客票具有流通性和一次性的特点，旅客也必须履行持有效的客票进行乘运的义务。旅客行使该权利，应当出示真实、有效的客票，不能提供相关客票的，承运人可以拒绝履行运送义务。旅客无票乘坐、超程乘坐、越级乘坐或者持不符合减价条件的优惠客票乘坐的，构成支付费用的迟延，承运人有权要求其补交票款，并按相关规定加收票款。加收票款具有惩罚性质，主

① 浙江省金华市中级人民法院(2002)金中一终字第599号民事判决书。

要适用于故意不支付票款而意图享受运输服务时额外收取的费用。至于是否按规定向乘客加收票款,则由承运人自己酌情处理,所以用“可以”一语。

实行实名制后,旅客买票、乘车增加了票证一致的义务,车票的流通权利被限致使旅客权利减少,承运人则因实名制掌握了旅客的身份及车票信息,根据公平原则,旅客丢失客票的,承运人应负有为旅客挂失补办的义务。如承运人再次收取票款和其他不合理费用则有违公平原则。

【司法适用】

无票乘坐,即旅客没有取得有效客票而享受了运输服务。超程乘坐,即旅客乘坐运输工具超出了客票上载有的行程。越级乘坐,是指旅客自行乘坐超过客票指定的等级席位。

根据本条的规定,旅客无票乘坐、超程乘坐、越级乘坐或者持不符合减价条件的优惠客票乘坐的,应当补交票款,承运人可以按照规定加收票款。旅客不交付票款的,承运人可以拒绝运输。所以,无票乘坐、超程乘坐、越级乘坐以及持不符合减价条件的优惠客票的法律后果有 3 个:补交票款、加收票款以及拒绝运输。

【司法案例】

李某付诉成都市公共交通集团公司城市公交运输合同纠纷案[①]

诉讼结论:公交 IC 卡的实质就是电子月票,具有包月限额限次消费、未消费完的次数不累计至下月的特性。一方当事人购买公交 IC 卡后,即与公交公司建立了城市公交运输合同关系。双方当事人均应当按照约定的使用规则和优惠标准,公平合理地行使自己的权利,履行自己的义务。

某公交集团公司推行的公交 IC 卡种类以及收费方式是经过听证和有关物价部门的同意,并在报纸上刊登《申领须知》和《乘车须知》,《申领须知》和《乘车须知》属于要约,明确告知了不特定对象使用该卡的方式。《申领须知》和《乘车须知》是格式条款,上诉人李某付仅有就此条款同意与否的权利。而上诉人李某付作为具有完全行为能力的成年人,对是否接受《申领须知》中的公交 IC 卡收费方式享有充分的选择权。其在知晓公交 IC 卡收费方式后,按照《申领须知》的告知,凭其本人身份证,填写了申领单,选择了符合其消费习惯的成人优惠卡,以每月充值 50 元的形式购得电子月票,向某公交集团公司作出了承诺,双方建立了城市公交运输合同关系。该城市公交运输合同内容是根据当事人的意志和利益关系确

---

① 四川省成都市中级人民法院(2005)成民终字第 1561 号民事判决书。

定的,并不违反法律有关规定,当属有效。在城市公交运输合同中,无论是上诉人还是被上诉人,作为合同的相对方,均应受该合同的约束。

第八百一十六条　旅客因自己的原因不能按照客票记载的时间乘坐的,应当在约定的期限内办理退票或者变更手续;逾期办理的,承运人可以不退票款,并不再承担运输义务。

【条文主旨】

本条是关于旅客办理退票或者变更乘坐手续的规定。

【条文理解】

客票是旅客运输合同的凭证,在客票上通常都载明了航次或者车次、运输开始的时间、客位的等级和票价等内容。承运人应当按照客票载明的时间进行承运,并且要保证旅客在载明的时间内到达目的地。但是旅客自己也应当在客票载明的时间内乘坐。如果旅客因自己的原因不能按照客票记载的时间进行乘坐的,承运人或者有关部门的规定一般都允许旅客在一定的时间内退票或者变更客票,即变更或解除运输合同。如果旅客不能在约定的时间内办理退票或者变更客票的,则视为对该权利的放弃,期限届满后,不得再行解除或变更合同。在此情况下,承运人可以不退票款,并不再承担运输义务。

【司法适用】

本条的规定只适用于由于旅客自己的原因不能按照客载明的时间乘坐的情形。如果旅客不能按照客票的时间乘坐的原因是由于承运人造成的,旅客可以要求承运人安排改乘其他班次或者退票。此时对于旅客要求退票的,承运人应当全额退还票款。

【司法案例】

刘某诉甲铁路局旅客运输合同纠纷案①

诉讼结论:铁路局在春运期间调整旅客退票时间,并通过媒体等手段予以公告后,旅客购买火车票,即视为对退票时间调整的认可。旅客未按照调整后的时间办理退票手续的,应当由旅客自行承担损失。

关于退票时间问题,火车票背面的《铁路旅客乘车须知》中虽有“如不能按时

① 北京铁路运输中级法院(2008)京铁中民终字第30号民事判决书。

乘车，须在开车前办理退票手续”的内容，但同时也有“未尽事项请参阅《铁路旅客运输规程》”的内容，该规程第48条规定了“必要时，铁路运输企业可以临时调整退票办法”。本案中，铁道部作为全国铁路运输企业的主管部门，为更好利用运能，于2008年1月7日决定春运期间将一般旅客退票时间调整为不晚于开车前6小时，而且被告通过报纸、网络等媒体、在车站公告等方式向社会广泛进行了宣传告知，原告在2008年2月7日（正月初一）购买火车票，自愿接受被告提供的运输服务，应当视为对春运期间调整退票时间规定的认可。原告因自身原因不能按票面载明的时间乘车，未在开车前6小时办理退票手续，被告作为铁路运输企业在运输经营业务中执行铁道部通知未予退票，其行为并不违反《铁路旅客运输规程》第48条的相关规定，不应承担违约责任。

第八百一十七条　旅客随身携带行李应当符合约定的限量和品类要求；超过限量或者违反品类要求携带行李的，应当办理托运手续。

【条文主旨】

本条是关于行李携带及托运要求的规定。

【条文理解】

客运合同以旅客为运送对象，但为了旅客在乘运途中的方便，承运人或者有关部门一般也允许旅客随身免费携带一定数量的行李。因行李物品的运送只是附属于旅客运送，客运合同中通常对旅客携带的行李物品有所限制。旅客与承运人一般在运输合同中都有对此加以约定。

【司法适用】

本条规定可以作以下理解：

（1）在旅客运输合同中，允许旅客随身携带一定数量的行李，这既属于旅客的权利，也是承运人的义务。本条之所以作如此规定，主要是考虑到旅客乘坐交通工具的实际，目的在于保障旅客在乘运途中的方便。

（2）旅客随身携带行李应当遵守承运人的客运章程，不得超过章程规定或者约定的数量。如果没有数量上的规定，那么就可能导致旅客携带超量行李，从而给承运人恰当履行承运义务造成一定的障碍，也会给其他旅客的正当权利造成影响。

（3）超过限量携带行李的，应当办理托运手续。

（4）托运的行李应当按照货物运输合同的相关规定进行处理。如果超过免费托运标准的,旅客应当按照运输章程的规定交纳相应的行李运输费用。

【司法案例】

刘某诉甲航空公司损害赔偿案①

诉讼结论:国际运输中的国际客票使用英语就行李重量对旅客进行提示,符合国际惯例,应视为对消费者履行了告知义务。消费者以未使用中文告知为由起诉航空公司的,法院依法不予支持。

刘某所购买的BSP票中的国际运输客票,是经我国民航行政管理部门允许使用的统一票证式样。在此情况下,国际运输中的国际客票使用英语对旅客进行提示,符合国际惯例。应当说,甲航空公司在统一客票中使用英语对国际航空运输中的消费者已履行了告知的义务。刘某所诉的因甲航空公司未使用中文进行提示,导致其在事先不知情的情况下,遭受了财产损失,进而侵害了其本人作为中国消费者的知情权和财产权的诉讼请求,缺乏相关的法律支持,不予认定。

第八百一十八条　旅客不得随身携带或者在行李中夹带易燃、易爆、有毒、有腐蚀性、有放射性以及可能危及运输工具上人身和财产安全的危险物品或者违禁物品。

旅客违反前款规定的,承运人可以将危险物品或者违禁物品卸下、销毁或者送交有关部门。旅客坚持携带或者夹带危险物品或者违禁物品的,承运人应当拒绝运输。

【条文主旨】

本条是关于旅客禁止携带危险物品或者违禁物品的规定。

【条文理解】

维护运输安全不仅是承运人的义务,也是旅客的义务。从承运人的角度看,法律规定承运人应当承担安全运输义务。从旅客角度看,法律规定旅客不得随身携带或者在行李中夹带易燃、易爆、有毒、有腐蚀性、有放射性以及可能危及运输工具上人身和财产安全的危险物品或者其他违禁物品。禁止携带危险物品或者其他违禁物品是旅客必须遵守的一项重要义务。本条使用了“不得”一语,即强制性禁止,体现了立法对此问题的严肃性和严厉性。

---

① 北京市第二中级人民法院(2001)二中民终字第5868号民事判决书。

【司法适用】

关于禁止旅客携带违禁物品或者危险物品的种类。根据本条的规定，主要包括：(1)易燃物品，如汽油；(2)易爆物品，如炸药、雷管、烟花爆竹等；(3)有毒、有腐蚀性的物品，如一些化学工业原料；(4)有放射性的物质；(5)有可能危及运输工具上人身和财产安全的危险物品或者其他违禁物品，如枪支、毒品等。关于禁止携带的违禁物品或者危险物品，我国有关的专门运输法律中也有具体规定。

关于旅客违反义务后的处理。根据本条，承运人可以采取的措施有：(1)将危险物品或者违禁物品卸下；(2)将危险物品或者违禁物品销毁；(3)将危险物品或者违禁物品交有关部门处理；(4)承运人有权拒绝运输。在承运人将危险物品或者违禁物品卸下、销毁或者送交有关部门的情况下，承运人可以不负赔偿责任，因为这是旅客首先违反安全义务导致的。本条规定还使用了"应当"二字，体现了立法对于保护旅客运输安全的高度重视。

【司法案例】

黄某进、黄某铜诉陈某华等赔偿纠纷案①

诉讼结论：在旅客运输过程中，行为人违反法律禁止性规定携带易燃易爆危险品乘车，途中因危险品爆炸致他人身体受到伤害，行为人应承担侵权责任。运输人已尽到合同义务，因此没有过错，不应承担责任。

陈某华非法购买、运输发令纸，引起爆炸燃烧，严重侵害了黄某铜、黄某进的公民身体健康权，这是一种不法侵害，陈某华应当承担由此而产生的后果。陈某华辩称其已经受到刑事制裁和民事处理，且其本人也因受伤造成经济困难，故不应再承担赔偿责任。按照我国《刑法》和《民法通则》的规定，侵害他人致死的以及严重侵害他人身体健康权的，既要承担刑事责任，又要承担民事责任。陈某华所称民事处理，实际上只是在黄某铜、黄某进伤势急需支付大笔医疗费情况下的一种先行给付，陈某华对黄某铜、黄某进身体健康权的侵害究竟应承担多少责任，还有待于通过本次诉讼来判明。至于经济困难，显然不在免责条件之例。综上，陈某华的答辩理由不能成立，陈某华在本案中必须承担侵害黄某铜、黄某进身体健康权的民事责任。

---

① 浙江省金华市中级人民法院(1992)金中法民终字第383号民事判决书。

第八百一十九条　承运人应当严格履行安全运输义务，及时告知旅客安全运输应当注意的事项。旅客对承运人为安全运输所作的合理安排应当积极协助和配合。

【条文主旨】

本条是关于承运人的告知义务和旅客的协助义务的规定。

【条文理解】

保证运输的安全是承运人最大的义务。旅客作为一个个体，对于运输当中的安全承运知识可能了解不多，为了让旅客安全乘坐，安全到达目的地，作为具有这方面专业知识的承运人就应当向旅客及时告知安全运输应当注意的事项，旅客在接受运输服务时，也享有了解重要事项和注意事项的权利。

【司法适用】

本条规定，承运人"应当""及时"告知旅客有关安全运输应当注意的事项。"应当"的含义就是必须，因此这是法律赋予承运人的一项强制性义务。承运人必须履行这个义务，而不能自行决定是否履行。如果承运人不履行或没有正确履行，给旅客造成人身或者财产损害的，承运人应当承担相应的责任。"及时"是指承运人履行告知安全运输应当注意事项义务时要有时效性。"及时"是一个弹性要求，应当视具体情况来决定承运人的告知是否及时，如航空承运人在起飞前告知乘客有关安全运输应当注意的情况就为"及时"；如果在起飞后，才告知这些情况就为不及时。

【司法案例】

潘某玉诉唐某阶旅客运输合同纠纷案①

诉讼结论：承运人在旅客运输过程中未告知旅客应注意的安全事项，导致旅客随身携带的财物被盗，承运人对财产损失的发生具有过错，应承担赔偿责任。

根据上诉人与被上诉人等5人达成的运输协议，上诉人开车搭乘被上诉人等去广州调货时，依法对被上诉人等的人身和财物负有安全运输的职责。上诉人中途停车离开时未叫醒睡觉的被上诉人等，也未关好门、窗，使盗贼打开车门，盗走了正在睡觉的被上诉人的提包，上诉人未履行好安全运输的职责是有过错的，应负赔偿责任。被上诉人在睡觉之中，对其财物无保护意识，没有过错。上诉人认

① 江西省赣州市中级人民法院二审案例，载《人民法院案例选》2003年第1辑。

为自己无过错没有根据,不予采纳。

第八百二十条　承运人应当按照有效客票记载的时间、班次和座位号运输旅客。承运人迟延运输或者有其他不能正常运输情形的,应当及时告知和提醒旅客,采取必要的安置措施,并根据旅客的要求安排改乘其他班次或者退票;由此造成旅客损失的,承运人应当承担赔偿责任,但是不可归责于承运人的除外。

【条文主旨】

本条是关于承运人运输义务的规定。

【条文理解】

客票是承运人与旅客之间订立运输合同的凭证,同时客票上也对合同的很多内容作了记载,如运输时间、运输的班次等,是承运人和旅客达成的一致协议,旅客购买了客票后,旅客运输合同也就成立。承运人按照客票记载的时间和班次对旅客进行运输是其义务,否则就是对运输合同的违反。根据本条,承运人应当履行按照客票载明的时间和班次运输旅客,旅客在接受运输服务时,也对应地享有上述权利。

迟延运输,是指承运人没有按照合同约定的时间起运。其他不能正常运输情形,是指出现异常情况造成运输无法正常运行。在运输实践中,导致迟延运输或不能正常运输的情况很多,有些因素可能是不可抗力造成的,如天气原因;有些因素是承运人自身原因造成的,如运输工具发生故障等。此时承运人应尽到告知和提醒义务,并应采取必要措施。在承运人迟延运输或不能正常运输的情况下,根据本条的规定,旅客可以有两种选择:旅客可以要求退票;如果旅客还要求继续乘坐运输工具的,承运人应当根据旅客的要求安排旅客改乘其他班次以到达目的地。

【司法适用】

本条规定,承运人迟延运输或者有其他不能正常运输情形的,由此造成旅客损失的,承运人应当承担赔偿责任,但是不可归责于承运人的除外。例如,航空公司因过错导致飞机延误,乘客因此未能赶上预定班机的,航空公司应当赔偿损失。在赔偿数额的计算上,应当以顾客的实际损害和航空公司的过错程度为依据。

例如,在张某浩诉某航空股份有限公司航空旅客运输合同案中,法院认为,被告所称的原因“飞机突发机械故障”不属于不可抗力，因此，被告取消该航班构成违约，应承担相应的民事责任。因被告临时取消航班，原告未能在预定时间抵达广州，错过了KQ887航班，无法实现其与旅行社签订出境旅游合同的目的。由于旅行社依合同约定不退原告已交的旅游费用29,000元，造成原告经济损失28,353元。该损失有别于可得利益损失，系直接损失。① 又如，在甲诉乙航空公司国际航空旅客运输合同纠纷案中，法院认为航班由于天气原因发生延误，是由不可抗力造成的延误，因航空公司不可能采取措施来避免该情况的发生，故其对延误本身无须承担责任，但航空公司必须采取一切必要的措施来避免延误给旅客造成的损失发生，否则即应对旅客因延误而遭受的损失承担责任。②

【司法案例】

广西甲海运总公司诉乙铁路旅游发展有限公司海上旅客运输合同纠纷案③

诉讼结论：海上旅客运输合同的承运人应当在约定期间或者合理期间内将旅客运输到约定地点，否则，应承担迟延运送的法律责任。

甲公司作为海上旅客运输合同的承运人，在约定期间或者合理期间内将乙公司旅客运输到约定地点是其应负的基本义务。甲公司应当在约定的期间内实施运送，包括按时起运和准时到达。否则，应负迟延履行的法律责任。而甲公司在履行合同过程中，因其所属“北部湾1号”轮发生搁浅事故，实际迟延至2002年11月10日7时才运载35名其他旅客驶离海口港，甲公司未能依合同约定于2002年11月9日18时履行将乙公司298名旅客从海口港至北海的运载义务，构成迟延运输，亦是对乙公司的违约行为。甲公司违约之后，虽然已将“北部湾1号”轮因搁浅而造成不能正常运输的事由告知了乙公司，但其并没有积极安排其他航次或主动采取其他切实有效的补救措施，将滞留旅客及时运送到约定的目的地，应承担迟延运输的违约赔偿责任。

第八百二十一条　承运人擅自降低服务标准的，应当根据旅客的请求退票或者减收票款；提高服务标准的，不得加收票款。

---

① 广西壮族自治区南宁市中级人民法院(2010)南市民二终字第259号民事判决书。

② 最高人民法院指导案例51号。

③ 海南省高级人民法院(2003)琼民二终字第50号民事判决书。

【条文主旨】

本条是关于承运人擅自降低或提高服务标准的规定。

【条文理解】

在旅客运输中,承运人应当按照旅客运输合同约定的运输工具进行运输。但是有的承运人在运输过程中却擅自变更了运输工具,承运人擅自变更运输工具的行为,没有经过旅客的同意,违背了旅客的意志,是对运输合同的违反。

【司法适用】

承运人在运输过程中擅自变更了运输工具属于对运输合同的违反。在这种情况下,应当尊重旅客的选择权,旅客要求退票的,承运人应当退还旅客的全部票款;旅客要求减收票款的,承运人应当按照旅客的要求减收票款。有的情况下,承运人擅自变更了运输工具后,反倒提高了对旅客的服务标准,例如在汽车运输中,承运人在合同中承诺用一般的公共汽车进行运输,但在实际运输中,却用豪华客车进行了运输,在这种情况下,虽然承运人变更运输工具的行为提高了旅客的服务标准,但是承运人是擅自变更运输工具的行为,没有经过旅客的同意,所以即使提高了服务标准,承运人也不应当加收旅客的票款。

【司法案例】

张某民诉沈阳甲汽车客运站有限公司服务合同纠纷案[①]

诉讼结论:承运人应按合同约定履行合同义务,未按照合同约定提供指定的客车运载乘客,属于违约行为。应承担违约责任。给对方造成损失的,损失赔偿额应当相当于因违约所造成的损失,包括合同履行后可以获得的利益,但不得超过违反合同一方订立合同时预见到或者应当预见到的因违反合同可能造成的损失。

本案案由为公路旅客运输合同纠纷。旅客运输合同为格式合同,通常采用票证的形式。本案中上诉人张某民在被上诉人甲客运站公司购买客车票,约定目的地为通辽市。张某民支付购票款后,甲客运站公司向其交付车票,双方合同成立并生效,对合同双方具有法律效力。甲客运站公司应对张某民持该车票能够乘坐指定客车、指定时间到达指定目的地承担合同义务,现张某民持票乘坐指定客车后,在未到达指定目的地时,承运人中途更换车辆,被上诉人甲客运公司应按合同约定履行合同义务,现被上诉人未按照合同约定提供指定的客车运载乘客,属于违约行为,应按照《合同法》第 107 条之规定承担违约责任,当事人一方不履行合

---

① 辽宁省沈阳市中级人民法院(2017)辽 01 民终 9241 号民事判决书。

同义务或者履行合同义务不符合约定的，应当承担继续履行、采取补救措施或者赔偿损失等违约责任。

第八百二十二条　承运人在运输过程中，应当尽力救助患有急病、分娩、遇险的旅客。

【条文主旨】

本条是关于承运人救助义务的规定。

【条文理解】

承运人的安全运输义务不但包含了承运人本身要采取措施保证旅客的安全，在运输过程中，对于患有急病、分娩、遇险的旅客，承运人还应当尽力救助。虽然旅客的这些情况大多不是由承运人的原因造成的，但是作为承运人，如果其有能力对旅客的急病、分娩等情况采取救助，而对旅客的安危采取不闻不问的态度，这是有悖于一般的善良道德风俗的，也是与合同的基本原则——诚实信用原则相违背的。所以本条规定，承运人在运输过程中，应当对患有急病、分娩、遇险的旅客尽力采取措施救助。这是承运人在运输过程所应承担的道德义务，也是法律规定的法定义务。如果未尽此义务，要承担责任。

【司法适用】

《铁路运输人身损害赔偿解释》第12条规定，铁路旅客运送期间发生旅客人身损害，赔偿权利人要求铁路运输企业承担违约责任的，人民法院应当依照《合同法》第290条、第301条、第302条等规定，确定铁路运输企业是否承担责任及责任的大小；赔偿权利人要求铁路运输企业承担侵权赔偿责任的，人民法院应当依照有关侵权责任的法律规定，确定铁路运输企业是否承担赔偿责任及责任的大小。

【司法案例】

甲财产保险股份有限公司山西省分公司诉宋某春等公路旅客运输合同纠纷案①

诉讼结论：运输过程中，对于患急病而猝死的旅客，承运人未能及时予以救助存在过错，应承担相应的民事责任。

本案系公路旅客运输合同纠纷，乙快客公司作为承运人，应当将旅客安全运

① 太原铁路运输中级法院（2017）晋71民终14号民事判决书。

输到约定地点。在运输过程中，对于患急病而猝死的王某梅，乙快客公司的司乘人员未能及时予以救助存在过错，理应承担相应的民事责任。

第八百二十三条　承运人应当对运输过程中旅客的伤亡承担赔偿责任；但是，伤亡是旅客自身健康原因造成的或者承运人证明伤亡是旅客故意、重大过失造成的除外。

前款规定适用于按照规定免票、持优待票或者经承运人许可搭乘的无票旅客。

【条文主旨】

本条是关于旅客人身伤亡责任的规定。

【条文理解】

现代任何一种运输生产活动都存在与其他社会经济活动不同的风险，保障旅客在运输途中的安全也就成了旅客运输承运人最大的义务。所以本条规定，承运人应当对运输过程中旅客的伤亡承担赔偿责任，这是一种无过错责任制度，即承运人即使在没有过错的情况下，也应当承担损害赔偿责任。之所以如此，是因为：(1)在整个旅客运输活动中，旅客所受到的大多数损害，一般都与承运人的运输行为有关，或者由承运人的作为或不作为造成，或者由承运人未尽管理职责而间接造成。(2)在旅客运输中，应当强调对旅客人身生命的特别保护，而对承运人实行无过错责任制度，可以有效地保护旅客的人身安全，促使承运人采取各种措施以保护旅客的安全。(3)在现代运输业中，运输活动的公用性和独占特点以及国家的全面干预，要求承运人实行无过错责任制度。同时由于运输保险业的发展，运输风险大为分散，这就为承运人实行无过错责任制度奠定的基础。(4)各国运输法对承运人责任制度的规定各不相同，但在现代经济条件下，无过错责任制度已成为旅客运输合同中的基本取向。法律在对旅客实行严格保护的同时，也应当充分保护承运人。本条规定了在两种情况下，承运人可以免除责任：(1)旅客自身健康原因造成的伤亡。如旅客在运输途中突发重病而死亡的。(2)旅客的故意或者重大过失。如旅客从火车上跳车自杀的，承运人就不承担赔偿责任。但是这里需要注意的是，只有旅客有重大过失的情况下，承运人才可以免责。如果旅客对伤亡的造成只有一般过失，承运人仍应当负赔偿责任。但需要注意的是，免责事由应当由承运人举证。

【司法适用】

由于运输方式的不同,风险的程度也不一样,所以各专门法对旅客运输中承运人的免责事由也不一样。根据特别法优于普通法的原则,特别法有不同的规定时,应当适用特别法的规定。例如,《民用航空法》第114条规定的免责事由只有旅客的健康原因,对于不可抗力造成旅客人身伤亡的,在民用航空中,承运人仍应当承担责任。各专门运输法对承运人的赔偿的数额基本上都作了限制性规定,如《海商法》第117条规定了旅客人身伤亡的,每名旅客的赔偿不超过46,666计算单位。《民用航空法》第129条规定,对每名旅客的赔偿责任限额为16,600计算单位。所以各专门法对赔偿限额有特别规定的,应当依照其规定。

【司法案例】

潘某宗等诉莆田市甲轮渡有限公司海上旅客运输合同纠纷案[①]

诉讼结论:在海上旅客运输合同中,因承运人的过失引起事故,造成旅客人身伤亡,承运人应当承担赔偿责任,但原告对承运人的过失应当负举证责任。

本案为海上旅客运输合同纠纷,应适用《海商法》的规定进行审理。本案原告主张其亲属郭某梅在乘坐被告所营运的船舶期间死亡,要求被告承担赔偿责任。《海商法》第114条规定,在承运人运送期间,因承运人的过失引起事故,造成旅客人身伤亡,承运人应当承担赔偿责任,原告对承运人的过失应当负举证责任。本案中,原告未能举证证明郭某梅在承运人责任期间内落水,也没有证据证明其因承运人的过失导致死亡,其要求承运人承担责任没有事实和法律依据,不予支持。

第八百二十四条　在运输过程中旅客随身携带物品毁损、灭失,承运人有过错的,应当承担赔偿责任。

旅客托运的行李毁损、灭失的,适用货物运输的有关规定。

【条文主旨】

本条是关于旅客随身携带物品毁损、灭失的责任承担的规定。

【条文理解】

在旅客运输中,旅客一般都随身携带一些物品,对于这些物品,承运人也应当

---

① 厦门海事法院(2018)闽72民初353号民事判决书。

尽足够的责任和义务保证物品的安全,如果由于承运人原因造成了旅客的自带物品毁损灭失的,承运人应当负赔偿责任。本条中对承运人实行的是过错责任原则,也就是说,在发生旅客自带物品毁损、灭失的情况下,承运人对自带物品的毁损、灭失有过错的,才承担责任。旅客自己随身携带行李,所以其也应当尽足够的注意保护这些物品。本条第2款还规定,旅客托运的行李毁损、灭失的,适用货物运输的有关规定。这是因为托运的行李不是旅客随身携带的,其从实质上讲,是货物运输合同,所以应当适用货物运输的有关规定。

【司法适用】

在运输过程中,承运人是否对旅客随身携带物品毁灭承担责任,这一问题取决于旅客携带物品的方式以及承运人在运输过程中是否存在过错。对于旅客自身携带的物品发生毁损、丢失等情况且承运人在运输过程中有过错的情况下,承运人所承担的是过错责任。对于旅客托运的物品,承运人对在运输过程中造成物品的毁损、灭失等情况是承担赔偿责任,除非承运人可以证明物品的毁损、灭失原因是有不可抗力、物品本身自然性质或者合理损耗以及托运人本身过错所造成的,则无须承担赔偿责任。此时,承运人所承担的是无过错责任。也就是说,在客运合同中,承运人对旅客自带物品毁损、灭失承担过错责任,对旅客托运的物品毁损、灭失承担无过错责任。

【司法案例】

甲航空股份有限公司等诉某某航空旅客运输合同纠纷案①

诉讼结论:承运人未能将行李及时、完好地交付给旅客,造成行李箱内部分物品丢失,属于未能完成约定承运义务,构成违约。

某某乘坐甲航空公司的航班,并将行李办理托运,双方之间的航空旅客运输合同关系依法成立。甲航空公司收取某某托运的行李后,负有在航班目的地将行李准确、及时、完好地交付给某某的义务。本案中,甲航空公司未能在航班目的地武汉天河国际机场将某某托运的行李及时、完好地交付给某某,造成行李箱内部分物品丢失,甲航空公司未能完成约定承运义务,其行为已构成违约,应当承担赔偿责任。

---

① 湖北省高级人民法院(2017)鄂民再239号民事判决书。

第三节 货 运 合 同

第八百二十五条　托运人办理货物运输，应当向承运人准确表明收货人的姓名、名称或者凭指示的收货人，货物的名称、性质、重量、数量，收货地点等有关货物运输的必要情况。

因托运人申报不实或者遗漏重要情况，造成承运人损失的，托运人应当承担赔偿责任。

【条文主旨】

本条是关于托运人如实申报义务的规定。

【条文理解】

在承运人托运货物之前，往往需要托运人在办理货物运输时向承运人准确地提供一些运输当中必要的情况，以便于承运人准确、安全地进行运输。在货物运输业务中，一般都是采用由托运人填写运单的方式（如在海上货物运输中，一般是提单；在民用航空货物运输中，一般是航空货运单；在铁路货物运输中，一般是货运单）来进行申报的，而承运人也一般是凭借托运人填写的内容来了解货物的情况，并且采取相应的措施对货物进行运输中的保护。同时承运人也是根据运单上填写的收货人的名称或者地址，向收货人交货。如果托运人不向承运人准确、全面地表明这些运输必要的情况，就有可能造成承运人无法正确地进行运输，甚至有可能对承运人造成损失。为了避免这种情况的出现，本条强调了托运人在办理货物运输时，应当准确地向承运人表明有关货物运输的必要的情况。在专门法中，对托运人的这项义务也作了规定。

【司法适用】

根据本条第1款的规定，托运人办理货物运输，应当向承运人准确表明以下内容：(1)收货人的姓名、名称或者凭指示的收货人。这是为了便于承运人及时交货。“凭指示的收货人”主要是针对在海上货物运输的情况下，承运人凭托运人的指示交付或者提单持有人的指示交付货物。(2)收货地点。(3)货物的名称、性质、重量、数量等内容。除了上面列举的各种情况外，托运人还应当向承运人准确提供货物运输必要的其他情况，如货物的表面情况、包装情况等。托运人申报不实，是指托运人所提供的情况与实际情况不符合；托运人遗漏重要情况，是指托运人应当向承运人提供一些有关运输的重要情况,却没有提供。托运人申报不实或者遗漏重要的情况往往会给承运人或托运人造成损失,依照本条第 2 款规定,因托运人申报不实或者遗漏重要情况,造成承运人损失的,托运人应当承担赔偿责任。如造成托运人自身损失的,因损失是托运人不履行如实申报义务或者履行义务不符合合同的约定给自己造成损失的,理应由托运人自己承担损失,承运人可以不负任何责任。

【司法案例】

南昌甲汽车服务有限公司等诉安庆市宜秀区乙快运公司公路货物运输合同纠纷案①

诉讼结论:承运人认为货物的毁损系托运人未如实告知货物重量导致车辆超载所造成,应承担相应举证责任。

本案中,南昌甲汽车服务有限公司承接涉案货物的运输,负有将货物安全送达指定地点的义务。从安庆市宜秀区乙快运公司、安庆市丙汽车锻件有限公司及驾驶员宋某午共同在事故发生后签订的《质量索赔协议》内容看,三方对事故原因确认为"司机操作不当造成货物倾倒",故承运人对涉案货物的毁损,依法应承担赔偿责任。南昌甲汽车服务有限公司作为实际承运人,对所承运的货物应按车辆实际荷载重量运输,涉案货物总计 28.565 吨已远远超出宋某午车辆 18.435 吨实际荷载,宋某午作为驾驶员理应明知,故对货物的毁损负有不可推卸的责任。

第八百二十六条　货物运输需要办理审批、检验等手续的,托运人应当将办理完有关手续的文件提交承运人。

【条文主旨】

本条是关于托运人托运货物必须办理特定手续的规定。

【条文理解】

货物的运输往往会涉及各种手续,如出口货物的报关、检疫、检验等手续,有些货物的运输还必须经过有关政府主管部门审批和同意。因此,在运输前,承运人一般都要求托运人办理这些手续,并且应当将办理完这些手续的文件提交给承运人,以便于承运人运输。我国的各专门法基本上都强调了托运人的这项义务。

① 安徽省安庆市中级人民法院(2018)皖 08 民终 154 号民事判决书。

例如,《民用航空法》第123条规定,托运人应当提供必要的资料和文件,以便在货物交付前完成法律、行政法规规定的有关手续;因没有此种资料、文件,或者此种资料、文件不充足或者不符合规定造成的损失,除由于承运人或者其受雇人、代理人的过错造成的除外,托运人应当对承运人承担责任。《海商法》第67条规定,托运人应当及时向港口、海关、检疫、检验和其他主管机关办理货物运输所需的各项手续,并将已办理各项手续的单证送交承运人;因办理各项手续的有关单证送交不及时、不完备或者不正确,使承运人的利益受到损害的,托运人应当负赔偿责任。

【司法适用】

本条对托运人应当办理的手续仅列举了审批、检验两种,但是托运人在货物运输前应当办理的手续并不限于这两种,一般还包括检疫、港口准入等。如果涉及危险品的运输,还包括危险品运输的许可手续。托运人一般应当在承运人进行货物运输前向承运人及时提供这些手续,托运人没有向承运人提供这些手续或者提供的手续不完备或者没有及时提供这些手续,给承运人造成损失的,托运人应当赔偿损失。

【司法案例】

姜某义等诉庞某霞运输合同纠纷案[①]

诉讼结论:货物需要办理审批、检验等手续的,办理审批、检验手续属于托运人的义务。

关某国在委托于某履行运输合同过程中,因树木被县林业局查扣,故运输合同未能履行完毕,根据《合同法》第305条的规定,货物需要办理审批、检验等手续的,托运人应当将办理完有关手续的文件提交承运人,可见办理运输树木审批手续的义务人是姜某义,故对于树木被查扣,关某国并无过错。

第八百二十七条　托运人应当按照约定的方式包装货物。对包装方式没有约定或者约定不明确的,适用本法第六百一十九条的规定。

托运人违反前款规定的,承运人可以拒绝运输。

【条文主旨】

本条是关于托运人履行货物包装义务的规定。

① 辽宁省本溪市中级人民法院(2017)辽05民终620号民事裁定书。

【条文理解】

货物的运输一般都要经过长时间的移动,这一过程中可能遇到各种地形、气候以及运输工具本身的影响,可能对货物的安全构成威胁,因此对货物进行妥善包装就涉及运输过程中运输货物的安全。货物是否需要包装要根据货物本身的特性、运输路程的情况以及所使用的运输工具来决定。运输合同的当事人一般在运输合同对包装的方式也会作出约定。

【司法适用】

依据本条规定,托运人应当履行的包装义务,首先要遵守合同当事人关于货物的包装标准的约定,但是当事人的约定不得违反国家对包装标准的强制性规定。如托运人与承运人对包装的方式并没有进行约定或者虽有约定,但约定得不清楚,在这种情况下,本条第1款规定,适用本法第619条的规定。本法第619条规定,出卖人应当按照约定的包装方式交付标的物。对包装方式没有约定或者约定不明确,依据本法第510条的规定仍不能确定的,应当按照通用的方式包装;没有通用方式的,应当采取足以保护标的物的包装方式。该条中的足以保护标的物的包装方式,在运输合同中是指托运人根据货物的性质、重量、运输方式、运输距离、气候条件及运输工具的装载条件,使用符合运输要求,便于装卸和保证货物安全的包装。

按照本条第2款的规定,托运人违反本条第1款的规定没有进行包装的或者包装不符合约定或者运输安全需要的,承运人可以拒绝运输,对于因此给托运人造成的损失,承运人不负赔偿责任;对于因此给承运人造成损失的,托运人应当向承运人赔偿损失。

【司法案例】

贾某晖诉肖某娟等公路货物运输合同纠纷案①

诉讼结论:货物运输过程中,托运人违反包装义务的,承运人可以拒绝运输,由此造成损失的,由托运人承担。

本案中,肖某娟与贾某晖均为涉案方便面的承运人。方便面是食品,在装车过程中承运人应尽到合理注意义务。其义务为:一是承运人应尽量避免将食品与化学品混放;二是如果将食品与化学品混放,承运人应根据《合同法》第306条的规定即托运人应当按照约定的方式包装货物。托运人违反前款规定的,承运人可以拒绝运输,要求托运人对化学品进行包装,以避免污染食品的情况发生。如果

① 乌鲁木齐铁路运输中级法院(2017)新71民终15号民事判决书。

托运人不履行该法定包装义务的，肖某娟、贾某晖对不符合包装要求的货物可以拒绝运输。现肖某娟、贾某晖在装车过程中均未尽到上述合理注意义务，对货物的损失应承担连带责任。

第八百二十八条　托运人托运易燃、易爆、有毒、有腐蚀性、有放射性等危险物品的，应当按照国家有关危险物品运输的规定对危险物品妥善包装，做出危险物品标志和标签，并将有关危险物品的名称、性质和防范措施的书面材料提交承运人。

托运人违反前款规定的，承运人可以拒绝运输，也可以采取相应措施以避免损失的发生，因此产生的费用由托运人负担。

【条文主旨】

本条是关于运输危险货物的规定。

【条文理解】

在货物运输中，托运人可能会托运易燃、易爆、有毒、有腐蚀性的、有放射性等危险物品，如果在运输过程中对这些危险物品不进行妥善处理，就有可能对货物、运输工具等财产或者人身安全造成极大的威胁，因此，本条对危险物品的安全运输作出强制性规定。各专门运输法对危险物品的运输基本上都作了特别规定。

【司法适用】

本条第 2 款规定，托运人没有对危险物品妥善进行包装或者没有对危险物作出标志和标签或者没有将有关危险物品的名称、性质和防范措施的书面材料及时提交承运人的，承运人可以拒绝进行运输；在运输过程中发现了托运人托运的是危险物品的，承运人也可以采取各种措施避免损失的发生，这些措施包括承运人可以在任何地点、任何时间根据情况将货物卸下、销毁或者使之不能为害。如果因为承运人采取的措施对托运人造成损失，承运人可以不负赔偿责任。但如果因此而给承运人造成损失，托运人应当向承运人负赔偿责任，同时承运人因为采取措施而产生的各种费用也应当由托运人承担。

需要强调的是，即使托运人没有违反本条第 1 款规定的义务，承运人也知道危险物品的性质并且同意运输的，但在运输过程中该危险货物对于运输工具、人员的安全和其他货物造成危险时，承运人仍可以采取各种相应的措施以避免损失的发生。在这种情况下，即使给托运人造成损失，承运人也可以不承担损害赔偿责任。

【司法案例】

太原甲货运部诉上海乙物流有限公司公路货物运输合同纠纷案①

诉讼结论：托运人未履行上述运送危险货物的义务，应依法承担损害赔偿责任。承运人未谨慎注意，在不具备运输危险品从业资格亦未办理临时运输危险品的证照的情况下仍予运输，也负有责任。

被告甲货运部虽不是运输货物的所有人，但其是托运人。依据《合同法》第307条、第304条第2款的规定，本案托运货物硝酸钙属于有腐蚀性的危险物品，被告作为托运人未履行上述运送危险货物的义务，应依法承担损害赔偿责任。原告乙物流公司作为长期从事运输业务的物流公司，对于危险品运输须经相关部门批准取得运输许可应当具有认知能力。提货单中明确记载货物名称为硝酸钙，原告在提货时却未谨慎注意，并在不具备运输危险品从业资格亦未办理临时运输危险品的证照的情况下仍予运输，造成被行政处罚产生罚款、停运损失，支出鉴定费用，被告亦负有责任。原告在运输过程中的损失包括50,000元行政罚款、停运损失54,471元及鉴定费3000元，共计107,471元，对上述损失双方各自承担50%。

第八百二十九条　在承运人将货物交付收货人之前，托运人可以要求承运人中止运输、返还货物、变更到达地或者将货物交给其他收货人，但是应当赔偿承运人因此受到的损失。

【条文主旨】

本条是关于托运人变更或者解除运输合同权利的规定。

【条文理解】

货物运输合同成立后，托运人有权变更或者解除合同，这种变更或者解除可以不经过承运人同意，承运人也无权过问相对方变更和解除合同的原因，只要托运人提出变更或者解除合同，均应予以变更或者解除。各单行法也有类似规定。例如，《海商法》第89条规定，船舶在装货港开航前，托运人可以要求解除合同。《民用航空法》第119条规定，托运人在履行航空货物运输合同规定的义务的条件下，有权在出发地机场或者目的地机场将货物提回，或者要求经停时中止运输，或者在目的地点或者途中要求将货物交给非航空货运单上指定的收货人，或者要求

① 太原铁路运输中级法院（2017）晋71民终10号民事判决书。

将货物运回出发地机场。

【司法适用】

托运人并非可以无限制地行使请求变更运输合同的权利，承运人也并非在任何情况下都应无条件服从托运人请求变更运输合同的指示。出于合理平衡货物运输合同中各方当事人的利益的目的，托运人享有请求变更运输合同权利的同时，承运人也相应地享有一定的抗辩权。如果变更运输合同难以实现或者将严重影响承运人正常营运，承运人可以拒绝托运人变更的请求，但应当及时通知托运人不能执行的原因。

【司法案例】

甲公司诉浙江乙不锈钢有限公司海上货物运输合同纠纷案①

诉讼结论：承运人将货物交付收货人之前，托运人享有请求变更运输合同的权利，但双方当事人仍要遵循《合同法》第5条规定的公平原则确定各方的权利和义务。如果要求承运人无条件服从托运人变更运输合同的请求，显失公平。因此，在海上货物运输合同下，托运人并非可以无限制地行使请求变更运输合同的权利，承运人也并非在任何情况下都应无条件服从托运人请求变更运输合同的指示。

乙公司在涉案货物海上运输途中请求承运人改港或者退运，因《海商法》未就航程中托运人请求变更运输合同的权利予以规定，故本案适用《合同法》的有关规定。依据《合同法》第308条的规定，在承运人将货物交付收货人之前，托运人享有请求变更运输合同的权利，但双方当事人仍要遵循《合同法》第5条规定的公平原则确定各方的权利和义务。海上货物运输具有运输量大、航程预先拟定、航线相对固定等特殊性，托运人要求改港或者退运的请求有时不仅不易操作，还会妨碍承运人的正常营运或者给其他货物的托运人或收货人带来较大损害。在此情形下，如果要求承运人无条件服从托运人变更运输合同的请求，显失公平。因此，在海上货物运输合同下，托运人并非可以无限制地行使请求变更运输合同的权利，承运人也并非在任何情况下都应无条件服从托运人请求变更运输合同的指示。为合理平衡海上货物运输合同中各方当事人的利益，在托运人可以行使请求变更运输合同权利的同时，承运人也相应地享有一定的抗辩权。如果变更运输合同难以实现或者将严重影响承运人正常营运，承运人可以拒绝托运人改港或者退运的请求，但应当及时通知托运人不能执行的原因。涉案运输方式为国际班轮运

① 最高人民法院（2017）最高法民再412号民事判决书。

输,载货船舶除运载乙公司托运的4个集装箱外,还运载了其他货主托运的众多货物。涉案货物于2014年6月28日装船出运,7月12日左右到达目的港,而乙公司于7月9日才要求乙公司改港或者退运。在承运船舶距离到达目的港只有两三天时间的情形下,乙公司主张由于航程等原因无法安排改港、原船退回不具有可操作性,客观合理。

第八百三十条 货物运输到达后,承运人知道收货人的,应当及时通知收货人,收货人应当及时提货。收货人逾期提货的,应当向承运人支付保管费等费用。

【条文主旨】

本条是关于提货的规定。

【条文理解】

承运人将货物安全运到目的地后,应当按照约定将货物交付收货人。承运人将货物安全运到目的地后,如果知道收货人的,应当及时通知收货人,以便于收货人及时提货,因为收货人对于货物何时到达目的地一般是不知道的。但是在有的情况下,货物到达目的地后,承运人并不知道收货人是谁,而托运人又没有及时告知承运人,在此时,承运人就没有及时通知收货人的义务。在货物到达目的地后,如果承运人不知道收货人是谁时,承运人应当通知托运人在合理期限内就运输的货物的处分作出指示。

一旦收货人接到承运人的通知,应当及时提货。这是收货人的主要义务。如果收货人在收到承运人的提货通知后的规定时间内或者没有规定时间而在合理时间内没有提取货物,而逾期提货的,应当向承运人支付逾期的保管费用,如果因为逾期提货给承运人造成损失的,收货人应当承担损失。例如,《海商法》第86条规定,在无人提货或收货人拒绝提取货物时,产生的费用和风险由收货人承担。如果在逾期期间,货物因发生不可抗力而毁损灭失的,承运人不负赔偿责任。收货人提货时,应当将提单或者其他提货凭证交还给承运人,承运人一般也只有在收货人出示了提货凭证后,才能向收货人交付货物。如果按照运输合同的规定或者提货凭证的规定,应当由收货人交付全部或者部分运费的,收货人还应当向承运人履行交付运费的义务后,才有权利提取货物。

【司法适用】

最高人民法院在《关于新疆梧桐塑料厂与乌鲁木齐铁路分局铁路货物运输合

同赔偿纠纷一案的请示的答复》中认为，铁路货物运输合同是托运人与铁路承运人签订的明确相互之间权利义务关系的协议。货物运抵到站后，承运人因交付货物与收货人发生权利义务关系，对发生的货物损失，收货人有权依据运输合同向承运人提出赔偿请求。在货物交付前，承运人与收货人之间不存在权利义务关系。

【司法案例】

上海甲航运有限公司诉青岛乙游艇租赁服务有限公司海上货物运输合同纠纷案①

诉讼结论：在海上货物运输中，收货人在货物抵达目的港后，负有凭提单及时提取货物的基本义务。涉案集装箱货物箱货分离后，托运人并没有以货物实际占用集装箱，如果承运人需要托运人及时办理货物清关手续才能提取集装箱，应当及时告知托运人履行必要的协助义务。

在涉案集装箱货物进行箱货分离后，乙公司并没有以货物实际占用集装箱，如果甲公司需要乙公司及时办理货物清关手续才能提取集装箱，应当及时告知乙公司履行必要的协助义务，但甲公司没有举证证明其及时告知乙公司上述事项，一、二审判决没有认定乙公司在办理货物清关手续前知道集装箱滞留的事实，不支持甲公司要求乙公司承担集装箱超期使用费的请求并无不当。

第八百三十一条　收货人提货时应当按照约定的期限检验货物。对检验货物的期限没有约定或者约定不明确，依据本法第五百一十条的规定仍不能确定的，应当在合理期限内检验货物。收货人在约定的期限或者合理期限内对货物的数量、毁损等未提出异议的，视为承运人已经按照运输单证的记载交付的初步证据。

【条文主旨】

本条是关于收货人检验货物的规定。

【条文理解】

货物经过运输后，其质量和数量很有可能发生变化，因此收货人提货时应及时对货物进行检验。检验的目的是查明承运人交付的货物是否完好，是否与合同

① 最高人民法院（2017）最高法民申 3787 号民事裁定书。

的约定相符合。对货物及时进行检验密切关系收货人的利益,也可以尽快确定货物的质量状况和数量情况,明确责任,及时解决纠纷。因此,本条强调收货人在提货时应当及时对货物进行检验。这是收货人的权利也是其义务。

【司法适用】

关于收货人的检验期限,如果运输合同对检验时间有约定的,收货人应当在约定的期限内对货物进行检验。如果对检验货物的时间没有约定或者约定不明确的,收货人应当在合理的期限内检验货物。“合理的期限”应当依据实际情况具体确定。

收货人未在约定的期间内或者未在合理的期间内对货物的数量、毁损等提出异议的法律后果是视为承运人已经按照运输单证的记载交付的初步证据。《民用航空法》第134条规定,旅客或者收货人收受托运行李或者货物而未提出异议,为托运行李或者货物已经完好交付并与运输凭证相符的初步证据。《海商法》第81条第1款规定,收货人未将货物灭失或者损坏的情况书面通知承运人的,此项交付视为承运人已经按照运输单证的记载交付以及货物状况良好的初步证据。“初步证据”意味着收货人即使未在约定或者合理的期间内提出异议,仍可以提出据此进行异议和索赔的相反的证据,一旦有证据证明货物的毁损、灭失是发生在运输期间的,承运人仍应当赔偿。

【司法案例】

樊某兵诉克拉玛依区甲货物运输代理服务部运输合同纠纷案[①]

诉讼结论:收货人未尽到应尽的注意义务及验货义务,在合理期限内对货物未提出损坏异议,视为承运人已经按照运输单证的记载交付货物。

本案双方当事人未对验货时间进行约定,依据货物物流交易习惯,对于经过长途运输的货物,在外包装存在瑕疵的情况下,收货人应及时对货物进行检查,如存在损坏应拒绝签收。但本案的收货人在快件外包装出现明显外观瑕疵且货物尚需将继续运至蒋村乡的情况下,却未当场验货,由此可见,在本案交易过程中,收货人未尽到应尽的注意义务及验货义务,收货人在合理期限内对货物未提出损坏异议,视为被上诉人甲货物运输服务部已经按照运输单证的记载交付货物。

① 新疆维吾尔自治区克拉玛依市中级人民法院(2018)新02民终15号民事判决书。

第八百三十二条　承运人对运输过程中货物的毁损、灭失承担赔偿责任。但是，承运人证明货物的毁损、灭失是因不可抗力、货物本身的自然性质或者合理损耗以及托运人、收货人的过错造成的，不承担赔偿责任。

【条文主旨】

本条是关于承运人对货损责任的规定。

【条文理解】

在货物运输中，承运人负有将货物安全运输到目的地的义务，承运人应当对自接受货物时起至交付货物时止所发生的货物的毁损、灭失承担损害赔偿责任。“毁损”是指搬运的货物因损坏而价值减少；“灭失”是指承运人无法将货物交付给收货人，既包括货物物质上的灭失，也包括占有的更新丧失及法律上不能恢复占有的各种情形。根据公平原则，法律在强调对托运人或者收货人利益保护的同时，也必须对承运人的利益作适当的保护，法律对承运人的保护就体现在免责事由上。

【司法适用】

依据本条规定，承运人可以免除赔偿责任的3种情况：

(1)不可抗力。不可抗力是指当事人不能预见、不能避免并且不能克服的客观情况，既包括地震、台风、洪水等自然灾害，也包括战争等社会现象。不可抗力是法定免责事由。

(2)货物本身的自然性质或者合理损耗。货物本身的自然性质，主要是指货物的物理属性和化学属性。货物的合理损耗，主要是指一些货物在长时间的运输过程中，必然会有一部分损失，对于这一部分损失，承运人也不负赔偿责任。

(3)托运人、收货人的过错。这主要是指由于托运人或者收货人自身的原因造成的货物损失。例如，托运人对货物包装的缺陷、托运人应当采取而未采取保证货物安全措施的、托运人没有如实申报等情况。

承运人要免除赔偿责任的，其应当负举证责任。如果承运人自己不能证明存在上述免责情形，就要承担损害赔偿责任。

【司法案例】

宁波甲贸易有限公司诉浙江乙船务有限公司等
海上货物运输合同纠纷案①

诉讼结论：承运人对运输过程中货物的毁损、灭失承担损害赔偿责任，托运人

① 最高人民法院（2016）最高法民申1484号民事裁定书。

应对货物损坏发生在承运人运输期间负担相应的举证责任。

根据《合同法》第311条的规定，承运人对运输过程中货物的毁损、灭失承担损害赔偿责任。甲公司主张涉案油品损坏发生在承运人运输期间，应负担相应的举证责任，但其并未提供充分证据予以证明。二审法院认定乙公司、丙公司、阮某江不应对涉案油品事故产生的损失承担赔偿责任，并无明显不当。

第八百三十三条　货物的毁损、灭失的赔偿额，当事人有约定的，按照其约定；没有约定或者约定不明确，依据本法第五百一十条的规定仍不能确定的，按照交付或者应当交付时货物到达地的市场价格计算。法律、行政法规对赔偿额的计算方法和赔偿限额另有规定的，依照其规定。

【条文主旨】

本条是关于货物赔偿额确定的规定。

【条文理解】

在货物发生毁损、灭失的情况下，应当如何确定货物的赔偿额？本条对如何确定损害赔偿额规定了4项原则：(1)当事人对货物毁损、灭失的赔偿额有约定的，就应当按约定数额进行赔偿。(2)当事人对赔偿额没有约定或者约定不明确的，则承运人赔偿的数额应当依照本法第510条的规定进行确定，该条规定合同生效后，当事人就质量、价款或者报酬、履行地点等内容没有约定或者约定不明确的，可以协议补充。不能达成补充协议的，按照合同有关条款或者交易习惯确定。(3)如果依照本法第510条的规定仍不能确定的，则按照交付或者应当交付时货物到达地的市场价格计算。(4)法律、行政法规对赔偿额的计算方法和赔偿限额另有规定的，应当依照其规定进行赔偿。

【司法适用】

保价运输的情况下货物受损的赔偿。保价运输即托运人在办理托运货物的手续时或者与承运人签订合同时，向承运人要求进行保价运输，声明货物的价格，并支付保价费。实际上是当事人之间对货物损害赔偿额的一种约定。一般情况下，保价额相当于货物的价值。托运人办理保价运输的，承运人应当按照实际损失进行赔偿，但最高不得超过保价额。实际损失低于保价额的，按照实际损失进行赔偿。《铁路法》第17条对货物的保价运输进行了规定，该条规定，铁路运输企业应当对承运的货物、包裹、行李自接受承运时起到交付时止发生的灭失、短少、变质、污染或者损坏，承担赔偿责任：托运人或者旅客根据自愿申请办理保价运输的,按照实际损失赔偿,但最高不超过保价额。

交付或者应当交付时货物到达地的市场价格。“交付时”是指货物按时到达了目的地,但是货物有毁损的情况下,计算市场价格的起算时间;“应当交付时”是指货物没有按时到达,而货物有毁损的或者货物根本就灭失了,不存在了的情况下,市场价格的起算时间。

我国各专门法对承运人的赔偿责任范围基本上都作了规定,这些规定应当在计算承运人的赔偿额时予以遵守。例如,《海商法》第 56 条规定,承运人对货物的灭失或者损坏的赔偿限额,按照货物件数或者其他货运单位计算,每件或者每个其他货运单位为666.67 计算单位,或者按照货物毛重计算,每公斤为2 计算单位,以二者中赔偿限额较高的为准。又如,《民用航空法》第 120 条规定,国内航空运输承运人的赔偿责任限额由国务院民用航空主管部门制定,报国务院批准后公布执行。第 129 条第 2 项规定,对托运行李或者货物的赔偿责任限额,每公斤为 17 计算单位。

【司法案例】

平凉市甲汽车运输有限责任公司诉颜某华公路货物运输合同纠纷案①

诉讼结论:货物毁损的,可以承运合同约定的总货物价值为依据,扣减托运人取回的未损毁货物的价值,以此计算货物损失价值。

本案中,颜某华与樊某宁在承运合同第 1 条中约定:“本批次货物总价值约为 100 万元,由承运方安全、准时运抵目的地,经协商,采用包干形式,全程运杂费为 4200 元整。”平凉甲运输公司认为,上述合同条款对货物价值的约定不明确,不应以此金额作为认定货物损失的依据。本院认为,其该项申请再审理由不能成立。根据本案查明事实,樊某宁所驾驶的车辆发生火灾后,宁夏回族自治区吴忠市利通区公安消防大队对该次火灾事故进行了认定,其中关于事故直接经济损失认定为 1,310,628 元。事故认定书认定的损失数额虽未明确是否包含车辆本身损失价值,但根据樊某宁与陈某万之间的《购车分期付款合同书》,案涉车辆系樊某宁以 19 万元的价格从案外人陈某万处购买,故即便扣减车辆本身的损失价值,货物损失价值亦超过颜某华主张的数额。结合上述事故认定书,一、二审法院以承运合同约定的总货物价值为依据,扣减颜某华取回的未损毁货物的价值,认定本次货物损失价值共计 968,584 元并无不当。

---

① 最高人民法院(2018)最高法民申 163 号民事裁定书。

第八百三十四条　两个以上承运人以同一运输方式联运的，与托运人订立合同的承运人应当对全程运输承担责任；损失发生在某一运输区段的，与托运人订立合同的承运人和该区段的承运人承担连带责任。

【条文主旨】

本条是关于相继运输的规定。

【条文理解】

相继运输，就是多个承运人以同一种运输方式共同完成货物运输的一种运输方式。在相继运输中，一方面，同一运输方式的运输路线分为不同的运输区段，完成这一运输过程必须经过若干运输区段、由不同运输区段的承运人完成；另一方面，运输关系要求特定的货物运输从起点到终点具有连续性、不能中断、不可分割的特性。在相继运输中，托运人只与数个承运人当中的某一个承运人签订运输合同，在实践中，主要是与第一承运人签订运输合同。生活中普遍存在的转车、转机、转船就是典型的相继运输，其主要特征就是"一票到底"，利用人只要与第一承运人签订运输合同，就可以享受全程所有区段的运输。在相继运输中，依照合同的相对性原则，应由与托运人签订合同的承运人对全程运输承担责任。签订合同的承运人对托运人承担责任后，其可以向其他承运人追偿。同时本条还规定，如果损失发生的区段是明确的，则与托运人订立合同的承运人和该区段的承运人承担连带责任。

【司法适用】

无论货物是在哪一区段发生毁损、灭失，除非属于免责范围，与托运人签定运输合同的承运人都应当对全程运输承担责任。如果货物的毁损或灭失能确定在某一区段发生，则该运输区段的实际承运人与缔约承运人向托运人或者收货人承担连带责任。如果货物的毁损、灭失无法确定发生在哪一区段，则缔约承运人应当首先向托运人或者收货人承担责任，其与运输区段承运人之间的责任分担另行解决。

【司法案例】

厦门甲轮船有限公司、广西藤县乙船务有限公司诉丙保险股份有限公司上海分公司、海口丁集装箱班轮有限公司以及江苏戊物流有限公司通海水域货物运输合同货损赔偿纠纷案①

诉讼结论：托运人若要求实际承运人对货损承担责任，必须承担证明实际承

---

① 上海市高级人民法院(2009)沪高民四(海)终字第219号民事判决书。

运人对货损的发生存有过错的举证责任。

3个实际承运人戊公司、甲公司以及乙公司均与契约承运人丁公司签订了定期租船合同,与托运人无合同关系,故戊公司、甲公司以及乙公司对托运人均不承担合同责任。托运人若要求3个实际承运人中某个或者几个对货损承担责任,必须承担证明某个或者几个实际承运人对货损的发生存有过错的举证责任,诸如证明货损是发生在某个实际承运人负责的运输区段内,或者导致货损发生的原因存在于某个运输区段内,或者在几个实际承运人负责的运输区段内都发生了货损事故等。丙保险公司上海分公司提交的现有证据表明,涉案货损系发生在沿海运输区段内,原审法院据此排除货损是发生在戊公司负责的淡水运输区段内,与事实相符。但现有证据尚不足以证明货损实际发生在甲公司负责的沿海运输区段内,还是乙公司负责的沿海运输区段内,或者甲公司与乙公司分别负责的两个运输区段内都发生了货损事故,故丙保险公司上海分公司应承担举证不能的相应后果。原审法院要求甲公司和乙公司承担证明货损并非发生在他们各自负责的运输区段内,以及对货损发生存在免责事由的举证责任,属于举证责任分配不当,应予纠正。

第八百三十五条　货物在运输过程中因不可抗力灭失,未收取运费的,承运人不得请求支付运费;已经收取运费的,托运人可以请求返还。法律另有规定的,依照其规定。

【条文主旨】

本条是关于货物因不可抗力灭失的运费处理的规定。

【条文理解】

托运的货物在运输过程中因不可抗力灭失,这种灭失不是因为承运人的原因造成的,也不是因为托运人、收货人的过错造成的,在这种情况下,根据本章关于不可抗力的规定,承运人不承担货物的损害赔偿责任。但是运费的支付风险应由谁承担?本条规定,未收取运费的,承运人不得要求支付运费;已收取运费的,托运人可以要求返还。之所以如此规定,是因为托运人已经因货物的灭失而遭受了极大的损失,如果还要负担运费,就意味着要承担双重损失。从公平和诚实信用的角度来讲,应当允许托运人请求承运人返还已支付的运费,使风险得以合理分担。我国台湾地区“民法”第645条规定,运送物于运送途中因不可抗力而丧失者,运送人不得请求运费。其因运送而已受领之数额,应返还之。《海商法》第90条规定,船舶在装货港开航前,因不可抗力或者其他不能归责于承运人和托运人的原因致使合同不能履行的，双方均可以解除合同，并互相不负赔偿责任。除合同另有约定外，运费已经支付的，承运人应当将运费退还给托运人；货物已经装船的，托运人应当承担装卸费用。本条规定系参考和借鉴《海商法》的规定和我国台湾地区“民法”的规定。本条最后规定，法律另有规定的，依照其规定。这一规定旨在容纳不同特别法的规定或与国际惯例接轨，但是也有观点认为其与本法第11条之规定有所重复，并非必要。

【司法适用】

《海商法》第90条规定，船舶在装货港开航前，因不可抗力或者其他不能归责于承运人和托运人的原因致使合同不能履行的，双方均可以解除合同，并互相不负赔偿责任。除合同另有约定外，运费已经支付的，承运人应当将运费退还给托运人；货物已经装船的，托运人应当承担装卸费用。

这一规定与本条存在较大的差异：(1)允许当事人对合同解除后，运费是否支付作不同于法律规定的约定。(2)本条下不付运费是因货物灭失，导致货物灭失的原因是不可抗力。在海商法下，不付运费是合同解除的结果，导致合同解除的事由除不可抗力外，包括其他不能归责于承运人和托运人的原因。(3)从时间界限分析，海商法仅适用于船舶开航前，本条则适用于整个运输过程。

【司法案例】

广西甲运输有限责任公司与广西东兰县乙矿业有限公司海上货物运输合同纠纷案[①]

诉讼结论：货物系在运输过程中因不可抗力遭受灭失时可不予支付运费，但托运人应举证证明相关损失系因不可抗力所造成。

双方在庭审中认可25个货柜的运费包含在乙公司欠付甲公司的626，385元运费中，且该25个货柜已经由乙公司交付甲公司运输，根据《合同法》第314条“货物在运输过程中因不可抗力灭失，未收取运费的，承运人不得要求支付运费；已收取运费的，托运人可以要求返还”的规定，乙公司唯在货物系在运输过程中因不可抗力遭受灭失时才可主张不予支付运费，但乙公司并未能举证证明涉案25个货柜的损失系因不可抗力所造成，因此乙公司仍应当向甲公司支付该25个货柜的运费，故乙公司认为应当从所欠付的626，385元运费中扣减该25个货柜的运费的主张，理据不足，本院不予采纳。

---

① 广西壮族自治区高级人民法院(2016)桂民终248号民事判决书。

第八百三十六条　托运人或者收货人不支付运费、保管费或者其他费用的，承运人对相应的运输货物享有留置权，但是当事人另有约定的除外。

【条文主旨】

本条是关于承运人留置权的规定。

【条文理解】

收取运费、保管费以及其他运输费用是承运人的主要权利。在托运人或者收货人不交付运费、保管费以及其他运输费用的，本条明确规定，承运人对相应的运输货物享有留置权。

【司法适用】

承运人在行使留置权时，应当注意下列事项：(1)除法律另有规定外，承运人可以自行留置货物，不必通过法定程序留置货物。(2)对“相应的运输货物”享有留置权包括两层含义：一是对于可分的货物，承运人留置的货物应当合理和适当，其价值应包括未支付的运费、保管费经及其他运输费用加上可能因诉讼产生的费用，而不能留置过多的货物；二是对于不可分的货物，承运人可以对全部货物进行留置，即使承运人已取得了大部分运费、保管费以及其他运输费用。(3)“但是当事人另有约定的除外”主要有两种情况：一是指当事人如果在合同中约定即使在运费、保管费以及其他运输费用没有付清的情况下，承运人也不能留置货物的，承运人就不能留置货物；二是指如果托运人或者收货人提供了适当的担保，则承运人也不能留置货物。

【司法案例】

成都甲进出口集团有限公司等诉成都乙海运物流有限公司等合同纠纷案①

诉讼结论：托运人或者收货人不支付运费、保管费以及其他运输费用的，承运人对相应的运输货物享有留置权；债权人留置的动产，应当与债权属于同一法律关系，但企业之间留置的除外。

乙公司作为负责甲公司、丙公司货物通关、运输、装卸、仓储监管的一方，在丙公司未依照合同约定支付相应费用时，有权依法对其运输、监管的货物行使留置权，该留置权属乙公司基于其运输人、债权人身份而依法享有，并非因合同约定而

① 四川省成都市中级人民法院(2017)川01民终12875号民事判决书。

产生。第7批货物与前6批货物是否属于同一份合同项下的履行内容对乙公司依法行使留置权不产生影响。由于乙公司、甲公司、丙公司并未依法在合同中对乙公司的该项权利予以排除,因此,甲公司提出乙公司留置的第7批货物属于新的合同关系和乙公司不能依据之前《三方协议》的约定行使留置权的上诉主张不能成立。

第八百三十七条 收货人不明或者收货人无正当理由拒绝受领货物的,承运人依法可以提存货物。

【条文主旨】

本条是关于收货人不明或者收货人拒绝受领货物处理的规定。

【条文理解】

在运输实务中,常因合同纠纷、收货人注销或者其他原因,造成承运人将货物运输到目的地后,无法向收货人交货的情况,此时,依照本条规定,承运人可以提存货物。专门法也有类似规定。例如,《海商法》第86条规定,在卸货港无人提取货物或者收货人迟延、拒绝提取货物的,船长可以将货物卸在仓库或者其他适当场所,因此产生的费用和风险由收货人承担。收货人不明包括收货人下落不明,还包括在货物运输终止时,托运人并没有向承运人指明收货人是谁,而承运人向托运人通知请求其作出指示,而托运人逾期没有作出指示的情况。

【司法适用】

对于本条应当注意以下几点:(1)如果运输的货物不适于提存或者提存费用过高的,承运人应当可以依法拍卖或者变卖货物,然后提存所得的价款。例如,货物是易于腐烂的食品,则承运人就不能直提存该食品。(2)在货物被提存后,承运人应当及时通知托运人,在收货人明确的情况下,应当及时通知收货人。(3)如果货物在提存后毁损、灭失的,则承运人不承担该货物毁损、灭失的风险。(4)如果承运人应得的运费、保管费以及其他运输费用加上提存的费用没有付清的,承运人可以依照规定留置该货物,以该货物拍卖或者折价后,从中扣除运费和其他各种费用后,再提存剩余的价款或者没有被留置的相应货物。

【司法案例】

李某宗诉甘某孟等公路货物运输合同纠纷案①

诉讼结论:收货人无正当理由拒绝受领货物的,承运人依法可以提存货物。

---

① 广西壮族自治区贵港市中级人民法院(2017)桂08民终1022号民事判决书。

本案所涉及的是公路货物运输合同,承运人于指定时间到指定地点运输指定数量的货物,并将货物拉回到指定位置,即应视为承运人已经按照要求履行了运输合同义务。本案上诉人李某宗在委托被上诉人甘某孟运输时,没有明确告知瓷砖的质量和规格,被上诉人没有义务和也没有能力检查瓷砖的质量和规格。在被上诉人按照《放行条》上记录的数量清点瓷砖,将货物运输到指定地点后,上诉人以运输的货物与其购买的瓷砖不一致为由,拒绝接收货物的行为已经构成违约。上诉人在发现货不对版的情况下,应及时与销售方甲公司沟通协调处理,而不能以此为由拒收货物。现该批瓷砖存放在贵港豪港停车场,经法院组织现场勘查,确实是被上诉人接受上诉人委托,于2016年11月20日从佛山市新恒隆抛光砖有限公司的仓库拉回的瓷砖,对上诉人货物已灭失的主张,本院不予支持。本案因上诉人违约产生的损失应由上诉人自行承担,对上诉人主张被上诉人赔偿44,520元损失的请求,本院不予支持。由于上诉人违约导致被上诉人提存货物产生的损失,上诉人应承担赔偿责任。

第四节　多式联运合同

第八百三十八条　多式联运经营人负责履行或者组织履行多式联运合同,对全程运输享有承运人的权利,承担承运人的义务。

【条文主旨】

本条是关于多式联运经营人应当负责履行或者组织履行合同的规定。

【条文理解】

多式联运合同,是指多式联运经营人以两种以上的不同运输方式,负责将货物从接收地运至目的地交付收货人,并收取全程运费的合同。以两种以上的不同运输方式进行运输是多式联运合同区别于传统运输合同的最大特征。多式联运经营人,是指本人或者委托他人以本人名义与托运人订立多式联运合同的人。多式联运经营人可分为两种类型:一种是多式联运经营人自己拥有运输工具,并且直接参加了运输合同的履行。另一种是多式联运经营人自己不拥有运输工具或者不经营运输工具,也不直接从事运输活动,而是在签订多式联运合同后,通过双边合同各运输方式承运人又单独签订各区段运输合同,组织其他承运人进行运输。

【司法适用】

根据本条的规定，不管多式联运经营人是属于哪一种情形，多式联运经营人都要对与之签订合同的托运人或者收货人承担全程运输的义务，同时根据本章的规定，多式联运经营人要承担全程运输所发生的责任和风险，同时享有作为全程运输承运人的权利，如有向托运人或者收货人主张运输费用的权利等。

【司法案例】

甲有限责任公司、乙海运集装箱运输有限公司海上、通海水域货物运输合同纠纷案[①]

诉讼结论：包括内河运输、沿海运输和陆路运输的多式联运，货损具体发生在哪一个运输区段无法判断，因此在诉讼时效问题上不应直接适用《海商法》的相关规定，应适用《民法通则》普通诉讼时效规定。

本案是包括内河运输、沿海运输和陆路运输的多式联运，并非单纯的海上、水上运输，且货损具体发生在哪一个运输区段无法判断，因此在诉讼时效问题上不应直接适用《海商法》的相关规定，应适用《民法通则》普通诉讼时效规定。《民法通则》第135条规定："向人民法院请求保护民事权利的诉讼时效期间为二年，法律另有规定的除外。"本案系甲向保险公司赔偿后，向乙行使追偿权而提起的诉讼。甲于2017年6月1日向武汉人保赔付12万元，应当视为甲已知自身权利受到损害，其于2017年9月26日提起本案诉讼，并未超过《民法通则》规定的2年诉讼时效期间。《民法总则诉讼时效解释》第2条规定："民法总则施行之日，诉讼时效期间尚未满民法通则规定的两年或者一年，当事人主张适用民法总则关于三年诉讼时效期间规定的，人民法院应予支持。"甲起诉时《民法总则》尚未施行，且其已经提起诉讼，故不应也无须适用《民法总则》关于3年诉讼时效的规定。

第八百三十九条　多式联运经营人可以与参加多式联运的各区段承运人就多式联运合同的各区段运输约定相互之间的责任；但是，该约定不影响多式联运经营人对全程运输承担的义务。

【条文主旨】

本条是关于多式联运合同责任制度的规定。

---

① 最高人民法院(2018)最高法民再457号民事判决书。

【条文理解】

对于多式联运的责任制度存在不同见解。有观点认为,在多式联运中,应当实行分散责任制度,即多式联运经营人无须对全程运输负责,有关责任由发生责任的区段上的实际承运人负责并适用该区段的相应法律。还有观点认为,多式联运运输中应当实行统一责任制度,即多式联运经营人对全程运输负责,多式联运经营人与实际承运人之间可另以合同约定相互之间的责任。

本条规定系采用统一责任制度,之所以如此是分散责任制度不利于保护托运人或者收货人的利益,不利于托运人或者收货人索赔。多式联运运输中实行统一责任制度更合理。《海商法》第102条规定,多式联运经营人与参加多式联运的各区段承运人,可以就多式联运合同的各区段运输,另以合同约定相互之间的责任。但是,此项合同不得影响多式联运经营人对全程运输所承担的责任。《联合国多式联运公约》第14条规定,本公约规定的多式联运经营人对于货物的责任期间,自接管货物之时起到交付货物时为止。

【司法适用】

根据本条规定,若发生货物损害,对托运人承担责任的,应为多式联运经营人,即使其与实际承运人之间有内部责任分担协议,该协议也不得对抗托运人。这一规定不同于第834条关于单式联运合同的规定,在单式联运合同中,若运输损害发生的区段可以确定,则该区段的承运人需要与第一承运人承担连带责任。

【司法案例】

广东甲物流有限公司诉乙保险股份有限公司广东分公司等多式联运合同纠纷案①

诉讼结论:多式联运经营人应对全程运输承担责任。

甲公司作为涉案货物运输的多式联运经营人,应对全程运输承担责任,涉案货物在目的港被发现货损,除非甲公司能够证明存在法定或约定的免责事由,否则,其应对涉案货损承担责任。甲公司关于其仅从事陆路运输业务,涉案货损发生在海运之后,与其无关的主张缺乏法律依据,不能成立。

① 广东省高级人民法院(2016)粤民终1527号民事判决书。

第八百四十条　多式联运经营人收到托运人交付的货物时，应当签发多式联运单据。按照托运人的要求，多式联运单据可以是可转让单据，也可以是不可转让单据。

【条文主旨】

本条是关于多式联运单据的规定。

【条文理解】

在多式联运中，当多式联运经营人收到托运人交付的货物时，应当向托运人签发多式联运单据。多式联运单据就是证明多式联运合同存在及多式联运经营人接管货物并按合同条款提交货物的证据。多式联运单据应当由多式联运经营人或者经他授权的人签名，这种签名可以是手签、盖章，符号或者用任何其他机械或者电子仪器打出。

多式联运单据一般包括以下内容：(1)货物品类、标志、危险特征的声明、包数或者件数、重量；(2)货物的外表状况；(3)多式联运经营人的名称与主要营业地；(4)托运人名称；(5)收货人的名称；(6)多式联运经营人接管货物的时间、地点；(7)交货地点；(8)交货日期或者期间；(9)多式联运单据可转让或者不可转让的声明；(10)多式联运单据签发的时间、地点；(11)多式联运经营人或其授权人的签名；(12)每种运输方式的运费、用于支付的货币、运费由收货人支付的声明等；(13)航线、运输方式和转运地点；(14)关于多式联运遵守本公约的规定的声明；(15)双方商定的其他事项。但是以上一项或者多项内容的缺乏，不影响单据作为多式联运单据的性质。

根据本条的规定，多式联运单据依托运人的要求，可以是可转让的单据，也可以是不可转让的单据。在实践中，只有单据的签发人(多式联运经营人)承担全程责任时，多式联运单据才有可能作成为可转让的单据。此时，多式联运单据具有物权凭证的性质和作用。在做成可转让的多式联运单据时，应当列明按指示或者向持票人交付。如果是凭指示交付货物的单据，则该单据经背书才可转让；向持票人交付货物时，则该单据无须背书即可以转让。当签发一份以上可转让多式联运单据正本时，应当注明正本份数，收货人只有提交可转让多式联运单据时才能提取货物，多式联运经营人按其中一份正本交货后，即履行了交货人的义务；如果签发副本，则应当注明“不可转让副本”字样。如果多式联运经营人按托运人的要求签发了不可转让多式联运单据，则应当指明记名的收货人，多式联运承运人将货物交给不可转让单据所指明的记名收货人才算履行了交货的义务。

【司法适用】

如果多式联运经营人知道或者有合理的根据怀疑多式联运单据所列的货物品类、标志、包数或者数量、重量等没有准确地表明实际接管货物的状况，或者无适当方法进行核对的，多式联运经营人应在多式联运单据上作出保留，注明不符合之处及怀疑根据或无适当核对方法。如果不加批注，则应视为已在多式联运单据上注明货物外表状况的良好。

【司法案例】

深圳市甲国际货运有限公司诉乙家用电器有限公司多式联运合同区段公路货物运输纠纷案①

诉讼结论：多式联运经营人对多式联运全程运输承担承运人义务，包括在接管货物时签发多式联运单据。

甲公司作为多式联运经营人，在公路运输区段承运人丙公司实际承运时未将货物安全运输至约定地点，且在运输途中致使货物灭失，甲公司仍然要承担货物灭失的违约责任。

第八百四十一条　因托运人托运货物时的过错造成多式联运经营人损失的，即使托运人已经转让多式联运单据，托运人仍然应当承担赔偿责任。

【条文主旨】

本条是关于托运人承担过错责任的规定。

【条文理解】

在多式联运中，托运人一般应当承担以下3方面的责任：

(1)保证责任。即在多式联运经营人接管货物时，发货人应视为已经向多式联运经营人保证他在多式联运单据中所提供的货物品类、标志、件数、重量、数量及危险特性的陈述的准确无误，并应对违反这项保证造成的损失负赔偿责任。

(2)对凡是因为托运人或者其受雇人或者代理人在受雇范围内行事时的过失或者大意而给多式联运经营人造成损失的，托运人应当向多式联运经营人赔偿责任。

(3)运送危险物品的特殊责任。托运人将危险品交多式联运经营人时，应当

① 广东省中山市中级人民法院(2009)中中法民二终字第76号民事判决书。

告知多式联运经营人危险物品的危险特性,必要时应告知应采取的预防措施。否则其要对多式联运经营人因运送这类货物所遭受的损失负赔偿责任。

【司法适用】

在多式联运中,即使托运人已经转让多式联运单据的,但如果托运人因自己的过错给多式联运经营人造成损失的,托运人仍然应当承担损害赔偿责任。也就是说,托运人赔偿多式联运经营人的损失不受多式联运单据是否转让的影响,只要因托运人的过错造成多式联运经营人,不管多式联运单据在谁手中,多式联运经营人都可向托运人要求赔偿,而不能向持票人或者收货人要求赔偿。

【司法案例】

义乌市甲进出口有限公司诉乙株式会社海上运输合同纠纷案①

诉讼结论:多式联运下,托运人不能证明已申报货物价值,应当承担调整该区段运输方式有关法律规定的不利后果。

甲公司未主张并证明其在货物装运前已申报货物价值并在提单中载明,根据涉案提单所载货物重量为18,696千克,乙会社可限制其赔偿责任数额为1391.67美元。

第八百四十二条　货物的毁损、灭失发生于多式联运的某一运输区段的,多式联运经营人的赔偿责任和责任限额,适用调整该区段运输方式的有关法律规定;货物毁损、灭失发生的运输区段不能确定的,依照本章规定承担赔偿责任。

【条文主旨】

本条是关于多式联运经营人承担赔偿责任的法律适用的规定。

【条文理解】

在多式联运中,由于使用不同的运输方式进行运输,我国的各专门法或者行政法规对不同的运输方式中的赔偿责任和赔偿限额的规定是不相同的,所以就出现一个问题,即一旦货物发生毁损、灭失的,多式联运经营人根据哪一法律或者行政法规承担赔偿责任和赔偿限额?依照本条规定:

(1)如果货物发生毁损灭失的区段是确定的,多式联运经营人的赔偿责任和

---

① 宁波海事法院(2014)甬海法商初字第639号民事判决书。

责任限额，适用调整该区段运输方式的有关法律的规定。该原则体现了国际通行的多式联运经营人的“网状责任制”。

（2）对于货物发生毁损、灭失的运输区段不能确定的，多式联运经营人应当依照本章的规定承担损害赔偿责任。在多式联运中，货损发生的运输区段有时不易查清，网状责任制通常用“隐蔽损害一般原则”规定多式联运经营人的责任，即对这一类货损采用某项统一的规定的办法确定经营人的责任。本条规定，对于隐蔽货损，即货损发生区段不能确定时，多式联运经营人应当按照本章关于承运人赔偿责任和责任限额的规定负赔偿责任。

【司法适用】

《海商法》第105条规定：“货物的灭失或者损坏发生于多式联运的某一运输区段的，多式联运经营人的赔偿责任和责任限额，适用调整该区段运输方式的有关法律规定。”即采用“网状责任制”，其主要目的是尽可能使多式联运经营人的赔偿责任与各区段承运人的赔偿责任保持一致，尽量避免多式联运经营人在可向区段承运人追偿的损失数额之外对货损另作赔付，以促进多式联运的发展。

【司法案例】

新加坡甲海运股份有限公司诉乙保险股份有限公司、丙股份有限公司国际货物多式联运合同纠纷案①

诉讼结论：《海商法》下的网状责任制主要限于赔偿责任、责任限额，而不涉及诉讼时效。

本案案由为国际货物多式联运合同纠纷。各方当事人在同意本案审理整体上适用中国法律的前提下，对于认定新加坡甲公司的赔偿责任和责任限额以及有关诉讼时效是否应当适用墨西哥法律有争议。《海商法》第105条规定：“货物的灭失或者损坏发生于多式联运的某一运输区段的，多式联运经营人的赔偿责任和责任限额，适用调整该区段运输方式的有关法律规定。”多式联运经营人新加坡甲公司的赔偿责任和责任限额应适用墨西哥调整当地公路运输的民商事法律。《海商法》第105条规定多式联运经营人赔偿采用“网状责任制”，主要目的是尽可能使多式联运经营人的赔偿责任与各区段承运人的赔偿责任保持一致，尽量避免多式联运经营人在可向区段承运人追偿的损失数额之外对货损另作赔付，以促进多式联运的发展。在《海商法》中，承运人的赔偿责任、责任限额与有关（诉讼）时效属不同概念，分别规定于第4章（海上货物运输合同）与第13章（时效）中，该法关

---

① 最高人民法院（2018）最高法民再196号民事判决书。

于承运人赔偿责任的规定主要是(货物权利人)要求承运人赔偿的请求权成立的依据,而该法关于时效的规定则是请求权成立后权利人胜诉的依据;从该法整个体系和具体法条文义上看,该法第105条不涉及诉讼时效,故难以将该条规定的“赔偿责任”扩大解释为涵盖诉讼时效。另从法源上考察,在《海商法》于1992年11月7日颁布前,国际上有关规则和公约主要有《1973年多式联运单证统一规则》《1980年联合国国际货物多式联运公约》《1991年联合国贸易和发展会议/国际商会多式联运单证规则》,该三个国际规则和公约将多式联运经营人的责任形式分别规定为“网状责任制”、统一责任制、折中的“网状责任制”(介于“网状责任制”与统一责任制之间的责任形式),但均规定了单独的诉讼时效条款,其所规定的多式联运经营人的责任形式主要针对赔偿责任限额,并不涵盖诉讼时效。虽然相关国际规则和《海商法》规定多式联运经营人“网状责任制”具有其规范目标,但“网状责任制”在其具体条文中均没有得到全面贯彻,主要限于赔偿责任、责任限额,而不涉及诉讼时效。尽管全面推行多式联运经营人“网状责任制”有其合理性,但鉴于《海商法》第105条规定的多式联运经营人“网状责任制”有其明确适用事项(赔偿责任和责任限额),在案件审理中尚不宜将该“网状责任制”扩大解释适用于诉讼时效。法律规定诉讼时效,基本上系以不同请求权所赖以发生的法律关系为标准相应作出不同规范。故对于有关多式联运合同的请求权,也应当基于其所涉法律关系相应确定诉讼时效的法律适用。《海商法》没有规定有关多式联运合同的请求权的诉讼时效,本案多式联运合同项下货损赔偿请求权的诉讼时效期间,应当依据中华人民共和国在案涉运输行为发生当时所施行的法律规定即《民法通则》第135条关于2年诉讼时效期间的规定予以确定。

第二十章 技术合同

第一节 一般规定

第八百四十三条 技术合同是当事人就技术开发、转让、许可、咨询或者服务订立的确立相互之间权利和义务的合同。

【条文主旨】

本条是关于技术合同定义的规定。

【条文理解】

技术合同是“合同编”明确规定的有名合同，主要包括技术开发合同、技术转让合同、技术许可合同、技术咨询合同以及技术服务合同5种具体的合同类型。技术合同的本质特点是围绕技术形成的合同关系，与技术无关的合同不是技术合同。

【司法适用】

《合同法》于1999年10月1日起施行，《技术合同法》同时废止。《技术合同法》的内容基本已被《合同法》总则和分则第十八章的技术合同所取代或者涵盖。《技术合同法》废止后，《技术合同法实施条例》相应废止，但该条例的有关内容基本没有被新的法律或者行政法规予以承继。依据《技术合同法》及其实施条例等制定并于1995年4月2日发布的《最高人民法院关于审理科技纠纷案件的若干问题的规定》也于2000年7月25日被正式废止。2004年12月16日发布的《技术合同解释》于2005年1月1日起施行，目前仍处于有效期间。

【司法案例】

山东甲置业有限公司诉山东乙能源科技有限公司技术合同纠纷案①

诉讼结论：乙能源公司就相关技术问题提出优化建议方案，其并非相关建设

① 最高人民法院(2019)最高法民申3913号民事裁定书。

项目的建筑施工企业、勘察单位、设计单位和工程监理单位，该合同属于技术合同。

甲置业公司与乙能源公司签订的合同，系双方当事人就乙能源公司为甲置业公司相关建设项目提供恒温恒湿恒新风系统技术服务的技术合同，乙能源公司完成相关工作后将其成果交甲置业公司，再由设计单位北京丙建筑设计有限公司最终确定施工图纸。2016 年 6 月 13 日，乙能源公司向甲置业公司交付《关于"中联环所提三恒系统设计意见"的回复》，针对设计单位北京丙建筑设计有限公司关于设计图纸提出的问题进行一一答复。上述事实能够证明乙能源公司仅就相关技术问题提出优化建议方案，其并非相关建设项目的建筑施工企业、勘察单位、设计单位和工程监理单位，因而不属于《建筑法》的调整对象。基于双方当事人之间的合同约定确定甲置业公司应当支付的技术服务费并无不当，甲置业公司有关其应按乙能源公司实际完成工作量支付服务费的再审申请理由缺乏事实和法律依据，法院不予支持。

第八百四十四条　订立技术合同，应当有利于知识产权的保护和科学技术的进步，促进科学技术成果的研发、转化、应用和推广。

【条文主旨】

本条是关于技术合同订立目的的规定。

【条文理解】

技术合同是以技术为中心形成的合同关系。技术合同在订立以及履行的过程中，会存在技术秘密、专利等知识产权。因此，在订立技术合同时，要以有利于知识产权保护为目标，有利于科学技术进步为宗旨。同时，技术合同还要能够促进科学技术成果的研发、转化、应用和推广，不能造成对技术的封锁和垄断。

【司法适用】

合同需要解释最根本的原因在于语言文字的多义性。合同所使用的文字、词语、条款可能有不同的含义，不经解释不能判明其真实意思。合同解释方法包含文义解释、整体解释、目的解释、习惯解释等多种方法，其中，目的解释是非常重要的合同解释方法。根据本法第 466 条之规定，当事人对合同条款的理解有争议的，应当按照合同所使用的词句、合同的有关条款、合同的目的、交易习惯以及诚实信用原则，确定该条款的真实意思。本条规定的订立技术合同的目的属于合同的典型交易目的,即给予欲实现的法律效果①,这对于在实践中具体解释技术合同的条款具有非常重要的作用。

【司法案例】

汾州甲土特产品有限公司诉陕西乙大豆食品技术研究所技术合同纠纷案②

诉讼结论:在技术合同领域,尤其是涉及技术工业化的合同中,如果当事人之间没有明确约定,不应将产品商业化认定为技术合同的目的。

要避免在没有明确约定的情况下,将产品商业化认定为技术合同的目的。产品商业化是不同于技术工业化的概念。技术工业化以技术的工业化运用为目标,其仅解决技术能否从实验室走向工厂,产出合格产品的问题;产品商业化则以盈利为目标,其所关心的是供给侧和需求侧在质和量上是否匹配的问题,亦即产品是否适销对路、是否有利润空间的问题。诚然,技术工业化应以产品商业化为最终目标和导向,应当服务于产品商业化。技术工业化中技术指标的设置越贴近市场要求,产品商业化获得成功的可能性就越大。但技术工业化也只是产品商业化的必要条件,而非充分条件。产品商业化的达成,还需要满足诸如精准分析市场需求、巧妙设定营销策略、严格控制产销成本、切实保障资金流转等与技术无关的其他条件。更何况,以市场需求为导向,精准设定技术指标本就异常困难。在实践中,技术工业化成功但产品商业化失败的实例并不罕见。故若在无明确约定的情况下将产品商业化,乃至盈利,认定为技术合同的合同目的,无疑是赋予技术其不可承受之重,最终必将阻滞技术向生产力的转化。故在技术合同领域,尤应避免对合同目的的扩大解释——能否产出符合合同约定的产品和该产品能否上市销售、是否适销对路、是否有利润空间等,本就不是同一层面的问题。在无明确约定的情况下,不应将产品商业化认定为技术合同的合同目的。

第八百四十五条　技术合同的内容一般包括项目的名称,标的的内容、范围和要求,履行的计划、地点和方式,技术信息和资料的保密,技术成果的归属和收益的分配办法,验收标准和方法,名词和术语的解释等条款。

与履行合同有关的技术背景资料、可行性论证和技术评价报告、项目任

---

① 王泽鉴:《民法学说与判例研究》,台北自版1991年版,第279页。

② 最高人民法院(2016)最高法民申251号民事判决书。

务书和计划书、技术标准、技术规范、原始设计和工艺文件，以及其他技术文档，按照当事人的约定可以作为合同的组成部分。

技术合同涉及专利的，应当注明发明创造的名称、专利申请人和专利权人、申请日期、申请号、专利号以及专利权的有效期限。

【条文主旨】

本条是关于技术合同内容的规定。

【条文理解】

“合同编”第470条规定合同的内容一般包括当事人的名称或者姓名和住所、标的、数量、质量、价款或者报酬、履行期限、地点和方式、违约责任、解决争议的方法。技术合同在此基础上针对自身的特殊性，在本条中专门规定了技术合同一般包含的内容，如项目的名称、内容、范围和要求，履行的计划、地点和方式，技术信息和资料的保密，技术成果的归属和收益的分配办法，验收标准和方法，名词和术语的解释等。与履行合同有关的技术背景资料、可行性论证和技术评价报告、项目任务书和计划书、技术标准、技术规范、原始设计和工艺文件，以及其他技术文档等在当事人有约定的情况下，可以作为技术合同的内容。本条第3款专门规定，技术合同涉及专利的，应当注明发明创造的名称、专利申请人和专利权人、申请日期、申请号、专利号以及专利权的有效期限。

【司法适用】

技术合同的内容约定至关重要，特别是技术成果的归属和收益的分配办法，验收标准和方法等。在司法实践中，涉及技术合同纠纷的案件，往往集中在技术成果归属、收益分配、是否达到验收标准等核心条款上。同时，与履行合同有关的技术背景资料、可行性论证和技术评价报告、项目任务书和计划书、技术标准、技术规范、原始设计和工艺文件等亦对于是否履行合同义务，是否存在违约等判断具有重要意义。

【司法案例】

闵某诉安徽甲节能环保科技有限公司技术合同纠纷案①

诉讼结论：在双方自愿约定的情况下，可同时存在多份合同，也可对合同的具体条款进行变更，双方应按照合同约定履行义务。

---

① 安徽省高级人民法院(2013)皖民三终字第3号民事判决书。

双方于2010年10月8日签订的《备忘录》第6条约定，作为对闵某技术转让的补偿，甲公司给予闵某一次性现金补偿10万元。《备忘录》第7条约定，在闵某为甲公司工作满3个月后，闵某可以选择继续作为甲公司的全职员工，享受年薪15万元的待遇，或在技术转让完成后离开公司，若选择离开公司，则甲公司给予闵某额外10万元的补偿。而双方于2010年10月20日签订的《协议书》第5条关于技术共享部分，约定闵某在甲公司工作期间负责将净化器专有技术向甲公司公开并交由甲公司使用，今后无论闵某是否在甲公司服务，甲公司均可自主使用和处理该项技术。甲公司为此另行向闵某支付10万元技术共享费用，并按每销售汽油机三元净化器产品一升给闵某提成5元的标准向闵某交付技术提成费用。显然，《协议书》对《备忘录》约定的权利义务内容进行了变更，由技术转让变更为技术共享，并对技术共享情形下闵某享有的权利作了更明确具体的约定，即闵某自愿与甲公司签订劳动合同，成为甲公司的专职员工，领取年薪15万元(税后)，甲公司为此另行向闵某支付10万元技术共享费用，并按每销售汽油机三元净化器产品一升提成5元的标准向闵某交付技术提成费用。如闵某中途离职，自离职之日起不再享有提成。依据庭审查明的事实，2010年10月20日，闵某与甲公司签订了《劳动合同书》，正式成为甲公司的全员职工，于2011年12月28日与甲公司解除劳动合同，中途辞职。依据《备忘录》约定，闵某可以选择成为全员职工拿年薪15万元，或技术转让后离开公司，享有额外的10万元补偿。享有额外10万元的补偿的条件是闵某在技术转让完成后离开公司。现闵某选择成为甲公司专职员工，其就不再享有甲公司给予其额外10万元的补偿。根据协议书的约定，闵某享有的权利为自愿成为甲公司专职员工领取年薪15万元，甲公司另行支付闵某10万元技术共享费用(已经支付)、并享有按每销售汽油机三元净化器产品一升提成5元的技术提成费用，甲公司并无再行支付备忘录约定的额外10万元的合同义务，协议书对备忘录约定的权利义务进行了变更，因此，无论是根据备忘录还是根据协议书的约定，闵某均不享有额外的10万元补偿款。故甲公司并不存在未履行合同主要义务的根本违约行为。

第八百四十六条　技术合同价款、报酬或者使用费的支付方式由当事人约定，可以采取一次总算、一次总付或者一次总算、分期支付，也可以采取提成支付或者提成支付附加预付入门费的方式。

约定提成支付的，可以按照产品价格、实施专利和使用技术秘密后新增的产值、利润或者产品销售额的一定比例提成，也可以按照约定的其他方式计算。提成支付的比例可以采取固定比例、逐年递增比例或者逐年递减比例。

约定提成支付的，当事人可以约定查阅有关会计账目的办法。

【条文主旨】

本条是关于技术合同价款、报酬及使用费的规定。

【条文理解】

合同价款、报酬或者使用费是合同的重要内容。约定明确不仅有利于合同履行，也可避免争议。对于价款、报酬或者使用费当事人经过平等协商，自愿签订。对于约定提成支付的，该条结合技术合同的特点作出了指引，例如，可以按照产品价格、实施专利和使用技术秘密后新增的产值、利润或者产品销售额的一定比例提成等。为保障约定提成支付能够顺利实现，该条还规定双方当事人可以约定查阅有关会计账目的方法。

【司法适用】

合同价款、报酬或者使用费往往成为技术合同纠纷案件的焦点问题。技术合同中一般应对技术的对价进行明确而具体的约定，在技术转让合同中应约定具体转让金额。在技术开发合同中，一般会按照技术开发的程度分阶段支付费用，每一阶段有具体的检验标准和方法。在技术许可合同中，可以约定具体的许可费用，也可以按照被许可技术所产生的利润进行一定比例的分配等。这些约定越具体越明确，则越有利于避免纠纷及解决纠纷。

【司法案例】

黄某鹄诉四川乙石化研究所有限公司技术合同纠纷案①

诉讼结论：涉案技术合同约定技术费按利润总额（售价减去车间成本和产品税，但不含厂管理费）的40%，在实际履行过程中，双方当事人对技术费的支付达成了变更的意思表示，即就技术费的支付同意按照《成都市第二十中学校引进黄某鹄脱硫剂生产技术兴办成都丙净化剂厂合同》关于技术费支付的约定履行。技术费的计算方式以变更后的意思表示为准。

---

① 四川省高级人民法院(2019)川知民终128号民事判决书。

1991年8月的《成都丙净化剂厂引进脱硫剂生产技术合同》约定：技术费按利润总额（售价减去车间成本和产品税，但不含厂管理费）的40%，直接由丙净化剂厂代交黄某鹄个人收入调节税后，以支票方式拨付黄某鹄户头，技术费列入出厂产品成本。但丙净化剂厂与黄某鹄实际对技术费的支付达成了变更的意思表示，而丙实业公司对于其生产和销售脱硫产品支付费用问题也表示同意接受该变更。因此，技术费的支付标准应当以变更后的约定为准。法院充分考虑本案时间跨度长，历史背景复杂等因素，以民事诉讼证据高度盖然性原则，认定丁实业公司应当向黄某鹄支付的技术费金额为1,190,829.41元，向乙石化公司支付的3项费用金额为273,271.35元。

第八百四十七条　职务技术成果的使用权、转让权属于法人或者非法人组织的，法人或者非法人组织可以就该项职务技术成果订立技术合同。法人或者非法人组织订立技术合同转让职务技术成果时，职务技术成果的完成人享有以同等条件优先受让的权利。

职务技术成果是执行法人或者非法人组织的工作任务，或者主要是利用法人或者非法人组织的物质技术条件所完成的技术成果。

【条文主旨】

本条是关于职务技术成果的定义及其权属的规定。

【条文理解】

职务技术成果的使用权、转让权属于法人或者非法人组织的，法人或者非法人组织在行使使用权和转让权时，应从所得的利益中提取一定的比例给予个人奖励或者报酬。具体比例该条并未作出明确规定，当事人可以协商确定。协商不成，由法院结合职务技术成果的价值、所获得的利益以及个人对于职务技术成果的贡献等进行综合判断。法人或者非法人组织在行使转让权时，职务技术成果的完成人享有同等优先权。技术成果，是指利用科学技术知识、信息和经验作出的涉及产品、工艺、材料及其改进等的技术方案，包括专利、专利申请、技术秘密、计算机软件、集成电路布图设计、植物新品种等。① 职务技术成果是“执行法人或者非法人组织的工作任务”，包括：（1）履行法人或者非法人组织的岗位职责或者承担其交付的其他技术开发任务；（2）离职后一年内继续从事与其原所在法人或者

---

① 参见《技术合同解释》第1条。

非法人组织的岗位职责或者交付的任务有关的技术开发工作,但法律、行政法规另有规定的除外。法人或者非法人组织与其职工就职工在职期间或者离职以后所完成的技术成果的权益有约定的,人民法院应当依约定确认。①

【司法适用】

该条在司法实践中的难点是职务技术成果的判断。对职务技术成果与非职务技术成果的确认,直接涉及保护法人或者非法人组织(单位)的技术权益与鼓励发明人的发明创造积极性的平衡问题。在实践中,因技术成果定性引发的纠纷也相当多。对职务技术成果与非职务技术成果的界定,首先要尊重当事人的约定,其次要准确界定个人完成的技术成果是否属于本条规定的“执行法人或者非法人组织的工作任务”或“主要利用法人或者非法人组织的物质技术条件”。《技术合同解释》对“执行法人或者非法人组织的工作任务”以及“主要利用法人或者非法人组织的物质技术条件”的情形均作了具体的规定。

【司法案例】

黄某玮诉甲化学股份有限公司发明权纠纷案②

诉讼结论:确认职务技术成果的标准有两条:(1)执行法人或者非法人组织的工作任务,承担法人或者非法人组织的科学研究和技术开发课题或者履行本岗位的职责;(2)主要是利用法人或者非法人组织的物质技术条件。

本案中,甲公司分别于1999年5月4日、2001年5月28日,就案涉技术研发与黄某玮为代表的研发部签订了《毒莠定中试合成技术开发项目合同书》《毒莠定生产工艺工程化研究技术开发合同书》,双方在《毒莠定生产工艺工程化研究技术开发合同书》中约定,应当从使用和转让该项目技术成果所得的收益中提取一定比例,作为对完成该职务技术合同的个人的奖励或者报酬。2002年年初,以黄某玮作为项目负责人的研发部向甲公司提交了《毒莠定生产工艺定型技术总结报告》,甲公司对该报告的审查意见为:“本课题已基本完成工业化并满足批量生产毒莠定的要求。”上述证据能够证明,黄某玮所在的研发部已按照甲公司的要求,完成了毒莠定生产工艺工程化研究工作,该技术毒莠定的工业化生产技术为职务技术成果。

---

① 参见《技术合同解释》第2条。

② 四川省高级人民法院(2018)川民再615号民事判决书。

第八百四十八条　非职务技术成果的使用权、转让权属于完成技术成果的个人，完成技术成果的个人可以就该项非职务技术成果订立技术合同。

【条文主旨】

本条是关于非职务技术成果的权属的规定。

【条文理解】

非职务技术成果的使用权、转让权属于完成技术成果的个人，个人可以自由处分该项权利。本条规定体现了激励发明创造的立法目的，系与职务发明相对应的规定。非职务技术成果首先应为技术成果，是指利用科学技术知识、信息和经验作出的产品、工艺、材料及其改进等技术方案，包括专利、专利申请、技术秘密和其他能够取得知识产权的技术成果(如植物新品种、计算机软件、集成电路布图设计和新药成果等)。完成技术成果的人，是指对技术成果单独或者共同作出创造性贡献的人，不包括仅提供资金、设备、材料、实验条件的人员，进行组织管理的人员，协助绘制图纸、整理资料、翻译文献等复制服务人员。完成技术成果的人在并非为了“执行法人或者非法人组织的工作任务”或并非“主要利用法人或者非法人组织的物质技术条件”的情况下，其所完成的技术成果使用权和转让权归完成技术成果的个人。

【司法适用】

非职务技术成果的判断亦是司法实践的难点。法人或者非法人组织与其职工在劳动合同或者其他协议中就职工在职期间或者离职以后所完成的技术成果的权益有约定的，依其约定确认。但该约定依法应当认定为无效或者依法被撤销、解除的除外。非职务技术成果，是指职工并非履行本岗位职责或者非承担法人或者非法人组织交付的其他科学研究和技术开发任务所完成的技术成果。本岗位职责的界定以及法人或者非法人组织交付的其他科学研究和技术开发任务的明确非常重要。同时，离职、辞退、退休后一年内继续从事与其原所在法人或者非法人组织的岗位职责或者交付的任务有关的科学研究和技术开发，一般属于职务技术成果，但法律、行政法规另有规定或者当事人另有约定的除外。离职、辞退、退休后一年以后无论是否与其原所在法人或者非法人组织的岗位职责或者交付的任务有关的科学研究和技术开发均属于非职务技术成果。时间成为离职、辞退、退休后职务技术成果和非职务技术成果的重要区分标准。

【司法案例】

深圳市甲实业有限公司诉敖某华、敖某平专利权权属纠纷案[①]

诉讼结论：如果该项技术成果的完成并不属于该开发者的工作任务和责任范围，而是其在完成本职工作的情况下，利用专业知识、经验和信息完成的，则属于非职务技术成果，其应该由开发者个人所有。

本案中，从深圳甲公司提交的证据看，仅能证明敖某平自2005年11月至2008年1月在深圳甲公司工作，并担任结构工程师、产品组经理、插座板工程师等职务，主要为公司构思设计系列防触电转换器。深圳甲公司并未提交证据证明其曾向敖某平下达过关于涉案专利方面的开发性研究任务，其提交的证据亦不足以证明敖某平利用了其物质技术条件完成涉案争议的实用新型专利的发明。根据本案现有证据，难以认定涉案专利系敖某平的职务发明。

第八百四十九条　完成技术成果的个人享有在有关技术成果文件上写明自己是技术成果完成者的权利和取得荣誉证书、奖励的权利。

【条文主旨】

本条是关于技术成果人格权的规定。

【条文理解】

本条规定的是完成技术成果的个人有署名及取得荣誉、奖励的权利，无论是职务技术成果还是非职务技术成果。职务技术成果的经济权利归法人或者非法人组织，但精神权利属于完成技术成果的个人。这里的精神权利既包括署名权，获得荣誉权，还包括获得一定奖励的权利。职务技术成果的完成人同样享有可以获得法人或者非法人组织奖励的权利。

【司法适用】

在司法实践中，本条适用的核心在于如何判断技术成果的完成人。本条所知的技术成果完成人，是指对技术成果单独或者共同作出创造性贡献的人，也即技术成果的发明人或者设计人。法院在对创造性贡献进行认定时，应当分解所涉及技术成果的实质性技术构成。提出实质性技术构成并由此实现技术方案的人，是作出创造性贡献的人。提供资金、设备、材料、实验条件，进行组织管理，协助绘制

---

① 四川省高级人民法院(2012)川民终第207号民事判决书。

图纸、整理资料、翻译文献等人员，不属于完成技术成果的个人。

【司法案例】

吴某志诉西安甲化学研究所技术成果署名权、荣誉权纠纷案[①]

诉讼结论：当事人因科技成果的署名权及荣誉权发生争议属于民事争议，人民法院依法应予受理；技术成果完成人依法享有署名权和获得荣誉权。

本案中，吴某志发现研究所申报的航空抛放弹技术成果报奖名单中没有其本人，请求确认其为航空抛放弹科研项目完成人的资格和享有署名权，给其补发航空抛放弹获奖荣誉证书，属于人民法院受理民事案件的范围，人民法院依法应予受理。《合同法》第328条规定："完成技术成果的个人有在有关技术成果文件上写明自己是技术成果完成者的权利和取得荣誉证书、奖励的权利。"该条所称的技术成果，包括职务技术成果和非职务技术成果。因此，即使在技术成果的经济性权利归属于单位的情况下，即使有人买断了非职务技术成果的经济性权利，都不能剥夺完成该技术成果人员的人身权。本案中，吴某志其作为GR5系列发射药、GR5改1即航空抛放弹发射药的主要完成人之一，依法享有署名权和获得荣誉证书的权利。《合同法》第326条第1款规定："法人或者其他组织应当从使用和转让该项职务技术成果所取得的收益中提取一定比例，对完成该项职务技术成果的个人给予奖励或者报酬。法人或者其他组织订立技术合同转让职务技术成果时，职务技术成果的完成人享有以同等条件优先受让的权利。"本案中，吴某志请求研究所赔偿精神损失和因诉讼产生的经济损失，应该得到法院的支持。

第八百五十条　非法垄断技术或者侵害他人技术成果的技术合同无效。

【条文主旨】

本条是关于技术合同无效的规定。

【条文理解】

《合同法》第52条规定了合同无效的情形，包括一方以欺诈、胁迫的手段订立合同，损害国家利益；恶意串通，损害国家、集体或者第三人利益；以合法形式掩盖非法目的；损害社会公共利益；违反法律、行政法规的强制性规定的情形。技术合同订立的原则是有利于科学技术进步，加速科学成果转化、应用和推广。因此，非

① 陕西省高级人民法院(2009)西民四初字第80号民事判决书。

法垄断技术或者侵害他人技术成果的技术合同无效。

【司法适用】

合同效力往往是当事人争议的焦点问题之一。合同法对于在技术合同中如何防止滥用知识产权和交易优势地位问题予以特别关注。当事人不得通过技术合同限制技术竞争和技术发展是合同法的立法精神之一。对于技术合同效力的司法判断，除了《合同法》第52条规定的情形外，实践中主要存在以下情形：(1)限制当事人一方在合同标的技术基础上进行新的研究开发或者限制其使用所改进的技术，或者双方交换改进技术的条件不对等，包括要求一方将其自行改进的技术无偿提供给对方、非互惠性转让给对方、无偿独占或者共享该改进技术的知识产权；(2)限制当事人一方从其他来源获得与技术提供方类似技术或者与其竞争的技术；(3)阻碍当事人一方根据市场需求，按照合理方式充分实施合同标的技术，包括明显不合理地限制技术接受方实施合同标的技术生产产品或者提供服务的数量、品种、价格、销售渠道和出口市场；(4)要求技术接受方接受并非实施技术必不可少的附带条件，包括购买非必需的技术、原材料、产品、设备、服务以及接收非必需的人员等；(5)不合理地限制技术接受方购买原材料、零部件、产品或者设备等的渠道或者来源；(6)禁止技术接受方对合同标的技术知识产权的有效性提出异议或者对提出异议附加条件。

认定技术合同无效时要注意，技术合同因具有这些无效事由时，不能简单地将合同作全部无效处理。合同部分无效，不影响其他部分效力的，其他部分仍然有效。一般而言，对侵害他人技术成果的技术合同，因为交易本身建立在侵权行为之上而丧失了合法基础，一般应当认定合同全部无效。但是在只涉及侵害他人发明权、发现权以及其他科技成果权等技术成果完成人人身权利的场合和"非法垄断技术、妨碍技术进步"的各种情形时，技术权利人主体地位是合法的，双方进行技术交易的根本意思表示也真实，作为技术交易基础的合法性并未丧失，往往只是合同部分条款或者合同的非主要权利义务内容的条款的合法性存在问题，认定这些部分条款无效一般并不会影响其他主要合同权利义务的确定与履行。另外，需要注意的是，除了上述列举的情形之外，具体到个案中仍可能出现可以"非法垄断技术、妨碍技术进步"来认定技术合同无效或者部分无效的具体事由。比如，技术秘密转让合同中约定禁止受让人在合同终止后继续使用受让技术的条款，导致受让人在合同终止后不能使用自己作出的与受让技术无法分离的有价值的技术改进或者发展，该禁用条款就可以被认定无效。当然，在此情况下，该禁用条款的无效并不影响让与人要求受让人为继续使用其让与的技术秘密支付合理使用费的权利。

【司法案例】

潍坊甲制药有限公司诉北京乙医药科技发展有限公司技术合作开发合同纠纷案①

诉讼结论：涉案合同并未涉及非法垄断技术、妨碍技术进步或者侵害他人技术成果，不属于无效合同。

涉案协议为技术转化合同，并非甲制药公司主张的项目投资合同和加工承揽合同关系。法律对技术转化合同并未规定生效条件，涉案协议双方亦未对协议生效设立条件，故涉案协议一经签订就已经生效。《药品管理法》第 34 条规制的对象是药品经销商，而本案乙公司并非甲制药公司涉案产品的经销商，而是根据涉案协议的约定享有技术转化的成果，且本案有证据证明乙公司是通过其他具有资质的医药公司进行涉案产品的销售，其并未直接销售涉案产品。《技术合同解释》第 10 条规定："生产产品或者提供服务依法须经有关部门审批或者取得行政许可，而未经审批或者许可的，不影响当事人订立的相关技术合同的效力。"综上，对甲制药公司提出的涉案协议未生效和无效的主张，法院不予支持。

第二节　技术开发合同

第八百五十一条　技术开发合同是当事人之间就新技术、新产品、新工艺、新品种或者新材料及其系统的研究开发所订立的合同。

技术开发合同包括委托开发合同和合作开发合同。

技术开发合同应当采用书面形式。

当事人之间就具有实用价值的科技成果实施转化订立的合同，参照适用技术开发合同的有关规定。

【条文主旨】

本条是关于技术开发合同定义及合同形式的规定。

【条文理解】

技术开发合同，是针对新技术、新产品、新工艺、新品种或者新材料及其系统

① 最高人民法院（2018）最高法民申 3791 号民事裁定书。

的研究开发所订立的合同,合同订立的目的是从事研究开发新技术、新产品、新工艺、新品种或者新材料。也就是说,合同涉及的技术一般是在订立合同时双方都尚未掌握的,不是一项成熟或基本成熟、直接可以使用的技术。技术开发合同分为委托开发技术合同和合作开发技术合同。技术开发合同应当采用书面形式,这是与技术开发合同的特殊性直接相关的合同形式的规定。技术开发合同一般会涉及对技术的具体要求、检验的标准、履行的期限、付款方式等,口头约定的合同很难固定这些内容,因此,技术开发合同不能采用口头的形式订立。本条第 4 款是一个指引性的规定。具有实用价值的科技成果实施转化合同,是指当事人之间就具有实用价值但尚未实现工业化应用的科技成果包括阶段性技术成果,以实现该科技成果工业化应用为目标,约定后续试验、开发和应用等内容的合同。

【司法适用】

本条适用的关键在于技术开发合同的定义和形式要求。技术合同分为不同的类型,针对新技术、新产品、新工艺、新品种或者新材料等新的科技研发成果的开发属于技术开发合同。技术开发合同要求是书面形式。在司法实践中,对于口头技术合同的审理并非一概无效,应考虑该技术对社会的价值和对当事人技术权益的影响。根据实际情况,分别予以处理:(1)对可以促进生产和科技发展、对双方当事人有利并能继续履行的口头技术合同纠纷,应该尽理调解,促使双方达成协议,重新明确双方的权利义务,补签合同,并按有效合同处理。(2)调解无效,不能补签合同,应认定合同无效,并从技术权益、技术合同的费用、经济损失 3 个方面进行妥善处理。(3)在诉讼中,双方当事人对口头合同内容无争议,且合同已部分履行的,法院应认定合同有效,可作变通处理。

【司法案例】

大连市甲无纺布厂诉中国航空工业总公司乙研究所等质量损害赔偿案①

诉讼结论:在技术开发合同中,纠纷赔偿要坚持赔偿实际损失的原则,即一方面违约方只承担由于自己的违约行为给对方造成的损失;另一方面,赔偿损失的数额,应当相当于违约行为给对方造成的实际损失,包括财产直接减少的损失(直接损失)和可得利益的损失(间接损失)两部分。

本案所涉及的原告与被告乙研究所之间所订立的技术开发合同属于实验发展类型,指的是凭借从研究或实际经验中所获得的知识,用它指导生产新的材料、

---

① 辽宁省大连市金州区人民法院(1997)金经初字第 403 号民事判决书。

产品和设计，建立新的工艺、系统和技术服务，并且从本质上去改善已经生产或建立的那些产品和设计。进行技术开发的主要流向已经转化为以经济和社会的实效作为自己的最终归宿。委托方丙无纺布集团股份有限公司以及后来实际应用该项技术的原告方甲无纺布厂，对技术开发项目无疑也是以其经济和社会实效作为最终取向的。本案涉及的合同属于典型的技术开发合同。

第八百五十二条　委托开发合同的委托人应当按照约定支付研究开发经费和报酬，提供技术资料，提出研究开发要求，完成协作事项，接受研究开发成果。

【条文主旨】

本条是关于委托技术开发合同中委托人义务的规定。

【条文理解】

在委托技术开发合同中，委托人不仅应当按照合同约定支付研究开发经费和报酬，还应当提供技术资料、原始数据，为受托人从事技术开发工作提供必要的支持。同时，委托人在订立委托技术开发合同时，应对研发成果提出具体要求，明确检验标准。在受托人履行委托技术开发合同的过程中，委托人应完成协助事项，协助受托人进行技术开发。在受托人已经完成技术开发事项后，委托方应及时组织验收，接受开发成果。

【司法适用】

在司法实践中，委托开发合同纠纷案件中涉及委托人违约的行为主要有没有按时支付合同价款、没有履行协助义务导致无法完成开发成果、没有按时组织验收导致研发成果无法交付等。在委托开发合同中，委托方不仅享有权利，还承担了一定的合同义务。因此，在审理委托开发合同纠纷案件时，不仅应看合同双方当事人之间明确约定的权利义务，还应结合委托开发的技术特点、所需的基础材料等情况综合判断委托方具体的协助义务等。例如，有些个性化的委托开发成果需要委托方提供基础的技术资料和原始数据。同时，双方当事人还应就委托方提供的资料是否需要保密、后期开发成果归属等情况作出约定。

【司法案例】

北京甲公司诉乙公司技术委托开发合同纠纷案[①]

诉讼结论：经双方意思表示一致，签订的合同真实有效，双方当事人应按照合同约定履行各自义务。当事人一方不履行合同义务或者履行合同义务不符合约定的，应当承担继续履行、采取补救措施或者赔偿损失等违约责任。

北京甲公司和乙公司签订的《合同书》属于《委托开发合同》，双方意思表示一致，真实有效，双方当事人应按照合同约定履行各自义务。《合同书》约定：项目完成后，北京甲公司应及时书面通知乙公司予以验收，如超过验收期限乙公司仍未验收，也未与北京甲公司商定其他验收时间和地点，则视为乙公司验收合格，北京甲公司不承担任何责任。北京甲公司致乙公司《项目验收确认函》符合《合同书》中关于北京甲公司书面通知乙公司予以验收的约定。乙公司收到《项目验收确认函》后未作回应，应视为涉案项目验收合格。乙公司主张北京甲公司不具备技术能力和转包他人制作涉案项目，未提供证据予以证明，其主张没有事实依据，不能得到支持。故法院判令被告乙公司支付制作款37万元，并支付违约金11.1万元。本案中，当事人权利义务清楚，北京甲公司按约定履行了合同义务，乙公司没有按照约定履行验收义务，也未按照合同约定支付价款。故法院没有支持乙公司的抗辩主张。

第八百五十三条　委托开发合同的研究开发人应当按照约定制定和实施研究开发计划，合理使用研究开发经费，按期完成研究开发工作，交付研究开发成果，提供有关的技术资料和必要的技术指导，帮助委托人掌握研究开发成果。

【条文主旨】

本条是关于委托技术开发合同中研究开发人义务的规定。

【条文理解】

委托开发合同中的受托人应当按照合同约定的期间和阶段有计划地实施研究开发，合理使用研究开发费用，不能造成开发费用的浪费。受托人应当按照合同约定的期限交付研发成果，同时，将开发成果运用必要的技术资料一并交付。

---

① 黑龙江省哈尔滨市中级人民法院(2014)哈知初字第63号民事判决书。

此外,受托人还应当对委托人提供必要的技术指导,帮助委托人掌握并运用研究开发成果。委托开发合同的目标是受托人接受委托研发新的科学技术成果,同时,委托人能够掌握并运用该科学技术成果。因此,受托人在交付符合合同要求的科学技术成果时还应当对委托人提供必要的技术指导,帮助委托人能够掌握并运用研究开发成果。

【司法适用】

在委托开发合同中,受托人按时交付符合合同目的的开发成果非常重要。为了保证每一阶段交付符合要求的开发成果,受托人应当根据合同约定的阶段期限和开发成果的特点制订研究开发计划。同时,将开发费用控制在合理的范围内。对于交付开发成果的时间和开发费用,如果因为开发过程中出现特殊情况需要变更合同中的具体约定,则需要双方当事人进行协商,重新达成合同意向,变更原有的合同条款。如果双方未能达成一致,则合同条款不能变更。如果出现不可抗力或者难以预料的情形使得继续履行原合同将导致显失公平的,当事人可以主张合同解除。在委托开发合同中,受托人还有一项附随合同义务,交付有关的技术资料和必要的技术指导,帮助委托人掌握研究开发成果。受托人违反约定造成研究开发工作停滞、延误或者失败的,应当承担违约责任。

【司法案例】

中国航空工业第一集团公司甲飞机设计研究所
诉上海乙实业有限公司技术开发合同纠纷案①

诉讼结论:受托人未提供完整的设计分析书,技术开发也存在不尽合理和不适用之处,难以适应生产的需要,未达到合同约定的技术指标和参数,由于受托人的行为导致合同目的不能实现,委托人有权主张解除合同。

根据鉴定专家出具的《鉴定报告书》,上诉人甲飞机研究所对其交付被上诉人乙公司的“矿棉切割流水线”设备的技术开发(设计)存在不尽合理和适用之处,如:铡刀横切设备难以与生产过程中正在运动着的制品进行同步运动,横切铡刀采用动作不精确和速度较慢的气缸,因此进行横切动作时必然导致矿棉板受到卡阻和制品规格尺寸的不精确,其设计方案显然不能符合工艺要求;矿棉切割流水线设备的其他一些环节也不够完善,较难适应生产的需要,如没有横切飞锯行程终端的缓冲制动措施等。上诉人未向被上诉人提供系争设备完整的设计分析书,系争设备的技术开发存在不尽合理和不适用之处,设计方案不能符合工艺要求,

---

① 上海市高级人民法院(2005)沪高民三(知)终字第159号民事判决书。

难以适应矿棉制品生产的需要，未达到合同约定的技术指标和参数。同时，根据双方的合同约定，系争设备的验收标准和方式为采用现场调试方式验收，由被上诉人出具技术项目验收证明，本案中上诉人亦未提供有效证据证明系争设备已通过被上诉人的验收。因此，上诉人未能完成系争合同约定的义务，致使被上诉人签订系争合同的目的不能实现，因此上诉人与被上诉人签订的合同予以解除。

第八百五十四条　委托开发合同的当事人违反约定造成研究开发工作停滞、延误或者失败的，应当承担违约责任。

【条文主旨】

本条是关于委托技术开发合同中违约责任的规定。

【条文理解】

本条规定的委托开发合同中的违约责任，既包括委托人也包括受托人违反约定造成研究开发工作停滞、延误或者失败的情形。本条是将《合同法》第333条和第334条合并进行的规定。从《民法典》第852条和第853条的规定来看，委托开发合同中的委托人和受托人均负有一定的合同义务，委托开发成果的研发双方均应严格履行合同约定，力促合同如约履行，实现合同目的。

【司法适用】

违约责任是合同法中的重点内容。在司法实践中，委托开发合同纠纷案件往往与违约责任有关。在进行违约责任判断时，合同双方是否依约履行了各自的义务需要进行判断。委托技术开发合同往往与新技术、新工艺、新产品、新材料等新的成果开发相关，这些新成果是否符合合同约定的质量要求，是否能够实现合同目的，需要结合技术事实进行法律上的判断。在委托开发合同中，交付成果的验收标准需要提前进行约定，否则将按照行业中的惯例或者结合合同目的进行判断。有时，对于复杂的技术成果往往需要进行技术鉴定。

【司法案例】

山西甲无人系统有限公司诉陈某技术合同纠纷案①

诉讼结论：当事人依法签订合法有效的委托开发合同，受托方应当按照合同约定交付受托的技术成果，未按照合同约定完成委托开发任务的，构成违约。

① 山西省吕梁市中级人民法院(2019)晋11民初86号民事判决书。

本案中，甲公司进行了大量资金投资，但是截至起诉之日陈某尚未交付符合要求的技术成果，也没有提供任何研发无人机的相关实验数据、可行性报告等资料，现案涉无人机研发工作已实际停滞，合同目的根本不能实现，陈某作为研究开发人应当承担根本违约责任。

第八百五十五条　合作开发合同的当事人应当按照约定进行投资，包括以技术进行投资，分工参与研究开发工作，协作配合研究开发工作。

【条文主旨】

本条是关于合作开发各方的主要义务的规定。

【条文理解】

合作开发合同双方当事人的权利与义务，是与开拓未知的技术领域、解决新的技术课题紧密联系的。合作开发合同仍应当满足技术开发合同中新技术、新产品、新工艺、新材料及其系统的要求。这里的新技术、新产品、新工艺、新材料及其系统包括当事人在订立技术合同时尚未掌握的产品、工艺、材料及其系统等技术方案，但对技术上没有创新的现有产品的改型、工艺变更、材料配方调整以及技术成果的验证、测试和使用除外。合作开发合同的双方当事人均需对新技术的开发进行投入，因此，双方当事人应按照合同约定进行技术投资、经济投资等，按照分工进行研究开发，互相配合协作完成开发工作。“分工参与研究开发工作”，包括当事人按照约定的计划和分工，共同或者分别承担设计、工艺、试验、试制等工作。技术开发合同当事人一方仅提供资金、设备、材料等物质条件或者承担辅助协作事项，另一方进行研究开发工作的，属于委托开发合同。

【司法适用】

合作开发合同当事人双方应当按照约定进行投资，包括以技术进行投资、分工参与研究开发工作和协作配合研究开发工作。其中，分工参与研究开发工作是合作开发合同与委托开发合同最本质的区别。一般来说，委托开发合同的委托方是不参与合同标的技术的研究开发工作的，其主要义务是按照合同约定支付研究开发经费和报酬，提供技术资料、原始数据，完成协作事项，接受研究开发成果。而研究开发方则要承担全部研究开发工作，即按照约定制订和实施研究开发计划；合理使用研究开发经费；按期完成研究开发工作，交付研究开发成果，提供有关的技术资料和必要的技术指导，帮助委托人掌握研究开发成果。合作开发合同则不同。合作的双方不仅要按照约定进行投资，而且都要参与研究开发工作，双方可以有不同的分工,但不能只有一方承担研究开发任务,另一方只负责支付研究开发经费和报酬。否则,双方就不是合作开发,而是委托开发。委托开发与合作开发的法律意义是明显不同的。因此,当事人双方是否分工参与研究开发工作,对于区分什么是合作开发合同,什么是委托开发合同,具有十分重要的意义。

分工参与研究开发工作,是指当事人按照约定的计划和分工共同或者分别承担设计、工艺、试验、试制等工作。这里所说的设计、工艺、试验、试制等工作,是列举式的,在实践中应作扩大的理解,即凡是对合同标的技术本身的研究开发具有实质意义的活动,都应当属于研究开发工作的范畴。因为一项复杂的技术成果的研究开发,往往都要划分为若干个技术单元或者技术阶段,由不同的单位或人员来负责完成。譬如有的负责某一子系统的研究开发,有的负责技术系统的总成;有的负责工艺,有的负责设计等。这些研究开发工作,既可以由当事人双方共同完成,也可以由双方分工完成。但是,仅做一些辅助性的、配合性的工作,譬如仅为研究开发工作提供某种便利条件,而对合同标的技术的研究开发不具有实质意义的,不能认为是该条所说的分工参与研究开发工作。

【司法案例】

上海甲制药厂诉青岛乙研究所技术开发合同纠纷案①

诉讼结论:根据当事人的权利义务内容,当事人均承担技术开发工作义务的,该合同应当定性为技术合作开发合同,而非技术委托开发合同。当事人一方违约导致技术成果申报失败的,应当承担违约责任。

经查,系争合同明确约定,被上诉人乙研究所提供“慢炎乐”冲剂、“二宝”冲剂的处方以及过去所做过的临床、毒理、药理等技术资料。1995年6月16日,上海市卫生局药械处出具的《金藻冲剂初审意见》,认为金藻冲剂符合《新药审批办法》有关补充规定,符合可免报药效和长毒试验资料的“验方”要求。且上诉人甲制药厂在收到被上诉人提供的技术资料后及在新药申报过程中始终未表示异议。系争合同明确约定上诉人承担新药所需的毒理、药理、生产工艺及质量标准等各项试验工作,负责申报和鉴定工作等,承担全部所需费用,并且承担100%的风险责任。在系争合同履行过程中,被上诉人按约履行了义务,而上诉人在卫生部药品审评中心要求其限期补充药学和药理、毒理方面的材料后,未按期提供补充材料,导致了新药申报失败。此外,上诉人也未将申报新药过程中的有关情况及时告知被上诉人。所以,上诉人理应承担合同所约定的违约责任。

---

① 上海市高级人民法院(2001)沪高知终字第31号民事判决书。

第八百五十六条　合作开发合同的当事人违反约定造成研究开发工作停滞、延误或者失败的，应当承担违约责任。

【条文主旨】

本条是关于合作开发各方的违约责任的规定。

【条文理解】

本条规定的合作开发合同中的违约责任，是指违反约定造成研究开发工作停滞、延误或者失败的情形。合作开发合同双方当事人对于各自负责研发部分应当如约履行合同义务，因自身原因造成研究开发工作停滞、延误或者失败的，应当承担违约责任。在合作开发合同中，一方开发内容依赖另一方的开发进度和成果时，因另一方研究开发工作停滞、延误或者失败的，一方不承担违约责任。

【司法适用】

合作开发合同违约责任的认定是司法实践中的难点问题。主要是因为对于技术开发停滞、延误或者失败的原因判断触及对技术事实的认定。又加之合作开发合同属于双方均参与新技术的研究开发，彼此之间有交叉有配合。这就需要分清合同双方各自的义务以及各自开发完成的技术成果。

【司法案例】

濮阳市甲生物化工厂等诉张某恩等技术合作开发合同纠纷案①

诉讼结论：合同已无实际履行的可能性的，应予解除。当事人双方均存在过错的，应共同承担因合同解除造成的损失。

由于本案为技术合作开发合同纠纷，因故合同不能实际履行，甲化工厂、张某山、张某恩对该合同的不能实际履行在主观上对技术合作开发项目预料不够，在庄户村加工厂没有注册，没有办厂土地的情况下，签订《麦秸、稻草加工粗纤维项目合同书》且中途搁浅并解除合同，张某恩未能按约定时间筹备原料，甲化工厂未能按约定借款数额足额到位，并造成已投入资金不能生产约定的产品，其必然造成实际损失，该损失应由签订《麦秸、稻草加工粗纤维项目合同书》的当事人甲化工厂与张某恩共同承担。

① 河南省高级人民法院(2009)豫法民三终字第31号民事判决书。

第八百五十七条　作为技术开发合同标的的技术已经由他人公开，致使技术开发合同的履行没有意义的，当事人可以解除合同。

【条文主旨】

本条是关于技术开发合同解除的规定。

【条文理解】

技术开发合同，是当事人之间就新技术、新产品、新工艺或者新材料及其系统的研究开发所订立的合同，合同订立的目的是从事研究开发新技术、新产品、新工艺、新品种或者新材料。也就是说，合同涉及的技术一般是在订立合同时双方都尚未掌握的，不是一项成熟或基本成熟、直接可以使用的技术。如果技术开发合同的标的已经由他人研发并公开，则技术合同的履行就没有意义，此时该技术合同可以解除。

【司法适用】

《技术合同解释》规定，"新技术、新产品、新工艺、新材料及其系统"包括当事人在订立技术合同时尚未掌握的产品、工艺、材料及其系统等技术方案，但对技术上没有创新的现有产品的改型、工艺变更、材料配方调整以及对技术成果的验证、测试和使用除外。当事人在订立合同前或者履行合同期间，也可能存在他人就相同的技术、产品、工艺、材料及其系统进行研究开发，并且提前于当事人公开研究开发成果，或者已经存在相同的技术、产品、工艺、材料及其系统，在当事人订立合同时尚未公开，但在当事人订立合同后予以公开，从而使当事人研究开发出来的技术、产品、工艺、材料及其系统失去"新"的含义。对于因此种情况而解除合同的，当事人双方往往都没有过错，实际上是一种风险责任。对于这种风险责任，如果当事人有约定的，应当按照约定处理。没有约定或者约定不明确，可以协议补充；不能达成补充协议的，应当由双方合理分担风险责任。也就是说，对已经进行的研究开发工作所支出的开发费用，是委托开发的，委托方应当支付，但研究开发方不宜收取收益；是合作开发的，双方按比例承担有关风险责任。

【司法案例】

何某长诉厦门甲企业有限公司技术成果权属纠纷、
何某长诉谢某和解除技术开发合同纠纷案①

诉讼结论：对由他人研制药品配方产生技术成果，行为人或者单位如对该配

---

① 福建省高级人民法院（1997）闽知终字第01号民事判决书。

方进行了试验，则试验结果也可以认定为技术成果的范畴。

本案中，关于"胃宝宁"配方及试验结果的权属问题，根据何某长到甲公司之前，已有治疗胃及十二指肠溃疡的药及制造方法，甲公司主要由何某长进行胃疾病药品的研制、开发，且何某长到甲公司仅2个月，配方即将交付试验的证据情况，确认"胃宝宁"配方属何某长所有，如此处理合法有据。

第八百五十八条　技术开发合同履行过程中，因出现无法克服的技术困难，致使研究开发失败或者部分失败的，该风险由当事人约定；没有约定或者约定不明确，依据本法第五百一十条的规定仍不能确定的，风险由当事人合理分担。

当事人一方发现前款规定的可能致使研究开发失败或者部分失败的情形时，应当及时通知另一方并采取适当措施减少损失；没有及时通知并采取适当措施，致使损失扩大的，应当就扩大的损失承担责任。

【条文主旨】

本条是关于技术开发合同风险负担及通知义务的规定。

【条文理解】

技术开发合同系对新成果进行研究开发而订立的合同。新成果的研究开发必然带有一定的风险，不能确保合同订立时的预期技术成果一定能够开发完成。如果在开发过程中出现无法克服的技术困难，导致研究开发失败或者部分失败的，当事人在订立合同时有约定按照约定承担风险。没有约定或者约定不明确的，按照合同约定不明的补救方法进行补救，也就是说，当事人可以协议补充，不能达成补充协议的，由双方当事人合理分担风险。同时，各方当事人应当诚信履行合同，在一方发现可能致使研究开发失败或者部分失败的情形时，应当及时通知另一方并采取适当措施减少损失；没有及时通知并采取适当措施，致使损失扩大的，应当就扩大的损失承担责任。在司法实践中，当一方当事人提出风险责任的抗辩时，就涉及对风险责任的确认问题。确认研究开发工作失败或则会部分失败属于风险责任问题，一般要符合以下条件：(1)技术开发项目在现有技术水平下具有足够的难度；(2)研究开发方在开发过程中发挥了主观努力，并已经取得实质性进展；(3)该领域专家认为研究开发失败属于合理的失败；(4)当事人一方发现出现了无法克服的技术困难时，及时通知了对方当事人，并采取了适当的补救措施。只有符合上述这些条件，才能最终确认研究过程中的失败属于风险责任所致,并应按照风险责任处理。

【司法适用】

本条规定是针对技术开发合同的特殊性进行的规定,具有积极的意义。技术开发合同由于对新技术等新成果能否开发成功具有不确定性,由于出现无法克服的技术困难导致研究开发失败或者部分失败的,合同双方当事人应当就风险责任承担提前作出约定,没有约定的,可以补充协商。协商不成的则应当合理分担。同时,基于技术开发合同对未知风险的不可控性,当事人之间更应当诚信履约,并为制止损失扩大采取适当措施。这同样也是合同减损规则的要求。

【司法案例】

甲农科所诉乙市农科所甘蔗组培脱毒技术开发合同违约案①

诉讼结论:当事人一方既未采取风险预防措施,风险发生后也未采取有效措施补救,导致技术开发失败,应当承担主要责任。当事人在签订合同时未订立风险责任和违约责任条款,因此,另一方当事人对纠纷的引起也负有一定的责任。

本案合同成立后,乙农科所按合同约定在组培阶段已成功获取试管苗,但将试管苗移入温室前,没有对温室进行检修,遇到异常气温后,也未采取有效措施补救,导致甘蔗假植失败。因此,乙农科所在本案中应负主要责任。甲农科所在订立合同时,未与乙农科所订立风险责任和违约责任条款,对纠纷的引起也负有一定的责任。

第八百五十九条　委托开发完成的发明创造,除法律另有规定或者当事人另有约定外,申请专利的权利属于研究开发人。研究开发人取得专利权的,委托人可以依法实施该专利。

研究开发人转让专利申请权的,委托人享有以同等条件优先受让的权利。

【条文主旨】

本条是关于技术开发合同中技术成果归属的规定。

【条文理解】

在委托开发技术合同中,技术成果的归属首先依据法律及当事人之间的约定,在没有法律及当事人约定的情况下,技术成果的专利申请权归属研究开发人。

① 湖南省常德市武陵区人民法院(1993)武经初字第111号民事判决书。

这也符合谁付出创造性劳动谁享有权利的基本原则。同时,考虑到在委托开发合同中,技术成果是依据委托人的委托进行的开发,委托人可以依据合同约定实施该专利技术。此外,开发人在转让专利申请权时,委托人享有同等条件下的受让权。这样也有利于委托合同目的的顺利实现。

【司法适用】

技术成果归属问题一直以来都是技术合同中的核心问题。在委托技术开发合同中,委托方一般是提出需求方,会配合提供一些技术资料和原始数据,受托方进行技术的开发和研究。在订立委托技术开发合同时,双方应当就开发成果的归属进行协商约定。如果没有协商又没有法律规定的情况下,技术成果的专利申请权属于开发人。委托人仅享有免费使用权及同等条件下的优先受让权。

【司法案例】

吴某德诉甲市机电局技术监督所科技服务部等技术委托开发合同纠纷案①

诉讼结论:当事人一方仅提供设备与资料,对技术成果的开发无创造性贡献的,该技术开发合同应为委托开发合同。

《协议》约定吴某德应当在2002年1月完成X光源发生装置国产化设计,2002年4月中旬完成X光源发生装置国产化制造,并且进行技术交底。同时,《协议》约定,在协议签订之后于某先向吴某德支付人民币4万元,样品预检通过后再付人民币4万元,乙公司通过后付清余款人民币5万元。吴某德与于某对《协议》约定的第一笔人民币4万元的款项已履行的事实均无异议,但双方对样品是否通过预检有分歧。吴某德对样品已通过预检的主张负有举证责任。但吴某德递交的证据尚不能证明《测试报告》所反映的测试就是双方约定的预检,而且《测试报告》所记载的内容也无结论性意见,无法体现测试是否通过。吴某德也未递交于某向其支付人民币2万元的凭证,无法印证其所主张的于某因样品通过预检而向吴某德支付部分款项的事实。因此吴某德的上述主张不能成立。吴某德与于某对送交乙公司计量室的第一台样品未通过检测的事实均无异议,但吴某德认为此后其帮助于某完成了第二台样品,该样品通过了检测,对此吴某德亦负有举证责任,而吴某德未递交证据予以证明,故其主张不能成立。综上,因吴某德未递交充分的证据证明其已全部履行《协议》约定的义务,故其要求于某支付人民币7万元的诉讼请求没有事实和法律依据。

---

① 上海市高级人民法院(2004)沪高民三(知)终字第140号民事判决书。

第八百六十条　合作开发完成的发明创造，申请专利的权利属于合作开发的当事人共有；当事人一方转让其共有的专利申请权的，其他各方享有以同等条件优先受让的权利。但是，当事人另有约定的除外。

合作开发的当事人一方声明放弃其共有的专利申请权的，除当事人另有约定外，可以由另一方单独申请或者由其他各方共同申请。申请人取得专利权的，放弃专利申请权的一方可以免费实施该专利。

合作开发的当事人一方不同意申请专利的，另一方或者其他各方不得申请专利。

【条文主旨】

本条是关于技术合作开发合同中技术成果归属的规定。

【条文理解】

技术合同开发合同系双方当事人共同就新技术等新成果进行研发，双方当事人均从事了技术研发工作，因此，新技术成果的专利申请权属于合作开发的当事人共有。当事人一方转让其共有的专利申请权的，其他各方享有以同等条件优先受让的权利。一方当事人放弃专利申请权的，其他各方可以申请专利权，但放弃方可以免费使用该专利。但是，一方明确不同意申请专利的，其他各方则不能申请专利。此时，技术成果没有对外公开，在符合技术秘密的情况下可以作为技术秘密进行保护。

【司法适用】

本条系关于技术合作开发合同中技术成果归属的规定。在技术开发合同中，各方当事人均对技术开发作出了贡献，因此，对于新技术成果都有权利。各方当事人可以共同申请专利权，也可以在放弃专利申请权的情况下，免费使用该专利。但是，只有一方当事人不同意申请专利，则该技术成果就不能进行专利申请。

【司法案例】

上海甲软件科技有限公司诉上海乙技术开发有限公司计算机软件著作权转让合同纠纷案[①]

诉讼结论：当事人对其参与了技术成果的研发工作、作出了实质性的贡献提供证据予以证明的，方能主张作为技术成果完成人所享有的民事权利。

---

① 上海市浦东新区人民法院（2008）浦民三（知）初字第420号民事判决书。

在技术合作开发合同中，双方当事人均应对技术成果进行研究开发，当事人主张自己对技术成果完成享有权利的，应当首先证明其参与了技术成果的研发工作并对该技术成果作出了实质性的贡献。

第八百六十一条　委托开发或者合作开发完成的技术秘密成果的使用权、转让权以及收益的分配办法，由当事人约定；没有约定或者约定不明确，依据本法第五百一十条的规定仍不能确定的，在没有相同技术方案被授予专利权前，当事人均有使用和转让的权利。但是，委托开发的研究开发人不得在向委托人交付研究开发成果之前，将研究开发成果转让给第三人。

【条文主旨】

本条是关于技术秘密成果归属与分享的规定。

【条文理解】

该条的目的主要是解决委托开发或者合作开发完成的技术秘密成果的使用权、转让权以及利益的分配办法问题。根据该条规定，首先要依照合同约定，合同对委托开发或者合作开发完成的技术秘密成果的使用权、转让权以及利益分配方法是怎么约定的，就依照什么样的约定来处理，体现了约定优先的原则。只有在合同当事人之间没有约定或者约定不明确的，可以通过补充协议的方式进行协商。协商不成的，在没有相同技术方案被授予专利前，委托技术开发合同和合作开发合同中的当事人均可以使用和转让权利。但是，对于委托开发合同，在技术成果没有交付非委托方之前，受托方不得将技术成果转让给第三人。

【司法适用】

《技术合同解释》规定"当事人均有使用和转让的权利"，包括当事人均有不经对方同意而自己使用或者以普通使用许可的方式许可他人使用技术秘密，并独占由此所获得利益的权利。司法解释确定的这一分配原则，实际上是对《技术合同法实施条例》第50条规定的合理继承。当事人一方将技术秘密成果的转让权让与他人，或者以独占或者排他使用许可的方式许可他人使用技术秘密，未经对方当事人同意或者追认的，应当认定该让与或者许可行为无效。对一方当事人经对方当事人同意或者追认而转让技术秘密或者订立独占、排他实施许可合同，其所获收益的分配问题，实践中应当一般有两种处理情况。一种情形为当事人对所获收益的分配问题已经作出了明确约定，另一种情形为当事人对所获收益没有作出约定或者约定不明确。对于前一种情形，毫无疑问要按照当事人之间的约定进行分配，这是尊重当事人约定的一般要求，是明确的。对于后一种情形，应当按照技术成果分享的一般原则即合理分享原则处理。也就是说，当事人对于转让技术秘密或者独占、排他使用许可所获收益的分配问题没有约定或者约定不明的，人民法院应当根据合理分享原则予以确定。所谓合理分享，通常要综合考虑两方面的因素。一方面要考虑当事人对该项技术秘密的研究开发所作出的实质性贡献的大小，另一方面要考虑当事人在转让或者独占、排他许可该项技术秘密的商业化运作过程中所作出的贡献大小，根据两个贡献确定一个公平的分配比例。

【司法案例】

甲中心诉乙大学技术合作开发合同纠纷案[①]

诉讼结论：合作开发的研究开发人不得单方将研究开发成果转让给第三人。

这个案件中的合同双方当事人乙大学和甲中心共同出资，共同研究利用生物资源和生物工程技术，开发、生产生物环保设备和生物环保制品。双方为此签订技术合同，约定了各自的合同权利义务，并且在合同履行过程中，分别履行了一定的合同义务，还在履行合同过程中形成了光合细菌菌肥工艺技术和光合反应器、厌氧产酸装置两项专利。乙大学在未征得甲中心同意的情况下，单方将双方合作研制的光合细菌菌肥工艺技术和两项实用新型专利转让给丙公司独占使用，侵犯了甲中心的技术成果权，乙大学对此应当承担相应的侵权民事责任。甲中心在乙大学致函要求其不得将乙大学的技术向外扩散和转让的情况下，仍以销售成套设备的形式，将双方合作研制的光合细菌菌肥工艺技术许可给山西省丁复合菌剂厂等多家企业使用，且未征得乙大学的同意，侵犯了乙大学的技术成果权，甲中心对此亦应承担相应的侵权民事责任。

第三节　技术转让合同和技术许可合同

第八百六十二条　技术转让合同是合法拥有技术的权利人，将现有特定的专利、专利申请、技术秘密的相关权利让与他人所订立的合同。

技术许可合同是合法拥有技术的权利人，将现有特定的专利、技术秘密的相关权利许可他人实施、使用所订立的合同。

---

① 最高人民法院(1998)知终字第5号民事判决书。

技术转让合同和技术许可合同中关于提供实施技术的专用设备、原材料或者提供有关的技术咨询、技术服务的约定，属于合同的组成部分。

【条文主旨】

本条是关于技术转让合同和技术许可合同定义的规定。

【条文理解】

技术转让合同规定转让的是现有特定的专利、专利申请、技术秘密的相关权利。其中，专利申请权可以单独作为技术转让的对象。技术许可合同规定许可的是现有特定的专利、技术秘密的相关权利。技术许可合同中明确对外许可的只有专利和技术秘密。不涉及专利、专利申请、技术秘密的知识、技术、经验和信息，通常是指公有领域的技术，也不属于技术转让合同的范畴，这些知识、技术、经验和信息，如果涉及技术服务时，可按技术服务合同处理。所以，这也是技术转让合同与技术服务合同的重要区别。当然这里的“不涉及专利、专利申请、技术秘密的知识、技术、经验和信息”，不应当包括计算机软件著作权、集成电路布图设计专有权和植物新品种权。如果涉及这些知识产权，可根据《技术合同解释》第46条规定，可以参照适用技术转让合同的有关规定处理。同时规定，提供实施技术的专用设备、原材料或者提供有关的技术咨询、技术服务的约定属于技术转让合同和技术许可合同的组成部分。

【司法适用】

技术转让合同和技术许可合同的标的略有不同，技术转让合同可以就专利权、专利申请权以及技术秘密进行转让，技术许可合同中可以对外许可的是专利权和技术秘密。尚待研究开发的技术成果或者不涉及专利、专利申请或者技术秘密的知识、技术、经验和信息所订立的合同属于技术开发合同而不属于技术转让合同或技术许可合同。不涉及专利、专利申请、技术秘密的知识、技术、经验和信息，通常是指公有领域的技术，也不属于技术转让合同的范畴。技术转让合同和技术许可合同中关于提供实施技术的专用设备、原材料或者提供有关的技术咨询、技术服务的约定，属于技术转让合同或技术许可合同的组成部分。该款规定是吸收了之前《技术合同解释》第22条的规定。

【司法案例】

安图县明月镇甲供热供暖服务中心诉延边乙食品有限公司技术转让合同纠纷案①

诉讼结论：在履行期限届满之前，当事人一方明确表示或者以自己的行为表明不履行主要债务的，当事人可以解除合同。合同自通知到达对方时解除。

本案中，根据查明的事实，2016年9月8日，乙食品公司与甲服务中心签订《技术转让合同书》，约定技术转让等相关内容。但甲服务中心于2017年1月12日向乙食品公司发出《关于暂时终止技术转让合同的通知》，明确表示“暂时终止原订技术转让合同”，该通知已于同日到达乙食品公司。甲服务中心虽主张其在实属无奈的情况下向乙食品公司发出上述通知，是其后履行抗辩权的正当行使，但该通知并非其受胁迫欺诈情形下发出，实系其真实意思表示。乙食品公司亦未就上述通知内容表示异议。尽管该通知表述为“暂时终止”，但其内容却为撤离人员和设备，现双方也未就恢复合同的履行重新达成合意，故法院认定《技术转让合同书》已于2017年1月12日解除。

第八百六十三条　技术转让合同包括专利权转让、专利申请权转让、技术秘密转让等合同。

技术许可合同包括专利实施许可、技术秘密使用许可等合同。

技术转让合同和技术许可合同应当采用书面形式。

【条文主旨】

本条是关于技术转让合同和技术许可合同类型和形式的规定。

【条文理解】

本条是将技术转让合同和技术许可合同的类型进行了明确的规定，是对《民法典》第862条的回应性规定。技术转让合同基于转让的不同技术可以分为3类具体的合同，分别为专利权转让合同、专利申请权转让合同、技术秘密转让合同。技术许可合同基于对外许可的技术不同可以分为两类具体的合同，分别为专利实施许可合同和技术秘密使用许可合同。技术转让合同和技术许可合同均应当采用书面形式，这和技术合同要求书面形式的一致的。

① 最高人民法院(2019)最高法民申1984号民事裁定书。

【司法适用】

专利申请权转让合同中存在一定风险。因为,专利申请权并不等于专利权,专利申请能否通过国家专利授权部门的审查,最终获得专利权,带有相当大的不确定性。申请专利的发明创造,符合专利法规定的授权条件的,才授予专利权,不符合专利法规定的授权条件的,则将被驳回。因此,当事人之间就专利申请权订立技术转让合同,就存在一定的风险。受让人受让的专利申请权,其专利申请有可能被授予专利权,也有可能被驳回。如果受让的专利申请权,其专利申请最终被驳回,就有一个合同风险的承担问题。通常情况下,在专利申请权转让合同中,由于专利申请被驳回或者被视为撤回导致的合同风险,主要有 3 种情形。第一种情形为专利申请被驳回或者被视为撤回的事实发生在依照《专利法》第 10 条第 3 款的规定办理专利申请权转让之前;第二种情形为专利申请被驳回或者被视为撤回的事实发生在依照《专利法》第 10 条第 3 款的规定办理专利申请权转让登记之后;第三种情形为专利申请因专利申请权转让合同成立时即存在尚未公开的同样发明创造的在先专利申请被驳回。对于第一种情形来说,应当允许受让人解除合同,即由让与人承担专利申请被驳回或者被视为撤回的后果。对于第二种情形,则不允许受让人解除合同,即由让与人自行承担专利申请被驳回或者被视为撤回的后果。对于第三种情形,受让人可以依据《民法典》第 147 条、第 151 条的规定,请求撤销该合同,即专利申请被驳回的后果由谁承担,给予受让人一定的选择权。

根据技术合同的一般规定以及《专利法》的规定,专利权的转让及专利申请权的转让均需要订立书面合同。专利实施许可合同以及涉及技术秘密的合同亦均需要采取书面的形式订立合同。

【司法案例】

北京甲公司诉郑某技术合同转让纠纷案①

诉讼结论:解除合同,被告返还专利权转让费。

原告甲公司与被告郑某双方所签《协议书》的实质为专利权转让合同。《协议书》签订后,双方实施了支付转让费、交付专利证书、共同办理著录项目变更手续等履约行为,但在涉案专利的专利权人正式变更为原告前,该《协议书》尚未履行完毕。无论双方《协议书》签订的时间是 2001 年 5 月 28 日还是 2002 年 5 月 29 日,在涉案专利的专利权人正式变更为原告前,维持涉案专利有效性的责任在于

① 北京市第二中级人民法院(2003)二中民初字第 185 号民事判决书。

被告。虽然原告在1995年至2001年为被告交纳了涉案专利的相关费用，但没有证据表明此系原告基于其与被告签订的合同而负有的合同义务，也没有法律规定原告负有此义务。而被告主张由于原告无偿使用涉案专利，故应替被告交纳专利年费的主张，既于法无据，被告就此举证也不充分，且原告亦对此予以否认。因此，被告关于导致涉案专利被终止的责任在于原告的主张，不予支持。由于被告未按期交纳涉案专利的年费及滞纳金，导致涉案专利的专利权在2001年5月29日被终止，致使双方《协议书》已无继续履行的可能。原告在此情况下，要求解除双方所签《协议书》并要求被告返还1万元转让费的请求，法院予以支持。

第八百六十四条　技术转让合同和技术许可合同可以约定实施专利或者使用技术秘密的范围，但是不得限制技术竞争和技术发展。

【条文主旨】

本条是关于技术转让范围约定的规定。

【条文理解】

实施专利或者使用技术秘密的范围，包括实施专利或者使用技术秘密的期限、地域、方式以及接触技术秘密的人员等。当事人对实施专利或者使用技术秘密的期限没有约定或者约定不明确的，受让人实施专利或者使用技术秘密不受期限限制。同时，技术转让合同和技术许可合同约定对于技术的使用方式和范围不得限制技术竞争和技术发展，这也是技术合同一般规定中对于技术合同的要求。

【司法适用】

技术转让合同和技术许可合同中约定的范围包括期限、地域和方式。所谓期限，是指让与人许可受让人实施专利或者使用技术秘密，从何时开始，到何时结束，是一个时间段。所谓地域，是指许可受让人在多大的地理范围内实施专利或者使用技术秘密，例如，是在整个国家的地域范围内实施专利或者使用技术秘密，还是在某个省的地域范围内实施专利或者使用技术秘密。所谓方式，主要是指实施专利或者使用技术秘密的方式，例如是独占许可方式，还是排他许可方式，抑或是普通许可方式。这些都需要在合同中进行明确而具体的规定。同时，这些具体约定不得限制技术的竞争和技术发展。

【司法案例】

上海甲胶体技术研究所诉深圳乙化工有限公司非专利技术转让合同案[①]

诉讼结论：被告承担违约责任。

本案是一起非专利技术转让合同的纠纷案。被告深圳乙化工有限公司系中外合资企业。为了提高该公司产品在国际上的竞争力，原、被告经过互相协商，双方签订非专利技术转让合同，原告将自己研制的喷水织造浆料的技术资料等转让给被告，并进行技术指导；被告在合同规定的范围内使用技术，并支付使用费。签订技术转让合同后，原告按约提供技术资料、技术服务，严格履行合同规定的义务条款。被告在按约支付了2个月的技术使用费后，为减少成本，暗中收买原告派去执行合同的技术负责人，并秘密与其签订购买原告的喷水织造浆料技术配方及售后服务合作协议。嗣后被告即停止向原告支付技术使用费、故意毁约。本案被告在收买了原告技术人员后，认为原告已没有利用价值，即擅自解除合同，拒付技术使用费。被告违约的故意是很明显的。所以法院判决由被告承担全部违约责任。

第八百六十五条　专利实施许可合同仅在该专利权的存续期限内有效。专利权有效期限届满或者专利权被宣告无效的，专利权人不得就该专利与他人订立专利实施许可合同。

【条文主旨】

本条是关于专利实施许可合同限制的规定。

【条文理解】

专利实施许可合同是授权他人实施其专利技术的合同。我国《专利法》第42条明确规定，发明专利权的期限为20年，实用新型专利权和外观设计专利权的期限为10年，均自申请日起计算。因此，专利实施许可合同只在专利权的存续期限内有效，专利权到期后将不再受到法律的保护，属于社会公众可以自由使用的技术。专利权有效期届满或者被宣告无效后，该技术方案则不属于专利技术，专利权人则不能再与他人订立技术实施许可合同。

---

① 上海市中级人民法院(1993)沪中经终字第511号民事判决书。

【司法适用】

由于专利权本身具有法定的期限,专利实施许可合同的期限不能超过专利权的有效期限。超过专利权有效期限的专利实施许可合同,超出有效期限部分无效。同时,专利权有效期限届满或者专利权被宣告无效的,专利权人不得就该专利与他人订立专利实施许可合同,已经订立的专利实施许可合同无效。

【司法案例】

王某华、王某中、吕某富、梅某宇与黑龙江丙厂专利实施许可合同纠纷案①

诉讼结论:丙厂支持该专利实施许可使用费。

专利权人与其他非专利权人共同作为专利实施许可合同的一方,特别是合同对其他非专利权人也约定了权利义务的情况下,专利权人行使专利权应当受到合同的约束。不经过其他非专利权人的同意,专利权人无权独自解除所签订的专利实施许可合同,否则,就会损害合同其他当事人的合法权益。1990年11月1日,签订专利实施许可合同时,王某华是作为甲方(王某华、王某中、梅某宇)代表签名,该合同虽没有约定专利的处分权归上述3人共有,但约定了甲方有获得入门费、专利使用费的权利。该合同虽未约定其他两人的收益数额,但没有约定的只是具体的分配比例,并不是没有约定两人应获得收益。1991年3月20日,王某华与丙厂签订终止协议书时,未经其他许可人的同意和授权,擅自终止原签订的专利实施许可合同,损害了其他许可人的利益。根据双方签订的专利实施许可合同第5条的约定:在合同有效期内,由于工艺或者生产等其他方面的需要,甲乙双方均可对专利进行技术改进设计,但不改变该专利的实际属性,不影响本合同的执行。丙厂应当按照约定向王某华、王某中、梅某宇支付专利实施许可使用费。吕某富作为专利权人之一,理应获得相应的份额。

第八百六十六条 专利实施许可合同的许可人应当按照约定许可被许可人实施专利,交付实施专利有关的技术资料,提供必要的技术指导。

【条文主旨】

本条是关于专利实施许可合同许可人主要义务的规定。

---

① 最高人民法院(2006)民三提字第2号民事判决书。

【条文理解】

专利实施许可合同是授权他人实施其专利技术。我国专利法虽然规定以专利充分公开换取一定期限的垄断使用权,本领域技术人员阅读专利的权利要求书和说明书能够实施本专利,但是,专利技术的实施本身特别是生产化又需要一定的经验和技术支持。因此,专利实施许可合同的许可方掌握着专利技术,其应当在许可他人实施专利技术时交付实施专利有关的技术资料,并提供必要的技术指导,以使被许可方能够按照说明书的记载实现本专利的技术。专利实施许可合同中许可人还可依照合同约定承担其他义务,本条所规定的属于法定附随义务,许可人应当诚信履行协助义务。

【司法适用】

本条在司法实践中适用时,主要集中在如何判断许可人交付实施专利有关的技术资料的范围以及什么是必要的技术指导。关于交付的技术资料首先应当包括专利的权利要求书和说明书。其次,如果该专利的背景技术对于实施本专利具有非常的作用也可以作为提交的资料。最后,本专利的实施如果需要一定的技术环境或者技术条件时,许可人应就该技术实施提供相关的资料。此外,关于必要的技术指导需要结合专利的技术特点进行判断。

【司法案例】

河南甲实业有限公司诉陆某才发明专利实施许可合同纠纷案①

诉讼结论:专利实施许可合同转让的是专利技术的使用权,即转让的是专利技术的使用权,提供相关技术资料、提供技术指导属于让与人的附随义务。

涉案《专利实施许可合同》约定陆某才、吴某军、徐某白作为许可方向甲公司提供全部专利文件,提供为实施专利而必须的工艺流程文件,提供设备清单用于制造该专利产品,提供实施专利涉及的技术秘密,提供为实施专利而必须的产品设计制造图纸及工艺流程文件。甲公司在反诉状中认可陆某才、吴某军、徐某白向其提供了技术图纸,庭审期间认可向其提供了研磨机规格、技术参数以及推荐工程师等事实;在法院组织现场勘验时,甲公司承认设备实物是按照合同约定的专利技术制造。况且,甲公司已制造销售两台超细粉立式辊磨研磨机,分别向哥伦比亚和土耳其出口。前述事实足以表明,甲公司已经实际制造并销售了合同约定的设备产品,且至少两台产品能够正常使用。法院由此认定陆某才、吴某军、徐某白已经履行合同约定的交付技术资料等义务。

---

① 最高人民法院(2019)最高法民申 2064 号民事裁定书。

第八百六十七条 专利实施许可合同的被许可人应当按照约定实施专利，不得许可约定以外的第三人实施该专利，并按照约定支付使用费。

【条文主旨】

本条是关于专利实施许可合同被许可人主要义务的规定。

【条文理解】

本条规定专利实施许可合同中被许可人的主要义务是依约实施专利，不得超出合同约定的实施专利的期限、范围和方式。由于专利本身不具有排他性，即可以多主体同时实施同一专利技术。因此，法律专门规定了专利权的实现方式。被许可人在实施专利技术时，不得将其获得的专利技术再次许可给第三人实施。此外，专利实施许可合同中被许可人的一个主要合同义务是按照合同约定的期限、金额、方式支付专利许可使用费。

【司法适用】

专利实施许可合同中被许可人超越范围使用专利技术或者未经专利权人许可擅自许可第三人使用专利技术以及未按照约定支付使用费等成为司法实践中适用该条的常见情形。被许可人实施专利时应当按照合同约定的使用方式、使用地域、使用期限实施专利，超出约定范围的使用将构成违约和侵权的竞合。许可人可以择一诉讼，维护自己的权利。如果被许可人未经许可擅自许可第三人实施专利，则第三人实施专利的行为将构成专利侵权，其并不能通过被许可人的许可实现不侵权抗辩。

【司法案例】

杜某某等诉李某某实用新型专利实施许可合同纠纷案①

诉讼结论：被许可人在合同约定的时间内按照专利技术生产出与专利权利要求一致的合格产品，则专利权人提供的专利技术系完整、有效的。

涉案《专利许可使用合同》第6条违约责任之第2款规定"……某方在此期间未能指导某两方生产出合格产品，需向某两方支付同等赔偿金"。而专利实施许可合同所许可、转让的系专利技术方案，而涉案专利许可使用合同中所约定的"合格产品"应为与该合同所许可、转让的系专利权利要求一致的产品，即与ZL200920299084.8号专利权利要求一致的产品。而庭审中两原告已确认上述汽

① 浙江省杭州市中级人民法院(2012)浙杭知初字第15号民事判决书。

车用遮阳卷帘与ZL200920299084.8号专利权利要求一致,故,应当认为依据被告提供的模具能够生产出与ZL200920299084.8号专利权利要求一致的产品。而该与ZL200920299084.8号专利权利要求一致的产品即专利许可使用合同中所约定的“合格产品”,换言之,杜某某、杭州某某服装有限公司已经生产出合格汽车用遮阳卷帘产品。

第八百六十八条　技术秘密转让合同的让与人和技术秘密使用许可合同的许可人应当按照约定提供技术资料,进行技术指导,保证技术的实用性、可靠性,承担保密义务。

前款规定的保密义务,不限制许可人申请专利,但是当事人另有约定的除外。

【条文主旨】

本条是关于技术秘密转让人和许可人主要义务的规定。

【条文理解】

技术秘密转让合同的让与人和技术秘密使用许可合同的许可人首先应当按照约定提供技术资料,进行技术指导,保证技术的实用性、可靠性。同时,还负有保密的义务。技术秘密是尚未对外公开的具有一定商业价值的技术信息,是按照商业秘密进行保护的。技术秘密转让人和许可人掌握着技术秘密,在其将技术秘密转让或者许可给他人后依然负有保密的义务。但是,技术秘密转让人和许可人的保密义务不影响其将技术秘密申请专利,当事人之间另有约定的除外。

【司法适用】

本条适用的关键在于技术秘密的转让人和许可人对于技术秘密的保密义务与申请专利之间的关系。技术秘密转让合同让与人和许可人所承担的保密义务,不限制其就该项技术秘密申请专利的权利。但是获得专利权是以权利人公开其发明创造为前提的,一旦申请专利则技术秘密的秘密性将受到破坏。因此,当事人可以就是否允许让与人或许可人就所转让或许可的技术秘密申请专利进行约定。如果当事人约定让与人或许可人不得就所转让或许可的技术秘密申请专利,那么,让与人或许可人就不能申请专利,否则,即构成违约。在当事人对让与人或许可人不能就所转让或许可的技术秘密申请专利没有约定或者约定不明确的情况下,让与人或许可人就所转让的技术秘密申请专利的,不能认为让与人或许可人违反了该条规定的“保密义务”。

【司法案例】

江苏甲药业集团公司诉乙研究所技术秘密转让合同纠纷案[①]

诉讼结论：技术秘密转让合同让与人承担的“保密义务”，不限制其申请专利，但当事人约定让与人不得申请专利的除外。

由于技术秘密成果不像专利那样通过法律公示授权来保护它的独占权，只能靠技术保密来维护它的事实上的独占权。技术秘密成果一旦泄密公开，其独占权也就丧失。因此，技术秘密转让合同当事人都负有按照合同约定彼此承担保守技术秘密的义务。在双方保密的基础上，也可以采取类似普通实施许可、排他实施许可和独占实施许可的转让方式。让与人应当积极履行上述义务，同时享有接受使用费的权利，受让人逾期不支付使用费的，让与人有权解除合同。但是，这种保密义务也不是完全绝对化的。因为让与人毕竟是技术秘密的权利人，即使通过合同进行了技术秘密的转让，让与人对技术秘密的必要处分还是应该给予保护的。因此，法律规定技术秘密转让合同让与人承担的保密义务，不限制其申请专利，但当事人约定让与人不得申请专利的除外。

第八百六十九条　技术秘密转让合同的受让人和技术秘密使用许可合同的被许可人应当按照约定使用技术，支付转让费、使用费，承担保密义务。

【条文主旨】

本条是关于技术秘密受让人和被许可人主要义务的规定。

【条文理解】

技术秘密受让人和被许可人首先应当按照约定使用技术秘密，不得超出合同约定的使用方式、使用范围等使用技术秘密。其次，技术秘密受让人和被许可人还应当按照约定的方式、金额、期限支付使用费。最后，技术秘密受让人和被许可人还应当对技术秘密承担保密的义务。技术秘密的秘密性是其能够保持商业价值的关键因素之一，一旦技术秘密被公开，则会给权利人造成极大的损失。因此，技术秘密的受让人和被许可人对其掌握的技术秘密应当承担保密的义务。

【司法适用】

本条规定的技术秘密的受让人和被许可人的主要义务有：(1)按照约定使用

---

① 江苏省高级人民法院(2003)苏民三终字第042号民事判决书。

该项技术,不能超越合同约定的使用范围。未经让与人同意,不得擅自许可第三人使用该项技术秘密成果。(2)按照约定支付使用费。(3)按照约定承担保密义务。技术秘密成果一旦失密,也就不成为技术秘密成果了。受让人应当按照合同约定采取保密措施,维护让与人、许可人和自己的合法权益。技术秘密转让合同受让人或被许可人应当积极履行上述义务。(4)对于受让人承担的保密义务,根据技术秘密的特点,秘密性构成了技术秘密价值的根本基础,因此法律规定其应当承担保密义务。这个规定,主要是基于技术转让合同的多样性。比如,当事人为了更有效地维护自己的合法权益,在不影响专利授予的情况下留有技术秘密,其他人只有掌握了技术秘密才能更有效地实施该项专利。在涉及专利的技术转让合同中,当事人也存在技术保密的问题,当事人应当对该技术秘密的保密范围、期限、措施进行约定。技术转让合同受让人应当按照约定的范围和期限,对让与人提供的技术中尚未公开的秘密部分保密。如果保密期限届满,该项技术的秘密部分仍未公开,应当继续签订保密协议;如果在保密有效期内,该项技术的秘密部分已经让与人公开,受让人不再单方承担保密的义务。

【司法案例】

西安甲药物研究有限公司与西安乙药业有限公司
技术秘密转让合同纠纷案①

诉讼结论:受让人在判决后及时支付了技术秘密转让费,转让人亦表示接受。解除合同不利于实现合同目的,也不利于维护双方当事人业已形成的相对稳定的权利义务关系,故对转让人诉请解除合同的主张不予支持。

从本案相关事实来看,双方当事人已实际履行涉案合同多年。虽然乙公司未能按照合同约定及时支付技术秘密转让费,确有不当,但鉴于二审判决后,乙公司已向甲公司足额支付全部合同余款,甲公司亦已接受。解除涉案合同不利于实现合同目的,也不利于维护双方当事人业已形成的相对稳定的权利义务关系。因此,涉案合同不予解除。

第八百七十条　技术转让合同的让与人和技术许可合同的许可人应当保证自己是所提供的技术的合法拥有者,并保证所提供的技术完整、无误、有效,能够达到约定的目标。

① 最高人民法院(2012)民申字第933号民事裁定书。

【条文主旨】

本条是关于技术转让合同的让与人和技术许可合同的许可人主要义务的规定。

【条文理解】

技术转让合同转让的标的是技术本身，因此，技术转让合同的让与人首先应当保证自己是所转让技术的合法权利人。如果转让人本身无权处分该技术，则该转让合同属于无权处分的合同，合同效力待定。技术转让合同的转让人还应当保证所提供的技术完整、无误、有效，能够实现合同目的。技术转让合同中不论转让的是专利技术还是技术秘密，转让人均应当保证其转让的技术本身是完整的，可以被实施，不存在技术上无法实现的问题。技术许可合同的许可人和技术转让合同的让与人具有同样的保证义务。

【司法适用】

本条主要规定了技术转让合同让与人的基本义务。让与人应保证权利无瑕疵，即让与人拥有转让技术的合法权利，可以自由处分该技术。同时，让与人应保证所转让技术本身无瑕疵，可以实施，能够实现合同目的。技术许可合同的许可人和技术转让合同的让与人具有同样的保证义务。

【司法案例】

重庆甲生物药业股份有限公司诉天津乙药品科技发展有限公司
技术秘密让与合同纠纷案①

诉讼结论：技术秘密让与人切实履行应尽的义务的，对受让人的技术产品未获批准无须承担违约责任。

药品技术受让人能否取得新药证书和药品生产批准文号，不仅有赖于当事人双方的相互协作，还受制于国家药品监督管理部门的意志和行为。转让人提供的技术符合国家约定，且提供了相应的技术资料，已准备了充分的形式申报条件，故其对于受让人新药注册申请未被受理一事并无违约之处。受让人关于转让人构成根本违约的主张不成立。受让人应当按照合同约定履行付款义务。

第八百七十一条　技术转让合同的受让人和技术许可合同的被许可人应当按照约定的范围和期限，对让与人、许可人提供的技术中尚未公开的秘密部分，承担保密义务。

---

① 重庆市高级人民法院(2008)渝高法民终字第168号民事判决书。

【条文主旨】

本条是关于技术转让合同的受让人和技术许可合同的被许可人技术保密义务的规定。

【条文理解】

技术转让合同的受让人和技术许可合同的被许可人应当按照约定的范围和期限,对让与人提供的技术中尚未公开的秘密部分,承担保密义务。一般情况下,受让人和技术许可合同的被许可人通过技术转让合同获得技术后,其本身成为该技术的权利人,其是否公开该技术并不受该保密义务的约束。但是,基于技术转让合同的多样性,转让的技术本身以及为实施该技术所需的其他技术条件等可能涉及技术秘密,如果合同双方当事人在合同中约定受让人应当对让与人提供的未公开的秘密部分进行保密,则受让人和技术许可合同的被许可人在合同约定的期限和范围内负有保密的义务。

【司法适用】

技术转让合同受让人和技术许可合同的被许可人技术保密义务的规定是技术转让合同的特殊规定。这种义务属于双方当事人按照合同约定的合同义务。技术转让合同的双方当事人应当就保密的内容、范围和期限作出明确约定。同时,也要对保密措施等作出约定,以保证该秘密在合同约定的范围和期限内保持其秘密性。

第八百七十二条　许可人未按照约定许可技术的,应当返还部分或者全部使用费,并应当承担违约责任;实施专利或者使用技术秘密超越约定的范围的,违反约定擅自许可第三人实施该项专利或者使用该项技术秘密的,应当停止违约行为,承担违约责任;违反约定的保密义务的,应当承担违约责任。

让与人承担违约责任,参照适用前款规定。

【条文主旨】

本条是关于技术转让合同让与人和许可人违约责任的规定。

【条文理解】

技术转让合同的让与人的违约情形主要有未按照约定转让技术、违反约定擅自许可第三人实施该项技术、违反保密义务等。转让人存在前述违约行为的,应当承担违约责任。具体的违约责任承担方式由双方当事人通过合同进行约定,没有约定的,可以补充协商确定,协商不成的,则法院可通过违约金的方式责令违约方承担违约责任。许可人的违约责任可以参照对让与人的规定。

【司法适用】

技术转让合同中让与人和受让人均负有一定的合同义务。本条在司法实践中适用时,主要考察让与人是否存在违约行为。让与人在出让自己的技术后,不能再实施或者许可他人实施该技术,否则应当承担违约责任。同时,让与人还负有保密的义务,特别是对于技术秘密的转让。让与人的违约行为均需要受让人承担举证责任。

【司法案例】

上海甲智能节能设备有限公司诉广西乙智能节能设备有限公司技术秘密许可使用合同纠纷案①

诉讼结论:技术秘密转让人未完成交付技术资料的合同义务,构成违约,受让人有权依据合同约定主张解除合同。

根据系争合同的约定,在约定时间内向被上诉人广西乙公司交付设计、生产、安装 ZJZ 装置的全部最新最完整的技术资料是上诉人上海甲公司应当主动履行的合同义务。在系争合同的履行过程中,上诉人向被上诉人交付了《各类文件》及《专有技术资料》,但是上诉人交付的上述资料存在诸多不符合双方在《技术合同》中约定的技术要求之处。上诉人虽主张其通过 3 种方式向被上诉人移交了完整的、最新的专有技术,但上诉人未能举证证明该主张,应当承担对其不利的后果。《鉴定报告书》明确认定,上诉人提交的《各类文件》和《专有技术资料》,基本符合《技术合同》约定的提供核心参数的技术要求,但仍不符合其他几项技术要求。因此原审法院关于“被告向原告所提交的技术资料不符合双方在《技术合同》所约定的除核心技术参数以外的其余技术要求”的认定,符合司法鉴定的结论,也符合本案的事实。即使由于采用 MM430 变频器后,上诉人没有必要再移交专有技术中的三点技术创新,但是上诉人移交给被上诉人的《各类文件》和《专有技术资料》仍然不符合合同约定的其余技术要求,如不符合提供用于 ZJZ 装置设计、制造、安装及维修的全部技术资料的技术要求,不符合提供部件采购明细的技术要求,不符合提供最新最完整的技术资料的技术要求等。此外,《鉴定报告书》还明确认定,《各类文件》列出了 ZJZ 装置原材料成本核算清单(总表)和 11 种规格产品原材料成本核算清单,但核算清单内容有多处原则性错误,核算清单内容缺项,不可用作成本核算、采购明细或生产备料清单,《专有技术资料》没有补充产品部

---

① 上海市高级人民法院(2008)沪高民三(知)终字第 151 号民事判决书。

件《明细表》,对《各类文件》中出现的多处错误也没有进行更正,因此上诉人移交的技术资料不符合提供部件采购明细的技术要求。虽然《鉴定报告书》认定,上诉人提交的补充资料基本符合《技术合同》所述的技术要求,但是由于该补充资料是上诉人在一审期间根据原审法院的要求提供的,而不是在合同约定时间内上诉人向被上诉人交付的技术资料,故不能据此认定上诉人已经履行了合同约定的交付技术资料的合同义务。虽然《鉴定报告书》认定现场勘查的两台 ZJZ 装置基本符合《技术合同》约定的各项技术要求,但是该两台 ZJZ 装置是被上诉人在上诉人的技术指导下完成安装调试的,上诉人派驻在被上诉人处的技术人员在《工作交接手续》中也认为被上诉人尚未独立掌握 ZJZ 装置的生产技术,故不能据此推定上诉人已经向被上诉人交付了符合合同约定的技术资料。虽然上诉人主张被上诉人尚未掌握技术的原因是被上诉人没有应用对象且拒绝上诉人派人指导,但本案中没有相关证据能够证明上述事实主张,且上述事实主张与上诉人是否履行了向被上诉人交付技术资料的合同义务无关。由于上诉人未能按时向被上诉人交付符合合同约定的技术资料,违反了双方合同的约定,应当承担相应的违约责任。

第八百七十三条　被许可人未按照约定支付使用费的,应当补交使用费并按照约定支付违约金;不补交使用费或者支付违约金的,应当停止实施专利或者使用技术秘密,交还技术资料,承担违约责任;实施专利或者使用技术秘密超越约定的范围的,未经许可人同意擅自许可第三人实施该专利或者使用该技术秘密的,应当停止违约行为,承担违约责任;违反约定的保密义务的,应当承担违约责任。

受让人承担违约责任,参照适用前款规定。

【条文主旨】

本条是关于技术转让合同受让人和被许可人违约责任的规定。

【条文理解】

在技术转让合同中,受让人的违约行为主要集中在以下集中情形,即未按照约定支付使用费、未经让与人同意擅自许可第三人实施该专利或者使用该技术秘密以及违反保密义务等。受让人出现前述违约行为的,应当承担停止违约行为,承担违约金等违约责任。被许可人因违约行为需要承担的违约责任可参考受让人的规定。

【司法适用】

在技术转让合同中,让与人和受让人均负有一定的合同义务。本条在司法实践中适用时,主要考察受让人是否存在违约行为。受让人在取得技术后应当支付相应的对价,即按照约定的期限和金额支付合同价款。同时,受让人还在超范围许可他人使用技术构成违约时,还应当停止违约行为,承担违约责任。实施该技术的第三人则会构成对权利人的侵权。此外,受让人还负有合同约定的保密义务。受让人的违约行为均需要让与人承担举证责任。被许可人的违约责任认定可参考受让人的规定。

【司法案例】

甲化工研究院诉乙氮肥厂技术合同及侵权纠纷案①

诉讼结论:实施专利或者使用技术秘密超越约定的范围,未经让与人同意擅自许可第三人实施该专利或者使用该技术秘密的,应当停止违约行为,承担违约责任;违反约定的保密义务的,应当承担违约责任。乙氮肥厂的行为既违反了与权利人的合同约定,构成违约责任;也侵犯了权利人的技术成果,构成侵权责任。

乙氮肥厂转让技术与甲研究院技术对比,在局部有所改动或改进,但对甲研究院技术不构成实质改进;乙氮肥厂对外转让的技术包含了甲研究院技术在具体工艺流程、部分参数、操作步骤、事故现象及处理方法等方面的非公知技术信息。按照双方合同约定,甲研究院在转让中提供的各项工艺技术的所有权属于甲研究院,乙氮肥厂只能在本厂使用,未经甲研究院同意,不得向第三方转让或扩散。乙氮肥厂未经甲研究院同意,擅自将属于甲研究院的蒽醌法双氧水技术转让给冶金化工厂、丙氨厂和龙岩厂使用,既违反了合同约定,又侵犯了甲研究院的技术成果权,构成违约责任和侵权责任的竞合。按照民事责任竞合的处理原则,甲研究院选择要求乙氮肥厂承担侵权责任,法院予以认可。

第八百七十四条　受让人或者被许可人按照约定实施专利、使用技术秘密侵害他人合法权益的,由让与人或者许可人承担责任,但是当事人另有约定的除外。

---

① 最高人民法院(1999)知终字第1号民事判决书。

【条文主旨】

本条是关于技术合同让与人侵权责任的规定。

【条文理解】

受让人或者被许可人通过技术合同受让或者被许可实施专利技术或者技术秘密的，按照本法规定，让与人或者许可人应当保证其对技术享有合法权利。如果受让人或者被许可人按照约定实施专利、使用技术秘密侵害他人合法权益的，应当由让与人或者许可人承担侵权责任。但是，如果受让人或者被许可人在签订合同时和让与人或许可人之间另有约定的，则按照合同的约定。

【司法适用】

本条是对受让人或被许可人实施专利技术、技术秘密侵害让人合法权益的侵权责任的规定。按照侵权责任法的一般规定，谁实施侵权行为谁承担侵权责任。但是，基于技术合同的多样性，为保障技术转让、许可过程中的合法性，将侵权责任主体规定为让与人和许可人。同时，也规定一个但书条款，允许当事人就对外侵权责任承担进行合同约定。

【司法案例】

泰安市甲精细化工实业总公司诉上海乙化工有限公司、某部北京橡胶工业研究设计院技术开发合同纠纷案①

诉讼结论：当事人双方恶意串通或者一方知道或者应当知道另一方侵权仍与其订立或者履行合同的，属于共同侵权，人民法院应当判令侵权人承担连带赔偿责任和保密义务，因此取得技术秘密的当事人不得继续使用该技术秘密。

转让方出于侵权恶意与受让人签订技术合同，受让人应当知道转让方的侵权行为，其仍然签订合同。这种情况主要是看受让人的主观状态。如何掌握法律规定的其"应当知道另一方侵权"，我们认为主要是审查其是否有重大过失，也就是以正常的交易习惯和相关行业一般的注意力应该发现的问题为审查的参考标准。如一个从事电子技术研究开发的企业进行食品生产技术的转让，而一般情况下，电子技术研究开发企业是难以自己开发出食品技术的，那么，作为受让人就有义务判断该电子技术研究开发企业所转让的食品技术的来源。受让人在受让技术时没有尽到合理的审查义务，主观上存在过错，则也应当对侵权行为承担责任。

---

① 金长荣、吕国强主编：《知识产权案例精选》(1999—2000)，上海人民出版社 2002 年版，第 280 页。

第八百七十五条　当事人可以按照互利的原则，在合同中约定实施专利、使用技术秘密后续改进的技术成果的分享办法；没有约定或者约定不明确，依据本法第五百一十条的规定仍不能确定的，一方后续改进的技术成果，其他各方无权分享。

【条文主旨】

本条是关于后续技术成果的归属与分享的规定。

【条文理解】

技术合同订立的原则是有利于科学技术进步，加速科学技术成果的转化、应用和推广。同时，非法垄断技术、妨碍技术进步的技术合同无效。技术合同在履行的过程中会出现实施专利、使用技术秘密后续改进的技术成果。后续改进的技术成果如何归属以及利益如何分配，当事人之间可以在合同中提前约定，也可以事后通过协商确定。协商不能确定的，一方后续改进的技术成果归改进方所有，其他各方无权分享。

【司法适用】

后续改进的技术成果的归属和利益分配是司法实践中的焦点问题。按照该条规定，法律是首先允许当事人之间事前按照互利原则进行约定的。没有约定或者约定不明确的，按照合同法规定，双方当事人可以进行协商确定。无法协商确定的，则后续改进的技术成果归改进方所有，其他各方无权分享，未经许可亦无权使用。

【司法案例】

安化县甲新型建筑材料厂诉乙市隔热防水建材厂技术转让合同案①

诉讼结论：转让技术是在实施他人专利权过程中取得的后续技术成果，该技术并未向中国专利局申请专利，但非专利技术依技术合同法是可以转让的，故技术转让合同有效。

本案所转让的“家乐牌”隔热镇水粉技术是乙市隔热防水建材厂在实施他人专利权过程中取得的后续技术成果，该技术并未向中国专利局申请专利，但非专利技术依技术合同法是可以转让的，故原、被告签订的技术转让合同应属合法有效合同。乙市隔热防水建材厂是后续技术成果的改进方，其对该后续成果享有权利。

---

① 湖南省益阳地区中级人民法院(1993)益经终字第87号民事判决书。

第八百七十六条　集成电路布图设计专有权、植物新品种权、计算机软件著作权等其他知识产权的转让和许可，参照适用本节的有关规定。

【条文主旨】

本条是关于其他知识产权的转让和许可的规定。

【条文理解】

技术合同中仅明确规定了专利和技术秘密作为合同的标的，实际上，对于新出现的一些知识产权类型，如植物新品种、计算机软件、集成电路布图设计等，也应属于技术成果范畴，而且不排除将来再出现新的可以作为技术成果的知识产权类型。为此，本条将计算机软件、集成电路布图设计和植物新品种 3 种技术成果进行明确规定。同时，该条中的“等”字用语表明技术成果不仅限于这 3 种列举的类型，如动物新品种和一些进入公有领域的技术内容也属于技术成果范畴。这些技术成果的转让和许可，可参照适用本节的有关规定。

【司法适用】

在司法实践中，集成电路布图设计专有权、植物新品种权、计算机软件著作权等其他知识产权的转让和许可规则参照本法关于技术转让合同的规定。

第八百七十七条　法律、行政法规对技术进出口合同或者专利、专利申请合同另有规定的，依照其规定。

【条文主旨】

本条是关于技术进出口合同或者专利、专利申请合同法律适用的规定。

【条文理解】

我国《技术进出口管理条例》中有关于技术进出口合同的特殊规定的，按照该规定。同样，我国《专利法》《专利法实施条例》中有关于专利、专利申请合同的规定的，按照该规定。这样的规定符合具体规定优于一般规定的法律适用的基本原则。

第四节 技术咨询合同和技术服务合同

第八百七十八条 技术咨询合同是当事人一方以技术知识为对方就特定技术项目提供可行性论证、技术预测、专题技术调查、分析评价报告等所订立的合同。

技术服务合同是当事人一方以技术知识为对方解决特定技术问题所订立的合同,不包括承揽合同和建设工程合同。

【条文主旨】

本条是关于技术咨询合同和技术服务合同定义的规定。

【条文理解】

技术咨询合同和技术服务合同都是当事人一方以技术知识为手段,为对方提供咨询意见或者解决特定技术问题而订立的合同。技术咨询合同采取列举式的方法予以规定,除了“就特定技术项目提供可行性论证、技术预测、专题技术调查、分析评价报告”订立的技术咨询合同外,还包括其他类型的技术咨询合同。这类合同的共同特征是与特定技术项目有关。如果咨询的内容不涉及特定的技术项目,比如,对经济、法律、社会等非技术的项目进行的分析、论证、评价和调查所订立的合同,就不属于合同法意义上的技术咨询合同。技术项目的范围比较宽泛,主要可以分为3类:有关科学技术与经济、社会协调发展的软科学研究项目,促进科技进步和管理现代化、提高经济效益和社会效益等运用科学知识和技术手段进行的调查、分析、论证、评价、预测的专业性技术项目,其他专业性技术项目。技术服务合同中的“特定技术项目”,包括有关科学技术与经济社会协调发展的软科学研究项目,促进科技进步和管理现代化、提高经济效益和社会效益等运用科学知识和技术手段进行调查、分析、论证、评价、预测的专业性技术项目。

【司法适用】

技术咨询合同履行的结果,一般是由顾问方向委托方提供尚待实践检验的咨询报告或意见,不同于某一技术成果。若就特定技术问题提出技术方案,进行技术服务和实施指导所订立的合同,应属于技术服务合同,而非技术咨询合同。在实践中,对于这两类合同应把握好彼此的特点,虽然都是以技术知识为基础对外提供服务,但技术咨询主要提供的是技术意见,技术服务则提供的是具体的技术方案。

【司法案例】

新疆甲开关有限公司诉西安乙电气技术咨询服务有限公司技术服务合同纠纷案①

诉讼结论：技术服务合同，是指当事人一方以技术知识为另一方解决特定技术问题所订立的合同。涉案合同约定一方负责提供技术条件及需要图纸，指导对方整机装配调试等，另一方根据对方履约的不同阶段付款。在合同履行中，一方曾依照对方的要求对合同技术条件和试验项目进行了变更。故从合同内容以及履行情况来看，涉案合同符合技术服务合同的法律特征。

本案《技术服务合同》中，双方就10KVV柱上用智能开关装置约定了产品型号、产品技术参数，乙电气公司负责提供试验大纲、技术条件及需要图纸，进行型式试验，指导甲公司整机装配调试。甲公司根据乙电气公司履约的不同阶段付款。在合同履行中，乙电气公司亦曾依照甲公司的要求对合同技术条件和试验项目进行了变更。从本案合同约定的内容以及合同履行情况来看，该合同符合技术服务合同的法律特征。因此，涉案合同属于技术服务合同。

第八百七十九条　技术咨询合同的委托人应当按照约定阐明咨询的问题，提供技术背景材料及有关技术资料，接受受托人的工作成果，支付报酬。

【条文主旨】

本条是关于技术咨询合同委托人义务的规定。

【条文理解】

技术咨询合同中的委托人基于特定技术项目的需求，通过合同请受托人提供咨询意见，因此，委托人应当阐明咨询的具体问题，并提供相关的技术背景材料和技术资料、数据。同时，受托人提供咨询意见后，委托人应当接受受托人的工作成果并支付相应的报酬。

【司法适用】

《技术合同解释》规定，当事人对技术咨询合同受托人进行调查研究、分析论证、试验测定等所需费用的负担没有约定或者约定不明确的，由受托人承担。支

① 陕西省高级人民法院（2012）陕民三终字第16号民事判决书。

付报酬是委托人的一项基本义务，也是受托人完成委托的目的所在。受托人交付工作成果，作为对价，委托人支付报酬。至于受托人完成咨询任务过程中的费用，按照合同法的对价理论，并不在“报酬—成果”这组对价之列，在性质上不应属于工作成果的对价范畴。故不应在委托人支付报酬之外，科以委托人再支付费用的合同义务，除非当事人另有约定。但在实践中，受托人一般会在约定报酬时考虑到调查研究、分析论证、试验测定等所需的费用，将其纳入报酬的计算，或者约定委托人在支付报酬之外，另付有关费用。如果对该费用没有约定或者约定不明确，则由受托人自负。

【司法案例】

甲环保科技开发投资有限公司诉贺州市乙矿业有限责任公司技术咨询合同纠纷案①

诉讼结论：按照合同约定的期限和方式接受受托人的工作成果，及时支付报酬，是合同法规定的技术咨询合同中委托人的法定义务。委托人违反技术咨询合同，未按期支付报酬，应补交报酬并承担违约责任。

乙公司与甲公司南宁分公司签订的《技术咨询合同》显示，作为受托方的甲公司南宁分公司，项目联系人一栏标记着项目联系人林某成，在该合同加盖公章处有林某成的签名。因此，在甲公司南宁分公司提供林某成的个人银行账户要求变更付款账号的情况下，乙公司有理由相信林某成是代表甲公司南宁分公司接收合同约定的技术咨询费。因此，乙公司向林某成个人账户付款的行为应当视为其履行了《技术咨询合同》中约定的付款义务，甲公司关于乙公司未按合同的约定向甲公司南宁分公司支付技术咨询费的再审主张缺乏事实依据，法院不予支持。

第八百八十条　技术咨询合同的受托人应当按照约定的期限完成咨询报告或者解答问题，提出的咨询报告应当达到约定的要求。

【条文主旨】

本条是关于技术咨询合同受托人义务的规定。

【条文理解】

技术咨询合同的受托人依据其自身的专业知识提供咨询意见，受托人的主要

① 最高人民法院（2018）最高法民申5345号民事裁定书。

合同义务是按照合同约定的时间完成咨询报告或者解答委托人的问题,并应当达到约定的要求。

【司法适用】

《技术合同解释》第31条规定,当事人对技术咨询合同委托人提供的技术资料和数据或者受托人提出的咨询报告和意见未约定保密义务,当事人一方引用、发表或者向第三人提供的,不认定为违约行为,但侵害对方当事人对此享有的合法权益的,应当依法承担民事责任。当事人对技术咨询合同委托人提供的技术资料和数据或者受托人提出的咨询报告和意见未约定保密义务,当事人一方引用、发表或者向第三人提供的,是否构成违约行为的情形。对此行为的认定,并不影响对可能的缔约过失责任的认定。因为缔约过失责任是以先契约义务的成立为前提,而先契约义务是法定义务,即使当事人未约定保密义务,只要合同当事人的过错行为违反了基于诚实信用产生的附随义务,造成对方损失,就可以追究缔约过失责任。不同的是,违约责任以合同债务成立为前提,而合同债务主要是约定义务。所以,如果当事人对技术资料和数据、咨询报告和意见没有约定保密义务,则不应就此产生合同债务。当事人一方引用、发表或者向第三人提供这些信息的,并不构成违约。当事人对有关技术资料和数据、咨询报告和意见的使用,应当理解为,是当事人基于合同目的以合理方式的使用。如果使用行为构成对对方当事人合法权益的侵犯,则应承担相应的侵权责任。如果当事人对有关技术资料和数据、咨询报告和意见的使用约定了保密义务,则可能发生违约责任和侵权责任的竞合。在此情况下,当事人一般应择其一提起诉讼请求。

【司法案例】

浙江甲房地产开发有限公司诉乙省科技咨询中心
技术咨询合同纠纷案①

诉讼结论:技术咨询合同受托人未能举证证明其依约完成审核义务且经委托人验收的,法院对其主张咨询费的诉讼请求不予支持。

双方签订的技术咨询合同第5条约定了验收、评价方法为:咨询报告达到了合同第一项所列要求,采用甲公司审查的方式验收,由甲公司出具技术咨询验收证明。而本案中,咨询中心没有提供甲公司的验收证明,因此,从书面证据看,没有直接证据能够证明咨询中心已将审核报告按照合同约定的方式提供给了甲公司。本案中,由于咨询中心没有提供直接证据证实其主张,在其所提供的证据因

① 浙江省高级人民法院(2005)浙民三终字第49号民事判决书。

证明力无法判断，导致争议事实难以认定时，根据《民事诉讼证据规定》①第73条第2款的规定，法院将依据举证责任分配的规则作出裁判，由在本案中负举证责任的一方，即咨询中心承担举证不能的不利后果。

第八百八十一条　技术咨询合同的委托人未按照约定提供必要的资料，影响工作进度和质量，不接受或者逾期接受工作成果的，支付的报酬不得追回，未支付的报酬应当支付。

技术咨询合同的受托人未按期提出咨询报告或者提出的咨询报告不符合约定的，应当承担减收或者免收报酬等违约责任。

技术咨询合同的委托人按照受托人符合约定要求的咨询报告和意见作出决策所造成的损失，由委托人承担，但是当事人另有约定的除外。

【条文主旨】

本条是关于技术咨询合同委托人与受托人违约责任的规定。

【条文理解】

技术咨询合同的委托人未按照约定提供必要的资料和数据，影响工作进度和质量的构成违约，支付的报酬不得追回，未支付的报酬应当支付。委托人不接受或者逾期接受工作成果的，同样构成违约，应当承担违约责任。受托人其依据自身的专业知识提供咨询意见，受托人未按照合同约定的时间完成咨询报告或者解答委托人的问题，或者提供的咨询报告不符合合同约定的，构成违约，应当承担减收或者免收报酬等违约责任。技术咨询合同的受托人是按照委托人的要求提供约定要求的咨询报告和意见，委托人根据该咨询报告和意见作出决策造成损失的，应当由委托人承担，但是，如果委托人和受托人就损失有特别约定的，按照合同约定的方式承担责任。

【司法适用】

本条是关于技术咨询合同委托人和受托人违约责任的规定，委托人和受托人之间的违约责任主要考虑各自履行合同义务的情况以及是否具有主观过错。技术咨询合同是受托人依据专业知识提供咨询意见的合同，不参与委托人的实际经营和决策，委托人依据受托人提供的咨询意见进行决策后造成损失的，受托人不

---

① 该文件已于2019年12月25日被《最高人民法院关于民事诉讼证据的若干规定》（法释〔2019〕19号）替代，由于此案发生在2019年12月25日之前，故使用旧文件规定。（下同）——编者注

承担责任，合同另有约定的除外。

【司法案例】

北京甲科技发展有限公司诉江苏乙信息科技有限公司技术咨询合同纠纷案①

诉讼结论：根据合同约定和双方的履行情况确定技术咨询费。

从实际履行情况来看，乙公司通过电子邮件、参加技术协调会、咨询磋商等方式为甲公司提供了技术咨询服务，包括提供苏州地铁项目信息化建设方案设计汇报交流报告、苏州地铁OA（办公）网核心使用C6500系列交换机的技术原因分析、苏州地铁信息系统网络性能要求评估等文件，内容涉及项目整体规划、信息化建设总体方案设计、网络架构、网络性能评估、网络及服务器产品选型、系统配置以及信息平台建设、网络安全要求、OA系统以及视频会议等系统的平台化等，甚至包括标书的设计与撰写，其中还提供了与项目相关的核心网络数据。中标后，乙公司还参加了甲公司组织的技术协调会，以研究中标后涉及的相关技术问题，并提供技术咨询建议。因此，双方之间的合同应为技术咨询合同，乙公司也依约履行了合同约定的技术咨询服务的义务。甲公司应当依约向乙公司支付相应的技术咨询费。

第八百八十二条　技术服务合同的委托人应当按照约定提供工作条件，完成配合事项，接受工作成果并支付报酬。

【条文主旨】

本条是关于技术服务合同委托人义务的规定。

【条文理解】

技术服务合同的委托人根据自身工作需要，通过合同方式委托受托人提供技术服务，其应当按照约定提供工作条件，配合受托人完成服务事项，并按照合同约定的方式和期限接受工作成果并按照约定金额支付报酬。

【司法适用】

技术服务合同的委托人的主要义务与其违约行为直接相关，在技术服务合同委托人没有履行合同义务或者履行义务不符合合同约定的，构成违约，应当承担

① 江苏省高级人民法院（2014）苏知民终字第0139号民事判决书。

违约责任。

【司法案例】

沧州甲装备制造材料有限公司诉浙江乙节能技术股份有限公司技术服务合同纠纷案①

诉讼结论：技术服务合同受托方依法完成合同约定的义务后，委托方支付部分款项后不再支付其他应付的获益分成款项，构成违约，属于双方合同约定的解除情形之一，受托方享有单方解除权。

2011年2月17日，双方已对节能服务技术改造项目进行了验收，签署了《节能技术工程验收单》。其结论是：技术改造系统运行安全、稳定、可靠，功能指标达到技术要求，使用效果正常，符合合同约定要求。该事实说明，乙公司已按照合同约定全部履行了自己的合同义务。从2011年2月27日对技术改造设备的运行数据抄表开始至2013年8月31日甲公司提起本案的诉讼，技术改造设备已正常运转了两年半的时间。其间，双方按照合同约定形成了经双方签字确认的多份《技改工程节电（月）抄表单》《技改工程节能收费单》，甲公司也依约支付了2012年6月前的节电收益分成款，实际履行了该合同，其对以水泵用水量的变化来计算用电量的方法并无异议，因此，其应当按照合同约定支付剩余款项。

第八百八十三条　技术服务合同的受托人应当按照约定完成服务项目，解决技术问题，保证工作质量，并传授解决技术问题的知识。

【条文主旨】

本条是关于技术服务合同受托人义务的规定。

【条文理解】

技术服务合同的受托人的主要合同义务是按照合同约定完成服务项目，解决委托人存在的技术问题。同时，应保证工作质量，并传授解决技术问题的知识，使得委托人在接受服务后能够自行掌握解决问题的方法。

【司法适用】

技术服务合同的受托人的主要义务与其违约行为直接相关，在技术服务合同受托人没有履行合同义务或者履行义务不符合合同约定的，构成违约，应当承担

① 河北省高级人民法院（2014）冀民三终字第69号民事判决书。

违约责任。

【司法案例】

张家港市甲机械有限公司诉卫辉市乙铜业有限公司
买卖合同及技术服务合同纠纷案①

诉讼结论：受托人完成的技术项目经验收后在质量保证期内出现问题，受托人应承担委托人自行维修所支出的费用。

本案中，阳极炉系统和环集收尘系统合同约定炉顶砌筑方法为错缝砌，实际砌筑方法为环砌；甲公司在2011年3月23日阳极炉工程会议纪要确认“甲公司应为乙公司提供完整的技术资料，包括图纸、说明书、操作规程、技术参数等相关内容”，表明其未按技术服务合同的约定提供完整的技术资料，违反合同约定，已构成违约，应承担相应的违约责任。因此，甲公司应支付该合同总额10%的违约金7.55万元。甲公司未按技术服务合同约定交付技术资料，应退还乙公司已支付的资料交付费用6.6万元。因阳极炉及配套系统在一年质量保证期内出现了2011年3月23日及4月1日双方所确认的各类问题，基于乙公司自行维修，相应的维修费用由甲公司承担符合法律规定及双方两份阳极炉工程会议纪要的约定。

第八百八十四条　技术服务合同的委托人不履行合同义务或者履行合同义务不符合约定，影响工作进度和质量，不接受或者逾期接受工作成果的，支付的报酬不得追回，未支付的报酬应当支付。

技术服务合同的受托人未按照约定完成服务工作的，应当承担免收报酬等违约责任。

【条文主旨】

本条是关于技术服务合同双方当事人违约责任的规定。

【条文理解】

技术服务合同的委托人和受托人没有履行主要合同义务时应当承担违约责任。委托人和受托人的违约责任与其履行合同义务的程度相适应。受托人未按照约定完成服务工作的，应当承担免收报酬的违约责任，如果受托人完成了部分服务工作，其可以就完成的部分获得报酬，未完成部分不得收取报酬。

① 河南省高级人民法院(2014)豫法民一终字第21号民事判决书。

【司法适用】

本条是技术服务合同双方违约责任的规定,在司法实践中具有较高的适用频率。技术服务合同委托人没有按照约定提供工作条件,没有配合完成服务事项导致影响受托人工作进度和质量的,构成违约;受托人交付服务成果,委托人拒绝接受或者逾期接受的,构成违约。委托人应当对其违约行为承担违约责任,主要形式有支付的报酬不得追回,未支付的报酬应当支付。受托人如果没有按照合同约定完成服务工作的,也应当承担违约责任,包括但不限于免收报酬的违约责任。如果双方当事人在合同中还约定了违约金的承担方式,则可以按照合同约定确定违约方的违约责任。

【司法案例】

浙江甲特种水泥有限公司诉洛阳乙工程设计研究院技术服务合同纠纷案[①]

诉讼结论:受托方在提供的技术服务未使项目达到考核验收要求的情况下,拒绝继续履行合同义务,已构成违约,且严重影响《服务合同》目的的实现,委托方可据此主张解除合同。

本案中,根据《服务合同》的约定,工程研究院作为委托设计方,应根据合同约定,积极履行向甲公司提供技术服务的义务。而根据查明的事实,自2010年6月27日第一次试车点火至该年年底,涉案白水泥生产线未实现连续运行72小时达标的考核验收要求。甲公司在同年12月27日向工程研究院发出《关于院供设备安装调试款的回复函》中明确要求其“应按合同约定,高效提供技术服务与合作指导”之后,工程研究院未再派人进行现场技术服务,其在一、二审庭审中也对此予以确认。因此,在工程研究院提供的技术服务未达到合同约定的考核验收达标的情况下,其有义务继续提供相应技术服务以实现合同目的,但其单方中止合同义务的履行,构成违约,应承担相应责任。

第八百八十五条　技术咨询合同、技术服务合同履行过程中,受托人利用委托人提供的技术资料和工作条件完成的新的技术成果,属于受托人。委托人利用受托人的工作成果完成的新的技术成果,属于委托人。当事人另有约定的,按照其约定。

---

① 浙江省高级人民法院(2014)浙知终字第51号民事判决书。

【条文主旨】

本条是关于技术咨询合同和技术服务合同中创新技术成果归属和分享的规定。

【条文理解】

在技术咨询合同和技术服务合同中，受托人利用委托人提供的技术资料和工作条件研发的新的技术成果属于受托人，委托人利用受托人交付的工作成果继续研发完成的新的技术成果，属于委托人。同时，法律允许当事人就后续研发的新技术成果归属作出约定。

【司法适用】

技术咨询合同和技术服务合同中的后续创新技术成果归属问题是司法实践中的焦点问题。本条规定遵循了“谁完成新技术成果，谁享有权利”的基本原则。同时，充分尊重当事人意思自治，允许当事人之间作出约定。

【司法案例】

甲地质勘查中心山东总队诉莱芜市乙金矿技术服务合同纠纷案①

诉讼结论：在技术咨询合同、技术服务合同履行过程中，受托人利用委托人提供的技术资料和工作条件完成的新的技术成果，属于受托人。委托人利用受托人的工作成果完成的新的技术成果，属于委托人。当事人另有约定的，按照其约定。

根据技术服务合同的特点，该类合同的内容并不涉及专利权和技术秘密等技术成果的权属。技术服务合同所交付的工作成果同样也不含有专利实施许可和技术秘密权属的设定和转移。但是，技术服务合同的受托人有时会基于委托人需要解决的特定技术问题和提供的有关背景资料、技术资料、数据、样品和工作条件作出新的技术成果。同时，技术服务合同的委托人也可能在取得受托人的工作成果后，进行后续研究开发，利用所掌握的知识，作出新的技术成果。对于技术服务合同履行中形成的该类技术成果的归属，应把握两点：(1)技术成果是谁完成的谁就拥有其归属。受托人利用委托人提供的技术资料和工作条件完成的新的技术成果，属于受托人。委托人利用受托人的工作成果完成的新的技术成果，属于委托人。(2)允许当事人对于这些新的技术成果的归属作特别约定。当事人对在履行合同过程中完成的和后续开发完成的新的技术成果归属和分享的特别规定，优于《合同法》规定的上述一般原则。

---

① 山东省济南市中级人民法院(2003)济民三初字第54号民事判决书。

第八百八十六条　技术咨询合同和技术服务合同对受托人正常开展工作所需费用的负担没有约定或者约定不明确的，由受托人负担。

【条文主旨】

本条是关于技术咨询合同和技术服务合同中开展工作费用负担的规定。

【条文理解】

本条是关于技术咨询合同和技术服务合同中当事人对有关费用没有约定或者约定不明时如何分担进行的规定。这里的正常开展工作所需费用，在性质上不同于委托人支付的报酬。委托人的一项基本合同义务就是支付报酬，作为受托人提供技术服务的对价。而受托人在服务过程中产生的费用，不是委托人应然的合同义务，除非当事人另有约定。所以，当合同当事人对该费用没有约定或者约定不明时，由受托人自己负担。

【司法适用】

本条是将《技术合同解释》第35条第1款的内容吸收进法条中，弥补了在技术咨询合同和技术服务合同中没有明确的正常开展工作所需费用的负担问题。除合同有明确约定外，技术咨询合同和技术服务合同中受托人正常开展工作所需费用由受托人负担。

第八百八十七条　法律、行政法规对技术中介合同、技术培训合同另有规定的，依照其规定。

【条文主旨】

本条是关于技术培训合同和技术中介合同法律适用的规定。

【条文理解】

本条是关于技术培训合同和技术中介合同法律适用的具体规定。如果法律、行政法规对于技术中介合同和技术培训合同有特别规定的，依照该规定。

【司法适用】

按照《技术合同解释》的规定，技术培训合同，是指当事人一方委托另一方对指定的学员进行特定项目的专业技术训练和技术指导所订立的合同，不包括职业培训、文化学习和按照行业、法人或者其他组织的计划进行的职工业余教育。技术中介合同，是指当事人一方以知识、技术、经验和信息为另一方与第三人订立技术合同进行联系、介绍以及对履行合同提供专门服务所订立的合同。

【司法案例】

邯郸市甲职业培训学校与范某飞等技术培训合同纠纷案①

诉讼结论:技术培训合同受托人制定格式条款,将学员到其推荐的用人单位实习和就业满两年规定为一项合同义务,并将该义务是否履行与学费由用人单位承担还是由学员承担相联系,故该合同条款属于我国《合同法》第40条规定的加重对方责任、排除对方主要权利的条款,应属无效条款。

本案中,上诉人邯郸市甲职业培训学校与被上诉人范某飞订立的培训合同涉及劳动就业的内容,而劳动就业属于劳动合同的内容,应当由用人单位和劳动者双方协商订立。上诉人甲学校不是用人单位,其与被上诉人订立有关劳动合同的内容对双方不具有法律约束力。因此,甲学校制定格式合同,将上诉人必须到其推荐的用人单位实习和就业满两年规定为一项合同义务,并将该义务是否履行与学费由用人单位承担还是由学员承担相联系,故该合同条款属于我国《合同法》第40条规定的加重对方责任、排除对方主要权利的条款,但鉴于被上诉人在上诉人处参加了培训,上诉人亦履行了合同约定的培训义务,被上诉人应给付被上诉人培训费4000元。

① 河北省邯郸市中级人民法院(2012)邯市民一终字第242号民事判决书。

第二十一章 保 管 合 同

第八百八十八条 保管合同是保管人保管寄存人交付的保管物,并返还该物的合同。

寄存人到保管人处从事购物、就餐、住宿等活动,将物品存放在指定场所的,视为保管,但是当事人另有约定或者另有交易习惯的除外。

【条文主旨】

本条是关于保管合同定义的规定。

【条文理解】

在保管合同中,寄存物品的一方称为寄存人,负责保管物品的一方称为保管人,保管的物品称为保管物。保管合同具有以下法律特征:(1)保管合同的生效,不仅要有当事人双方之间的意思表示一致,还必须要有寄存人将保管物交付给保管人的行为。(2)保管合同以无偿合同为原则,以有偿合同为例外。只有在当事人有约定或者交易习惯有特别规定时,保管合同才为有偿合同,否则视为无偿合同。(3)保管合同以物的保管为目标,保管物既包括特定物,也包括种类物;既包括动产,也包括不动产。例如,房屋代管、房屋保管。(4)保管合同的履行仅系临时转移保管物的占有权,不涉及保管物所有权或者使用权的转移,未经寄存人同意,保管人无权使用或者处分保管物。(5)保管合同具有不要式性,既可以口头约定,也可以是书面的合同。

随着我国市场经济的发展,各种存储形式(生产储存、商品储存、个人消费储存)不断发展,保管合同的适用范围亦不断获扩大,本条与《合同法》第365条相比,新增"视为保管"的规定,即寄存人到保管人处从事购物、就餐、住宿等活动,将物品存放在保管人指定场所的,寄存人与保管人之间视为构成保管合同关系,除非当事人另有约定或者另有交易习惯。需要注意以下几个问题:(1)只有特定场所环境下服务对象所携带的物品,场所经营人才负保管责任。学界有人认为,购物、就餐、住宿场所应对顾客物品尽"场所主人之责任",从而产生保管的义务。"场所主人之责任"是指在某些特殊场所,提供特定服务的经营者对服务对象在接受服务过程中所携带物品承担的特定义务。本条限定为购物、就餐、住宿场所。(2)购物、就餐、住宿等场所提供的寄存服务包括人工寄存和自助寄存两种方式，该条文所称的“指定场所”亦应包括人工存放处和自助寄存柜。(3)为了防止场所主人不堪负担过重的赔偿义务，一般来说，仅对顾客所带的一般物品负责，顾客寄存贵重物品的必须进行声明，否则物品丢失的，场所经营者只需要按照一般物品进行赔付。国外立法往往限制经营人的赔偿数额，如规定赔偿额为法定的数额或购物、就餐、住宿费用的一定倍数。(4)场所主人之责任属法定义务，不允许场所经营者以单方行为免除或限制。例如，有些商业停车场为了免除和减轻责任，在发放的停车卡、停车票等停车凭证上注明“车辆丢失，概不负责”，或者以场地租用费等形式出具收费发票、收据等。这些做法均不影响车辆保管合同的成立，商业停车场不能以此为由否认保管关系或主张免责。

【司法适用】

本条第2款是关于“视为保管”合同的规定。主要基于如下考虑:(1)司法实践的需要。在司法实践中，消费者从事购物、就餐、住宿等活动，将随身物品予以寄存引发的纠纷大量出现，例如，到酒店住宿将车辆停放在酒店停车场，车辆丢失的责任承担。到超市购物将随身行李寄存在超市存包柜，行李丢失责任承担等。对此类纠纷的性质以及经营者与消费者之间的法律适用及责任认定，之前争议较大。有的认为经营者与消费者之间构成保管合同关系，有的认为构成借用合同关系，还有的认为经营者有保障消费者人身和财产安全的附随义务等。因此本条予以明确，此类纠纷适用保管合同法律关系处理。(2)购物、就餐、住宿等活动的经营者，为消费者提供的停车场所或随身物品寄存场所，是为盈利而提供的配套服务，是其经营服务和场所的延伸，这些场所直接从消费者处获较大利润，因此其应该尽到妥善保管义务，否则就应该承担相应的法律后果。而无利润的公益图书馆对读者财物不负场所保管责任。(3)从购物、就餐、住宿等场所的经营者和消费者之间的权利义务平衡的角度。上述场所人员众多，流动性大，物品极易散失，如不课以场所经营人较重的义务，不足以保护消费者的财产安全。购物、就餐、住宿等场所的经营者作为服务的提供者，由于其防范风险的能力高于顾客，掌握的信息更加充分，因此，从保护弱者的角度，使双方的权利义务达到平衡，让其来承担妥善保管义务更能体现公平正义的要求。

【司法案例】

甲银行股份有限公司滑县支行诉乙河南公司保管合同纠纷案①

诉讼结论：保管合同是保管人保管寄存人交付的保管物，并返还该物的合同。关于本案的法律关系性质问题。《商品融资质押监管协议》第1条虽然有“乙公司为甲方甲行滑县支行的代理人，代理甲行滑县支行监管质物”的表述，但从合同的内容看，合同约定甲行滑县支行与丙面业均同意将质物交由乙公司监管，乙公司同意接受甲行滑县支行委托并按照甲行滑县支行的指示监管质物。在监管期间，乙公司应当按照合同法及相关法律规定妥善、谨慎处理监管的质物。在监管期间，除不可抗力的事件外，质物毁损灭失或由于乙公司未尽到保管责任导致质物变质、短少、受污染，给甲行滑县支行、丙面业造成损失的，乙公司承担货物损失的赔偿责任。从合同的履行情况来看，质物存放的仓库系乙公司为履行该合同而专门租用的仓库，质物由乙公司派专人负责保管并收取保管费。且在丙面业将质物交付给乙公司后，乙公司向甲行滑县支行出具的质物清单（代质押确认回执）中亦明确表明：“本公司同意为出质人存放于我公司拥有使用权的仓库的货物进行保管，业已知晓我公司保管的出质人的质物质押给贵行。上述质物确已在本公司的占有、保管、监管之下。”因此，乙公司根据约定占有并保管质物，届时返还质物，并不发生对外代理行为，也不存在代理权的授予问题。其与甲行滑县支行之间的权利义务符合保管合同的法律特征。原审法院根据合同性质将本案确定为保管合同纠纷，并无不当。乙公司认为其与甲行滑县支行系代理关系而非保管关系的理由不能成立，不予支持。

第八百八十九条　寄存人应当按照约定向保管人支付保管费。

当事人对保管费没有约定或者约定不明确，依据本法第五百一十条的规定仍不能确定的，视为无偿保管。

【条文主旨】

本条是关于保管费的规定。

【条文理解】

保管合同分为有偿和无偿两类。在有偿保管中，保管费是保管人所提供的保

① 河南省高级人民法院（2014）豫法民二终字第38号民事判决书。

管服务的对价，寄存人应当按照约定的金额、期限、地点向保管人支付保管费。如果寄存人和保管人没有就是否支付报酬作出约定，或者约定不明确的，首先由当事人达成补充协议，不能达成补充协议的，按照合同有关条款或者交易习惯确定。所谓没有约定，是指在合同中根本没有约定保管费；所谓约定不明，是指虽然在合同中对保管费的问题有所涉及，但是并没有确定费用的具体内容，或者通过对合同的解释仍然无法确定具体的费用。当事人对保管费没有约定的情况下，依照本法第510条的规定仍不确定是有偿的，视为无偿保管。需要注意的是，在无偿保管合同中，寄存人虽然无须支付保管费，但在某些情况下仍需支付必要费用。所谓必要费用，是指保管人为了实现保管目的，使保管物能够维持原状而支出的各种费用，包括重新包装、防腐、防火等费用的支出。

【司法适用】

在当事人没有特别约定时，保管合同原则上是无偿的。之所以作出此种推定，其主要原因在于保管合同规则是以民间的保管关系为基础制定的，民间的保管基本上是基于公民之间相互信任的关系而订立的，因此通常情况下是无偿的。但是，随着经济社会的发展，大量的商事保管应运而生，如购物、住宿、就餐时的物品暂存，保管合同的人身属性越来越被弱化。但是同时，此种类型的小型保管是购物、住宿、餐饮等经营活动的延伸服务，因此是否需要另行收取保管费，应当由保管人明确，如果当事人对保管费没有约定或者约定不明确，依据本法第510条的规定仍不能确定的，视为无偿保管。

约定不明确又达不成补充协议的，按照合同有关条款或者交易习惯确定时要考虑的问题主要有以下两项：(1)保管人是否从事保管这个职业，如果确定保管人就是从事保管这个职业的，如保管人是小件寄存的业主，应当推定该合同是有偿合同。(2)依其他情形应当推定保管是有偿的。如就保管物的性质、保管的时间、地点和方式而言，一般人判断为有偿的，则应推定保管是有偿的。如果推定保管是有偿的，寄存人应当向保管人支付报酬。

【司法案例】

莆田市甲制衣有限公司诉郑某生保管合同纠纷案[①]

诉讼结论：当事人对保管费没有约定或者约定不明确，视为无偿保管。

《协议书》有双方当事人的签字确认，双方形成保管合同关系。但《协议书》第1条关于租金多少没有载明具体的金额而为空格，双方也没有另行协议约定。

① 福建省莆田市中级人民法院(2019)闽03民终2162号民事判决书。

甲制衣公司主张厂租即为保管费用，在二审庭审时称期满后郑某生转租给他人收取的租金即为保管费用，均未提供证据予以证实，且甲制衣公司也无法明确保管租金的具体数额，郑某生也不予认可，故甲制衣公司应自行承担举证不能的法律后果。一审法院认定郑某生的保管是无偿的，并无不当。

第八百九十条　保管合同自保管物交付时成立，但是当事人另有约定的除外。

【条文主旨】

本条是关于保管合同成立时间的规定。

【条文理解】

保管合同是要物合同、实践合同，除双方当事人意思表示一致外，保管合同的成立还须交付标的物或完成其他现实交付才能成立。如果当事人有特别约定，自双方当事人达成合意之日起生效，则保管合同也可以成为诺成合同。

【司法适用】

保管合同原则上是实践合同，体现在以下几个方面：第一，双方当事人达成合意，但还没有交付保管物，此时，合同尚未成立，如果一方当事人反悔，承担的是缔约过失责任，而不承担违约责任。第二，保管物的交付，是指寄存人将对保管物的占有转移至保管人。交付可以是直接交保管人，也可以由第三人间接交付给保管人。如果保管人已经占有标的物，以简易交付即可。第三，当事人如另有约定，约定应当表现为文字或者其他可以确认的书面形式。

【司法案例】

罗某鹏诉厦门甲宾馆、第三人洪某通旅店服务合同纠纷案①

诉讼结论：旅客将车辆开进旅店停车场后，旅店对其车辆进行了登记，因此应当视为车辆已经交付，旅客和旅店之间的保管合同已经成立。旅店作为旅店服务合同提供服务方对旅客的财产负有保管义务。

保管合同作为实践性合同，确系保管物的交付为合同成立要件，但交付的方式应灵活看待，视保管物的不同而不同，不能拘泥于固有形式。对车辆交付保管的认定应与一般物交付保管区别对待，不管停车场采取什么样的管理方式，只要

① 福建省厦门市中级人民法院（2006）厦民终字第1149号民事判决书。

车辆停放在停车场后处于保管人的有效管理、监控之下的，均应认定车辆已经交付，保管合同已经成立。本案中，甲宾馆的停车场采取的就是这种管理方式。当车辆进入停车场时，保安有对车辆进行逐一登记，车辆离开时保安核查后将登记记录划掉才放行，交接班时保安还要进行核对，也即车辆进出停车场均处于宾馆的有效监管下。罗某鹏将车辆开进停车场后，甲宾馆保安也对其车辆进行了登记，因此应当视为车辆已经交付，罗某鹏和甲宾馆之间的保管合同已经成立。

第八百九十一条　寄存人向保管人交付保管物的，保管人应当出具保管凭证，但是另有交易习惯的除外。

【条文主旨】

本条是关于保管人向寄存人出具保管凭证的规定。

【条文理解】

根据本条规定，寄存人向保管人交付保管物后，保管人应当向寄存人出具保管凭证。保管凭证对确定保管人与寄存人、保管物的性质和数量、保管的时间和地点等具有重要作用，一旦双方发生纠纷，保管凭证将是重要的证据。但是，如果当事人另有约定或者依交易习惯无须出具保管凭证的，也可以不出具保管凭证，不影响保管合同的成立。例如，在停车场停车，一般不需要出具保管凭证。

【司法适用】

出具保管凭证不是保管合同成立的形式要件，在寄存人交付保管物后，即使保管人应当出具而未出具保管凭证，也应当认定保管合同成立。保管凭证也不是保管合同的书面形式，仅是保管合同关系存在的证明。

【司法案例】

干某平、鑫某辰诉倪某福、朱某保管合同纠纷案[①]

诉讼结论：保管人应当出具保管凭证，但该出具并不是保管合同成立的形式要件，如果当事人另有约定或者依交易习惯无须出具保管凭证的，也可以不出具保管凭证，不影响保管合同的成立。

原告干某平、鑫某辰系夫妻关系，被告倪某福、朱某原系夫妻关系，原告鑫某辰与被告倪某福系姐弟关系。鑫某辰主张于2013年11月25日将涉案款项汇入

① 浙江省湖州市中级人民法院（2015）浙湖商终字第166号民事判决书。

倪某福账户是委托他代为保管，倪某福、朱某予以否认，由此发生举证责任的转移，应由倪某福、朱某证明收款原因。对此，倪某福、朱某主张涉案款项是鑫某辰感谢倪某福多年照顾而赠与他的，而赠与的成立，必须有鑫某辰明确的赠与意思表示，而鑫某辰明确否认有该意思表示，倪某福、朱某也未能提供证据证明鑫某辰有此意思表示，依法应承担举证不能的不利后果。因此，鑫某辰于2013年11月25日转账5,009,069.68元至倪某福账户之事实清楚，倪某福虽未交付保管凭证，但该款系转账，银行记录清晰且鑫某辰保有转账凭证，在无证据证实双方存在借贷等其他法律关系时，应认定双方保管合同关系成立。鑫某辰与倪某福间的保管合同合法、有效，双方未约定保管期间，鑫某辰有权随时领取保管物。

第八百九十二条　保管人应当妥善保管保管物。

当事人可以约定保管场所或者方法。除紧急情况或者为维护寄存人利益外，不得擅自改变保管场所或者方法。

【条文主旨】

本条是关于保管人妥善保管义务的规定。

【条文理解】

所谓“妥善保管”，是指保管人应当按照法律规定和合同约定，并根据保管物的性质，提供合适的保管场所，采用合理的保管方法等，使保管物处于完好状态。在保管合同中，无论是有偿保管还是无偿保管，保管人都应负有妥善保管义务，但保管人所负担的妥善保管义务有所差异，具体而言，在无偿保管合同中，保管人应尽与保管自己物品同样的注意义务，对于故意和重大过失承担赔偿责任；在有偿保管合同中，保管人应尽善良保管人的注意义务，存在过失就应承担赔偿责任。

当事人可以约定保管场所或者保管方法。当事人已经约定的，应当从其约定；当事人无约定的，保管人应当依保管物的性质、合同目的以及诚实信用原则，妥善保管保管物。当事人约定了保管场所或者保管方法的，除紧急情况或者为了维护寄存人利益外，不得擅自改变保管场所或者方法。出现紧急情况，如保管物因第三人的原因或者因自然原因，可能发生毁损、灭失的危险时，保管人除应当及时通知寄存人外，为了维护寄存人的利益，可以改变原来约定的保管场所或者保管方法。

【司法适用】

“妥善保管”应当包含如下内容：(1)提供合适的保管场所。保管人所提供的场地，必须符合合同的约定，如果合同没有约定的，则保管人应当根据保管物的性质，提供能够适合保管该物的场所。(2)采用适当的保管方法。保管人要根据保管物的性质、特点等，采取适当的保管方法，而且保管人应当掌握相关的保管技术，从而实现妥善保管。(3)除紧急情况或者为了维护寄存人利益的以外，不得擅自改变保管场所或者方法。而且为了维护寄存人的利益，在保管人变更保管场所或方法之后，应当通知寄存人。(4)保管人要采取合理的预防措施，防止保管物的毁损、灭失。

【司法案例】

徐某诉宿迁市甲物业管理有限公司保管合同纠纷案①

诉讼结论：在有偿保管合同中，保管人有妥善保管标的物的义务。

本案系徐某与甲物业公司之间的保管合同纠纷，仅应就甲物业公司是否尽到了妥善保管义务，是否要承担返还涉案车辆的责任进行审理。根据本案查明的事实，甲物业公司在涉案车辆被他人强行开走时进行了阻拦，又在车辆被他人开走后及时报警并组织人员主动查找。甲物业公司发现被抢车辆后立即报警，并由公安机关查扣了涉案车辆，该车辆应由公安机关交还失主。至此，应当认定甲物业公司已经尽到了妥善保管义务，其不应再承担返还车辆的责任。

第八百九十三条　寄存人交付的保管物有瑕疵或者根据保管物的性质需要采取特殊保管措施的，寄存人应当将有关情况告知保管人。寄存人未告知，致使保管物受损失的，保管人不承担赔偿责任；保管人因此受损失的，除保管人知道或者应当知道且未采取补救措施外，寄存人应当承担赔偿责任。

【条文主旨】

本条是关于寄存人告知义务的规定。

【条文理解】

寄存人对保管人负有告知保管物有关情况的义务。具体包括两种情况：(1)如果保管物有暇疵的，应当将真实情况如实告知保管人。此处说的瑕疵，不同于买卖合同中的瑕疵，主要是指保管物因其自身的缺陷容易造成保管财产自身或其他物品毁损、灭失的缺陷。(2)按照保管物的性质需要采取特殊保管措施的，主

① 江苏省高级人民法院(2013)苏民再提字第0105号民事判决书。

要指一些易燃、易爆、有毒、有腐蚀性、有放射性等危险物品或者易变质物品。

寄存人未尽告知义务，致使保管物本身遭受损失的，保管人不承担赔偿责任。寄存人未尽告知义务，致使保管人或第三人的人身、财产遭受损失的，寄存人应当承担赔偿责任。但保管人知道或者应当知道并且未采取补救措施的，寄存人不承担赔偿责任。

【司法适用】

所谓保管人知道或者应当知道并且不采取补救措施，是指保管人在接受寄存人交付的保管物时或者在保管期间，尽管寄存人违反了告知义务而没有告知，但保管人已经发现了保管物存在瑕疵、危险或者变质等情况，或者从保管人以往经验来看，其应当知道，而没有将发现的情况及时通知寄存人并要求寄存人取回，或者主动采取一些特殊的保管措施，以避免损失的发生或扩大。在这种情况下，保管人无权要求寄存人承担赔偿责任。

【司法案例】

蔡某友诉平顶山市新华区甲停车场保管合同纠纷案①

诉讼结论：寄存人交付的保管物有瑕疵或者按照保管物的性质需要采取特殊保管措施的，寄存人应当将有关情况告知保管人。寄存人未告知，致使保管物受损失的，保管人不承担赔偿责任。

蔡某友将本案所涉的货车及挂车交由甲停车场保管，并支付停车费，双方形成保管合同法律关系。涉案车辆系焦某立分期付款购买的，并办理了抵押登记手续，蔡某友从焦某立处取得该车辆时，已经知道该车辆已抵押，可能发生的债务纠纷，同时蔡某友也称在本次乙汽车贸易公司开走车辆之前，乙汽车贸易公司曾在其他地方强行抢走涉案车辆，后因公安机关介入未开走车辆。从上述事实看，蔡某友应当预料到涉案车辆因债务纠纷随时可能会被他人强行开走事件的发生，其将车辆交付甲停车场进行保管时，应当就车辆的相关情况告知甲停车场，并告知停车场对涉案车辆采取特殊的保管措施，但其未履行告知义务，也未要求停车场采取特殊的保管措施，导致乙汽车贸易公司基于其与焦某立之间的债务纠纷将车辆开走，对此事件的发生甲停车场无法预料，也无法控制，因此甲停车场对涉案车辆被开走的损失不应向蔡某友承担赔偿责任。

---

① 河南省平顶山市中级人民法院(2018)豫04民终275号民事判决书。

第八百九十四条　保管人不得将保管物转交第三人保管，但是当事人另有约定的除外。

保管人违反前款规定，将保管物转交第三人保管，造成保管物损失的，应当承担赔偿责任。

【条文主旨】

本条是关于保管人亲自保管义务的规定。

【条文理解】

在保管合同履行过程中，保管人在未征得寄存人同意的前提下，不得将保管物转交第三人保管，即应当亲自保管保管物。保管人亲自保管义务包括两个方面：一方面，保管人应当按照合同的规定亲自保管标的物。亲自保管不仅包括保管人自己保管，也包括保管人使用辅助人进行保管，当然，如果其辅助人有过失，保管人应当对辅助人的过失承担责任，此种责任属于担保责任，不以保管人的过错为要件。另一方面，未经寄存人的同意，不得将保管物擅自交给第三人保管。当事人另有约定的或者寄存人事后明确同意的，不在此限。

保管人亲自保管保管物是保管人的一项义务，保管人违反该义务，擅自将保管物转交第三人保管，使保管物因此造成损害，保管人应当承担赔偿责任。即使保管人或者第三人没有过错，保管人也应当承担责任，此种责任属于加重的责任，以督促保管人尽到其亲自保管的义务。

【司法适用】

法律之所以规定保管人要亲自保管，是因为保管合同一般是在公民之间因为相互协助而订立的，基本上是基于公民之间相互信任的关系而订立的，这决定了保管合同具有人身属性。但也应当看到，随着经济社会的发展，保管合同当事人之间的人身信赖关系正逐渐减弱。需要注意的是，紧急情况下，为了寄存人的利益需要转保管，但又无法与寄存人取得联系，在此情形下，应允许保管人将保管物交由第三人进行保管。例如，保管人发现货物腐烂、变质，其不具备必要的保管条件，又无法及时与寄存人取得联系，以此应允许保管人转保管，但保管人事后应将转保管的情形及时通知寄存人。

【司法案例】

湖南益阳甲粮食购销有限公司诉湖南益阳乙粮库保管合同纠纷案[①]

诉讼结论：保管人不得将保管物转交第三人保管，但当事人另有约定的除外。保管人违反前款规定，将保管物转交第三人保管，对保管物造成损失的，应当承担赔偿责任。

2012年6月12日，甲公司和乙粮库签订的早籼稻谷代收代储合同系双方真实意思表示，合法有效。该合同包含委托收购稻谷以及稻谷保管合同内容，双方之间的稻谷保管合同关系成立且有效。乙粮库签订早籼稻谷代收代储合同后，另行与他人签订合同，委托他人代收并保管泗湖山库点以及精为天库点稻谷。《合同法》第371条规定，保管人不得将保管物转交第三人保管，但当事人另有约定的除外。保管人违反前款规定，将保管物转交第三人保管，对保管物造成损失的，应当承担损害赔偿责任。该案双方合同未约定保管物可以转交第三人保管，合同虽约定乙粮库可以自行在外租仓用于储存涉案稻谷，但租赁行为与转交保管行为法律性质名下不同，不能视为甲公司已经同意将泗湖山库点以及精为天库点稻谷转交他人保管，故甲公司主张的该两库点灭失稻谷的损害赔偿责任，仍应由乙粮库承担。乙粮库关于粮食灭失责任应由第三人承担的抗辩主张，不予支持。

第八百九十五条　保管人不得使用或者许可第三人使用保管物，但是当事人另有约定的除外。

【条文主旨】

本条是关于保管人不得使用保管物的义务的规定。

【条文理解】

保管合同，寄存人只转移保管物的占有给保管人，而不转移使用和收益权，因此保管人只有权占有保管物，而不能使用保管物。保管合同的目的是为寄存人保管保管物，要求的是维持保管物的现状。保管人虽然没有使保管物升值的义务，却负有尽量避免保管物价值减损的义务，如果保管人可以随意使用保管物，则极易造成保管物的毁损、灭失、折旧，从而损害寄存人的利益。因此，根据本条规定，保管人不得利用其保管之便，擅自使用或者许可第三人使用保管物。但是，当事

---

① 湖南省高级人民法院（2015）湘高法民二终字第207号民事判决书。

人另有约定的，按照约定执行。如果保管人经寄存人的许可使用保管物，则在性质上不再是保管合同，而是借用合同。如果事后得到许可，这种保管合同也可以变成借用合同。

【司法适用】

当事人没有在合同中预先约定保管人可以使用保管物，或者保管人未经寄存人同意而擅自使用或者许可第三人使用保管物，造成保管物损坏的，保管人应当承担赔偿责任。即使没有造成损失，保管人也应当按照保管物的使用价值，对寄存人给付相当之报偿。报偿的数额可以比照租金标准计算。需要注意的是，本条规定的保管物应当不包括货币或者其他可替代物。如果是货币或者其他可替代物，保管人可以使用，只需以相同种类、品质、数量的物返还即可。

【司法案例】

刘某林诉江门市甲地产发展有限公司房屋保管合同纠纷案①

诉讼结论：保管人不得使用或者许可第三人使用保管物。

甲公司虽抗辩认为其保管责任本不及于该笔20万元定金，但相应主张与前述合同关于刘某林有义务支付该笔定金以及相应定金应暂由甲公司代为保管的约定不符，故应不予采纳。现甲公司对该笔20万元定金实际接收且无直接退还给刘某林，则应推定其认可保管责任及于该笔款项。在前述合同并未明确约定该笔20万元定金的转付时间和转付条件，本案也无充分证据显示甲公司在已事先征得刘某林同意的情况下，甲公司径行将其收取的20万元定金转至肖某账户，相应行为既不符合《合同法》第369条第1款关于“保管人应当妥善保管保管物”和第372条关于“保管人不得使用或者许可第三人使用保管物，但当事人另有约定的除外”的规定，也不符合买卖双方共同托管定金的合同目的，甲公司故此应向刘某林承担相应的违约责任。

第八百九十六条　第三人对保管物主张权利的，除依法对保管物采取保全或者执行措施外，保管人应当履行向寄存人返还保管物的义务。

第三人对保管人提起诉讼或者对保管物申请扣押的，保管人应当及时通知寄存人。

① 广东省江门市中级人民法院(2016)粤07民终2756号民事判决书。

【条文主旨】

本条是关于保管人负有返还保管物及通知寄存人的义务的规定。

【条文理解】

所谓第三人对保管物主张权利,是指第三人主张保管物并非属于寄存人所有等可能引发保管物的权属争议的情形。第三人主张权利时,保管人仍应向寄存人履行返还保管物的义务,主要是因为:一方面,保管人因保管合同而占有保管物,因此返还保管物是其所负担的合同义务。基于合同的相对性,保管人只对寄存人负有相应的义务,并不对第三人负有义务。另一方面,返还保管物有利于寄存人处理与第三人的纠纷,并维护寄存人的权利。如果保管人将保管物交给第三人,其应向寄存人承担相应的违约责任。当然,如果第三人依法申请法院对该保管物进行查封、扣押或强制执行,导致保管人无法返还保管物,自然不应负担将保管物返还给寄存人的义务。

第三人对保管物主张权利而对保管人提起诉讼或者对保管物申请扣押的,保管人应当及时通知寄存人。通知的目的在于使寄存人及时参加诉讼,以维护自己的合法权益。

【司法适用】

如果在保管期间,寄存人已经将货物出卖给第三人,寄存人自身不愿意再领取该保管物,而直接通知保管人,将保管物交付给第三人。在此情形下,保管人应将保管物返还第三人,第三人也可以据此领取保管物。但在第三人支付保管费用之前,保管人有权拒绝返还保管物。

第三人对保管物主张权利而对保管人提起诉讼,法院可以应保管人请求变更寄存人为被告。

【司法案例】

封某勇诉汕头市甲货运服务有限公司保管合同纠纷案①

诉讼结论:根据合同相对性原则,保管人负有向合同相对人即寄存人交付保管物的合同义务。

本案争议焦点是甲公司未能向封某勇交付其寄存的货车是否应承担相应的赔偿责任。甲公司停车场为经营性质的收费停车场,停车场实行封闭式管理,车辆进场取卡,凭卡出场。封某勇将货车停放于甲公司停车场,并领取了停车卡,故在封某勇与甲公司之间成立车辆保管合同的民事法律关系。甲公司作为停车场

---

① 广东省汕头市中级人民法院(2017)粤05民终615号民事判决书。

的经营者和车辆的保管人，有义务妥善保管封某勇寄存的货车并将该车辆返还封某勇。乙公司虽是货车的合法所有权人，但不是本案车辆保管合同的相对人，甲公司并不具有物归原主的合同义务和法定义务。而封某勇既是货车的合法使用权人，也是货车的寄存人，并且，封某勇一直持有甲公司给付的停车卡，该停车卡也未曾丢失，故封某勇凭停车卡向甲公司主张权利，要求甲公司返还其寄存的车辆，依据充分，合理合法，应予支持。甲公司依法负有向封某勇返还其寄存车辆的合同义务。

第八百九十七条　保管期内，因保管人保管不善造成保管物毁损、灭失的，保管人应当承担赔偿责任。但是，无偿保管人证明自己没有故意或者重大过失的，不承担赔偿责任。

【条文主旨】

本条是关于保管人赔偿责任的规定。

【条文理解】

在保管合同中，无论是有偿保管还是无偿保管，保管人应当对保管物尽到妥善保管的义务。妥善保管，即以善良管理人的注意义务加以保管。善良管理人的注意义务，是指依照一般交易的观念，认为有相当的知识经验及诚意的人所具有的注意，即以一种善良的心和应当具备的知识来保管。例如，对于字画的保管应当注意防潮、防虫蛀，对于贵重珠宝的保管应当注意防盗窃等。

【司法适用】

需要注意的是，保管人责任的大小，因保管合同有偿或者无偿而有所区别。如果保管是有偿的，无论保管人是故意还是过失，都对因保管不善造成的保管物毁损、灭失承担赔偿责任。如果保管是无偿的，保管人只对故意或者重大过失造成保管物毁损、灭失的情形承担赔偿责任。所谓重大过失，是指保管人对保管物明知可能造成毁损、灭失而轻率地作为或者不作为。此外，法律规定了一些保管人不承担赔偿责任的情形。例如，不可抗力，第三人侵害，寄存人交付的保管物有瑕疵或者按照保管物的性质需要采取特殊保管措施的，寄存人应当告知而未告知保管人等不可归责于保管人的事由，造成保管物毁损、灭失的，保管人都不负赔偿责任。

【司法案例】

姜某诉黑龙江省甲农场保管合同纠纷案[①]

诉讼结论：在保管期内，因保管人保管不善造成保管物毁损、灭失的，保管人应当承担赔偿责任。但保管是无偿的，保管人证明自己没有重大过失的，不承担赔偿责任，否则不能免除赔偿责任。

姜某向甲农场缴纳4000元看管费用和6700元四项基本建设费用，双方形成有偿的保管合同关系，甲农场负有妥善保管的合同义务。根据《民事诉讼证据规定》第5条第2款的规定，对合同是否履行发生争议的，由负有履行义务的当事人承担举证责任，即甲农场需举证证明其履行了保管义务，需对柴油泄漏系油罐本身缺陷及其无重大过失承担举证责任。姜某自发现价值十万余元柴油全部漏光时现场无人看管，甲农场作为保管方没有及时发现并防止损失过大，违反《合同法》第374条"保管期间，因保管人保管不善造成保管物毁损、灭失的，保管人应当承担损害赔偿责任，但保管是无偿的，保管人证明自己没有重大过失的，不承担损害赔偿责任"的规定，应承担相应违约责任，赔偿姜某部分损失。

第八百九十八条　寄存人寄存货币、有价证券或者其他贵重物品的，应当向保管人声明，由保管人验收或者封存；寄存人未声明的，该物品毁损、灭失后，保管人可以按照一般物品予以赔偿。

【条文主旨】

本条是关于寄存贵重物品声明义务的规定。

【条文理解】

保管物因性质、种类、贵重程度等方面的不同，在保管上的注意事项和要求也不尽相同。相比一般物品，货币、有价证券或者其他贵重物品的保管要求更高，需要保管人尽高度谨慎的注意义务。为了保管人能够更好地履行注意义务，本条规定，寄存人寄存货币、有价证券或者其他贵重物品的，应当向保管人声明，由保管人验收或者封存。声明的内容是保管物的性质及数量，声明的方式可以在保管合同中注明，也可以在保管凭证中注明，还可以是其他能够使保管人知晓保管物种类、性质的方式。在声明之后，保管人应当对贵重物品进行验收或者封存。所谓"验收"，是指保管

---

① 黑龙江省高级人民法院(2017)黑民再478号民事判决书。

人对寄存人所交付的贵重物品进行清点，在确定实际收取的物品数量和品质与寄存人所声明的内容无误时接受。所谓“封存”，就是将贵重物品清点完毕后予以封闭保存。

寄存人未尽声明义务的，该物品毁损、灭失后，保管人可以不按该物品的实际价值赔偿，而按照一般物品予以赔偿。

【司法适用】

法律规定寄存人声明义务的原因在于，一方面，是考虑到合同双方权利义务的对等。如果寄存人不声明保管物是贵重物品，则保管人对此并不知情，可能仅按照一般保管物收取保管费和进行保管。但是此类物品一旦遗失或受损，则保管人需要承担巨额的赔偿责任，因此会导致双方权利义务失衡。另一方面，声明了保管财产的性质之后，引起保管人注意，保管人才可以更好地履行保管义务。需要注意的是，寄存经封存的货币不属于消费保管，而是要求保管人返还原物的合同。

【司法案例】

王某诉甲公司保管合同纠纷案①

诉讼结论：寄存人寄存货币、有价证券或者其他贵重物品的，应当向保管人声明，由保管人验收或者封存。寄存人未声明的，该物品毁损、灭失后，保管人可以按照一般物品予以赔偿。

王某购买了游泳券到甲公司处游泳。甲公司按照交易习惯提供了存放衣物的放物柜及锁具，双方形成了保管合同关系，甲公司应对王某存放的物品负有保管义务。王某在报案时称丢失的cd928手机，据价格认证部门鉴定，该手机在评估基准日2000年10月25日的基准价为人民币1500元。但《合同法》第375条规定：“寄存人寄存货币、有价证券或者其他贵重物品的，应当向保管人声明，由保管人验收或者封存。寄存人未声明的，该物品毁损、灭失后，保管人可以按照一般物品予以赔偿。”本案中，王某携带的手机作为一种贵重物品，理应向被告声明。据查实，甲公司存衣室内也有贵重物品应予寄存的告示。据此，甲公司可按一般物品予以赔偿。

第八百九十九条　寄存人可以随时领取保管物。

当事人对保管期限没有约定或者约定不明确的，保管人可以随时请求寄存人领取保管物；约定保管期限的，保管人无特别事由，不得请求寄存人提前领取保管物。

---

① 参见《人民法院案例选》2000年第5辑。

【条文主旨】

本条是关于领取保管物的规定。

【条文理解】

根据本条规定,保管合同不管是否约定保管期限,寄存人都可以随时领回保管物,但应当给保管人预留必要的准备时间,如果因此给保管人造成损失,应当予以赔偿。在这一点上,保管合同与仓储合同不同。在仓储合同中,只有对仓储期限没有约定或约定不明的情况下,寄存人才能随时提取。

当事人未约定保管期限或约定不明的,根据本法第511条履行期限仍不明确的,不论有偿或者无偿,保管合同可以随时终止,不但寄存人可以随时领取保管物而终止合同,保管人也可以随时要求寄存人领取保管物而终止合同,但保管人应当给寄存人适当的准备时间。当事人约定保管期限的,保管人无特别事由,如保管人患病、丧失行为能力等事由,不得要求寄存人提前领取保管物。

【司法适用】

虽然寄存人可以随时领取保管物,但不意味着保管期限的规定毫无意义。保管期限的意义在于:一方面,保管期限对保管人具有约束力,在保管期限届满之前,保管人无特定事由,不得违反期限的规定,要求寄存人提前领取保管物。另一方面,超过约定保管期限之后,保管人有权要求寄存人领取保管物。寄存人如果不及时领取,需要支付额外的费用。此外,在保管合同规定了保管期限的情况下,如果寄存人提前领取保管物的,则应当支付相应的费用,这种费用的计算要考虑到保管人需要支付的人力、物力等成本,考虑到因缩短保管期限而减少的成本而适当减少保管费。

【司法案例】

徐某忠诉季某梅等保管合同纠纷案①

诉讼结论:寄存人可以随时领取保管物,保管人应当予以配合。

《合同法》第376条规定,寄存人可以随时领取保管物。依据上述规定,徐某忠有权随时要求季某梅支付由其保管的款项。鉴于徐某忠自认已经收到季某梅以现金方式交付的20万元,原审据此认定季某梅应当支付尚未转交款项122万元,具有事实和法律依据,故予以确认。由于徐某忠享有随时要求季某梅返还保管款项的权利,因此,当徐某忠要求返还保管的款项时,季某梅具有及时返还保管款项的义务,季某梅未能履行上述返还义务,徐某忠有权要求季某梅赔偿因拖延

---

① 浙江省温州市中级人民法院(2019)浙03民终2433号民事判决书。

履行返还义务所造成的利息损失。鉴于徐某忠没有证据证明其于本案起诉前要求季某梅履行返还义务的确切时间,依据徐某忠提起自诉控诉季某梅犯侵占罪的时间为 2017 年 9 月 5 日,故认定徐某忠要求季某梅赔偿从自诉控诉之日(2017 年 9 月 5 日)起计算的利息损失,具有事实和法律依据,故予以确认。

第九百条　保管期限届满或者寄存人提前领取保管物的,保管人应当将原物及其孳息归还寄存人。

【条文主旨】

本条是关于保管人返还保管物及其孳息的规定。

【条文理解】

在保管合同中,如果双方当事人就保管期限有明确约定的,保管人在保管期限到期之后或寄存人提前来领取保管物时,应按时返还该保管物。保管人不仅应当返还保管物原物,还应当将保管物的孳息一并返还寄存人。孳息是指原物产生的物,包括天然孳息和法定孳息。天然孳息是原物根据自然规律产生的物,如幼畜、果实等。法定孳息是原物根据法律规定带来的物,如存款利息、股利、租金等。根据物权的一般原则,除法律或合同另有约定外,孳息归原物所有权人所有。在保管合同中,保管人并不享有保管物的所有权,所有权仍归寄存人享有。因此,保管人除返还保管物外,还应一并返还保管物产生的孳息。

【司法适用】

一般的保管合同,寄存人领取保管物后,保管合同即可终止。但实践中,还有一种分期保管合同,即约定了明确的保管期限,在此期限内,寄存人可以多次提取和存放保管物。例如,甲与其住宅区的存车处签订了一年存放车辆的合同,即是属于分期保管的合同。

【司法案例】

刘某诉刘某平、丁某秀保管合同纠纷案[①]

诉讼结论:保管人只是该笔存款的“管理”者,所有权仍归寄存人享有。因此,保管人除返还保管物外,还应一并返还保管物产生的孳息。

刘某平对于 2008 年至 2014 年刘某从美国银行前后 6 次汇出 328,300 美元,

① 山西省高级人民法院(2016)晋民申 865 号民事裁定书。

结汇人民币共计2,144,003.88元的基本事实并不否认。刘某平关于该款项系赠与行为的陈述缺乏证据支持。保管合同是保管人有偿或无偿地为寄存人保管物品,并在约定期限内或应寄存人的请求返还保管物的行为。本案中的证据显示刘某向刘某平的汇款符合保管合同的基本特征。《合同法》第377条规定,保管期间届满或者寄存人提前领取保管物的,保管人应当将原物及其孳息归还寄存人。现刘某要求刘某平返还委托其保管款项的本金及利息于法有据,刘某平应予返还。

第九百零一条　保管人保管货币的,可以返还相同种类、数量的货币;保管其他可替代物的,可以按照约定返还相同种类、品质、数量的物品。

【条文主旨】

本条是关于消费保管合同的规定。

【条文理解】

在保管合同中,根据标的物是"种类物"或"特定物"的不同,又进一步分为"消费保管合同"和"一般保管合同"。消费保管合同,是指保管物为种类物时,约定将保管物的所有权移转于保管人,保管期限届满由保管人以同种类、品质、数量的物返还的保管合同。与一般保管合同不同,消费保管合同具有以下特点:(1)消费保管合同的保管物为可替代物,即种类物。一般保管合同的保管物为特定物。(2)保管人对消费保管合同的保管物享有占有、使用、收益和处分的权利。而一般的保管合同,保管人只是在保管期限占有保管物,原则上不能使用保管物。(3)对消费保管合同,保管人仅需以同种类、品质、数量的物返还即可。对一般保管合同,保管人只能返还原物。需要注意的是,不是所有种类物的保管都属于消费保管,例如本法第898条规定的寄存货币,就属于返还原货币的保管合同,而不属于消费保管合同。种类物的保管是否属于消费保管,关键要看当事人之间是否有移转保管物所有权的约定。(4)保管物的风险负担由保管人承受。在一般保管合同中,保管物的所有权不发生转移,因此,风险负担仍由所有人承受。而在消费保管合同中,由于标的物的所有权转移给了保管人,所以标的物毁损、灭失风险由保管人负担。

【司法适用】

需要注意的是,寄存货币的消费保管合同与储蓄合同非常相似,但二者是不同的,寄存货币的消费保管合同的目的侧重于为寄存人保管货币,一般不向寄存人支付利息,储蓄合同中接受储蓄的一方必定为银行等金融机构,而金融机构会向存款者支付一定的利息。寄存货币的消费保管合同与民间借贷也有着本质上的区别，二者不能用同一种法律规范来调整。

【司法案例】

刘某芝诉宋某芹、代某华保管合同纠纷案[①]

诉讼结论：保管人保管货币的，可以返还相同种类、数量的货币。

2016年11月14日宋某芹、代某华、宋某华签订《赡养协议》，约定刘某芝由宋某华赡养，第1条约定：刘某芝的工资由宋某华管理支配，存款4万元钱，暂时由长女宋某芹保管，此钱用于母亲的丧葬费等赡后费用的支出。代某华对该协议中刘某芝有4万元存款认可，但称已于2016年8月将这4万元交给宋某敏并出具了宋某敏的证明，刘某芝应向宋某敏主张这4万元钱。法院认为，宋某芹、代某华作为保管人，未经刘某芝同意，无权将涉案的4万元转交他人。现刘某芝主张领取该款，宋某芹、代某华负有返还的义务。

第九百零二条　有偿的保管合同，寄存人应当按照约定的期限向保管人支付保管费。

当事人对支付期限没有约定或者约定不明确，依据本法第五百一十条的规定仍不能确定的，应当在领取保管物的同时支付。

【条文主旨】

本条是关于保管费支付期限的规定。

【条文理解】

在有偿的保管合同中，当事人对支付期限有约定的，包括保管合同中有约定或者事后约定，寄存人应按照约定期限支付。当事人对支付期限没有约定或者约定不明确，可以协议补充，不能达成补充协议的，按照合同有关条款或者交易习惯确定，仍不能确定的，应当在领取保管物的同时支付。寄存人提前领取保管物而终止保管合同的，应于保管关系终止时支付。

【司法适用】

在有偿保管中，有关保管费的支付标准、支付时间、支付地点等都应当遵守合同的约定。一般来说，保管合同一般约定在领取保管物时支付保管费，仓储合同

---

① 吉林省白城市中级人民法院(2017)吉08民终393号民事判决书。

一般约定在每一保管阶段分别支付到期的保管费用,现实生活中大量的小件寄存业务采取保管前收费的办法,可以视为交易习惯。当然,当事人可就保管费用支付的时间作出特别约定。

【司法案例】

广州市甲物业管理有限公司诉广州市乙实业发展有限公司保管合同纠纷案①

诉讼结论:有偿保管合同中,当事人对支付期限没有约定或者约定不明确,可以协议补充,不能达成补充协议的,按照合同有关条款或者交易习惯确定。

乙实业公司明知甲公司对涉案停车场之整体已取得收费保管经营许可,明知其停放涉案车辆的位置位于收费停车场整体范围之内,仍然继续经常停放车辆,应当推定为自愿接受保管服务,双方成立保管合同关系。故甲公司主张乙实业公司按月支付自2014年9月1日至2017年4月的保管服务费,应予以支持。乙实业公司辩称甲公司没有提供证据证明涉案车辆长期停放,对此,因乙实业公司在本案中自述自2005年10月起经常不定期将涉案车辆停放在涉案停车场内,故甲公司主张按月支付保管服务费应予以支持。

第九百零三条　寄存人未按照约定支付保管费或者其他费用的,保管人对保管物享有留置权,但是当事人另有约定的除外。

【条文主旨】

本条是关于保管人留置权的规定。

【条文理解】

保管合同是有偿的,寄存人应当按照合同约定向保管人支付保管费。合同约定有其他费用的,寄存人还应当按照约定支付其他费用。所谓其他费用,是指保管人为保管保管物而实际支出的必要费用。必要费用不同于保管费用,保管费用是指应当支付给保管人的报酬,只存在于有偿合同中,而必要费用则是指保管人为了实现物之保管目的,以使保管物能够维持原状而支出的费用。如保管人支付的电费、重新包装、防腐、防火等费用,这些费用即便是在无偿保管过程中也会产生。一般来说,在有偿保管中,保管费中已包含了必要费用,但当事人也可能约定

---

① 广东省广州市中级人民法院(2019)粤01民终8630号民事判决书。

在保管费之外,另行支付必要费用。而在无偿保管中,虽然寄存人不需要支付保管费,但应负有返还必要费用的义务。如果寄存人违反约定不支付保管费以及其他费用的,根据本条规定,保管人对保管物享有留置权,即以该财产折价或者以拍卖、变卖该财产的价款优先受偿的权利。但是法律规定或者当事人约定不得留置的动产,不得留置。

【司法适用】

保管人享有留置权必须符合如下要件:(1)寄存人到期未支付保管费用。根据保管合同的约定,寄存人未按照约定的期限支付保管费,或者在不能确定保管费支付期限情况下,寄存人在领取保管物时未支付保管费,则保管人有权留置保管物。(2)保管人仍占有保管物,如果保管人已将保管物交付给寄存人,则无法取得对保管物的留置权。(3)依照保管物的性质不存在不宜留置的情形。(4)寄存人与保管人事先没有约定不得留置保管物。留置权虽然是法定的担保物权,但是当事人仍然可以通过合同约定排除可以留置的财产。另外,"物权编"关于留置权的一般规定,适用于保管物的留置。例如,留置的保管物必须是动产,不动产不得进行留置。保管物为可分物的,留置财产的价值应当相当于保管费的金额。保管人在留置保管物后,应当给予寄存人不少于两个月的期限履行债务,但是鲜活易腐等不易保管的动产除外。如果寄存人逾期仍不履行债务,才可以处理留置的财产。在这段时间内,保管人仍负有妥善保管留置物的义务,如果保管不善致使留置物毁损、灭失的,保管人应当承担相应责任。

【司法案例】

刘某林诉重庆市甲农副产品有限公司保管合同纠纷案①

诉讼结论:寄存人未按照约定支付保管费以及其他费用的,保管人对保管物享有留置权。

本案保管合同未约定保管费的支付时间,但约定了保管费的计算标准系按每月保管数量计,故保管费的支付应按月结付。2012 年 4 月 5 日,刘某林被甲公司拒绝提货时,他已下欠数月保管费 12,210 元,刘某林此时负有先支付下欠保管费的义务。根据《合同法》第 380 条的规定:"寄存人未按照约定支付保管费以及其他费用的,保管人对保管物享有留置权,但当事人另有约定的除外。"在刘某林没有支付下欠保管费的情况下,甲公司可以行使先履行抗辩权拒绝其提货,并有权留置该货物。

① 重庆市高级人民法院(2018)渝民再 262 号民事判决书。

第二十二章　仓储合同

第九百零四条　仓储合同是保管人储存存货人交付的仓储物，存货人支付仓储费的合同。

【条文主旨】

本条是关于仓储合同定义的规定。

【条文理解】

仓储合同，是指由专门从事仓储保管业务的保管人与存货人之间签订的一方为另一方保管货物，另一方支付报酬的合同。在仓储合同中，提供货物交付存储并支付存储费用的一方为存货人；为他人提供存储条件，负责货物存储并收取存储费的一方称为保管人或者仓管人。保管人存储、保管的货物称为仓储物。与保管合同不同，仓储合同是有偿合同，支付仓储费是存货人的主要义务。存货人应当支付的费用包括两部分：(1)仓储费，即保管人提供仓储保管，存货人应当支付的报酬；(2)其他相关费用，即因为仓储的需要而支出的有关检验费、运输费、包装费等必要费用。存货人应当按照约定的时间支付仓储费，如果未约定明确的支付时间，则存货人应当在领取保管物时支付仓储费。如果存货人拒绝支付仓储费，则保管人有权留置仓储物品以使自己的债权得到清偿。

【司法适用】

仓储合同是一种特殊的保管合同，它具有保管合同的基本特征，同时仓储合同又具有自己的特殊特征：(1)仓管人必须具有仓库营业资质，并不是任何个人或单位都能够从事仓储业务的，仓管人必须是经工商行政管理机关核准登记的专营或兼营仓储业务的法人组织或其他经济组织、个体工商户等。所以在签订仓储合同之前，一定要查明仓管人是否具有从事仓储的资格，并且是否在其营业执照上写明。对一般保管合同的保管人没有营业资质方面的要求。(2)仓储合同原则上是有偿合同。保管人提供储存、保管的义务，存货人则承担相应的仓储费用。保管合同可以是有偿合同也可以是无偿合同，且没有明确约定又不能依据本法第511条确定，视为无偿合同。(3)仓储合同与保管合同均是双方当事人意思表示一致即成立，但仓储合同一般成立即生效，除非当事人另有约定。而保管合同成立须有保管物的交付才生效，除非当事人另有约定。(4)仓储合同中的标的物是动产，保管合同的标的物包括动产和不动产。(5)仓储合同是要式合同，应当是书面合同，且保管人在收到仓储物时，要向寄存人签发仓单、入库单。保管合同是不要式合同，既可以是书面形式也可以是口头形式。

【司法案例】

王某军诉李某堂仓储合同纠纷案①

诉讼结论：存货人交付仓储物并支付仓储费，保管人接收储存仓储物，双方当事人之间成立仓储合同关系。

2013年1月16日至2013年4月5日，王某军经王某保介绍陆续在李某堂的冷库储存干辣椒好子弹头99,379斤、二黄子弹头82,866斤，王某军、李某堂虽未签订仓储合同，但双方口头约定，李某堂给王某军储存辣椒，王某军支付保管费用，仓储期间为一年、仓储费为70,000元，应认定双方仓储合同关系成立。合同成立后，双方理应严格依照合同履行义务，王某军有检查、提取仓储物的权利和支付仓储费的义务，李某堂有妥善保管仓储物的义务和收取仓储费的权利。

第九百零五条　仓储合同自保管人和存货人意思表示一致时成立。

【条文主旨】

本条是关于仓储合同成立时间的规定。

【条文理解】

仓储合同是诺成合同，又称不要物合同，即双方当事人意思表示一致就可成立的合同。但这并不意味这仓储合同的成立与生效是一回事，《民法典》第502条第1款规定："依法成立的合同，自成立时生效，但是法律另有规定或者当事人另有约定的除外。"一般来说，仓储合同成立即生效，但若当事人约定合同的生效须满足一定条件的，则仓储合同的生效时间应在合同成立后并且其条件成就时。因此本条将《合同法》第382条规定的"仓储合同自成立时生效"，修改为"仓储合同自保管人和存货人意思表示一致时成立"。

---

① 河南省安阳市中级人民法院(2016)豫05民终165号民事判决书。

【司法适用】

将仓储合同界定为诺成合同符合仓储业的特征。因为仓储合同的保管人的专业性和营利性，只要双方达成协议，无论存货人是否交付了标的物，保管人必然会作出一定的履行合同的准备，支出一定的费用。例如，准备特定的储存空间，对入库的货物进行特别的资料搜集等。若认定仓储合同为实践合同，就意味着一旦存货人在交付货物前改变交易的意愿，不向保管人交存货物，保管人就其所受到的损失只能依缔约过失责任或侵权责任向存货人主张损害赔偿，这对保管人极为不利。同时，在仓储合同中存货人一般也为营利性法人，若认仓储合同为实践合同，在存货人交存货物前合同不成立，则其交存货物时若保管人拒绝储存，存货人也不能依违约责任请求损害赔偿，这对存货人也是不利的。因此，承认仓储合同为诺成合同，有助于使保管人、存货人于前述情况下，得基于违约责任主张损害赔偿。

【司法案例】

武某宇诉刘某华仓储合同纠纷案[①]

诉讼结论：当事人约定合同的生效须满足一定条件的，则仓储合同的生效时间应在合同成立后并且其条件成就时。

双方于2016年10月19日签订大葱储存协议，约定租金为15,000元，当日刘某华支付武某宇租金5000元，双方约定的存放时间为2016年11月1日。2016年11月1日货物入库储存，存入时间为3个月，武某宇接收并保管货物。本案双方签订的储存协议属仓储合同，该合同是有偿、诺成合同，合同自双方签订时成立，但这并不意味着仓储合同的成立与生效是一回事，若当事人约定合同的生效须满足一定条件的，则仓储合同的生效时间应在合同成立后并且其条件成就时，故本案仓储合同生效时间应认定为2016年11月1日。

第九百零六条　储存易燃、易爆、有毒、有腐蚀性、有放射性等危险物品或者易变质物品的，存货人应当说明该物品的性质，提供有关资料。

存货人违反前款规定的，保管人可以拒收仓储物，也可以采取相应措施以避免损失的发生，因此产生的费用由存货人负担。

保管人储存易燃、易爆、有毒、有腐蚀性、有放射性等危险物品的，应当具备相应的保管条件。

---

① 甘肃省白银市中级人民法院(2018)甘04民终322号民事判决书。

【条文主旨】

本条是关于储存危险物品和易变质物品存货人的说明义务和保管人的保管条件的规定。

【条文理解】

易燃、易爆、有毒、有腐蚀性、有放射性等高度危险性的物品和易变质物品，需要特殊的存储条件和存储方式。如果存货人不履行告知义务，保管人在不知情的情况下，很可能就会采取一般的存储设施和条件，这就会给安全留下极大的隐患或不利于保管人更好地履行合同和实现合同的目的。因此，存货人应当进行告知，说明该物品的性质，提供有关资料，保管人可以根据自身的条件和能力，确定是否签订仓储合同，并根据存储物的特殊性质采取合适的储存方式。如果存货人没有对危险物品或易变质物品的性质作出说明并提供有关资料，从而给保管人、第三人的人身、财产造成损害的，存货人应当承担损害赔偿责任。如果存货人未说明所存货物是易变质物品而导致该物品变质损坏的，保管人不承担赔偿责任。

存货人没有说明所储存的货物是危险物品或易变质物品，也没有提供有关资料，保管人在入库验收时，发现是危险物品或易变质物品的，保管人可以拒收仓储物。保管人在接收仓储物后发现是危险物品或易变质物品的，除及时通知存货人外，也可以采取相应措施，以避免损害的发生，由此产生的费用由存货人承担。

保管人储存易燃、易爆、有毒、有腐蚀性、有放射性等危险物品的，应当具备相应的保管条件。如果保管人不具备相应的保管条件，就对上述危险物品予以储存，对自身或第三人造成的损害，存货人不负赔偿责任。

【司法适用】

存货人的说明义务是法定义务，无论当事人在合同中是否约定，都应当负有此种义务。存货人的说明义务不仅包括对危险物的说明，还包括提供相关的资料。提供的资料主要是关于仓储物本身的性质特点，以及保管注意事项的说明。事实上，法律一般会对特殊物品的管理作出特别规定。

【司法案例】

深圳市甲物流有限公司诉曹某仓储合同纠纷案①

诉讼结论：储存危险物品，存货人负有说明义务，保管人亦负有验收及按照相应保管条件进行保管的义务。

曹某私自代理仓储业务，在不清楚所代理的货物是危险化学品，就与甲公司3

---

① 广东省广州市中级人民法院(2018)粤01民终8303号民事判决书。

号仓库主管马某波联系，将上述物品储存在甲公司没有危险化学品储存资质的仓库。曹某作为存货人应当有义务了解仓储物的性质，并如实告知仓储方，在仓储地点的选择上也应该尽到审慎的义务。甲公司是保管人，有验收货物的义务。相对而言，保管人更具专业知识且负有对社会的安全保障义务。对待委托仓储的货物应当进行严格的审查，而不单纯是根据委托人的口头陈述。根据安监部门的笔录，在仓储物的包装上写有仓储物的名称，则甲公司完全可以根据仓储物的名称知道其性质，应当作为判断是否适合在其仓库进行存放的依据，而其怠于审查。本案中，存货人曹某负有说明义务，保管人甲公司亦负有验收及按照相应保管条件进行保管的义务，违法储存危险化学品的行为所导致的损害后果并非由一方导致，双方均对此负有过错及责任。

第九百零七条　保管人应当按照约定对入库仓储物进行验收。保管人验收时发现入库仓储物与约定不符合的，应当及时通知存货人。保管人验收后，发生仓储物的品种、数量、质量不符合约定的，保管人应当承担赔偿责任。

【条文主旨】

本条是关于保管人应对仓储物验收以及损害赔偿的规定。

【条文理解】

保管人应当按照合同约定的验收项目、验收方法和验收期限对仓储物进行验收。验收项目主要包括货物品名、规格、数量、外包装情况等。验收方法包括全部验收和按比例抽检验收，具体采用哪种方法，由法律法规和当事人的约定来确定，通常，其应当依据当事人的约定和交易习惯来确定，如果仍无法确定验收方式，则由保管人来选择。验收期限，自仓储物和验收资料全部送达保管人之日起，至验收报告送出之日止，超过验收期限所造成的实际损失，由保管人承担。货物经过保管人验收后没有异议的，视为货物符合合同约定的条件，保管人应当接受货物并妥善存储。保管人如未按合同规定验收项目、方法和验收期限进行验收，或验收后发生仓储物的品种、数量、质量不符合约定的情形，保管人应当承担损害赔偿责任。

【司法适用】

保管人在验收之后负有如下义务：(1)保管人验收之后，同意接收货物，此时，保管人即应当妥善保管标的物。(2)保管人验收后，一旦发现货物的品质、数量、外包装状况等与合同中的约定不一致的，应当及时通知存货人。双方应当就发现问题及时进行协商和解决。协商达不成一致意见的，保管人有权将不符合约定的货物予以退回。如果存货人未取回货物，由此造成的损失应当由存货人承担。如果保管人未及时通知存货人，则推定验收合格。(3)验收合格后，如果发生仓储物的品种、数量、质量不符合约定的情形，则推定保管人未履行保管义务造成的。

【司法案例】

辛某民诉聂某华、李某云、山东滨州甲食品有限公司仓储合同纠纷案①

诉讼结论：保管人应当按照约定对入库仓储物进行验收。保管人未按约定进行验收，发生仓储物的品种、数量、质量不符合约定的，保管人应当承担赔偿责任。

甲公司的员工聂某华、李某云在接受辛某民存货前，应对存储物的品种、数量、质量作全面检验、检查、进行验收，存货期间，应严格按照仓储的标准密切查看仓储物质量情况。依据查明的事实，聂某华、李某云对辛某民货物在收货、保管、出货及发现变质后等各个环节和节点并未严格执行上述规定，并履行相应的职责要求。故甲公司应承担相应的民事赔偿责任。同时，综合考量本案存货量、堆放高度，未及时进行货物翻转倒运而致货物内部热量过高，从而导致变质，同时本案双方亦未提供相关权威机构有关本次事故原因分析报告，酌定对于涉案猪板油变质损失，甲公司应承担80%的责任，辛某民自担20%责任。

第九百零八条　存货人交付仓储物的，保管人应当出具仓单、入库单等凭证。

【条文主旨】

本条是关于保管人出具仓单、入库单义务的规定。

【条文理解】

仓单和入库单均是保管人在收到仓储物后向存货人签发的表示其收到仓储物的凭证以及存货人提取仓储物的凭证。在验收完毕之后，保管人应当及时出具仓单、入库单。作为收到仓储物的凭证，其可以证明保管人和存货人之间仓储关系的存在。作为提取仓储物的凭证，只要持有仓单、入库单，就意味着有权利主张提取货物，保管人见到仓单、入库单后，有义务为其持有人提供货物。

① 山东省滨州市中级人民法院(2019)鲁16民终781号民事判决书。

【司法适用】

“入库单”是仓储合同新增的法律用语，又称栈单。根据本条规定，仓单、入库单均是保管人收到仓储物的凭证。本法第915条亦规定，“储存期限届满，存货人或者仓单持有人应当凭仓单、入库单等提取仓储物”。因此，仓单、入库单亦是提取仓储物的凭证。在从语义上分析，仓单又称进仓单，进仓和入库应该是同一意思，在仓储保管业务实践中，仓单和入库单亦是同时使用的，因此，两者是同一法律概念，仓储合同中关于仓单的相关规定应同样适用于入库单。在实践中，入库单主要是相对于出库单而言，出库单是存货人提取仓储物时保管人办理出库手续出具给存货人的凭证。

仓单和仓储合同不是同一概念，二者不能相互代替。(1)仓单中记载了仓储合同中的主要内容，但仓单不是仓储合同本身，只是仓储合同存在的证明，也是仓储合同的组成部分。不能只凭仓单来主张仓储合同关系。(2)仓单不是仓储合同的成立条件，不能将保管人出具仓单的时间认定为合同成立时间。仓储合同从签订之时就开始生效(当事人另有约定除外)，但直到保管人出具仓单之前，都只是对合同履行所作的准备，包括送货、验货、收货等，只有等保管人向存货人出具了仓单，才表明合同正式进入履行阶段。(3)仓储合同也不能完全替代仓单。保管人签发仓单以后，存货人不能凭仓储合同主张对仓储物的权利。如果仓单毁损、灭失了，按照我国民事诉讼法的规定，仓单持有人可以通过公示催告程序来确认权利。上述认定同样适用于入库单。

【司法案例】

杨某轮诉巨野县大义镇甲冷库仓储合同纠纷案①

诉讼结论：仓储合同是保管人储存存货人交付的仓储物、存货人支付仓储费的合同，仓单不是仓储合同本身，也不是仓储合同的成立条件。

杨某轮、甲冷库双方未签订书面合同，系口头约定。杨某轮将涉案货物交付于甲冷库，存储在甲冷库内，约定了储存费，虽然未出具仓单，但仓单不是仓储合同本身，也不是仓储合同成立的要件，而仅是一种履行行为。双方之间已形成了仓储合同关系，是双方当事人的真实意思表示，合法有效，应予以确认。甲冷库辩称未出具仓单，系租赁关系，于法无据，不予采信。

---

① 山东省菏泽市中级人民法院(2018)鲁17民终1679号民事判决书。

第九百零九条　保管人应当在仓单上签名或者盖章。仓单包括下列事项：

（一）存货人的姓名或者名称和住所；

（二）仓储物的品种、数量、质量、包装及其件数和标记；

（三）仓储物的损耗标准；

（四）储存场所；

（五）储存期限；

（六）仓储费；

（七）仓储物已经办理保险的，其保险金额、期间以及保险人的名称；

（八）填发人、填发地和填发日期。

【条文主旨】

本条是关于保管人应对仓单签章以及仓单应记载事项的规定。

【条文理解】

在仓单上签名或者盖章，是法律对保管人签发仓单时的一项法定要求。由于仓单属于一种有价证券和物权凭证，并且仓单是保管人已收到仓储物的证明，因此保管人签发仓单必须签名或者盖章，以证明仓单的真实性，并表明其对仓单记载的内容予以确认。如果保管人没有签名盖章，仓单应认定无效。仓单应包括一定的记载事项。仓单是一种要式证券，仓单上记载的内容由法律规定，仓单记载的事项决定当事人的权利义务。

【司法适用】

根据本法第490条规定，当事人采用合同书形式订立合同的，自当事人均签名、盖章或者按指印时合同成立，即签名、盖章、按手印均是意思表示的形式，均具有法律效力。因此，如果保管人在仓单上按手印的，亦具有和签名、盖章同等的法律效力。

关于仓单上的记载事项更多的是一种倡导性规范，倡导性规范是指提倡和引导当事人在协商订立特定类型合同时，应就相应倡导性规范所列示的对当事人利益有重大影响的合同条款进行谈判，以达成协议，其与强制性规范是相对立的。因此，不能以仓单缺少法定记载事项否认仓单的效力。

【司法案例】

甲国际(控股)股份有限公司诉乙股份有限公司、丙物资哈尔滨有限公司储运合同纠纷案①

诉讼结论:存货人交付仓储物的,保管人应当给付仓单。入库证明记载了仓单所应具备的主要事项,符合仓单的法律属性,为法律意义上的仓单。

仓储合同的保管人接收了存货人交付的仓储物,应当向存货人交付仓单。仓单应当记载存货人的基本信息、仓储物情况以及储存地点和时间等相关信息。本案中,乙公司依据其与丁公司签订的单次《港口作业合同》接收并仓储案涉货物后,依据丁公司出具的货物过户证明,向丙公司出具了入库证明,该入库证明明确记载丙公司在乙公司库存进口矿粉,并载明了相应的数量、货物运输的船舶名称和存放地点,其内容符合《合同法》第386条规定的仓单形式要件和实质要件,故原判结合丙公司与乙公司签订的《仓储合同》互相呼应的情况,认定案涉《入库证明》具有仓单的属性并无不当。

第九百一十条　仓单是提取仓储物的凭证。存货人或者仓单持有人在仓单上背书并经保管人签名或者盖章的,可以转让提取仓储物的权利。

【条文主旨】

本条是关于仓单性质和有关转让问题的规定。

【条文理解】

仓单是提取仓储物的凭证,体现了仓单为物权证券。仓单又是一种有价证券,可以依法转让,需要注意的是,仓单的转让必须符合两个条件:(1)存货人或者仓单持有人在仓单上背书。背书转让时背书应当具有连续性。(2)保管人在仓单上签名或者盖章。也就是说,仓单的背书转让必须告知保管人,并且取得保管人的同意。如果只在仓单上背书但未经保管人签名或者盖章,即使交付了仓单,转让行为也不生效力。仓单转让以后,仓单持有人即成为所有权人,可以依法提取仓储物。

【司法适用】

仓单具有如下法律性质:

---

① 辽宁省高级人民法院(2018)辽民终462号民事判决书。

(1)仓单是物权证券,是提取仓储物的凭证,也是寄存人对仓储物享有所有权的证明文件,仓单的交付也可产生物权变动的效果,仓单发生转移,仓储物的所有权也发生转移。

(2)仓单是有价证券,可以通过背书,转让仓单项下货物的所有权,或者用于出质。

(3)仓单是要式证券。仓单必须包括一定的法定记载事项。

(4)仓单是文义证券。所谓文义证券,是指当事人之间的权利义务关系,依据证券上所记载的事项而定,即便记载的内容与当事人真实意思或者与客观事实并不相符,也以记载内容为准。

(5)仓单是无因证券,在转让仓单时,即使其基础关系无效或者被撤销,也不应当影响到仓单转让的效力。但是在特殊情形下,如果仓单没有发生转让,在存货人和保管人之间,应当肯定仓单的效力受当事人之间基础合同关系的影响。

(6)仓单是一种自付证券。所谓自付证券,是指由签发证券的人自己履行给付义务的证券。

【司法案例】

包某菲诉靖江甲有限公司仓储合同纠纷案①

诉讼结论:仓单是提取仓储物的凭证。存货人或者仓单持有人在仓单上背书,可以转让提取仓储物的权利,但应经保管人签名或者盖章。

本案中,乙公司系存货人,甲公司系保管人,双方之间形成仓储合同关系。2015 年 10 月 27 日,乙公司向甲公司开具有效期为 5 个工作日的发货通知,将案涉争议进口木材的提货权转让给丙经营部,此时提货权已转让至丙经营部,但权利有效期仅为 5 个工作日。直至 2016 年 3 月 4 日,包某菲才持丙经营部开具的发货指令至甲公司办理提货事宜,并且包某菲未能证明其当日获取案涉争议进口木材的出库单,亦未实际提货。对此包某菲辩解为木材市场价格下滑,其决定存货等待机会,但包某菲亦未能证明其重新办理了入库单。上述事实表明,2016 年 3 月 4 日,包某菲已经丧失有效提货权,且包某菲未与甲公司之间就案涉争议进口木材形成新的仓储合同关系。故判决驳回包某菲基于仓储合同法律关系向甲公司主张提取案涉争议进口木材或者赔偿损失的诉讼请求。

---

① 江苏省泰州市中级人民法院(2018)苏 12 民终 1859 号民事判决书。

第九百一十一条 保管人根据存货人或者仓单持有人的要求,应当同意其检查仓储物或者提取样品。

【条文主旨】

本条是关于存货人或者仓单持有人有权检查仓储物或者提取样品的规定。

【条文理解】

在仓储过程中,保管人虽然实际占有和管理存储物,但是该存储物的所有权仍然属于存货人或者仓单持有人,因此对货物进行检查或提取样品是存货人或者仓单持有人享有的权利,接受检查也是保管人的一项法定义务,当货物的所有权人主张检查货物时,保管人应当配合进行检查。合同法之所以明确规定存货人或者仓单持有人享有货物检查权,主要的考虑有:(1)存货人或者仓单持有人享有对货物的所有权。基于这种所有权关系,存货人或仓单持有人当然地享有对自己的货物的存储情况的知情权。(2)规定存货人或仓单持有人的知情权,有利于存货人或仓单持有人及时维护存货人的权益,也有利于监督保管人认真履行合同义务。(3)如果存货人或仓单持有人意图转让货物,方便其向第三人展示样品,促成当事人尽快达成转让协议。

【司法适用】

保管人允许存货人或者仓单持有人检查或者提取样品的义务,该项义务又称容忍义务,主要包括两项义务:(1)存货人或者仓单持有人检查仓储物;(2)允许存货人或者仓单持有人提取样品。但是除非仓储合同对于检查权作出了特别的约定,或者按照交易习惯可以推定,否则存货人不应享有随时检查货物的权利,因为随时检查将会不当增加保管人的管理成本。

【司法案例】

邵某富诉马某方、李某好、高密市甲生态农产品专业合作社联合社仓储合同纠纷案①

诉讼结论:保管人虽然实际占有和管理存储物,但存储物的所有权仍然属于存货人或者仓单持有人,因此对货物进行检查是存货人或者仓单持有人享有的权利,接受检查也是保管人的一项法定义务,当货物的所有权人主张检查货物时,保管人应当配合进行检查。

① 山东省潍坊市中级人民法院(2015)潍商终字第571号民事判决书。

本案中，邵某富与马某方、李某好之间存在仓储合同关系，作为存货人邵某富对涉案的仓储物享有检查或者提取样品的权利，邵某富已提供相关证据证明在仓储协议形成的6个月内已向马某方、李某好要求检查仓储物并提取土豆，马某方、李某好虽称邵某富所存放的土豆一直储存良好，但在本案中既未就其仓储物状况良好的主张提供有效证据证实，也未提交其及时向邵某富回复仓储物真实情况的有关证据，对此应负担对其不利的法律后果。故判决马某方、李某好应补偿邵某富的土豆损失。

第九百一十二条　保管人发现入库仓储物有变质或者其他损坏的，应当及时通知存货人或者仓单持有人。

【条文主旨】

本条是关于保管人危险通知义务的规定。

【条文理解】

危险通知义务是保管人的一项基本义务，本条规定的危险通知义务主要适用于以下两种情况：(1)发现仓储物有变质的情况，例如，发现仓储物出现异状，发生数量减少或品质变坏。(2)发现仓储物有其他损坏的情况，例如，保管人发现货物包装破损。保管人应当及时通知存货人或仓单持有人，使其尽早采取相应措施，避免发生更大的损失，此种义务也称为异状通知义务。

【司法适用】

保管人的危险通知义务主要包括三点：(1)入库的仓储物如果有变质或者其他损坏的，保管人应当及时通知存货人或者仓单持有人。(2)仓储物即将到达仓储的有效期的，保管人应当及时通知存货人或者仓单持有人。(3)在民事诉讼程序中，如有第三人对仓储物主张权利而提起诉讼的，保管人应当及时通知存货人或者仓单持有人。

【司法案例】

张某龙诉德州甲冷链物流有限公司仓储合同纠纷案①

诉讼结论：保管人对入库仓储物发现有变质或者其他损坏的，应当及时通知存货人或者仓单持有人。

---

① 山东省德州市中级人民法院(2018)鲁14民终85号民事判决书。

甲冷链公司在为张某龙冷存胡萝卜过程中，虽然多次催促张某龙出库，但并没有将胡萝卜超出有效储存期并损坏的情况及时通知张某龙，在胡萝卜损坏影响其冷库的使用和其他仓储物保管的情况下没有通知张某龙进行必要的处置，甲冷链公司自己也没有采取必要的措施，从而导致仓储费用的不断扩大，故双方均应承担相应责任，张某龙支付的仓储费可以减免部分，酌定为50%。

第九百一十三条 保管人发现入库仓储物有变质或者其他损坏，危及其他仓储物的安全和正常保管的，应当催告存货人或者仓单持有人作出必要的处置。因情况紧急，保管人可以作出必要的处置；但是，事后应当将该情况及时通知存货人或者仓单持有人。

【条文主旨】

本条是关于保管人危险催告义务和紧急处置的规定。

【条文理解】

与本法第912条相比，本条规定因仓储物变质或者损坏的程度更严重，出现危及其他仓储物的安全和正常保管情形的，加强了保管人危险通知义务。具体而言，如果仓储物仅仅是变质或者损害，尚不危及其他仓储物的安全和正常保管的，保管人只需要及时通知存货人或者仓单持有人即可。在这种情况下，保管人的危险通知义务的程度是相对较弱的。如果入库仓储物发生变质或者其他损坏，并且这种变质或损坏危及其他仓储物的安全和正常保管，在这种情况下，保管人除了要及时通知存货人或者仓单持有人以外，还应当催告存货人或者仓单持有人作出必要的处置，以避免或者防止情况进一步恶化。催告必须是针对存货人或者仓单持有人，对其他人的催告不构成有效催告。而且催告的内容是要求存货人或者仓单持有人对于货物出现变质或毁损的情况作出处置或者处置的指示。

为了维护保管人的利益，同样也为了维护存货人或者仓单持有人的利益，法律赋予保管人在紧急情况下对仓储物的紧急处置权。所谓情况紧急，是指保管人无法通知存货人，或者保管人必须立即采取措施以避免其他仓储物的损坏。所谓紧急处置权，是指在紧急情况下，保管人可以在未经存货人或者仓单持有人知情或者同意的情况下，直接对仓储物作出必要的处置。这既是保管人的一项权利，也可以视为保管人的一项义务。保管人在对仓储物做出处理以后，应当将该情况及时通知存货人或者仓单持有人。保管人紧急处置变质的仓储物，由此产生的费用应该由存货人承担。

【司法适用】

需要注意的是，保管人的紧急处置权不是随意行使的，而是为了其他仓储物的安全和正常的保管秩序，在不得已的情况下才能行使。不当行使紧急处置权给存货人或者仓单持有人造成不应有的损害的，保管人也应当承担相应的责任。存货人或者仓单持有人在接到保管人的通知或催告后，应当及时对存在问题的仓储物进行合理处置，这也是存货人或者仓单持有人的义务。因为变质或损坏的仓储物不仅危及存货人的利益，也会危及其他仓储物的安全。存货人不尽此义务给其他仓储物或者保管人的财产造成损害的，存货人应当承担损害赔偿责任。

【司法案例】

罗某诉宾川县甲机电营销服务有限责任公司仓储合同纠纷案①

诉讼结论：情况紧急时，保管人可以作出必要的处置，事后应当将该情况及时通知存货人或者仓单持有人。

甲机电公司认为没有技术继续保存该532袋蒜种，应当及时催告罗某作出必要处置。即使因情况紧急自行处置，事后也应及时告知罗某。但甲机电公司不能举证证实其已对罗某进行催告，也不能证明其丢弃蒜种系紧急情况下的必要处置，且丢弃以后已及时将相关情况告知罗某。故甲机电公司应对该532袋蒜种的灭失承担责任。

第九百一十四条　当事人对储存期限没有约定或者约定不明确的，存货人或者仓单持有人可以随时提取仓储物，保管人也可以随时请求存货人或者仓单持有人提取仓储物，但是应当给予必要的准备时间。

【条文主旨】

本条是关于储存期限不明确时仓储物提取的规定。

【条文理解】

仓储物储存期限不明确时的，存货人或者仓单持有人可以在任何时候主张提取存储物，保管人对此不能拒绝，但是存货人或者仓单持有人提取存储物时，应当提前通知保管人。也就是说，存货人或者仓单持有人可以根据自己的意愿确定提取仓储物的时间，随时提取并不构成违约。保管人也可以随时要求存货人或者仓

① 云南省大理白族自治州中级人民法院(2018)云29民终1271号民事判决书。

单持有人提取仓储物,但应当给予必要的准备时间。所谓给予必要的准备时间,是指保管人应当预先通知,并应根据货物的数量、大小、运输方式等实际情况,给予存货人或者仓单持有人一个合理的期限。

【司法适用】

即使合同对仓储期限作出了明确约定,存货人或者仓单持有人也可以随时提取仓储物,仓储人应当允许,不得无故扣押仓储物。但是存货人必须给仓储人必要的准备期限,仓储人仍有权请求合同约定的仓储费的支付。

【司法案例】

张家界甲实业有限公司诉龚某星仓储合同纠纷案①

诉讼结论:仓储物存储期限不明确时,存货人或者仓单持有人可以在任何时候主张提取存储物,保管人对此不能拒绝,但是存货人或者仓单持有人提取存储物时,应当提前通知保管人。

甲公司将其柴油存放在龚某星的油罐中,双方形成仓储合同关系,双方对储存期限没有约定,由于龚某星已承认甲公司尚有6吨多油一直存在其油罐中,甲实业有限公司作为存货人,有权可以随时提取存放在龚某星处的柴油。

第九百一十五条　储存期限届满,存货人或者仓单持有人应当凭仓单、入库单等提取仓储物。存货人或者仓单持有人逾期提取的,应当加收仓储费;提前提取的,不减收仓储费。

【条文主旨】

本条是关于仓储物的提取及仓储费支付的规定。

【条文理解】

所谓储存期限届满,是指存储合同或者仓单上约定的存储日期到期。储存期限届满以后,存货人或者仓单持有人负有凭仓单、入库单及时、按时提取仓储物,并按照约定支付仓储费用的义务。提取仓储物应当凭仓单、入库单,否则保管人有权拒绝。存货人或者仓单持有人逾期提取的,应当加收仓储费。所谓逾期提货,是指超过仓储合同或者仓单上明确规定的提货时间而提货。逾期提货属于一种违约行为,在逾期提货的情况下,保管人相当于超过保管合同约定的期限继续

① 湖南省张家界市中级人民法院(2019)湘08民终162号民事判决书。

保管,因此存货人或者仓单持有人逾期提取的,应当加收仓储费。加收的具体数额,可以参照仓储合同的规定,也可以由当事人自行重新约定。存货人或者仓单持有人提前提取仓储物的,在性质上也属于一种违约行为,不减收仓储费。当然,如果当事人双方直接协商一致,同意少收一部分仓储费的,也可以按照约定执行。

【司法适用】

储存期限届满前,保管人不得要求存货人或者仓单持有人提前提取仓储物。保管人因为自身原因导致无法继续提供存储条件的,属于一种违约行为,应当承担赔偿责任。但是,如果是因为存货人或者仓单持有人的原因,导致保管人无法或者不愿意继续提供仓储服务,保管人有权终止合同。例如,存货人存放危险物品而未将危险物品的性质如实告知保管人,保管人可以在储存期间届满前要求存货人提取仓储物,而终止合同。

【司法案例】

陕西甲物流股份有限公司诉陕西乙科技创业投资有限责任公司仓储合同纠纷案①

诉讼结论:存储期限届满,存货人或者仓单持有人应当按照约定提取仓储物,存货人或者仓单持有人逾期提取的,应当加收仓储费。

甲物流公司与乙科技公司之间签订《仓储合同》,约定由甲物流公司为乙科技公司提供仓储服务,仓储期限为 2015 年 3 月 24 日至 2015 年 6 月 23 日,但仓储期限届满后,乙科技公司未能按照约定提走仓储物,已构成违约,故其向甲物流公司交纳的保证金不应退还。现甲物流公司诉请乙科技公司腾交涉案仓库,但仓库内存放的钢锭已于 2017 年 9 月 4 日被法院作出的(2015)西中执民字第 00005 - 3 号执行裁定查封,且查封期为 3 年,查封期间不得对被查封财产转移,故对于甲物流公司的该项诉请,不予处理。关于合同到期后的仓库占用费部分,双方在合同中约定如乙科技公司到期未能如期退仓,则仓储费按照原仓储费的两倍计算,现乙科技公司在 2015 年 6 月 23 日后未能如期提货退仓,直至存放的钢锭于 2017 年 9 月 4 日被法院查封,该责任在于乙科技公司,且(2015)西中执民字第 00005 - 3 号执行裁定的申请执行人为乙科技公司,故其应当按照 7500 元每月的标准向甲物流公司支付占用费。

---

① 陕西省西安市中级人民法院(2018)陕 01 民终 6223 号民事判决书。

第九百一十六条 储存期限届满，存货人或者仓单持有人不提取仓储物的，保管人可以催告其在合理期限内提取；逾期不提取的，保管人可以提存仓储物。

【条文主旨】

本条是关于逾期提取仓储物的规定。

【条文理解】

保管人与存货人约定的储存期限届满，存货人或者仓单持有人不提取仓储物的，保管人首先可以催告存货人或者仓单持有人提取货物。经催告以后，如果存货人或者仓单持有人和保管人重新达成协议的，按照新的协议规定处理。双方未达成协议的，如果构成逾期提货，保管人有权要求加收仓储费用，还可以按照约定要求存货人或者仓单持有人给付违约金。经催告后，如果存货人或者仓单持有人在合理期限内仍然没有提取货物，那么保管人可以将货物提存。所谓合理期限，是指保管人要根据货物的数量、大小、运输条件、存货人或者仓单持有人的实际情况确定期限。

【司法适用】

所谓提存，是指由于债权人的原因而无法向其交付合同标的物时，债务人将该标的物交给提存部门而使债务消灭，合同的权利义务终止。法律之所以规定保管人有权将仓储物提存，一方面是因为存货人或者仓单持有人不及时提取仓储物使保管人难以履行义务，但保管人返还仓储物的义务并未因此消失，仓储关系并未消灭；另一方面是存货人或者仓单持有人不提取仓储物会造成保管人货物的积压，无法腾出仓储空间，造成保管人损失。因此，法律规定保管人可以将有关物品交提存机关，从而使债权债务关系归于消灭。但保管人将仓储物提存应具备以下条件：(1)储存期限必须届满。保管人在储存期限届满后，应当要求存货人或者仓单持有人及时提取仓储物，后者才负有按时提取货物的义务。(2)必须是存货人或者仓单持有人不提取仓储物。此处所说的"不提取仓储物"既包括全部仓储物都没有被提取，也包括存货人或仓单持有人遗留部分仓储物。不论存货人或仓单持有人不提取仓储物的原因如何，只要符合提存的条件，保管人就可以将仓储物提存。(3)催告期届满后仍然不提取。即存货人或仓单持有人未及时提取仓储物后，保管人不能立即将货物提存，必须履行催告程序，待催告期限届满方可提存。

本条适用提存的相关法律规定。例如，保管人将仓储物提存后，除存货人下落不明的以外，保管人应当及时通知存货人或者存货人的继承人、监护人。仓储物提存后,毁损、灭失的风险由存货人或者仓单持有人承担。在提存期间,仓储物的孳息归存货人或者仓单持有人所有,提存费用由存货人或者仓单持有人负担。

【司法案例】

南京甲国际贸易有限公司诉乙有限公司仓储合同纠纷案①

诉讼结论:储存期限届满,存货人或者仓单持有人不提取仓储物的,保管人可以催告其在合理期限内提取,逾期不提取的,保管人可以提存仓储物。

涉案897.82吨铁矿石于2011年10月1日至25日由南京甲公司存放在乙公司码头货场,甲公司于同年11月4日提取456.26吨货物后,因市场行情下跌,未提取剩余441.56吨货物。由于双方对货物储存期间没有约定或者约定不明确,乙公司依据《合同法》第391条规定,有权随时要求南京甲公司提取货物。在向南京甲公司发出提货催告而其未在催告期限及其后合理时间提取货物情况下,乙公司应依法提存尚存的剩余货物,或在合理时间内对尚存的剩余货物依法行使留置权。应乙公司未经法律程序自行处理剩余货物没有法律依据,其造成南京甲公司货物损失,应承担赔偿责任。

第九百一十七条　储存期内,因保管不善造成仓储物毁损、灭失的,保管人应当承担赔偿责任。因仓储物本身的自然性质、包装不符合约定或者超过有效储存期造成仓储物变质、损坏的,保管人不承担赔偿责任。

【条文主旨】

本条是关于保管人妥善保管仓储物以及损害赔偿责任的规定。

【条文理解】

妥善保管仓储物是保管人的一项基本义务。所谓妥善保管,主要有以下几层含义:(1)保管人应当按照仓储合同中约定的存储条件和要求进行保管。保管条件和保管要求要根据货物的性质和状况确定。对于一般货物,仓储合同的当事人双方进行约定即可。对于危险物品等,还要按照国家有关法律法规确定的标准来保管。(2)保管人要尽到善良管理人的责任,及时发现仓储物在存储过程中的问题。例如,保管人应当经常对仓储物进行巡视和检查,及时发现有无损毁、腐烂、变质等情况,并及时通知存货人或者仓单持有人。保管人还应当经常对储存设施

① 湖北省武汉海事法院(2017)鄂72民初1341号民事判决书。

和储存设备进行维护、修理和保养，确保仓储条件符合要求。(3)保管人应当亲自保管仓储物，不得擅自将仓储物交由第三方管理。保管人也不得将保管物交给第三人使用。(4)在保管物遭受损害之后，无论损害是由保管人或是第三人引发，保管人都应当尽量避免损害的扩大，即保管人应采取合理措施避免和减少各种不必要的损害，如果保管人未采取必要措施防止损害扩大的，其应当对损害扩大的部分承担责任。

因存货人或者仓单持有人的原因造成仓储物毁损、灭失的，保管人不承担赔偿责任。按照本条的规定，主要有两种情况：(1)仓储物自身的自然性质、包装不符合约定；(2)超过有效储存期造成仓储物变质、损坏的。

【司法适用】

由于仓储合同中的保管人所从事的保管活动具有专业性、营利性，而且仓储合同中存货人要支付仓储费，仓储费的收费标准往往要高于一般保管中的保管费，因此，仓储合同中保管人应尽的注意义务应当高于有偿保管合同中保管人的注意义务。在具体认定仓储合同中保管人的注意义务时，应当在合理理性的基础上再加上行业通常水平的标准，即如果相关的行业标准对仓储人的注意义务有特别要求的，仓储人也应当尽到此种注意义务。

【司法案例】

南京甲国际贸易有限公司诉南京乙物流有限公司仓储合同纠纷案[①]

诉讼结论：在储存期内，因保管人保管不善造成仓储物毁损、灭失的，保管人应当承担赔偿责任。

乙公司作为保管人，负有妥善保管仓储物的责任。乙公司抗辩案涉商品受损系因不可抗力即雪灾所致。根据“总则编”第180条第2款的规定，不可抗力是不能预见、不能避免且不能克服的客观情况。案涉大雪虽属不可避免的自然现象，但尚不构成不可抗力，且案涉商品致损的直接原因系仓库坍塌，致所存商品因下雪受潮受损，并非下雪直接所致，故案涉仓储物受损系因乙公司保管不善所致，乙公司抗辩商品受损系不可抗力所致，无事实依据，不予采纳。乙公司对甲公司受损商品应当承担赔偿责任。

第九百一十八条　本章没有规定的，适用保管合同的有关规定。

---

① 江苏省南京市中级人民法院(2019)苏01民终1211号民事判决书。

【条文主旨】

本条是关于适用保管合同的规定。

【条文理解】

从历史发展来看,仓储业是从保管业中逐步发展、分离出来的。从某种意义上讲,仓储业就是一种更为专业化的货物保管业,因此二者在许多方面是相类似的。为此,有不少学者都认为,仓储合同就是保管合同中的一个特殊形态。所以,本章没有规定的,适用保管合同的有关规定。

【司法适用】

本条是法律适用的条款。按照本条的规定,在“合同编”仓储合同一章中没有规定的,适用保管合同的有关规定。例如,保管人不得将仓储物转交第三人保管、保管人不得使用或者许可第三人使用仓储物、保管人对保管物的留置权等。

第二十三章　委 托 合 同

第九百一十九条　委托合同是委托人和受托人约定，由受托人处理委托人事务的合同。

【条文主旨】

本条是关于委托合同定义的规定。

【条文理解】

委托合同又称委任合同，是指当事人双方约定一方委托他人处理事务，他人同意为其处理事务的协议。在委托合同关系中，委托他人为自己处理事务的人称委托人，接受委托的人称受托人。委托合同的主体是委托人和受托人，客体是受托人处理委托事务。委托合同的特征为：(1)委托合同的标的是劳务；(2)委托合同是诺成、非要式、双务合同；(3)委托合同可以是有偿或无偿合同。

【司法适用】

委托合同可产生于任何一类民事主体之间，它可以在自然人之间、法人或非法人组织之间或者自然人与法人或非法人组织之间缔结。任何能够产生民事权利义务关系的任何事务，委托人均可请受托人办理，既包括实体法规定的买卖、租赁等事项，也包括程序法规定的办理登记、批准等事项，还包括代理诉讼等活动，但有两个例外：(1)委托人所委托的事务不得违反法律的有关规定，如委托他人代为销售、运输毒品、贩卖淫秽物品等；(2)具有人身属性的法律行为或事实行为，如收养关系的建立或终止、婚姻关系的产生和消灭、立遗嘱、结婚、收养子女等。

【司法案例】

楼某青诉刘某林股票配资纠纷案①

诉讼结论：中介人在未向第三方披露盘方的情况下，将取得的第三方证券账户(包括其中的配资资金)操盘权交由盘方操盘，应认定盘方与中介人之间构成委

① 浙江省温州市中级人民法院(2017)浙03民终6256号民事判决书。

托合同关系。

刘某林与第三人甲公司、甲公司与楼某青之间，均构成委托合同关系。楼某青向甲公司提出配资需求时，只限定了合同目的，即配资2000万元，对于甲公司直接配资还是再找他人配资并不限定。甲公司未直接配资，而是通过与他人订立协议的方式，获得股票操盘权并转交楼某青，因此双方不构成配资合同关系，而是委托合同关系，委托内容即取得2000万元配资资金的操盘权。甲公司与刘某林之间的关系也是同理。甲公司在接受楼某青的委托后，以自己名义将委托事项转委托给刘某林，刘某林接受委托后以自己名义与徐某、杨某华形成股票配资关系，均属于合同法规定的隐名代理，不构成独立的股票配资关系。

第九百二十条　委托人可以特别委托受托人处理一项或者数项事务，也可以概括委托受托人处理一切事务。

【条文主旨】

本条是关于委托权限的规定。

【条文理解】

受托人在处理委托事务时，应以委托人指示的权限为准。以受托人权限范围为标准把委托划分为两大类，即特别委托和概括委托。特别委托，是指双方当事人约定受托人为委托人处理一项或者数项事务的委托；概括委托，是指双方当事人约定受托人为委托人处理一切事务的协议。划分的意义在于，使受托人能够明确自己可以从事哪些代理活动，也使第三人知道受托人的身份和权限，使之有目的、有选择地订立民事合同，以防止因代理权限不明确而引起不必要的纠纷，如发生了纠纷，也便于根据代理权限确定当事人之间的责任。

【司法适用】

实践中，特别委托一般适用于以下情形：(1)不动产出售、出租或者就不动产设定抵押权；(2)赠与，由于赠与属于无偿行为，故需要有委托人的特别授权；(3)和解，包括民法、诉讼法和破产法上的和解；(4)诉讼；(5)仲裁。受托人接受特别委托时，对于委托事务的处理，可以采取一切为维护委托人的合法权益而必要的合法行为。概括委托一般用于委托人委托受托人处理如买卖、租赁等业务的所有事宜。

【司法案例】

张乙诉张甲民间委托理财合同纠纷案[①]

诉讼结论：在委托代理合同中，受托人处理该委托事项过程中，还进行了其他事项的操作，该操作事项显然在当初受托的事项之外。委托人并未采取积极有效的措施及时阻止委托人对该事项的操作，并已接受了该事项操作的收益成果，应视为其对委托人操作该事项事实的认可。

涉案拆迁款实际占有人张甲、张丙和张丁与张乙之间就申购新股事项存在委托理财合同关系。张甲、张丙和张丁于2007年9月委托张乙处理的事务只有申购新股一项，该委托事项清楚、明确。张乙在处理该委托事项过程中，还实际进行了债券买卖和股票增发的事项操作，该操作不属于张乙受托的申购新股事项。但张甲、张丙和张丁知情后，作为委托人并未采取积极有效的措施及时阻止张乙对该事项的操作，且已接受了该事项操作的收益成果，故应视为其对张乙操作该事项事实的认可，据此可认定双方在债券买卖和股票增发的操作事项上存在事实上的委托关系，因委托事务或事项的不同，该委托关系与张甲、张丙和张丁委托张乙进行申购新股操作属两个不同的委托关系。

第九百二十一条　委托人应当预付处理委托事务的费用。受托人为处理委托事务垫付的必要费用，委托人应当偿还该费用并支付利息。

【条文主旨】

本条是关于委托人应当预付费用及偿还费用的规定。

【条文理解】

受托人在处理事务过程中往往需要花费一定的费用，无论委托合同是否有偿，委托人都有义务事先提供处理委托事务的费用和补偿受托人为处理委托事务所垫付的必要的费用。该条规定的委托人义务包括：(1)预付费用的义务，但对于委托人支付的预付款，如果委托事务处理完毕，受托人应当将剩余部分返还委托人。(2)偿还受托人支出必要费用的义务，费用包括差旅费用、有关财产的运输费、仓储费、交通费、邮费等。(3)偿还利息的义务，即自受托人暂付费用之日起的利息。

---

① 北京市第一中级人民法院(2012)一中民终字第4835号民事判决书。

【司法适用】

受托人处理事务所支出的费用,不仅会有金钱支出,有时也会有物的消耗。至于判断费用的支出是否必需,不能以受托人主观上认为支出是否必要为标准,而应以受托人实施行为时的客观状态,即客观上确有必要,才可以请求偿还。主要把握以下原则:(1)直接性,受托人支出的费用应与所处理的事务有直接联系;(2)有益性,受托人支出的必要费用应有利于委托人,目的是使委托人受益;(3)经济性,受托人在直接支出费用时,应尽善良人的行为,采用尽量节约、适当的方法处理事务。对于委托人偿还利息的认定,如果双方当事人在订立合同时对利率有约定的,事后就应按其约定,如果对利率没有约定或者约定的不明确时,就应当依照法定利率计算。

【司法案例】

深圳甲国际货运代理有限公司诉深圳市乙生态技术有限公司货运代理合同纠纷案①

诉讼结论:在货物运输未能正常进行的情况下,货运代理企业向委托人主张其额外垫付的必要费用,应举证证明该费用的合理性与必要性,费用支付对象具有相关请求权且已实际支付。

甲公司主张为乙公司垫付了本案货物于海关查扣期间产生的集装箱租金、堆存费、取消费、码头吊柜费、SCT系统更改费、海关吊柜费,需证明上述费用为处理委托事务的必要费用。乙公司于二审期间提供证据证明了海关未收取本案货物于查扣期间产生的堆存费。堆存费的收取方应为码头并非是承运人。甲公司提供的录音材料虽显示码头有权收取货物于查扣期间产生的堆存费,但本案中未有其他证据证明码头已收取本案货物查扣期间的堆存费。甲公司在未核实堆存费是否已实际发生情况下,仅依赖于承运人出具的账单支付了堆存费,并未尽到其作为货运代理人的合理谨慎义务,其代为垫付的堆存费也并非为处理委托事务的必要费用,无权向乙公司请求偿还。至于取消费、码头吊柜费、SCT系统更改费、海关吊柜费均是为本案货物查扣期间所支出的合理费用,且甲公司已实际支付,故乙公司应向甲公司偿还上述费用。因此,乙公司关于其不承担堆存费的上诉主张,予以支持,而乙公司关于其不承担取消费、码头吊柜费、SCT系统更改费、海关吊柜费的上诉主张,予以驳回。关于集装箱租金,本案有关集装箱为丙船务公司所有,因乙公司致集装箱不能按时返还,丙船务公司有权收取集装箱租金,甲公司

① 广东省高级人民法院(2011)粤高法民四终字第132号民事判决书。

代为垫付的集装箱租金为处理委托事务而支出的必要费用，乙公司作为委托人应予偿还。

第九百二十二条　受托人应当按照委托人的指示处理委托事务。需要变更委托人指示的，应当经委托人同意；因情况紧急，难以和委托人取得联系的，受托人应当妥善处理委托事务，但是事后应当将该情况及时报告委托人。

【条文主旨】

本条是关于受托人应当按照委托人的指示处理委托事务的规定。

【条文理解】

受托人按照委托人的指示处理委托事务，这是受托人首要的义务。委托合同是受托人接受委托人的委托而订立，因此，受托人应当一丝不苟地按照委托人的指示，在委托人授权的范围内认真维护委托人的合法权益，想方设法完成委托事务。受托人原则上不得变更委托人的指示，如果受托人在处理委托事务的过程中，因客观情况发生变化，为了维护委托人的利益而需要变更委托人的指示时，法律规定应当经委托人同意。

【司法适用】

受托人只有在具备以下条件时才可不按指示办事：(1)因情况紧急，需要立即作出新的措施；(2)由于客观上的原因，难以和委托人取得联系；(3)依据情况是为了委托人的利益所必需。例如，甲委托乙为其出售股票，明确指示了某日以后再抛出，但股票价格骤跌，如果等到甲指示的某日再出售，股票价格将低落不堪。委托人又外出办事，短时间难以取得联系。在这种情况下，乙推定如果委托人知道此情况，也会变更其指示，受托人就有变更指示的权利，应当机立断妥善处理。如果受托人在不应该变更指示的时候而变更了，就应当负损害赔偿责任。

【司法案例】

张某峰诉周某浩、甲证券股份有限公司上海吴中路证券营业部委托合同纠纷案①

诉讼结论：委托书仅约定由受托人全权处理，对于委托期限、利益分配等均未

① 上海市第一中级人民法院(2007)沪一中民三(商)终字第435号民事判决书。

明确的,双方成立无偿的委托理财法律关系。受托人未经委托人同意,擅自将委托人账户与他人账户建立清算联户关系,在两个账户间进行资金流转,给委托人资金安全带来风险的,该行为超越了授权范围,属于越权代理。

按照《合同法》第399条的规定,作为受托人的周某浩应当按照委托人的指示处理委托事务。需要变更委托人指示的,应当经委托人同意。因情况紧急,难以和委托人取得联系的,受托人应当妥善处理委托事务,但事后应当将该情况及时报告委托人。系争《委托书》的内容虽过于简单,但委托人并未明示受托人可在买卖股票的操作以外处置其资金,可以推定,周某浩不能擅自从张某峰的资金账户中领取现金或将该资金账户与他人的资金账户进行可随意转入、转出的清算联户关系。周某浩称张某峰对于与案外人卢某超建立清算联户关系是知晓的,其在张某峰对此表示否认后,并未提供相应的证据加以证实。

第九百二十三条　受托人应当亲自处理委托事务。经委托人同意,受托人可以转委托。转委托经同意或者追认的,委托人可以就委托事务直接指示转委托的第三人,受托人仅就第三人的选任及其对第三人的指示承担责任。转委托未经同意或者追认的,受托人应当对转委托的第三人的行为承担责任;但是,在紧急情况下受托人为了维护委托人的利益需要转委托第三人的除外。

【条文主旨】

本条是关于受托人亲自处理委托事务的规定。

【条文理解】

委托合同的订立和履行是以当事人双方之间的相互信任为基础,委托人选择受托人是以对其能力(业务能力、专门知识)和信誉的信赖为前提,该合同的订立,既体现了委托人对于受托人的办事能力和信誉的信任,也表明受托人了解委托人的意愿并为其办理委托事务的意志。这种彼此信任是委托合同赖以订立和存续的基础。因此,委托合同强调当事人的人身属性,这就要求受托人应当亲自办理委托事务,除非经委托人事先同意或事后追认,受托人不得擅自将自己受托的委托事务转托他人处理。

【司法适用】

司法实践中,在紧急情况下受托人为维护委托人的利益转委托的,尽管没有取得委托人的事先同意或事后追认,也无须对第三人的行为承担责任。例如,受托人临时患急病,不能前去处理,由于情况紧急,如果不转托第三人代为处理,就会使委托人受到很大的损失。

【司法案例】

吴某风诉李某民间委托理财合同纠纷案[1]

诉讼结论:委托合同中受托人应亲自处理委托事务。受托人没有严格按照协议约定亲自进行理财事务,而是将部分理财事务转交他人操作,存在过错,由此其应对委托人亏损的损失承担相应的赔偿责任。

吴某风与李某之间形成合法有效的民间委托理财合同关系,且系有偿委托合同。根据《合同法》第400条的规定,受托人应当亲自处理委托事务。本案中,吴某风委托李某进行黄金期货理财,李某作为受托人应当按照合同约定亲自作为操盘手为吴某风理财,但在合同履行期间,李某却将部分理财事务转交给他人进行操作理财,理财协议到期后,导致造成吴某风29,000元的损失,且李某为吴某风出具的"借条"中也显示因操盘手逃跑导致损失29,000元,李某应当赔偿这一损失。

第九百二十四条　受托人应当按照委托人的要求,报告委托事务的处理情况。委托合同终止时,受托人应当报告委托事务的结果。

【条文主旨】

本条是关于受托人的报告义务的规定。

【条文理解】

受托人在办理委托事务的过程中,应当根据委托人的要求,向委托人报告事务处理的进展情况、存在的问题,以使委托人及时了解事务的状况。如果委托合同约定了报告的时间,受托人应按时进行报告。

委托合同终止时,受托人应就办理委托事务的情况,向委托人全面报告办理经过和结果,如处理委托事务的始末、各种账目、收支计算等,并要提交必要的书面材料和证明文件。

【司法适用】

在委托事务的处理过程中,如果委托人要求受托人履行报告义务,告诉事务

---

① 河南省巩义市人民法院(2011)巩民初字第2689号民事判决书。

处理的状况,受托人应当报告。委托人没有要求受托人汇报,但有报告的必要时,如进行有障碍、情势变更等,受托人亦应随时汇报。受托人因疏于报告所致损害,委托人有权请求受托人赔偿。受托人此项义务的具体内容一般不是由法律直接规定,而是由当事人约定。受托人做有关汇报,不以有委托人的请求为前提,尤其是事务终了的报告。

【司法案例】

高某燕诉苗某利委托合同纠纷案[①]

诉讼结论:受托人没有按照委托人的要求向其报告委托事务的处理情况的,视为委托结果对委托人不发生效力。

根据《合同法》第401条之规定,受托人应当按照委托人的要求,报告委托事务的处理情况。委托合同终止时,受托人应当报告委托事务的结果。本案中,高某燕委托苗某利开立沃尔克外汇账号,苗某利在开立账户后,应当及时将账户信息及账户管理权交给高某燕自行行使。现苗某利没有充足证据证明其已将高某燕的账户管理权交给高某燕,故对委托人高某燕要求苗某利返还本金及利息的主张,予以支持。

第九百二十五条　受托人以自己的名义,在委托人的授权范围内与第三人订立的合同,第三人在订立合同时知道受托人与委托人之间的代理关系的,该合同直接约束委托人和第三人;但是,有确切证据证明该合同只约束受托人和第三人的除外。

【条文主旨】

本条是关于委托人介入权的规定。

【条文理解】

英美法系的间接代理制度和大陆法系的商事代理制度中,均允许在一定的条件下,受托人以自己的名义从事活动,该活动后果直接由委托人承担。而我国现行法律中的代理关系和行纪关系,难以实现上述法律效果,为兼顾经济贸易中委托人、受托人以及第三人的合法权益,这一条款规定突破了合同相对性。本条和下一条均是为了适应外贸代理需要而作出的规定。

---

① 北京市顺义区人民法院(2019)京0113民初11410号民事判决书。

【司法适用】

司法实践中，在下列条件下，受托人以自己的名义与第三人订立的合同，该合同不是直接约束受托人和第三人，而是直接约束委托人和第三人：(1)第三人清楚地知道受托人与委托人之间的代理关系，也就是说，第三人知道受托人是委托人的代理人；(2)第三人是在订立合同时就知道受托人与委托人之间的代理关系，如果是订立合同的当时不知道，是事后知道，不适用本条的规定；(3)有确切证据证明该合同只约束受托人与第三人的，也不能适用本条的一般规定。这里讲的有证据证明该合同只约束受托人与第三人的情形。比如，受托人与第三人约定该合同只约束第三人与受托人，不涉及其他人；有交易习惯表明该合同只约束受托人与第三人，如行纪合同；有证据证明如果委托人作为该合同的当事人，第三人就不会订立该合同等。

【司法案例】

北京甲投资基金诉武汉丙房地产开发有限公司等委托贷款合同纠纷案①

诉讼结论：委托人、受托银行与借款人三方签订委托贷款合同，由委托人提供资金、受托银行根据委托人确定的借款人、用途、金额、币种、期限、利率等代为发放、协助监督使用并收回贷款，受托银行收取代理委托贷款手续费，并不承担信用风险，其实质是委托人与借款人之间的民间借贷。

丙房地产公司在2013年9月27日与甲基金、乙银行武汉分行、丙投资公司、郑某云、陈某夏签订《投资合作协议》，以及与甲基金、乙银行武汉分行签订《委托贷款合同》的行为及合同内容，表明丙房地产公司在签订《委托贷款合同》时明知乙银行武汉分行与甲基金之间的代理关系，丙房地产公司并未提供证据证明《委托贷款合同》只约束乙银行武汉分行和丙房地产公司，因此，《委托贷款合同》直接约束甲基金和丙房地产公司。

第九百二十六条　受托人以自己的名义与第三人订立合同时，第三人不知道受托人与委托人之间的代理关系的，受托人因第三人的原因对委托人不履行义务，受托人应当向委托人披露第三人，委托人因此可以行使受托人对

① 最高人民法院(2016)最高法民终124号民事判决书。

第三人的权利。但是，第三人与受托人订立合同时如果知道该委托人就不会订立合同的除外。

受托人因委托人的原因对第三人不履行义务，受托人应当向第三人披露委托人，第三人因此可以选择受托人或者委托人作为相对人主张其权利，但是第三人不得变更选定的相对人。

委托人行使受托人对第三人的权利的，第三人可以向委托人主张其对受托人的抗辩。第三人选定委托人作为其相对人的，委托人可以向第三人主张其对受托人的抗辩以及受托人对第三人的抗辩。

【条文主旨】

本条是关于委托人介入权和第三人选择权的规定。

【条文理解】

委托人的介入权，是指在受托人与第三人的合同关系中，委托人取代受托人的地位，介入到原本是受托人与第三人的合同关系中。第三人的选择权，是指在受托人与第三人的合同关系中，因委托人的原因造成受托人不履行义务，受托人应当向第三人披露委托人，第三人因此可以选择受托人或者委托人作为相对人主张其权利，即第三人可以选择请求委托人承担违约责任，也可以请求仍然由受托人承担违约责任。但第三人只能选择其一，选定后不得变更。

【司法适用】

在司法实践中，可从以下4个方面来把握委托人行使介入权的条件：(1)受托人以自己的名义与第三人订立合同，第三人不知道受托人与委托人之间的代理关系，也就是说，受托人与第三人是该合同的当事人，该合同对受托人与第三人具有约束力。(2)当第三人不履行合同义务时，间接影响到委托人的利益，这时受托人应当向委托人披露第三人。(3)因受托人的披露，委托人可以行使介入权。委托人行使介入权的，应当通知受托人与第三人。第三人接到通知后，除第三人在与受托人订立合同时如果知道该委托人就不会订立合同的情况以外，委托人取代受托人的地位，该合同对委托人与第三人具有约束力。(4)因受托人的披露，委托人也可以不行使介入权，仍然由受托人处理因第三人违约而产生的问题。

【司法案例】

甲集装箱码头有限公司诉大连乙国际船舶代理有限公司天津分公司、大连乙国际船舶代理有限公司、天津丙国际船舶代理有限公司等港口作业合同纠纷案[①]

诉讼结论：受托人于诉讼期间向第三人披露委托人后，第三人并未申请变更诉讼主体，应视为其有效行使了选择权。

甲公司选择乙公司天津公司、乙公司作为港口作业合同相对人。乙公司香港公司与乙公司通过签订"船舶代理协议"及议定书，形成委托合同关系，乙公司香港公司是委托人，乙公司是受托人。本案中没有证据显示在涉案航次港口作业期间，乙公司天津公司曾向甲公司告知委托人系乙公司香港公司。直到本案成讼后，乙公司天津公司才向甲公司披露这一事实，故本案符合《合同法》第403条规定的间接代理的情形，甲公司作为第三人可以行使选择权。本案诉讼期间，在乙公司天津公司、乙公司向甲公司披露委托人为乙公司香港公司后，甲公司并未申请变更诉讼主体，应视为其有效行使了选择权，乙公司天津公司负有向甲公司支付港口费用的义务。

第九百二十七条　受托人处理委托事务取得的财产，应当转交给委托人。

【条文主旨】

本条是关于受托人转交财产的规定。

【条文理解】

受托人应当将自己因处理委托事务而取得的各种财产及时转交给委托人。这是受托人的义务，如受托人转委托的，转交财产的义务，还适用于转委托的第三人。

【司法适用】

这里所说的"取得的财产"包括取得的金钱、实物，以及金钱与实物所生的孳息，以及其他财产权利。例如，受托人因出售委托人的物品而取得的价金，或为委托人出租房屋所取得的租金等。

---

① 天津海事法院(2014)津海法商初字第710－724号民事判决书。

【司法案例】

邵甲诉张某某等委托理财合同纠纷案①

诉讼结论：受托人处理委托事务取得的财产，应转交给委托人，因受托人未及时给付造成委托人资金的损失，应赔偿委托人相应的利息损失。

邵甲委托张某某、邵乙投资二级市场的股票，张某某以嘉年华公司的名义先后投资社会法人股，涉及金额为20,383,103.27元（其中包含邵甲委托投资的款项619,700元），故可得出邵甲在投资社会法人股的出资比例为3.04026%。部分社会法人股经过股改、抛售，已经变成了现金，截至2007年8月6日，张某某已提取了部分现金计30,144,578.95元，该钱款中的3.04026%应归邵甲所有。因此，张某某、邵乙在取得法人股投资收益后，应给付邵甲相应的份额，但二人均未及时给付，故应向邵甲支付相应的利息损失。

第九百二十八条　受托人完成委托事务的，委托人应当按照约定向其支付报酬。

因不可归责于受托人的事由，委托合同解除或者委托事务不能完成的，委托人应当向受托人支付相应的报酬。当事人另有约定的，按照其约定。

【条文主旨】

本条是关于委托人支付报酬的规定。

【条文理解】

委托人支付报酬应该有约定，且以完成委托事务为前提。有偿委托合同，在委托事务完成后，委托人应当按照约定向受托人支付报酬；无偿委托合同，如就支付报酬达成新的约定，委托事务完成后，委托人应该按照该约定向受托人支付报酬。在非因受托人的原因所致的委托合同解除或者委托事务不能完成的情况下，委托人仍应向受托人支付相应的报酬。

【司法适用】

对于如何认定“因不可归责于受托人的事由”，可从主客观两方面予以考虑：（1）委托人的主观原因，如委托人有本法第563条第1款第2～4项规定的情形，受托人依法解除合同的；或者在受托人无过错情况下，委托人根据第933条解除

① 原上海市闸北区人民法院（2010）闸民二（商）初字第314号民事判决书。

合同的;或者委托人不给付处理事务的费用,致使事务无法进行的。(2)客观原因,如发生不可抗力,或者委托人死亡、破产,委托合同终止的,或者受托人死亡、丧失行为能力就使委托事务无法完成的等。上述事由都不是因受托人的过错造成的,不能归责于受托人,委托人应当根据受托人处理委托事务所付出的工作时间的长短或者所提供事务的大小,给付受托人相应的报酬。

【司法案例】

大连甲置业代理有限公司诉大连乙房地产开发有限公司委托合同纠纷案①

诉讼结论:受托人完成委托事务的,委托人应当向其支付报酬。受托人完成委托事务的,委托人未按约定支付报酬,应承担继续履行、采取补救措施或者赔偿损失等违约责任。

乙公司委托甲公司办理贷款,甲公司如约完成代理事项,乙公司获得了1.2亿元贷款,对此,双方签订了3份协议予以确认,且乙公司也按照协议约定支付了部分代理费。在辽宁省高级人民法院再审时,乙公司亦承认,甲公司在银行作出贷款决定之前进行过办理贷款的相关事宜。在委托法律关系中,一般情况下受托人是以委托人名义从事民事活动,因此相关银行出具的甲公司未参加乙公司与银行之间房屋贷款工作的证明,不能推翻上述甲公司已经完成委托工作的证据。乙公司在原审中抗辩称甲公司未完成代理事项,与双方签订的协议和乙公司在原审诉讼中的自认不符。根据《合同法》第405条的规定,受托人完成委托事务的,委托人应当向其支付报酬,原审判决认为甲公司未提供履行代理事项实际支出费用及利益损失的证据,故无权请求支付报酬,与法律规定不符。甲公司的代理行为不违反法律强制性规定,应当认定双方签订的委托代理协议合法有效,其据此请求乙公司依约支付代理费,符合法律规定,应予支持。

第九百二十九条　有偿的委托合同,因受托人的过错造成委托人损失的,委托人可以请求赔偿损失。无偿的委托合同,因受托人的故意或者重大过失造成委托人损失的,委托人可以请求赔偿损失。

受托人超越权限造成委托人损失的,应当赔偿损失。

---

① 最高人民法院(2013)民抗字第18号民事判决书。

【条文主旨】

本条是关于受托人致委托人损失的赔偿责任的规定。

【条文理解】

在有偿的委托合同中，受托人在处理委托事务时只要有过错，并给委托人造成损失，就要承担赔偿责任。在无偿的委托合同中，受托人在一般过失下并不承担赔偿责任，只有在故意和重大过失的情况下，才对损害承担赔偿责任。由于无偿委托合同，受托人没有报酬，因此，其承担责任相比有偿委托合同要轻一些。

受托人超越权限给委托人造成损失的，无论委托合同是否有偿，都应当赔偿损失。

【司法适用】

对于“重大过失”的认定，是指一般人对该行为所产生的损害后果都能预见到，而行为人却因疏忽大意没有预见到，致使损害后果发生。

【司法案例】

泉州甲有限公司诉广东乙律师事务所委托合同纠纷案[①]

诉讼结论：有偿委托合同的受托人应尽善良管理人的注意义务，不仅应按照委托人的指示全面、适当地履行自己的义务，且应比无偿受托人更勤勉地加以注意，注意标准为善良管理人的注意，欠缺这样的注意即为过失。

乙律师所在受托期间，因怠于向甲公司报告有关执行事项，没有尽受托人注意义务，没有提醒甲公司提起强制执行程序，对甲公司丧失强制执行机会有一定的过失，应承担相应的民事责任。由于执行程序的提起应由甲公司申请，受托人乙律师所没有义务提起执行程序，因此，造成甲公司丧失强制执行保护，主要原因是甲公司没有在法定期限内向人民法院申请执行，甲公司应承担主要责任。根据乙律师所过错的大小和甲公司如期申请执行可能取得款项的情况，可由乙律师所按上述第三顺序债权受偿率的50%予以赔偿，即乙律师所应赔偿甲公司的损失211,715元。

第九百三十条　受托人处理委托事务时，因不可归责于自己的事由受到损失的，可以向委托人请求赔偿损失。

---

① 广东省广州市中级人民法院(2009)穗中法审监民抗再字第6号民事判决书。

【条文主旨】

本条是关于委托人对受托人损失承担责任的规定。

【条文理解】

受托人在委托权限范围内认真处理委托事务,在自己毫无过错和过失的情况下,使自己的财产或者人身造成损害的,有向委托人请求赔偿的权利。

【司法适用】

在实践中,受托人在处理委托事务过程中因不可归责于自己的事由遭受损害的情况有很多,例如,由于委托人在受托人无过错的情况下,解除委托合同的;委托人未经受托人同意,又委托第三人处理同一事务致使受托人报酬减少的等。

【司法案例】

呼和浩特市甲农副产品批发市场有限责任公司诉呼和浩特市乙房地产开发有限责任公司委托代建合同纠纷案①

诉讼结论:有偿委托合同的归责原则为过错责任原则。受托人故意或者重大过失致使违约,委托人可向受托人索赔。

批发市场公司与房地产公司签订《呼和浩特市甲农副产品批发市场扩建一期工程委托承办建设协议书》,约定由批发市场公司提供建设资金,委托房地产公司负责承办建设批发市场的工程,双方形成委托合同关系。根据《合同法》第407条的规定,在批发市场公司缺乏资金的情况下,房地产公司为其垫付款项,属于"不可归责于自己的事由受到损失",况且批发市场公司知道房地产公司为其垫款的事实,故批发市场公司应当支付该笔款项的利息。

第九百三十一条　委托人经受托人同意,可以在受托人之外委托第三人处理委托事务。因此造成受托人损失的,受托人可以向委托人请求赔偿损失。

【条文主旨】

本条是关于委托人另行委托他人处理事务的规定。

【条文理解】

相互信任是委托合同双方当事人订立合同的基础,它具有严格的人身属性,

① 转引自北大法宝,法宝引证码:CLI. C. 185649。

因此，委托人如果要把委托事务再委托他人处理，需要征得受托人的同意。

【司法适用】

委托人另行委托第三人处理委托事务，可能给受托人造成损失，如报酬减少。造成受托人损失的，受托人可以向委托人请求赔偿损失。

【司法案例】

钟某钊、杨某安诉湖甲马投资股份有限公司委托合同纠纷案[①]

诉讼结论：委托人将已委托给受托人的事务，另行委托第三人的，需经委托人同意；委托人未经受托人同意另行与第三人签订新的委托合同的，其与受托人的委托合同继续有效。

根据《合同法》第408条之委托人经受托人同意，可以在受托人之外委托第三人处理委托事务的规定，甲公司作为委托人，如要委托第三人处理已委托给钟某钊、杨某安的委托事务，应经钟某钊、杨某安同意。虽然甲公司辩称其于2017年3月5日重新委托蒋某生、董某远为代理人，代表甲公司与乙县人民政府依法协调处理相关委托事项，又于2017年6月6日委托敬某、蒋某生为代理人，代表甲公司与乙县人民政府依法协调处理接受货币补偿相关事宜，并废除其于2017年3月5日与蒋某生、董某远签订的授权委托书，但上述两份授权委托书的签订均未经钟某钊、杨某安同意，故甲公司于2015年3月18日出具给钟某钊、杨某安的《授权委托书》继续有效。

第九百三十二条　两个以上的受托人共同处理委托事务的，对委托人承担连带责任。

【条文主旨】

本条是关于共同委托的规定。

【条文理解】

共同委托，是指委托人委托两个或者两个以上的受托人共同行使代理权处理事务。如果委托人为两个或者两个以上的数人时，而受托人只有一个人时，则不是共同委托。对于受托人的责任承担，除非当事人事先约定了按份责任的，共同受托人应对委托人承担连带责任。

① 湖南省沅陵县人民法院（2018）湘1222民初338号民事判决书。

【司法适用】

“共同处理委托事务”指数个受托人共同行使代理权。所谓共同行使，是指各受托人对委托事务的处理享有共同的权利与义务，即各受托人对委托事务的范围和处理权限未作出划分，各受托人对委托事务均享有平等的处理权。正是合同义务的共同性与不可分割，决定了共同受托人应对委托人承担连带责任，这也是连带责任的法理基础和正当性要求。如委托人在受托人之外另行委托他人处理委托事务；或委托人同时委托数个受托人处理不同的委托事务，各受托人之间并不存在联系，各自独立的接受委托、各自行使代理权、各自承担责任，则不属于共同委托。

连带责任的认定。共同委托中的一个受托人与其他受托人协商后或者数个受托人共同协商后，单独或者共同实施的委托行为，其实施的委托行为应该被认为是全体受托人的共同行为，由此而造成损失的，若干个受托人依法应当对委托合同的履行承担连带责任。但是，如果共同受托人中的一个受托人或者数个受托人没有经过协商而擅自单独行使代理权的，由此造成的损失，仍然承担连带责任。

【司法案例】

甲钢铁有限公司诉上海乙国际贸易有限公司、丙实业有限公司、张某某委托合同纠纷案①

诉讼结论：委托合同对于各受托人的委托事务范围和处理权限作出明确划分的，不属于“共同处理委托事务”，各受托人应根据各自过错对委托人承担相应责任。

甲公司作为“委托方”，负责提出加工需求计划，并承担钢坯采购、加工以及货物出运的所有费用；丙公司作为“受托统筹方”，负责统筹协调；乙公司作为“组织实施方”，负责组织实施购买钢坯、落实加工生产、运输、订舱、装船出运、出口报关、缴纳关税等事宜。因此，本案委托合同法律关系中有两个受托人。但乙公司和丙公司分工明确，各自的受托事项也不相同，实际履行中也是按照合同约定的事项各自独立处理委托事务，因此，乙公司和丙公司之间并不构成《合同法》第409条所指的共同处理委托事务，其在处理委托事务时违反合同约定的，应根据各自的过错分别对甲公司承担责任。

① 上海市高级人民法院(2013)沪高民二(商)终字第32号民事判决书。

第九百三十三条　委托人或者受托人可以随时解除委托合同。因解除合同造成对方损失的，除不可归责于该当事人的事由外，无偿委托合同的解除方应当赔偿因解除时间不当造成的直接损失，有偿委托合同的解除方应当赔偿对方的直接损失和合同履行后可以获得的利益。

【条文主旨】

本条是关于委托合同解除的规定。

【条文理解】

委托合同是以双方信任为存在的条件，如果一方不守信用，失信于另一方，继续履行合同已无必要，法律赋予了双方当事人无须任何理由，随时解除合同的权利。具体而言，委托人想撤销委托，无须征得受托人的同意即可单方解除委托合同，或受托人不愿意继续办理受委托的事务，亦无须征得委托人的同意即可单方解除合同。但解除合同方应赔偿给对方造成的损失，其中，无偿委托合同的解除方在不利于对方的时期解除委托合同而造成对方损失的，应当对对方的直接损失承担赔偿责任；有偿委托合同的解除方则需要赔偿对方的直接损失和可得利益损失。

【司法适用】

无偿委托中的"解除时间不当"，是指在不利于对方当事人的时间解除合同。就委托人而言，当受托人在未完成委托事务的情况下解除合同时，委托人自己不可能亲自处理该项事务，而且又不能及时找到合适的受托人代他处理该委托事务而发生损害的情形；就受托人而言，是指由于委托人在受托人处理委托事务尚未完成前解除了合同，使受托人因不能继续履行义务而少获的报酬。委托人除对受托人已履行的部分给付报酬外，对在不可归责于受托人的情况下，因解除委托合同给委托人造成的报酬减少承担赔偿责任。本条相对于《合同法》来说有重大变化，有偿委托合同中纳入可得利益损失。

【司法案例】

甲贸易有限公司诉乙有限公司委托合同纠纷案[①]

诉讼结论：当事人基于解除委托合同而应承担的民事赔偿责任，不同于基于

---

① 最高人民法院(2005)民二终字第143号民事判决书。该案根据《合同法》第410条规定，仅判决支持直接损失，而未支持可得利益损失，但按本法第933条规定，有偿合同中可主张可得利益损失。

代表人的继承人亦未及时通知受托人终止委托合同,受托人以委托人的名义与第三人所签订的合同,对委托人仍然发生效力。

甲实业公司于2009年2月14日向邬某五出具的委托书明确载明邬某五有权处理涉案房产与地产,邬某五于2009年8月15日与乙金属公司签订了《土地使用权转让意向书》与《房产转让协议》,并加盖了甲实业公司公章。在李某甫去世且甲实业公司被吊销营业执照后,甲实业公司也没有证据证明李某甫的继承人已及时通知受托人邬某五终止委托合同,也无证据证明甲实业公司已成立清算组织承受委托事务,故邬某五继续处理委托事务对甲实业公司具有法律效力。乙金属公司根据书面委托书有理由相信邬某五有代理权,甲实业公司内部事项的变动不能对抗乙金属公司。故,依《合同法》第412条规定认定邬某五的代理行为有效。

第九百三十六条　因受托人死亡、丧失民事行为能力或者被宣告破产、解散,致使委托合同终止的,受托人的继承人、遗产管理人、法定代理人或者清算人应当及时通知委托人。因委托合同终止将损害委托人利益的,在委托人作出善后处理之前,受托人的继承人、遗产管理人、法定代理人或者清算人应当采取必要措施。

【条文主旨】

本条是关于受托人死亡后其继承人等的义务的规定。

【条文理解】

受托人的继承人、遗产管理人、法定代理人或者清算人负有两项义务:(1)及时通知委托人的义务;(2)委托合同终止将损害委托人利益的情况下,应采取必要措施保护委托人的利益。例如,保存好委托事务有关的单证和资料;保管好委托事务的财产,以便交付给委托人。继承人、遗产管理人、法定代理人、清算人在承受受托人遗产或者处理受托人事务时,应当遵循诚实信用的原则,将受托人的有关事宜妥善处理。

【司法适用】

通常而言,继续处理委托事务应到委托人能够接受时为止。委托人在知道受托人死亡、丧失民事行为能力或者破产,需要有一段时间进行善后处理,如需要找新的受托人代替前一受托人的工作,寻找的过程需要时间等,在委托人处理好以前,受托人的继承人、遗产管理人、法定代理人或者清算人有义务采取必要的、有效的措施,继续处理委托事务。

【司法案例】

刘某远、王某诉刘某、李某英委托合同纠纷案①

诉讼结论：受托人死亡后，委托合同终止，受托人的继承人应当及时通知委托人，并向委托人返还其财产。

刘某远、王某委托刘某钦代销货物，双方之间形成委托合同关系。根据《合同法》第413条之规定，刘某钦作为受托人死亡后，委托合同终止，刘某、李某英作为刘某钦的继承人应当及时通知刘某远、王某，并采取必要措施防止刘某远、王某的利益受损，但刘某、李某英未及时返还刘某远、王某的代销货物，亦未支付代销货物的等值价款，因代销货物的型号、材质无明确约定，且存在状态无法确定，仅对货物价值30,000元予以确认，故刘某远、王某要求刘某、李某英支付30,000元货款的诉讼请求，予以支持。

① 河南省镇平县人民法院(2015)镇民初字第0365号民事判决书。

第二十四章　物业服务合同

第九百三十七条　物业服务合同是物业服务人在物业服务区域内，为业主提供建筑物及其附属设施的维修养护、环境卫生和相关秩序的管理维护等物业服务，业主支付物业费的合同。

物业服务人包括物业服务企业和其他管理人。

【条文主旨】

本条是关于物业服务合同定义的规定。

【条文理解】

结合《物业管理条例》《物业服务解释》以及本章其他条文中关于前期物业服务合同与常态物业服务合同之间的程序衔接的规定，本条中的"物业服务合同"应当也包含前期物业服务合同。此外，本条在界定物业服务合同内涵时，也明确了合同的权利义务主体，即物业服务人和业主。这有助于正确理解作为实质权益主体的业主与仅作为形式缔约主体的建设单位和业主委员会之间的权利义务关系。

【司法适用】

在司法实务中，需要注意准确理解物业服务人的内涵与外延。《物业管理条例》和《物业服务解释》均将物业服务合同中的服务提供者限定为依法成立的物业服务企业。本章所采用的物业服务人的概念，应当是对《物权法》第81条所规定的物业服务提供者的继受和发展。依据该条规定，我国法律所确认的物业管理模式分为3类，即自行管理模式、委托管理模式和其他管理人管理模式。[①]《民法典》"物权编"也沿用了该规定。本条第2款将物业服务人的外延限定为物业服务企业和其他物业管理人，这实质上是对后两种委托管理模式中的物业服务主体的概括。

需要注意的是，在业主自行管理模式下，代表全体业主从事具体的物业管理事务的业主自治组织或其他主体，在个别业主拒绝交纳管理费用时能否参照适用

---

① 钟佳萍、王亮：《三种物业管理模式下物业合同法律性质辨析》，载《求实》2009年第11期。

物业服务合同的法律规定，取得准物业服务人的法律地位？对此，司法实务中存在争议。从权利义务相一致的角度，应当赋予自行管理模式下的承担物业管理职责的业主自治组织以准物业服务人的法律地位，由其起诉相应业主交纳物业管理费用并承担违约赔偿责任。

【司法案例】

某小区业主委员会诉邓某某物业服务合同纠纷案①

诉讼结论：在业主自行管理模式下，业主委员会与业主之间形成物业服务合同关系，业主应当支付物业费。

《物权法》规定，业主可以自行管理建筑物及其附属设施，也可以委托物业服务企业或者其他管理人管理。由此可见，法律赋予业主对所居住的小区的物业管理予以选择的权利，业主有权对所居住小区进行自治管理。本案中，小区业主委员会受业主大会的委托负责该小区的物业服务，并制定了《自治管理办法（试行）》，其与业主之间形成了物业服务法律关系。作为小区业主，邓某某在接受了相应的物业服务后应该按时交纳物业服务费用。邓某某关于业主委员会主体不适格的辩称意见未被采纳。法院于2012年10月24日作出判决：邓某某给付某小区业主委员会物业服务费120元。

第九百三十八条　物业服务合同的内容一般包括服务事项、服务质量、服务费用的标准和收取办法、维修资金的使用、服务用房的管理和使用、服务期限、服务交接等条款。

物业服务人公开作出的有利于业主的服务承诺，为物业服务合同的组成部分。

物业服务合同应当采用书面形式。

【条文主旨】

本条是关于物业服务合同内容和形式的规定。

【条文理解】

相较于《物业管理条例》关于物业服务合同内容的规定，本条第1款增加了关

---

① 最高人民法院关于弘扬社会主义核心价值观典型案例之一，载《人民法院报》2016年8月23日，第4版。

于“服务交接”的条款。这主要是针对实务中业主委员会与物业服务人之间、原物业服务人与新物业服务人之间在物业管理交接过程中频发纠纷的现实问题,引导合同当事人预先在合同中进行明确约定。本条中的物业服务合同也包含前期物业服务合同,但就前期物业服务合同的期限问题,当事人可以预先约定,只是该约定要受本章第940条规定的终止条件的限制。

物业服务合同属于要式合同,应当采用书面形式。由于物业服务合同的主体具有群体性特征,合同内容具有一定的公益性,[①]故应当采取公示性和规范性更强的书面形式订立。但是,依据本章第948条的规定形成的不定期物业服务合同以及第950条规定的物业服务合同终止后建立的事实物业服务法律关系,由于当事人客观上无法订立新的书面合同,故立法规定仍按原合同继续履行。

【司法适用】

最高人民法院在《物业服务解释》中依据合同默示条款理论,确认了公开承诺可以构成合同内容的裁判规则,合理扩充了物业服务人应承担义务的依据范围。依据《物业服务解释》第3条的规定,能够构成合同履行依据的内容,除合同约定的明示条款外,还包括两方面的内容:(1)法律、法规规定以及相关行业规范确定的维修、养护、管理和维护义务;(2)物业服务人公开作出的服务承诺及制定的服务细则。值得特别注意的是,本条乃至本章中并未继续将“法律、法规规定以及相关行业规范”作为合同默示条款内容,而是仅确认了公开承诺的约束力。并且,构成合同组成部分的公开承诺仅限于其中有利于业主的内容。在司法实践中,关于物业服务人制定的服务细则能否构成合同内容,应当审查对外公示的细则内容是否与物业服务事项或服务质量标准等密切相关,如果在性质上属于服务承诺,则应当认定为合同的组成部分。

【司法案例】

巨某、魏某国诉重庆甲服务股份有限公司、重庆乙房地产开发有限公司物业服务合同纠纷案[②]

诉讼结论:物业服务人公开制定的《业户手册》构成物业服务合同内容。

乙公司与甲公司签订的《前期物业服务合同》系合同各方真实意思表示,内容不违反法律、行政法规的强制性规定,应属合法有效,对业主亦具有约束力。甲公司出具的《业户手册》,系其作为物业服务企业公开作出的服务承诺及制定的服务

---

① 雎素利:《物业服务合同的法律分析与相关问题的法律适用》,载《法律适用》2007年第5期。

② 重庆市第一中级人民法院(2018)渝01民终6636号民事判决书。

细则，也应当认定为物业服务合同的组成部分。至于甲公司是否完全履行了正常的安全防范义务，则要以前期物业服务合同及附件、业户手册等为依据，结合具体的案件情况综合进行判定。案涉业户手册“物业服务分板块介绍”中载明：“甲物业将多重安全防范系统和固定岗位、巡逻岗位相结合。”法院通过综合分析认定，虽然巨某、魏某国的财产损失系他人故意侵害导致，但是巨某、魏某国遭受财产损失亦与甲公司未按照合同约定全面履行安全防范义务存在一定的因果关系，甲公司应当承担相应的违约责任。

第九百三十九条　建设单位依法与物业服务人订立的前期物业服务合同，以及业主委员会与业主大会依法选聘的物业服务人订立的物业服务合同，对业主具有法律约束力。

【条文主旨】

本条是关于物业服务合同效力的规定。

【条文理解】

我国城镇新建住宅小区的物业管理分为两个阶段，在前期物业管理阶段，建设单位应当依照法定程序选聘前期物业服务企业，并签订前期物业服务合同。这里的法定程序主要指《物业管理条例》第24条第2款规定的，住宅物业的建设单位，应当通过招投标的方式选聘物业服务企业，投标人少于3个或者住宅规模较小的，经物业所在地的区、县人民政府房地产行政主管部门批准，可以采用协议方式选聘物业服务企业。招投标的具体程序则须依照《前期物业管理招标投标管理暂行办法》的规定进行。在具备首次业主大会成立条件后，业主可以自行组织或在基层政府或基层群众自治性组织的指导下召开业主大会，选举产生业主委员会，并可以选聘新的物业服务人。此时，业主委员会与业主大会依法选聘的物业服务人订立的即为物业服务合同。而这里的“依法选聘”所指的法律程序，则应是《民法典》第278条、《物业管理条例》第12条所规定的业主大会召集和表决程序。

基于物业服务合同缔约形式的上述特性，物业服务合同的主体也存在二重性特征。在形式层面，建设单位和业主委员会作为形式上的合同缔约主体，并不承受合同的主要权利义务，不属于合同的履行主体。在实质层面，业主才是享受物业服务合同利益并负担支付对价义务的合同主体。由于物业服务合同缔约模式上的这种特性，为避免合同履行阶段的各种纠纷，立法遂规定两类物业服务合同直接约束业主。即业主不能以其不是合同当事人为由拒绝履行物业服务合同中的义务。

【司法适用】

在司法实务中,需要注意的是,建设单位或者业主委员会未按照法定程序订立物业服务合同的效力。对于前期物业服务合同,行政法规规定应当采取招投标方式选聘物业服务人的情形,建设单位如未依法采取招投标方式选择物业服务人并订立合同的,属于违反法律的强制性规定的行为。按照《九民会议纪要》第30条的意见,违反招投标等竞争性缔约方式订立合同的,构成交易方式违法,属于违反效力性强制性规定的情形。故相应前期物业服务合同应认定无效。[①] 对于物业服务合同,业主大会作出选聘物业服务人的决议程序违反法律规定的,业主有权提起撤销之诉,请求人民法院撤销相应决议。但是,决议撤销后,已经按照原决议订立的物业服务合同并不当然无效,只是缺乏了继续履行的基础,物业服务人可以主张解除合同并要求赔偿损失。

【司法案例】

万某宇诉甲业主委员会等业主撤销权纠纷案[②]

诉讼结论:业主委员会未经业主大会依法定程序决议,而是自行开会决议选聘新物业服务人的,业主有权请求撤销该决议。

原物业服务合同期满后,业主委员会未组织召开业主大会选聘物业服务企业,而是自行召开会议决定由乙公司对小区进行物业管理。业主委员会在未召开业主大会投票表决的情况下,自行决定选聘新的物业服务企业,违反了物权法关于选聘物业服务企业应当由业主共同决定的规定,损害了业主享有的对物业小区进行共同管理的权利。万某宇在一年期间内行使业主撤销权,请求撤销业主委员会选定乙公司为物业服务企业的决定,符合法律规定,法院予以支持。

第九百四十条　建设单位依法与物业服务人订立的前期物业服务合同约定的服务期限届满前,业主委员会或者业主与新物业服务人订立的物业服务合同生效的,前期物业服务合同终止。

---

① 在司法实务中,在《九民会议纪要》出台前,部分人民法院也倾向于认定未依法经过招投标方式选聘前期物业服务企业并订立的前期物业服务合同无效,参见广东省高级人民法院(2019)粤民申2345号民事裁定书。

② 广东省东莞市第一人民法院(2010)东一法民一初字第2308号民事判决书。

【条文主旨】

本条是关于前期物业服务合同法定终止条件的规定。

【条文理解】

《民法典》“合同编”第557条规定了合同权利义务终止的情形,当事人也可以约定合同终止的条件。在实践中,物业服务合同当事人通常会约定服务期限届满且未续期的,合同即终止。因此,物业服务期限届满属于合同终止的情形,反之,在服务期限届满前,物业服务人有权要求业主继续履行合同。但是,基于我国两阶段式的物业管理模式,只要具备了成立首届业主大会的条件,业主即有权组织成立业主大会并行使共同管理权利。如果特定物业管理区域内的物业买受人入住小区的比例较快达到成立业主大会的条件,则业主大会选聘新的物业服务人时前期物业服务合同很可能尚未到期。另外,对于商业物业或者规模较小的住宅小区,业主可能无法或无须成立业主大会,业主也可以决定自行组织实施物业管理,或者自行直接与物业服务人订立物业服务合同。在上述情形下,为满足《物业管理条例》第33条规定的“一个物业管理区域由一个物业服务企业实施物业管理”的要求,避免发生前后两阶段物业服务合同在履行内容上的冲突,法律明确规定新的物业服务合同生效后前期物业服务合同当然终止,即尤为必要。

【司法适用】

相较于《物业管理条例》第26条的规定,本条的主要变化在于,与新物业服务人订立物业服务合同的相对方包括业主委员会和业主,法律逻辑上更为周延。这是因为,根据《物业管理条例》第10条的规定,同一个物业管理区域内只有一个业主或者业主人数较少且经全体业主一致同意,可以决定不成立业主大会和业主委员会。此时,业主可以通过共同决议的方式选择新的物业服务人并与其订立物业服务合同。但是,在司法实务中还需要思考和注意的问题是,本条是否间接确认了在存在业主大会和业主委员会的情况下,业主也可以自行与新的物业服务人单独订立合同?毕竟,在司法实践中存在大量的物业服务人与业主于集体性物业服务合同之外另行“重复缔约”的现象。① 单从本条的文义以及规范目的的角度,似乎不能得出上述推论。但是,在具体理解与适用过程中,还是需要结合本章各条规定之间的体系和逻辑关系以及个案所呈现的案件事实,进行综合衡量和判断。

---

① 肖明明:《物业服务合同“多重缔约”问题探究》,载刘云生主编:《中国不动产法研究》(2019年第1辑),社会科学文献出版社2019年版,第188页。

【司法案例】

甲物业服务有限公司诉乳山市爱琴海乙业主委员会物业服务合同纠纷案①

诉讼结论：业主委员会与新物业服务人签订物业服务合同后，前期物业服务合同即终止，原物业服务人应当退出物业服务区域并移交资料。

《物业管理条例》第26条规定，前期物业服务合同可以约定期限，但是，期限未满、业主委员会与物业服务企业签订的物业服务合同生效的，前期物业服务合同终止。本案中，甲物业与丙置业有限公司签订的前期物业服务合同约定前期物业服务期限自2010年11月1日起至业主委员会成立日止，在前期物业服务合同期限内，业主委员会代表全体业主与物业服务企业签订的物业服务合同生效时，前期物业服务合同自动终止。2014年9月，丁物业通过公开招投标中标了涉案小区的物业管理服务，并于9月29日与业主委员会签订了物业服务合同，该物业服务合同系当事人真实意思表示，签订程序符合法律规定，且已在乳山市住房保障和房产管理局进行了备案，合同合法有效。根据《物业管理条例》第26条及甲物业与丙置业有限公司签订的前期物业服务合同约定，前期物业服务合同应自业主委员会与丁物业签订的物业服务合同实施之日即2014年10月1日终止，上诉人甲物业继续对涉案小区进行物业管理服务无事实和法律依据，一审法院判令甲物业退出物业管理区域，并将物业服务用房、设施设备及物业资料、代管的维修资金等移交业主委员会正确，应予维持。

第九百四十一条　物业服务人将物业服务区域内的部分专项服务事项委托给专业性服务组织或者其他第三人的，应当就该部分专项服务事项向业主负责。

物业服务人不得将其应当提供的全部物业服务转委托给第三人，或者将全部物业服务支解后分别转委托给第三人。

【条文主旨】

本条是关于物业服务转委托的条件和禁止范围的规定。

---

① 山东省威海市中级人民法院(2019)鲁10民终24号民事判决书。

【条文理解】

物业服务合同作为特别法上的有名合同，具有委托合同的若干特征，例如，物业服务人系接受业主的委托有偿提供物业服务，业主依约向其支付报酬等。但是，物业服务合同又与委托合同存在诸多相异之处，例如，合同的任意解除权、委托主体的特性、受托人受指示拘束的程度等方面。尽管如此，物业服务合同具有委托合同的某些典型特征是确实无疑的。并且，《民法典各分编（草案）》中曾规定有物业服务合同“参照适用委托合同”的内容，但立法机关认为物业服务合同具有委托、承揽等混合性合同属性，故在草案二审稿中又对上述内容予以删除。本条即基于物业服务合同内容和属性上的这些特征，赋予了物业服务人一定限度内的转委托权利。

但我们需要注意，与委托合同一章规定的转委托规则不同的是，本条并未以转委托行为是否取得委托人同意或追认来设定不同的法律效果，而是采取法律间接赋权模式的同时，依照合同相对性原理，将转委托事项处理的后果和责任归于物业服务人承担。如果业主或业主大会选聘物业服务人是基于其专业能力或市场声誉等特殊条件的，则可以在订立合同时约定禁止转委托的条款。

【司法适用】

在司法实务中，需要重点关注两个问题：（1）可以转委托的服务内容只包括专项服务事项，且应当是明确具体的特定类型的物业服务事项，如清洁卫生、垃圾清运、安保巡查等。（2）法律禁止将物业服务事项全部或者变相全部转委托。本条第 2 款并非仅是民法上的禁止性规定，也包含对公法中相关强制性规范内容的确认和引致。《物业管理条例》第 39 条规定：“物业服务企业可以将物业管理区域内的专项服务业务委托给专业性服务企业，但不得将该区域内的全部物业管理一并委托给他人。”可见，相较于此规定，本条还特别增加了关于规制变相转委托全部物业服务的情形，法律的规范效果将更为合理。虽然我国已取消对物业服务企业的资质管理制度，但从物权法层面来看，物业服务交易活动并非只涉及债权或债法问题，还关涉区分所有建筑物共同管理权利的行使和实现的问题，[①]进而关系到特定物业区域内的公共秩序和业主共同利益维护问题。因此，物业服务人违法地全部或者变相全部转委托物业服务事项，既会破坏物业服务市场秩序，也将损害物业服务区域内的公共秩序和业主公共利益。基于这些考量因素，《物业服务解释》第 2 条规定，业主委员会或者业主可以主张确认物业服务企业与他人订立的

---

① 相关分析可参见吴世彬：《从物权视角解析前期物业管理合同》，载《长白学刊》2008 年第 2 期；睢素利：《物业服务合同的法律分析与相关问题的法律适用》，载《法律适用》2007 年第 5 期。

转委托全部物业服务业务的委托合同无效。

【司法案例】

深圳市甲物业管理有限公司赣州分公司诉瑞金市乙置业有限公司物业服务合同纠纷案[①]

诉讼结论：物业服务企业将全部物业服务业务一并转委托而签订的合同无效，受让人因无效协议获得的物业管理权应交回给转让人。

甲公司于2016年9月1日开始履行丙公馆前期物业服务合同，履行合同仅4个月后，就出现经营亏损、物业服务质量下降等问题。经与乙公司协商一致，双方签订补充协议，约定甲公司将丙公馆的前期物业服务管理经营权限交由乙公司，由其来行使丙公馆的物业管理权。该约定违反了《物业服务解释》第2条之规定，甲公司将丙公馆的全部物业服务业务一并委托乙公司管理，因违反了法律法规的规定而无效。无效协议约定的义务还未履行的，无须再履行，故甲公司要求乙公司支付自管服务费的请求，法院不予支持。已经履行的，因无效合同所取得的财物应予返还，如果造成损失，还应当根据过错赔偿损失。

第九百四十二条　物业服务人应当按照约定和物业的使用性质，妥善维修、养护、清洁、绿化和经营管理物业服务区域内的业主共有部分，维护物业服务区域内的基本秩序，采取合理措施保护业主的人身、财产安全。

对物业服务区域内违反有关治安、环保、消防等法律法规的行为，物业服务人应当及时采取合理措施制止、向有关行政主管部门报告并协助处理。

【条文主旨】

本条是关于物业服务人的法定义务范围的规定。

【条文理解】

物业服务人的服务义务范围虽然主要由物业服务合同约定，但由于相应义务所对应的服务职责又系来源于业主的共同授权，[②]所以，即便在物业服务合同并未明确约定的情况下，基于区分所有建筑物管理和使用的特性，物业服务人也应当

---

① 江西省瑞金市人民法院（2018）赣0781民初2171号民事判决书。

② 在物业管理领域，从债法的角度，物业服务人所提供的是作为合同标的物的物业服务；从物权法角度，也可以将这些服务解释为管理区分所有建筑物共有部分的权限或职责，其来源即业主的成员权或共同管理权。

负有针对业主共有部分、物业公共秩序和业主人身财产安全等方面的法定义务和职责。本条中的“物业的使用性质”，指区分所有建筑物共有部分及其附属设施的用途和特性，如共有的道路、绿地、车位、娱乐设施、景观、照明设施等具有不同的使用性质和特点，物业服务合同不可能对每一项物业的服务内容均进行细化，故物业服务人应当基于其使用性质和特点采取合理的服务措施。

针对业主共有部分的管理义务，需要注意两个特殊问题：(1)对共有部分进行维修的程度和类型的不同，其管理和决定的程序也不同。计入物业服务成本的小规模或日常维护，属于物业服务人的职责范围，由物业服务人自行实施并进行公示。对共有部分进行较大规模的维修或更换等，需要使用物业维修资金的，则应按照法律规定和合同约定的程序作出决议后，由物业服务人组织实施。(2)经营管理业主共有部分必须取得业主的授权，经营管理的范围和方式也须征得业主同意并符合法律法规的规定。经营收益一般应归全体业主所有，或者基于物业服务人与业主之间的约定进行合理分配。

针对物业服务区域内发生的违法行为，物业服务人负有制止、报告和协助的社会协同治理义务。由于物业服务人并不具有公共执法权力，故这里的“及时采取合理措施制止”应当指物业服务人针对违法行为的性质和程度采取了一个理性服务主体所能够实施的合理行为，而不应过度扩大其义务和责任范围。评价的重点应集中在制止措施的及时性与合理性。

【司法适用】

物业服务人管理物业服务区域，应当尽到善良管理人的一般注意义务，其理性程度和标准既应以物业服务合同约定的具体服务内容和质量标准作为最低限度，也应结合物业服务行业的通常标准和水平，还需要考虑“物业的使用性质”，例如，封闭式住宅小区和开放式住宅小区是否在安保管理方面存在标准上的差异等。物业服务人尽到了必要的注意义务的，即不应对业主的人身、财产损害承担赔偿责任。同理，物业服务人违反安全保障义务时，其承担的责任范围也应与其违反注意义务的程度相适应，符合比例原则的要求。

【司法案例】

曹某平诉北京甲物业服务有限公司物业服务合同纠纷案[①]

诉讼结论：物业服务企业未采取防范措施导致业主停放的车辆受损的，应当承担相应的赔偿责任。

---

① 北京市顺义区人民法院(2013)民字第14073号民事判决书。

根据“北京市商品房预售合同”附件7的规定,北京乙房地产开发有限公司选定甲公司作为北京乙的前期物业服务公司,物业服务内容之一为车辆停放管理。根据《北京市居住小区机动车停车管理办法》的相关规定,停车管理单位应24小时专人看管停车场或采用电子监控手段进行不间断监视,劝阻、制止损害停放车辆的行为,采取防范措施,防止车辆丢失。作为北京乙的业主,曹某平与甲公司之间构成物业服务合同关系,曹某平将车停放在甲公司管理的停车场内,按照前期物业服务合同的内容,甲公司应为曹某平提供车辆停放管理服务,且曹某平在停车场内临时停车时按规定向甲公司交纳停车费。甲公司关于该费用为车位租用费、车位服务费而非车辆保管费的抗辩意见于法无据,甲公司负有采取措施防范曹某平车辆受损的物业服务合同义务。曹某平要求甲公司支付因车辆被砸造成的480元修车费损失,应予支持。

第九百四十三条　物业服务人应当定期将服务的事项、负责人员、质量要求、收费项目、收费标准、履行情况,以及维修资金使用情况、业主共有部分的经营与收益情况等以合理方式向业主公开并向业主大会、业主委员会报告。

【条文主旨】

本条是关于物业服务人信息公开义务的规定。

【条文理解】

《建筑物区分所有权解释》第13条规定:“业主请求公布、查阅下列应当向业主公开的情况和资料的,人民法院应予支持:(一)建筑物及其附属设施的维修资金的筹集、使用情况;(二)管理规约、业主大会议事规则,以及业主大会或者业主委员会的决定及会议记录;(三)物业服务合同、共有部分的使用和收益情况;(四)建筑区划内规划用于停放汽车的车位、车库的处分情况;(五)其他应当向业主公开的情况和资料。”相较于此,本条明确了物业服务人属于信息公开义务的主体,同时规定了物业服务人应当向业主公开信息的内容和方式。

物业服务人应当向业主公开的信息包括:(1)物业服务合同的主要内容,包括服务事项和标准、主要人员、服务质量标准、收费标准等;(2)合同的履行情况,如采取了哪些服务项目,是否达到约定的标准等;(3)与公共秩序和共同利益密切相关的重大事项,包括住宅维修资金的使用、共有部分的经营和收益情况、重要修缮事项的进展情况等。公开信息的合理方式包括张贴书面告知书、发送告知函、举行定期会议等形式。物业服务人将有关信息向业主合理公开的同时，也必须向业主大会、业主委员会进行报告。业主或业主委员会在与物业服务人订立合同时可以约定信息公开的周期和频率，没有进行约定的，物业服务人应当按照合理期限进行公开，以按月或按季度为宜。

【司法适用】

物业服务人未依法公开相关物业服务信息的，业主或业主委员会有权请求物业服务人进行公开。物业服务人仍拒绝公开的，业主或业主委员会应当享有提起诉讼的权利，要求查阅物业服务人控制的有关资料，或者要求物业服务人以适当的方式予以公开。另外，根据《民法典》第285条的规定，物业服务人有义务及时答复业主对物业服务情况提出的询问。如果物业服务人已定期向业主委员会书面报告有关情况并移交相关资料，业主委员会也有义务向业主进行告知和公示，并接受业主提出的信息公开或资料查阅的请求。

【司法案例】

北京市昌平区回龙观甲小区业主委员会诉北京乙物业管理发展有限公司物业服务合同纠纷案①

诉讼结论：物业服务人以复函或者将有关信息进行公布的方式向业主公开的，视为已经履行了公示义务。

根据法律规定，业主有权要求公示建筑物及其附属设施的维修资金的筹集、使用情况，物业服务合同、共有部分的使用和收益情况，建筑区划内规划用于停放汽车的车位、车库的处分情况。甲业委会基于法律规定要求乙物业公司公示相关材料，而乙物业公司在向甲业委会的复函以及在建委的公示材料中对涉及的中修费、对外供暖情况及供暖维修情况，小修费及车位费的收支情况均予以公布，应视为乙物业公司已经履行了公示义务。至于甲业委会对公示内容存在异议，要求提供财务凭证等，法律依据不足。对于甲业委会认为应公示而未公示的文件类、对外广告合同、供暖设施设备原始单据以及折旧、维修情况的诉讼请求，因乙物业公司否认持有上述文件、单据，未向外签订广告合同，故在缺乏证据佐证的情况下，法院无法支持甲业委会的诉讼请求。

① 北京市第一中级人民法院(2013)一中民终字第14415号民事判决书。

第九百四十四条　业主应当按照约定向物业服务人支付物业费。物业服务人已经按照约定和有关规定提供服务的，业主不得以未接受或者无需接受相关物业服务为由拒绝支付物业费。

业主违反约定逾期不支付物业费的，物业服务人可以催告其在合理期限内支付；合理期限届满仍不支付的，物业服务人可以提起诉讼或者申请仲裁。

物业服务人不得采取停止供电、供水、供热、供燃气等方式催交物业费。

【条文主旨】

本条是关于业主支付物业费的规定。

【条文理解】

《物业管理条例》将业主在物业服务合同中应当支付的对价称为物业服务费用，本条则采用了《物业服务解释》中使用的“物业费”的概念表述。如前文所述，物业服务合同具有委托合同的典型特征，物业服务人完成委托事项后，作为委托人的业主负有支付报酬的义务。这里的物业费即为业主应当支付的服务报酬。

物业服务的客体主要是业主共有部分及其附属设施、区域内的基本秩序，因此，物业服务的内容具有公共性和同质性。物业服务人按照约定和法律规定提供物业服务后，该物业服务的利益即整体性地、均质性地及于区分所有建筑物范围内的每一个业主，且这些利益的享受并不以该业主是否实际占有和使用其专有部分或共有部分为条件。例如，物业服务人提供安全防护服务的利益效果是令小区的整体安全秩序得到保障，这些整体利益并不能细分至某个特定业主。因此，只要物业服务人依约依法履行服务义务的，业主即负有按约支付物业费的义务，而不能以其未接受或无须接受服务作为拒绝履行合同义务的正当抗辩事由。

业主拒绝履行合同义务的，物业服务人享有追究其违约责任的救济权利。因此，本条第 2 款规定，物业服务人在业主违约后“可以”催告其在合理期限内支付物业费。虽然，本款后半句规定了物业服务人的诉权行使条件，但前半句中的催告并给予合理履行期间，并不当然意味着物业服务人放弃了主张继续履行之外的其他违约责任的权利。在司法实务中，部分法院倾向于以物业服务人在起诉前未进行催告为由，驳回物业服务人主张逾期付款违约金的请求，这种裁判立场是否妥当值得进一步思考。

【司法适用】

在司法实务中，需要明确的主要问题是，催告履行是否属于物业服务人提起诉讼的前置程序。各地法院对此意见不一，存在两种截然相反的裁判观点。从本条第 2 款文义的逻辑结构来看，业主逾期支付报酬后，物业服务人如欲通过诉讼方式请求业主支付报酬的，必须先履行催告付款的程序。物业服务人没有履行催告程序即提起诉讼的，可以参考实务中的通常做法，裁定驳回其起诉。物业服务人完成催告付款程序后，可以再行提起诉讼。另外，还需特别注意的是，相较于《物业服务解释》第 6 条的规定，物业服务人采取合理催告的方式不再限于“书面催交”，只要物业服务人能够证明其已经将催告的通知妥当送达业主即可。

业主无正当理由拒绝支付物业费的，物业服务人有权依照合同约定和法律规定主张业主承担继续履行等违约责任。但是，物业服务人不得采取停水停电等侵害业主权益的方式催告业主履行义务。实务中需要注意的问题是，如果物业服务合同中约定了在业主拒绝支付物业费时物业服务人可以采取停水、停电、停气等措施的，应当如何认定和处理？我们认为，一方面，本条第 3 款的规范性质应为禁止性规定，当事人不能通过约定排除其适用；另一方面，供水、供电、供热、供燃气等系业主基于其与公用事业单位之间的相应合同而享有的权利，且与基本生活权利保障密切相关，物业服务人不得任意侵犯。因此，不论是否存在相关合同条款，物业服务人均不得实施上述行为，否则应当承担相应的民事责任。

【司法案例】

李某诉济宁甲物业服务有限公司物业服务合同纠纷案[①]

诉讼结论：物业服务企业在起诉前未向业主书面催交物业费的，不符合法定起诉条件，人民法院应当驳回其起诉。

《物业服务解释》第 6 条规定了物业公司提起诉讼向业主主张物业服务费的前置法律程序。即物业公司应经书面催交，业主无正当理由拒绝交纳或者在催告的合理期限内仍未交纳物业费，物业公司才可以提起诉讼，请求业主支付物业费。本案中，济宁甲物业服务有限公司虽然主张多次向李某催交物业费，但在一、二审中均未提交其向李某书面催交物业费的相关证据，且李某对济宁甲物业服务有限公司向其进行了书面催交不予认可。故应认定济宁甲物业服务有限公司并未在提起本案诉讼前向李某送达有效的催交物业管理费的书面通知，故其提起本案诉讼的法定条件未成就，依法应驳回其起诉。

① 山东省济宁市中级人民法院(2018)鲁 08 民终 3493 号民事裁定书。

第九百四十五条　业主装饰装修房屋的，应当事先告知物业服务人，遵守物业服务人提示的合理注意事项，并配合其进行必要的现场检查。

业主转让、出租物业专有部分、设立居住权或者依法改变共有部分用途的，应当及时将相关情况告知物业服务人。

【条文主旨】

本条是关于业主告知、协助义务及其履行范围的规定。

【条文理解】

在建筑物区分所有的制度背景下，业主之间基于建筑物共有和空间上的共同生活关系而构成一个业主团体或共同体。[①] 在团体内部，每个成员都负有遵守团体共同规约的义务。根据《民法典》第 272 条、第 286 条第 1 款的规定，业主行使权利不得危及建筑物的安全，不得损害其他业主的合法权益，业主应当遵守法律、法规以及管理规约。物业服务人接受业主委托而负担管理业主团体部分共同事务之职责，业主亦当然负有给予必要协助之义务。本质上，业主的告知和配合义务，是其履行对业主团体及团体内其他成员的共同义务的体现。因此，本条中的业主告知与协助义务，在性质上并非单纯的合同附随义务，其义务的来源还包括物权法或团体法上的区分所有人的成员义务。

业主的不当装饰装修行为会危及建筑物安全，产生噪声等环境污染，因而会对其他业主的利益造成不利影响。物业服务人对服务区域内的公共秩序和安全负有法定管理职责，故业主亦应履行必要的告知和协助义务。虽然依据《物业管理条例》第 52 条第 2 款规定，物业服务企业应当将房屋装饰装修中的禁止行为和注意事项告知业主，但依据本条规定，即便物业服务人未履行这些信息告知义务，业主也不能免除其告知和协助义务。转让、出租和设立居住权行为，会使业主团体内的成员身份发生变动，或使该共同区域内的人员结构发生变化，进而可能对区域内的整体安全和管理秩序构成影响。同理，即便依照法定程序改变共有部分用途的，也会对相邻业主的利益构成影响。故以上行为事项都属于业主善意告知义务的范围。立法如此规定，直接目的虽系方便物业服务管理，但最终有利于增进业主团体的整体利益。

---

① 关于业主团体及其立法模式的分析，参见刘兴桂、刘文清：《物业服务合同主体研究》，载《法商研究》2004 年第 3 期；陈华彬：《建筑物区分所有权法》，中国政法大学出版社 2018 年版，第 263 页。

【司法适用】

《物业服务解释》第4条规定："业主违反物业服务合同或者法律、法规、管理规约，实施妨害物业服务与管理的行为，物业服务企业请求业主承担恢复原状、停止侵害、排除妨害等相应民事责任的，人民法院应予支持。"据此，物业服务企业被赋予追究业主相关妨害行为的民事责任的诉权。《民法典》施行后，司法解释的该条规定与物业服务合同章的有关规定并不冲突。就本条的司法适用而言，立法规范的重点在于为业主实施特定行为设置相应的法定义务，规范目的主要在于通过强调业主的告知和协助义务的方式，间接赋予物业服务人针对装饰装修行为、特定权利处分行为等事项的管理性权利。因此，业主违反本条中的法定义务，并不当然意味着承担民事责任的法律后果。如果业主在实施装饰装修行为或相应权利处分行为时，侵犯了其他业主的合法利益、业主共同利益或者妨害了物业服务和管理秩序的，相应业主、业主团体或物业服务人即有权请求其承担民事责任。

【司法案例】

深圳甲物业服务有限公司诉王某兆物业服务合同纠纷案①

诉讼结论：业主未按照管理规约的规定将装饰装修房屋行为事先告知物业服务企业，且未按小区统一标准安装防盗网的，构成违约，物业服务企业有权要求其恢复原状。

王某兆作为涉案房产的权利人，其应遵守《深圳市福田区某花园管理规约》及《某花园物业服务委托合同》的规定。管理规约明确约定业主按规定可以安装防盗网，但应按照统一的标准制作安装，以保持物业区域外观统一。物业服务合同约定业主装饰装修房屋的，应当事先告知并与物业服务企业签署装修管理服务协议，物业公司对业主违反规划私搭乱建的行为，有权及时劝阻、制止和上报，必要时可提起诉讼。王某兆在安装新的防盗网前，未向甲公司提交申请、办理相关的手续，且安装的防盗网未按小区的统一标准制作，王某兆的该行为违反了上述管理规约及物业服务合同的规定，构成违约。甲公司作为涉案房产的物业管理单位，有权提起本案诉讼并要求王某兆拆除安装在涉案房产阳台上凸出物业外立面的防盗网，恢复物业原状。

---

① 广东省深圳市福田区人民法院(2018)粤0304民初34014号民事判决书。

第九百四十六条　业主依照法定程序共同决定解聘物业服务人的，可以解除物业服务合同。决定解聘的，应当提前六十日书面通知物业服务人，但是合同对通知期限另有约定的除外。

依据前款规定解除合同造成物业服务人损失的，除不可归责于业主的事由外，业主应当赔偿损失。

【条文主旨】

本条是关于业主合同任意解除权及其行使条件和法律后果的规定。

【条文理解】

物业服务合同在本质上属于委托合同的一种特殊形态，但基于其内容上的独特性，又不能完全适用委托合同的相关规则。本条仅赋予作为委托人的业主以单方任意解除权，物业服务人作为受托人并不享有任意解除权。主要理由在于，物业服务事项涉及服务区域内的公共秩序维系，关涉群体性的业主团体、物业使用人的公共利益，故不宜赋予物业服务人以任意解除权。

业主决定解聘物业服务人的，应当遵守《民法典》第 278 条规定的程序：应当由专有部分面积占比 2/3 以上的业主且人数占比 2/3 以上的业主参与表决，并应当经参与表决专有部分面积过半数的业主且参与表决人数过半数的业主同意。解聘决定作出后，业主应当按照合同约定的期限或者本条规定的期限书面通知物业服务人。不过，通知的期限和形式属于解除权行使的程序规则，业主未在规定期限内书面通知的，不影响解除权行使的效力，但是，物业服务人可以主张因此遭受的损失。

【司法适用】

《物业服务解释》第 8 条规定，业主大会按照法定程序作出解聘决定后，业主委员会可以起诉请求解除物业服务合同。在司法实践中，当事人就解除权行使的效力发生争议的，也可以起诉请求确认合同解除的效力。因此，业主委员会也可以提出关于合同解除效力的确认之诉。实践中还需注意，依法可以不必成立业主大会和业主委员会的情况下，全体业主或业主代表也应享有请求解除合同或请求确认解除效力的诉权。

物业服务合同类似于有偿的委托合同，故参照“合同编”第 933 条的规定，除不可归责于业主的事由外，业主应当赔偿物业服务人的损失范围包括直接损失和可得利益损失。承担损害赔偿责任的主体，应当是全体业主，包括在共同决议程序中投反对或弃权票的业主。司法实务中的难点在于，物业服务人主张业主赔偿损失的，应当如何选择和确定诉讼主体。依据《民法典》第280条、第286条的规定，业主大会应当具有诉讼主体地位。依据“总则编”第102条、第104条的规定，业主大会应当属于非法人组织，其财产包括住宅维修资金、已获取但尚未分配的业主共有部分经营收益等。因此，物业服务人可以业主大会作为被告提起诉讼，业主大会的财产不足以赔偿全部损失的，剩余部分由全体业主分担。基于司法实践中的通例，物业服务人也可将业主委员会作为被告，但最终的责任财产范围和责任主体并无实质差异。

还需注意的是，依照第940条的规定，因新的物业服务合同生效而终止的前期物业服务合同，系因法定条件而终止，并非当事人行使解除权的结果，故物业服务人不能据此主张赔偿损失。但是，在具备终止条件后，业主也须参照本条的规定，合理通知物业服务人履行退出和移交程序。

【司法案例】

山东甲物业服务有限公司诉周村区乙小区业主委员会物业服务合同纠纷案①

诉讼结论： 业主委员会采取逐户书面征求业主意见的方式形成更换物业服务企业的决定，表决结果符合法律规定的，应当认定有效。

根据《物权法》第76条的规定，选聘和解聘物业服务企业或者其他管理人属于业主共同决定的事项；该事项应当经专有部分占建筑物总面积过半数的业主且占总人数过半数的业主同意。《物业管理条例》第12条第1款规定，业主大会会议可以采用集体讨论的形式，也可以采用书面征求意见的形式；但是，应当有物业管理区域内专有部分占建筑物总面积过半数的业主且占总人数过半数的业主参加。本案中，建设单位与甲公司签订的《前期物业管理服务合同》合同期限为2009年11月2日至2012年11月1日，合同期满后，甲公司继续在案涉物业管理服务区域提供物业服务，即甲公司与乙小区业主实际上仍履行了物业服务合同。2018年8月，乙业委会对业主进行征求意见，207户参加调查，201户业主同意更换物业服务企业，参加调查人数及同意更换物业服务企业人数均占现有业主335户的一半以上；参加调查业主及同意更换物业服务企业业主专有部分面积亦均超过建筑物总面积半数。2018年9月19日，乙小区形成业主表决决议，决定通过招标选择物业服务公司，乙小区共32个单元中的16个单元长在决议上签字捺印。综上，乙业主大会解除与甲公司物业服务合同的决定符合上述法律法规规定的程

① 山东省淄博市中级人民法院（2019）鲁03民终1686号民事判决书。

序，乙业委会根据该决定请求解除与甲公司物业服务合同，应予支持。

第九百四十七条 物业服务期限届满前，业主依法共同决定续聘的，应当与原物业服务人在合同期限届满前续订物业服务合同。

物业服务期限届满前，物业服务人不同意续聘的，应当在合同期限届满前九十日书面通知业主或者业主委员会，但是合同对通知期限另有约定的除外。

【条文主旨】

本条是关于当事人续订合同的通知程序的规定。

【条文理解】

合同约定的服务期限届满属于合同权利义务终止的情形，故业主决定续聘物业服务人的，应当重新按照“物权编”规定的决议程序作出决定，并由业主委员会与物业服务人重新签订物业服务合同。虽然《民法典》第278条第1款第4项仅规定选聘或解聘物业服务人属于业主共同决定的事项，但原物业服务合同履行完毕后，业主对物业服务人的服务是否满意必然存在不同的评价，故是否仍续聘该物业服务人需要由业主重新共同决议，该事项应属于前款第9项规定的“有关共有和共同管理权利的其他重大事项”。基于此，本条第1款规定的续聘须经“业主依法共同决定”，即须依照第278条第2款的规定进行决议。

合同成立需要当事人形成一致的意思表示，故物业服务人如果不同意续订物业服务合同的，业主只能另行选聘其他物业服务人或者自行管理建筑物。但是，由于业主选聘新的物业服务人需要履行法定程序，业主或业主委员会依照《物业管理条例》和《业主大会和业主委员会指导规则》规定的召集程序组织召开业主大会需要一定的准备期间，故在物业服务合同对续订程序未进行约定的情况下，立法向物业服务人设定通知期限和形式的义务即尤为必要。基于权利义务相一致的原则，物业服务人不同意续订合同又未在规定期限内书面通知的，除依照本章第950条的规定在新的物业服务人或业主接管前继续处理物业服务事项外，给业主造成其他损失的还需承担赔偿责任。

【司法适用】

在实践中，对于业主人数较多的住宅小区，业主成员的分散性直接导致业主集体行动的难题，业主委员会往往无法及时有效地组织召开业主大会以共同决议重大事项。基于这些现实困难，有些业主委员会采取变通的方式征求业主意见以代替召开业主大会。例如，业主委员会以逐户向业主发放征求意见表或填写表决票的方式组织业主集体决议有关事项，或者通过与物业服务人联合发布公告的方式，以业主继续交纳服务费用的行为作为其默示同意续聘的条件，进而在表决结果符合法定条件后与物业服务人续订合同。对于类似情形，人民法院在司法裁判时有必要充分考虑和衡量区分所有建筑物共同管理和业主团体制度运行中的现实状况，结合具体案情妥善认定相应的变通做法是否实质上符合法律目的和精神，而不宜径直作出否定性评价。

【司法案例】

赵某森诉黑龙江甲物业管理有限公司物业服务合同纠纷案[①]

诉讼结论：业主大会未能依法决议选聘新物业服务企业的，原物业服务企业通过分别与过半数的业主签订物业服务合同，且大部分业主向其支付物业费的，应认可其物业服务人身份。

《物权法》第 76 条中关于业主共同决定选聘和解聘物业服务企业的事项，有明确的程序要求，即需专有部分占建筑物总面积过半数的业主同意和占总人数过半数的业主同意两个条件同时具备、缺一不可。本案中，赵某森虽提供丙小区业主大会于 2010 年 5 月 28 日作出的决议，但该决议中仅有部分业主签名，且没有注明签名的各个业主的房屋面积。调查结果中显示的每栋、每单元的户数与调查表中所载户数明细亦不相符，故该份决议不符合《物权法》第 76 条的规定，丙业主委员会无权依照该决议解除物业服务合同。甲物业自 2007 年 10 月起至今一直为丙小区提供物业服务，且在 2009 年之后甲物业通过与小区业主分别签订物业服务合同的方式，继续提供物业服务。小区超过半数以上的业主均与甲物业签订了物业服务合同，超过 80% 的业主均按时交纳了物业费。因此，甲物业已事实上成为丙小区合法物业服务公司，其有权向欠付物业费的业主追缴物业费。如赵某森对甲物业提供的服务存在质疑，应依法通过业主大会按照法定程序作出解聘物业服务企业的决定，依法解除物业服务合同。

第九百四十八条　物业服务期限届满后，业主没有依法作出续聘或者另聘物业服务人的决定，物业服务人继续提供物业服务的，原物业服务合同继续有效，但是服务期限为不定期。

---

① 黑龙江省高级人民法院（2019）黑民再 323 号民事判决书。

当事人可以随时解除不定期物业服务合同，但是应当提前六十日书面通知对方。

【条文主旨】

本条是关于不定期物业服务合同的规定。

【条文理解】

本条与《民法典》第734条中的不定期租赁规则相仿，确立了不定期物业服务合同制度。但是，二者不同的是，租赁期间届满后承租人继续使用租赁物且出租人不提出异议时，立法推定出租人通过默示行为表达了同意的意思表示，故形成了续订合同的合意。本条中，并未强调业主存在默示同意的意思或行为，相反，是在业主无法有效作出意思表示的情况下，基于物业服务人同意继续提供服务的行为事实，法律即拟制原合同当事人之间形成续订合意。但由于当事人之间没有真实的磋商过程，故仍按原合同内容继续履行。其理由依然是尽力维系稳定的物业服务法律关系，保障服务区域内的公共秩序和业主共同利益。在这种拟制合意下，业主的个人利益应劣后于团体利益，即个体业主不能以其未同意续聘原物业服务人为由拒绝支付相应期间内的物业费。

虽然是继续履行原合同，但当事人之间实质上通过法律的拟制而订立了新的合同关系。只不过新合同的权利义务内容与原合同相同，只是服务期限为不定期。在这种特殊情况下，物业服务人亦不得自行提高物业服务收费标准，或者擅自降低物业服务质量，否则，业主可以主张其承担违约责任。与此同时，在合同当事人均具有独立作出意思表示的能力时，应允许其主张解除不定期物业服务合同，本条第2款即赋予了当事人任意解除不定期合同的权利。当事人行使解除权的，应给予对方必要的合理准备期间。

【司法适用】

对照本章第950条的规定，物业服务人依照本条第2款所享有的任意解除权实质上受到了一定的限制。尽管依照本条规定，物业服务人可以“随时”主张解除不定期物业服务合同，但是，即便其依法行使了解除权，也不能当然地停止提供物业服务。因为，根据第950条的规定，在业主或者业主大会选聘的新物业服务人或者决定自行管理的业主接管前，原物业服务人仍应当继续处理物业服务事项，同时有权主张业主支付物业费。因此，物业服务人的合同自由权是受到法律较多限制的，实务中也确实存在物业服务人陷入无法自由退出之困境的情形。破解这一僵局，需要行政主管部门、基层政府对口部门和居民委员会协力化解业主自治和集体行动困境，使业主自治机制恢复运行。

【司法案例】

重庆甲物业管理有限公司诉何某物业服务合同纠纷案①

诉讼结论：物业服务期限届满后，物业服务企业因客观原因未撤场并继续提供服务的，应认定其与业主之间形成事实物业服务关系，业主应当支付物业费。

甲物业公司与重庆乙实业集团有限公司签订的《物业管理前期委托合同》不违反法律规定，合法有效，该合同对丙小区全体业主均具有约束力。尽管该合同约定的期限为3年，但2004年8月29日后，甲公司仍为丙小区提供物业管理服务至2010年5月31日，其与业主之间形成事实物业服务关系。2010年5月31日后，尽管丙业主委员会另聘了新的物业服务企业，但由于部分业主出面干扰致使甲公司未能交接成功而继续为丙小区提供物业服务至2012年7月20日，并非甲公司拒绝退出或移交。故应当认为在2010年6月1日至2012年7月20日，其与何某之间亦形成事实物业服务关系，此期间何某仍应向甲公司支付相应的物业服务费用。

第九百四十九条　物业服务合同终止的，原物业服务人应当在约定期限或者合理期限内退出物业服务区域，将物业服务用房、相关设施、物业服务所必需的相关资料等交还给业主委员会、决定自行管理的业主或者其指定的人，配合新物业服务人做好交接工作，并如实告知物业的使用和管理状况。

原物业服务人违反前款规定的，不得请求业主支付物业服务合同终止后的物业费；造成业主损失的，应当赔偿损失。

【条文主旨】

本条是关于物业服务人的移交义务以及违反义务后的法律责任的规定。

【条文理解】

合同权利义务终止后，在新物业服务人或者决定自行管理的业主具备接管条件并合理通知之时，原物业服务人应当将其占有控制的与履行物业服务职责相关的设施、物品和资料予以交还。本条即详细规定了物业服务人在债权债务终止后的返还、协助和告知等后合同义务。另结合《物业服务解释》第10条第1款的规

① 重庆市渝北区人民法院（2012）渝北法民初字第15547号民事判决书。

定,物业服务合同约定由物业服务人代管专项维修资金的,物业服务人也应负返还义务。

当事人可以在合同中约定服务事项交接的程序和期限等内容,没有约定的,物业服务人应当根据诚信原则和行业惯例,在合理期限内退出并完成交接。物业服务人逾期仍拒绝退出服务区域,恶意拖延或阻挠交接,或者未合理告知物业有关使用和管理状况的,不得主张物业服务合同终止后的物业费,且业主有权请求其退出服务区域,移交设施、物品和资料,并赔偿相应损失。另外,还需要注意的是,即便新物业服务人已具备接管条件,原物业服务人履行返还义务的对象仍为业主委员会、业主或者其指定的人。但是,如果业主委员会或自行管理的业主直接指定新物业服务人的有关人员进行接管的,原物业服务人无正当理由也不得予以拒绝。

【司法适用】

本条在司法适用中,应注意以下几个问题:(1)原物业服务人违反第1款规定的任一项义务都将可能承担民事责任。(2)需注意不同情形下物业服务人承担责任的范围。如果物业服务人未在约定期限或者合理期限内退出并移交的,不得主张物业服务合同终止后的全部物业费。《物业服务解释》第10条第2款也有相同规定,且同时明确了物业服务人拒绝退出、移交的,不能主张其与业主之间存在事实上的物业服务关系,也不能请求业主支付合同终止后的物业费。如果物业服务人在约定期限或合理期限内完成了退出、移交和交接工作,但并未如实告知物业的使用和管理情况,原物业服务人是否能够主张合同终止后至约定期限或合理期限届满的期间内的物业费?对此,可以区分物业服务人的主观状况进行评价,如果其是因恶意隐瞒而未如实告知,除不能主张合同终止后的全部物业费外,造成损失的还需承担赔偿责任。而如果仅系因一般过失而未告知的,则不宜令其承担过重的民事责任。(3)在原物业服务人不履行退出、返还、协助和告知义务的,业主和业主委员会有权提起诉讼,要求其履行义务并承担责任。已依法与业主或业主委员会订立物业服务合同的新物业服务人因此受到利益损害的,也应有权起诉原物业服务人履行相应法律义务。

【司法案例】

南京甲物业管理有限责任公司诉董某某物业服务合同纠纷案①

诉讼结论:物业服务合同终止后,物业服务企业拒绝退出并移交管理的,无权

① 江苏省南京市中级人民法院(2017)苏01民终9362号民事判决书。

要求业主支付合同终止后的物业费。

物业服务合同的权利义务终止后,业主委员会请求物业服务企业退出物业服务区域,物业服务企业拒绝退出、移交,并以存在事实上的物业服务关系为由,请求业主支付物业服务合同权利义务终止后的物业费的,人民法院不予支持。2015年8月,乙小区召开业主大会,并作出不同意甲物业公司留用的决定。甲物业公司也已知晓该决议,乙业委会亦于2015年9月14日通知甲物业公司于2015年12月31日前撤出小区,乙业委会与甲物业公司之间的权利义务应于2015年12月31日终止,甲物业公司应按时退出乙小区并移交物业管理权。甲物业公司拒绝退出,并以为乙住宅小区提供了服务为由要求业主支付2016年1月之后的物业服务费,不应得到支持。

第九百五十条　物业服务合同终止后,在业主或者业主大会选聘的新物业服务人或者决定自行管理的业主接管之前,原物业服务人应当继续处理物业服务事项,并可以请求业主支付该期间的物业费。

【条文主旨】

本条是关于物业服务人负担的后合同义务的规定。

【条文理解】

不论商业物业还是住宅小区,物业服务的连续性都关乎物业区域内的基本秩序和稳定。因此,本条的规范目的意在确保物业服务人之间或者物业服务人与自行管理的业主之间,实现物业管理事项的“无缝对接”。本条中的“物业服务合同”应当包括前期物业服务合同和第948条规定的不定期物业服务合同。在合同终止后,业主已不再决定续聘或者物业服务人不同意继续提供服务的,当事人之间已不再具有订立新合同的意愿。但此时,立法限制了物业服务人退出合同的自由,直至新的物业服务人接管或业主自行接管。同时,为实现利益平衡,物业服务人可以向业主主张支付其“依法”服务期间的物业费。

需要注意的是,在上述期间内物业服务人和业主之间的法律关系性质是什么,是否形成了特定的合同关系。从权利义务内容来看,该期间内两方主体的地位与不定期物业服务合同并无实质差异,区别在于,不定期物业服务合同中物业服务人具有继续按原合同履行的意思表示,业主方则囿于集体行动困境而无法形成意思表示。在本条的规范情形中,业主已另聘新物业服务人或者决定自行管理,与原物业服务人不再具有继续合作的基础。因此,在上述新旧物业交接的过渡期内，业主与原物业服务人之间构成了一种特殊的事实合同关系，当事人均需受其约束。该合同的权利义务内容及主要事项应以原物业服务合同的约定为准。

【司法适用】

由于本条中的事实物业服务关系也是法律拟制的结果，故个体业主不能就此提出基础事实方面的否认抗辩，但可以提出履行抗辩。具体而言，在原物业服务人依法提供物业服务的过渡期间，业主不得以业主大会已另聘新物业服务人或业主已决定自行管理小区为由，拒绝支付服务物业费。但是，如果原物业服务人未按照原物业服务合同的内容以及有关法律规定全面履行义务，业主有权提出履行抗辩并主张其承担违约责任。

另外，基于本条规定，原物业服务人退出物业服务区域并移交相关资料之日，上述事实物业服务关系即终止，在此之前，当事人不得主张解除该合同关系。关于终止的条件，应以新物业服务人或自行管理的业主具备接管物业服务事项并向原物业服务人书面通知来作为判断终止条件是否成就的依据。原物业服务人主张业主支付物业费的截止日期也应以其实际撤场的时间为标准。

【司法案例】

张某芳诉上海甲物业管理有限公司物业服务合同纠纷案①

诉讼结论：物业服务合同终止后，原物业服务企业担负后合同义务继续提供物业服务的，有权向业主主张该期间内的物业费。

民事活动应当遵循公平、等价有偿等原则。涉案小区业委会与甲物业签订的物业服务合同终止后，由于涉案小区业主大会未能通过合法有效的程序选聘新的物业服务企业，故甲物业担负起后合同义务，仍根据原物业管理服务合同实际承担涉案小区的物业服务，其有权向被服务对象主张相应期间的物业服务费。

① 上海市高级人民法院（2014）沪高民一（民）申字第112号民事裁定书。

第二十五章　行 纪 合 同

第九百五十一条　行纪合同是行纪人以自己的名义为委托人从事贸易活动，委托人支付报酬的合同。

【条文主旨】

本条是关于行纪合同定义的规定。

【条文理解】

行纪合同是指行纪人接受委托人的委托，以自己的名义，为委托人从事贸易活动，委托人支付报酬的合同。接受委托的一方为行纪人，而另一方则为委托人。如某配件厂（甲方）委托某销售公司（乙方）代销产品，乙接受甲的委托并以自己的名义代甲销售，代销价款归甲方，乙方收取代销费。在这个关系中，甲方就是委托人，乙方就是行纪人。我国自改革开放以来，随着行纪业务在实践中的不断发展，其适用范围从原来的商品代购、代销、寄售等业务扩展到房地产市场、保险市场、证券市场、期货市场等。相应地，行纪合同被各类行纪机构和行纪人采用，并在1999年《合同法》中被确立为一种典型的有名合同。在实践中，行纪人往往在一定领域内从事专门性行纪活动，比较了解行情，熟悉业务和供求关系，且手段简便、灵活，可以为委托人提供有效的服务，对扩大商品流通，促进贸易发展起着重要作用。行纪合同和委托合同两者具有相同点和差异性，两者都是以提供劳务为合同的标的，都是以当事人双方的相互信任为基础。

【司法适用】

行纪合同具有5个方面的特征：(1)行纪合同主体具有一定的限定性。在我国，从事行纪业的法人或自然人必须经过法定手续批准经营行纪业务，但是，对于行纪合同中的委托人却不存在限制性规定。(2)行纪人需以自己名义为委托人办理委托事务。委托人与第三人之间不存在直接的权利义务关系，第三人无须知道委托人究竟是谁，委托人有错误或被欺诈的行为不能成为该法律行为无效或被撤销的原因。(3)行纪人需为委托人之利益办理委托事务。行纪合同的最终目的是将行纪人为委托人所为一定贸易行为的利益归属于委托人。(4)行纪合同的标的为行纪人为委托人进行特定的贸易活动。(5)行纪合同是双务有偿合同、诺成合同和不要式合同。行纪合同不同于委托合同,行纪合同中的行纪人是以自己的名义从事行纪活动并收取报酬,而委托合同中的受托人既能以委托人的名义,也能以自己名义在委托人授权范围内从事委托业务和代理活动,但受托人进行委托业务行为所产生的利益和责任最终都要归属于委托人。[①]

行纪合同与委托合同极为相似。本编第960条规定:"本章没有规定的,参照适用委托合同的有关规定。"但是,如何区分行纪合同与委托合同的界限是司法实践中面临的难题。行纪合同和委托合同有相同点:如都是以提供劳务为合同的标的;都是以当事人双方的信任为基础;都是以处理一定事务为目的。基于行纪合同的上述特点,可以从以下5个方面来把握行纪合同与委托合同的差别:(1)行纪人应为经许可或批准经营行纪业务的主体;而委托人则只要是具有民事行为能力的法人、自然人或非法人组织均可。(2)行纪人只能以自己的名义进行活动;而委托合同的受托人处理委托事务,既可以以自己名义,也可以以委托人名义。(3)行纪人为委托人处理事务所支出的费用,除当事人另有约定外,由行纪人负担;而委托合同中受托人为委托人处理事务所支出的费用,由委托人负担。(4)行纪合同中委托的事务是特定的,仅限于贸易活动,一般是法律行为;而委托合同中委托的事务,既可以是法律行为,也可以是事实行为。(5)行纪合同是有偿合同,委托合同既可能是有偿合同,又可能是无偿合同。

司法实践经常遇到的难题是如何区分间接代理和行纪合同。因为二者都是以委托为基础,其共同点就是,接受委托的一方,以自己的名义与第三人签订合同。如何区分接受委托一方以自己的名义与第三人订立的合同,是代理关系还是行纪合同关系,要根据委托内容和相关法律的规定,加以分析认定。[②] 符合"合同编"第951条规定的,形成行纪合同关系;符合第925条、第926条规定的,形成代理合同关系。

【司法案例】

赵某武诉三门峡市甲汽车租赁有限公司行纪合同纠纷案[③]

诉讼结论:行纪人以自己名义与第三人签订合同的,构成行纪合同,行纪人从所得收益中抽取的部分应视为委托人支付的报酬。

---

① 费安玲主编:《委托、赠与、行纪、居间合同实务》,知识产权出版社2005年版,第256~258页。

② 赵振营、崔娜:《区分代理与行纪需据委托内容与合同法规定》,载《人民司法》2014年第20期。

③ 河南省三门峡市中级人民法院(2013)三民再字第34号民事判决书。

甲公司以自己的名义与第三人王某签订汽车租赁合同,所得收益的15%归甲公司所有,应视为委托人赵某武支付的报酬。因此,赵某武与甲公司之间构成行纪合同关系。甲公司提出双方是私车加盟关系的理由不能成立。《合同法》第421条规定:"行纪人与第三人订立合同的,行纪人对该合同直接享有权利、承担义务。第三人不履行义务致使委托人受到损害的,行纪人应当承担赔偿责任,但行纪人与委托人另有约定的除外。"甲公司将车租出后,第三人王某不履行合同义务,导致车辆无法追回,甲公司应承担赔偿责任。

第九百五十二条　行纪人处理委托事务支出的费用,由行纪人负担,但是当事人另有约定的除外。

【条文主旨】

本条是关于行纪人负担处理委托事务费用的规定。

【条文理解】

行纪人作为经营行纪业务的特定主体,其应当承担其预见范围内的商业风险。这种风险对于行纪人而言,主要是行纪人在为委托人处理委托事务时,不仅需要尽职尽力,而且还需要承担经营行纪业务所产生的各种活动经费,如交通费、差旅费等。这些费用的产生,对于行纪人而言是其可预见的经营成本,法律确立了由行纪人承担该笔费用的一般规则。如果行纪人没有处理好委托事务,他所付出的代价,就是支出的成本费用,作为一种商业风险理应由行纪人自行承担。当然,作为对当事人意思自治的尊重,法律也允许行纪人与委托人在行纪合同中以特别约定的方式来对委托费用的具体分担作出安排。比如:委托人与行纪人可以事先约定,不论事情成功与否,行纪人为此支出的活动费用都由委托人来负责偿付。这种特别约定如果不违反法律的强制性规定,应当赋予其优先适用的效力。

【司法适用】

在行纪合同中,当事人对行纪人处理委托事务所支出费用负担问题有明确约定的,应当依照当事人的约定。如果当事人对此约定不明,行纪人处理委托事务的费用一般由行纪人自己负担,这也是行纪合同和与委托合同的不同之处。因为委托人所支付的报酬中一般已经包括了各项费用的支出,行纪人除要求委托人支付报酬外,不得再要求委托人支付费用。但是,如果当事人对费用承担问题有特别约定的,即约定报酬不包括费用支出部分,则行纪人有权要求委托人支付费用。该费用应当是为了委托人的利益,并且是必要的费用。此处的必要费用包括处理事务支出的交通费、人工费等。行纪人所支出的这些费用,应该说是处理委托事务的成本。但是,也有观点认为,关于运输费和寄存费用,可以依据约定或者习惯加以确定,在一般情况下,如果行纪人所收取的报酬本身就比较高,运输费和寄存费往往被预先计算在报酬中,而不需要再另行收取。即使另收,对于这两种费用也是无须计算利息的。但如果约定的报酬较低,当实际支出的运输和寄存费用较高时,行纪人可以另行请求委托人支付。"合同编"并没有明确就区分报酬的高低作出不同的规定,其主要目的仍然在于督促行纪人承接行纪业务之前就要做好预判和安排。在合同订立确定报酬时,行纪人就要充分考虑到可能支出的费用,开展行纪业务过程中更是要进行精打细算、控制成本费用,争取以最少的费用达成和第三人的交易。行纪合同履行完毕,行纪人依据合同约定向委托人请求支付的报酬就应当包含了经营成本与预期利润。如果行纪人没有处理好委托事务,所支付的成本费用则由自己承担。除非是有特别约定的情况下,行纪人为委托人进行委托事务支出的费用才由委托人承担。

【司法案例】

何某华诉广西忻城县甲矿业开发有限公司合同纠纷案[①]

诉讼结论:在合同未特别约定的情况下,对行纪人主张由委托人承担烘干费、加工费、运费、堆场占用费等费用的请求不予支持。

在行纪合同中,如果当事人之间没有特别约定,处理委托事务的费用应当由行纪人自己承担。本案中,从现有证据来看,双方当事人并未就运费、加工费等相关费用作出特别的约定,何某华以其标注的出库明细主张双方对运费、加工费等有明确的约定,但从其提供的出库明细看,下面关于"运费+加工费"的意思表达并不清楚,关于何方承担费用的意思表示不明确。何某华单方作出要求甲公司承担运费和加工费的意思表示,属于新的要约,甲公司并未表态接受,说明双方并未就此达成一致的意思表示,因此,处理委托事务的费用应当由行纪人何某华自己承担。另外,何某华从甲公司取得板材后,对板材进行了加工,根据行纪合同的相关规定,行纪人对委托物进行加工应取得委托人的同意,本案何某华对委托物板材(毛板)进行加工成光板,并没有取得委托人甲公司的同意。因此,何某华要求甲公司承担烘干费、加工费、运费、堆场占用费等费用,没有事实与法律依据,法院对其诉讼请求不予支持。

---

① 广西壮族自治区来宾市中级人民法院(2017)桂13民终343号民事判决书。

第九百五十三条　行纪人占有委托物的，应当妥善保管委托物。

【条文主旨】

本条是关于行纪人保管义务的规定。

【条文理解】

本条所称的“委托物”，应当解释为委托卖出之物或委托买入之物。这里的物，应作广义的理解，不仅指动产，还应当包括有价证券、票据、提单等权利的凭证。在行纪中，委托人可以将委托物交给行纪人保管，也可以不交给行纪人保管。行纪人对其所保管的行纪委托物，所取得的仅仅是对委托物占有的权利，而并无使用和收益的权利。委托物所生利益，应当归属于委托人。

所谓“妥善保管”，是指行纪人应当按照善良管理人的注意义务标准来保管标的物。此种注意义务标准高于处理自己事务的注意义务标准，它要求行纪人需要采取合适的手段，尽量使委托物保持原有的状态。[①] 如果因为行纪人自己的原因导致行纪物毁损、灭失、缺少、变质或者污染的，行纪人应当承担赔偿责任。除非委托物的损毁灭失，系基于不可归责行纪人的事由。但是，如果委托人指示行纪人为委托物办理保险的，行纪人未能办理保险，委托物因保险事故的出现而损毁灭失的，行纪人对此负有赔偿责任。应当注意，如无委托人的特别指示，行纪人并无为委托物投保的义务。如果委托人并未指示为委托物投保而行纪人予以投保的，可以适用无因管理的规定。

【司法适用】

行纪人的善良管理的注意义务是基于行纪合同的有偿性和委托人利益保护的原则，行纪人对于自己为委托人购进或者出售的物品，采取必要措施予以妥善保管是其作为行纪人的重要义务内容。许多国家法律均要求“行纪人应当以普通商人的注意处理行纪事务”，从而赋予行纪人注意义务更高的标准。行纪人必须采取合适的手段，尽量使委托物保持原有的状态。例如，行纪人受他人委托出售一件祖传的乐器，行纪人作为专业机构就应当采取妥当的方法予以保管，避免乐器遭受损坏。又如，对于行纪人从事委托理财业务的，很多国家就明确规定行纪人必须为委托人的财产设定特定账户，从而使委托人和行纪人的财产和由其管理的其他财产严格分离。在委托理财中，行纪人必须按照善良管理人的注意义务标准精心管理客户的财产。除了受委托的特定目的以外，行纪人对客户的财产不能

---

① 王利明：《合同法研究》，中国人民大学出版社 2015 年版，第 746 页。

随意挪用。此外，行纪人在接受寄售的物品时，应当和委托人共同对物品进行检查，否则，应对物品的损坏或缺陷承担责任。

【司法案例】

甲诉陈某贤、卢某军等行纪合同纠纷案①

诉讼结论：行纪人占有委托物的，应履行妥善保管委托物的义务，否则造成委托物毁损、灭失的，行纪人应向委托人承担赔偿责任。

案外人何某以卢某军未将货款付清为由将涉案玉石带走占有的行为是本案的客观事实。并且根据卢某军与何某的陈述，双方之间确实有过买卖关系，但只是对于货款是否付清存在分歧，因此，可以认定陈某贤与卢某军作为行纪人未尽到妥善保管委托物的义务。双方对行纪合同的履行期限没有约定，根据查明的事实，涉案玉石已不在行纪人的控制之下，而甲在原审的诉讼请求是归还两块玉石，如果归还不了就支付580万元，该请求是其作为原审原告因行纪合同无法继续履行而请求终止合同履行的意思表示，因此，陈某贤与卢某军应承担因未尽妥善保管义务的赔偿责任，原审法院判令返还委托物或赔偿损失的责任是恰当合适的。

第九百五十四条　委托物交付给行纪人时有瑕疵或者容易腐烂、变质的，经委托人同意，行纪人可以处分该物；不能与委托人及时取得联系的，行纪人可以合理处分。

【条文主旨】

本条是关于授权行纪人处置委托物的规定。

【条文理解】

本条规定了行纪人在特定条件下处分委托物的权利：(1)经委托人同意的处分权。在委托物已经出现瑕疵或者容易腐烂、变质的情况下，经委托人同意，行纪人可以处分委托物。之所以须经委托人同意，是因为在行纪合同中，行纪人仅仅取得的是对委托物的占有权利，而无权擅自处分，否则将构成侵权。(2)非经委托人同意的处分权。这种处分权只有在满足法律规定的条件时方可行使，此时，即便行纪人尚未经过委托人的同意也可以作出某些处分。

---

① 新疆维吾尔自治区高级人民法院(2016)新民终354号民事判决书。

对于本条究竟是授权性规范，还是义务性规范，存在不同的理解。有观点认为，本条规定的是行纪人处置委托物的义务，但是在表述义务内容时使用了“可以”，这与义务的一般表达形式不同。也有观点认为，应当将本条理解为行纪人在法律授权下进行的处分行为，即在满足特定条件时，行纪人不处分该物的，也不应认为其违约。在全国人大法工委发布的立法技术规范中，要求法律表述义务性规范时一般使用“应当”，表述禁止性规范时使用“不得”“禁止”等，而使用“可以”来表述义务的情况并不多见。我们认为，为保持立法用语的规范性和一致性，将本条内容明确为授权性规范更为妥当。

【司法适用】

该条规定了行纪人对委托物的合理处分权，也可以说，该项权利是基于行纪人的保管义务派生的。行纪人对于委托人委托行纪人卖出而交于行纪人占有的物品负有保管义务，对于易腐烂变质的物品，赋予行纪人适当的处分权利，有利于委托人利益的维护。但是，关于本条所称的委托物，法律并未进一步明确规定是委托买入之物还是委托卖出之物。有学者认为两类物都应当包括在内，[①]也有学者认为仅包括委托出卖之物。[②] 结合“合同编”的相关规定，我们认为，在法律并未对此作出明确规定的情况下，应当将其理解为委托卖出之物或者委托买入之物，并根据委托物的类别来确定其所适用的处分条件。

行纪人对委托卖出之物行使处分权时应该具备以下条件：(1)存在瑕疵或者容易腐烂、变质的委托物，必须是委托人(包括委托人指定的人)交付的，如果该物并非委托人交付的，行纪人可以拒绝受领，或者在受领后交还给委托人。(2)委托物存在瑕疵或者腐烂、变质的情况时，行纪人不能及时和委托人取得联系，无法得到委托人的处分同意，此时由行纪人自行处分具有现实必要性和紧迫性。(3)行纪人应当基于委托人利益最大化原则，对委托物作出合理的处分。

如果委托买入之物在交付行纪人时就有瑕疵，从行纪人和第三人的角度讲，应由第三人承担赔偿责任，在行纪人和委托人的关系上，行纪人未能尽到注意义务。委托人对于这一瑕疵的产生没有责任，所以不能适用本条。如果该委托买入之物的瑕疵是在交给行纪人之后，因为行纪人的保管不当造成的，行纪人非但不能享有合理处分权，而且必须向委托人承担赔偿责任。如果该瑕疵是在交给行纪人之前就存在的，行纪人基于委托人利益考虑，应当拒绝受领，而如果瑕疵是在行纪人受领之后非因其保管不当所致，行纪人在行使处理委托物权利之前，仍然应

---

① 肖建国、谭红主编：《新合同法适用指南》，新华出版社1999年版，第735页。

② 费安玲主编：《委托、赠与、行纪、居间合同实务》，知识产权出版社2005年版，第278页。

当与委托人进行联系，征求委托人的同意后方可进行处分。只有在无法与委托人取得联系时，为了避免委托人的利益受损，行纪人可以在不通知委托人的情况下，尽可能选择最有利于委托人的方式处理委托物。如果行纪人受托买入之物本身就属于容易腐烂变质之物，行纪人应当及时催告委托人受领。如果委托人不及时受领，行纪人可以按照“合同编”第957条的规定提存委托物，而不必适用本条的规定。

【司法案例】

李某成诉邢某良、刘某丽行纪合同纠纷案[①]

诉讼结论：委托物交付给行纪人时容易腐烂、变质的，行纪人在不能与委托人及时联系情况下，亦应合理处分；行纪人不能举证证明尽到合理处分义务的，应承担支付损失部分委托物价款的义务。

李某成与邢某良在贵阳石板市场口头约定，邢某良给李某成每代销一件水果，李某成向邢某良支付报酬2元。双方约定的代销水果的行为符合行纪合同的法律特征，李某成与邢某良、刘某丽之间形成行纪合同关系，李某成为委托人，邢某良、刘某丽为行纪人。委托物交付给行纪人时容易腐烂、变质的，经委托人同意，行纪人可以处分该物。即使在行纪人无法与委托人取得联系，行纪人亦应进行合理处分。邢某良、刘某丽作为行纪人，不能举证证明尽到了合理处分的义务，就要承担支付该部分货物价款的义务。

第九百五十五条　行纪人低于委托人指定的价格卖出或者高于委托人指定的价格买入的，应当经委托人同意；未经委托人同意，行纪人补偿其差额的，该买卖对委托人发生效力。

行纪人高于委托人指定的价格卖出或者低于委托人指定的价格买入的，可以按照约定增加报酬；没有约定或者约定不明确，依据本法第五百一十条的规定仍不能确定的，该利益属于委托人。

委托人对价格有特别指示的，行纪人不得违背该指示卖出或者买入。

【条文主旨】

本条是关于行纪人依照委托人的价格指示处理行纪事务的义务的规定。

---

① 陕西省商洛市中级人民法院(2017)陕10民终516号民事判决书。

【条文理解】

行纪人应当按照委托人已经明确指定的价格进行买入或者卖出的操作。如果行纪人违反了委托人的指示而进行买卖的,委托人可以拒绝接受该交易结果,因此而给委托人造成的损失,应当由行纪人负责赔偿。实践中,行纪人不按照委托人的价格指示处理事务主要有两种情况:(1)以低于委托人指示的价格从事卖出交易;(2)以高于委托人指定的价格从事买入交易。

行纪活动的目的是要实现委托人的利益,行纪人虽以自己的名义从事相关行纪业务,但是应当遵循委托人的价格指示进行交易,这是法律规定的行纪人的一项重要义务。行纪人以低于指示价格卖出或者是以高于指示价格买进,此时必须取得委托人的同意。否则,委托人有权拒绝对其不利的行纪行为,并要求行纪人赔偿损失。但是行纪人把价格差额补足后,应当认为行纪人的行为对委托人产生法律效力,委托人不得以行纪人违反其价格指示为由拒绝接受此次交易结果。当行纪人实际执行任务的结果比合同约定的条件更为优越时,即行纪人以高于委托人指示价格卖出或者是以低于委托人指示价格买入的,因此增加了委托人的收入或者节约了开支时,增加的利益应当归属于委托人,但行纪人可以要求增加报酬。

【司法适用】

行纪人以低于委托人指示的价格卖出或者高于委托人指定的价格买入未经委托人的同意的情况下,这种行为并非当然无效。如果行纪人及时补偿了差额,应当认为行纪人事实上遵循了委托人的价格指示,且没有给委托人造成损害,行纪人的行为对委托人发生法律效力。例如,行纪人低于委托人指示的价格出售了祖传的文物一件,但是,行纪人后来补足了差价,此时,出售文物的合同对委托人也发生法律效力。如果行纪人未征得委托人的同意,同时也未补偿差价的情况下,行纪人的行为属于擅自变更指示行为,其法律效果不应当归于委托人,由此造成的不利于委托人的交易后果,委托人有权拒绝接受。而如果行纪人补足了差价,使实际交易价格能够满足委托人的预期利益,也就是说,行纪人违反价格指示的行为此时并未给委托人造成实际损失。此时,我们也可以认为行纪人所进行的交易实现了委托人的预期利益,至少没有给其带来损害,该交易对委托人发生效力。除非委托人作出特别的价格指示,或者明确了对违反价格指示的行为的绝对禁止,而不论违反价格指示的行为是否有利于委托人,否则就不能认定行纪人违反价格指示的行为构成违约。

【司法案例】

温州市甲鞋业有限公司诉方某者买卖合同纠纷、行纪合同纠纷案[①]

诉讼结论：在由买卖合同关系转化的代销行纪合同关系中，代销人作为行纪人应按照买卖合同确定的价格进行销售，否则违反了委托人的价格指示，应当向委托人补齐货款差额并赔偿利息损失。

方某者与甲公司之间同时存在买卖合同关系与行纪合同关系，且均合法有效，双方当事人均应全面履行合同义务。方某者认为双方不存在买卖合同关系，仅是代销关系，与事实不符。关于行纪合同部分，双方当事人对代销货物的数量以及货物已销售完毕的事实没有争议，但对代销货物的单价如何确定产生争议。方某者主张以其实际销售价格为准，缺乏事实依据，也不符合常理。由于该部分代销的鞋子本属于双方买卖合同项下的货物转为代销，方某者收取该部分货物时，双方关于销售价格是有约定的，原审法院据此推定按买卖合同的销售单来确定价格并无不当。

第九百五十六条　行纪人卖出或者买入具有市场定价的商品，除委托人有相反的意思表示外，行纪人自己可以作为买受人或者出卖人。

行纪人有前款规定情形的，仍然可以请求委托人支付报酬。

【条文主旨】

本条是关于行纪人自行交易的规定。

【条文理解】

行纪人自行交易，又称行纪人介入交易，即行纪人的介入权行使。行纪人在接受委托买卖货物、股票或者其他具有市场定价之物时，行纪人有权直接介入作为委托人的交易相对方，自己卖出或者买入委托人的委托物，但是，行纪人自行介入交易须以委托人并无反对的意思表示为前提。这就是通常所说的行纪人的介入权，即行纪人按照委托人的指示，实施行纪行为时，有权以自己作为买受人或者出卖人与委托人进行交易活动。

一旦行纪人行使介入权，行纪人与委托人之间就成立买卖关系，由行纪人自己充当委托人的交易相对人。行纪人的介入权行使达到其接受委托的目的，完成

① 浙江省温州市中级人民法院(2014)浙温商终字第1247号民事判决书。

了委托事务,所以,委托人仍然应当向行纪人支付报酬。此时,实际上就存在买卖合同和行纪合同两个合同,应当分别受到这两个合同关系的调整。其中,买卖合同的成立,一般认为行纪人的介入是其实施行纪行为的一种特殊方式,行纪人虽然自己介入买卖合同关系中来,但是并不改变其自身的行纪人地位。行纪合同的委托物必须是具有市场价格的商品。是否以市场价格进行交易,既是行纪人介入权行使的基础,又是判定行纪人实施介入权是否对委托人的利益造成损害进而确定具体赔偿标准的依据。只要委托人不存在反对的意思表示,且实际交易遵循的是市场交易价格,而该价格处在行纪合同约定的可交易价格区间和范围之内,就可以认定行纪人的自行交易行为仍旧能够实现委托人的利益,至于交易相对人到底是行纪人自己还是另有其人,就可以在所不问。因此,如果委托人并未作出相反的意思表示,一旦行纪人的自行交易完成,就可以认为行纪人实现了行纪合同目的,其圆满完成了委托事务,委托人仍应向行纪人支付报酬,而不能在交易完成之后以自行交易为由拒绝按照行纪合同的约定向行纪人支付报酬。

【司法适用】

在实践中,行纪人行使介入权需具备4个条件:(1)行纪人需卖出或买入具有市场定价的商品。这一要件一方面为行纪人行使介入权的要件,另一方面为确定行纪人是否在不利于委托人的时期介入以及此时给委托人造成的损失予以赔偿的标准。市场定价应按照买卖实际发生的时间、地点为准。另外,该要件并非强行性要件,虽无市价,但委托人和行纪人约定许可行纪人介入的,行纪人亦可行使介入权。(2)须有行纪合同的存在。如果委托人已经将委托事务撤回,而且该撤回通知在行纪人为实行行为之前到达行纪人的,行纪人不得再行使介入权。因其他原因导致行纪合同消灭的,如委托人破产、死亡,行纪人亦不得行使介入权。(3)委托人并没有禁止介入的意思表示。委托人可以以明示或默示的方式约定禁止行纪人介入。何为默示禁止,应以具体情形确定,如委托人指定了买受人或卖出人。同时,委托人需证明双方之间存在约定。该禁止约定可以在行纪合同中表示,也可以在行纪合同订立之后表示,但行纪人已经行使介入权的,不得再为禁止。(4)行纪人尚未对第三人卖出或者买进,否则行纪人没有介入的余地。如果行纪人已经与第三人达成交易,将委托物品买入或卖出,在行纪人和委托人之间,行纪人对于第三人的权利义务已经归属于委托人,行纪人已无介入的余地。[①]

当然,行纪人行使介入权之前,也有必要将其自行介入的意思向委托人作出表示,以便确定委托人的态度,更为重要的是取得委托人作出相应意思表示的事

---

① 费安玲主编:《委托、赠与、行纪、居间合同实务》,知识产权出版社2005年版,第275~278页。

实证据。法律之所以作出“除委托人有相反的意思表示外”的规定，就是对行纪合同当事人，特别是欲以市场价格自行交易的行纪人作出的法律风险提示。法律对于行纪人和委托人作出意思表示的形式并无明确规定，对于行纪人而言，只要表明自己有介入交易的意思即可，口头或者书面形式均可。按照民法的一般原理，该意思表示到达委托人时即可发生效力。

【司法案例】

李某梅、甲财富市场经营管理有限公司诉郑某夏、王某行纪合同纠纷案①

诉讼结论：行纪人行使介入权应以双方存在行纪合同为前提，行纪人应当举证证明行纪关系的存在。

行纪人行使介入权以双方存在行纪合同关系为前提。本案中，李某梅主张双方之间是行纪合同关系，认为财富公司自己作为买受人买入罗氏沼虾，再转手卖给被告王某，但对此李某梅并未提交充分的证据予以证实。财富公司负责人郑某夏出具的情况说明系对其在交易码单上签字所进行的说明，但该情况说明内容存在矛盾与实际不符。第一，如按李某梅所说，其罗氏沼虾由财富公司作为行纪人已经行使了介入权，则应直接由财富公司支付虾款，而无须在王某不给付的情况下，再由财富公司支付。第二，财富公司提交的5份涉及李某梅罗氏沼虾的交易码单中亦有郑某夏的签字，但该交易码单中的账目已经结清，故郑某夏在交易码单中的签字不能代表财富公司行使了介入权，并承诺支付货款。第三，李某梅就以前已经收到的虾款，亦没有充分的证据证明系财富公司向其支付的。

第九百五十七条　行纪人按照约定买入委托物，委托人应当及时受领。经行纪人催告，委托人无正当理由拒绝受领的，行纪人依法可以提存委托物。

委托物不能卖出或者委托人撤回出卖，经行纪人催告，委托人不取回或者不处分该物的，行纪人依法可以提存委托物。

【条文主旨】

本条是关于行纪人提存的规定。

① 江苏省扬州市中级人民法院（2017）苏10民终1640号民事判决书。

【条文理解】

本条主要规定了委托人对委托物及时受领的义务以及行纪人对委托物进行提存的权利。一方面,委托人具有及时受领、取回以及处分委托物的义务。行纪人系遵循委托人的指示而买入委托物,该买入行为应当对委托人发生效力,委托人应当在行纪人按照委托人指示买入后及时受领委托物。另一方面,在满足特定条件的情形下,行纪人有权提存委托物。行纪人买入委托物后,如果委托人不及时受领,有可能导致标的物的毁损或灭失,也会增加行纪人的保管负担。对于行纪人而言,一旦委托人及时受领了委托物,不仅促成委托事务的圆满终结,也可避免行纪人对委托买入物进行保管的额外费用产生。委托人在接到行纪人完成委托事务的通知后,应及时对购进的物品进行验收,否则,行纪人对该物品的瑕疵不负责任。① 在委托物不能卖出或者委托人撤回出卖时,为了免除自己的责任,行纪人可以向委托人进行催告,经过催告的委托人既不取回又不处分委托物的,行纪人有权依法提存该委托物。

【司法适用】

在实践中,在委托人拒绝受领的情况下,满足以下条件行纪人享有将委托物进行提存的权利。(1)委托人无正当理由拒绝受领。在委托物不能出卖或者是委托人撤回出卖时,如果委托人不取回或者是处分该物的,对行纪人极为不利,或者行纪人根据委托人的指示买入委托物后,委托人无正当理由拒绝受领。(2)行纪人催告。在委托人无正当理由的情况下,行纪人应当进行催告,催告委托人及时受领委托物。如果行纪人未进行催告的,行纪人不得进行提存。(3)提存应当在符合法律规定的要件时方可进行。《民法典》"合同编"第 570 条第 1 款规定:"有下列情形之一,难以履行债务的,债务人可以将标的物提存:(一)债权人无正当理由拒绝受领;(二)债权人下落不明;(三)债权人死亡未确定继承人、遗产管理人,或者丧失民事行为能力未确定监护人;(四)法律规定的其他情形。"第 2 款规定:"标的物不适于提存或者提存费用过高的,债务人依法可以拍卖或者变卖标的物,提存所得的价款。"

行纪人依法将委托物进行提存后,将产生两项法律效果:(1)毁损、灭失的风险由委托人承担;(2)提存费用由委托人负担。在行纪人对委托物进行提存后,为防止委托人逾期不支付报酬,行纪人可以采取两项措施来维护自己的合法权益:(1)按照未获清偿的债权留置委托物的一部分,而将其余委托物予以提存;(2)与提存机关进行约定,在委托人履行债务或提供担保之前,提存机关不得向委托人

---

① 王利明:《合同法研究》,中国人民大学出版社 2015 年版,第 751 页。

交付提存物。

【司法案例】

四川甲中药饮片股份有限公司诉徐某全行纪合同纠纷案①

诉讼结论：行纪人无证据证明在合同有效期限内催告委托人领取委托物，或委托人经行纪人催告后拒绝领取余下的委托物，行纪人要求委托人赔偿其损失的请求不能成立。

因徐某全身份混同，其在处置反诉主张的货物时，不能分清其是在处置行纪事务代购物还是履行其法定代表人职责处理乙药材加工厂的货物，但在本案诉讼中，徐某全又未能举证证明其是在处置行纪事务代购物。即便是处置的委托物，徐某全的该处分行为又不符合《合同法》第417条“委托物交付给行纪人时有瑕疵或者容易腐烂、变质的，经委托人同意，行纪人可以处分该物；和委托人不能及时取得联系的，行纪人可以合理处分”的规定。依照《合同法》第420条的规定，徐某全无权处分委托物。因此，徐某全反诉要求甲公司赔偿其损失的理由不能成立，法院不予支持。

第九百五十八条　行纪人与第三人订立合同的，行纪人对该合同直接享有权利、承担义务。

第三人不履行义务致使委托人受到损害的，行纪人应当承担赔偿责任，但是行纪人与委托人另有约定的除外。

【条文主旨】

本条是关于行纪人直接履行义务的规定。

【条文理解】

本条规范了行纪人与第三人的关系。行纪关系较为复杂，其主要涉及两层法律关系：一是行纪人与委托人之间的委托合同关系；二是行纪人与第三人之间的买卖合同关系。此处的第三人，是相对于委托合同关系中的委托人和行纪人而言的。在行纪关系中，委托人、行纪人以及第三人这三方主体的存在，也是行纪关系复杂性的体现。在行纪人与第三人签订的买卖合同关系中，行纪人作为该合同的当事人，直接享有合同权利和履行合同义务，而不论行纪人是否告知第三人自己

---

① 四川省高级人民法院（2012）川民终字第544号民事判决书。

是行纪人的身份，也不论第三人是否知道委托人的存在，都不影响行纪人以自己名义而与第三人订立的买卖合同的法律效力。

本条基于合同相对性原理，明确了行纪关系中因第三人不履行义务行为所导致委托人利益损害的结果，由行纪人承担赔偿责任的一般规定。行纪人是受委托人的委托，为委托人的利益而与第三人订立买卖合同。根据合同的相对性，在行纪人与第三人所订立的买卖合同中，如果行纪人是作为出卖人，就应当由其向第三人履行交付标的物的义务；如果行纪人是作为买受人，就应当履行向第三人支付价款的义务。但是，如果第三人违反买卖合同约定致使委托人的利益受到损害，同样基于合同的相对性，委托人无权直接向第三人主张违约责任，而只能依据行纪合同向行纪人主张违约和损失赔偿责任，行纪人向委托人履行赔偿责任后，可以依据买卖合同向第三人行使追偿权。但是，这样的责任追究条款实现起来相对烦琐，法律规定委托人和行纪人可以达成特别约定，确定是否直接由行纪人来承担赔偿责任。

【司法适用】

在行纪人以自己名义与第三人签订的买卖合同中，基于合同的相对性，委托人和第三人之间并不存在直接的法律关系，因此，委托人无权对行纪人与第三人之间的买卖关系提出自己的异议。因第三人原因导致委托人利益受损的，行纪人须承担担保履行的义务，以维护委托人的利益。

对于行纪人的此项义务，应当作以下理解：(1)行纪人的该项义务并不以行纪人的过错为要件，只要存在第三人不履行义务的事实即可。第三人不履行义务，是指第三人基于与行纪人之间的交易行为而对行纪人所负的义务，包括价款支付或者标的物给付义务。(2)行纪人的该项义务并非法律的强行规定，允许当事人之间以约定减轻或免除。在实务中，行纪人如果不和委托人约定减轻或免除此项义务，则有可能由行纪人自己承担更大的赔偿责任。(3)行纪人此项义务系法律在行纪人基于行纪合同而生的义务之外另行规定的义务。行纪人如果违反行纪合同中的其他义务给委托人造成损失的，应负赔偿责任，这与行纪人担保履行的义务并不冲突。(4)行纪人此项义务和担保义务有相似之处。基于交易行为，第三人得以对抗行纪人的抗辩，行纪人也可以用来对抗委托人，第三人的义务消灭的，行纪人的担保履行义务也归于消灭。

行纪人的该项担保履行义务与保证人的担保责任在实质上有所不同：保证人须在债务人不履行债务时履行债务人所负义务，行纪人在第三人不履行债务时仅对于委托人因此遭受的损害负赔偿责任，而无须为与第三人所负债务承担同等的给付责任。在保证中，被保证人对于主合同债权人负有义务，在行纪人的担保履行中，第三人仅对于行纪人负有债务，对委托人不负债务；此外，在一般保证中，保证人享有先诉抗辩权，而行纪人则不享有这一抗辩权。①

【司法案例】

山西甲贸易有限公司诉福建省安溪乙矿业有限公司等行纪合同纠纷案②

诉讼结论：行纪人接受委托人的委托，收到第三人支付的货款后拒不交还的，应当承担还款责任。

乙公司与甲公司签订联营合同当日，又与丙公司签订冶金焦炭买卖合同。甲公司委托丁市联合运输公司分两次共托运焦炭937吨给丙公司。乙公司是以自己的名义，为甲公司从事焦炭贸易活动，并由甲公司依约支付报酬。甲公司、乙公司签订的合同虽然名为联营合同，但在实际履行过程中，却为行纪合同民事行为，应当适用行纪合同的规定处理双方联营合同事宜。乙公司作为行纪人在收取委托人甲公司焦炭款后负有交还义务，但拒不交还，侵害了甲公司的财产权，应依法承担还款责任。

第九百五十九条　行纪人完成或者部分完成委托事务的，委托人应当向其支付相应的报酬。委托人逾期不支付报酬的，行纪人对委托物享有留置权，但是当事人另有约定的除外。

【条文主旨】

本条是关于行纪人的报酬请求权及留置权的规定。

【条文理解】

本条明确规定了委托人向行纪人支付报酬的义务，行纪人的报酬请求权以及在委托人逾期不支付报酬的情况下对委托物享有的留置权。这是行纪合同区别于委托合同，并使其从委托合同中分离出来成为独立的有名合同的原因之一。③

行纪人的报酬请求权，是指行纪人就自己处理委托事务的不同情况，可以按照合同的约定请求委托人支付报酬的权利。依据本条规定，行纪人的报酬请求权应在其完成或者是部分完成委托事务之后方可行使。行纪合同是双务有偿合同，

① 费安玲主编：《委托、赠与、行纪、居间合同实务》，知识产权出版社2005年版，第272页。
② 福建省泉州市中级人民法院（2014）泉民终字第1128号民事判决书。
③ 魏耀荣等：《中华人民共和国合同法释论（分则）》，中国法制出版社2000年版，第600页。

行纪人所享有的报酬请求权与行纪人按照委托人指示完成委托事务的义务相对应,如果行纪人未完成委托事务,自然不能享有此项权利。同时,行纪人的报酬请求权并不以委托事项的全部完成为要件。行纪人部分完成委托事务的,可以要求委托人支付相应的报酬。

行纪人对委托物的留置权,是指委托人不按照约定支付报酬时,行纪人对其合法占有的委托物可以依法进行留置,经合理期限的催告后,委托人仍然不予支付报酬的,行纪人可以依法将留置物进行折价、拍卖或者变卖,从所得价款中优先受偿。本条规定赋予了行纪人在一定条件下的法定留置权,在委托人逾期不支付报酬的情况下,对于行纪人进行委托事项无法得到报酬情况下的一种自力救济措施。如果行纪人和委托人之间关于委托物没有约定不得进行留置的,行纪人有权依法对委托物行使留置权。

【司法适用】

行纪人报酬请求权的行使主要存在于3种情况:(1)行纪人按照委托人的指示和要求履行了全部合同的义务,有权请求全部报酬。(2)因委托人的过错使合同义务部分或者全部不能履行而使委托合同提前终止,行纪人可以请求支付全部报酬。(3)行纪人部分完成委托事务的,可以就已履行的部分按照比例请求给付报酬。至于所要主张的报酬数额,一般由合同双方事先约定,如有国家规定,则应当按照国家规定执行。原则上应在委托事务完成之后支付报酬,但当事人约定预先支付或分期支付的也可以按约定执行,如果委托卖出之物获得了比原约定更高的价金,或者委托买入之物所付出的费用比原约定价款更低,行纪人可以按照合同约定向委托人主张增加报酬。

行纪人的留置权属于担保物权的范畴。根据物权法定原则,非有相应的法律依据,不能发生留置权的适用。行纪人留置委托物须满足3个条件:(1)行纪人行使留置权,须以行纪人已经合法占有委托物为前提,非法占有委托物者,不得行使留置权。(2)委托人无正当理由拒绝向行纪人支付报酬,行使留置权是行纪人实现其报酬请求权的自力救济措施。(3)行纪人和委托人不存在禁止留置委托物的事先约定。否则,行纪人就不得留置委托物,但是可以要求委托人提供其他担保。行纪人就委托物留置财产折价或者拍卖、变卖后,所得价款超过应得报酬数额的部分归委托人所有,不足部分仍由委托人负责清偿。

【司法案例】

梁某琼诉韶关市甲贸易有限公司、韶关市乙进出口贸易有限公司行纪合同纠纷案①

诉讼结论：行纪人在委托人逾期不支付报酬的情况下，有权对委托物行使留置权；委托人未支付任何费用的，无权要求行纪人交付留置物的变现款。

本案中，梁某琼委托甲公司、乙公司办理冻猪耳、冻猪心的货柜从香港进口中国内地的有关贸易手续。甲公司和乙公司以自己的名义将7个货柜从香港进口至内地的贸易活动，系履行行纪合同义务，梁某琼作为委托人应为自己的委托事项支付报酬。在委托人梁某琼没有支付报酬的情况下，行纪人甲公司有权对委托物行使留置权。甲公司留置的2个货柜在法院的主持下变现后，梁某琼在没有支付任何费用的情况下，无权要求乙公司和甲公司交付货物变现款。梁某琼并未提供证据证明双方存在"另有约定"的除外情形，其应向乙公司和甲公司交纳应付费用后，再行主张权利。

第九百六十条　本章没有规定的，参照适用委托合同的有关规定。

【条文主旨】

本条是关于参照适用委托合同的规定。

【条文理解】

行纪合同与委托合同有很多的共同点，行纪合同中委托人与行纪人的关系就是委托关系，只不过委托的事项更加特殊。所以，本条规定行纪合同一章中没有规定的，参照适用委托合同的有关规定。值得注意的是，本次编纂《民法典》将《合同法》之中"适用委托合同的有关规定"的表述修改为"参照适用"，是立法的重要变化。

【司法适用】

本条关于"参照适用委托合同的有关规定"的立法表述，意味着人民法院在审理行纪合同纠纷时，如果涉及"行纪合同"一章中没有规定的情形，应当根据案件的具体情况参照适用委托合同的有关规定，这充分考虑了两类合同之间的关联性和相似性。行纪合同和委托合同的相似之处表现为：(1)二者均属于为他人提供一定服务的合同；(2)二者的受托人均须为委托人的利益而行事；(3)二者均系基

---

① 广东省高级人民法院(2015)粤高法民二申字第178号民事裁定书。

于双方当事人的信任而成立。基于两类合同所具有的相似之处，人民法院在审理行纪合同纠纷时，经常需要根据其具体所属的法律关系类型来作出判断，以确定是否优先适用行纪合同的规定。当然，行纪合同与委托合同的区别也很明显，比如：行纪人系以自己名义从事行纪活动，而委托合同中的受托人一般是以委托人的名义与第三人进行法律行为；行纪人必须是从事行纪营业的特殊主体，而受托人则没有此种限制。

基于二者之间的共性和区别，司法实践通常认为行纪合同系委托合同的特殊情形。在合同终止、解除事由方面，行纪合同可以适用委托合同的相关规定。比如：行纪合同在终止上存在与委托合同终止原因相同的原因时，行纪合同亦得以终止，包括行纪合同因当事人随时解除而终止；行纪合同因当事人死亡、丧失民事行为能力或者破产而终止等。但是，基于社会生活实践的复杂性，某些合同本身兼具多种有名合同的属性，不能将其简单归入某一类有名合同，在具体适用法律时，还要根据个案情况适用合同法的一般原则或特别规定。

【司法案例】

窦某诉北京甲影业有限公司演出经纪合同纠纷案①

诉讼结论：案涉演出经纪合同具有综合属性，既非代理性质亦非行纪性质，而是多个类型相结合的综合性合同，因此不能依据合同法关于代理合同或行纪合同的规定由合同相对方单方行使解除权。

2010 年 3 月 23 日，甲公司与窦某签订了《合约》，约定：甲公司作为窦某的演艺工作代理方；凡窦某有意参加的所有演艺活动，由甲公司提供指导、建议和意见，进行相关咨询，并由甲公司代表窦某出面洽谈及签约；窦某对所有演艺活动有选择的权利，甲公司给予意见但尊重窦某的决定；对于窦某参加的所有演艺活动，甲公司收取相应比例的酬金。2012 年 9 月 26 日，窦某向甲公司发出律师函称其与甲公司的合约为无效协议。二审法院认为，本案《合约》具有居间、代理、行纪的综合属性，属于演出经纪合同。此类合同既非代理性质亦非行纪性质，而是多个类型相结合的综合性合同，因此不能依据合同法关于代理合同或行纪合同的规定由合同相对方单方行使解除权。为了体现合同自愿、公平以及诚实信用等基本原则，在该类合同权利义务关系终止的确定上应当主要遵循双方约定、按照合同法的规定进行界定，不能在任何情况下都赋予当事人单方合同解除权。因此，演艺合同中的单方解除权应当予以合理限制。

① 北京市高级人民法院（2013）高民终字第 1164 号民事判决书。

第二十六章　中 介 合 同

第九百六十一条　中介合同是中介人向委托人报告订立合同的机会或者提供订立合同的媒介服务，委托人支付报酬的合同。

【条文主旨】

本条是关于中介合同定义的规定。

【条文理解】

本条规定的中介合同就是《合同法》第424条所规定的“居间合同”。与《合同法》相比，用“中介”取代此前“居间”二字的表述，是因为在长期社会经济实践中，中介合同的表述使用得更加频繁，更贴近日常生活，更符合社会大众的理解和认知。

根据中介人所受委托的不同，中介合同可以分为指示中介合同和媒介中介合同。指示中介合同，是指中介人仅为委托人报告订约机会的中介合同；媒介中介合同，是指中介人仅为委托人提供订约媒介服务的中介合同。所谓报告订约机会，是指中介人接受一方委托人的委托，寻觅、搜索信息报告委托人，从而提供订立合同的机会，是中介人所提供中介服务的重要内容。中介人从事中介活动的主要目的就是促使委托人能够与另一方订立合同，从而获取中介服务报酬。更加通俗地讲，中介服务的目的就是撮合交易。因此，中介人应根据委托人的指示和要求从事中介活动。

中介合同的法律特征表现为：(1)中介合同是中介人向委托人报告订约机会或者提供订约媒介服务的合同。中介人的活动只有促成委托人与第三人之间建立起有效的合同关系才有意义。(2)中介合同属于双务有偿合同、诺成合同以及不要式合同。中介合同不以书面形式为成立要件。中介合同一旦成立，委托人的主要义务就是支付中介报酬，而中介人的主要义务就是提供中介服务。中介人系以获取中介报酬为业，不要报酬而促成他人订立合同的，不是中介合同，而只是一般性的服务行为，不应受到中介合同规定的约束。(3)中介合同的主体具有特殊性。这种特殊性体现在无论何种中介合同，中介人都不是委托人的代理人或者当事人。中介人只是按照委托人的指示，为委托人报告有关可以与委托人订立合同的第三人，给委托人提供订立合同的机会，或在当事人之间充当“牵线搭桥”的媒介作用，而不参加委托人与第三人之间订立合同的过程。中介人在交易双方当事人之间只是起到介绍、协助的作用。

【司法适用】

中介人的中介活动需根据中介合同内容，提供约定的中介服务并促成合同成立，便是实现了中介合同的目的。此时，支付中介服务费的条件便已成就，委托人应当向中介人支付中介服务费。中介人的中介活动只需为委托人提供与合同另一方订立合同的必要信息和机会并促成合同成立，除此之外，中介人并不需要在合同约定以外提供额外服务。至于委托人与第三人签订的合同最终是否得到全面履行，中介人对该合同不承担担保履行的义务。需要注意的是，实践中常常出现的“经纪人”与中介人有着非常相似之处，但实质上却有区别。经纪人有时是中介人，有时是行纪人，有时又是代理人，具有比较复杂的综合属性，不应一概而论。

【司法案例】

张某庆诉江苏甲建设集团有限公司、黄某良居间合同纠纷案①

诉讼结论：案涉居间服务协议实质上是将涉案工程介绍转包的违法行为，系以居间合同形式掩盖非法目的，违反法律、行政法规的强制性规定，应为无效协议。

张某庆与甲公司签订的居间服务协议约定：乙方甲公司承诺支付甲方张某庆工程总价的7%，其中1.5%作为乙公司管理费，5.5%作为甲方人员全部介绍费；介绍费用支付方式：乙方施工人员进场后，厂房基础开始挖土时支付50万元，剩余按合同付款比例分批支付，工程全部结束交付后结清介绍费用；本工程交乙公司保证金150万元由甲方支付，乙方承担甲方费用2万元。法院认为，张某庆与甲公司签订的居间服务协议，虽然形式上符合居间合同的基本要件和内容，但实质上是将双方明知已由乙公司中标承建的涉案工程介绍转包给甲公司承建，因转包工程的行为本身已经违反了建设工程相关法律规定，故双方以此目的订立的居间合同属于以合法形式掩盖非法目的，且违反法律、行政法规的强制性规定，应为无效。故对于张某庆依据该无效协议所主张的居间服务费，不予支持。

---

① 江苏省高级人民法院（2015）苏民终字第607号民事判决书。

第九百六十二条　中介人应当就有关订立合同的事项向委托人如实报告。

中介人故意隐瞒与订立合同有关的重要事实或者提供虚假情况，损害委托人利益的，不得请求支付报酬并应当承担赔偿责任。

【条文主旨】

本条是关于中介人如实报告义务的规定。

【条文理解】

中介人的报告义务是中介人在中介合同中承担的主要义务，该义务的履行应当严格遵循诚实信用原则。委托人与中介人订立中介合同，往往是由于自己掌握的信息有限或者精力不够，需要专业的中介人为自己提供服务，以便寻找到更好的交易机会。而这一目的的最终实现，中介人如实报告义务的履行是至关重要的。

本条明确了中介人如实报告义务指向的内容，就是委托人与第三人订立合同的有关事项，包括委托人明确要求报告和中介人依法应当报告的事项。具体包括：第三人的资信状况、生产能力、产品质量以及履约能力等。不同行业和领域所涉交易不同，与订立合同有关事项的具体范围和要求也就有所不同。对中介人来说，其不可能了解委托人所关心的全部情况，而只能就其所知道或者应当知道的情况如实向委托人报告。作为职业的中介人，应当尽可能掌握更加全面、细致的情况，以便提供给委托人并帮助其作出交易选择，中介人也能凭借优质的服务收获更好的业界口碑和市场评价。

中介人应当实事求是地就自己所实际掌握的信息，如实地向委托人提供最方便、最有利、最有价值和最及时的订约渠道，并保证提供的信息真实和可靠，没有任何隐瞒欺骗或掺杂主观臆测。对于可能对交易结果产生实质影响的事项和信息，如第三人的资信状况、支付能力、标的物是否有瑕疵等，中介人更是应当据实、客观地予以报告，而不得弄虚作假，从中盘剥渔利，不得与第三人恶意串通损害委托人的利益，也不得恶意促成委托人与第三人订立合同。如果中介人违反了如实报告的义务，就无法请求获得报酬或者根据合同约定仅能获得部分报酬。更有甚者，如果中介人非但不积极履行如实报告的义务，反而为获取中介报酬而故意作虚假介绍或者是与一方当事人事先串通，故意告知虚假事实以促成委托人与第三人订立合同，从而损害委托人或者第三人的合法利益。这些情况一旦发生，中介人不但无权向委托人请求中介报酬，而且还应当就其故意提供虚假情况而给委托人造成的损失承担赔偿责任。

【司法适用】

中介人应当将自己所知的有关订立合同的信息报告给委托人,不得隐瞒情况,更不得弄虚作假,欺诈委托人。其应报告的内容包括第三人的信用、财产状况,货物的质量、数量、销售情况等,对无订约能力的第三人,应不为其与委托人充当中介。应当注意的是,中介人只需要就自己所知道或者应当知道的情况如实报告,对于不知道的情况并无尽力调查的义务,对第三人的信用也没有担保的义务。因此,如果委托人与第三人订立合同后因第三人无力履约而遭受损失的,中介人无须承担责任。

对于中介人违反报告义务的案件,司法实践中主要存在 3 种观点:第一种观点认为,中介人应当对过失承担责任,且承担全部损害赔偿责任。第二种观点认为,中介人虽然不存在故意隐瞒或故意提供虚假情况的情形,但对委托人的损失也应当承担一定的责任。第三种观点认为,中介人不是故意提供虚假情况,不满足损害赔偿责任的构成要件,同时中介人并无专门的设备和认定能力,只能在能力的实际范围内进行一般性的形式审核,委托人自身也要承担一定的风险,中介人不因过失而承担损害赔偿责任。根据《民法典》"合同编"第 962 条第 2 款的规定,中介人违反如实告知义务的表现形式及其责任承担,可以看出中介人违反如实报告义务包含两种表现形式:第一种是故意隐瞒重要事实,中介人对于所掌握的与订立合同有关的情况,应当充分地向委托人报告,不得故意隐瞒其中的重要情况,包括第三人的资信情况、履约能力等影响其将来与委托人订立合同能力的事实。第二种是故意提供虚假情况,中介人故意告知委托人关于第三人不存在的情况,属于故意的作为行为。不论虚假情况的虚构程度如何,如果中介人明知其为虚假情况的,都应当如实向委托人报告,而不能自己捏造事实提供给委托人。如果中介人明知不可为而故意为之,就已不再是一般的民事违法行为,而有可能涉嫌诈骗犯罪。

【司法案例】

上海甲房地产经纪有限公司诉华某居间合同纠纷案①

诉讼结论:中介人在提供中介服务中,没有充分审核出卖人相关情况并如实报告,且在协助办理解约协议时对买卖合同解除后的佣金问题未作必要提示和告知,无权请求支付佣金报酬。

① 上海市第二中级人民法院(2017)沪 02 民终 1470 号民事判决书。

居间人的如实报告义务包括其知道或者应当知道的事实与风险。这就意味着居间人应当事先及时发现,并需要告知委托人与合同签订、履行及风险有关的情况。甲公司作为专业房产中介公司,应当知道出卖人未提供房屋产权证原件,可能导致出现买卖合同无法履行的后果。甲公司在此情况下未积极履行如实报告义务,反而促成双方当事人签订买卖合同,最终出卖人确因已与他人签订涉案房屋买卖居间协议而与华某解除买卖合同。出卖人与华某在甲公司处签订解约协议时,甲公司作为居间人知晓其中原因及过程,但在买卖双方协商解除合同的过程中,其对解除合同后佣金负担问题没有进行必要的提示与告知,有违诚实信用原则和如实报告义务,依法不能请求支付佣金报酬。

第九百六十三条　中介人促成合同成立的,委托人应当按照约定支付报酬。对中介人的报酬没有约定或者约定不明确,依据本法第五百一十条的规定仍不能确定的,根据中介人的劳务合理确定。因中介人提供订立合同的媒介服务而促成合同成立的,由该合同的当事人平均负担中介人的报酬。

中介人促成合同成立的,中介活动的费用,由中介人负担。

【条文主旨】

本条是关于中介人的报酬请求权的规定。

【条文理解】

在中介合同中,委托人的主要义务是支付中介报酬。中介报酬支付的前提,就是中介人促成委托人与第三人的合同成立。所谓促成合同成立,严格意义上说,是指合同合法、有效地成立,如果由于中介人的原因所促成的合同属无效或可撤销的合同,不能视为促成合同成立,中介人仍不能请求支付报酬。

在报告中介合同中,由于中介人仅对其委托人报告订约机会,而不与委托人的交易相对人发生关系,因此,应由委托人向中介人支付报酬。但是,在媒介中介合同中,中介人不仅向委托人提供报告订约机会,而且还要找第三人促成合同订立,正因为有了中介人的中介活动,才使委托人与第三人有机会建立交易关系,委托人与第三人都因此而受益。因此,一般情况下,除非合同另有约定或另有习惯外,中介人的报酬原则上应当由因媒介中介而订立合同的委托人与第三人双方平均负担。在中介人提供中介服务的过程中,必然会产生各种活动费用。法律明确规定此类费用由中介人负担,即意味着中介人应当在提供合同报价时将活动费用纳入成本核算,中介人不能再另行请求给付费用。

【司法适用】

在实践中,中介人如果想要取得报酬,除了中介合同本身不违反法律、行政法规的强制性规定之外,还要具备两个条件:第一,所介绍的合同必须成立;第二,合同的成立与中介人的介绍存在因果关系。只有二者同时具备,委托人才负有支付报酬的义务。支付报酬以中介活动的不同而有不同的标准,中介合同的类型决定了中介报酬如何分担。因此,人民法院在审理中介合同纠纷所涉报酬问题时,应当审查中介合同的类型,到底是报告中介还是媒介中介。这些问题的查明将进一步影响中介报酬支付方式、权利人和义务人确定等问题的解决。

(1)报酬的支付方式。主要采取"约定报酬制度",即中介人从事中介活动收取报酬的多少依中介人和委托人的约定,在中介人促成合同有效成立后,委托人就应当支付报酬。

(2)报酬权利人的确定。中介人有请求报酬的权利。那么,当数个中介人接受同一委托人就同种事务的委托时,其一,若属报告中介,先向委托人报告订约信息并促成合同成立者,享有收取中介报酬的权利。其二,若为媒介中介,如果委托人与相对人之间所成立的合同可归功于某个中介人时,此中介人享有收取中介报酬的权利,其他中介人无此项权利;如果是数个中介人同心协力,以致不能确定其中哪个中介人为委托人与相对人交易的达成起了决定性作用时,如何确定中介报酬的权利人要视情况而定:一是如果委托人以数中介人为一整体,只给予一次报酬,由各中介人平均分配报酬;二是如果委托人对各中介人分别委托同一事项,中介人独立地开展产生中介结果的活动时,中介人各自就其中介结果请求相应的报酬;三是如果各中介人就同一事项分别受同一委托人的委托,但在为中介行为时,各个中介人相互结合,为共同的媒介,那么各中介人只能共同地享受一次报酬。其三,如果交易双方各自委托中介人,双方委托的这两个中介人又共同协力促成委托人和交易相对人订立合同,则委托人和交易相对人应分别对自己所委托的中介人支付相应的中介报酬。

(3)中介报酬义务人的确定。在报告中介中,中介人报酬由委托人负担;在媒介中介中,中介报酬由达成交易的双方当事人平均负担,即由委托人和交易相对人平均负担,但合同另有约定或另有习惯的除外。

委托人是否给付中介人报酬及其支付数额,原则上应按照中介合同的约定。这里合同的约定,可以是以书面形式或者口头形式明确的,如果中介合同中对于中介人的报酬没有约定或者约定不明确,可以协议补充;如果仍然达不成补充协议的,应当按照合同的有关条款,或者商业交易习惯来确定;如果还是解决不了,可以根据中介人的劳务合理确定,即应考虑诸多原因,如中介人所付出的时间、精力、物力、财力、人力以及中介事务的难易程度等因素，合理确定。

委托人支付报酬是以中介人促成了合同成立为前提。但是，由于中介合同可以随时终止，有时不免会发生委托人为了逃避支付报酬的义务，故意拒绝中介人已经完成的中介服务，而后再与因中介而认识的第三人订立合同。就此情况，中介人并不因此而丧失报酬的请求权，因为中介人行使报酬请求权，是以委托人与第三人的合同成立为前提，而不是以该合同是否得到履行为要件。如甲委托乙租房子，乙为其找到价格便宜的房主丙，甲为了不支付中介费，而假借房子的质量不好，终止了中介合同，尔后甲又擅自找到丙要求租房。应该认为，甲的行为无疑是违背了诚实信用的原则，其作为委托人仍然需要支付报酬。

【司法案例】

上海甲国际商务咨询有限公司诉乙贵州能化有限公司、丙工业有限公司、贵州丁化工有限公司技术中介合同纠纷案①

诉讼结论：甲公司虽然主张其是居间人，但在其没有提交其他证据佐证其不是基于代理协议参与到乙项目中来的情况下，可以认定甲公司是受丙公司的指定而参与该项目的，而不是以其主张的“居间人”身份。

不管甲公司主张其为乙公司、丙公司提供的是技术中介服务，还是居间服务，都离不开对其为支持该主张而提供的服务工作性质的认定。对于甲公司所主张的中介服务工作，乙公司、丙公司、丁公司均不予认可，乙公司和丁公司同时主张筹备处与甲公司进行联系是基于甲公司是丙公司代理商的原因，而不是因为双方间存在技术中介合同关系。从《合同法》对于居间合同的定义来看，成立居间合同的前提是委托人与居间人之间存在委托与被委托的关系。本案中，甲公司没有提供证据证明其与乙公司、丙公司之间存在委托关系，乙公司、丙公司、丁公司对甲公司的主张亦不予认可。甲公司应承担举证不能的法律后果。此外，甲公司是以其与乙公司、丙公司存在书面技术中介合同为由提起本案诉讼的，一审、二审法院依据甲公司的诉请进行了审理。甲公司认为一审、二审法院对本案法律关系的认定有误，其提供的是买卖设备居间服务的主张没有事实和法律依据，法院不予支持。

第九百六十四条　中介人未促成合同成立的，不得请求支付报酬；但是，可以按照约定请求委托人支付从事中介活动支出的必要费用。

---

①　最高人民法院(2012)民申字第1273号民事裁定书。

【条文主旨】

本条是关于中介人未促成合同成立的法律后果的规定。

【条文理解】

在中介合同中，只有中介人的中介活动达到目的，委托人才负有给付报酬的义务。由于委托人与第三人之间的合同能否促成具有不确定性，委托人的给付义务也处于不确定状态。有时尽管中介人为了促成合同也尽了向委托人报告或者媒介的义务，但合同终究没有成立，没有达到中介合同的目的，中介人仍然不能请求支付报酬，委托人也有权拒绝支付报酬。

中介活动费用，是中介人在促使合同成立的活动中支出的必要费用，其与中介报酬并非同一概念。中介报酬作为中介合同的价款，是由中介人与委托人协商确定的，该价款包含中介人的成本和利润，中介活动费用是中介人提供中介服务必然产生的成本费用。中介人虽然为促成合同成立付出了劳务和费用，但如果未促成合同成立，就不能请求支付报酬。这主要是基于公平原则的考虑，因为与第三人的合同未能成立，即意味着委托人的中介合同目的未能实现，而中介人自然也不能因此不利后果而获得利润。因此，对于已经提供了必要的中介服务和产生活动费用的中介人，可以按照合同约定请求委托人支付必要费用，如中介活动中支出的交通费等。

【司法适用】

民法理论通说认为，中介合同为有偿合同，委托人有向中介人支付报酬的义务。但是，中介人促成合同成立是委托人支付报酬的充要条件。一方面，只有中介人促成委托人与相对人的合同成立，才能行使报酬请求权；另一方面，只要中介人促成合同成立，无论该合同是否有效或是否得到履行，委托人原则上都应当支付报酬，除非能够证明合同无效或者被撤销的结果系由于中介人自身原因所造成。法律规定“应当支付报酬”和“不得要求支付报酬”两种情形，为委托人和中介人明确设置了应当承担的法定义务。

我国法律对中介人的报酬实行的是“约定优先制”。这种约定既包括当事人的事先约定，又包括事后达成的补充协议。从广义上说，在当事人无明示约定时，依合同有关条款进行解释也可视为一种特殊形式的当事人约定，其实质是通过合同解释探求当事人的真实意图或对当事人的意思进行推定。无论当事人事先约定或事后补充，甚至按照合同有关条款确定中介报酬，体现的都是当事人的合意，该合意在不违反强制性规定的前提下，应当赋予其优先适用的效力。只有在不能根据当事人合意确定中介报酬时，才依照交易习惯或中介人的劳务确定。很多时候，并非中介人没有履行勤勉尽职的义务，而是受到各种市场因素和客观条件的制约，导致合同未能成立。而且，法律并未明确将中介人的勤勉尽职规定一项法定义务，中介人的主要义务就在于促成合同成立，至于合同成立后是否发生无效、可撤销等不利于委托人的后果，除非中介合同中对此后果有明确约定，或者有证据证明系由于中介人自身原因造成，否则，委托人仍须按照合同约定支付报酬。

【司法案例】

谭某茂诉贵州甲矿业集团股份有限公司贵州百里杜鹃金坡乡乙煤矿居间合同纠纷案①

诉讼结论：不能以居间人未提供证据证明自己提供了优质高效、尽职尽责、充分全面的居间服务为由而调减约定的居间报酬，否则，就违背了当事人意思自治的原则。

最高人民法院再审认为，谭某茂和黔西县乙煤矿（负责人时为方某立，该煤矿于2014年3月14日变更为贵州甲矿业集团股份有限公司贵州百里杜鹃金坡乡乙煤矿）于2013年1月15日签订的《服务协议》，系方某立为转让黔西县乙煤矿，委托谭某茂寻找收购方并促成煤矿转让协议的签订，并由委托方支付报酬（服务费）的约定，协议性质为居间合同。该协议内容除每日计收3‰的逾期滞纳金偏高外，并不违反法律、行政法规的强制性规定，合法有效。谭某茂提供了协议约定的居间服务并最终促成了黔西县乙煤矿（方某立）与他方达成交易，黔西县乙煤矿（方某立）应当依约向谭某茂支付居间服务费。由于双方协议中并未约定谭某茂负有“提供优质高效、尽职尽责、充分全面的居间服务”的义务，法律对此也没有相应规定，原审法院以谭某茂没有提供证据证明自己提供了优质高效、尽职尽责、充分全面的居间服务，将谭某茂居间报酬调减为按双方约定服务费用的60%，是对合同条款内容的扩大解释，违背了合同当事人意思自治原则，没有事实和法律依据。

第九百六十五条　委托人在接受中介人的服务后，利用中介人提供的交易机会或者媒介服务，绕开中介人直接订立合同的，应当向中介人支付报酬。

【条文主旨】

本条是关于委托人私下与第三人订立合同后果的规定。

---

① 最高人民法院（2016）最高法民再340号民事判决书。

【条文理解】

中介人向委托人提供了有利于合同订立的交易机会和交易信息便是履行了中介人的义务,享有获得中介报酬的合法权益。本条直接规定了委托人应当遵守中介合同约定,不应当绕开中介人而直接订立合同的法定义务。其本意是为了明确委托人在中介活动中的义务,委托人在享有中介人的服务的权利的同时,也应当承担保障中介人合法权益的义务。同时,也为了防止一些委托人利用中介人提供的信息却绕开中介人而与第三人直接签订合同的"跳单"行为发生,从而导致中介人无法获得相应的中介报酬。在中介合同中,中介人为委托人提供了有利于合同订立的交易信息和交易机会,若委托人绕开中介人直接与第三人订立合同来逃避向中介人支付报酬的义务,可以认定为"跳单"违约,委托人仍应当向中介人支付相应的中介报酬。

【司法适用】

本条规定的出台,直接针对的就是实践中的"跳单"违约问题。随着近些年房地产市场的发展,"跳单"违约现象在二手房交易中大量存在。二手房的买方往往通过中介公司选定房源后,却故意绕开该中介公司直接与房主达成交易或通过其他中介公司与房主达成交易。司法实践中也要注意防止买方恶意跳单的情况,如果买方通过中介公司的中介服务,基本达成了买卖合同,后来仅仅因为买方认为其他中介公司的中介报酬更低,就转而寻求其他中介公司的服务而签订买卖合同,则有违诚实信用原则。此时,就可以适用本条规定认定买方利用了前一中介人提供的信息和服务,仍应向前一中介人支付中介报酬。

在实践中,中介人为了保障自己的利益,通常在中介合同中载明禁止委托人跳单的条款,约定跳单行为是违约行为。在本条规定以及最高人民法院指导案例出台之前,各地法院对于当事人在中介合同中约定的类似禁止跳单条款的法律效力如何以及何种情况构成跳单违约,认识并不一致。有的认为这是中介公司利用自己的优势地位而设立的霸王条款,限制了买方的选择权,应属无效;有的则认为买方在签订合同时,对该条款的内容和法律后果应当明知,且不违反法律规定,应属有效。最高人民法院对此发布指导案例认为,①对于这类案件的处理,应当本着尊重法律规定及当事人约定,契合公平合理的法律精神,鼓励中介公司以提供质高价优的中介服务取得竞争优势,既促进合法、有序的中介市场竞争,又有利于保护当事人的交易选择权,避免因信息不对称导致的不公平。对于禁止跳单条款的

---

① 最高人民法院案例指导工作办公室:《指导案例 1 号:〈上海中原物业顾问有限公司诉陶德华居间合同纠纷案〉的理解与参照》,载《人民司法》2012 年第 7 期。

效力,应根据约定的具体内容来认定,不可一概而论。只要当事人主体身份适格,意思表示真实,约定内容没有违反法律或行政法规强制性规定的,就是合法有效的。具体来说,应从以下 4 个方面予以审查:(1)看禁止跳单条款是否存在法律规定的合同无效的情形;(2)看禁止跳单条款提供方是否具有免除其责任、加重对方责任、排除对方主要权利的情形;(3)要审查委托人所获知的交易信息和交易机会,是否可以通过其他公众可获知的正当途径获得,如果属于其他公开渠道可以获知的信息,而与委托人签订合同的行为就不违反本条规定;(4)着重审查是否存在委托人在与第三人订立合同时利用中介人为其提供的交易机会和相关交易信息的事实。如果委托人存在绕开中介人且利用了中介人提供的交易信息与第三人订立合同的,则对于中介人主张支付报酬的请求应当予以支持。

【司法案例】

上海甲物业顾问有限公司诉陶某华居间合同纠纷案①

诉讼结论:卖方将同一房屋通过多个中介公司挂牌出售时,买方通过其他公众可以获知的正当途径获得相同房源信息的,买方有权选择报价低、服务好的中介公司促成房屋买卖合同成立,其行为并没有利用先前与之签约中介公司的房源信息,故不构成违约。

甲公司与陶某华签订的《房地产求购确认书》属于居间合同性质,其中约定的禁止"跳单"的格式条款,其本意是为防止买方利用中介公司提供的房源信息却"跳"过中介公司购买房屋,从而使中介公司无法得到应得的佣金。该约定并不存在免除一方责任、加重对方责任、排除对方主要权利的情形,应认定有效。衡量买方是否"跳单"违约的关键,是看买方是否利用了该中介公司提供的房源信息、机会等条件。如果买方是通过其他公众可以获知的正当途径获得的同一房源信息,则买方有权选择报价低、服务好的中介公司促成房屋买卖合同成立,而不构成"跳单"违约。本案中,原产权人通过多家中介公司挂牌出售同一房屋,陶某华及其家人分别通过不同的中介公司了解到同一房源信息,并通过其他中介公司促成了房屋买卖合同成立。陶某华并没有利用甲公司的信息、机会,故不构成违约。

第九百六十六条　本章没有规定的,参照适用委托合同的有关规定。

① 上海市第二中级人民法院(2009)沪二中民二(民)终字第 1508 号民事判决书。

【条文主旨】

本条是关于参照适用委托合同的规定。

【条文理解】

人民法院在审理中介合同纠纷时，如果涉及本章中没有规定的情形，应当参照适用有关委托合同的规定。

【司法适用】

新增本条规定，主要是考虑到了中介合同与委托合同具有很多相似之处。但是，在司法实践中仍然需要准确把握二者之间的区别。委托合同是委托人和受托人约定，由委托人处理委托人事物的合同。委托合同具有如下法律特征：(1)委托合同属于诺成合同、非要式合同。当委托人与受托人达成合意，自受托人作出允诺之时，委托合同即可成立，无须再以物的交付或履行某种行为作为委托合同成立的条件。(2)委托合同可以是无偿合同，也可以是有偿合同。(3)受托人应按照委托人的指示处理委托事务。受托人必须在委托人授权范围内进行活动，不能越权处理和双方代理，非经委托人指示，受托人不得擅自改变委托事务的内容。(4)委托合同以信赖利益作为基础。没有当事人双方的信任和了解，委托合同就不能成立。如果当事人之间的信赖关系破裂，法律赋予了委托合同当事人合同解除权。同时，受托人在未经委托人允许的情况下，也不得擅自转委托他人处理委托事务。

但是，中介合同毕竟不能等同于委托合同。在委托合同中，受托人有亲自处理事务的义务，但中介人不必亲力亲为，转由他人代为提供中介服务、促成合同成立，委托人同样应当支付报酬。此外，中介人在中介活动中自身权益受到损害时，风险自己承担。但在委托合同中，如若受托人遇到不可归责于自身的事由而受到损害时，可以请求委托人进行赔偿。因为中介合同的本质与委托合同非常相似，因此本条规定作为一项兜底条款，可以将中介合同没有规定的事项运用委托合同的相关规定来进行相应调整和规范。

第二十七章 合伙合同

第九百六十七条 合伙合同是两个以上合伙人为了共同的事业目的，订立的共享利益、共担风险的协议。

【条文主旨】

本条是关于合伙合同定义的规定。

【条文理解】

合伙合同是两个以上合伙人为了共同的事业目的，订立的共享利益、共担风险的协议。合伙人订立合伙合同除应遵守本章规定之外，还应遵守本编所规定的一些原则。例如，合同当事人的法律地位平等，一方不得将自己的意志强加给另一方；当事人依法享有自愿订立合同的权利，任何单位和个人不得非法干预；当事人应当遵循公平原则确定各方的权利和义务；当事人行使权利、履行义务应当遵循诚实信用原则；当事人订立、履行合同，应当遵守法律、行政法规，尊重社会公德，不得扰乱社会经济秩序，损害社会公共利益；依法成立的合同，对当事人具有法律约束力；当事人应当按照约定履行自己的义务，不得擅自变更或者解除合同；依法成立的合同，受法律保护。

合伙合同不同于其他合同，有自己的特定内容和事项。一般情况下，合伙合同应载明下列事项：合伙目的和合伙经营范围；合伙人的姓名、名称和住所；合伙人的出资方式、数额和缴付出资期限；利润分配、亏损分担办法；合伙事务的执行；入伙与退伙；争议解决办法；合伙的解散与清算；违约责任等。依照本条规定，合伙合同无须以书面形式为之，可以以口头合伙合同方式设立合伙关系。

合伙合同本质特征是共享利益、共担风险。合伙合同和借款合同之间存在明显的区别，主要表现在：(1)目的不同。合伙协议是由全体合伙人协商一致、依法达成的有关共同出资、共同经营、共担风险的协议。合伙协议是一种共同行为，而借款合同是利益相对的双方之间的双方法律行为。借款合同贷款人的目的是收回本金并收取必要的利息，而借款人则是为了使用有关借款以实现必要的资金融通。(2)是否共同出资、共担风险不同。在合伙经营中，各合伙人负有共同出资、共同经营、共担风险的义务。保底条款在性质上背离了合伙共负盈亏、共担风险的特点。借款只是一方向另一方提供金钱借贷、另一方到期应还本付息的合同。(3)法律责任不同。在合伙关系中,合伙人除应承担投资无法收回的风险外,还应承担因合伙财产不能清偿债务而负连带责任的风险。在借款合同关系中,贷款人最多只承担借款人到期不能清偿的风险,而不承担其他责任。①

【司法适用】

在实践中,有的合伙合同明确规定"保底条款",即合同明确约定某一合伙人只提供资金,并不参与共同经营,分享合伙的盈利,也不承担合伙的亏损责任,只是到期向其支付一定的利润。即便合伙出现亏损时,其仍要收回其出资和收取固定利润。这实际上就是企业之间的变相借款。出现上述情形后,就需要严格区分合伙合同和借款合同。

【司法案例】

张某彬、林某盛诉许某锋合伙纠纷抗诉案②

诉讼结论:当事人之间签订的协议常常有瑕疵,在协议的履行过程中又会出现各种各样的不规范行为,应通过协议约定的内容与实际的履行行为来确定当事人之间是否能够成立合伙关系。

三人之间成立合伙经营矿山的合伙关系。《合同书》中约定的内容表明各方当事人之间有共同经营涉案矿山、共同出资和共享收益的意思表示,具备了确定合伙人、出资数额及合伙的意思表示这三个必要条款,成立合伙关系。合伙合同中欠缺合伙体亏损负担及退伙、解散等条款并不影响合伙合同的成立。《合同书》的约定表明其性质为合伙经营矿山合同。本案中,在三人共同拥有矿山开采权的前提下,合同另约定了三人各自的开采矿段和开采时间,在各自的开采矿段和开采时间范围内,合同约定了各自的风险自负,合同书的这种约定,是合伙体内部经营方式的体现,并不能因此影响三人之间合伙关系的成立。营业执照和《采矿许可证》虽然将字号为连平县油溪镇某采矿场的合伙体登记为许某锋的私营独资企业,但无论从《合同书》的内容,还是三人之间办理以许某锋个人名义的营业执照和采矿许可证的约定,还是从办理证照的过程、办证费用的缴纳以及证照的保管和使用情况来看,均应认定涉案矿山名义上虽然登记为许某锋个人的私营企业,但实质上是三人的合伙企业。

---

① 王利明:《合同法研究》(第4卷),中国人民大学出版社2013年版,第488页。

② 最高人民法院(2012)民抗字第1号民事判决书。

第九百六十八条　合伙人应当按照约定的出资方式、数额和缴付期限，履行出资义务。

【条文主旨】

本条是关于合伙人履行出资义务的规定。

【条文理解】

依照本条规定，合伙人应按照合伙合同约定的出资方式、数额和缴付期限履行出资义务。按约定履行出资义务是指投资人按照合伙合同约定的出资方式、数额与缴付期限向合伙体投入资产的行为，是投资设立合伙体的前提。在合伙体设立之前，或协商合伙协议过程中，各合伙人都要按上述出资财产类别进行出资方式的选择；出资数额，即用以出资的价值额，对于非货币资产出资的要按商定的评估价值计算并约定数额；出资期限，即对用于出资的资产缴付于企业的期限，法律允许出资人对其出资实行承诺制，分批到位，通过协议明确各类出资的期限。

如合伙合同根据本合伙情况还有其他具体的约定，合伙人还应依照合同其他约定履行自己的出资义务。

【司法适用】

《民事执行变更追加当事人规定》第 14 条规定，作为被执行人的合伙企业，不能清偿生效法律文书确定的债务，申请执行人申请变更、追加普通合伙人为被执行人的，人民法院应予支持。作为被执行人的有限合伙企业，财产不足以清偿生效法律文书确定的债务，申请执行人申请变更、追加未按期足额缴纳出资的有限合伙人为被执行人，在未足额缴纳出资的范围内承担责任的，人民法院应予支持。

【司法案例】

杨某礼诉段某法合伙案①

诉讼结论：合伙人违反合伙协议约定，不足额出资，视为自动放弃承包经营权，由其他合伙人承担承包合同的权利义务。

原、被告系合伙承包关系。原、被告签订的合作经营砖厂协议是双方真实意思表示，该协议合法有效。段某法不按照合作经营砖厂协议第 2 条的约定办事，应视为对砖厂承包经营权的放弃。砖厂应由杨某礼按原承包合同的有关规定独立地组织生产和经营。杨某礼享有合同规定的权利，履行合同规定的义务，并负

① 河南省新乡市中级人民法院（1996）新民终字第 876 号民事判决书。

责偿还欠村委会的2.5万块红砖。杨某礼同意接收段某法留在砖厂的财产，即砖木石棉瓦房六间、砖18,500块、土4389方、水井一眼。应支付估价双方约定的价款19,694元，支付段某法支出的费用6737元，两项共计26,431元并支付该款利息。

第九百六十九条　合伙人的出资、因合伙事务依法取得的收益和其他财产，属于合伙财产。

合伙合同终止前，合伙人不得请求分割合伙财产。

【条文主旨】

本条是关于合伙财产的规定。

【条文理解】

合伙体是合伙人之间共同投资设立的经营组织，设立合伙体的目的是从事生产经营活动，合伙人从中取得投资回报。合伙体设立后，合伙人按协议投入合伙体的财产便与合伙人相分离，成为合伙体的独立财产，这些财产是合伙体开展正常经营的物质保证。

对合伙财产性质的看法，在国外经历了一个发展变化的过程。罗马法认为，合伙是二人以上共同出资、共同经营并共担损益的双务契约，从而将合伙作为债法的一部分来处理。随着公司法人制度的成功，一些国家的法律除确认合伙是一种契约关系外，还将合伙作为一种具有相对独立的法律地位的经营性组织来对待。合伙相对独立法律地位的确立和合伙作为一种组织体的确认，使合伙财产的集合所有权得以确定。目前世界上多数国家和地区普遍改变了罗马法将合伙财产规定为按份共有的做法，而将其作为共同共有的财产，归由全体合伙人统一管理与经营，排除了出资人任意处置的可能性。本条规定顺应世界发展的潮流，确认合伙体拥有相对独立的财产，并先以其财产对外承担责任。

合伙财产是合伙体开展正常经营的物质保证。合伙人抽走或分割其财产份额，都会直接导致合伙体财产数量的减少，给正常进行的生产经营活动造成消极影响；以合伙体名义取得的收益和依法取得的其他财产，也具有同样的性质。合伙人在合伙合同终止前分割合伙财产，往往会影响到合伙体的正常经营，以致合伙体的散伙。为避免这种现象的发生，维护合伙体的正常经营和全体合伙人的利益，本条第2款规定，合伙合同终止前，合伙人不得请求分割合伙财产。

【司法适用】

根据本条第1款的规定，合伙财产由原始财产和积累财产两种情况构成。

原始财产即本条所称的全体合伙人的"出资"。关于合伙的原始财产问题,主要涉及以下几个方面的问题:(1)合伙人的出资并非均能构成合伙的财产。合伙人对合伙的出资,不限于财产,还包括财产权利、劳务。其中,劳务因其内在的"行为性"特征使其不能成为合伙企业的财产。(2)合伙人转让财产所有权进行出资而构成合伙财产是合伙原始财产取得的一般方式,但这并不等于合伙人只能通过转让所有权的方式来形成合伙财产。合伙人也可以通过转让占有权、使用权的方式形成合伙的原始财产。例如,合伙人可以自己房屋一定时期的占有权和使用权折价作为出资,也可以自己所有的注册商标专用权、专利权出资,此时合伙人仍保留自己对注册商标、专利的权利。(3)合伙的原始财产是全体合伙人"认缴"的财产,而非各合伙人"实际缴纳"的财产。

积累财产,即合伙成立以后以合伙的名义依法取得的全部收益。其主要包括两个方面:(1)以合伙名义取得的收益,即营业性的收入。包括合伙的公共积累资金、未分配的盈余、合伙债权、合伙取得的工业产权和非专利技术以及合伙的名称(商号)、商誉等项财产权利。(2)依法取得的其他财产。即根据法律、行政法规等规定合法取得的其他财产,比如合法接受的赠与财产等。①

【司法案例】

褚某立等诉合伙事务执行人陈某财产分割案②

诉讼结论:合伙企业财产为全体合伙人共有。在合伙关系存续期间,任何合伙人不得先于其他合伙人请求分割合伙财产,即使是与自己出资额或应得财产相当的那部分财产也不得提前分割。相应地,任何合伙人,即使是合伙事务执行人,在未经全体合伙人同意或授权的情况下,也无权处分合伙财产。

本案中,甲板厂合伙人在1997年2月2日和5月3日依照少数服从多数,且不损害少数合伙人利益的议事规则产生的决议,其效力及于全体合伙人,即该合伙人会议决议对未参加会议的褚某立、李某英亦具有法律约束力。上述两次合伙人会议决议证明,合伙人会议并未授权陈某分割合伙财产。褚某立、李某英的陈述证明,在1997年3月11日之前,合伙财产已经变卖,但尚未清算分割。因此,陈某于1997年3月11日写给褚某立、李某英的"红利欠条",即使是陈某自愿作出的意思表示,也不能产生褚某立、李某英可以从尚未分割的合伙财产中分取财产

① 朱少平:《〈中华人民共和国合伙企业法〉释义及实用指南》,中国民主法制出版社2013年版,第87~88页。

② 河北省廊坊市中级人民法院案例,载《人民法院案例选》2002年第1辑。

法律效力。合伙人会议决议证明,陈某自1997年2月2日主持变卖、管理合伙财产的行为,是合伙人会议委托其执行合伙事务的行为,并非陈某个人侵占合伙财产的行为。综上所述,褚某立、李某英依据“红利欠条”向陈某主张权利的诉讼请求,不应予以支持。

第九百七十条　合伙人就合伙事务作出决定的,除合伙合同另有约定外,应当经全体合伙人一致同意。

合伙事务由全体合伙人共同执行。按照合伙合同的约定或者全体合伙人的决定,可以委托一个或者数个合伙人执行合伙事务;其他合伙人不再执行合伙事务,但是有权监督执行情况。

合伙人分别执行合伙事务的,执行事务合伙人可以对其他合伙人执行的事务提出异议;提出异议后,其他合伙人应当暂停该项事务的执行。

【条文主旨】

本条是关于合伙事务的执行权及其具体的事务执行人、合伙人的异议权的规定。

【条文理解】

合伙是一种人和财产的组合,其权利能力和行为能力都没有与合伙成员完全分离。因此,合伙不像法人那样设立专门的意思表示机关,而是以合伙人的行为为其行为,每一个合伙人都有权利参与合伙事务的决策、执行和监督、检查,即合伙人对执行合伙事务享有同等的权利,合伙事务由全体合伙人共同执行。合伙事务既包括合伙内部入伙与退伙、转让与继承、解散与清算、处分合伙财产、改变合伙名称、延长合伙经营期限等行为,也包括合伙日常例行的业务经营活动,如与第三人签订合同、制订经营计划、选择进货渠道、规定商品和服务价格等。按照本条规定,无论属于何种性质的合伙事务,合伙人对执行都享有同等的权利。

共同执行在实际操作上有诸多不便,代表合伙对外开展经营活动并非每个合伙人都能胜任,尤其是规模较大,人数较多,专业分工又比较精细的合伙。因此为使合伙事务顺利执行,合伙合同通常另外约定或者经全体合伙人决定,将执行合伙事务、对外代表合伙的权利交由合伙人中的一个或者数个人专门执行。因此,本条第2款规定合伙事务由全体合伙人共同执行的同时,又规定按照合伙合同的约定或者经全体合伙人决定,可以委托一个或者数个合伙人对外代表合伙,执行合伙事务。执行事务的合伙人为代理行为,仅以合伙的名义表示即可,无须表示全体合伙人的同意。其他合伙人不再执行合伙事务,不可以对外代表合伙。如不具有事务执行权的合伙人擅自执行合伙事务,给合伙或者其他合伙人造成损失的,依法承担赔偿责任。同时,合伙事务是合伙的公共事务,事务的执行情况涉及每个合伙人的个人利益,每个合伙人都有权去关心合伙的利益。因此,不执行合伙事务的合伙人有权监督执行事务的合伙人执行合伙事务的情况。

在实践中,合伙事务分别执行的,可能存在个别合伙人未尽诚实信用以及谨慎态度对待其所执行的合伙事务。针对这种情况,本条第 3 款规定执行事务合伙人可以对其他合伙人执行的事务提出异议。异议权不仅是执行事务合伙人的法定权利,而且也是对其他合伙人权利的一种限制,体现了合伙人对合伙事务执行的监督权,是维护合伙也即全体合伙人共同利益的根本保证。同时为了防止其他合伙人对提出的异议置之不理,避免可能给合伙体造成的损害扩大,执行事务合伙人提出异议后,其他合伙人应暂停该项事务的执行。

【司法适用】

执行事务合伙人是受全体合伙人委托执行合伙事务,根据代理法律关系,执行事务合伙人必须按照合伙协议或全体合伙人的决定执行合伙事务,不得超越规定的权限执行合伙事务,不得利用执行合伙事务的便利损害合伙或其他合伙人的利益,否则,属于不按合同协议或者全体合伙人的决定执行事务的行为,其他合伙人可以决定撤销该委托。如果因此造成合伙损失的,该执行事务合伙人还应当进行赔偿。

当执行事务合伙人对合伙事务的执行提出异议时,合伙事务暂停执行。不执行事务合伙人提出异议,合伙事务可以不停止执行,但应尽快召开合伙人会议,讨论决定有关异议事项。

【司法案例】

甲投资管理股份有限公司诉乙国际信托股份有限公司等信托合同纠纷案①

诉讼结论:在有限合伙企业中,如果执行事务合伙人怠于行使诉讼权利时,不执行合伙事务的有限合伙人可以为了合伙企业的利益以自己的名义提起诉讼。

甲公司有权提起诉讼。根据《合伙企业法》第 68 条之规定,执行事务合伙人怠于行使权利时,有限合伙人可以督促其行使权利或者为了本企业的利益以自己的名义提起诉讼。甲公司在认为合伙企业东方某圣的权利被侵犯时,已经就相关

① 最高人民法院(2016)最高法民终 19 号民事判决书。

问题向东方某圣及执行事务合伙人发函催告，要求东方某圣向人民法院提起民事诉讼，维护东方某圣的民事权利，东方某圣虽予以响应，但未依法提起民事诉讼，甲公司遂选择以自己的名义提起诉讼并无不妥，符合法律规定。乙信托关于东方某圣未怠于行使权利，甲公司以自己的名义提起诉讼的条件并未成就的抗辩理由不符合法律规定，该院不予采纳。

第九百七十一条　合伙人不得因执行合伙事务而请求支付报酬，但是合伙合同另有约定的除外。

【条文主旨】

本条是关于执行合伙事务报酬的规定。

【条文理解】

相比于不执行事务合伙人，虽然执行事务合伙人对有限合伙多付出劳动，甚至更多的费用支出，但对于执行事务合伙人的相关劳动是否有权要求合伙支付报酬则存在不同的意见，各国的做法也不尽一致。多数国家规定，执行事务合伙人因执行事务而支出的个人费用可以要求企业予以补偿或报销，而执行事务所付出的劳动，是否支付报酬则由合伙合同加以规定，合同规定支付报酬的应予支付，合同未作规定的则不付报酬。

【司法适用】

合伙人之间，包括执行事务合伙人与其他合伙人之间是合伙关系，并非雇佣关系或劳动关系，故请求受雇期间的各种报酬或劳动报酬，缺乏法律依据，不应予以支持。当然，依照合伙事务由合伙合同决定这一重要原则，如合伙合同事先对执行合伙事务的报酬另有规定，则依照合同规定处理。

【司法案例】

王某平诉王某凤、陈某端海上、通海水域人身损害责任纠纷案①

诉讼结论：合伙人之间并非雇佣或劳动关系，在合伙经营活动中意外死亡，合伙人不承担赔偿责任。

本案为个人合伙成员在从事海上合伙经营活动中因意外死亡引起的人身损害赔偿责任纠纷。合伙人之间是合伙关系，并非雇佣关系。合伙各方也意识到海

---

① 厦门海事法院（2019）闽72再2号民事判决书。

上经营作业风险,并在合伙协议中约定"如发生意外,股东不承担责任,可人道主义予以补偿"。因此,原告请求被告赔偿其各项损失缺乏依据,但出于人道主义考虑,可酌情给予一定补偿。

第九百七十二条　合伙的利润分配和亏损分担,按照合伙合同的约定办理;合伙合同没有约定或者约定不明确的,由合伙人协商决定;协商不成的,由合伙人按照实缴出资比例分配、分担;无法确定出资比例的,由合伙人平均分配、分担。

【条文主旨】

本条是关于合伙利润分配与亏损分担的规定。

【条文理解】

设立合伙,既可能给合伙人带来收益,也可能因各种原因产生亏损。合伙的利润分配指合伙的生产经营收入在进行必要的扣除后所获利润在各合伙人之间进行的分配。合伙的亏损分担是指合伙经营过程中发生的在一定时期内各种收入减去各项费用后出现负差额(亏损)时,就亏损在各合伙人之间进行的分别承担。

依照本条规定,合伙利润分配和亏损分担的原则是:

(1)合伙的利润分配、亏损分担,依照合伙合同约定办理。合伙合同是合伙人从事经营活动的准则和合伙人据以享受权利承担义务的重要依据。合伙事务由合伙合同决定是合伙的基本制度。而合伙利润分配和亏损分担是合伙人重要的权利义务,理应由合伙合同作出约定,因此,合伙合同优先适用。

(2)如果合伙合同未约定利润分配和亏损分担办法或者约定不明确的,则由合伙人协商决定,这一规定是对合伙人协议优先原则的贯彻和落实。

(3)合伙人经过协商仍未能作出决定的,则由各合伙人按照实缴的出资比例进行分配、分担;无法确定出资比例的,由各合伙人平均分配和分担。

【司法适用】

本条规定的按照实缴出资比例分配利润和分担亏损的方法,在实践中还需要研究如下两个问题:

(1)劳务出资合伙人的亏损分担问题。由于劳务出资者未拿出实际的财产投入到合伙中,一旦合伙经营亏损,是否应与其他合伙人一样分担以及如何分担?对此,各法域的做法有所不同。一是要求劳务出资者与其他合伙人平均分担,如德国;二是按企业最低分担比例执行,即将其分配利润和分担损失相挂钩,执行与出资额最少的出资人相同的比例,如法国;三是负盈不负亏,即合伙协议事前规定劳务出资人需分担亏损的,依规定执行,未规定的劳务出资人将不承担亏损,如我国台湾地区即如此规定。本条对此未作明确的规定,在司法实践中,可结合具体案情并适当参考上述做法。

(2)合伙合同有关利润分配和亏损分担应遵循公平原则。合伙的重要特征是合伙人共享收益,共担风险。虽然合伙合同可以自行约定利润分配和亏损分担的办法,但行使这一权利必须遵循公平的原则,不得显失公平。因此,合伙合同约定合伙的利润分配、亏损分担应有一个基本界限,即不得约定将全部利润分配给部分合伙人或者由部分合伙人承担全部亏损。

【司法案例】

张某山诉闫某平合伙纠纷案[①]

诉讼结论:合伙的利润分配、亏损分担,依照合伙合同约定办理。但在实际履行中,全体合伙人以一致行为加以变更的,应按变更后方法处理。

合伙双方约定合伙经营期间按5∶5的比例分割利润和承担风险,在实际履行中双方将利润在账面上按5∶5比例分割转为资本金,并据此制作了年度财务报表,对此合伙人一方并未提出过异议。因此,合伙人一方主张按出资比例分割利润,缺乏依据,不予支持。

第九百七十三条　合伙人对合伙债务承担连带责任。清偿合伙债务超过自己应当承担份额的合伙人,有权向其他合伙人追偿。

【条文主旨】

本条是关于合伙人的连带责任以及追偿权的规定。

【条文理解】

合伙人对合伙债务承担无限连带责任,是合伙最基本的法律特征,也是合伙与有限责任公司的根本区别。由合伙人共同经营管理合伙是合伙的一般原则,合伙人对合伙拥有较大的共同控制权。因此,合伙人对合伙承担责任的方式上也不像公司股东仅以其出资额为限承担责任,而是需要承担连带责任。合伙人对合伙

---

① 最高人民法院(2000)民终字第8号民事判决书。

债务承担连带责任，是指当合伙全部财产不足以清偿所欠债务时，可以追究合伙人的连带责任。如果合伙合同规定按出资比例分担债务的，应将其所剩债务按出资比例分成若干份额，各合伙人按其比例所分担的份额以自己在合伙以外的其他财产偿付债务；如果合伙合同规定其他亏损分担办法的，可按规定的办法执行；合同未规定亏损分担办法的，应将所剩债务按合伙人人数平均分为若干份额，每个合伙人分别承担自己的债务份额。

在实践中，可能出现有的合伙人因财务困难，一时难以承担债务偿付份额的情况。对此，任一合伙人都有责任对债权人承担连带责任，即除对自己分担的债务份额承担责任外，还应对其他合伙人应承担而无力承担的部分承担连带责任。但依照本法第972条的规定，在合伙人内部，该合伙人所应承担只是全部债务的一部分，因而当其承担的偿付义务超过本人应承担份额时，本法规定其有权向其他合伙人追偿。

【司法适用】

本条规定的连带责任，实际是无限责任与连带责任的结合。无限责任即在合伙财产不足以清偿债务时，合伙人要以自己的其他财产偿付自己承担的债务份额，直到清偿完毕为止；连带责任即指当债权人追究各合伙人的无限责任，某一合伙人无力承担这种责任时，其他合伙人有连带承担其偿付债务的义务。因此，当合伙财产不足以清偿债务时，其债权人即可向其任何一个普通合伙人主张权利，要求其偿付债务。该合伙人负有代合伙偿付债务的责任，既包括他自己应承担的债务份额，也包括其他合伙人应承担部分。

【司法案例】

南通甲贸易有限公司诉镇江市丹徒区乙机械厂、魏某聂等6人买卖合同纠纷案①

诉讼结论：在当事人约定合伙经营企业仍使用合资前个人独资企业营业执照，且实际以合伙方式经营企业的情况下，应据实认定企业的性质。

上诉人卞某等人有合伙经营乙厂的确定意思表示。原审被告魏某聂、蒋某伟、祝某兵和卞某4人于2005年12月18日签订的合伙合同，明确约定由该4人共同出资、合伙经营，将原由魏某聂独资经营的原审被告乙厂变更为合伙企业。该合同还对合伙经营范围、合伙期限、出资方式、利润分配、合伙事务的执行、入伙与退伙等合伙企业设立中的主要内容作了明确约定。该合伙合同表明魏某聂、蒋

---

① 参见《最高人民法院公报》2011年第7期。

某伟、卞某、祝某兵合伙经营乙厂的意思表示是非常明确的。

第九百七十四条　除合伙合同另有约定外，合伙人向合伙人以外的人转让其全部或者部分财产份额的，须经其他合伙人一致同意。

【条文主旨】

本条是关于合伙人转让其财产份额的规定。

【条文理解】

在实践中，合伙人可能需要将其投在合伙中的财产份额转让出去。转让包括向合伙内部的其他合伙人转让和向合伙人以外的人转让。合伙是资本的聚合，也是人的组合。合伙人的数量一般不多，而且彼此间互相信任和了解，这种合伙的人合性决定了合伙人的出资向合伙人以外的人转让受到限制。因此，本条规定合伙人虽有权将其持有的合伙财产份额进行转让，但如果是向合伙人以外的人转让其全部或者部分财产份额的，须经其他合伙人一致同意。当然，依照合伙事务由合伙合同决定这一重要原则，合伙合同也可以事先对此另作规定。

【司法适用】

合伙人转让其财产份额包括向合伙内部的其他合伙人转让和向合伙人以外的人转让。向其他合伙人转让财产份额，属内部关系，只关联到各合伙人财产份额的变化，不影响合伙财产总额的变化，因此，不需要征得其他合伙人的同意，也没有其他事前程序，只需通知即可。

【司法案例】

李某堂诉白某祥企业出资人权益确认纠纷案①

诉讼结论：合伙人事前同意其他合伙人对外转让投资份额，事后又收取了转让价款的，转让行为有效。

白某祥明知所收取的款项是股金份额转让款而非分红款。在此前提下，其仍然通过郑某勤收取并同意造表分配给其他实际投资人的行为系对李某堂转让股金份额行为的认可。因白某祥事前同意李某堂对外转让投资份额，事后又收取了转让价款，故本院依法确认李某堂将某煤矿160万元股金中白某祥享有的财产份额转让给王某宝的行为有效。

---

① 最高人民法院(2013)民提字第23号民事判决书。

第九百七十五条　合伙人的债权人不得代位行使合伙人依照本章规定和合伙合同享有的权利，但是合伙人享有的利益分配请求权除外。

【条文主旨】

本条是关于合伙人权利代位的规定。

【条文理解】

依照本法第535条的规定，债权人享有代位权，因债务人怠于行使其债权以及与该债权有关的从权利，影响债权人的到期债权实现的，债权人可以向人民法院请求以自己的名义代位行使债务人对相对人的权利，但是该权利专属于债务人自身的除外。

合伙不仅是财产的组合，也是人的组合，具有很强的人合性。合伙人之间往往数量不多，且彼此之间存在很强的人身信任关系。因此，合伙人依照本章规定和合伙合同享有的权利也具有一定的专属性，不适合由债权人代位行使，但合伙人享有的利益分配请求权则具有财产性，可由债权人代位行使。

【司法适用】

合伙是由合伙人投资形成的经营性组织，合伙人在合伙中不仅享有财产性质的收益权，还包括其在合伙中的表决权等身份权及法定管理权、监督权等其他权利。合伙人的债权人要求合伙人偿还债务，只能通过与合伙人签订合同或通过诉讼，获得对合伙人在合伙中收益分配的请求权或者分割其在合伙中的财产份额以实现债权，而对合伙人的其他权利如合伙事务执行权、重大事务表决权、对企业的监督权等均没有请求权，对合伙人在合伙中的权利不得行使代位权。

第九百七十六条　合伙人对合伙期限没有约定或者约定不明确，依据本法第五百一十条的规定仍不能确定的，视为不定期合伙。

合伙期限届满，合伙人继续执行合伙事务，其他合伙人没有提出异议的，原合伙合同继续有效，但是合伙期限为不定期。

合伙人可以随时解除不定期合伙合同，但是应当在合理期限之前通知其他合伙人。

【条文主旨】

本条是关于不定期合伙的规定。

【条文理解】

合伙合同经全体合伙人协商一致,代表合伙人的真实意思表示。合伙合同约定了合伙期限,就表示每一个合伙人承诺将与其他合伙人合作到该期限届满。合伙期限届满前,合伙人提出退伙意味着对自己承诺的违反,同时影响了其他合伙人的合理预期,可能给合伙本身或者其他合伙人造成损失。因此,如果合同约定了合伙期限,合伙人的自愿退伙应当受到一定的限制。自愿退伙即是由合伙人按照自己的意愿主动提出退伙而退出合伙,丧失合伙人资格。

如果合伙人对合伙期限没有约定或者约定不明确,依照本法第 510 条的规定,当事人可以协议补充;不能达成补充协议的,按照合同有关条款、合同性质、合同目的或者交易习惯确定。根据上述规定仍不能确定合伙期限的,则视为不定期合伙。

对于合伙合同约定了合伙期限,期限已届满而合伙人继续执行合伙事务,如果其他合伙人没有提出异议的,依照本条规定,原合伙合同继续有效,但是合伙期限为不定期。

【司法适用】

不定期合伙,在合伙存续期间,合伙人在任何时候提出退伙,都不违反合伙合同的约定,这也是合伙人的权利。但是,合伙是全体合伙人共同建立的,由全体合伙人共同经营管理,任何一个合伙人的退出,都会对合伙和其他合伙人产生影响,因此,合伙人在行使退伙权利时,应在合理期限之前通知其他合伙人,以便其他合伙人可以对其退伙后的有关事项进行安排、处理。

【司法案例】

王某飞诉张某、李某退伙纠纷案①

诉讼结论:当合伙协议约定了合伙期限时,合伙人应在符合法定情形时,才可以退伙;当合伙协议没有约定合伙期限时,原则上合伙人都可以在就退伙事项提前 30 天通知其他合伙人后退伙,并有权要求进行退伙结算。

普通合伙企业的合伙人之间具有高度的人合性。在合伙协议未就合伙人对外转让合伙财产份额作出特别约定时,该转让行为需要经其他合伙人一致同意。故本案中,甲饭店作为普通合伙企业,其合伙人王某飞未经其余合伙人张某、李某的同意,不得擅自将其合伙财产份额转让给刘某。在对外转让不能的情形下,王

① 肖峰:《普通合伙企业中合伙人退伙的处理》,载最高人民法院民事审判第一庭编:《民事审判指导与参考》2009 年第 3 集(总第 39 集),法律出版社 2010 年版,第 160 ~ 164 页。

某飞只能通过退伙取回财产份额从而实现其财产权益。虽然合伙协议有合伙人不得中途退伙的约定，但该约定通过禁止王某飞的退伙，变相限制了王某飞财产权益的实现。这也与《合伙企业法》第46条的立法意旨不符。本案中，虽然张某、李某曾约定了合伙期限，但该期限并未得到王某飞的认可，故甲饭店仍属于未约定合伙期限的合伙企业。因此，王某飞有权在提前30日通知张某、李某退伙事项的情形下退伙。

第九百七十七条　合伙人死亡、丧失民事行为能力或者终止的，合伙合同终止；但是，合伙合同另有约定或者根据合伙事务的性质不宜终止的除外。

【条文主旨】

本条是关于合伙合同终止的规定。

【条文理解】

由于法律规定的原因或者当事人约定的原因，合伙合同终止。合伙合同的终止意味着合伙事业终结，全体合伙人的合伙关系归于消灭。依照本条规定，合伙人死亡、丧失民事行为能力或者终止也是合伙合同终止的原因。之所以如此，是因为合伙合同的订立是建立在当事人信任基础上，正是由于存在当事人之间的相互信赖，当事人之间才订立合同。一方当事人缺位，虽可能有其权利义务的继受者，但人身信赖关系是不可能移转的，随着当事人的缺位，合同基础丧失，合同当然随之消灭。

【司法适用】

合伙人死亡或破产，主体地位不复存在，其权利义务由于合伙合同的人身属性不能移转，所以导致合伙合同终止。合伙人原有民事行为能力，而后丧失，也无法履行合伙人的各项义务，合伙合同也随之终止。

本条规定存在除外情形，即“合伙合同另有约定或者根据合伙事务的性质不宜终止的除外”。如果当事人在订立合伙合同时约定了一定期限，或约定以一定事务处理完毕为限，或约定不因死亡、丧失民事行为能力、破产为终止事由，则在此情形下，合伙合同不随之终止。另外，若依合伙事务的性质不宜终止的，合伙合同也不终止。如合伙事务为日常零售业，或为流水生产线中一部分，这些事务一旦停止，后果将无法挽回，所以依性质不能终止。

【司法案例】

渠某姗诉甲事务所等合伙企业解散纠纷案①

诉讼结论：合伙企业仍在经营，合伙人之一认为出现矛盾导致人合性丧失的，应首先选择退伙，而无须合伙企业解散。

甲事务所作为合伙企业，其合伙目的不存在不能实现的情形，亦不存在必须解散的事由。原告渠某姗不愿合伙，可以依法选择退伙，退伙并不当然损害渠某姗利益。遂判决驳回原告渠某姗要求解散甲事务所的诉讼请求。

第九百七十八条　合伙合同终止后，合伙财产在支付因终止而产生的费用以及清偿合伙债务后有剩余的，依据本法第九百七十二条的规定进行分配。

【条文主旨】

本条是关于合伙剩余财产分配顺序的规定。

【条文理解】

本条规范的是合伙总资产大于合伙所欠的债务时的清偿顺序。在此种情形，各项费用和所欠债务都能得到完全、有效的清偿。因此，本条强调的是合伙所欠费用及债务与合伙人分配合伙财产的顺序问题，即合伙的一切债权都应当优先于合伙人的分配财产请求权，只有上述所有债权都得到清偿后，才可以分配合伙的财产，即"先偿债，后分配"。

【司法适用】

合伙合同终止后，通过清理合伙财产、编制资产负债表和财产清单后，确认合伙现有的财产大于合伙所欠的债务，并能够清偿全部债务的时候，应当按照本条规定的清偿顺序进行清偿：

(1)支付相关费用。相关费用包括合伙财产的评估、保管、变卖和分配等所需要的费用，发布合伙解散公告所需费用，清算人的报酬，委托注册会计师、律师的费用以及诉讼费用、仲裁费用等。

(2)偿还合伙的其他债务。合伙的其他债务，包括有担保债务和无担保债务。对于有担保债权，债权人对担保物享有优先受偿权；对于无担保债权，只能在合伙

① 江苏省徐州市中级人民法院(2015)徐商终字第0807号民事判决书。

财产清偿了前述所有的债务后，始得清偿。

（3）将合伙的剩余财产分配给合伙人。剩余财产是指合伙财产在清偿前述各项债务后所剩余的财产。对此剩余财产，应按照本法第 972 条的规定进行分配，即首先按照合伙合同的约定办理；合伙合同未约定或者约定不明确的，由合伙人协商解决；协商不成的，由合伙人按照实缴的出资比例分配；无法确定出资比例的，由合伙人平均分配。

【司法案例】

金某甲诉金某乙、陈某国合伙协议纠纷案①

诉讼结论：合伙终止时，对合伙财产的处理，有书面协议的，按协议处理。

根据原、被告签订的《岱山县江南中基船业砂石场合作经营协议》中的约定，“三方股权分配比例为被告金某乙 50%，被告陈某国 25%，原告金某甲 25%，三方的经营利润按上述比例分配，经营风险也按上述比例承担”，故原、被告对合伙利润分配应按此约定进行，本案中原告金某甲利润分配比例为 25%，被告金某乙利润分配比例为 50%，被告陈某国利润分配比例为 25%。由于原、被告对合伙账目现未进行清算，且原、被告均未能提供证据证明合伙体此外现尚有其他盈利或亏损，因此应按现时所能查明的合伙利润对此进行分配，如原、被告今后有证据能证明合伙体还有其他盈利或亏损，可另行主张。

① 浙江省舟山市中级人民法院（2010）浙舟商终字第 35 号民事判决书。

第三分编　准合同

第二十八章　无 因 管 理

第九百七十九条　管理人没有法定的或者约定的义务，为避免他人利益受损失而管理他人事务的，可以请求受益人偿还因管理事务而支出的必要费用；管理人因管理事务受到损失的，可以请求受益人给予适当补偿。

管理事务不符合受益人真实意思的，管理人不享有前款规定的权利；但是，受益人的真实意思违反法律或者违背公序良俗的除外。

【条文主旨】

本条是关于无因管理定义的规定。

【条文理解】

“合同编”设第三分编准合同，规定了无因管理和不当得利。

准合同的概念来源于罗马法。长期以来，对准合同的理解存在不同观点。一种观点认为，准合同在性质上属于因自愿行为而产生的债的关系；另一种观点认为，准合同是基于法律规定而产生的债的关系；还有一种观点认为，准合同概念同时包含了当事人意愿和法律规定的要素。只是一种体例安排，以区别于标准的因双方合意而成立的合同，在“合同编”引入准合同概念，并未区分当事人意愿和法律规定的因素。

无因管理，指无法律上义务而为他人管理事务，其行为态样本同于侵权行为与不当得利，唯人之相处贵乎互助，故法律既需维护“干扰他人之事为违法”的原则，也需在一定条件下容许干预他人事务具有阻却非法性。[①]《德国民法典》在委托合同之后规定了无因管理，虽然无法定或约定的义务，但是其具体的债权债务关系类似于委托合同中的权利义务关系，是无委托的债权债务关系。“总则编”在第121条规定：“没有法定的或者约定的义务，为避免他人利益受损失而进行管理的人，有权请求受益人偿还由此支出的必要费用。”不难看出，本条规定的内容与

① 王泽鉴：《民法概要》，北京大学出版社2011年版，第149页。

"总则编"规定相比,本条区分了是否符合受益人真实意思的两种情况,即理论上的适法无因管理和不适法无因管理。而"总则编"则对此未予区分。适法无因管理是指当管理行为能够同时增进本人的主客观效益时,此类型管理人不仅有管理意思,而且其管理方法符合本人明示或可推知的主观意愿,所产生的效果亦有利于本人。不适法无因管理是指管理人虽有管理意思,但其管理行为违反本人的主观意愿,或所产生的效果不利于本人的无因管理行为。① 本条则将无因管理界定为适法无因管理,在第 2 款规定了不适法无因管理的"违反法律或者违背公序良俗"的例外。

"受益人真实意思"可分为明示和可推知。明示是指受益人在管理事务开始前已经表达了意思,管理人按照受益人明示的意思表示进行的管理。可推知是指受益人并未明确进行意思表示,或处于不能做出真实意思表示的状态时,管理人依据被管理客体所处客观情况和社会普遍的理念推知受益人的意思。此处应注意,受益人的真实意思如果已经明确表达出来,并对管理人做出,则成立委托合同。

如果管理人的行为旨在"维护公序良俗",则构成对抗受益人主观意愿的例外情形,属公益无因管理。实践中有代为抚养等无因管理行为。

【司法适用】

无因管理的构成需要满足:(1)不存在法定或者约定义务;(2)主观上为避免他人利益受损失;(3)客观上进行管理,且符合受益人真实意思,即可对本人享有费用偿还请求权。

关于费用,《民通意见》第 132 条曾规定:"民法通则第九十三条规定的管理人或者服务人可以要求受益人偿付的必要费用,包括在管理或者服务活动中直接支出的费用,以及在该活动中受到的实际损失。"

【司法案例】

中江县甲经营投资有限公司诉雷某国等无因管理纠纷案②

诉讼结论:甲公司与雷某国、顾某兵、廖某之间成立无因管理之债。

"总则编"第 121 条规定:"没有法定的或者约定的义务,为避免他人利益受损失而进行管理的人,有权请求受益人偿还由此支出的必要费用。"经查,本案中,甲公司在地方政府的协调下,为了维护社会稳定,缓解雷某国、顾某兵、廖某与薛某

① 王泽鉴:《民法概要》,北京大学出版社 2011 年版,第 150 页。

② 四川省高级人民法院(2019)川民申 3763 号民事裁定书。

等44人之间的激烈矛盾纠纷，在没有法定或者约定的义务前提下，以自有资金为本案当事人垫付应当由其归还的劳务中介费。且生效判决已经确认该劳务中介费最终应当由雷某国、乙职介所、廖某承担。因乙职介所的投资经营者系顾某兵，乙职介所已经不存在，相应的法律责任应当由顾某兵承担。因此，原审法院关于“甲公司与雷某国、顾某兵、廖某之间成立无因管理之债”的认定正确，对雷某国的该项申请理由，不予支持。

第九百八十条　管理人管理事务不属于前条规定的情形，但是受益人享有管理利益的，受益人应当在其获得的利益范围内向管理人承担前条第一款规定的义务。

【条文主旨】

本条是关于受益人享有管理利益时的规定。

【条文理解】

本条为第979条的补充规定。在不符合第979条规定的条件下，受益人享有管理利益的，无因管理之债也可成立。此处的管理利益应当为现存利益，而非“超出管理前之利益”，若不采此解释，对于非财产性之生命、身体管理，管理人即便处置妥当，本人利益也难保无损，几无本条适用余地。[①]《德国民法典》第684条、我国台湾地区“民法”第177条第1项均有类似的规定。

【司法适用】

“受益人享有管理利益的”，应当包括受益人主张享有管理利益和管理人有证据证明受益人享有利益的两种情况。此外，管理人的求偿权应当以受益人获得之管理利益为限。

【司法案例】

某市纺织品公司、甲纺织品采购供应站诉成都乙屋业开发有限公司无因管理纠纷案[②]

诉讼结论：受益人享有利益的，构成无因管理法律关系。

对于纺织品公司主张自己不是实际用电受益人，不是代缴行为的受益人，该

① 林诚二：《民法债编总论：体系化解说》，中国人民大学出版社2003年版，第120页。

② 四川省高级人民法院（2019）川民申6148号民事裁定书。

行为不符合无因管理的法定要件，乙屋业公司代缴电费的行为，保证了丙商场A座的正常供电，使得丙商场A座的承租商户正常营业，纺织品公司作为房屋出租人，同样系该行为的受益人。因此，乙屋业公司没有受委托，没有法定或约定的义务，为纺织品公司管理用电事务代缴电费，双方构成无因管理法律关系，为此支出的费用应由受益人纺织品公司偿还。原审法院对法律关系的认定准确，适用法律正确，予以支持。

第九百八十一条　管理人管理他人事务，应当采取有利于受益人的方法。中断管理对受益人不利的，无正当理由不得中断。

【条文主旨】

本条是关于管理人适当管理义务的规定。

【条文理解】

管理人的适当管理义务即应当采取有利于受益人的方法管理他人事务。“有利于受益人”要求管理人以保护或增进受益人客观利益为目的，往往称为适当管理义务。各国立法例也有类似规定。《日本民法典》第697条规定，“须按其事物的性质，以最适于本人利益的方法管理其事务”。《德国民法典》、我国台湾地区“民法”中规定以受益人明示或可推知的意思表示作为具体管理方法的标准，“中断管理对受益人更为不利的，无正当理由不得中断”。

【司法适用】

“正当理由”可以从两个层面进行理解：(1)不可抗力或是紧急避险；(2)为了保护或进行对于受益人来说更为重要的事务。如果是为了管理人或其他第三人的利益而中断为受益人利益的管理事务，则不构成“正当理由”。

【司法案例】

四川甲环境工程有限公司诉成都乙运业有限责任公司
无因管理纠纷案①

诉讼结论：在无因管理中未尽到合理的注意义务，应承担相应责任。

甲公司的工作人员在扶银杏树和砍伐樱桃树枝时疏忽大意、操作不当，同时，在无因管理中未尽到合理的注意义务，二审判决据此结合银杏树栽种情况和事故

① 四川省高级人民法院(2019)川民申3388号民事裁定书。

发生时的天气原因以及李某某自身防护措施不到位等多种原因，酌定甲公司对其主张损失中的60%承担责任并无不当。

第九百八十二条　管理人管理他人事务，能够通知受益人的，应当及时通知受益人。管理的事务不需要紧急处理的，应当等待受益人的指示。

【条文主旨】

本条是关于管理人通知义务的规定。

【条文理解】

在无因管理法律关系中，管理人履行通知义务对无因管理行为具有重要意义：(1)通知义务的履行将管理人的主观意思外化为客观行为。对外公示管理人具有管理他人事务的意图，且主观上希望将管理利益归属于受益人。(2)通知义务的履行可以表明管理人对受益人的事务进行管理的正当性来源。《日本民法典》第699条所表述管理人须将其已开始管理的事实毫不迟缓地通知本人。国外立法例有要求管理人在承担事务管理之前即负有通知义务，如德国民法中管理人首先应尽的义务是“通知”，只有在无法履行通知义务且受益人可能“遭到损害”的情形下，才能进行具体的事务管理。①

【司法适用】

一般认为，通知义务是管理人的从属义务，管理人是否履行此项义务，并不影响无因管理之债的成立。考虑到客观因素，通知义务的履行应以客观可能为前提。通知义务履行的时间为“管理人管理他人事务”时，即管理人开始管理行为之后。

第九百八十三条　管理结束后，管理人应当向受益人报告管理事务的情况。管理人管理事务取得的财产，应当及时转交给受益人。

【条文主旨】

本条是关于管理人报告和交付义务的规定。

【条文理解】

管理人的报告和交付义务，与适当管理义务和通知义务共同构成了管理人在

---

① 叶知年：《无因管理制度研究》，法律出版社2015年版，第86页。

无因管理中的义务体系。报告义务和交付义务的履行应以客观可能为前提,若无法确定受益人,则相关义务无法履行。一旦管理人知道或者应当知道受益人的存在,则管理人负有报告义务,并及时交付。

【司法适用】

报告和交付义务的履行应由管理人进行举证。管理人的报告和交付行为应包括管理事务的全部信息和利益,不完全的报告和交付,视为管理人未完全履行报告和交付义务。

第九百八十四条　管理人管理事务经受益人事后追认的,从管理事务开始时起,适用委托合同的有关规定,但是管理人另有意思表示的除外。

【条文主旨】

本条是关于受益人追认的法律效果的规定。

【条文理解】

受益人对管理人的无因管理行为进行追认后,无因管理之债即转化为委托之债。《法国民法典》第1301－3条、《瑞士债法》第424条和第107条、《意大利民法典》第2032条、我国台湾地区"民法"第178条都作了相似的规定。通说认为,受益人的追认具有溯及力,可以理解为无因管理行为自始即转化为委托合同。

【司法适用】

受益人的追认是单独、不要式行为,可以通过明示或默示方式,具有形成权的性质。由于无因管理与委托合同的法律效果不同,由管理人进行选择更为适宜,因此本条规定了以管理人的意思表示为准的例外条款。

【司法案例】

湖北甲律师事务所诉陆某等委托合同纠纷案①

诉讼结论:乙律所的代理行为系基于委托协议约定义务进行。

陆某华、彭某荣、傅某琼并未在《为犯罪嫌疑人提供帮助的委托协议》《委托协议》《委托代理合同》上的委托方处作为委托人签字确认,再审申请人也未提交足以证明陆某华、彭某荣、傅某琼与乙律所之间存在委托关系的证据。乙律所的代

① 最高人民法院(2018)最高法民申4705号民事裁定书。

理行为系基于委托协议约定义务进行，不符合无因管理的成立条件。再审申请人认为乙律所的代理行为对陆某华、彭某荣、傅某琼构成无因管理没有法律依据，故再审申请人的该项再审申请理由不成立。

第二十九章　不 当 得 利

第九百八十五条　得利人没有法律根据取得不当利益的，受损失的人可以请求得利人返还取得的利益，但是有下列情形之一的除外：

（一）为履行道德义务进行的给付；

（二）债务到期之前的清偿；

（三）明知无给付义务而进行的债务清偿。

【条文主旨】

本条是关于不当得利定义的规定。

【条文理解】

不当得利请求权的目的在于使得利人返还其所受领的没有合法根据的利益，并不是为了填补受损人所遭受的损失。这也是不当得利不同于侵权之债之处。

所受利益中的“利益”应是形态多样的，民法的“利益”包括财产利益和非财产利益两种，各国（地区）立法也有不同的规定。肯定说认为，不当得利的利益既包括财产利益也包括非财产利益，大陆法系《德国民法典》和我国台湾地区“民法”有相关立法规定。否定说认为，不当得利的利益应仅限于财产利益。我国大陆一般认为，不当得利法上的利益仅及于财产利益。

【司法适用】

是否构成不当得利要从 3 个方面进行判定：(1)一方是否获得利益；(2)一方获益有无法律根据；(3)是否致使对方遭受损失，即获利与损失之间是否存在因果关系。

受损人返还请求权的行使在司法实践中会涉及举证责任分配的问题。《民事诉讼法解释》第 90 条、第 91 条规定明确了“谁主张，谁举证”的原则。在不当得利纠纷中，存在给付型不当得利和非给付型不当得利两种类型。给付型不当得利是因受损人的给付行为引发的，因此，应由受损人负举证责任。非给付型不当得利的发生原因较复杂，包括因得利人行为或第三人行为引发的、因法律规定或其他事件引发的多种情形。其中，因得利人的行为引发不当得利纠纷，由得利人负举证责任更能体现公平原则。受损人的举证责任在于证明“无法律上的原因”消极事实,而得利人的举证责任在于证明“有法律上的原因”积极事实。

【司法案例】

甲银行股份有限公司太原市城西支行诉乙证券股份有限公司不当得利纠纷案[①]

诉讼结论:乙证券公司并未取得不当利益,不构成不当得利。

《民法通则》第92条规定“没有合法根据,取得不当利益,造成他人损失的,应当将取得的不当利益返还受损失的人”。而《民法总则》第122条“因他人没有法律根据,取得不当利益,受损失的人有权请求其返还不当利益”基本沿袭了该条规定,根据上述规定,构成不当得利的核心要件是一方没有合法根据取得利益。而本案中,综合各方举证,乙证券公司并未取得不当利益,甲行城西支行的上诉请求不能成立。

第九百八十六条　得利人不知道且不应当知道取得的利益没有法律根据,取得的利益已经不存在的,不承担返还该利益的义务。

【条文主旨】

本条是关于善意得利人返还义务免除的规定。

【条文理解】

善意是民法上的一个抽象概念,起源于罗马法的善意占有之诉,是民法上对某种主观心态的积极评价。《德国民法典》第932条规定,将善意理解为非因重大过失而不知让与人无让与的权利。不当得利中的善意,是指受益人不知道也不应当知道自己所受利益没有法律上之合法依据。本条规定了在不当得利不存在时,免除了善意得利人的返还义务。《德国民法典》第818条第3款规定,善意得利人如果不再享受利益,那么其也没有义务再向受损人返还所受利益或偿还价额。我国台湾地区“民法”第182条也规定了善意受益人返还责任以现存利益为限,且允许善意受益人扣除财产上的必要费用和损失。[②] 本条规定与上述立法的宗旨是一致的,“取得的利益已经不存在”应理解为损失人向得利人请求返还不当得利时,

---

① 最高人民法院(2019)最高法民终450号民事判决书。

② 王家福主编:《经济法律大法典》,中国财政经济出版社1992年版,第494页。

得利人所受的利益已毁损灭失。

【司法适用】

在免除善意得利人的返还义务时,应注意以下问题:(1)确认利益是否存在的时间点。有的认为应以受损人请求返还时间为时间点,也有的认为应以受损人提起返还之诉的时间为时间点。善意得利人的返还义务应自知道或应当知道无法律上的原因受领利益时始,因此,以受损人请求返还的时间点为妥。(2)利益不存在的认定:一是受领的利益是金钱时,得利人通常不得主张利益不存在。二是"不存在"并非指所受利益的原形态不存在。例如,得利人受领的是布料,得利人将其制作成了衣服,那么此时的衣服则是不当所得的另一种存在形式,不能认定为不存在。三是因受领利益进行交易所获得的对价,应予返还。对于返还的数额应是返还当时当地的市价。低于市价的应以交易所获对价为准。四是受领的利益毁损灭失,得利人得到了基于受领利益的补偿,应予返还。

【司法案例】

甲证券股份有限公司上海东大名路外滩证券营业部诉孙某某、侯某成不当得利纠纷案①

诉讼结论:被告侯某成系善意不当得利,其返还义务以现存利益为限。

原告与被告的争议焦点主要集中在被告是否构成善意不当得利。被告如系善意不当得利,其返还义务以现存利益为限;如系非善意不当得利,即使无现存利益,仍须返还全部不当得利。被告侯某成的行为为善意不当得利,应返还现存利益。其现存利益除卖出"柳工"股票获得 19,822 元外,所持有的 3500 股"柳工"应以其知晓收益即收到民事起诉书之日的当日股票价格计算现存利益。该时间节点以后,被告交易原告所诉标的产生的盈亏均由被告侯某成本人承担。同理,关于原告要求二被告给付该 04 南网(1)的利息及孳息的主张,不予支持。

第九百八十七条　得利人知道或者应当知道取得的利益没有法律根据的,受损失的人可以请求得利人返还其取得的利益并依法赔偿损失。

【条文主旨】

本条是关于恶意得利人返还义务的规定。

① 内蒙古自治区包头市昆都仑区人民法院(2014)昆民初字第 1028 号民事判决书。

【条文理解】

得利人在受益时知道所受利益欠缺法律上的原因,或者后来知道欠缺均应认定为恶意。《德国民法典》第819条和我国台湾地区“民法”第182条均有类似规定。本条并未区分得利人在受领时还是嗣后才知道无法律上的原因。因此,可以理解为这两种情况均为恶意,与上述立法例宗旨一致。

“知道或者应当知道”,是法律对得利人主观状态的推定。得利人因过失而未知是否可以视为恶意?史尚宽先生认为,恶意之受领人,即所谓不知道无法律上的原因而受益,其不知道无法律上的原因是否具有过失,在所不问。① 本条规定为“知道或者应当知道”,其中“应当知道”是法律根据得利人的综合条件所作出的推定,因此,可理解为得利人因过失而未知,此处也应视为恶意。

本条中“并依法赔偿损失”是有关受损人向恶意得利人请求损害赔偿权的规定。此处,不当得利和侵权法律关系产生竞合,受损人可以根据自身受损情况,在有利原则下自由选择适用不当得利损害赔偿或侵权损害赔偿。

【司法适用】

恶意得利人的返还范围包括:(1)恶意得利人需要返还的不仅包括所受领的利益,且及于因所受领利益获得的相关利益。(2)恶意得利人无返还义务免除。对于恶意得利人来说原物已不存在的,需要折价返还。(3)恶意得利人返还不能弥补受损人损失的,受损人可以请求损害赔偿。《民通意见》第131条规定:“返还的不当利益,应当包括原物和原物所生的孳息。利用不当得利所取得的其他利益,扣除劳动管理费用后,应当予以收缴。”

【司法案例】

海南甲农业开发有限公司诉黄某邦不当得利纠纷案②

诉讼观点:原审以中国人民银行规定的5年期贷款基准利率计算廖某雄、甲公司应予返还不当得利的孳息,适用法律并无错误。

《民通意见》第131条规定:“返还的不当利益,应当包括原物和原物所生的孳息。”黄某邦实际投入资金20,436,577元,本欲成为甲公司的股东,但因与廖某雄之间没有股权分配的明确约定且甲公司未为其办理相关审批手续,黄某邦诉请确认享有甲公司的股东资格未获人民法院支持。故甲公司占有黄某邦投入的20,436,577元无法律依据,综合考量甲公司占有资金距今历时较长,甲公司亦利

① 史尚宽:《债法总论》,中国政法大学出版社2000年版,第90页。

② 最高人民法院(2019)最高法民申3647号民事裁定书。

用20,436,577元资金投入从事经营的事实,原审以中国人民银行规定的5年期贷款基准利率计算廖某雄、甲公司应予返还不当得利的孳息,适用法律并无错误。

第九百八十八条　得利人已经将取得的利益无偿转让给第三人的,受损失的人可以请求第三人在相应范围内承担返还义务。

【条文主旨】

本条是关于第三人返还义务的规定。

【条文理解】

第三人所受领的利益,是来自得利人所受领的利益,并未直接导致受损人的损失。按照不当得利的成立要件,此时第三人不成立不当得利。但是本条规定了第三人返还义务发生的例外,发生条件即"得利人已经将取得的利益无偿转让给第三人的"。本条规定的宗旨与《德国民法典》第822条规定一致,认为第三人从得利人处无偿取得的利益,与无法律上的原因而从受损人处取得利益一样,应返还给受损人。

【司法适用】

司法实践中需要把握以下问题:(1)返还范围。第三人的返还范围是"在相应范围内",应理解为第三人向受损人返还的利益不超过原得利受益人应向受损人返还的利益,即第三人自不当得利人处所获得的、无偿受让的利益。(2)返还条件。返还以无偿受让为条件,得利人将获得的利益无偿转让给第三人的,该第三人才负有在相应范围内返还的义务。虽然受让系有偿,但明显低于市值的,难谓善意,在法律未明确规定情形下,依照公平原则,第三人亦应返还。(3)损失赔偿。第三人有偿受让的,则不负返还义务,受损失的人可以请求得利人赔偿其损失,赔偿范围一般掌握在转让所得范围内。总之,本条可构成受损失的人向第三人行使返还请求权的基础。

【司法案例】

张某花、杨某敏、杨某林诉苏某忙不当得利纠纷案[①]

诉讼结论:杨某林收取该1000万元没有法律依据,构成不当得利,应予返还。

《民法总则》第122条规定:"因他人没有法律根据,取得不当利益,受损失的

① 最高人民法院(2019)最高法民申822号民事裁定书。

人有权请求其返还不当利益。”本案中，张某花将应偿还给苏某忙的1000万元借款打入杨某林的账户，杨某林收到后未将款转交苏某忙，而是交付给案外人郭某。因苏某忙未收到该还款另诉请求张某花等人偿还欠款1000万元及相应利息，该请求已得到另案生效判决支持。二审法院根据以上法律规定和事实，认定杨某林收取该1000万元没有法律依据，构成不当得利，应予返还，该认定并无不当，予以维持。

附录

《合同法》与《民法典》“合同编”相关条文对照

为适应《民法典》“合同编”学习的需要，我们特整理《合同法》与《民法典》“合同编”相关条文的对照表，供读者使用。

出版后记

“法治是最好的营商环境。”合同法是规范市场交易的基本法律，它涉及经济社会的方方面面，与企业的生产经营和老百姓的日常生活息息相关。《民法典合同编条文理解与司法适用》紧扣民法条文，立足本土国情，借鉴国际立法经验，微言大义、深入浅出，语言文字简明扼要，以“崭新的面貌”展现在大家面前。

“合同编”内容丰富、条文繁多，各类合同纠纷增速快、种类广、法律关系复杂、处理难度大，科学解释立法精神，准确概括每个要旨，正确理解“合同编”每个条款的内涵外延，精确阐述司法适用的重点和难点，具有重大的实践价值和研究价值。为此，我们约请最高人民法院民法典编纂研究中心负责人，中国审判理论研究会常务理事、民事专业委员会常务副主任，中国政法大学、西南政法大学兼职教授，武汉大学特聘教授曹守晔先生担任主编，何建博士担任执行主编，组织理论功底扎实、实践经验丰富的学者、法官、律师、法务人员阐发立法精神，揭示条文主旨，紧扣条文理解、司法适用，精选司法案例，以案例阐释法律条文，以案例促进民法适用。在全面推进依法治国的当下，通过本书让《民法典》走进生活、融入社会，在社会主义法治建设大地上书写良法之治，坚持用正确法治理论引领民法实践，让市场竞争更公平、市场活力更充盈，让社会更平等自由更公正文明，为中国经济社会文化生态迈向高质量发展阶段提供民法动力。

本书各章的编写分工如下：

绪　论　曹守晔（最高人民法院前资深高级法官，中国应用法学研究所前副所长，博士生、博士后导师）

第一章　曹守晔（最高人民法院前资深高级法官）、何建（上海市第一中级人民法院四级高级法官，法学博士、中国应用法学研究所博士后）

第二章、第三章、第四章　李蓓（海南大学副教授，中国应用法学研究所博士后）

第五章、第六章　侯国跃（最高人民法院法律研修学者、西南政法大学教授、博士生导师，法学博士）、潘俊（西南政法大学讲师，法学博士、博士后）

第七章 曹夏梦(北京市君合律师事务所律师,法学硕士)、朱攀峰(河南麟格律师事务所律师,法学硕士)

第八章 侯国跃(最高人民法院法律研修学者)、常亚楠(西南政法大学博士)

第九章 潘静(北京邮电大学讲师,法学博士、中国应用法学研究所博士后)、刘玉妹(重庆市第五中级人民法院民二庭副庭长、三级高级法官,法学博士)

第十章 潘静(中国应用法学研究所博士后)

第十一章 汤敏(南京理工大学讲师,法学博士)

第十二章 高晓丹(武汉大学法学博士)

第十三章 王晓利(重庆市第一中级人民法院法官助理,法学博士、中国应用法学研究所博士后)

第十四章 张钱(辽宁省大连市中级人民法院四级高级法官,法学博士)

第十五章 张建银(中信金融租赁有限公司高级经理,公共管理硕士)

第十六章、第二十五章、第二十六章 陈丹(湘潭大学副教授、硕士生导师,法学博士、中国应用法学研究所博士后)

第十七章 侯国跃(最高人民法院法律研修学者)

第十八章、第十九章、第二十七章 陈延忠(厦门海事法院审监庭庭长、四级高级法官,法学博士、中国应用法学研究所博士后)

第二十章 张玲玲(最高人民法院高级法官,法学博士、中国应用法学研究所博士后)

第二十一章、第二十二章 覃丹(福建省高级人民法院一级法官,法学硕士)

第二十三章 任容庆(北京市安理律师事务所高级顾问,法学博士、中国应用法学研究所博士后)

第二十四章 肖明明(重庆两江新区人民法院一级法官,法学博士)

第二十八章、第二十九章 唐晶晶(辽宁省沈阳市司法局执法监督处副处长,法学博士)

全书由曹守晔教授统稿审定,何建博士协助。

本书付梓之际,我们不能忘记的是,《〈民法总则〉条文理解与司法适用》一书自2017年4月问世以来得到全国广大法官、律师、检察官、仲裁员、公证员、法学师生和广大人民群众的追捧和厚爱,对此我们深表谢意,这也是我社与作者力求上乘、精益求精、不负期望的不竭动力。

桃花怒放,绮丽芬芳。面对突如其来的疫情,作者与编辑人员坚守岗位,通力合作、无私奉献,殚精竭虑,如期完稿。让我们借《民法典》颁布的东风,与民法同行,共同开启美好法治新征程。

法律出版社

2020 年 6 月